Les comités d'éthique et le droit

Éléments d'analyse sur le système normatif de la bioéthique

Logiques Juridiques

Collection dirigée par Gérard Marcou

Le droit n'est pas seulement un savoir, il est d'abord un ensemble de rapports et pratiques que l'on rencontre dans presque toutes les formes de sociétés. C'est pourquoi il a toujours donné lieu à la fois à une littérature de juristes professionnels, produisant le savoir juridique, et à une littérature sur le droit, produite par des philosophes, des sociologues ou des économistes notamment.

Parce que le domaine du droit s'étend sans cesse et rend de plus en plus souvent nécessaire le recours au savoir juridique spécialisé, même dans des matières où il n'avait jadis qu'une importance secondaire, les ouvrages juridiques à caractère professionnel ou pédagogique dominent l'édition, et ils tendent à réduire la recherche en droit à sa seule dimension positive. A l'inverse de cette tendance, la collection *Logiques juridiques* des Éditions L'Harmattan est ouverte à toutes les approches du droit. Tout en publiant aussi des ouvrages à vocation professionnelle ou pédagogique, elle se fixe avant tout pour but de contribuer à la publication et à la diffusion des recherches en droit, ainsi qu'au dialogue scientifique sur le droit. Comme son nom l'indique, elle se veut plurielle.

Déjà parus

LABRECQUE Georges, *Les différends territoriaux en Afrique*, 2005.
ROMANET DE VALICOURT Éliane, *L'erreur judiciaire*, 2005.
S. CAUDAL et F. ROBBE (sous la direction de), *Les relations entre collectivités territoriales*, 2005.
M. LASCOMBE, *Le droit constitutionnel de la Vème République,* 2005.
G. MARCOU et F. MODERNE (sous la direction de), *Droit de la régulation, service public et intégration régionale* (2 tomes), 2005.
André TARBY, *Un nouveau droit de la formation,* 2005.
Cristel COURNIL, *Le statut interne de l'étranger et les normes supranationales,*2005.
Agnès RABAGNY, *L'homme tel qu'en lui-même. Droit et individualité*, 2005.
Guy Jean Clément MEBIAMA, *Le régime politique de la République du Congo après le Constitution du 20 janvier 2002*, 2005.
J.-Cl. BEGUIN, P. CHARLOT, Y. LAIDIÉ (textes réunis par), *La solidarité en droit public*, 2005.
Grégory BERKOVICZ, *La place de la cour pénale internationale dans la société des Etats ;* 2005.
Catherine SAMET, *Naissance de l'escroquerie moderne*, 2005.

Sophie Monnier

Les comités d'éthique et le droit

Éléments d'analyse sur le système normatif
de la bioéthique

Prix Jean-Marie AUBY 2005
Décerné par l'Association française de Droit de la santé

Préface du professeur Bertrand Mathieu

L'Harmattan
5-7, rue de l'École-Polytechnique ; 75005 Paris
FRANCE

L'Harmattan Hongrie
Könyvesbolt
Kossuth L. u. 14-16
1053 Budapest

Espace L'Harmattan Kinshasa
Fac..des Sc. Sociales, Pol. et Adm. ;
BP243, KIN XI
Université de Kinshasa – RDC

L'Harmattan Italia
Via Degli Artisti, 15
10124 Torino
ITALIE

L'Harmattan Burkina Faso
1200 logements villa 96
12B2260
Ouagadougou 12

http://www.librairieharmattan.com
diffusion.harmattan@wanadoo.fr
harmattan1@wanadoo.fr

ISBN : 2-296-00055-X
EAN : 9782296000551

A mes parents,
A Bruno,

Cet ouvrage est la version actualisée d'une thèse de doctorat en Droit public soutenue à l'Université de Bourgogne, le 8 décembre 2003, devant un jury composé des Professeurs Bertrand Mathieu, Maryse Deguergue et Catherine Labrusse-Riou, de l'Université Paris I Panthéon-Sorbonne, du Professeur Olivier Dubos, de l'Université de Limoges et du Professeur Gérald Simon, de l'Université de Dijon. Qu'ils soient ici remerciés d'avoir bien voulu siéger dans ce jury.

Je tiens également à remercier le Professeur Bertrand Mathieu qui a accepté de diriger cette thèse. Je le remercie pour sa disponibilité, pour l'attention constante portée à l'élaboration de ce travail, pour les conseils et les encouragements qu'il m'a prodigués.

Mes remerciements s'adressent aussi à ma famille et à mes proches, je les remercie pour leur précieux soutien.

LISTE DES PRINCIPALES ABRÉVIATIONS UTILISÉES

A.F.D.I. :	Annuaire français de droit international.
A.I.J.C. :	Annuaire international de justice constitutionnelle.
A.J.D.A. :	L'actualité juridique. Droit administratif.
A.M.M. :	Association médicale mondiale.
A.P.D. :	Archives de philosophie du droit.
Ass. :	Assemblée.
C.A.A. :	Cour administrative d'appel.
Cass. civ. :	Cour de cassation. Chambre civile.
C.C. :	Conseil constitutionnel.
C.C.C. :	Les Cahiers du Conseil constitutionnel.
C.C.N.E. :	Comité consultatif national d'éthique (France).
C.Civ. :	Code civil.
C.D.B.I. :	Comité directeur pour la bioéthique (Conseil de l'Europe).
C.E. :	Conseil d'État.
C.E.D.H. :	Cour européenne des droits de l'homme.
C.J.C.E. :	Cour de justice des Communautés européennes.
C.I.B. :	Comité international de bioéthique (UNESCO).
C.I.O.M.S. :	Conseil des organisations internationales des sciences médicales.
D. :	Recueil Dalloz Sirey.
D.A. :	Droit administratif.
D.P.B.B. :	Dictionnaire Permanent Bioéthique et Biotechnologies.
E.D.C.E. :	Études et documents du Conseil d'État.
G. P. :	Gazette du Palais.
G.D.C.C. :	Grandes décisions du Conseil constitutionnel.
G.E.E. :	Groupe européen d'éthique des sciences et des nouvelles technologies.
ibid. :	au même endroit.
infra :	ci-dessous.
J.cl. :	Jurisclasseur.
J.C.P. :	Jurisclasseur périodique. La semaine juridique.
J.I.B. :	Journal international de bioéthique.
J.O. :	Journal officiel de la République française.

L.G.D.J. :	Librairie générale de droit et de jurisprudence.
L.P.A. :	Les Petites Affiches.
O.M.S. :	Organisation mondiale de la santé.
O.N.G. :	Organisation non gouvernementale.
op. cit. :	*opere citato* (dans l'ouvrage cité).
P.M.A. :	Procréation médicalement assistée.
P.U.A.M. :	Presses universitaires d'Aix-Marseille.
P.U.F. :	Presses universitaires de France.
R.A. :	Revue administrative.
R.D.P. :	Revue du droit public et de la science économique.
Rec. :	Recueil.
R.D.S.S. :	Revue de droit sanitaire et social.
R.F.D.A. :	Revue française de droit administratif.
R.F.S.P. :	Revue française de science politique.
R.G.D.I.P. :	Revue générale de droit international public.
R.G.D.M. :	Revue générale de droit médical.
R.I.D.C. :	Revue internationale de droit comparé.
R.I.D.E. :	Revue internationale de droit économique.
R.I.E.J. :	Revue interdisciplinaire d'études juridiques.
R.I.S.S. :	Revue internationale des sciences sociales.
R.R.J. :	Revue de la recherche juridique.
R.T.D.C. :	Revue trimestrielle de droit civil.
R.T.D.H. :	Revue trimestrielle des droits de l'homme.
S. :	Recueil Sirey.
supra :	ci-dessus.
t. :	tome.
T.A. :	Tribunal administratif.
T.C. :	Tribunal des conflits.
T.G.I. :	Tribunal de grande instance.
U.N.E.S.C.O. :	Organisation des Nations Unies pour l'éducation, la science et la culture.
vol. :	volume.

SOMMAIRE

PREFACE

Travailler sur les questions relatives aux recherches et aux activités biomédicales, c'est pour un juriste s'embarquer pour un voyage au long cours. Les découvertes successives de terres scientifiques largement ignorées, le chant apaisant des sirènes qui font des droits de l'homme le sage conducteur d'un progrès scientifique promettant à l'homme la fin possible de ses maux, voire l'immortalité, tels sont souvent les premiers pas dans ce monde que l'on appelle celui de la bioéthique. Un monde imaginaire, plein de douceur, où la dignité de l'homme guide les pas du chercheur, où les hommes libres et égaux tendent à mutualiser leurs organes ou leurs cellules pour le bien commun dans le respect de l'autonomie de chacun. Devenu plus aguerri, moins naïf, le jeune chercheur découvre peu à peu un monde où les logiques sont inversées. Alors que la science et l'économie semblent avancer au rythme que leur dictent les droits fondamentaux, la réalité perce sous l'apparence. Ne serait ce pas les droits de l'homme, qui s'adaptent et se façonnent pour permettre l'évolution scientifique et l'essor économique ?

Beaucoup de jeunes juristes séduits par la perspective et l'attrait du voyage se sont égarés. Tel n'est pas le cas de Sophie Monnier, tout du moins à l'issue (provisoire ?) de son périple.

La bioéthique, discipline carrefour, de la science médicale, du droit, de la philosophie, voire de l'économie et de la théologie, ne peut s'appréhender comme une science totale et autonome. Point de rencontre, elle naît et se développe du regard croisé que portent sur elle les spécialistes des disciplines qui la constituent. Ainsi le travail du juriste sur la bioéthique doit se faire avec les instruments et la science qui est la sienne, ceux du droit.

Le premier instrument du juriste est incontestablement la norme. Or de ce point de vue, le droit applicable en matière biomédicale est un observatoire remarquable des évolutions que traverse aujourd'hui le système juridique dans son ensemble. Pont avancé de l'évolution sociale et humaine, la bioéthique peine à être appréhendée avec les instruments traditionnels du droit. Plus exactement, ces instruments tendent à être concurrencés par d'autres techniques normatives, plus souples, plus malléables. Cette évolution touche la substantialité des normes comme leur nature.

S'agissant du contenu des normes fondamentales, inscrites le plus souvent dans des textes constitutionnels ou conventionnels, ou dérivées des principes qui y figurent, la référence aux droits de l'homme constitue un système de valeurs cohérent et impératif. Cependant, par la voie de l'interprétation, par le relativisme qui ordonne l'application de ces principes et masque l'absence de véritable universalisme, le législateur et le juge ouvrent la voie à leur dépassement et à la levée des obstacles, à l'instrumentalisation de l'homme dont l'économie et la science ont aujourd'hui besoin.

Sur le plan formel, la norme législative ou réglementaire s'avère trop rigide pour fixer à elle seule les conditions d'une activité dont les progrès bousculent les catégories juridiques traditionnelles (par exemple la distinction entre les personnes et les choses) et soulèvent incessamment de nouvelles questions.

Dans ce contexte, la création des comités d'éthique occupe dans ce système une place tout à fait privilégiée et révélatrice. Ces comités sont composés de personnalités qui fondent leur légitimité sur leur savoir ou sur leur sagesse. Ils sont appelés à édicter une « éthique » qui n'a la rigueur ni de la normativité morale ni de la normativité juridique. Ils ne relèvent pas de la légitimité démocratique qui fonde dans un Etat de droit l'exercice du pouvoir normatif. Ils n'édictent pas à proprement parler de règles juridiques mais formulent des recommandations ou des avis qui ont cependant, incontestablement un effet normatif à l'égard de leurs destinataires. Au surplus, ils interviennent directement ou indirectement dans la fabrication de la norme juridique, tant au plan international qu'au plan national, tant en ce qui concerne le législateur que le juge. Au sein de ces comités c'est la procédure d'élaboration qui légitime la norme plus que son rattachement à un système de valeurs. Ainsi le recours au consensus comme instrument de procédure décisionnelle influence incontestablement le contenu même de la norme éthique ainsi élaborée qui est par nature contingente, provisoire, et s'inscrit dans une logique casuistique.

Les comités d'éthique n'ont pas vocation à fixer des interdits fondamentaux, mais à faciliter l'adaptation des valeurs, dont le droit est porteur, aux exigences du progrès scientifique et du développement économique. A la fois lieux de transgression et de passage, les comités d'éthique marquent de leur empreinte l'évolution du droit de la bioéthique. De ce point de vue, leur légitimité de nature oligarchique tend à se substituer à celle démocratique du législateur.

Ces mécanismes d'élaboration de la norme propres aux sciences et aux pratiques biomédicales, témoignent incontestablement d'une évolution plus vaste qui touche l'ensemble du système normatif de nos sociétés marquées tant par le relativisme en termes de valeur, que par le pseudo universalisme des droits fondamentaux, par la construction d'un homme nouveau produit autant que maître de la science et par l'asservissement aux contraintes économiques. Ce n'est pas jouer les Cassandre que de le constater, ce n'est pas nier les bienfaits du progrès scientifique que de relever son prix, pas plus qu'il n'est « réactionnaire » de douter de ce que la démocratie et les droits fondamentaux constituent les fondements indépassables des sociétés humaines (ou post-humaines ?).

Ces réflexions très générales éloignent apparemment du travail que Mademoiselle Monnier livre ici à un public que nous espérons le plus large possible. Elles en éloignent en ce que l'auteur n'est pas tombé dans le piège que nous dénoncions au début de cette préface et qui consiste à vaticiner sur les évolutions d'un monde dont nous rêvons l'avenir plus que nous le connaissons, addition de chimères et de bons sentiments.

En réalité cette thèse constitue un support solide à une réflexion sur la bioéthique et sur l'évolution du droit car elle est avant tout une étude juridique. Soutenue devant un jury prestigieux exclusivement composé de professeurs de droit, mais couvrant nombre des disciplines du droit[1], cette thèse ne constitue par un énième essai sur la bioéthique, c'est un ouvrage juridique. Elle fait appel, essentiellement au droit international, au droit constitutionnel et au droit administratif, sans négliger l'approche comparatiste. L'auteur analyse successivement la démarche éthique replacée dans son contexte historique, le statut juridique de ces comités et leur activité normative avant de conduire une réflexion sur les modes de légitimation de cette production normative.

Cette étude constitue une approche rigoureuse, accessible, techniquement solide de ce que l'on appelle aujourd'hui le droit de la bioéthique. Non seulement l'auteur utilise les ressources du droit positif pour analyser les phénomènes et les institutions objets de sa recherche, mais encore elle manifeste une grande capacité à mettre en valeur les évolutions et les logiques dont ce système normatif est porteur.

---

[1] Outre le directeur de la thèse, le jury était composé des Professeurs Maryse Deguergue et Catherine Labrusse Riou de l'Université Paris I Panthéon Sorbonne, du Professeur Olivier Dubos, de l'Université de Limoges et du Professeur Gérald Simon, de l'Université de Dijon.

Le préfacier, qui a dirigé la réalisation de ce travail, souhaite à ses lecteurs autant de plaisir qu'il en a eu à la découverte de la richesse des pages qui suivent.

Bertrand MATHIEU

Professeur à l'Université Paris I Panthéon-Sorbonne
Directeur du Centre de recherche en droit constitutionnel .

INTRODUCTION

1. La prise de conscience de l'ambivalence du progrès scientifique et médical a entraîné l'avènement d'un nouveau champ de réflexion, la bioéthique, à l'origine d'un processus d'institutionnalisation formalisé par la création des comités d'éthique. Si historiquement, la réglementation juridique est intervenue postérieurement à la régulation qui s'est développée en marge du droit ; aujourd'hui, la normativité[1] "éthique", telle que produite par ces comités et la normativité juridique interviennent à la fois de manière concurrente et complémentaire. C'est cet ensemble qu'il convient de prendre en considération pour analyser le système normatif de la bioéthique.

2. Dans le domaine des sciences de la vie, la référence à l'éthique est apparue sous le néologisme « bioéthique », synonyme d'éthique biomédicale. Bien que la définition de la bioéthique ne débouche pas sur un concept simple et absolument univoque, l'usage du terme fait l'objet d'une certaine unité qui permet d'en dégager les caractéristiques. Ainsi, le champ bioéthique est défini par trois éléments[2] : 1 - il porte sur des questions soulevées ou renouvelées par des avancées biomédicales nouvelles ; 2 - il couvre à la fois des pratiques et des discours ; 3 - échafaudés à partir d'une confrontation pluridisciplinaire. Malgré l'ambiguïté du terme bioéthique, et même si

---

[1] La normativité est définie dans le dictionnaire Larousse comme « état de ce qui est régulier, conforme à une norme ». Or dans notre étude, la normativité ne recouvre pas cette acception, le terme y est employé au sens de système normatif.

[2] M. Canto-Sperber (sd.), *Dictionnaire d'éthique et de philosophie morale*, Paris, PUF, 1996, V° Bioéthique.

« définir la bioéthique est une entreprise périlleuse »[3], l'emploi de ce terme sera privilégié. Ce choix relève nécessairement d'une part d'arbitraire, mais il semble en partie justifié par une commodité de langage, car le concept de bioéthique est universellement partagé. D'autre part, le terme bioéthique s'est imposé même en droit, domaine dans lequel son emploi est le plus sujet à controverses. La loi relative à la bioéthique du 6 août 2004 consacre pour la première fois le terme au niveau législatif[4].

D'aucuns préfèrent la référence à la biomédecine dans le domaine juridique, au motif que l'idée d'un droit de la bioéthique serait aussi choquant qu'un droit de la morale[5]; alors que le terme biomédecine éviterait cette confusion. La biomédecine vise les pratiques ou encore les applications dans le domaine de la biologie et de la médecine, c'est en ce sens que la Convention européenne, intitulée Convention sur les droits de l'homme et la biomédecine, entend ce terme.

Néanmoins, la référence du droit à la bioéthique, n'induit pas une confusion de l'éthique et du droit. Elle témoigne de la prise en compte par le droit de questions qui relèvent du champ bioéthique, qui en tant que telles présentent une dimension non seulement éthique, mais aussi sociale et juridique. La bioéthique a des implications sociales si importantes que les règles éthiques ne constituent qu'un élément du système normatif, d'autres types de norme interviennent, notamment juridique, pour encadrer le champ de la bioéthique.

Le terme bioéthique est plus ambigu mais aussi plus expressif que celui de biomédecine. Il présente l'avantage d'évoquer le caractère à la fois éthique, social, juridique des questions soulevées dont le terme biomédecine ne rend pas suffisamment compte. C'est la bioéthique plus que la biomédecine qui recèle la complexité, et en ce sens nous intéresse.

3. La bioéthique s'inscrit dans le cadre de l'efflorescence actuelle de l'éthique qui fait figure de phénomène de mode. L'éthique investit tous les domaines de la vie sociale[6]: les affaires, le sport, la consommation, l'environnement, la médecine, l'entreprise... L'essor de

---

[3] G. Hottois, M-H Parizeau (sd.), *Les mots de la bioéthique. Un vocabulaire encyclopédique*, Bruxelles, De Boeck, 1993, V° Bioéthique.
[4] Loi relative à la bioéthique, loi n°2004-800 du 6 août 2004, *JO*, 7 août 2004, p. 14040.
[5] B. Feuillet- Le Mintier, « La biomédecine, nouvelle branche du droit ? », in *Normativité et biomédecine*, B. Feuillet- Le Mintier (sd.), Paris, Economica, coll. Etudes juridiques, 2003, p. 6.
[6] A. Etchegoyen, *La valse des éthiques*, Paris, Ed. François Bourin, 1991, p. 72 et sv.

l'éthique révèle un souci de moralisation du secteur concerné, effectué par les acteurs eux-mêmes, en quête de légitimité. L'emploi du terme éthique n'est pas indifférent, en ce sens que les questions sont intentionnellement traitées au regard du référentiel éthique, et non de la morale. Ce choix en faveur de l'éthique s'explique par la souplesse présupposée de l'éthique, qui permet d'échapper à la rigueur de la morale, associée au devoir être catégorique. Malgré l'étymologie qui atteste de la synomymie des termes, leur évolution sémantique conduit à les distinguer. Le succès de l'éthique au détriment de la morale ne résulte pas seulement d'un anglicisme mais il traduit plus profondément un nouveau mode d'appréhension des problèmes qui se veut plus flexible. Derrière le terme éthique se profile une approche différente de la conduite des affaires humaines, pragmatique, évolutive, soumise à la réflexion et à la discussion, à la différence de la morale perçue comme dogmatique, intangible et préétablie. Cette distinction certes manichéenne rend compte néanmoins du fait que l'éthique s'est détachée de la conception de la morale traditionnelle.

4. La reviviscence de l'éthique témoigne d'un phénomène de responsabilisation, destiné à répondre aux défaillances, aux abus, aux scandales. L'éthique des affaires notamment s'est déployée dans le contexte de dévoilement et d'expansion de la corruption[7]. Par ailleurs, le retour en force de l'éthique s'explique par la nécessité de limiter la puissance d'influence[8], plus un pouvoir gagne de l'ampleur, plus il est nécessaire de l'encadrer pour éviter les dérives. C'est la puissance acquise par les médias qui a suscité le développement d'une éthique de l'information.

Toutefois, en tant que phénomène d'autorégulation, le recours à l'éthique doit faire l'objet d'un examen critique, car l'objectif visé consiste parfois moins à moraliser une activité qu'à prévenir l'intervention d'un contrôle externe. L'éthique offre un compromis permettant de valoriser l'image d'une activité tout en préservant l'établissement de règles de conduite autonomes. A cet égard, l'éthique revêt une fonction instrumentale susceptible de servir de simple label. L'histoire de la bioéthique s'inscrit dans cette perspective, dans la mesure où la référence à l'éthique a dans un premier temps servi d'instrument de légitimation. En effet, la bioéthique est née à la fois de la révélation de

---

[7] B. Oppetit, « Ethique et vie des affaires », in *Mélanges offerts à A. Colomer*, Paris, Litec, 1993, p. 319.

[8] G. Lipovetsky, *Le crépuscule du devoir*, Paris, Gallimard, Nrf essais, 1992, p. 242.

scandales et de la nécessité d'encadrer les pouvoirs sans précédent acquis par la médecine.

5. Des différentes éthiques appliquées, la bioéthique se distingue à la fois par son objet, son institutionnalisation et sa normativité. Même si l'approche pluridisciplinaire est une caractéristique commune aux éthiques appliquées[9], elle présente la particularité d'être consubstantielle à la bioéthique. L'exigence de pluridisciplinarité résulte d'une conjonction de plusieurs facteurs : la contestation de l'autorité médicale, la complexité des progrès scientifiques et technologiques, les conflits de valeurs, et l'échelle des enjeux. Par conséquent, la bioéthique se situe au carrefour de différentes disciplines : la médecine, la biologie et les multiples spécialisations scientifiques, la sociologie, la psychologie, l'éthique, le droit, la philosophie, la théologie…

6. Le champ couvert par la bioéthique est vaste, il concerne de manière générale la vie et la santé. Il comprend l'expérimentation sur l'homme, le don et l'utilisation des éléments et produits du corps humain, l'assistance médicale à la procréation et toutes les questions éthiques liées à l'amont de la naissance, la connaissance et la manipulation du génome, l'utilisation des données de santé… Ne pouvant prétendre à une énumération exhaustive, l'objet de la bioéthique dans son ensemble porte sur « les questions éthiques et sociétales liées aux innovations médicales qui impliquent une manipulation du vivant »[10]. Cette définition retenue dans l'exposé des motifs du projet de loi relatif à la bioéthique démontre que les enjeux sont d'ordre éthique et social. La prise en compte de la dimension sociale tend même à s'accentuer ; le champ de compétence du comité consultatif national d'éthique a été étendu aux questions de société, en sus de sa compétence reconnue pour donner des avis sur des problèmes éthiques[11].

7. La particularité de la bioéthique réside non seulement dans son objet mais aussi dans le processus d'institutionnalisation qui a accompagné le traitement de ces questions. L'apparition des comités d'éthique est concomitante à la naissance de la bioéthique. Ce

---

[9] M Canto-Sperber (sd.), *Dictionnaire d'éthique et de philosophie morale*, *op. cit.*, V° Ethique appliquée.

[10] Exposé des motifs, Projet de loi relatif à la bioéthique, n°3166, enregistré le 20 juin 2001, http://www.assemblee-nationale.fr/projets/pl3166.asp.

[11] Loi relative à la bioéthique, loi n°2004-800 du 6 août 2004, *JO*, 7 août 2004, Art. L. 1412-1 CSP.

phénomène d'institutionnalisation est distinct du simple fait d'établir ponctuellement une commission d'éthique, comme l'a fait par exemple, le Comité international olympique dans le domaine sportif. En bioéthique, il s'agit non pas d'un phénomène isolé, mais d'un mouvement général qui s'est transformé en une entité collective, dotée d'une consistance propre. Au-delà de leur diversité, les comités d'éthique possèdent une identité qui leur est commune et spécifique. Par ailleurs, ils renforcent la singularité de la bioéthique en contribuant à l'élaboration d'un système normatif qui lui est propre.

La bioéthique apparaît donc constituée d'un ensemble de règles qui forme un système dans lequel le droit à une place importante mais non exclusive, ce qui implique de reconnaître une certaine unité à cet ensemble et d'admettre l'existence d'autres systèmes normatifs que le système juridique.

8. L'existence d'un système est déterminée par « un ensemble d'éléments en interaction, les uns avec les autres, c'est-à-dire entretenant entre eux des relations spécifiques »[12]. La constitution d'un système comprend trois niveaux, le premier requiert la réunion d'un ensemble d'éléments, il induit l'idée d'ensemble ; le deuxième implique que les éléments ne soient pas seulement juxtaposés, il doit y avoir des relations entre ces éléments, des liens d'interdépendance ou d'interaction ; enfin la notion de système implique une certaine unité[13]. Cette unité renvoie à l'idée de structure du système. Or, l'exigence de structure conduit à se demander si la complexité de la bioéthique peut être pensée en système. Il apparaît que la structure d'un système n'est pas nécessairement linéaire ; des notions telles que « boucle étrange », « archipel », « rhizome », « réseau » ont émergé pour rendre compte de la complexité de l'articulation des éléments d'un système[14]. Dans cette perspective, la bioéthique peut être appréhendée comme un système. En outre, la notion de système n'est pas incompatible avec le changement, ou la transformation ; un système peut être stable ou dynamique, et un système n'est pas nécessairement fermé[15].

---

[12] R. Gassin, « Système et droit », *RRJ*, 1981-3, p. 356.

[13] F. Ost, M. van de Kerchove, *Le système juridique entre ordre et désordre*, Paris, PUF, coll. Les voies du droit, 1988, p. 22 et sv.

[14] F. Ost, M. van de Kerchove, « De la pyramide au réseau ? Vers un nouveau mode de production du droit ? », *RIEJ*, 2000-44, p. 8.

[15] R. Gassin, « Système et droit », *RRJ*, 1981-3, p. 358.

9. Concevoir un système normatif de la bioéthique suppose d'admettre l'existence d'autres systèmes normatifs que le système juridique. A cet égard, le domaine médical est depuis l'Antiquité, le témoin privilégié de l'existence d'une régulation en marge du droit au travers de la déontologie, fruit de l'initiative professionnelle.

Dans la mesure où l'étude vise à analyser dans un domaine particulier, celui de la bioéthique, la manière dont le système normatif appréhende la complexité, - sans avoir l'ambition de reprendre l'ensemble des théories relatives aux normes - , il s'avère cependant nécessaire de reprendre dans un propos liminaire et de façon schématique certaines analyses qui traduisent la complexité du système normatif et qui d'une certaine manière peut fonder la légitimité d'une recherche qui porte sur un ensemble normatif qui dépasse le strict terrain de la norme juridique et se caractérise par son objet.

10. D'aucuns s'accordent à reconnaître que l'univers juridique n'épuise pas la régulation sociale. La normativité forme un ensemble au sein duquel la normativité juridique n'est qu'une espèce. Au premier chef, Kelsen considère que « les normes juridiques ne sont pas les seules normes qui règlent la conduite réciproque des hommes, c'est-à-dire les seules normes sociales… »[16]. Dans la *Théorie pure du droit*, il envisage deux systèmes normatifs : le droit et la morale, la possibilité qu'il puisse y avoir d'autres systèmes est laissée en suspens[17]. Certains jugent cette classification binaire par trop restrictive et la classification incomplète. Selon une classification strictement formelle, sans référence au contenu des ordres normatifs[18], quatre types d'ordres normatifs sont susceptibles d'être dégagés à partir des critères d'efficacité et de contrainte[19]. Un autre type de classification des normes est opéré sur la base d'un critère fonctionnel qui permet d'établir une distinction entre deux grandes catégories de normes : les normes à fonction directive et les normes à fonction recognitive[20]. Plus généralement, la classification est déterminée en fonction de l'origine de la norme et de la matière sur laquelle elle porte. Il est ainsi fait référence aux normes éthiques, juridiques,

---

[16] H. Kelsen, *Théorie pure du droit*, Paris, LGDJ, coll. La pensée juridique, 1999, p. 65.

[17] O. Pfersmann, « Pour une typologie modale de classes de validité normative », in *Cahiers de philosophie politique et juridique*, La querelle des normes, 1995, n°27, p. 85.

[18] *Ibid.*, p. 94 et sv.

[19] *Ibid.*, 1) ceux qui réunissent les critères d'efficacité et de contrainte (le droit), 2) la contrainte sans efficacité (les quasi-ordres juridiques), 3) l'efficacité sans contrainte (la morale sociale), 4) ni contrainte ni efficacité (la morale individuelle).

[20] P. Amselek, « Norme et loi », *APD*, La loi, t. 25, 1980, p. 96 et sv.

déontologiques, esthétiques, religieuses, scientifiques, techniques, sociales...

Quel que soit le type de classification privilégié, une conclusion s'impose, c'est un lieu commun d'admettre l'existence de normes autres que juridiques.

Le point d'achoppement porte non pas sur la reconnaissance de différents systèmes normatifs mais sur les critères de la normativité et plus particulièrement sur les critères distinctifs de la normativité juridique. Avant d'examiner les caractéristiques de la juridicité, il convient de clarifier les caractéristiques de la normativité.

11. La difficulté d'appréhender la normativité provient de la polysémie du terme norme et de l'ambiguïté sémantique originelle de ce terme[21]. La norme relève du *sollen* lorsqu'elle désigne un modèle à reproduire et du *sein* lorsqu'elle désigne un état habituel, conforme à la moyenne[22]. Kelsen définit la norme comme signifiant « quoique non exclusivement, mais en premier lieu - un commandement, un ordre, une prescription »[23]. Il part du postulat selon lequel toute norme statue un devoir être, ce qui englobe, selon lui, différentes fonctions normatives : commander, habiliter, permettre, abroger[24]. Pour éviter le caractère équivoque de la norme à la fois *sollen* et *sein*, il réserve le terme norme au *sollen* en tant que devoir être, et emploie l'adjectif normal pour exprimer un être, au sens de ce qui a l'habitude d'avoir lieu en règle générale.

A cette définition restrictive de la norme conçue comme une règle impérative à caractère obligatoire : « la norme signifie que quelque chose doit être ou doit avoir lieu »[25], s'oppose une définition plus large qui entend la norme comme un modèle, un étalon, un référent. La norme est conçue comme un instrument de mesure, de nature psychique qui sert de référence à des opérations de jugement[26]. La norme forme le modèle idéel à partir duquel on peut mesurer, évaluer, juger. Dans cette hypothèse, il est possible de distinguer les normes à fonction directive autoritaire ou commandement et les normes à fonction directive souple

---

[21] S. Goyard-Fabre, « De l'idée de norme à la science des normes : Kant et Kelsen », in *Théorie du droit et science*, P. Amselek (sd.), Paris, PUF, Léviathan, 1994, p. 211.

[22] D. Loschak, « Droit, normalité et normalisation », in *Le droit en procès*, CURAPP, 1983, p. 51.

[23] H. Kelsen, *Théorie générale des normes*, Paris, PUF, Léviathan, 1996, p. 1.

[24] *Ibid.*, p. 3.

[25] H. Kelsen, *Théorie pure du droit*, *op. cit.*, p. 13.

[26] P. Amselek, « Norme et loi », *op. cit.*, p. 90 et sv.

ou recommandation. Le commandement impose le respect d'une conduite de manière obligatoire, la recommandation indique le souhaitable. A la différence du commandement, elle n'est pas obligatoire par elle-même, elle laisse une marge d'appréciation aux intéressés, elle n'en est pas moins une norme.

Une troisième approche opère la synthèse des deux premières[27]; elle conçoit la norme comme un modèle de conduite à caractère impératif. Le critère impératif réapparaît comme consubstantiel à la notion de norme, les normes sont nécessairement impératives en tant qu'elles permettent, habilitent, ou ordonnent. Le caractère impératif est toutefois tempéré au travers de la distinction établie entre les propositions à impératif catégorique et les propositions à impératif conditionnel. Les premières sont obligatoires par elles-mêmes, les secondes ne sont obligatoires que si leur destinataire adhère aux fins qu'elles sous-tendent. Le recours à l'impératif permet ainsi de distinguer deux normativités spécifiques : une rigide, une souple. Mais cette définition de la norme fait l'objet d'une argumentation qui la situe dans la perspective du champ juridique. Cette définition de la norme dépasse la notion de norme *stricto sensu*, elle est tournée vers la norme juridique. Son auteur reconnaît que la référence aux deux types d'impératif « présente l'intérêt de présenter un assez bon critère pour séparer sans peine deux types de normativité dont la distinction pose très précisément l'un des problèmes les plus aigus de la science juridique contemporaine »[28].

Or la définition de la norme juridique est distincte de la définition de la norme en général. Avant d'envisager ce qui caractérise la juridicité, il convient de régler la question de la normativité. Nous retiendrons comme norme, la notion de modèle, qui permet notamment de reconnaître la recommandation en tant que norme. Une norme constitue un modèle comportemental, à ce titre elle entend guider la conduite humaine en orientant les comportements. Elle a vocation à être suivie d'effet, c'est-à-dire à entraîner des comportements conformes à son énoncé même si ceux-ci dépendent de l'adhésion des destinataires de l'énoncé. C'est pourquoi, on peut d'ores et déjà supposer que toute règle de conduite vouée à guider les comportements est normative, ce qui *a priori* vise la déontologie, l'éthique produite par les comités, les

---

[27] D. de Béchillon, *Qu'est-ce qu'une règle de droit ?*, Paris, Odile Jacob, 1997, p. 165 et sv.
[28] *Ibid.*, p. 192.

déclarations des organisations non gouvernementales et la *soft law* émanant des organisations intergouvernementales.

12. En convenant du déplacement du seuil de normativité, qui s'étend désormais de l'obligation à la recommandation, on rend encore plus incertains les critères de juridicité, qui permettent de distinguer les normes juridiques des autres normes. Les doutes émis à l'égard des critères de juridicité sont liés au « reflux des prescriptions juridiques dans la production juridique »[29], la multiplication de normes dites souples conduit à s'interroger sur la pertinence de la contrainte en tant que critère traditionnel de la norme juridique.

Le phénomène juridique est en effet traditionnellement caractérisé par son appartenance à un système normatif spécifique : l'ordre juridique et par la contrainte, qui le distingue des autres ordres normatifs[30]. Or la logique cohérente et hiérarchique du système est mise à mal et la contrainte s'efface.

13. La contrainte fonde le particularisme du droit[31], cette conception est partagée par des théories du droit aussi différentes, que celle de Kelsen et de Duguit. Selon Kelsen, en tant qu'ordre social, le droit se distingue des autres ordres sociaux par le genre de sanction applicable : sanction socialement immanente[32]. Pour Duguit, ce qui permet d'affirmer qu'une norme sociale est devenue une norme juridique c'est que la masse des consciences individuelles est arrivée à comprendre que la sanction matérielle de cette norme peut être socialement organisée[33]. Le passage de la norme sociale à la norme juridique est déterminé par l'intervention de la contrainte sociale, c'est-à-dire quand la masse des individus composant le groupe comprend et admet qu'une réaction contre les violateurs de la règle peut être socialement organisée. La norme juridique tire sa force obligatoire du fait que la masse des individus comprend qu'elle touche si directement à la socialité et à la

---

[29] J-B. Auby, « Prescription juridique et production juridique », in *Normes juridiques et régulation sociale*, F. Chazel et J. Commaille (sd.), Paris, LGDJ, Droit et Société, 1991, p. 159.
[30] M. Troper, « Système juridique et Etat », *APD*, Le système juridique, t. 31, 1986, p. 29.
[31] J. Chevallier, « L'ordre juridique », in *Le droit en procès*, CURAPP, 1983, p. 7.
[32] H. Kelsen, *Théorie pure du droit*, *op. cit.*, p. 41.
[33] L. Duguit, *Traité de droit constitutionnel*, t. 1, Paris, Ed. de Boccard, 3ème éd., 1927, p. 81.

justice qu'elle doit être garantie directement ou indirectement par la contrainte sociale[34].

Mais l'examen de la réalité juridique démontre que la contrainte est susceptible de s'effacer lorsqu'il est fait place à la direction non autoritaire des conduites, dont la régulation juridique est la manifestation. La régulation manifeste le reflux de la contrainte en faveur de techniques plus souples de recommandation et directive[35]. La régulation apporte une réponse à la complexité de la société contemporaine, complexité qui suscite une adaptation des modes d'élaboration et d'application du droit, qui passe par la flexibilité[36]. La dégradation de la norme constatée à partir du « développement d'un droit mou, un droit flou, un droit à l'état gazeux »[37] affecte non seulement les normes publiques mais aussi les sources privées du droit[38].

Pour rendre compte de l'assouplissement de la norme juridique sans pour autant la dénaturer, il convient de maintenir une conception de la norme juridique définie comme prescriptive et non descriptive quel que soit le degré d'intensité de la prescription. L'idée d'une gradation est rendue possible en admettant que le caractère obligatoire ne se situe pas au niveau de la norme elle-même mais au niveau de l'acte de volonté de position de la norme ce qui permet d'envisager des degrés différents d'obligation en fonction du type d'acte d'autorité : commandement ou recommandation. L'obligation d'obéissance n'est pas la même, mais elle est présente dans les deux cas[39]. De même, par le truchement des deux types d'impératif préalablement exposés, il est possible de reconnaître une normativité juridique spécifique aux actes recommandatoires en tant qu'impératif conditionnel.

Les instruments recommandatoires sont désormais considérés comme relevant du juridique sous peine de nier l'évolution du droit[40]. Il n'est plus possible d'identifier le droit seulement à un ensemble de

---

[34] *Ibid.*, p. 142.

[35] J. Chevallier, « Vers un droit postmoderne ?. Les transformations de la régulation juridique », *RDP*, 1998, p. 677 et sv.

[36] L. Boy, « Réflexions sur « le droit de la régulation » », *D.*, Chr, 2001, p. 3031.

[37] CE, *Rapport public 1991*, EDCE, n°43, Paris, La doc. fr., 1991, p. 32.

[38] F. Osman, « Avis, directives, codes de bonne conduite, recommandations, déontologie, éthique, etc… : réflexion sur la dégradation des sources privées du droit », *RTDC*, 1995, p. 509.

[39] P. Amselek, « Le rôle de la volonté dans l'édiction des normes juridiques selon Hans Kelsen », *RRJ*, 1999-1, p. 50.

[40] A. Jeammaud, « La règle de droit comme modèle », *D.*, Chr., 1990, p. 207.

commandements[41]. Les nouvelles formes de direction souple font partie du droit[42] dès lors « le conseil et l'ordre appartiennent tous deux à l'arsenal juridique désormais »[43]. Néanmoins, tout mode d'intervention souple ne bénéficie pas *ipso facto* d'un label de juridicité, c'est pourquoi il faut s'interroger sur l'appartenance des instruments de *soft law* émanant des organisations intergouvernementales, au monde du droit. Par ailleurs, il ne faut pas conclure à un recul généralisé de la contrainte, le développement du droit pénal atteste du contraire. L'extension de la répression pénale touche des domaines de plus en plus étendus de la vie sociale[44], et la bioéthique n'a pas échappé à l'institution d'un droit répressif. Pour faire face aux périls d'une liberté sans responsabilité, le droit est conduit à établir des interdictions généralisées. La méfiance de l'homme vis à vis de certaines activités de l'homme suscite une intervention croissante de l'Etat destinée à faire face à la menace de graves dangers[45].

14. La juridicité de la norme est due par ailleurs à son rattachement à l'ordre juridique. En effet, le phénomène juridique est perçu comme irréductible à la notion de norme bien qu'il soit composé de telles normes[46]. L'ordre juridique est organisé en système, système traditionnellement fondé sur une logique formelle, unitaire et hiérarchique : « l'exigence de systématicité paraît inscrite au cœur du phénomène juridique : tout se passe comme si le droit ne pouvait être pensé autrement que comme un ensemble cohérent, intégré, monolithique dont tous les éléments se tiennent et s'emboîtent harmonieusement »[47]. Le système hiérarchique est conçu sur le modèle pyramidal en vertu duquel l'enchaînement des normes s'opère de manière mécanique et déductive. Le fondement de la validité de chaque norme se trouve dans la norme qui lui est hiérarchiquement supérieure de sorte qu'une norme est objectivement valable si elle a été édictée conformément à une norme

---

[41] P. Amselek, « L'évolution générale de la technique juridique dans les sociétés occidentales », *RDP*, 1982-1, p. 289.
[42] P. Amselek, « Norme et loi », *op. cit.*, p. 107.
[43] D de Béchillon, *Qu'est ce qu'une règle de droit ?*, *op. cit.*, p. 194.
[44] J. Chevallier, *L'Etat post-moderne*, Paris, LGDJ, Droit et société, série politique, 2003, p. 108.
[45] G. Zagrebelsky, *Le droit en douceur*, Paris - Aix-en-Provence, Economica - PUAM, Droit public positif, 2000, p. 100 et sv.
[46] M. Virally, « Le phénomène juridique », *RDP*, 1966-1, p. 35.
[47] J. Chevallier, « L'ordre juridique », *op. cit.*, p. 11.

juridique supérieure. Le droit apparaît comme un système clos, doté de la capacité de réglementer sa propre création et de se créer lui-même.

La vision d'un système hiérarchique de type pyramidal basé sur une conception essentiellement formelle est perturbée par la complexité à laquelle le droit est confronté. La complexité est liée à l'éclatement des foyers de droit, de nouveaux acteurs publics et privés accèdent à la scène juridique, elle est aussi liée au développement de régulations alternatives au droit. A cet égard, la bioéthique apparaît comme un laboratoire de l'hypercomplexité car les problématiques biomédicales se trouvent au confluent de diverses disciplines, et la technicité des questions nécessite l'éclairage de diverses spécialités. En outre, le champ de la bioéthique est confronté au pluralisme des normes : la déontologie, l'éthique et le droit et au pluralisme des ordres juridiques : interne, communautaire et international sans compter la concurrence qui s'exerce entre les pouvoirs à l'œuvre, juridique, économique et scientifique.

15. Les fondements de l'ordre juridique sont malmenés par l'évolution du mode d'élaboration des normes. Cette évolution renouvelle la question du fondement de la légitimité de la norme juridique et de la place du droit dans la régulation sociale.

Les perturbations qui affectent le système juridique s'expliquent non seulement par la nécessité de faire face à la complexité mais aussi par la perte de légitimité *ab initio* de la norme juridique qui s'inscrit dans un cadre plus général de contestation de l'autorité et de la transcendance. Par ailleurs, le développement d'une vision plus réaliste de la démocratie représentative a entraîné des critiques à l'égard de la fiction de la volonté générale et du principe majoritaire, le « sacre démocratique » a perdu la légitimité dont il jouissait de plein droit[48]. Une plus grande connaissance des mécanismes de formation de la loi a contribué à la désacraliser, de même que sa dépendance à l'emprise grandissante du fait[49].

Dès lors, la légitimité de la norme juridique se conquiert, il ne suffit plus que la règle s'énonce comme un ordre obligatoire émis par les institutions habilitées. Elle dépend de la recherche du consensus, de la participation des intéressés à son élaboration, de son efficacité. Pour recueillir l'adhésion des destinataires de la norme, on assiste à une tendance paradoxale ; à la fois à un recul de la généralité, le droit accède aux revendications catégorielles « il y a une revanche des particularismes

---

[48] J. Chevallier, « Vers un droit postmoderne ?. Les transformations de la régulation juridique », *op. cit.*, p. 666.

[49] F. Terré, « La « crise de la loi » », *APD*, La loi, t. 25, 1980, p. 21.

contre le généralisme, des pluralismes contre le monisme »[50] ; et à un excès de généralité, la généralité permet de faire accepter la norme, notamment au niveau international.

La légitimation de la norme est fondée sur la discussion qui a relégué l'argument d'autorité ou encore celui de la tradition. C'est pourquoi, le dépassement des modèles classiques semble s'imposer. Au lieu et place de la pyramide, le système juridique est pensé en réseau, ou sur le modèle du jeu. Ces nouvelles voies empruntées par la théorie du droit consacrent un nouveau type de légitimité : la légitimité procédurale. La procéduralisation se manifeste à la fois au niveau de l'élaboration des normes et au niveau de la teneur des normes plus attachée à poser des règles procédurales que des règles substantielles. Cette difficulté à poser des règles substantielles pose problème en ce que la bioéthique, intimement liée à une prise de position sur la nature humaine, renvoie à des valeurs.

16. En bioéthique, les apories du droit positif et du droit naturel sont particulièrement saillantes. Conçu comme neutre et scientifique, le droit positif coupé de toute référence axiologique apparaît incapable de faire face à l'enjeu des valeurs, indissociable de la problématique bioéthique. Quant au droit naturel, il est contesté en tant qu'il pose des valeurs transcendantes et pré-déterminées alors qu'elles devraient émerger de la délibération, de la confrontation des différents systèmes de valeurs. Même si la dichotomie entre positivisme et jusnaturalisme ainsi présentée est dépassée[51], dans la mesure où le droit positif a intégré les notions d'Etat de droit, de dignité et des droits de l'homme ; l'articulation des normes et des valeurs constitue sans doute le plus grand défi que doit relever le droit en bioéthique.

17. L'ensemble des normes établies dans le champ de la bioéthique et le système juridique dans son ensemble puisque les principes moraux du droit naturel ont été incorporés au droit positif[52], ont en commun d'être fortement ancrés dans un système de valeurs. Mais, de manière générale, la légitimité de ce système de valeurs est à la fois contestée et concurrencée, l'adhésion commune aux valeurs n'est plus évidente en raison d'un certain nombre de facteurs liés au pluralisme culturel, à l'individualisme, ou encore au communautarisme. Ce constat

---

[50] *Ibid.*, p. 20.

[51] C. Labrusse-Riou, Préface de l'ouvrage *Droit et progrès scientifique. Science du droit, valeurs et biomédecine*, J-R. Binet, PUF, coll. Partage du savoir, 2002, p. XI.

[52] G. Zagrebelsky, *Le droit en douceur, op. cit.*, p. 112.

est encore plus aigu en matière biomédicale, son intensité s'explique par le caractère éminemment conflictuel des sujets abordés, qui sont particulièrement chargés de valeurs.

La bioéthique traite de l'homme, elle est née des pouvoirs que l'homme acquiert sur l'homme, et de l'instrumentalisation de l'humain qui en découle. Elle s'inscrit nécessairement dans le cadre d'une réflexion ontologique et anthropologique sur l'homme, à cet égard la bioéthique est sommée de répondre à plusieurs défis.

Elle doit appréhender le développement d'une science qui fragilise les frontières qui permettent d'identifier la personne humaine. L'identification de la personne repose sur des éléments biologiques, mais à mesure que la maîtrise des mécanismes biologiques progresse, nos certitudes anciennes sont remises en cause[53]. Les stades biologiques de début de la vie, de fin de la vie, la frontière de l'homme avec l'animal, sont de plus en plus nimbés d'incertitudes. En même temps que les connaissances de la matière biologique évoluent, l'image de la personne et son identification sont soumises à cette évolution. La personne risque de faire l'objet d'une approche par trop biologisante.

La bioéthique est confrontée à un autre défi qui consiste à prendre en compte l'enjeu à la fois individuel et collectif du développement de techniques qui permettent non seulement de mieux soigner l'individu, de transcender les limites de la vie, mais aussi d'exploiter le matériel humain au service de la collectivité. Or cette double visée pose inévitablement la question de l'articulation et de la conciliation du niveau individuel et collectif sachant que la poursuite d'un objectif collectif se réalise souvent au prix d'un sacrifice de l'individu. La protection de l'individu se trouve notamment menacée par la mise à disposition du corps humain au service d'intérêts collectifs. Le prélèvement d'organes, ou encore l'autorisation de l'expérimentation sans bénéfice direct sur des sujets incapables, témoignent de « l'affectation publique des corps »[54] qui entraîne par la même leur réification.

Par ailleurs, la bioéthique est aux prises avec la mondialisation à la fois économique et scientifique à l'origine d'une interdépendance croissante des sociétés. La dynamique de la mondialisation implique un dépassement du cadre étatique, les Etats sont traversés par des flux qu'ils

---

[53] J-C. Galloux, « La personne physique entre réalité biologique et métaréalité », in *L'identité politique*, CURAPP, 1994, p. 169.

[54] C. Labrusse-Riou, « La maîtrise du vivant : matière à procès », in *Pouvoirs*, Bioéthique, n°56, 1991, p. 94.

sont incapables de maîtriser. Dès lors, le développement des enjeux économiques propres à un système mondialisé rend plus difficile la protection de l'humain, étant donné que dans le domaine économique, l'humain rendu utilisable a un prix. C'est une source de profit qui entre dans le jeu de la concurrence économique, le marché de la brevetabilité du vivant en témoigne. Par ailleurs, la privatisation et la marchandisation de la recherche l'ont fait entrer dans le champ de la mondialisation des économies et des marchés, cette intégration de la science et des marchés a des implications particulièrement fortes dans le domaine du génome humain puisqu'elle accroît la valeur marchande de l'humain, et met en cause la libre accessibilité et la diffusion des ressources et des connaissances relatives au génome[55].

Enfin, la crise du système de valeurs sur lequel s'est constitué le droit et l'existence d'un environnement moral et éthique où s'affrontent des conceptions concurrentes de l'homme et des rapports de l'individu avec la société, rendent plus difficile l'adoption d'une position commune à l'égard de ces défis. L'étiolement d'un modèle commun conduit à la recherche de nouvelles légitimités qui ne peuvent devenir communes que dans la casuistique et la recherche d'une position consensuelle, évolutive et compassionnelle.

18. Si ces caractéristiques ne sont pas totalement spécifiques au domaine biomédical, elles sont particulièrement exacerbées en la matière car c'est l'identité de l'homme et sa place dans le système social et économique qui est en jeu. En cela, la science et la technique biomédicales annoncent une rupture radicale dans l'histoire de l'humanité à laquelle le droit est confronté. Alors même que peuvent être retrouvées dans ce débat des réminiscences de questions plus anciennes de théologie comme celle relative à l'appartenance ou non à l'humanité des Indiens d'Amérique, ou en matière civile, les controverses relatives au statut des esclaves[56]; il n'en reste pas moins que les questions nouvelles ont changé de nature à la fois par leur dimension et par le contexte social et idéologique dans lequel elles se développent. C'est pourquoi l'étude du système normatif de la bioéthique peut être considérée comme un champ particulièrement révélateur de l'évolution

[55] M. Cassier, « Bien privé, bien collectif et bien public à l'âge de la génomique », *RISS*, n°171, mars 2002, p. 95.
[56] C. Labrusse-Riou, « Projet parental, projet biomédical : la reconstitution des « droits de puissance » ?», *RGDM*, n°spécial, La recherche sur l'embryon : qualifications et enjeux, 2000, p. 124.

du système normatif dans son ensemble. Cependant cette présentation sommaire de l'évolution du système normatif n'a pour objet que de rappeler le contexte dans lequel s'élaborent les normes relatives à la bioéthique. C'est en effet, à l'étude spécifique du système normatif dans le champ de la bioéthique que seront consacrés les développements de cette étude qui n'a pas la prétention d'élaborer un cadre conceptuel général.

19. L'activité médicale, depuis l'Antiquité et aujourd'hui, l'activité biomédicale, sont régies par un système que l'on peut qualifier de régulation para-juridique, car il s'agit d'un ensemble normatif qui s'est développé en grande partie en marge du droit. Cet ensemble de normes peut être considéré comme para-juridique car il présente, d'une part, certaines qualités de la norme juridique au travers notamment de sa prétention à l'effectivité et en raison de l'existence éventuelle de sanctions professionnelles. D'autre part, ce qualificatif permet de rendre compte que cet ensemble de normes entretient des liens avec les normes juridiques qu'il peut précéder ou influencer. A cet égard, les normes para-juridiques se distinguent de l'hypothèse du non-droit. En effet, le non-droit n'implique pas seulement l'existence de vides de droit, l'hypothèse du non-droit signifie qu'il y a un mouvement du droit au non-droit. Le non-droit est perçu comme « le retrait ou la retraite du droit »[57] alors que la régulation para-juridique est susceptible d'interférer dans le système juridique et de susciter l'intervention du droit.

20. L'ancienneté de la régulation et sa prédominance dans le cadre de l'activité médicale, témoignent de l'emprise d'une normativité d'abord non étatique et d'un mode normatif atypique en rupture avec le mode juridique. Ce phénomène de régulation est constitué d'ensembles normatifs hétérogènes car différents types d'acteurs interviennent pour réguler ce qui relève de leur sphère de compétence. Dans le domaine de la bioéthique, la régulation a souvent précédé l'intervention du droit, en tant que phénomène souple, elle dispose d'une réactivité plus rapide que le droit.

21. Malgré la diversité des acteurs et des normes relevant de la régulation para-juridique ; qui est partagée entre les normes professionnelles issues de l'autorégulation, des normes de *soft law* émanant des organisations internationales gouvernementales et des

[57] J. Carbonnier, « L'hypothèse du non-droit », in *APD*, Le dépassement du droit, t. 8, 1963, p. 57.

normes éthiques élaborées par les comités, une continuité se dégage ; à savoir, d'une part, le développement de ces normes en dehors du système juridique traditionnel, (ce qui n'exclut pas qu'elles soient dotées d'une autorité de fait et suivies d'effet), d'autre part, l'importance de ce système normatif qui ne s'est pas démentie depuis l'Antiquité. L'existence de ce système parallèle au droit s'est même étoffé et complexifié. Depuis l'origine, le poids des professionnels y est particulièrement marqué, au travers de l'éthique hippocratique, des règles de l'expérimentation, et de la déontologie. Même le code de Nuremberg qui apparaît comme une parenthèse à l'intervention professionnelle, puise ses racines dans la déontologie médicale. Par ailleurs, la participation des professionnels continue à s'affirmer au sein des organisations non gouvernementales (ONG) et des comités d'éthique.

22. Parmi les acteurs de l'ensemble normatif para-juridique, les comités d'éthique méritent une attention particulière en tant qu'ils sont la figure paradigmatique de la régulation en bioéthique. Les comités présentent un double intérêt puisqu'ils sont à la fois le fruit d'une innovation institutionnelle et à la source d'une nouvelle normativité. C'est pourquoi notre champ d'observation se limite aux comités d'éthique, les plus symptomatiques d'un nouveau type de normativité, même si d'autres institutions nouvellement mises en place, notamment les autorités sanitaires spécialisées participent aussi au phénomène de régulation.

23. Les établissements publics sanitaires, tels que l'Agence française de sécurité sanitaire des produits de santé[58], sont chargés d'élaborer des règles de bonnes pratiques, qui sont ensuite homologuées par arrêté du ministre de la Santé. Dans le cadre de cette habilitation, l'établissement public dispose d'un pouvoir réglementaire délégué et contrôlé, puisque l'homologation en tant que technique d'approbation constitue une modalité de tutelle. Hormis l'exercice d'un pouvoir réglementaire délégué, les établissements publics disposent de compétences moins classiques qui témoignent de leur participation au processus de régulation. Dans le cadre de ses missions, l'Agence française de sécurité sanitaire des produits de santé a fait preuve d'une initiative originale destinée à pallier les éventuels retards de l'Etat en matière de transposition de la Directive européenne relative aux essais cliniques de médicament datant de 2001. « Afin d'être en mesure

[58] Art. L. 1223-3 CSP.

d'appliquer la directive dès sa date d'entrée en vigueur, l'agence envisage de mettre en place une phase pilote (...) à titre expérimental... »[59] ce qui lui permet d'appliquer directement la Directive même non transposée. Cette initiative pose la question de l'étendue des prérogatives de l'Agence, si le Code de la santé publique dispose notamment qu'elle participe à la préparation des textes législatifs et réglementaires[60], ou encore qu'elle participe à l'action européenne et internationale de la France[61], aucune disposition ne l'habilite à mettre en œuvre directement des instruments juridiques communautaires.

La Haute autorité de santé qui succède à l'Agence nationale d'accréditation et d'évaluation en santé dispose des compétences normatives les plus atypiques, dans la mesure où, en l'absence d'homologation ministérielle, l'incertitude pèse sur la force juridique de certaines normes qu'elle est appelée à prendre, c'est notamment le cas des guides de bon usage des soins et des recommandations de bonne pratique[62] qu'elle doit élaborer et diffuser et des référentiels de qualité des soins et des pratiques professionnelles qu'elle doit élaborer ou valider et diffuser[63]. Les recommandations sont destinées aux professionnels de santé, elles semblent dotées d'une valeur simplement indicative : « les recommandations professionnelles sont définies comme des propositions développées selon une méthode explicite pour aider le professionnel de santé et le patient à rechercher les soins les plus appropriés dans des circonstances cliniques données »[64]. Toutefois, les références médicales sont susceptibles de devenir opposables aux praticiens par la voie conventionnelle[65], lorsqu'elles sont adoptées par les signataires des conventions nationales. Il s'agit d'une technique qui s'apparente à celle de la convention collective en droit du travail. D'autre part, ces documents consultatifs peuvent se voir reconnaître une portée juridique en cas de litige, les experts et les juges seront sans doute amenés à prendre en compte ces normes pour déterminer les responsabilités. Elles

[59] http://www.afssaps.fr, DEMEB/SPIRE/CBB.
[60] Art. L. 5311-2 3 CSP.
[61] Art. L. 5311-2 4 CSP.
[62] Art. L. 161-37 du Code de la sécurité sociale.
[63] Art. L. 1414-3-3 CSP.
[64] http://www.anaes.fr, rubrique : les missions.
[65] Art. 162-5 et sv. C. Séc. Soc.

sont susceptibles d'aider à identifier un usage de la profession ou une règle de l'art[66].

L'élaboration des recommandations de bonne pratique et des références médicales et professionnelles s'inscrit dans le champ de la régulation, et plus précisément dans ce qu'il est convenu d'appeler la normalisation. Ce procédé relève du droit négocié car il fait participer les acteurs privés à son élaboration. L'objectif de la normalisation consiste à rechercher une meilleure harmonisation des normes techniques notamment au sein de la communauté concernée. La normalisation produit des documents de référence comportant des solutions à des problèmes techniques[67]. C'est le caractère technique de la norme qui jette le doute sur la valeur juridique de la norme[68].

En supervisant l'activité des institutions sanitaires, on constate la disparité des sources normatives qu'elles émettent et l'intérêt qu'elles éveillent au regard du phénomène de régulation. Néanmoins, parmi les multiples institutions intervenant dans le domaine de la santé et de la médecine, et nonobstant le rôle joué par chacune d'elles dans le système normatif, notre étude sera centrée sur les comités d'éthique. Ces comités présentent plusieurs caractères qui justifient ce choix. D'une part, ils participent d'une certaine manière à l'arbitrage professionnel en raison de la présence de professionnels en leur sein mais ils s'en écartent par un élargissement de leur composition. D'autre part, certains d'entre eux ont moins vocation à réguler des pratiques qu'à poser des normes ou des argumentaires éthiques de portée générale. Enfin, les avis qu'ils rendent, prennent en compte les normes juridiques et les valeurs qui les sous-tendent tout en ayant vocation à les faire évoluer. Ce sont donc, ces institutions qui manifestent le plus clairement l'articulation des normes éthiques et juridiques, objet de cette étude.

24. L'émergence des comités s'explique par la volonté de s'écarter du corporatisme et du phénomène d'autorégulation professionnelle, afin d'exercer un contrôle externe de l'activité médicale.

---

[66] A. de Lajartre, « Etablissements publics et pouvoir normatif : entre règles professionnelles et normes administratives », in *Normativité et biomédecine*, *op. cit.*, p. 147.

[67] L. Boy, « La valeur juridique de la normalisation », in *Les transformations de la régulation juridique*, J. Clam, G. Martin (sd.), Paris, LGDJ, Droit et société, 1998, p. 183.

[68] Concernant l'incertitude sur l'autorité des normes techniques, *Cf.* C. Roussel, « L'incidence du non-respect des normes techniques dans les marchés publics », *AJDA*, 2003, p. 1696.

La révélation de scandales liés à l'expérimentation et les risques sans précédent issus du développement scientifique et technologique, sont à l'origine d'une prise de conscience, à savoir que la dimension des problèmes dépasse la relation médecin-patient et même la sphère médicale. Pour affronter la nouvelle problématique, et ses répercussions sociales, sont apparus spontanément des comités d'éthique dont la création a initialement répondu à un besoin de terrain. Les comités inaugurent une nouvelle approche de la régulation de l'activité médicale en s'ouvrant à des non-médecins.

25. La spécificité de ces institutions réside dans leur composition pluridisciplinaire, pluraliste et leur indépendance, ces trois éléments fondent la légitimité des comités. La pluridisciplinarité et le pluralisme sont censés répondre à l'éclatement du savoir et à l'absence d'identification à des valeurs communes dans les sociétés dites pluralistes. C'est pourquoi, la normativité produite par les comités est axée sur la délibération, l'argumentation et le consensus, qui sont par ailleurs présentés comme les fondements de ce que serait une démarche démocratique rénovée. A l'encontre du système de démocratie représentative, majoritaire, siège d'une volonté générale et abstraite dégagée par des autorités politiques, certains prônent un système reconnaissant les particularismes de la société réelle et concrète. La promotion d'une démarche plus délibérative, participative, consensuelle va trouver un écho particulier dans le cadre des comités d'éthique et du système normatif qu'ils produisent.

26. De la démarche consensuelle et procédurale suivie par les comités, on déduit l'existence d'une normativité propre, distincte de la morale et de la déontologie. Ses caractéristiques reposent non seulement sur ce mode de production des normes mais aussi sur leur nature flexible, provisoire, et souple. Cependant, la question se pose de savoir à quel titre de légitimité ces normes peuvent-elles prétendre, à une légitimité de type plutôt démocratique ou oligarchique ?.

27. Le développement de la régulation para-juridique s'avère particulièrement intense en bioéthique, ce développement parallèle au droit suscite inévitablement une question d'agencement avec le système juridique d'autant que le droit appréhende désormais les problèmes posés en bioéthique. Puisque ce phénomène de régulation évolue en dehors du droit, il convient de le confronter au système juridique. *A priori*, on se

trouve en présence de deux systèmes normatifs autonomes et distincts qui coexistent.

Le système de régulation para-juridique ne procède pas d'une base élective, il fonctionne par un procédé consensuel, il produit une normativité flexible, relative, et éclatée émanant d'institutions privées ou intermédiaires. Les normes sont dotées d'une autorité médiate, sans valeur obligatoire, leur respect dépend de l'adhésion des destinataires qui acceptent de s'y conformer. Alors que le système juridique repose sur une base élective et un système majoritaire, que l'autorité des normes est immédiate puisqu'elles sont par elles-mêmes, en principe, contraignantes et sanctionnées, qu'elles émanent d'autorités politiques ou d'autorités habilitées. Enfin la normativité juridique est vouée à une certaine stabilité.

28. Malgré ces différences, il y a lieu de se demander si la convergence des deux systèmes para-juridique et juridique ne l'a pas emporté sur ce qui les distingue car ils semblent partager les mêmes modes de légitimation des normes. La logique substantielle fondée sur les valeurs et la logique procédurale attachée au mode d'élaboration des normes et à la teneur des normes, sont deux logiques qui ont pour objet la légitimation de la norme tant para-juridique que juridique. Or de tels modes de légitimation affectent le système juridique, dont la conception traditionnelle repose sur une conception formelle et matérielle laquelle évoluerait vers une conception procédurale et substantielle. Certes ces deux conceptions ne s'opposent pas puisque la procédure participe d'une certaine forme de légitimité formelle, et que la substance fonde une certaine forme de légitimité matérielle ; néanmoins ce glissement traduit une évolution du système juridique. Dans le cadre de la conception procédurale, contrairement à la conception formelle, ce qui compte ce n'est pas tant l'organe compétent (l'auteur de la norme), ni le support de la norme, ni son mode d'adoption mais l'ensemble de son processus d'élaboration et d'application : c'est-à-dire que l'attention est portée à la phase préparatoire et à la phase de réalisation des normes dans le but de rationaliser le système normatif, de le rendre plus pragmatique et ouvert aux influences d'autres normativités grâce au phénomène d'internormativité. Au regard de la conception matérielle du droit, qui correspond à l'essor de l'Etat-Providence, les normes ne sont plus seulement justifiées par l'organe et la procédure de leur création mais aussi par leur contenu. La conception substantielle s'en démarque. Elle

va plus loin dans la mesure où elle associe au contenu la référence à des valeurs.

29. La logique substantielle est au cœur de la bioéthique, la régulation para-juridique comme le droit en la matière, sont construits à partir des valeurs et des droits fondamentaux. C'est un système de références commun à la régulation para-juridique et au droit. Bien que la normativité éthique se réclame du consensus et du respect du pluralisme donc de la neutralité, la réflexion bioéthique et les avis des comités non seulement ne peuvent faire abstraction des valeurs mais ils sont fondés sur les valeurs. Ce fondement substantiel commun à l'éthique et au droit brouille la frontière entre le para-juridique et le juridique. Par l'intermédiaire des droits fondamentaux transparaît la perméabilité du juridique et du para-juridique car ils recourent à des notions communes. Les droits fondamentaux passent de l'éthique au droit, du droit à l'éthique, les valeurs offrent un lieu propice de confusion et d'échange entre l'éthique et le droit.

Mais l'aptitude des droits fondamentaux à fonder le système est sujette à caution ; elle dépend de la portée effective des droits. C'est pourquoi, il ne faut pas *a priori* surestimer le rôle des valeurs ni leur capacité à régir le droit de la bioéthique.

30. Parallèlement à la conception substantielle, fondée sur les droits fondamentaux s'est développée, on l'a dit, une conception procédurale du droit. Or l'accent mis sur la procédure semble en fait prendre le contre-pied de la logique substantielle. En effet ces deux logiques, pourtant conjuguées sont d'une certaine manière antinomique puisque la logique procédurale est indifférente au contenu. Elle dénie donc la possibilité de légitimer une norme par sa substance. La quête d'une légitimité procédurale va entraîner une transformation des modes d'élaboration du droit, de production du droit et même du contenu du droit plus enclin à poser des règles de procédure que des règles substantielles. A cet égard, la spécificité du mode d'élaboration des normes éthiques et ses éléments de légitimation que constituent le respect du pluralisme, le consensus, la souplesse et la réversibilité semblent gagner le domaine juridique. En tant qu'instrument de rationalisation du droit, la procédure concerne la phase préparatoire et le suivi des normes afin de leur assurer un maximum de performance. On assiste à l'institutionnalisation de procédés de préparation et de révision des normes ce qui induit l'idée d'un droit provisoire. En outre, le système juridique adopte une approche plus pragmatique et casuistique, dans le

cadre de laquelle la détermination de la norme s'opère par médiation, à la suite d'une appréciation *in concreto*. Enfin, l'approche procédurale permet d'ouvrir l'élaboration et la production du droit à d'autres acteurs que les autorités politiques, et notamment aux acteurs de la régulation para-juridique. Ainsi se dessine une influence réciproque des systèmes normatifs qui s'enrichissent mutuellement.

31. L'existence de modes de régulation en marge du droit met en exergue la spécificité du système normatif de la bioéthique caractérisée par l'importance de la régulation para-juridique dont les comités d'éthique sont l'avatar contemporain le plus singulier (Première partie). L'articulation du système normatif issu des comités d'éthique et de celui propre au droit traduit des influences réciproques et la quête d'une même légitimité (Deuxième partie).

PREMIERE PARTIE : LES SPECIFICITES DE LA REGULATION PARA-JURIDIQUE DES ACTIVITES MEDICALES ET BIOMEDICALES

32. Constater « la crise des régulations traditionnelles »[69] est désormais un poncif, et l'émergence de nouvelles formes de régulation sociale semble l'attester. La terminologie employée porte l'emprunte de cette transformation ; la prolifération des codes de conduite, directives, chartes, recommandations, des procédés de normalisation ou encore le recours à la notion de *soft law*, laissent entrevoir les nouvelles voies de l'activité normative. L'emploi relativement récent et le succès même du terme régulation dans le langage juridique mérite une analyse. Il n'est pas anodin que ce concept ait pénétré la sphère du droit, alors que son usage était cantonné au domaine de la sociologie et de l'économie. Ce terme polysémique, qualifié de terme « omnibus » ou « passe partout »[70], suscite des critiques en raison de son imprécision, néanmoins il est révélateur d'une transformation du mode de production des normes.

33. Dans son acception générique « Ce concept (...) est celui d'une œuvre, consistant à introduire des régularités dans un objet social, à assurer sa stabilité, sa pérennité, sans en fixer tous les éléments ni l'intégral déroulement, donc sans exclure des changements »[71], en ce sens, la régulation englobe l'ensemble des procédés assurant un équilibre ou une harmonie au sein du système social. A ce titre, le droit est un instrument de régulation.

Dans un sens plus restrictif, la notion de régulation recèle la particularité d'évoquer « une réorganisation du mode normatif de la

---

[69] M. Crozier, « La crise des régulations traditionnelles », in *La sagesse et le désordre. France 1980*, H. Mendras (sd.), Paris, Gallimard, coll. Bibliothèque des sciences humaines, 1980, p. 371.

[70] J. Chevallier, « De quelques usages du concept de régulation », in *La régulation entre droit et politique*, M. Miaille (sd.), Paris, L'Harmattan, 1995, p. 71.

[71] A. Jeammaud, « Introduction à la sémantique de la régulation juridique », in *Les transformations de la régulation juridique*, J. Clam et G. Martin (sd.), Paris, LGDJ, coll. Droit et Société, 1998, p. 53.

société contemporaine »[72] dans la mesure où elle fonctionne selon une logique flexible, évolutive, dialectique et ouverte à la représentation des intérêts professionnels et économiques[73]. L'immixtion du terme en droit, à l'occasion de la mise en place des premières autorités administratives indépendantes[74], illustre la vocation de la régulation à se démarquer des modes traditionnels d'élaboration du droit. Dès lors, la régulation se distingue de la réglementation définie comme une activité normative contraignante et sanctionnée[75], alors que la régulation met en œuvre des modes d'intervention souples et sans caractère obligatoire telles que les recommandations. Ainsi, la régulation se caractérise par l'évitement de la contrainte au sens de sanction, elle privilégie le mode de la persuasion, de l'incitation ou de la recommandation pour être effective. D'autre part, elle tire sa spécificité du fait que la « régulation devient une action du groupe sur lui-même »[76], les destinataires de la norme participent à son élaboration. Toutefois, le concept de régulation fait l'objet de divers usages en droit si bien que pour certains auteurs, la régulation en droit économique est fondamentalement une théorie de l'intervention publique[77]. La prise en charge directe d'une activité par l'administration, ou l'encadrement de cette activité par une réglementation relève alors de la régulation. Dans cette perspective, il n'y a pas d'opposition entre régulation et réglementation, la régulation ne présente pas de spécificité puisqu'elle couvre tous les modes d'intervention publique. Cependant, cette théorie de la régulation est cantonnée au droit économique, alors que le concept dans le sens qui nous intéresse, est entendu plus largement comme « visant entre autres par des procédés souples de négociation, incitation et adaptation, à orienter les comportements sociaux dans un domaine où il faut concilier des intérêts contradictoires afin d'assurer une certaine stabilité »[78]. L'intérêt du concept est d'exprimer une nouvelle forme de normativité. A cet égard, la régulation recouvre, semble t-il,

[72] M. Miaille, « La régulation : enjeux d'un choix », in *La régulation entre droit et politique*, M. Miaille (sd.), *op. cit.*, p. 21.

[73] L. Cohen-Tanugi, « Une doctrine pour la régulation », *Le Débat*, n°52, nov. - déc. 1988, p. 56.

[74] M. Miaille, « La régulation : enjeux d'un choix », *op. cit.*

[75] G. Timsit, *Archipel de la norme*, Paris, PUF, coll. Les voies du droit, 1997, en particulier Chapitre VI : La régulation : naissance d'une notion, p. 161 et sv.

[76] *Ibid.*

[77] J-B. Auby, « La bataille de San Romano. Réflexions sur les évolutions récentes du droit administratif », *AJDA*, 2001, p. 925.

[78] J-C. Jobart, « Essai de définition du concept de régulation : de l'histoire des sciences aux usages du droit », *RRJ*, 2004-1, p. 55.

deux phénomènes. Elle permet d'une part de rendre compte de l'activité normative non étatique, d'autant qu'il y a un accroissement de l'activité normative issue des pouvoirs privés laquelle résulte soit d'une délégation de l'Etat, soit « d'ordres spontanés », ou, issue d'institutions intermédiaires entre l'espace étatique et celui de la « société civile », telles que les autorités administratives indépendantes et les comités d'éthique. D'autre part, elle rend compte du changement qui affecte le mode normatif lui-même, moins prescriptif et impératif, plus incitatif et persuasif, qui tend de ce fait à substituer l'adhésion à la contrainte.

En raison de ces deux phénomènes concomitants, les frontières entre normes et énoncés non normatifs de même que celles, entre droit et non-droit sont de plus en plus floues.

34. L'exemple des codes de conduite reflète particulièrement cette difficulté. En ce qui concerne les codes de conduite, certains y voient la difficulté de trancher le problème de « leur appartenance ou de leur extériorité au monde du droit »[79]. La terminologie code de conduite soulève des questions pour le juriste en raison de l'ambiguïté du statut juridique de ces actes, de même que pour l'ensemble des actes relevant de la *soft law*. Présentés comme « une manière d'embryologie juridique »[80] pour illustrer le fait qu'ils constituent une juridicité en devenir, les controverses sur leur appartenance ou non au droit se multiplient. Les codes de conduite adoptés par des organisations internationales gouvernementales, émanent d'autorités habilitées à édicter des règles de droit, mais sont-ils pour autant des instruments juridiques ? D'une part, la terminologie code de conduite ne correspond pas aux critères formels de qualification, il s'agit d'une « notion étrangère au droit international public »[81]. D'autre part, les normes qu'ils contiennent sont dépourvues de force obligatoire. De tels instruments sont destinés à convaincre et non à imposer[82], de cette manière ils fondent leur effectivité sur le respect volontaire des normes. Nul doute, qu'ils sont élaborés en vue de produire des effets de droit, mais

[79] A. Jeammaud, « Introduction à la sémantique de la régulation juridique. Des concepts en jeu », in *Les transformations de la régulation juridique*, *op. cit.*, p. 70.
[80] M. Bettati, « Réflexions sur la portée du code international de conduite pour le transfert de technologie : éloge de l'ambiguïté », in *Etudes offertes à C-A. Colliard*, Paris, Ed. A. Pedone, 1984, p. 83.
[81] E. Decaux, « La forme et la force obligatoire des codes de bonne conduite », *AFDI*, 1983, p. 85.
[82] *Ibid.*

l'implémentation de la norme est tributaire de son acceptation par les destinataires de la norme.

En présentant la situation des codes conduite comme un état où « la fiction juridique et la réalité normative s'y côtoient bien souvent, et sans s'exclure mutuellement, s'enrichissent de leur proximité pour assurer une fonction régulatrice... »[83], le Professeur Bettati offre une description plus générale de ce que pourrait constituer la catégorie des normes para-juridiques.

35. Le phénomène de régulation a un retentissement particulièrement prononcé dans le domaine qui nous intéresse : la bioéthique, où la régulation para-juridique est prégnante. En effet, ce domaine est marqué par une pluralité de sources normatives a-étatiques, et par la prédominance de sources "molles", l'incertitude quant aux évolutions scientifiques, nécessitant des règles souples[84].

Toutefois, en examinant l'historique de l'activité normative dans le milieu médical, peut-être, faut-il relativiser la nouveauté des phénomènes. Car, la déontologie constitue un exemple de tradition ancestrale de normes d'origine privée ; ce milieu est donc accoutumé à une régulation en marge du droit. Et la question de la juridicité des règles déontologiques a fait l'objet de nombreux débats. Cette question est désormais résolue pour le code de déontologie médicale dans la mesure où il est entériné par un décret en Conseil d'Etat, preuve de sa réception dans l'ordre juridique étatique.

36. Une approche historique permettra de mettre en relief l'existence traditionnelle d'une régulation des activités médicales en marge du droit (Chapitre 1), avant de traiter spécifiquement le cas des comités d'éthique, en tant que nouvelle catégorie d'institution, dotée d'un système normatif qui leur est propre (Chapitre 2), instances aujourd'hui les plus représentatives de la régulation para-juridique en bioéthique.

---

[83] M. Bettati, « Réflexions sur la portée du code international pour le transfert de technologie : éloge de l'ambiguïté », *op.cit.*, p. 102.

[84] N. Lenoir, B. Mathieu, *Les normes internationales de la bioéthique*, Paris, PUF, coll. QSJ, 1998, p. 18.

CHAPITRE 1 : LA TRADITIONNELLE REGULATION DES ACTIVITES MEDICALES EN MARGE DU DROIT

37. Historiquement, l'autorégulation professionnelle en médecine s'avère être le système normatif dominant. L'acte médical est tourné, par essence, vers le bien d'autrui : « un médecin, c'est d'abord l'homme qui aide un autre homme »[85]. Dès l'Antiquité, les médecins se sont dotés de règles de conduite régissant la pratique de l'art médical dans le but de préserver l'intérêt du patient. Le Serment dit d'Hippocrate représente le premier code de déontologie de la médecine occidentale. L'évolution de la pratique médicale, notamment l'apparition de la médecine expérimentale renouvelle le questionnement moral au sein de la profession. La découverte des crimes commis par les médecins nazis durant la seconde guerre mondiale va sonner le glas de ce quasi-monopole professionnel. Les crimes perpétrés par les médecins, et organisés par l'Etat nazi, révèlent des pratiques médicales, niant la dignité de l'être humain, et mises au service de l'inhumanité. L'infraction médicale devient crime contre l'humanité[86]. Dès lors, on comprend la mise en cause de la médecine, dont les nouveaux pouvoirs sont susceptibles d'attenter au respect dû à l'être humain, et la mise en cause de la déontologie, à la fois inadaptée à ces nouveaux pouvoirs et incapable d'endiguer de telles déviances. Ceci explique le dessaisissement de la profession, et la survenance d'un fait sans précédent dans l'histoire de la médecine : la détermination des principes éthiques applicables à l'expérimentation par le tribunal américain chargé de juger les médecins allemands.

38. Ce jugement créé une rupture au regard de l'histoire de la régulation médicale, cependant reste la question de la portée subséquente de ce procès. Immédiatement après guerre, il a suscité deux types de réactions, l'une institutionnelle : la création d'organisations non

---

[85] Témoignage du Professeur Leibbrand, in *Croix Gammée contre Caducée*, F. Bayle, Neustadt Palatinat, 1950, p. 1419-1430.
[86] C. Ambroselli, *Le comité d'éthique*, Paris, PUF, coll. QSJ, 1990, p. 14 et sv.

gouvernementales (ONG) au sein de la profession médicale et scientifique, l'autre normative : le développement de nouvelles initiatives normatives mises en œuvre par les ONG et par les organisations intergouvernementales à l'échelle internationale et régionale.

39. Dans un contexte historique imprégné d'un système normatif en marge du droit (Section 1), il s'agit de déterminer si la césure opérée par Nuremberg a ou non remis en cause l'ancien système d'autorégulation professionnelle (Section 2). Autrement dit, le procès doit-il être analysé comme une simple parenthèse, comme un facteur de continuité sous l'apparence de changement ou comme une véritable rupture au sein la régulation para-juridique en médecine.

SECTION 1 : LES FONDEMENTS DE L'ÉTHIQUE MÉDICALE D'HIPPOCRATE À NUREMBERG

40. La médecine hippocratique a ouvert la voie de la médecine moderne. Ses méthodes ont prévalu jusqu'au XIXème siècle. L'introduction de la méthode expérimentale va, alors, révolutionner la médecine et engager de nouvelles réflexions morales liées à l'expérimentation. Paradoxalement, la déontologie médicale ne s'adapte pas à la pratique expérimentale ; les problèmes moraux induits par la pratique expérimentale sont appréhendés, mais, de manière isolée et à titre individuel par les chercheurs. La communauté médicale ne se prononce pas sur ce qui constitue une expérimentation acceptable. Ce sont les médecins, partagés entre la satisfaction de l'intérêt du patient et l'intérêt scientifique, qui se sont interrogés individuellement sur les conditions et les limites de l'acte expérimental. La profession médicale, organisée selon les pays au sein d'associations médicales ou Ordres des médecins, n'a pas adopté de règles déontologiques propres à l'expérimentation. Dès lors, l'appréciation de la légitimité ou non d'expérimenter relevait de la conscience individuelle de chaque médecin. L'absence de réglementation interne à la profession, a certes favorisé l'intervention des autorités publiques dans le domaine de l'éthique médicale, qui était traditionnellement l'apanage exclusif des médecins. Néanmoins, l'intervention de ces autorités revêt un caractère subsidiaire, la consécration de principes éthiques par la jurisprudence ou par les

gouvernements, s'agissant par exemple des directives gouvernementales allemandes, est restée somme toute, exceptionnelle.

41. L'immobilisme de la profession médicale et le cruel manque de principes éthiques propres à l'expérimentation sont mis au jour lors du procès des médecins nazis. Les crimes médicalisés perpétrés par les médecins allemands, attentatoires aux droits de l'homme, dévoilent les dangers inhérents de la « médecine scientifique », par sa potentialité de ravaler l'homme au rang de matériel ou de simple objet de recherche. Or le respect de la dignité humaine implique le respect du corps de l'homme, « Tout traitement dégradant du corps devra être considéré comme négation de l'humain car l'être humain est son corps... »[87]. De par l'ampleur et la nature des crimes commis, le tribunal militaire américain, devant lequel comparaissent les médecins, est conduit à élaborer lui-même un corpus de règles éthiques afin de les juger.

Les principes élaborés par le tribunal, dénommés Code de Nuremberg, témoignent du dessaisissement de la profession dans le domaine de l'éthique médicale. Au confluent de l'éthique et du droit[88], le Code présente un statut atypique. La consécration de principes éthiques par une instance juridictionnelle explique la nature spécifique du Code et justifie qu'il soit traité dans le cadre de la régulation para-juridique, bien qu'aujourd'hui la nature juridique du Code semble établie.

§1 Les sources d'origine professionnelle

42. Les fondements de l'intervention professionnelle dans le domaine de l'éthique médicale sont ancestraux. Les premiers principes écrits réglementant l'art médical datent du cinquième siècle avant Jésus-Christ. Ils figurent dans le Serment dit d'Hippocrate, du nom du célèbre médecin grec de la lignée des Asclépiades. Jusqu'au milieu du XXème siècle l'éthique médicale reste un domaine traditionnellement réservé aux médecins.

---

[87] J. Ladrière, cité in *Licéité en droit positif et Références légales aux valeurs*, Xème Journées d'études juridiques J. Dabin, Bruxelles, Bruylant, coll. Bibliothèque de la Faculté de droit de l'Université catholique de Louvain, 1982, p. 169.

[88] « Le procès ouvre un débat international sur la crise de l'éthique médicale et des droits de l'homme... », C. Ambroselli, *Le comité d'éthique, op. cit.*, p. 3.

43. Il est certes réducteur de présenter l'évolution de la pensée médicale en ne retenant comme étape que la médecine hippocratique et la médecine expérimentale. Cependant ce choix s'impose dans le cadre de cette étude car ces deux courants ont profondément modifié la conception de la médecine et plus que tout autre ils ont contribué à l'élaboration de l'éthique médicale ; le premier en la fondant, le second en renouvelant le questionnement éthique.

44. La conceptualisation des devoirs professionnels se formalise tardivement au travers de la constitution d'une discipline : la déontologie, signe d'une prise de conscience des obligations pesant sur le médecin mais qui esquive la délicate question de l'expérimentation.

A/ La médecine hippocratique

45. L'apport majeur de la médecine hippocratique, à l'origine de la consécration d'Hippocrate en tant que Père fondateur de la médecine, consiste à fonder la pratique médicale sur une méthode exclusivement rationnelle, écartant toute corrélation entre la maladie et la magie ou la religion. Jusqu'au XIXème siècle, la morale de la médecine réside dans les principes hippocratiques, la morale de la médecine ne change pas car la médecine ne change pas[89].

46. L'évolution est amorcée lors de l'introduction de la méthode expérimentale. De l'étude de l'anatomie, la médecine passe à l'étude de la physiologie. Les médecins cherchent à comprendre les mécanismes de vie et la fonction des organes ; à cette fin, il leur faut expérimenter sur le vivant : « L'expérimentateur doit pouvoir toucher le corps sur lequel il veut agir, soit en le détruisant, soit en le modifiant, afin de connaître ainsi le rôle qu'il remplit dans les phénomènes de la nature. »[90].

1- La doctrine hippocratique

47. La renommée dont jouit Hippocrate lui confère une dimension légendaire. Ainsi, est-il considéré comme le Père de la médecine. Cependant parmi tous les traités médicaux regroupés sous l'appellation : collection ou corpus hippocratique, certains proviennent

[89] J. Bernard, *De la biologie à l'éthique*, Paris, Buchet-Chastel, coll. Pluriel, 1990, p. 23.
[90] C. Bernard, *Introduction à l'étude de la médecine expérimentale,* 1865, Paris, Flammarion, 1984, p. 38.

d'auteurs qui lui sont postérieurs[91]. C'est pourquoi, il est préférable d'employer la formulation Serment dit d'Hippocrate[92].

48. Le bouleversement opéré par la doctrine hippocratique repose sur le postulat selon lequel toutes les maladies sont provoquées par des causes naturelles. La superstition est vivement critiquée dans le *Traité De la Maladie Sacrée*[93], que nous connaissons sous le nom d'épilepsie. L'auteur dénie toute origine divine à la maladie et dénonce le recours aux remèdes magiques. Il affirme que la maladie sacrée est une maladie comme les autres, ayant une cause rationnelle et nécessitant un traitement rationnel.

Le rationalisme qui caractérise la médecine hippocratique ne signifie pas qu'elle rompt avec la religion traditionnelle, l'une et l'autre sont compatibles. Ainsi, il n'est pas paradoxal que le Serment dit d'Hippocrate s'adresse aux dieux, puisque les médecins ne nient pas l'existence des dieux, Hippocrate lui-même appartenait à une famille qui prétendait descendre du dieu Asclépios. Ce que les médecins réfutent, c'est la croyance en l'origine divine de la maladie.

49. La médecine hippocratique fait naître la médecine en tant que science. En expliquant la maladie par des causes naturelles, elle exclut l'intervention du hasard dans le processus de la maladie. Dès lors la maladie repose sur l'ordre naturel des choses. Elle jette les bases de ce que sera plus tard le déterminisme[94].

La particularité de la méthode hippocratique est d'allier systématiquement l'observation clinique basée sur les cinq sens et le raisonnement qui permet de confronter et d'évaluer les différents signes de la maladie pour en établir le pronostic. Cet examen clinique comprend l'étude du milieu physique et social du patient ainsi que celle de son état d'esprit car l'homme est conçu comme une entité globale dont le corps et l'âme sont indissociables. Et, selon la doctrine hippocratique, le patient ne peut être envisagé indépendamment de son milieu, dans la mesure ou règne une analogie entre l'individu et son univers[95].

---

[91] L. Ayache, *Hippocrate*, Paris, PUF, coll. QSJ, 1992, p. 9.

[92] K-H. Leven, « The invention of Hippocrates : oath, letters and hippocratic corpus », in *Ethics codes in medicine. Foundations and achievements of codification since 1947*, Angleterre, Ed. Ashgate, 1998, p. 3.

[93] D. Gourevitch (es.), *Hippocrate. De l'art médical*, Paris, Librairie Générale Française, coll. Bibliothèque classique, 1994, p. 125.

[94] J. Jouanna, *Hippocrate*, Paris, Fayard, 1992, p. 359 et sv.

[95] L. Ayache, *Hippocrate, op. cit.*, p. 87.

2- L'éthique hippocratique

50. Sous l'impulsion d'Hippocrate, l'enseignement de la médecine a évolué considérablement. Alors que la transmission de l'art médical était restreinte au cercle familial, il a semble t-il été le premier à enseigner contre de l'argent. L'ouverture du savoir médical à des membres extérieurs à la famille a introduit un nouveau type de relation dans l'art médical : celle de maître à disciple. C'est dans cette perspective qu'il convient de replacer le Serment dit d'Hippocrate, dont les premiers passages traitent de la relation entre médecins. Il ne devait être prêté que par les membres extérieurs à la famille.

Le Serment attribue à la relation maître - disciple une nature filiale. Il préserve la structure familiale au sein du corps médical puisqu'il stipule que le maître doit être révéré comme un père. Il impose des devoirs au disciple vis à vis de son maître et de sa descendance.

51. L'origine de l'éthique hippocratique est interprétée différemment selon les auteurs. Pour certains, la solidarité et la réputation du corps médical constituent les fondements de l'éthique hippocratique[96], alors que d'autres font prévaloir l'humanisme de la pensée hippocratique, dont la seule finalité serait l'intérêt du patient[97]. Quelles que soient les motivations qui ont présidé à l'établissement du Serment, ce dernier apporte des garanties au patient, conformément à la maxime hippocratique « être utile ou ne pas nuire ».

Le Serment engage le médecin à se conformer au devoir de qualification, au devoir de respecter la vie - il interdit de remettre du poison et des remèdes abortifs, - au devoir de discrétion - il prescrit le respect du secret médical. D'autre part, le Serment détermine la nature de l'acte médical qui doit être utile, bienfaisant et juste.

A cet égard, le Serment pose des principes intemporels, certains sont des principes clés de la déontologie médicale contemporaine tel que le respect du secret médical. D'autres sont l'enjeu de débats actuels[98] ; les problèmes émergents, liés au progrès scientifique engendrent des conflits moraux au regard de principes ancestraux, si bien que les principes hippocratiques jalonnent les réflexions menées sur la médecine moderne.

---

[96] *Ibid*, p. 105.
[97] J. Jouanna, *Hippocrate*, *op. cit.*, p. 180.
[98] Pour ne prendre qu'un exemple : la question de l'euthanasie se pose en contradiction avec le devoir de respecter la vie.

B/ La médecine expérimentale

52. La médecine expérimentale bouleverse la conception de la médecine héritée d'Hippocrate. En introduisant la technique de l'expérimentation en médecine, elle suscite un nouveau type de débat éthique dont l'enjeu sous-jacent est la réification de l'être humain car l'expérimentation nécessite l'utilisation d'êtres vivants à des fins purement médicales ou scientifiques.

1- La conception de la médecine expérimentale

53. La médecine passe de l'observation à l'expérimentation. L'observation est nécessaire mais insuffisante pour comprendre les phénomènes vitaux.

La médecine expérimentale s'oppose à la médecine hippocratique, comme le décrit le Professeur Canguilhem[99], la médecine hippocratique est passive, contemplative et descriptive, alors que la médecine expérimentale est conquérante. Elle ne se contente pas de constater, elle provoque l'expérience pour contrôler la validité d'une hypothèse. L'expérimentateur doit vérifier par une méthode scientifique le doute qui pèse sur cette hypothèse de départ.

L'idée qui fait naître l'expérimentation peut être le fruit de l'observation, de l'imagination, ou, de l'intuition, qu'il faut dans un deuxième temps corroborer par l'expérimentation, qui est le processus de vérification.

54. Claude Bernard, disciple de Magendie[100], a le premier théorisé la méthode de la médecine expérimentale qu'il définit ainsi, c'« est une médecine qui agit mais qui agit scientifiquement et non empiriquement »[101]. L'empirisme préfigure la méthode expérimentale, alors que la démarche empirique se satisfait des seules données de l'expérience, la démarche expérimentale est fondée sur le contrôle objectif de ces données.

---

[99] G. Canguilhem, *Etudes d'histoire et de philosophie des sciences*, Paris, Librairie philosophique J. Vrin, coll. Problèmes et controverses, 1968, p. 131.

[100] F. Magendie (1783-1855), fondateur de l'idée que la physiologie dépend de phénomènes physico-chimiques.

[101] Claude Bernard cité par C. Ambroselli, *L'éthique médicale*, PUF, coll. QSJ, 1994, p. 19.

55. Parallèlement au changement de méthode correspond une nouvelle appréhension de la médecine. La médecine hippocratique, forte de sa croyance en la force médicatrice de la nature, était centrée sur le diagnostic et le pronostic alors que la médecine expérimentale a pour ambition de maîtriser la nature, « à l'aide des sciences expérimentales actives, l'homme devient inventeur de phénomènes, un véritable contremaître de la création et l'on ne saurait sous ce rapport assigner de limites à la puissance qu'il peut acquérir sur la nature par les progrès futurs des sciences médicales »[102]. Claude Bernard préconise ici un renversement de l'idée hippocratique : la thérapeutique, c'est-à-dire le traitement de la maladie, supplante le diagnostic et vient au premier rang des préoccupations des médecins.

Le postulat sur les causes des maladies se complexifie. La théorie des humeurs[103] est dépassée. D'après Claude Bernard la maladie résulte d'un dysfonctionnement physiologique[104]. La physiologie est la science qui a pour objet d'étudier les phénomènes des êtres vivants, de déterminer les conditions naturelles de leur manifestation. Il critique l'idée dominante de son époque : le vitalisme, qui attribue au vivant des lois particulières dues à une force vitale. Il affirme que le vivant, comme les corps bruts, est le produit de phénomènes physico-chimiques. Et le but de la méthode expérimentale est d'atteindre au déterminisme de ces phénomènes. Cette vision s'est forgée à partir de la découverte du milieu intérieur.

Dès lors l'étude de la physiologie constitue la clef de la compréhension du vivant, et, pour expliquer le vivant, il faut étudier sur le vivant, puisque l'étude de l'anatomie est insuffisante pour concevoir le milieu intérieur. Cependant cette pratique pose des problèmes moraux nouveaux aux médecins portant sur la légitimité et les conditions de l'expérimentation.

---

[102] Claude Bernard cité par G. Canguilhem, *op. cit.*, p. 131.

[103] Théorie fondée sur l'idée que la cause de la maladie résulte d'un déséquilibre des liquides ou des « humeurs » présents dans le corps humain. Les humeurs mises en évidence par l'observation, sont au nombre de quatre : le flegme, le sang, la bile jaune et la bile noire, et leurs caractéristiques physiques sont le froid, le chaud, le sec et l'humide. *Médecin et Médecine. Manuel d'introduction à l'étude de l'histoire de la médecine,* Y. Ferroul, A. Drizenko, D. Boury, Paris, Ed. Honoré Champion, coll. Essais sur le Moyen Age, 1997, p. 135 et sv.

[104] P. Debray-Ritzen, *Claude Bernard ou un nouvel état de l'humaine raison*, Paris, Albin Michel, 1992, p. 91.

2- Les interrogations morales sur l'expérimentation

56. La pratique expérimentale relance le questionnement éthique, dans la mesure où l'éthique médicale traditionnelle correspond à une médecine de soins, tournée vers l'intérêt individuel du patient, alors que l'expérimentation, en tant que méthode d'acquisition des connaissances poursuit un intérêt scientifique.

Les interrogations morales individuelles des médecins concernant l'appréciation de ce qui constitue une expérimentation légitime, contrastent avec l'absence de traitement de ce problème par le corps médical en qualité d'institution corporative. Par conséquent, il n'y a pas de position unanime à l'égard de l'expérimentation.

57. Les réflexions de Claude Bernard illustrent le type de dilemmes auxquels sont confrontés les médecins. Dans son ouvrage *Introduction à l'étude de la médecine expérimentale*[105], il s'interroge successivement sur le droit d'expérimenter sur l'homme, sur les condamnés à mort, puis sur les animaux ainsi que sur le droit de pratiquer des vivisections.

Il se prononce en faveur de l'expérimentation sur l'homme, qu'il justifie par le fait que les médecins et chirurgiens expérimentent quotidiennement à l'occasion de chaque acte médical. Mais l'expérimentation n'est moralement acceptable que si elle est poursuivie dans l'intérêt du malade, conformément au principe hippocratique fondamental : ne pas nuire : « On a le devoir et par conséquent le droit de pratiquer sur l'homme une expérience toutes les fois qu'elle peut lui sauver la vie, le guérir ou lui procurer un avantage personnel. Le principe de moralité médicale et chirurgicale consiste donc à ne jamais pratiquer sur un homme une expérience qui ne pourrait que lui être nuisible à un degré quelconque, bien que le résultat pût intéresser beaucoup la science, c'est-à-dire la santé des autres. »[106]. Et tout en profitant directement au patient, elle pourra en outre en faire bénéficier la science.

Il désapprouve les expériences dangereuses pratiquées sur les condamnés à mort en échange de leur grâce, alors que d'autres y voient la solution au conflit moral que pose l'expérimentation. Dans sa lettre adressée à l'empereur du Brésil, Louis Pasteur considère les condamnés à mort comme des sujets de recherche appropriés : « Je n'ai rien osé tenter

[105] C. Bernard, *Introduction à l'étude de la médecine expérimentale*, *op. cit.*, p. 143 et sv.

[106] *Ibid.*, p. 152.

jusqu'ici sur l'homme (...) Je crains trop un échec (...). Mais alors même que j'aurai multiplié les exemples de prophylaxie de rage sur les chiens, il me semble que la main me tremblera quand il faudra passer à l'espèce humaine. Si j'étais roi ou empereur ou même Président de la République, voici comment j'exercerais le droit de grâce sur les condamnés à mort. J'offrirais à l'avocat du condamné, la veille de l'exécution de ce dernier de choisir entre la mort imminente et une expérience qui consisterait dans des inoculations préventives de la rage... »[107]. Ces deux prises de position témoignent de la diversité des conceptions morales de l'expérimentation qui prévalaient au sein de la profession médicale.

Claude Bernard défend sans hésiter et vigoureusement l'expérimentation sur l'animal affirmant « qu'on a ce droit de manière entière et absolue »[108]. Plus qu'un droit, c'est une obligation. L'essai sur l'animal constitue la phase préalable et nécessaire à l'expérimentation sur l'homme. Conscient des oppositions que soulève la vivisection, il passe outre les objections « des gens étrangers à la science ». Il en déduit que le savant ne doit se soucier que de l'opinion des savants. Les scientifiques ne peuvent être jugés que par leurs pairs, de sorte qu'il existerait une morale spécifique au milieu des savants.

D'autres chercheurs, et en particulier, le Professeur Charles Nicolle[109] ont réaffirmé la légitimité de l'expérimentation animale compte tenu des progrès qu'elle procure à la médecine. Il reconnaît la cruauté de l'expérimentation et la souffrance infligée aux animaux cependant « nous n'avons pas à nous excuser d'une nécessité que notre sentimentalité condamne »[110].

58. Durant la période antérieure à la deuxième guerre mondiale, il faut noter que les médecins semblent réticents à traiter la question de l'expérimentation sur l'homme.

En introduction de l'ouvrage intitulé *L'expérimentation en médecine,* paru en 1934, et dans lequel sont publiées les leçons du professeur Charles Nicolle, titulaire de la chaire de médecine au Collège de France ; l'expérimentation sur l'homme est qualifiée de sujet téméraire, jusqu'alors guère traité en public. Le professeur en

---

[107] Extrait de la lettre de Louis Pasteur à l'empereur du Brésil du 22 déc. 1884, cité par H. Jung, in « L'expérimentation sur les êtres humains. Réflexions d'un juriste allemand », *Revue de science criminelle et de droit pénal comparé,* 1991, p. 34.
[108] C. Bernard, *Introduction à l'étude de la médecine expérimentale*, *op. cit.*, p. 153.
[109] C. Nicolle, *L'expérimentation en médecine*, Paris, Librairie Félix Alcan, 1934, p. 41.
[110] *Ibid.*, p. 47.

introduisant le sujet auprès des étudiants, précise « la prudence me conseillait de me taire. La franchise ne veut pas que j'écoute la prudence »[111]. Cette réflexion est révélatrice de l'embarras des médecins à l'égard de l'expérimentation ; problème si délicat qu'ils répugnent à l'aborder.

Le professeur cerne le problème inextricable d'une telle expérimentation. L'expérimentation sur l'homme quelle qu'elle soit ne peut faire l'objet d'aucune légitimation, elle porte atteinte à l'intangibilité de la personne humaine. Mais l'expérimentation est nécessaire, elle se pratique depuis longtemps, et se pratique toujours.

Cette pratique étant avérée, il convient, selon lui, d'en exposer les données. Il distingue trois types d'expérimentation : l'essai thérapeutique de nouveaux médicaments, l'essai thérapeutique réalisé avec des substances dangereuses tels que les virus ou agents pathogènes vivants et l'expérimentation visant à reproduire la maladie sur un sujet sain pour en étudier le processus.

Le problème est le suivant : quelle limite assigner à l'expérimentation ? Comme Claude Bernard, il défend une conception « paternaliste » de la médecine. Partant du principe que « la conscience du savant n'est pas la conscience publique », le professeur Nicolle considère que c'est au savant qu'il revient d'apprécier la moralité de l'acte expérimental. Toutefois, alors que Claude Bernard ne concevait l'expérimentation que dans un but thérapeutique, le Professeur Nicolle élargit le champ de l'expérimentation en justifiant cette pratique dès lors qu'elle sert l'intérêt général. Dans ce cas, l'objectif principal de l'expérimentation vise à obtenir des informations scientifiques. Il reconnaît donc l'utilité des deux catégories d'expérimentation qui seront distinguées par la suite sous l'appellation recherche thérapeutique et non thérapeutique, ou encore, recherche clinique et non clinique. Le professeur Nicolle conclut en ces termes : « la sagesse est de s'en remettre à eux »[112] (les médecins).

Cette prise de position « corporatiste » qui rejoint celle de Claude Bernard est topique du jugement que les médecins portent sur l'éthique, ils se considèrent comme les meilleurs garants de l'intérêt des patients.

Et, effectivement, dans la pratique, l'expérimentation se trouvait exclusivement sous la gouverne des médecins. Un seul Etat :

[111] *Ibid.*, p. 52.
[112] *Ibid.*, p. 82.

l'Allemagne, a réglementé la pratique expérimentale avant la Deuxième guerre mondiale[113].

C/ Emergence d'une discipline : la déontologie

59. Le concept de déontologie emprunté à la philosophie, doit sa création à Jeremy Bentham. Son introduction dans le domaine médical, remonte en France à l'année 1845 lors de la publication d'un ouvrage intitulé *Déontologie médicale ou des droits et des devoirs des médecins dans l'état actuel de la civilisation*[114]. Mais il ne faut pas se méprendre sur le caractère novateur de la déontologie, le terme est nouveau mais il recouvre des conceptions anciennes et même ancestrales puisque le Serment dit d'Hippocrate est rétroactivement perçu comme une référence déontologique fondamentale. L'innovation de la déontologie réside dans la tendance à la codification des droits et des devoirs des médecins mais cette codification consiste toutefois plus à compiler des règles générales traditionnelles qu'à réglementer des pratiques nouvelles.

1- La formalisation des devoirs professionnels

60. La création du terme déontologie par Jeremy Bentham désigne initialement la science de la morale dans un sens général, il est aussi présenté comme la morale du devoir, sa signification est alors circonscrite au champ philosophique[115].

L'association de la déontologie à la morale professionnelle est plus tardive. L'appréhension du concept de déontologie en matière médicale remonte au milieu du XIXème, la déontologie sert à désigner non seulement les obligations qui pèsent sur les médecins donc les devoirs professionnels mais aussi leurs droits. Il s'agit seulement d'une appellation savante de l'ancienne conception des devoirs et des droits des médecins, laquelle selon certains « ne gagne rien à être commentée sous un autre vocable ». C'est pourquoi l'auteur de ces lignes choisit à dessein d'intituler son ouvrage *Vie professionnelle et devoirs du médecin*[116].

---

[113] *Cf. infra* n°67 et sv.
[114] J. Moret-Bailly, *Les déontologies*, Aix-en-Provence, PUAM, 2001, p. 24.
[115] *Ibid.*, p. 23 et sv.
[116] Juhel-Renoy, *Vie professionnelle et devoirs du médecin*, Paris, Ed. Octave Droin, 1892, p. 1.

61. La déontologie en tant que morale professionnelle[117] a existé avant d'être reconnue comme telle, avant d'être codifiée, et avant que son enseignement soit institutionnalisé[118]. Relève dès lors de la déontologie l'ensemble des sources professionnelles que nous avons précédemment évoquées ; qu'elles émanent d'ouvrages écrits par des médecins qui traitent des devoirs leur incombant, - à ce titre l'auteur anglais Percival mérite d'être cité, car son œuvre *Medical Ethics*, a inspiré la rédaction du code d'éthique médicale de l'Association médicale américaine en 1847, et de l'Association médicale canadienne en 1867[119] - ou qu'elles prennent la forme d'usages professionnels.

62. La déontologie existe donc hors et avant toute codification[120] ; la codification dépend du degré d'organisation de la profession. Aux Etats-Unis, la création de l'association médicale américaine en 1847 s'est accompagnée de la publication d'un premier code déterminant les principales règles à suivre par les médecins[121]. En France, les premières tentatives de codification interviennent au moment où l'on tente d'organiser la profession[122], c'est-à-dire au moment où la création d'un conseil de l'ordre est projetée. Le processus d'organisation de la profession a été lent et saccadé. Il a été freiné par l'interdiction de constituer des syndicats médicaux jusqu'à l'adoption de la loi de 1892[123]. Le premier effort significatif de codification date de 1936, date à laquelle la Confédération des syndicats médicaux français a adopté un Règlement de déontologie médicale sans compter les initiatives locales préalables. En 1899, l'Association des médecins de la Gironde s'était dotée de règles intitulées « conseils professionnels et principes de déontologie ». L'institution d'un ordre professionnel a été tardive en France par rapport

---

[117] *Cf. infra* n°448 et sv.

[118] L'enseignement obligatoire de la déontologie dans les Facultés de médecine date de la réforme des études médicales de 1912.

[119] D. J. Roy, J. R. William, B. M. Dickens, J-L. Baudoin, *La bioéthique, ses fondements et ses controverses*, Canada, Ed. du Renouveau pédagogique, 1995.

[120] J-M L. de Forges, « L'irréductible déontologie », rapport de synthèse in *Déontologie et santé,* L. Dubouis (sd.), Paris, Dalloz, coll. Droit sanitaire et social, série Professions, 1997, p. 97.

[121] B. Hoerni, *Ethique et déontologie médicale,* Paris, Masson, coll. Abrégés, 2ème éd., 2000, p. 10.

[122] J-L. Mouralis, « Déontologie des professions de santé », in *Droit et déontologies professionnelles*, J-L. Bergel (sd.), Aix-en-Provence, Ed. Librairie de l'Université, coll. Ethique et déontologie, 1997, p. 293.

[123] E. Martin, *Précis de déontologie et de médecine professionnelle*, Paris, Masson et Cie, 2ème éd., 1923, p. 9.

à d'autres pays, la Grande-Bretagne, l'Allemagne, la Belgique, l'Italie et l'Espagne[124]. Les propositions et les projets de création se sont succédés, tantôt émanant d'organismes médicaux, tantôt établis par des textes législatifs[125], de 1845, date de la première proposition de création d'un Ordre jusqu'à sa création par la loi du 7 octobre 1940. La loi a dévolu au conseil supérieur de l'Ordre la compétence de prendre tout règlement d'ordre intérieur ce qui a donné lieu à la publication du Code de déontologie et statuts de la profession médicale en 1941.

2- L'absence de règles déontologiques en matière expérimentale

63. La réglementation adoptée par la profession médicale, au sein d'associations médicales ou Ordres des médecins, n'a pas encadré spécifiquement la pratique expérimentale. Certes, elle était subordonnée comme tout acte médical au principe hippocratique *non nocere*. Mais la protection du patient en tant que sujet de recherche aurait mérité d'être renforcée par l'adoption de conditions précises légitimant la conduite de l'expérimentation dans la mesure où cette dernière est susceptible, plus que toute autre intervention médicale, de porter atteinte au respect de la personne humaine.

Le premier code de déontologie[126] élaboré par l'Ordre des médecins français en 1941, stipule dans son article 9 que « le médecin doit avoir le plus grand respect de la personne humaine. Cette règle morale doit être présente à l'esprit de tout médecin employant une thérapeutique nouvelle ». Les instructions pour l'application du code de déontologie précisent que l'essai d'une thérapeutique nouvelle, scientifiquement étudiée ne constitue pas un acte expérimental, mais que néanmoins, le médecin doit agir avec la plus grande prudence dans un pareil cas. D'après ces instructions, le déclenchement d'une maladie ne peut avoir lieu que dans un but thérapeutique, ce qui exclut la reproduction expérimentale de la maladie à seule fin d'étude. Toutefois, le médecin a la possibilité de prolonger la maladie provoquée en cas d'utilité, sans plus de précision. Ainsi, le texte reste muet sur les conditions dans lesquelles l'acte expérimental devrait intervenir.

---

[124] P. Appleton, P. Boudin, *Droit médical*, Paris, Librairie du monde médical, 2ème éd., 1939, n°77.

[125] P. Cibrie, *L'Ordre des médecins*, Paris, Laboratoires Midy, 1935, p. 17 et sv.

[126] *Bulletin de l'Ordre des médecins*, n°1, 1941, Code de déontologie, p. 11.

Aux Etats-Unis, l'Association médicale américaine a formulé les premières règles éthiques relatives à l'expérimentation au lendemain de la deuxième guerre mondiale[128].

L'autorégulation professionnelle en matière expérimentale s'est développée après la deuxième guerre mondiale. Certes, le jugement des médecins nazis a créé une rupture au sein de l'histoire de l'éthique médicale dans la mesure où le Code de Nuremberg n'est pas issu du milieu professionnel. Mais à la suite du jugement, c'est la profession médicale qui a poursuivi la réflexion éthique et qui a déterminé les règles éthiques applicables, dans le cadre de l'Association médicale mondiale[129]. Les règles de conduite ont été élaborées par des médecins à l'adresse des médecins. En outre, les comités de lecture mis en place par les éditeurs scientifiques, pour apprécier la qualité des recherches avant leur publication, sont des comités de pairs[130]. De même, les comités d'éthique sont nés d'une initiative spontanée du milieu hospitalier et de la recherche. Le milieu médical a ainsi exercé un contrôle interne en imposant de sa propre initiative des limites morales à l'activité de recherche, avant d'être en partie dessaisi des questions éthiques pour satisfaire les principes de pluridisciplinarité, de pluralisme et d'indépendance au sein des comités d'éthique.

64. Avant la deuxième guerre mondiale, en l'absence de règles déontologiques spécifiques, la pratique expérimentale était donc livrée à la seule conscience individuelle du médecin expérimentateur et soumise au respect des traditionnels principes hippocratiques.

La codification des critères scientifiques et éthiques de l'expérimentation sur l'homme découle du Code de Nuremberg, toutefois précédé par les directives gouvernementales allemandes établies dès 1931.

---

[128] C. Ambroselli, *L'éthique médicale*, *op. cit.*, p. 98.

[129] *Cf. infra* n°112 et sv.

[130] *Cf. infra* n°212 et sv.

§2 Les sources d'origine externe : le Code de Nuremberg

65. En l'absence d'initiative du corps médical, les exigences relatives à l'expérimentation ont été précisées hors du milieu professionnel, par la jurisprudence, et par les directives gouvernementales de 1931 en Allemagne.

Cependant, la véritable prise de conscience éthique est liée à la découverte, à la fin de la seconde guerre mondiale, des expérimentations contraires à la dignité humaine, menées par les médecins nazis. Les atrocités qu'ils ont commises dévoilent le nouveau « mode de pensée biologique »[131], selon l'expression employée par le professeur Leibbrand pour qualifier la médecine dénuée de toute considération éthique ; pour laquelle l'homme n'est qu'un objet d'étude. La révélation de ce courant de pensée, axé sur une conception purement mécanique de l'être humain et qui s'est affranchi des principes éthiques fondamentaux, a rappelé la nécessité de replacer l'éthique au cœur de la pratique médicale.

66. La particularité du Code de Nuremberg est liée à la nature des actes incriminés qui modifieront la vision portée sur le progrès scientifique. Le statut atypique du Code réside dans le fait qu'il ne constitue originellement ni un instrument juridique dans la mesure où préalablement au jugement, le tribunal militaire américain a entendu énoncer les principes éthiques d'une expérimentation sur l'homme, ni un instrument déontologique dans la mesure où il n'émane pas de la profession médicale.

A/ La réglementation étatique en vigueur en Allemagne avant la seconde guerre mondiale

67. A la différence des autres pays, en Allemagne, ce sont les autorités gouvernementales qui ont réglementé les pratiques médicales, et en particulier l'expérimentation sur l'homme. A cet égard, ce pays fait figure de précurseur, tant en ce qui concerne l'autorité à l'origine de la

---

[131] Voir à ce propos le témoignage du Professeur Leibbrand, in *Croix Gammée contre Caducée*, F. Bayle, Neustadt Palatinat, 1950, p. 1421.

réglementation qu'en ce qui concerne le contenu de la réglementation. En Allemagne, la révélation de pratiques immorales liées à l'expérimentation a alerté l'opinion publique et, suscité l'intervention du gouvernement qui s'est empressé par deux fois de réglementer la recherche sur l'être humain à la suite de scandales.

1- L'initiative normative gouvernementale

68. L'Allemagne a édicté les premières directives gouvernementales réglementant l'expérimentation sur l'être humain en 1931. Le gouvernement était déjà intervenu dès l'année 1900 pour protéger les sujets de recherche. Dans les deux cas, la réglementation succède à des scandales. Son élaboration est dictée par l'émotion et l'inquiétude de la population, provoquée par la découverte du danger et des abus susceptibles d'être engendrés par l'expérimentation. C'est la prise de conscience de l'existence d'un risque - le risque d'instrumentalisation de l'être humain - qui a conduit le gouvernement à adopter une réglementation préventive.

Par décret du 29 décembre 1900[131], le ministère prussien interdit les expérimentations sur les mineurs et les personnes incapables et requiert l'obtention du consentement du sujet de recherche après une information convenable avant toute expérimentation. Ce décret est pris en réaction aux expériences d'Albert Neisser, découvreur du gonocoque. Ce dernier avait injecté du sérum de personnes syphilitiques à des prostituées en bonne santé, dont des mineures sans information préalable ni obtention de leur consentement.

En 1930, un autre scandale éclate. La vaccination contre la tuberculose avec le bacille de Calmette et Guérin entraîne la mort de 77 enfants. Le procès qui s'ensuit, le procès de Lübeck est qualifié de procès monstre en raison du nombre des parties civiles, des experts entendus, des journalistes de la presse nationale et internationale présents et de son audience. Même si le Conseil de santé du Reich avait entrepris l'élaboration de directives visant à encadrer l'expérimentation scientifique sur l'homme avant le procès de Lübeck, le procès a facilité leur adoption car il a révélé la nécessité d'une intervention normative[132].

---

[131] U. Schlaudraff, « Ethics committees in Germany », *Bull. Med. Eth.*, août 1992, p. 40.

[132] C. Bonah, E. Lepicard, *Les procès médicaux : lieux de références, révélateurs et régulateurs d'éthique comme d'éthos. Etude historique comparée de deux grands procès médicaux en France et en Allemagne 1929-1999*, rapport MIRE (ref. 2/98), juin 2000, p. 94. Le procès a suscité la distinction établie entre nouveaux traitements et

Entrées en vigueur le 28 février 1931, les directives gouvernementales imposent une série de conditions strictes à l'expérimentation. De ce fait, elles protègent remarquablement le sujet de recherche et elles font preuve d'une grande modernité. Les directives ont pallié les insuffisances du procès centré sur la responsabilité individuelle des médecins et non sur le fonctionnement de l'activité scientifique en médecine.

69. Il est topique que l'encadrement des pratiques médicales réponde à la découverte de scandales. L'apparition des comités d'éthique de la recherche aux Etats-Unis se situe dans cette perspective dans la mesure où leur création résulte de la découverte d'une série d'expérimentations abusives largement exploitées par les médias. La nécessité d'adopter rapidement des règles face une situation potentiellement dangereuse et ressentie comme telle par l'opinion publique, s'intensifie avec le développement du progrès technique et, elle se révèle particulièrement pressante dans le domaine biomédical où la réglementation tend à s'adapter ponctuellement au progrès scientifique[133].

2- Le contenu et la valeur des directives gouvernementales

70. L'examen du contenu des *richtlinien* constitue une étape digne d'intérêt étant donné que les principes qu'elles contiennent : principe de responsabilité, de proportionnalité ou encore l'exigence du consentement, seront réaffirmés et définis postérieurement à la deuxième guerre mondiale. Désormais, ils sont les principes de référence de l'éthique médicale contemporaine en matière d'expérimentation.

L'article premier[134] reconnaît la nécessité d'expérimenter et pose le principe de responsabilité du médecin expérimentateur vis à vis du sujet de recherche. En application de ce principe, l'article 9 prévoit que l'expérience ne peut être conduite que par un médecin chef ou un médecin mandaté qui reste sous la responsabilité du médecin chef.

71. Les directives distinguent deux types d'activité expérimentale : « les nouveaux traitements » et « les expériences scientifiques ». Dans les deux cas, les activités relèvent du domaine

---

expérimentations scientifiques, et a contribué au renforcement des restrictions de l'expérimentation sur des enfants ainsi qu'à l'introduction d'une référence relative à l'utilisation de micro-organismes vivants.

[133] N. Lenoir et B. Mathieu, *Les normes internationales de la bioéthique*, *op. cit.*, p. 46.

[134] Texte publié en annexe II, p.238-239, in *Le droit de l'expérimentation sur l'homme*, S. Gromb, Paris, Litec, 1992.

expérimental car « les effets et les conséquences ne peuvent être suffisamment prévus, compte tenu de l'expérience acquise ». Les premières sont des interventions destinées au traitement de cas particuliers, alors que les secondes sont effectuées dans un but de recherche. Ces dernières sont assorties de garanties plus importantes pour le sujet de recherche. Cette différence de réglementation entre les deux types d'expérience repose sur le fait que l'essai de nouveaux traitements s'applique à des cas individuels ; son objectif est de soigner le malade, il peut donc lui apporter un bénéfice direct, alors que les expériences scientifiques sont entreprises dans le but d'acquérir des connaissances générales sans procurer d'effet thérapeutique direct au patient.

Les directives rappellent que les médecins doivent respecter l'éthique médicale, les règles de l'art et de la science médicale et se conformer au principe de proportionnalité entre risques et bénéfices puis dans la mesure du possible procéder à des prérequis sur l'animal.

Elles exigent l'information préalable du sujet de recherche et l'obtention de son consentement ou de ses représentants légaux, sauf en cas d'urgence ou d'impossibilité. Les précautions sont renforcées quand il s'agit des mineurs ou lorsque le traitement comprend des micro-organismes vivants. D'autre part, les directives prennent en compte la situation sociale du patient puisqu'elles précisent qu'elle ne peut faire l'objet d'aucune exploitation.

Elles imposent aussi la rédaction d'un rapport, lequel doit mentionner le but et les modalités de l'expérimentation et stipuler que les conditions relatives à l'information et au consentement ont été remplies. Si le consentement n'a pas été obtenu, le rapport doit y consacrer une annotation détaillée.

La publication des résultats ne doit pas porter atteinte aux égards dus au malade et elle doit être respectueuse « des préceptes d'humanité ».

En ce qui concerne les expériences scientifiques, les exigences sont plus sévères, puisque l'obtention du consentement ne peut faire l'objet d'aucune dérogation. Le consentement est obligatoire.

L'expérience doit être menée après épuisement de toutes les phases préparatoires. Elle est conçue comme l'aboutissement des recherches préalables qui justifient l'utilité de sa réalisation.

Toute expérimentation sur les personnes mourantes est interdite.

L'ensemble des principes énoncés ci-dessus fixe un cadre à l'expérimentation fondé sur des considérations éthiques plus que techniques. Ils ont le mérite de couvrir tout le champ de l'expérience : de la phase préparatoire à la publication des résultats. Les directives intègrent même une réflexion sur l'enseignement universitaire, préconisant qu'il inculque la déontologie de l'expérimentation.

En outre, il faut souligner la qualité rédactionnelle du texte. Son contenu est clair et précis, il évite les tergiversations et ne se prête guère à l'interprétation. Les médecins ne disposent pas de marge de manœuvre dans le cadre des expériences scientifiques, dans la mesure où les principes correspondant à ce type d'expérience ne souffrent aucune exception. En revanche, la réglementation des nouveaux traitements est plus souple, les impératifs y sont quelques fois relativisés.

72. Mais, l'incertitude règne sur la valeur des directives[135]. Leur non respect n'est assorti d'aucune sanction. Et la question se pose toujours de savoir si le texte est entré en vigueur de manière concrète. Alors que la signature du texte par les médecins hospitaliers était prévue, les archives hospitalières n'en révèlent pas la trace[136].

73. En plus de ce rempart élevé contre les expérimentations abusives, les médecins allemands avaient sans aucun doute connaissance d'un livre sur l'éthique médicale publié en Allemagne en 1922, dont l'auteur, le Professeur Moll jouissait d'une réputation internationale. Il mettait en garde les médecins contre la curiosité scientifique qui risque de conduire à expérimenter sans le consentement du sujet.

Malgré la réglementation préventive et la sensibilisation des médecins au respect de l'éthique, les médecins nazis ont violé l'ensemble de ces règles.

B/ La spécificité des crimes poursuivis au procès de Nuremberg et leur répercussion sur la perception du progrès scientifique

74. Le tribunal chargé de juger les médecins nazis a été confronté à des crimes sans précédent dans l'histoire du droit et de la médecine dans la mesure où la médecine a servi l'idéologie nazie, et a directement participé à l'exécution de crimes contre l'humanité.

---

[135] E. Lepicard, « Procès de médecins et codification éthique. Une lecture comparée des *richtlinien* de 1931 et du Code de Nuremberg de 1947 », *JIB*, vol. 12, n°2, 2001, p. 41.
[136] *Ibid.*, p. 44.

Les expérimentations médicales conduites par les nazis sont la manifestation de l'inhumanité rendue possible[137]. L'instrumentalisation de l'être humain à l'aide de la science a ébranlé la perception exclusivement méliorative du progrès scientifique.

1- Les actes incriminés

75. Depuis la fin du XIXème siècle, les théories eugénistes[138] prônant la sélection des êtres humains pour l'amélioration de la race, se répandent avec succès dans les pays européens et aux Etats-Unis. La fondation de laboratoires pour la promotion de l'eugénisme s'accompagne de la mise en œuvre de programmes d'euthanasie et de stérilisation[139]. Le déploiement des théories eugénistes et la réalisation de politiques eugénistes n'étaient pas cantonnés à l'Allemagne nazie. Médecine et politique sont alors mêlées, la pensée biologique conduit à l'effacement de l'individu dans la pensée médicale au profit du corps social, le darwinisme social et l'eugénisme sont représentatifs de la crainte d'une dégénérescence du corps social[140].

76. La détermination du concept de race fait l'objet de recherches scientifiques multiples et le thème de la dégénérescence hante les discours scientifiques. Il règne un climat de pessimisme à l'égard de l'évolution de l'espèce humaine, véhiculé par les hygiénistes, eugénistes et anthropologues[141]. L'arrivée de la génétique va contribuer à « ressusciter » le concept de race. Alors que l'anthropologie physique (étude morphologique de l'homme) se trouve dans l'impasse pour définir

---

[137] F. Quéré, « Frères humains », in *Autrement*, Le Défi bioéthique, série Mutations, n°120, 1991, p. 178.

[138] Galton a défini ce terme en 1883 de la manière suivante : « La science de l'amélioration de la lignée, qui ne se limite pas aux questions judicieuses, mais qui, particulièrement dans le cas de l'homme, s'occupe de toutes les influences susceptibles de donner aux races les mieux douées un plus grand nombre de chances de prévaloir sur les races les moins bonnes », cité in *L'éthique médicale*, C. Ambroselli, *op. cit.*, p. 39.

[139] C. Ambroselli, *L'éthique médicale*, *op. cit.*, p. 48 et sv.

[140] « L'homme testé… une histoire d'eugénisme », débat in *De Nuremberg à la loi Huriet. Essais thérapeutiques et recherches médicales*, M. Benasayag, A. Comte-Sponville, D. Farhi, C. Huriet, D. Khayat, A. Spire, Y. Ternon, Paris, Ellipses, coll. Vous avez dit santé ?, 2001, p. 23.

[141] « Vu la situation actuelle de l'Europe, les Etats ne peuvent plus rester les Etats de droit passifs qu'ils ont été. Ils doivent passer à des actions énergiques (en matière de politique biologique) s'ils ne veulent pas tout simplement disparaître de par l'évolution récente. », K. Saller (1932), cité in *La science sous le Troisième Reich*, J. Olff-Nathan (sd.), Paris, Ed. du Seuil, 1993, p. 256.

la race, la génétique va offrir un nouveau terrain de recherche[142]. L'anthropologie est ainsi définie en 1913 comme la « science des différences génétiques humaines »[143]. Avant l'avènement du nazisme, l'anthropologie en tant que « science de la race » dispose du statut de « science normale ». Cette « science normale », s'est dévoyée en Allemagne, en conduisant à l'hygiénisme racial et au génocide[144].

77. Le passage de l'hygiène sociale à l'hygiène raciale, en Allemagne, repose sur la combinaison de deux facteurs : la mise en place d'un système de légalité scientifique, dans le but d'assurer la défense de l'être collectif. Le pouvoir médical a fondé la légalité scientifique sur la défense du peuple allemand appartenant à la race aryenne[145]. De ce fait, « la médecine est au cœur du système nazi » ; « le système nazi fut le résultat, à la fois de la prise du pouvoir politique par le parti hitlérien et de la prise du pouvoir scientifique par les disciplines médicales. »[146]. « Le national-socialisme n'est rien d'autre que de la biologie appliquée »[147], cette phrase de Rudolf Hess prononcée en 1934 démontre la collusion du pouvoir politique nazi et du pouvoir scientifique.

La médecine a participé aux programmes de stérilisation, d'euthanasie et de génocide, placés sous contrôle médical, dans les camps de concentration et d'extermination. Les tribunaux de santé, formés de deux médecins et un juriste, institués par la loi de 1933 sur la stérilisation pour éviter la transmission de maladies héréditaires, prononçaient les « condamnations - diagnostics ». L'Etat nazi et les médecins se sont donc légitimés de manière réciproque.

---

[142] B. Massin, « Anthropologie raciale et national-socialisme : heurts et malheurs du paradigme de la « race » », in *La science sous le Troisième Reich*, J. Olff-Nathan (sd.), *op.cit.*, p. 197.

[143] *Ibid.*, p. 216.

[144] « Le génocide s'entend de l'un quelconque des actes ci-après, commis dans l'intention de détruire en tout ou en partie un groupe national ethnique, racial, ou religieux, comme tel : meurtres de membres du groupe ; atteinte grave à l'intégrité physique ou mentale de membres du groupe ; soumission intentionnelle du groupe à des conditions d'existence devant entraîner sa destruction physique totale ou partielle ; mesures visant à entraver les naissances au sein du groupe ; transferts forcés d'enfants du groupe à un autre groupe. », Convention des Nations Unies du 9 décembre 1948.

[145] J-P. Baud, « Genèse institutionnelle du génocide », in *La science sous le Troisième Reich, op. cit.*, p. 177.

[146] *Ibid.*, p. 185.

[147] Cité dans le dossier, « Le nazisme et la science », *La recherche*, n°227, déc. 1990, p. 1573.

78. En raison de ce contexte, dans lequel la médecine a apporté son soutien à la réalisation des crimes commis par le régime nazi, la responsabilité de la médecine[148] est indissociable de l'horreur de ces crimes. L'interaction entre la médecine et l'idéologie nazie explique la singularité du jugement des médecins nazis, singularité découlant des actes incriminés, de leur ampleur et de leur barbarie. La Commission des Nations Unies pour crimes de guerre a répertorié quatre catégories de crimes perpétrés par les médecins allemands[149] : les expérimentations pratiquées sur l'être humain sans leur consentement ; la sélection de prisonniers opérée par des médecins, destinés à être tués ; « l'euthanasie » visant les malades, infirmes et enfants de « races inférieures » ; et les expérimentations menées pour la guerre bactériologique.

79. Les analyses postérieures au procès ont distingué d'une part, « les meurtres médicalisés »[150] ou les « exterminations médicales »[151] pour qualifier les actes d'euthanasie et de stérilisation, et d'autre part, les expérimentations médicales. Sur la base de cette distinction, Yves Ternon considère qu'« il y eut à Nuremberg, devant le tribunal militaire n°1, deux procès en un seul »[152] celui intenté à l'encontre de l'expérimentation médicale et celui intenté à l'encontre du génocide.

80. La description des expérimentations recueillies dans le livre de F. Bayle, *Croix gammée contre caducée,* démontre à quel point, elles constituent l'aboutissement de l'instrumentalisation totale de l'être humain. Le procès des médecins met en exergue que « puisque l'autre n'était plus sujet mais objet, (...) tout devenait permis »[153]. Au cours du procès, deux conceptions du monde se sont opposées, fondées sur deux valeurs conflictuelles, celle des médecins, basée sur la défense de la race

---

[148] « Ces hommes (les médecins expérimentateurs) ont amené les sauvages prémisses de la pensée nazie jusqu'à sa terrible et logique conclusion », Général Taylor, 25 avril 1947, cité in *Croix gammée contre caducée. Les expérimentations humaines en Allemagne pendant la deuxième guerre mondiale,* F. Bayle, *op. cit.*, p. IX.

[149] C. Ambroselli, *Le comité d'éthique, op. cit.*, p. 20.

[150] Sur cette distinction voir B. Kanovitch, « Les expérimentations médicales dans les camps nazis », in *Revue d'histoire de la Shoah,* n°160, mai - août 1997, p. 88.

[151] F. Bayle, *Croix gammée contre caducée*, *op. cit.*, en particulier Chapitre III, p. 665 et sv.

[152] Y. Ternon, « Le procès des médecins. Actualisation », *Revue d'histoire de la Shoah,* n°160, mai - août 1997, p. 16.

[153] *Ibid.*, p. 19.

et celle de l'accusation, basée sur la défense de l'humanité. Face à des actes, sans précédent dans l'histoire de la médecine et du droit, le tribunal militaire américain a suivi une démarche inédite. Toutefois avant d'examiner le jugement, il convient de relever combien les événements de la deuxième guerre mondiale ont modifié la conception du progrès scientifique et remis en cause la vision purement méliorative du progrès qui prévalait.

2- La compromission de la science à l'origine du regard critique porté sur le progrès scientifique

81. L'implication des disciplines scientifiques, et non seulement de la médecine, dans le régime nazi, pose la question de la responsabilité de la science en général. D'autant que si l'Allemagne constitue un cas d'espèce en raison de l'alliance de la médecine à l'idéologie nazie et de l'ampleur des crimes, d'autres pays comme le Japon ont pratiqué des expérimentations qualifiées de crimes contre l'humanité[154] et les politiques eugénistes étaient promues dans de nombreux pays ; nombre d'Etats fédérés aux Etats-Unis et d'Etats européens avaient légalisé les pratiques eugénistes, l'euthanasie, la stérilisation ou le contrôle des naissances[155]. Ce regard critique à l'égard de la science, en réaction à ce que B. Müller-Hill qualifie de *Science nazie, Science de mort*[156] augure une rupture avec le modèle culturel dominant depuis le XIXème: le scientisme définit comme « la croyance quasi aveugle en la valeur cognitive et morale du savoir scientifique »[157].

82. La collaboration de la science avec le régime nazi a pris deux facettes. Dans un premier temps la phase idéologique était destinée à nazifier la science pour « mettre au pas » les scientifiques et la deuxième phase dite réaliste consistait à utiliser et maximiser l'efficacité scientifique au service de l'industrie et de la guerre. Les autorités niaient l'existence d'une vérité scientifique autonome : « Les idées d'Adolf Hitler contiennent les vérités finales de toute connaissance scientifique possible. (...) Le programme du parti nazi est devenu par conséquent la

[154] R. Kimura, « Crimes against Humanity : the forgotten history of Japan », in *Ethics Codes in Medicine*, Angleterre, Ed. Ashgate, 1998, p. 119.
[155] C. Ambroselli, *L'éthique médicale, op. cit.*, p. 49 et sv.
[156] B. Müller-Hill, *Science nazie, science de mort*, Paris, Ed. Odile Jacob, 1989.
[157] P. Thuillier, cité par B. Massin, in « De l'eugénisme à « l'opération euthanasie » », *La recherche*, n°227, 1990, p. 1566.

base unique de toute recherche scientifique. Le véritable esprit du Mouvement est plus important que le débat scientifique »[158].

L'expérience nazie va démontrer que dans les rapports entre la science et l'idéologie, la science peut servir activement une idéologie.

83. Avant la deuxième guerre mondiale, certains scientifiques et philosophes avaient pressenti les dangers de la science, de la technique et du rationalisme et mis en garde contre leur idéalisation. Claude Bernard a ainsi illustré « le règne du rationalisme » comme « le règne de la tête et la mort du cœur », pour conclure que « des hommes ainsi faits par la science sont des monstres moraux »[159].

84. La foi en la modernité est ébranlée au plan philosophique, notamment par la philosophie nietzschéenne. Pour Nietzsche[160], le culte du progrès, l'accroissement des connaissances, conduisent inévitablement à l'aliénation de l'homme.

La critique de la technique s'intensifie au milieu du siècle. Heidegger[161] voit dans le règne de la technique, l'oubli de l'être qui sera à la base de la détresse humaine. Il dévoile le danger intrinsèque de la modernité : l'arraisonnement de la nature et de l'homme par la technique, autrement dit leur réification.

Les penseurs de l'Ecole de Francfort, en particulier Max Horkheimer et Théodor Adorno, confrontés à la montée du nazisme, ont mis en exergue la rationalité instrumentale qui prévaut dans la société moderne. Ces deux auteurs sont représentatifs de ceux qui après le nazisme ont interrogé « le lien de nécessité posé par la modernité entre rationalité et moralité »[162]. L'instrumentalisme pousse, selon eux, la raison à son autodestruction. Ils se livrent à une critique de la raison « la maladie de la raison c'est que la raison naquit de la tendance impulsive de l'homme à dominer la nature (...). La sujétion de la nature régressera

---

[158] Selon une affirmation du Reichminister Franck lors d'une conférence à Tübingen en 1936, citée in *La science sous le Troisième Reich*, J. Olff-Nathan (sd.), Paris, Ed. du Seuil, 1993, p. 17.

[159] Cité par P. Thuillier, in *La grande implosion. Rapport sur l'effondrement de l'Occident 1999-2002*, Paris, Fayard, 1995, p. 468.

[160] J-M. Domenach, *Approches de la modernité*, Paris, Ecole Polytechnique, Ellipses, 1986, p. 126.

[161] J. Russ, *La marche des idées contemporaines. Un panorama de la modernité*, Paris, Armand Collin, 1994, p. 50 et sv.

[162] E. Lepicard, « Le silence des médecins au lendemain des procès de Nuremberg : éthique et mémoire. L'offense de la raison ou la satisfaction du regard ! », *Revue d'histoire de la Shoah*, n°160, mai - août 1997, p. 139.

vers la sujétion de l'homme et vice versa aussi longtemps que l'homme ne comprendra pas sa propre raison... »[163]. En cherchant à dominer la nature, la raison est mise au service de la tyrannie. La modernité, parce qu'elle voue un culte à la technique et à l'efficience, est conçue par ces deux auteurs comme une « éclipse de la raison »[164].

85. « La mobilisation de la science par l'expérience totalitaire »[165] va corroborer ces conjectures visionnaires. Le potentiel destructeur de la science et de la technique, est mis au jour lors de la deuxième guerre mondiale. La négation de l'humanité n'a été possible qu'avec la complicité de la science et de la technique. C'est pourquoi dans le cadre du procès des médecins nazis, en sus des actes incriminés, c'est une certaine vision de la science qui fut en cause : une science impersonnelle, déshumanisée, ne traitant que des objets non des sujets.

Pour Dietrich von Engelhardt[166], Nuremberg marque à la fois une fin et un commencement[167]. Le procès marque la fin d'un mythe[168] : le mythe du scientifique en quête de la vérité pour le bienfait de l'humanité et le point de départ d'une remise en cause d'une conception purement méliorative du progrès ; en cela il est fondateur d'une nouvelle appréhension de la vision de la science et des conflits de valeurs qu'elle peut engendrer. Il sert de point de référence à partir duquel les questions contemporaines peuvent être appréhendées, analysées et évaluées.

86. Nuremberg a entraîné la prise de conscience de « la fragilité de l'Interdit », et de « la défaite du principe normatif de la limite »[169], réalisée avec la complicité de la science. Dès lors, ces événements sont comparables à une « onde de choc qui aurait obligé à un réagencement de nos références morales dans leur rapport à la rationalité

---

[163] M. Horkheimer, *Eclipse de la raison*, Paris, Payot, coll. Critique de la politique, 1974, p. 182.
[164] A. Touraine, *Critique de la modernité*, Paris, Fayard, 1992, p. 113.
[165] P. Legendre, *Sur la question dogmatique en Occident*, Paris, Fayard, 1999, p. 347.
[166] D. von Engelhardt, « Scientific progress in socio-cultural context : natural science, medicine and myth after Nuremberg », in *Ethics codes in medicine*, England, Ed. Ashgate, 1998, p. 109.
[167] *Ibid.*, « Nuremberg means an end and a beginning », p. 110.
[168] *Ibid.*, « Nuremberg marks the end of an epoch and the beginning of a new one at the same time, not only for culture and the political world, but also for ethics in general and for ethics in the natural sciences and medicine especially. », p. 109.
[169] P. Legendre, *Sur la question dogmatique en Occident*, *op. cit.*, p. 343.

scientifique »[170]. De sorte que le discours actuel sur les nouvelles technologies biomédicales se comprend à la lumière de ce jugement. Aujourd'hui, la crainte et le souci de prévenir ce qui pourrait conduire à une nouvelle instrumentalisation de l'être humain dans un contexte démocratique établit une continuité avec le jugement des médecins nazis si l'on fait abstraction des terribles dérives idéologiques. La volonté de contrôler le développement scientifique pour éviter de transgresser l'Interdit, telle est la prétention de la réflexion bioéthique. Ceci tend à confirmer l'opinion de ceux qui considèrent que depuis Nuremberg, le monde occidental ne cesse de tirer les leçons des applications scientifiques potentiellement destructrices des technologies nucléaires et médicales[171].

C/ La consécration de principes éthiques par une instance juridictionnelle : le statut atypique du Code de Nüremberg

87. Le procès des médecins nazis s'est déroulé devant un tribunal militaire américain d'occupation en Allemagne, conformément au système de répartition des compétences mis en place par les puissances alliées pour juger les criminels de guerre. De par sa composition, le tribunal présente un caractère exclusivement national, ce qui soulève le problème de la détermination de sa compétence.

Dans le cadre du procès des médecins, préalablement au jugement, le tribunal militaire américain a procédé à l'établissement des critères d'une expérience éthique sur l'homme afin d'apprécier au regard de ces critères la conduite des médecins inculpés. Pour la première fois, un tribunal a fixé un cadre formel de l'expérimentation sur l'homme en subordonnant la licéité de l'expérimentation au respect de dix principes éthiques. Le jugement du tribunal militaire américain marque véritablement un intermède dans la relation entre éthique et médecine dans la mesure où le tribunal a déterminé lui-même l'ensemble des principes éthiques appropriés à l'expérimentation. Le corps médical s'est trouvé en partie dessaisi de l'élaboration des règles éthiques, et de

---

[170] E. Lepicard, « Le silence des médecins au lendemain des procès de Nuremberg ... », *op. cit.*, p. 139.

[171] M. A. M. de Wachter, « The disturbed equilibrium between science, myths and medicine : towards a new rationalism ? », in *Ethics codes in medicine, op. cit.*, p. 97.

manière paradoxale, ce dessaisissement est intervenu dans un Etat, qui, avant l'avènement du nazisme, avait réglementé les pratiques médicales.

1- La compétence du tribunal militaire américain

88. La répression pénale des criminels de guerre a été organisée sur la base d'un partage de compétence établi par la Déclaration de Moscou du 30 octobre 1943[172] ; laquelle distingue deux types de criminels de guerre : ceux qui ont agi dans une zone géographique déterminée et ceux qui ont commis des crimes non localisés géographiquement. Les premiers seront renvoyés sur les lieux de leurs crimes afin d'être jugés par les tribunaux nationaux, le sort des seconds est reporté à une décision ultérieure interalliée.

89. Au lendemain de la guerre, il y a eu deux types de procès : le procès devant le Tribunal militaire international (TMI) et les procès annexes devant les tribunaux d'occupation.

Par l'Accord de Londres du 8 août 1945 les puissances alliées instituent un tribunal militaire international pour juger les criminels de guerre dont les crimes sont sans localisation géographique précise. Les crimes soumis à sa juridiction comprennent les crimes de guerre, les crimes contre la paix et les crimes contre l'humanité.

Les articles 10 et 11 de la Charte du TMI prévoyaient la possibilité de traduire les criminels de guerre devant des tribunaux nationaux, militaires ou d'occupation. En vertu de cette clause, le Conseil de Contrôle en Allemagne[173] composé des quatre puissances d'occupation a adopté la loi n°10. Celle-ci détermine la procédure pénale applicable pour poursuivre les personnes suspectes de crimes de guerre, de crimes contre la paix et de crimes contre l'humanité qui ne relevaient pas du tribunal militaire international. Elle attribue à chaque Autorité d'occupation à l'intérieur de sa zone la compétence de juger les criminels de guerre qui n'auraient pas été extradés. C'est pourquoi certains criminels de guerre ont comparu devant les tribunaux américains d'occupation. Douze procès se sont déroulés en zone américaine, organisés en fonction de la profession des accusés. Le procès dit des médecins fut le premier.

---

172 J-B. Herzog, *Nüremberg un echec fructueux ?*, Paris, LGDJ, Bibliothèque des sciences criminelles, 1975, p. 50.

173 H. Meyrowitz, *La répression par les tribunaux allemands des crimes contre l'humanité et de l'appartenance à une organisation criminelle*, Paris, LGDJ, Bibliothèque de droit international, 1960, p. 193 et sv.

90. Plusieurs arguments plaident en faveur de la compétence internationale et non américaine du tribunal militaire américain d'occupation en Allemagne.

L'affirmation de la compétence internationale du tribunal s'appuie sur le fait qu'il a agi sur délégation des puissances victorieuses[174]. Sa compétence est fondée sur l'Accord de Londres signé par les quatre grandes puissances et ratifié par 19 nations, et sur la Loi n°10 du Conseil de Contrôle adoptée par les quatre puissances d'occupation. Et, c'est sur le fondement de cette délégation de compétence que la jurisprudence des tribunaux américains aux Etats-Unis a qualifié les tribunaux militaires américains d'occupation de tribunaux internationaux et que les tribunaux américains d'occupation ont aussi affirmé le caractère international de leur compétence.

La Cour d'appel du district de Colombia a rejeté le recours présenté par l'industriel Flick condamné par un tribunal militaire américain au motif que « le tribunal ayant jugé et condamné Flick n'était pas un tribunal des Etats-Unis. (...) Nous pensons qu'il a été, sous tous les rapports essentiels un tribunal international. Ses pouvoirs et sa compétence dérivaient de la souveraineté commune des quatre puissances victorieuses. »[175]. Cette position a été réaffirmée par la Cour suprême fédérale.

D'autre part, les tribunaux militaires américains d'occupation ont exprimé l'opinion selon laquelle ils constituaient des tribunaux internationaux, en ce sens le tribunal militaire n°3 a formulé dans son jugement que « Nous disons ici le droit en tant que tribunal qui tient ses pouvoirs et sa compétence uniquement de la volonté et du commandement des quatre puissances occupantes ». « La juridiction de ce tribunal se fonde sur une autorité internationale. »[176].

Un deuxième argument vient à l'appui des déclarations américaines. La thèse de la compétence internationale se justifie par le fait que les tribunaux militaires américains d'occupation ont exercé une compétence comparable à celle du Tribunal militaire international, au regard, à la fois de la nature des actes jugés et du droit appliqué[177]. Les crimes poursuivis sont similaires : les crimes contre la paix, les crimes de

[174] P. Arnold et D. Sprumont, « The « Nuremberg Code » : rules of public international law », in *Ethics codes in medicine, op. cit.*, p. 84.

[175] H. Meyrowitz, *La répression par les tribunaux allemands des crimes contre l'humanité et de l'appartenance à une organisation criminelle, op. cit.*, p. 209.

[176] *Ibid.*, p. 210.

[177] *Ibid.*, p. 208.

guerre et les crimes contre l'humanité et leur qualification juridique est comparable à celle de la charte du TMI[178]. Le tribunal militaire international et les tribunaux nationaux d'occupation ont exercé une compétence *ratione materiae* identique. De plus, lors du jugement des médecins, le tribunal militaire américain s'est référé explicitement aux conventions internationales, lois et coutumes de guerre, principes généraux du droit des nations civilisées et à la loi n°10 du Conseil de Contrôle. Non seulement le fondement de sa compétence est international mais il a aussi appliqué des règles de droit international public.

Sur la base de la délégation de compétence, le procès dit des médecins nazis s'est tenu du 21 novembre 1946 au 19 et 20 août 1947, jours du jugement et de la sentence. Le Général Taylor exprima de la manière suivante l'intention du tribunal, à l'ouverture du procès : « Pour (ces victimes), il est surtout important que ces incroyables événements soient clairement démontrés et prouvés en public, afin que nul, jamais, ne puisse mettre en doute que ce sont des faits et non des affabulations ; et que cette Cour, qui représente les Etats-Unis et la voix de l'humanité toute entière, imprime ces actions et les idées qui les engendrèrent du sceau du crime et de la barbarie »[179].

2- Le Code de Nuremberg

91. En préliminaire du verdict, le tribunal a énoncé dix principes élaborés à partir des témoignages des experts de l'accusation et des interrogatoires des inculpés. Le tribunal a déterminé « les principes fondamentaux » à respecter « pour satisfaire aux concepts moraux, éthiques et légaux » de l'expérimentation. Ces principes ont servi de critères au jugement. Le tribunal a ainsi pu constater que les principes « furent plus souvent violés que respectés ».

L'analyse des conceptions éthiques s'est portée sur le Serment d'Hippocrate, « le Serment court comme un fil rouge à travers tout le procès »[180] dit un avocat. Poursuivis sur la base de quatre chefs d'inculpation : pour complot, crimes de guerre, crimes contre l'humanité et appartenance à une organisation criminelle, les médecins ont tous plaidé non coupables. Les experts de l'accusation défendaient

---

[178] P. Arnold et D. Sprumont, « The « Nuremberg Code » : rules of public international law», *op. cit.*, p. 84.

[179] Cité par Y. Ternon, in « Le procès des médecins. Actualisation », *Revue d'histoire de la Shoah,* n°160, 1997, p. 14.

[180] F. Bayle, « Conclusion » in *Croix gammée contre caducée*, *op. cit.*, p. 1496.

l'intemporalité du principe hippocratique *non nocere*, alors que les accusés invoquaient l'obsolescence du Serment, inadapté aux nouvelles possibilités scientifiques. Selon eux, le Serment ne concerne que le médecin thérapeute et non le médecin expérimentateur. La défense a tenté de minimiser le caractère atroce des expériences, et elle s'est appuyée sur des expériences, selon elle, comparables, conduites dans d'autres pays, notamment aux Etats-Unis[181], où des pratiques expérimentales dangereuses étaient effectuées sur des prisonniers, des condamnés à mort, ou des indigènes et, que le Docteur Ivy[182], témoin de l'accusation, a justifiées au motif qu'elles étaient volontaires alors même que la liberté de consentir de ces sujets et l'absence de contrainte exercée à leur égard semblent peu crédibles.

92. Etant donné que les accusés se prévalaient du fait qu'il s'agissait d'expérimentations médicales admissibles, faites par d'autres, le tribunal a été conduit à distinguer les expérimentations permises des expérimentations criminelles.

Les juges ont estimé que les expériences humaines sont permises dans la limite du respect des dix principes, connus sous le nom de Code de Nuremberg[183]. Ces dispositions concernent les phases préalables de l'expérimentation et sa phase d'exécution.

Parmi les exigences préalables à toute expérimentation, se trouve en premier lieu, l'obligation d'obtenir le consentement volontaire du sujet expérimental qui doit jouir de « la capacité légale totale pour consentir ». La personne intéressée doit être « libre de décider, sans intervention de quelque élément de force, de fraude, de contrainte, de supercherie, de duperie ou d'autres formes de contrainte ou de coercition » et informée car il faut qu'elle soit « suffisamment renseignée, et connaisse toute la portée de l'expérience pratiquée sur elle, afin d'être capable de mesurer l'effet de sa décision ». Les renseignements doivent porter sur « la nature, la durée, et le but de

---

181 Cf. in *Croix gammée contre caducée, op. cit.* Expériences de haute altitude, expériences justifiées par référence à la littérature internationale où de telles expériences y étaient décrites et déclarées admissibles, p. 375; les expériences du froid « je sais que des expériences similaires ont été effectuées en 1941 aux Etats-Unis avec des résultats identiques. On n'utilisa pas des prisonniers, mais des aliénés, qui furent refroidis jusqu'à une température corporelle de vingt cinq degrés ; il y eut six morts », témoignage du Dr Karl Brandt inculpé, p. 1469.

182 Témoignage du Dr Ivy, in *Croix gammée contre caducée, op. cit.*, p. 1438.

183 *Cf.* Le Code de Nuremberg publié in *L'éthique médicale*, C. Ambroselli, Paris, PUF, QSJ, 1988, p. 104, d'où sont issues les citations suivantes.

l'expérience, ainsi que sur les méthodes et moyens employés, les dangers et les risques encourus, et les conséquences pour sa santé ou sa personne qui peuvent résulter de sa participation à cette expérience ».

L'expérience n'est justifiée que si elle est nécessaire, impossible à réaliser autrement et poursuivie dans le but d'apporter des résultats pratiques pour l'humanité[184].

Elle doit être précédée de diverses études, notamment sur l'animal, de telle sorte que l'expérience sur l'être humain constitue le dernier stade de la recherche[185].

La phase préalable comprend aussi l'obligation de procéder à des évaluations. Il faut évaluer les risques de l'expérience, « de façon à éviter toute souffrance et tout dommage physique ou mental, non nécessaires ». Les risques de mort ou d'invalidité font obstacle à la réalisation du projet d'expérimentation. Les risques doivent être proportionnés aux bienfaits que peut apporter l'expérimentation à la société : « Les risques encourus ne devront jamais excéder l'importance humanitaire du problème que doit résoudre l'expérience envisagée ». Enfin l'évaluation doit permettre d'écarter toute éventualité susceptible de provoquer des blessures : « on doit faire en sorte d'écarter du sujet expérimental toute éventualité, si mince soit-elle, susceptible de provoquer des blessures, l'invalidité ou la mort ».

Pendant la réalisation de l'expérimentation, le sujet doit pouvoir s'en désengager à tout moment par sa seule volonté. Quant à l'expérimentateur, il a l'obligation d'interrompre l'expérience dès qu'il croit qu'elle peut entraîner des risques pour les participants[186].

De sa préparation à son exécution, l'expérimentation ne doit être conduite que par « des personnes qualifiées ».

93. Le Code de Nuremberg vise les expériences scientifiques menées dans le but de faire progresser la science et non les nouveaux traitements tentés dans le cas d'un traitement individuel.

---

[184] « L'expérience doit avoir des résultats pratiques pour le bien de la société impossibles à obtenir par d'autres moyens : elle ne doit pas être pratiquée au hasard, et sans nécessité ».

[185] « Les fondements de l'expérience doivent résider dans les résultats d'expériences antérieures faites sur des animaux, et dans la connaissance de la genèse de maladie ou des questions à l'étude, de façon à justifier par les résultats attendus l'exécution de l'expérience ».

[186] « Le scientifique chargé de l'expérience doit être prêt à l'interrompre à tout moment, s'il a une raison de croire que sa continuation pourrait entraîner des blessures, l'invalidité ou la mort pour le sujet expérimental ».

La mise en œuvre de ce type d'expérience n'est légitime que si elle est susceptible d'être bénéfique pour la société. Le caractère utile imposé à la recherche scientifique forme un premier obstacle à l'abus expérimental, de plus cet impératif est doublé de l'obligation de ne pas nuire au sujet expérimental.

La primauté est accordée au respect de la personne humaine, en aucun cas elle ne saurait être sacrifiée au profit de la recherche scientifique. A cet égard, le premier principe du code est consacré solennellement aux conditions d'information et de consentement du sujet.

Le balisage de l'expérimentation par un tribunal constitue un fait sans précédent dans la relation entre éthique et droit. Pour la première fois une instance juridictionnelle s'immisce dans le domaine de l'éthique médicale en édictant un corpus de règles éthiques, conditions *sine qua non* du respect de la personne humaine.

94. Sans valeur juridique directe, les principes éthiques formulés dans le Code ont reçu une consécration juridique tant en droit interne qu'en droit international, ces principes ont été affirmés de manière récurrente dans des textes de droit positif. La réitération des principes et leur novation en règle de droit laissent présumer que le Code de Nuremberg relève désormais du droit international coutumier. Précisons qu'en droit français, les règles internationales coutumières n'entrent pas dans le cadre des normes supérieures aux lois en vertu de l'article 55 de la Constitution[187].

A l'article 38 du statut de la Cour Internationale de Justice (CIJ), la coutume est identifiée en tant que « pratique générale, acceptée comme étant le droit »[188]. La formation d'une règle coutumière requiert deux conditions sur lesquelles la doctrine s'accorde[189] : un élément matériel fondé sur l'existence d'une pratique répétée des Etats sachant que les éléments attestant de la pratique sont pluriels : documents émanant d'organisations internationales telles que les résolutions de l'Assemblée générale des Nations-Unies, la jurisprudence internationale, ou les pratiques étatiques soit sous forme de notes diplomatiques, de

---

[187] CE ass. 6 juin 1997, Aquarone, *AJDA*, 1997, p. 570, chr. D. Chauvaux et TX. Girardot ; *DA*, 1997, n°250, obs. G. Teboul ; *RFDA*, 1997, p. 1068, Cl. G. Bachelier.
[188] P-M. Dupuy, *Droit international public*, Paris, Dalloz, coll. Précis, 4ème éd., 1998, n°305.
[189] S. Sur, *La coutume internationale*, extrait du Juris-Classeur Droit international, Paris, Litec, 1990, fasc. 13.

déclarations d'autorités gouvernementales, d'actes législatifs[190]... et un élément psychologique fondé sur la conviction qu'ils satisfont ainsi une obligation légale. Dans l'arrêt du Plateau continental de la mer du Nord, la Cour internationale de justice précise que « les actes considérés doivent témoigner par leur nature ou la manière dont ils sont accomplis, la conviction que cette pratique est rendue obligatoire ». Mais force est de constater que la pratique et l'*opinio juris* sont difficilement détachables[191], puisque l'*opinio juris* est souvent révélée par la pratique ce qui engendre parfois des « téléscopages »[192] au niveau des démonstrations relatives aux éléments matériels et psychologiques. Il convient d'envisager successivement ces deux éléments, afin de déterminer, d'une part, si les principes du Code font l'objet d'un usage répété et si, d'autre part, les pratiques témoignent du sentiment d'être lié par une obligation juridique.

95. Les principes formulés dans le Code de Nuremberg sont consacrés dans des actes émanant d'organisations intergouvernementales, par exemple à l'article 7 du Pacte international sur les droits civils et politiques adopté en 1966 qui interdit de mener une expérience scientifique ou médicale sur l'homme sans son consentement.

En droit européen, la Convention européenne sur la bioéthique, adoptée en 1996 par les Etats membres du Conseil de l'Europe consacre son chapitre 2 à l'exigence et aux modalités de recueil du consentement libre et éclairé. Puis dans le cadre du chapitre 5 relatif à la recherche scientifique, les articles 16 et 17 établissent les conditions de protection des personnes se prêtant à de telles recherches. Ces dispositions sont des normes contraignantes à l'égard des Etats parties qui signent et ratifient la Convention dont l'entrée en vigueur est subordonnée à sa ratification par cinq Etats.

En droit interne, la plupart des pays[193] ont inscrit les principes du Code de Nuremberg : le principe du consentement libre et éclairé, le principe de proportionnalité, le principe de responsabilité du médecin expérimentateur, dans leur législation nationale. En droit français, la loi

---

[190] J. Combacau et S. Sur, *Droit international public*, Paris, Montchrestien, coll. Domat Droit public, 4ème éd., 1999, p. 60 et sv.

[191] P-M. Dupuy, *op. cit.*, n°316; J. Combacau et S. Sur, *op cit.*, p. 66.

[192] N. Quoc Dinh, P. Daillier, A. Pellet, *Droit international public,* Paris, LGDJ, 6ème éd., 1999, n°214.

[193] P. Arnold, D. Sprumont, « The « Nuremberg Code » : Rules of Public International Law », in *Ethics Codes in Medicine, op. cit.*, p. 84.

relative à la protection des personnes qui se prêtent à des recherches biomédicales, votée en 1988[195], a consacré ces principes.

96. Il ressort des actes élaborés par les organisations intergouvernementales, ainsi que des mesures prises en droit interne, que la conception de l'expérimentation licite telle qu'elle a été dégagée par le Code de Nuremberg est reprise de manière concordante dans les textes relatifs à la recherche biomédicale sur l'être humain. La répercussion du Code dépasse même le cadre de l'expérimentation puisque « les principes qu'il énonce à propos des expérimentations cliniques sur l'homme se retrouvent dans tous les textes de bioéthique »[196]. La convergence du droit interne et du droit international quant aux conditions de l'expérimentation manifeste une pratique concordante des Etats, condition nécessaire à la formation de la coutume. Et la consécration de ces principes dans des instruments juridiques contraignants au niveau supranational dans le cadre du Pacte international des droits civils et politiques et de la Convention européenne de bioéthique, ainsi que dans les législations nationales démontrent que les Etats ressentent l'obligation de les reconnaître en tant que règles de droit, obligatoires, ce qui correspond au deuxième élément constitutif de la coutume internationale, l'*opinio juris*.

97. Le Code de Nuremberg, texte de référence en matière d'éthique médicale, va servir de fondements aux réflexions engagées par la communauté scientifique qui prend le relais du tribunal militaire américain. A la suite du jugement de Nuremberg qui marque un intermède entre éthique et médecine, la profession médicale réinvestit le champ de l'éthique. On assiste à la revalorisation et au renouveau de l'éthique médicale sous l'impulsion des professionnels et corrélativement à un déclin des interventions externes dans la réglementation des pratiques médicales. Au lendemain de la guerre, ce sont les milieux scientifiques et médicaux qui ressentent la nécessité d'encadrer la recherche et d'adopter des règles pour assurer la protection de la personne humaine.

---

[195] Loi n°88-1138 du 20 déc. 1988 relative à la protection des personnes qui se prêtent à des recherches biomédicales, *J.O.*, 22 déc. 1988.

[196] N. Lenoir, B. Mathieu, *Les normes internationales de la bioéthique*, *op. cit.*, p. 19.

SECTION 2 : NUREMBERG, ACTE FONDATEUR D'UNE NOUVELLE NORMATIVITÉ EN MATIÈRE MÉDICALE ?

98. En réaction aux exactions des médecins nazis, le corps médical se mobilise. De nouvelles institutions sont créées, et des procédés d'autorégulation innovants sont mis en œuvre. A la suite du procès de Nuremberg, la communauté médicale est unanime pour condamner les expériences nazies. Afin de réhabiliter l'honneur de la profession et de prévenir les comportements déviants, une coopération internationale s'avère indispensable. D'une part, les enjeux de l'éthique médicale dépassent le cadre des frontières, d'autre part, le fait de dégager une opinion commune internationale est susceptible de lui offrir une audience de premier ordre. Cette perspective internationale caractérise l'intervention professionnelle telle qu'elle s'est développée après la deuxième guerre mondiale.

99. Le trait essentiel de la réglementation de l'activité médicale est lié au fait qu'elle émane principalement de deux ONG : l'Association médicale mondiale et le Conseil des organisations internationales des sciences médicales, donc d'initiatives a-étatiques issues des milieux médicaux et scientifiques ; ce qui permet de la qualifier d'autorégulation professionnelle. Ses instigateurs sont distincts et indépendants des autorités gouvernementales. Les règles de conduite sont adoptées spontanément par les destinataires de ces règles : organismes privés, agissant en dehors de la sphère juridique en raison de l'absence d'habilitation des pouvoirs publics. Le Code de Nuremberg se trouve à l'origine du renouveau de l'éthique médicale, mais dans la mesure où il n'émane pas de la profession médicale, la question se pose du sort réservé au code par le monde médical.

100. Ce retour de l'autorégulation sous couvert de nouvelles institutions laisse présager que le dessaisissement de la profession lors du procès des médecins n'a été que temporaire. Toutefois dans un deuxième temps, l'éthique médicale est appréhendée au niveau international par les organisations gouvernementales en raison des répercussions du progrès scientifique et médical de plus en plus susceptible d'attenter au respect de la personne humaine. Cependant, la nécessaire prise en compte de l'éthique par les autorités internationales, fait l'objet d'une démarche

spécifique, privilégiant le recours à des instruments souples, dépourvus de force obligatoire.

Si l'appréhension de l'éthique par les organisations internationales gouvernementales, conduit à relativiser l'idée de la détention d'un monopole professionnel par les médecins ; l'étude de la nature des normes émises par les organisations internationales gouvernementales s'avère tout de même nécessaire pour déterminer dans quelle mesure leur intervention relève de la réglementation juridique, ou, de la régulation para-juridique.

§1 La prégnance du corporatisme sous la forme d'ONG

101. Au lendemain de la guerre, la honte ressentie par l'ensemble de la communauté médicale mobilise la profession, qui réinvestit le champ de l'éthique. De sa propre initiative, elle prend le relais du tribunal militaire américain. La nécessité d'encadrer l'activité médicale fait l'objet d'une prise de conscience de la part des professionnels, qui mettent en place des mécanismes d'autorégulation. La profession s'organise au niveau international au sein d'organisations non gouvernementales spécialisées, par le biais desquelles s'effectue la codification des normes éthiques réglementant la pratique médicale. En l'absence d'intervention étatique, l'activité normative déployée par les organisations non gouvernementales manifeste l'existence d'un monopole de l'éthique, substitut au droit.

102. Peu après la Deuxième Guerre mondiale, deux organisations non gouvernementales ayant trait aux activités médicales, sont constituées ; l'une en 1947 : l'Association Médicale Mondiale (AMM), l'autre en 1949 : le Conseil des Organisations Internationales des Sciences Médicales (CIOMS). La constitution de ces deux ONG répond alors à un souci de réorganisation et de coordination de la communauté scientifique et médicale au niveau international. Avant d'étudier les statuts internes de ces deux institutions, il convient d'examiner la spécificité des ONG dans la société internationale.

Désormais les organisations non gouvernementales prolifèrent dans le domaine de la santé et de la médecine, elles sont essentiellement issues du milieu scientifique et médical car pratiquement chaque spécialité médicale ou paramédicale est représentée au sein d'une ONG spécialisée. Malgré cette diversité, l'attention sera portée sur deux institutions, à savoir l'AMM et le CIOMS qui ont joué un rôle précurseur et déterminant dans l'élaboration des normes internationales d'éthique médicale. C'est par le biais de ces ONG que s'est effectué l'encadrement des pratiques médicales dans la lignée du Code de Nuremberg, préalablement à la prise en compte par le droit de la nécessité de protéger la personne humaine face aux progrès scientifiques et médicaux.

Alors que la création des deux ONG s'affiche comme une volonté de rupture avec l'avant Nuremberg, il est nécessaire de porter un regard critique sur le statut et l'activité normative des ONG pour apprécier la réalité de cette rupture au regard de la période post-Nuremberg.

A/ La création d'organisations non gouvernementales représentatives du milieu scientifique et médical

103. La spécificité des ONG sur la scène internationale conduit à rechercher les conditions d'attribution du label ONG et le rôle qui leur est dévolu dans la société internationale avant de traiter du mode de fonctionnement de l'AMM et du CIOMS, d'autant que l'ascension du nombre d'ONG constitue un des phénomènes les plus marquants de l'évolution des relations internationales.

<u>1- La condition des ONG sur la scène internationale</u>

104. La croissance exponentielle du nombre d'ONG témoigne de la dynamique des initiatives privées dans le cadre des relations internationales. Elles couvrent des secteurs d'activité très diversifiés : syndical, professionnel, politique, religieux, culturel, scientifique, professionnel, l'environnement, la santé, l'humanitaire ou encore les droits de l'homme. Ceci explique pourquoi les ONG poursuivent des objectifs différents : certaines sont animées par un esprit réformateur et militant, certaines défendent des intérêts corporatistes, certaines se battent pour des causes publiques, certaines se consacrent à la coordination interne de leurs activités : « ONG de gestion »[196] alors que d'autres mènent des interventions externes « ONG de mission ».

105. L'hétérogénéité du mouvement associatif rend difficile l'identification des ONG. Elles ont ainsi fait l'objet de définitions variables. Le Conseil économique et social des Nations Unies a retenu

[196] S. Sur, *Relations internationales*, Paris, Montchrestien, coll. Domat politique, Paris, 1995, p. 414.

une définition négative, dans la mesure où relève de la catégorie des ONG « les organisations internationales qui n'ont pas été créées par voie d'accords intergouvernementaux... »[197], tandis que dans le projet de Convention de l'Institut de droit international, les organisations internationales non gouvernementales sont définies de manière positive comme : « Les associations internationales (...) librement créées par l'initiative privée, qui exercent sans esprit de lucre, une activité internationale d'intérêt général, en dehors de toute préoccupation d'ordre exclusivement national »[198]. Ces critères concordent avec ceux de la doctrine[199] qui a dégagé trois conditions cumulatives à l'attribution du label ONG : l'initiative privée de leur création, le caractère international de leur composition et de leur activité et l'absence de but lucratif.

106. Après avoir identifié les critères nécessaires à la qualification des ONG, il reste à examiner la question non moins complexe de leur personnalité juridique et du statut juridique qui leur est dévolu en droit international.

Reconnues officiellement pour la première fois en droit international dans l'article 71 de la Charte des Nations Unies, elles deviennent des interlocuteurs officiels des organisations intergouvernementales, auprès desquelles elles exercent une fonction de consultation. Néanmoins, cet article ne leur accorde pas le statut de sujet de droit international et l'absence de personnalité juridique internationale demeure aujourd'hui la règle. Pas moins de 10 projets relatifs à la reconnaissance juridique des ONG au niveau international ont échoué[200]. Attachés au principe de souveraineté, on comprend que les Etats soient réticents à doter les ONG d'un statut qui concurrencerait leur monopole de création du droit. En l'état actuel du droit, la création des ONG relève donc du droit interne des Etats, elles ne disposent ni de la personnalité ni de la capacité juridique internationale. Toutefois, une exception majeure a été établie à l'échelle européenne par la Convention européenne sur la reconnaissance de la personnalité juridique des organisations non

---

[197] cité in *Le rôle international des organisations non gouvernementales,* Y. Beigbeder, Bruxelles - Paris, Bruylant - LGDJ, coll. Axes, 1992, p. 9.

[198] *Ibid.*

[199] M. Bettati, « La contribution des organisations non gouvernementales à la formation et à l'application des normes internationales », in *Les ONG et le droit international,* M. Bettati, P.-M. Dupuy (sd.), Paris, Economica, coll. Droit international, 1986, p. 7 et sv.

[200] M. Merle, « Un imbroglio juridique : le « statut » des OING, entre le droit international et les droits nationaux », in *Etudes A. Plantey*, Paris, Ed. A. Pedone, 1995, p. 341.

gouvernementales signée le 24 avril 1986 dans le cadre du Conseil de l'Europe, dont l'entrée en vigueur date de janvier 1991. Elle stipule que « La personnalité et la capacité juridique d'une OING telles qu'elles sont acquises dans la Partie dans laquelle elle a établi son siège statutaire sont reconnues de plein droit dans les autres Parties ». De sorte que le régime juridique de l'Etat du siège de l'ONG est applicable dans les différents pays, sous réserve qu'il s'agisse d'Etats membres du Conseil de l'Europe ayant ratifié la convention, sans avoir à solliciter une reconnaissance de la personnalité juridique auprès de chaque pays.

Le « statut consultatif » reflète l'ambiguïté des rapports entre les ONG et les Etats, il instaure un compromis en accordant seulement une reconnaissance limitée aux ONG. Le mécanisme de consultation fait participer les ONG à la prise de décision des organisations intergouvernementales qui sont les seules autorités habilitées à édicter les règles de droit, donc à voter. Pour les ONG qui en bénéficient, le statut consultatif assoie leur légitimité au niveau international, il leur procure « un label de crédibilité international »[201]. Mais cette reconnaissance officielle ne doit pour autant pas masquer ce que le Professeur Merle appelle « le piège du « statut consultatif »[202] » dans la mesure où l'admission des ONG à participer aux travaux des Organisations internationales gouvernementales (OIG) est soumise à condition et appréciation unilatérale et discrétionnaire de l'OIG. Il n'instaure que des relations bilatérales, la reconnaissance de l'existence de l'ONG n'est opposable ni à l'égard d'autres OIG, ni à l'égard des Etats membres de l'OIG. Elles sont considérées en tant qu'interlocuteur mais, confinées dans un statut subalterne qui les prive du droit de vote. Dans le cadre de la CONGO[203], des critiques se sont élevées à l'encontre de la condition des Organisations internationales non gouvernementales (OING), considérées comme des auxiliaires et non comme des partenaires des OIG : « On a tendance à traiter les ONG comme des instruments et à les admettre en tant que « récepteurs » passifs plutôt qu'en tant que sources

[201] M. Bettati, « La contribution des organisations non gouvernementales à la formation et à l'application des normes internationales », in *Les ONG et le droit international, op. cit.*, p. 12.
[202] M. Merle, « Un imbroglio juridique : le « statut » des OING, entre le droit international et les droits nationaux », *op. cit.*, p. 341.
[203] CONGO : « Conférence des ONG jouissant du statut consultatif auprès du Conseil économique et social des Nations Unies ».

d'un apport créatif »[204]. Toutefois la fonction de consultation permet une collaboration et une coopération utile entre les représentants des Etats et les acteurs privés, basées sur des mécanismes de communication et d'information. En qualité d'observateur, les ONG peuvent participer aux débats et être admises à remettre un exposé oral ou écrit.

107. Pour autant, le caractère restrictif de leurs prérogatives ne doit pas occulter l'influence de fait et la contribution active des ONG dans l'élaboration des normes internationales, comme le manifeste l'activité normative de l'AMM et du CIOMS en bioéthique.

2- Les statuts de l'AMM et du CIOMS

108. Au lendemain de la guerre, la réorganisation de la communauté scientifique et médicale s'est traduite par la création de deux ONG. Ce cadre institutionnel a été l'instrument privilégié d'intervention des professionnels. En confrontant, les instances qui ont participé à la fondation de l'AMM et du CIOMS, les motifs qui ont présidé à leur création, la composition et les objectifs des deux organisations, il apparaît que hormis leur appartenance à la catégorie des ONG, aucun élément ne permettait *a priori* de les associer à la poursuite d'une activité commune.

Cependant, l'AMM et le CIOMS ont joué un rôle respectif et actif dans le domaine de l'éthique médicale.

109. L'AMM est créée le 18 septembre 1947 durant le mois qui suit la condamnation des médecins nazis, par les représentants des associations médicales nationales. Réunissant les représentants de plus de soixante nations, le premier Congrès de l'Association offre d'emblée à l'institution une légitimité basée sur sa représentativité et son universalité. Elle prend le relais de l'Association Internationale Professionnelle des Médecins constituée en 1926. L'établissement d'une nouvelle institution dénote la volonté de la profession médicale de rompre avec l'avant Nuremberg. La profession, ébranlée par l'ampleur des crimes commis par les médecins nazis, refonde son mode d'organisation et sa mission. Lors du premier Congrès mondial constitutif de l'AMM, un discours sur les crimes de guerre est prononcé, suivi de l'adoption d'une motion condamnant les violations de la morale médicale commises par les médecins nazis et déclarant que « Nous

[204] Cité in *Le rôle international des organisations non gouvernementales*, Y. Beigbeder, *op. cit.*, p. 37.

tenons (...) à rappeler à tous nos membres le respect, non seulement de la vie, mais encore de la personnalité, de la dignité et de la liberté humaines. »[205]. Et en 1948, la nouvelle association adopte une condamnation solennelle des crimes et actes inhumains commis par des médecins en Allemagne et ailleurs, dans laquelle figurent le constat et l'énonciation des crimes et dans laquelle elle stipule qu'elle « endosse l'action judiciaire entreprise afin de punir ces membres de la profession médicale qui avaient participé aux crimes ».

De par sa composition, l'AMM est une ONG de type corporatiste puisqu'elle est composée exclusivement d'associations médicales nationales représentatives ; elle admet en principe une seule association par pays. De même, les buts de l'AMM expriment des intérêts corporatistes puisque l'AMM s'assigne comme fonction le maintien de l'honneur de la profession médicale et la protection de ses intérêts. D'ailleurs, l'activité normative de l'AMM est tournée vers la défense des intérêts corporatistes[206].

Mais outre ces préoccupations internes à la profession, la constitution de l'AMM démontre une volonté d'ouverture, en établissant des rapports avec l'OMS et l'UNESCO. D'autre part, elle défend une conception humaniste de la médecine : en cherchant à atteindre un état sanitaire le plus élevé possible et à favoriser l'avancement de la paix mondiale. Elle revendique sa mission « d'être un forum libre et ouvert où les débats portent, non pas sur les problèmes cliniques, mais sur les questions d'éthique et d'éducation médicale, sur les affaires socio-médicales et tous les autres sujets médicaux de nature générale, de telle sorte qu'un consensus international puisse être atteint et diverses recommandations établies indiquant aux médecins, en cas d'incertitude, l'action à entreprendre »[207].

110. A la différence de l'AMM, la création du CIOMS ne provient pas exclusivement d'une initiative privée émanant d'organismes professionnels nationaux. Le CIOMS est institué en 1949 grâce à l'intervention et au soutien financier de deux organisations intergouvernementales, l'OMS et l'UNESCO. Au départ, intitulé Conseil pour la Coordination des Congrès Internationaux des Sciences médicales, il est créé dans le but d'organiser et coordonner la réunion des congrès

---

[205] Extrait publié in *Le concours médical*, 11 oct. 1947, p. 1686.

[206] *Cf. infra* n°119 et sv.

[207] Cité in *L'expérimentation médicale sur l'être humain. Construire les normes, construire l'éthique*, M-L. Delfosse, Bruxelles, Ed. De Boeck Université, 1993, p. 29.

médicaux internationaux afin de promouvoir l'échange d'informations scientifiques, en apportant une aide matérielle et financière, et en assurant la diffusion des travaux en sciences médicales. L'élargissement des fonctions du Conseil à d'autres formes de collaboration s'est traduit par une modification des statuts et du nom de l'ONG en 1952, désormais dénommée Conseil des organisations internationales des sciences médicales. A partir de 1966, il a réduit son soutien à l'organisation de congrès médicaux consacrés à des thèmes exclusivement scientifiques pour se concentrer sur l'organisation de congrès et de réflexions multidisciplinaires[208]. Il a adapté son champ d'intervention en fonction des progrès considérables accomplis dans le domaine scientifique et médical dont les répercussions sociales et culturelles incitaient à un nouveau type de réflexion, ce qui l'a conduit à se saisir des problèmes liés à la bioéthique.

Le CIOMS est la première organisation internationale interdisciplinaire en médecine dans la mesure où il regroupe des membres représentant diverses spécialités telles que la pédiatrie, la psychiatrie, la cardiologie, la neurologie... Le CIOMS comprend des membres internationaux : des organisations internationales non gouvernementales parmi lesquelles figure l'AMM ainsi que des membres nationaux impliqués dans le domaine scientifique et médical. Les buts et fonctions du CIOMS consistent à mener des missions de coordination et de développement des activités internationales dans les sciences médicales, d'établir des relations de collaboration en particulier avec l'OMS et l'UNESCO, et de « servir les intérêts scientifiques de la communauté internationale biomédicale en général ».

111. L'AMM et le CIOMS entretiennent des rapports privilégiés avec l'OMS et l'UNESCO, auprès desquelles ils bénéficient du statut consultatif ; satisfaisant ainsi l'objectif que s'étaient fixé les deux ONG de collaborer, en particulier, avec ces organisations intergouvernementales.

Première organisation non gouvernementale reconnue par l'OMS, l'AMM est un interlocuteur privilégié de l'OMS ; leurs relations ont permis d'une part d'établir des échanges d'informations, d'autre part de mener des travaux en commun puisque l'AMM a participé à une étude commune sur les drogues, à l'élaboration d'une pharmacopée internationale, à la détermination d'objectifs prioritaires comme « la

[208] CIOMS, Organization, Activities, Members, Ed. CIOMS, Genève, 1994.

Santé pour tous en l'an 2000 » ou encore à l'établissement de programmes communs concernant les soins de santé primaires... La coopération se manifeste aussi par la présence d'experts de l'AMM au sein de différents comités de l'OMS[209].

En comparaison, les relations entre le CIOMS et l'OMS sont encore plus intriquées. Rappelons que le CIOMS a été créé à l'instigation de l'UNESCO et de l'OMS ce qui explique la permanence de liens étroits entre les deux organisations. Le CIOMS dispose d'un secrétariat au siège de l'OMS à Genève, un représentant de l'OMS assiste à titre consultatif aux réunions du CIOMS et le CIOMS bénéficie d'un soutien matériel et financier de la part de l'OMS qui de ce fait exerce une influence sur les activités de l'ONG au prix de son indépendance[210].

Les relations officielles entre l'OMS, l'AMM et le CIOMS leur permettent de mener des actions complémentaires. De surcroît mais de manière informelle, en raison des liens privilégiés qui unissent l'OMS et le CIOMS, ce dernier a joué un rôle de substitut en matière d'éthique médicale : le CIOMS a été officieusement utilisé pour ne pas aborder les problèmes éthiques[211]. La prise en compte par l'OMS des implications éthiques liées au progrès scientifique est récente, auparavant elle se consacrait à une fonction de réglementation essentiellement technique. Désormais l'OMS a accepté sa responsabilité à l'égard des aspects éthiques et aussi juridiques de la santé. Pour preuve, parmi les réformes à entreprendre, le Directeur général de l'OMS fixait en janvier 1994 comme priorité, l'implication de l'OMS dans le domaine des droits de l'homme et de l'éthique biomédicale[212].

B/ L'activité normative des ONG

112. Hormis leur participation aux travaux des organisations intergouvernementales, l'AMM et le CIOMS ont exercé une activité normative autonome au sens où ces deux ONG ont édicté des règles de conduite à l'intention des professionnels, sans y avoir été habilitées par

---

[209] A. Roelants du Vivier, *L'AMM,* Mémoire dactylographié, DEA de Droit de la santé, Bordeaux I, 1981.

[210] Y. Beigbeder, « Les relations des organisations non gouvernementales avec l'organisation mondiale de la santé », in *Les ONG et le droit international, op. cit.*, p. 167.

[211] Entretien avec le Docteur J-L. Hansen, Service de législation sanitaire, siège de l'OMS, Genève.

[212] Y. Beigbeder, *L'OMS,* Paris, PUF, 1997, p. 186.

des autorités étatiques ou interétatiques, de sorte que ces règles sont dotées d'une autorité exclusivement morale.

Historiquement, éthique et médecine coexistent depuis des siècles. Il n'est pas surprenant que la communauté médicale se soit saisie des questions éthiques posées par le progrès scientifique afin de régler les comportements des praticiens en fonction des nouveaux impératifs scientifiques, d'autant que les violations de l'éthique médicale perpétrées durant la seconde guerre mondiale étaient stigmatisées. Le corps médical a donc cherché à concilier l'évolution scientifique avec le respect des personnes, exigence de l'éthique médicale traditionnelle.

113. En revanche, la portée des déclarations adoptées par l'AMM et le CIOMS déconcerte le juriste dans la mesure où ces règles de conduite émanant d'organismes privés, dépourvues de juridicité, vont influer non seulement sur le comportement des destinataires des déclarations c'est-à-dire les médecins mais aussi sur le comportement des Etats puisqu'elles vont pénétrer le droit positif.

1- La production de règles éthiques par les ONG

114. Après le jugement de Nuremberg, l'éthique médicale connaît un nouvel essor qui s'explique par la volonté de réhabiliter la profession. Comme le relève la doctrine, il est topique que le développement de l'éthique[213] et des codes de conduite qui en sont le support, intervienne à la suite de pratiques répréhensibles qui ont jeté le discrédit sur une activité. De ce fait, l'éthique sert à dédouaner les personnes impliquées dans un secteur d'activité en quête de légitimité.

115. Dans le cas de l'activité médicale, la production de normes éthiques répond en effet à un souci de moralisation de la profession. Les deux premiers actes élaborés par l'AMM en témoignent. Le Serment de Genève adopté en 1948 renoue avec l'éthique traditionnelle hippocratique ; à ce titre, il défend la pérennité du Serment d'Hippocrate en réaffirmant les devoirs intemporels qu'il consacre tels que le respect de la vie humaine, auxquels ont été adjoints de nouveaux devoirs en réaction aux comportements contraires à la dignité humaine qui se sont déroulés pendant la deuxième guerre mondiale. C'est dans cette

---

[213] G. Farjat, « Nouvelles réflexions sur les codes de conduite privée » in *Les transformations de la régulation juridique*, J. Clam et G. Martin (sd.), Paris, LGDJ, coll. Droit et Société, 1998, p. 151; B. Oppetit, « Ethique et vie des affaires », in *Mélanges offerts à A. Colomer*, Paris, Litec, 1993, p. 319.

perspective que le Serment de Genève introduit le devoir de non-discrimination, basé sur la religion, la nation, la race, le parti ou la classe sociale dans l'exercice de la médecine et l'engagement de ne pas utiliser les connaissances médicales contre les lois de l'humanité. Ce rattachement volontaire de la profession au Serment d'Hippocrate a pour conséquence d'occulter la référence au Code de Nuremberg, qui rappelons le, n'est pas l'œuvre de la profession. Alors qu'il aurait pu servir de fondement explicite à la reconstitution de l'éthique médicale, la profession a pris soin de s'en démarquer.

116. Le Serment de Genève a été suivi par l'adoption du Code d'éthique médicale qui pose des principes généraux concernant les devoirs des médecins, leurs devoirs envers les malades et les devoirs entre médecins. Le code effleure le problème de l'expérimentation, il semble condamner les expérimentations sans bénéfice thérapeutique : « sous aucun prétexte, le médecin ne peut faire quoi que ce soit pour affaiblir la résistance physique ou mentale de l'homme, excepté pour des raisons strictement thérapeutiques et prophylactiques, et dans l'intérêt de son malade ». Cependant les déclarations ultérieures, notamment la Déclaration d'Helsinki, en contradiction avec cet impératif, avalisent les expérimentations sans bénéfice thérapeutique direct.

Outre ces textes de portée générale qui s'inscrivent dans la lignée de l'éthique médicale traditionnelle, les ONG ont abordé de manière spécifique des problèmes éthiques nouveaux directement liés à l'évolution scientifique.

117. A cet égard, la Déclaration d'Helsinki relative à l'expérimentation sur l'être humain est la plus connue et elle mérite une attention particulière car elle constitue le premier encadrement majeur de la recherche après le Code de Nuremberg, qu'elle complète puisque le Code ne traitait que des expérimentations sans bénéfice thérapeutique. Par ailleurs, la Déclaration jouit d'une autorité morale incontestée au niveau international.

Adoptée en 1964 par l'AMM et révisée successivement en 1975, 1983, 1989, 1996 et 2000[214], elle pose les principes fondamentaux applicables à l'expérimentation. De prime abord, la Déclaration présente des principes analogues à ceux de Nuremberg : l'exigence du consentement éclairé, la qualification du médecin expérimentateur,

---

[214] Consultée sur le site Internet : http://www.wma.net.

l'équilibre entre les risques et bénéfices de la recherche... Cependant les dérogations assorties à certains de ces principes dénaturent l'esprit du Code de Nuremberg. Ainsi la première version de la Déclaration de 1964 pose le principe du recueil du consentement éclairé pour la recherche thérapeutique et non thérapeutique. Mais les exceptions à ce principe réduisent aussitôt sa portée : 1°) dans le cadre de la recherche thérapeutique, l'obtention du consentement est la règle, mais l'incapacité légale ou physique, ainsi que la psychologie du patient qui relève de l'appréciation subjective du médecin peuvent faire obstacle au consentement. Le médecin dispose d'une marge de liberté importante pour apprécier l'information à communiquer au patient - information qui soit « compatible avec la psychologie du patient » - ; 2°) dans le cadre de la recherche non thérapeutique, après avoir affirmé que la personne doit être « dans un état mental, physique et légal qui lui permette d'exercer pleinement son pouvoir de choisir », la Déclaration prévoit que « si le sujet est légalement incompétent, on doit obtenir le consentement du représentant légal ». Le principe prohibant la recherche non thérapeutique sur les personnes incapables est finalement vidé de sa portée.

La deuxième version de la Déclaration adoptée en 1975 semble réduire la liberté du médecin et renforcer la protection du patient. Parmi les remaniements notables, elle établit une hiérarchie entre l'individu, la société, et la science en affirmant clairement la primauté de l'individu : « Les intérêts du sujet doivent toujours passer avant ceux de la science et de la société ». D'autre part, elle précise le contenu de l'information à fournir au sujet de recherche, et elle requiert une évaluation collective de la valeur scientifique et éthique du projet de recherche puisque le protocole doit être soumis « pour avis et conseils, à un comité indépendant désigné spécialement à cet effet ».

Dans sa dernière version, la Déclaration d'Helsinki[215] attribue un rôle de suivi au comité d'éthique. Elle étend et précise les informations à fournir au comité, informations relatives au financement, aux promoteurs, à toute appartenance à une ou des institutions, aux éventuels conflits d'intérêts. Dans cette Déclaration, une attention particulière est ainsi portée au financement et aux conflits d'intérêts qui prolongent la liste des informations que le médecin doit fournir au patient préalablement à l'obtention de son consentement, et qu'il doit exposer

---

[215] C. Byk, « La Déclaration d'Helsinki révisée : un nouveau contexte, de nouveaux défis pour la recherche biomédicale », *JIB*, vol. 15, n°1, 2004, p. 17.

dans les publications, ce qui laisse suggérer un souci de transparence. En faveur du sujet de recherche, l'étendue de l'information est non seulement renforcée mais le médecin a aussi le devoir de s'assurer de la bonne compréhension de l'information. Néanmoins, cette nouvelle version, composée d'une introduction, d'une partie consacrée aux principes fondamentaux applicables à toute forme de recherche médicale, et d'une autre partie consacrée aux principes applicables à la recherche médicale conduite au cours d'un traitement, ne dispose plus de rubrique spécifique relative à la recherche non thérapeutique alors que les déclarations précédentes avaient le mérite de distinguer et de mettre en évidence les deux types de recherche : la recherche associée aux soins médicaux et la recherche non thérapeutique. Enfin, elle introduit une exception à l'obtention du consentement qui affaiblit la protection du sujet de recherche en prévoyant certes sous conditions « la recherche sur des personnes dont il est impossible d'obtenir le consentement éclairé, même sous forme de procuration ou d'expression préalable d'un accord… ».

118. Le CIOMS a rendu une déclaration relative à la recherche biomédicale impliquant des sujets humains en 1981 : la Déclaration de Manille, dont l'objectif vise à parfaire l'encadrement de la recherche menée sur des catégories de personnes vulnérables et dans les pays en voie de développement. Qualifiant la Déclaration d'Helsinki de « document fondamental », « dont les principes généraux peuvent être considérés comme universellement valables », la Déclaration de Manille en adapte les principes au risque de les relativiser. Ainsi le consentement est considéré comme un impératif éthique nécessaire mais insuffisant, il offre une garantie imparfaite compte tenu qu' « il existe de nombreux individus, parmi lesquels les enfants, les adultes infirmes ou malades mentaux, ceux à qui les concepts médicaux modernes sont totalement étrangers, qui sont incapables de donner un consentement adéquat, et dont le consentement implique qu'ils participent de façon passive et aveugle ».

C'est pourquoi la Déclaration de Manille énonce que la protection des sujets de recherche doit être impérativement complétée par un examen éthique indépendant, contrepartie aux différentes formes de consentement substitué que prévoit le texte. Par exemple, le consentement individuel peut être remplacé par celui du chef de la communauté et pour les recherches à grande échelle par la décision des gouvernements et responsables de la santé publique. L'examen par des comités indépendants doit porter à la fois sur la validité scientifique du protocole et sur la satisfaction des principes éthiques. La conception de l'expérimentation défendue dans la Déclaration de Manille, lui a valu d'être comparée à l'expression d'« un paternalisme éclairé »[216].

2- La manifestation d'une autorégulation au service des intérêts corporatistes

119. En s'imposant des règles de conduite, le milieu scientifique a fait acte d'une prise de responsabilité. Le processus d'autorégulation se justifie au regard du principe de subsidiarité, lequel implique « le respect des corps intermédiaires »[217] en leur laissant une marge d'autonomie et d'initiative dans la sphère relevant de leur compétence. L'autonomie qui leur est concédée, repose sur la reconnaissance de la capacité du groupe social à gérer ses propres affaires, « parce que l'action de proximité est jugée plus efficace, on dévoluera d'abord la compétence à l'individu ou au groupe le plus proche », « l'acteur le plus proche est jugé par principe plus capable, parce qu'il connaît davantage... »[218].

120. Mais, il faut tenir compte de l'ambivalence de la régulation d'origine professionnelle. La mise en œuvre d'un système normatif qui lui est propre peut être motivée par la volonté d'éviter l'édiction d'une réglementation juridique trop contraignante. Comme le relève Filali Osman, « l'acte d'autorégulation d'une branche d'activité par ses propres opérateurs est loin d'être gratuit. Il n'est pas rare que l'objectif soit de prévenir l'édiction d'une réglementation trop sévère... »[219].

121. Dans le domaine de l'expérimentation, F. Isambert explique le phénomène d'autorégulation par « les besoins de régulation et la crainte de voir réglementer excessivement une activité professionnelle (...). Développer l'aspect éthique du contrôle d'une activité est, dès lors, la contrepartie nécessaire si l'on veut éviter qu'elle

---

[216] A. Fagot-Largeault, *L'homme bio-éthique. Pour une déontologie de la recherche sur le vivant,* Paris, Maloine, coll. Recherches interdisciplinaires, 1985, p. 172.
[217] J-B. d'Onorio, « La subsidiarité, analyse d'un concept », in *La subsidiarité de la théorie à la pratique,* J-B. d'Onorio (sd.), Paris, Ed. Téqui, 1995, p. 11.
[218] C. Millon-Delsol, *Le principe de subsidiarité,* Paris, PUF, QSJ, 1993, p. 69.
[219] F. Osman, « Avis, directives, codes de bonne conduite, recommandations, déontologie, éthique, etc... : réflexion sur la dégradation des sources privées du droit », *RTDC*, 1995, p. 515.

soit l'objet d'une surveillance de la puissance publique. »[220]. A ses yeux, « l'éthique de la recherche biomédicale s'édifie donc dans le contexte d'une idéologie de l'autorégulation, celle qu'exprime l'AMM dans les déclarations d'Helsinki et de Tokyo ».

L'analyse de la Déclaration d'Helsinki dans sa première version, celle de 1964, confirme que l'autorégulation sert avant tout, les intérêts de la profession. L'autodétermination du sujet consacrée dans le Code de Nuremberg se trouve affaiblie tant dans la Déclaration d'Helsinki que dans la Déclaration de Manille. Alors que le Code exclut la possibilité de mener une expérimentation non thérapeutique sur un individu incapable de consentir, la Déclaration d'Helsinki admet au contraire une telle possibilité.

122. L'objectif de la Déclaration d'Helsinki vise plus la promotion de l'expérimentation que la protection de la liberté et des droits du sujet de recherche, à ce titre elle assure la représentation et la défense d'intérêts corporatistes. C'est dans cette perspective que la déclaration réhabilite la poursuite de progrès scientifique, il est « indispensable pour le progrès de la science et pour le bien être de l'humanité souffrante d'appliquer les résultats des expériences de laboratoires à l'homme ».

Certains membres de la profession médicale ont confirmé que l'adoption de code d'éthique a entre autre objectif de préserver le monopole professionnel plus souple qu'une réglementation juridique. Le Président de la commission centrale d'éthique de l'Académie suisse des sciences médicales, a déclaré que l'un des buts des directives éthiques consiste à empêcher l'adoption de mesures pénales ou législatives[221].

123. Il n'est pas étonnant que dans ses déclarations, l'AMM ait ignoré le Code de Nuremberg, tant dans le Serment de Genève, que dans le Code d'éthique médicale, que dans la Déclaration d'Helsinki. La profession a tenu le Code à distance au motif qu'il a servi de fondement à une condamnation criminelle, cet argument permet de nier sa valeur universelle, et au motif qu'il a établi des principes trop stricts. Un membre d'un comité d'éthique de la recherche explique ainsi que le document de référence pour l'examen des protocoles de recherche c'est la Déclaration d'Helsinki, plus adaptable que les dix principes de

---

[220] Cité in *Le droit des comités d'éthique,* C. Byk, G. Mémeteau, Paris - Lyon, Ed. ESKA - A. Lacassagne, 1996, p. 58.

[221] P. Arnold et D. Sprumont, « The Nuremberg Code... », *op. cit.*

Nuremberg[223]. L'évitement du code confirme la volonté de défendre une réglementation professionnelle donc une éthique conçue pour la profession et non pour les sujets de recherche. Dès la fin des années cinquante, un groupe s'était constitué aux Etats-Unis pour réécrire le Code de Nuremberg, ce comité avait proposé de changer cinq des dix principes de Nuremberg[224]. Ce projet n'a pas abouti, car la Déclaration d'Helsinki, ayant été adoptée, a répondu à leur attente. Elle a sans difficulté supplanté et éclipsé le code de Nuremberg.

Le regard critique témoigné à l'encontre de l'autorégulation n'a pas affecté l'autorité morale dont jouissent les déclarations, au contraire leur influence a dépassé le cadre interne de la profession pour gagner l'ordre juridique international et national.

124. L'attachement de l'AMM à l'autorégulation et au monopole professionnel dans le domaine de l'éthique médicale, a fait l'objet d'une déclaration sur l'autonomie et l'autorégulation professionnelles[225], adoptée en 1987, dans laquelle l'AMM défend la légitimité d'une régulation strictement interne. Mais l'auto-légitimation de l'autorégulation est manifestement peu convaincante, d'autant que les répercussions sociales et juridiques de la médecine s'accroissent.

D'ailleurs l'histoire de l'émergence de la bioéthique et des comités d'éthique s'inscrit dans le cadre d'une remise en cause du monopole médical par la volonté de pallier le déficit de légitimité des normes exclusivement professionnelles.

---

[223] E. Deutsch, « The Nuremberg Code : the proceedings in the medical case, the Ten Principles of Nuremberg and the lasting effect of the Nuremberg Code », in *Ethics codes in medicine, op. cit.*, p. 71.

[224] *Ibid.*

[225] Déclaration sur l'autonomie et l'autorégulation professionnelles (Madrid 1987), http://www.wma.net.

§2 L'appréhension de l'éthique médicale par les institutions internationales gouvernementales : la perpétuation d'un système normatif a-juridique

125. L'activité normative des organisations gouvernementales internationales est postérieure à la production des normes éthiques par les ONG.

126. Les institutions qui ont adopté des dispositions dans ce domaine, sont des institutions chargées de promouvoir les libertés et droits fondamentaux, notamment l'Assemblée générale des Nations Unies, et les organes du Conseil de l'Europe, dont les statuts lui assignent pour but : l'examen des questions d'intérêt commun et la conclusion d'accords ou l'adoption d'une action commune dans les domaines économique, social, culturel, scientifique, juridique et administratif ainsi que pour la sauvegarde et le développement des droits de l'homme et des libertés fondamentales. Toutefois, l'Union Européenne, dont l'objectif vise essentiellement la promotion de l'intégration économique, s'attache de plus en plus à intégrer les droits et libertés fondamentaux de la personne dans le corpus communautaire[226]. En proclamant la Charte des droits fondamentaux le 7 décembre 2000 à Nice, l'Union Européenne a affirmé comme objectif politique, sa volonté d'assurer un meilleur respect des droits l'homme et sa volonté de délivrer un message à l'opinion publique selon lequel « l'Europe, (...) ce n'est pas seulement une machine économique, monétaire et commerciale, c'est aussi un ensemble de valeurs communes auxquelles nous tenons tous »[227].

127. L'OMS en tant qu'organisation spécialisée des Nations Unies dans le domaine de la santé semble *a priori* l'instance la plus apte à traiter les problèmes posés par la médecine sous l'angle des droits de l'homme, or elle est restée en retrait sur ces questions. Bien que l'organisation se soit déclarée compétente pour apprécier les droits de

---

[226] N. Lenoir, B. Mathieu, *Les normes internationales de la bioéthique*, *op. cit.*, p. 80.

[227] Cité par M. Wathelet, « la Charte des droits fondamentaux : un bon pas dans une course qui reste longue », éditorial, *Cahiers de droit européen*, n°5-6, 2000, p. 586.

l'homme liés aux problèmes de santé[227], force est de constater qu'elle s'est refusée à aborder ces problèmes, notamment dans le domaine de l'expérimentation. Concernant l'expérimentation médicale, l'OMS s'est prononcée en faveur d'un encadrement de la pratique expérimentale par l'éthique médicale plutôt que par le droit[228].

A/ L'immixtion des organisations intergouvernementales dans le domaine de l'éthique médicale

128. L'attention de la communauté médicale s'est focalisée sur le problème de l'expérimentation, en réaction aux pratiques des médecins allemands. Au lendemain de la guerre, l'expérimentation constitue l'un des sujets les plus sensibles posés par la médecine scientifique, dès lors il convient d'étudier la position des organisations intergouvernementales à l'égard de la pratique expérimentale. Cependant l'expérimentation n'est pas la seule activité, dont l'application menace potentiellement les droits de l'homme, c'est pourquoi les organisations internationales ont couvert d'autres champs au confluent de l'éthique médicale et des droits de l'homme.

1-Le domaine de l'expérimentation médicale

129. Les événements de la deuxième guerre mondiale ont créé un choc au niveau de la société internationale, l'élaboration de la Déclaration universelle des droits de l'homme (DUDH) de 1948 symbolise la réaction de la communauté internationale face aux crimes commis[229]. Alors que les expérimentations médicales, attentatoires aux droits de l'homme, figurent au nombre des crimes, la Déclaration de 1948 ne traite pas spécifiquement le cas de l'expérimentation. En revanche, la liberté de la recherche y est expressément consacrée à l'article 27. En parallèle, et bien qu'il ne dispose pas de la même valeur juridique, le contenu de la Convention européenne des droits de l'homme adoptée en 1950 n'aborde pas non plus la question de l'expérimentation

---

[227] K. Tomasevski, « La réforme de la place des droits de l'homme à l'organisation mondiale de la santé », in *La réforme des institutions internationales de protection des droits de l'homme,* Bruxelles, Bruylant, 1993, p. 195.
[228] *Ibid.*
[229] N. Valticos, « Diversité des effets des deux guerres mondiales sur la protection des droits de l'homme », in *La Déclaration Universelle des Droits de l'Homme 1948-1998,* Paris, La documentation française, 1999, p. 73.

au regard des droits de l'homme. En revanche, ces deux instruments interdisent les traitements cruels, inhumains et dégradants : article 5 de la DUDH et article 3 de la Convention, auxquels on peut rattacher la prohibition de toute expérimentation qui porterait atteinte à la dignité humaine. Mais aucun de ces textes ne détermine ce qu'est une expérimentation licite.

130. L'appréhension explicite de l'expérimentation dans le cadre du droit international des droits de l'homme apparaît dans un instrument international contraignant : le Pacte international des droits civils et politiques (PIDCP) de 1966. La nature conventionnelle du texte a vocation à lui conférer un caractère obligatoire[230]. L'article 7 prescrit qu'« il est interdit de soumettre une personne sans son libre consentement à une expérience médicale et scientifique ». L'article 7 du PIDCP fait figure d'exception dans la mesure où c'est la seule disposition internationale concernant l'expérimentation, qui en outre a valeur obligatoire puisque les Etats signataires du Pacte doivent assurer le respect des droits qu'il proclame en vertu de l'effet direct de la règle internationale[231]. Le consentement libre du sujet de recherche est consacré en tant que droit de l'homme et qui plus est, est rattaché à un droit absolu[232] de l'homme : l'interdiction de la torture et des traitements inhumains et dégradants. La prohibition des traitements inhumains et dégradants participe à la protection de la dignité humaine, c'est pourquoi l'expérimentation réalisée sans le consentement de la personne est assimilée à de tels traitements.

131. Les Conventions de Genève de 1949 se réfèrent explicitement à l'expérimentation pour interdire les expériences biologiques sur le personnel militaire et les civils lors d'un conflit armé. Ainsi la conduite d'expériences contraires à l'éthique commises au cours d'un conflit armé, est criminalisée ; cependant le champ d'application des Conventions de Genève est limité puisque qu'elles ne couvrent que les expériences en temps de guerre.

---

230 F. Sudre, *Droit international et européen des droits de l'homme*, Paris, PUF, coll. Droit fondamental, 5ème éd., 2001, n°83.

231 Voir par exemple, CE 21 déc. 1990, Confédération nationale des associations familiales catholiques et autres, *AJDA*, 1991, p. 158.

232 Droit absolu, car la Convention contre la torture et autres peines ou traitements inhumains ou dégradants, adoptée en 1984 exclut toute dérogation à cette interdiction.

132. En raison de l'absence d'un instrument spécialisé pour la protection des sujets humains en temps de paix, certains ont proposé l'adoption d'une convention internationale spécialisée. Un projet de Convention pour la prévention et la répression des expériences illégales sur l'homme a été rédigé à cette fin. La nécessité d'une telle convention était justifiée comme suit : « En résumé, le contexte juridique existant, défini par des instruments internationaux concernant les droits de l'homme, offre une base substantielle pour inclure l'expérience dans le domaine des droits de l'homme, mais ce cadre est pour le moment insuffisant pour faire face à la tâche qui consiste à définir les droits des sujets et les devoirs des expérimentateurs et des Etats. »[233].

Ce projet n'ayant pas abouti, l'encadrement de l'expérimentation au niveau international est resté aux mains des professionnels conformément au principe de subsidiarité.

2- Les autres domaines d'intervention

133. Malgré la prise de conscience de l'interrelation entre les droits de l'homme et le progrès scientifique, on dénombre dans un premier temps, peu de documents traitant spécifiquement des enjeux de la science vis à vis des droits de l'homme. Seules trois résolutions adoptées par l'Assemblée générale des Nations Unies, datant de 1968 (Résolution 2540 XXXIII), de 1975 (Résolution 3384 XXX) et de 1982 (Résolution 37/194), abordent ce sujet. Les deux premières résolutions mettent l'accent sur le risque que présente le progrès scientifique de menacer les droits de l'homme. A ce titre, elles traduisent une prise de conscience mais elles attirent plus l'attention sur ce problème qu'elles ne prétendent le résoudre. Ainsi la Résolution de 1968 appelle à un devoir de vigilance : « si les découvertes scientifiques et l'évolution de la technique ont récemment ouvert de vastes perspectives au développement économique, social et culturel, ces progrès peuvent néanmoins mettre en danger les droits et libertés des individus et requièrent donc une attention vigilante. ». Cette ambivalence du progrès scientifique est rappelée dans la résolution de 1975, laquelle reconnaît les bénéfices du progrès de la science et de la technique mais relève l'inquiétude suscitée par leur développement en raison des dangers qu'ils présentent « pour les droits civils et politiques de l'individu ou du groupe

[233] *Le contrôle de l'expérimentation sur l'homme,* Travaux du comité d'experts, réuni à l'Institut Supérieur International de Sciences Criminelles, Syracuse, Mai 1979 et 1980, *RIDP*, vol. 51, n°3-4, 1980, p. 351.

ainsi que pour la dignité humaine ». Elle indique que leur utilisation ne doit pas permettre de « limiter ou entraver l'exercice des droits de l'homme et des libertés fondamentales de la personne humaine », à cet égard les Etats doivent prendre des mesures pour empêcher « l'usage indu qui pourrait en être fait pour léser les droits de l'individu ou du groupe, en particulier en ce qui concerne le respect de la vie privée et la protection de la personnalité humaine et de son intégrité physique et intellectuelle. ».

134. La Résolution de 1982 couvre un domaine plus précis, en témoigne son intitulé : Principes d'éthique médicale applicables au rôle du personnel de santé dans la protection des individus contre la torture et autres peines ou traitements cruels, inhumains ou dégradants. Le texte considère la participation active ou passive des médecins à une forme quelconque de torture comme une violation de l'éthique médicale, de même que toute relation n'ayant pas pour but la protection ou l'amélioration de la santé du prisonnier ou du détenu. Outre la singularité de son intitulé en vertu de laquelle cette résolution est traitée au même titre que les codes de conduite[234], le processus atypique de son adoption mérite d'être relevé. Les principes contenus dans la résolution ont été élaborés par le CIOMS, approuvés par l'OMS puis transmis à l'Organisation des Nations Unies qui les a adoptés en Assemblée générale[235]. Cette dernière a donc entériné des principes définis par une organisation non gouvernementale, préalablement avalisés par l'OMS.

135. A l'échelle européenne, la prise en compte de la dimension éthique des problèmes soulevés par le progrès scientifique afin de prévenir les atteintes aux droits de l'homme, est relativement tardive. Les premiers textes du Conseil de l'Europe relatifs à l'éthique médicale datent du milieu des années soixante dix. Parmi les premiers instruments adoptés, citons la Recommandation 779 (1976) relative aux droits des malades et des mourants, la Recommandation 818 (1977) relative à la situation des malades mentaux, la Recommandation 934 (1982) relative à l'ingénierie génétique, élaborées par l'Assemblée parlementaire du Conseil de l'Europe ; la Résolution du 11 mai 1978 sur l'harmonisation des législations des Etats membres relatives aux prélèvements, greffes et

---

[234] M. Bettati, « Réflexions sur la portée du code international de conduite pour le transfert de technologie : éloge de l'ambiguité », in *Etudes offertes à C-A. Colliard, op. cit.*, p. 86 ; E. Decaux, « La forme et la force obligatoire des codes de bonne conduite », *AFDI*, 1983, p. 86.

[235] CIOMS, Organization-Activities-Members, Suisse, Ed. CIOMS, 1994.

transplantations de substances d'origine humaine, la Recommandation concernant le transport et l'échange internationaux de substances d'origine humaine de 1979 émanant du Comité des ministres et la Résolution sur les droits de l'homme et le progrès scientifique dans les domaines de la biologie, de la médecine et de la biochimie issue de la conférence ministérielle européenne sur les droits de l'homme. Ce corpus de résolutions et recommandations traduit la prise de conscience de la nécessité de protéger les droits de l'homme, susceptibles d'être bafoués par les progrès de la médecine. C'est pourquoi leurs dispositions sont rattachées aux droits fondamentaux de l'homme : le droit à la dignité humaine[236], le respect de la vie privée[237], le droit à la vie[238], le droit à l'intégrité physique et psychique[239].

B/ La valeur des actes des organisations intergouvernementales : la soft law

136. Il apparaît que les premiers instruments spécifiquement consacrés aux rapports entre science et droits de l'homme ont comme point commun d'être pris sous forme de résolution au sein de l'Assemblée générale des Nations Unies, et sous forme de résolution ou de recommandation au sein du Conseil de l'Europe. Il importe donc de déterminer la nature de ces instruments afin d'apprécier s'ils créent des obligations juridiques à l'égard des Etats ou s'ils ne créent que des obligations morales, à l'instar des déclarations des organisations non gouvernementales.

1- Le choix d'instruments non contraignants

137. Dans le cadre du Conseil de l'Europe, l'Assemblée consultative devenue Assemblée parlementaire en 1973[240], constitue l'organe délibérant et consultatif du Conseil de l'Europe. Elle est compétente pour formuler des recommandations à l'adresse du Comité des ministres, organe exécutif du Conseil de l'Europe. Les

[236] Recommandation 779 (1976) ; Recommandation 934 (1982).
[237] Recommandation 934 (1982).
[238] Recommandation 934 (1982).
[239] Recommandation 779 (1976) : Recommandation 818 (1977).
[240] J-L. Burban, *Le Conseil de L'Europe,* Paris, PUF, QSJ, 1993, p. 37.

recommandations sont distinctes[241] des résolutions qui expriment les prises de position officielles de l'Assemblée, adressées directement aux Etats membres. D'autre part, la règle de la majorité diffère selon les deux types d'acte, l'adoption d'une recommandation requiert une majorité des deux tiers, l'adoption d'une résolution requiert la majorité simple. Dans les deux cas, l'Assemblée dispose d'un pouvoir limité puisqu'elle n'émet que des avis.

Les recommandations du Comité des ministres adressées aux gouvernements ont aussi une portée limitée. En tant qu'organe intergouvernemental composé de représentants des gouvernements des Etats, le Comité n'est pas compétent pour se substituer aux Etats dans la prise de décision si bien que ses recommandations sont dépourvues de force contraignante. Elles ne lient pas directement les gouvernements[242], toutefois leur valeur peut être renforcée du fait que le Comité des ministres peut inviter les gouvernements à faire connaître la suite donnée par eux aux recommandations.

138. En droit international, le terme résolution est utilisé comme dénomination officielle des actes émanant de l'Assemblée générale des Nations Unies, dès lors elle recouvre des champs d'application très divers. Les résolutions ne figurent pas au nombre des sources formelles du droit international énoncées à l'article 38 du Statut de la Cour Internationale de Justice. Cependant, une controverse porte sur la reconnaissance du caractère obligatoire des résolutions, plus précisément de certaines résolutions.

139. En effet, les partisans[243] de la consécration de résolutions en tant que source formelle de droit international sont conduits à distinguer parmi les résolutions : les résolutions recommandations et les résolutions n'ayant pas un caractère de recommandation[244]. Ces dernières sont susceptibles de disposer d'une force obligatoire ce qui est exclu dans le cas de la recommandation comme en témoigne sa définition. En effet,

---

[241] *Manuel du Conseil de l'Europe*, Ouvrage rédigé par un groupe de fonctionnaires du Secrétariat, Paris, Ed. A. Pedone, 1970, p. 53.

[242] *Ibid.*, p. 33.

[243] J. Castaneda, « Valeur juridique des résolutions des N. U. », *RCADI*, 1970-I, p. 206 ; G. H. Guttal, « Sources of international law : contemporary trends » en particulier Resolutions as source of international law, in *International law in transition, Essays in memory of judge Nagendra Singh*, Dordrecht - Boston - London, Ed. Nijhoff, 1992, p. 183.

[244] J. Castaneda, « Valeur juridique des résolutions des N. U. », *op. cit.*

la recommandation est souvent définie négativement par son absence de force obligatoire[245].

140. Le Professeur Weil[246] a vivement critiqué l'assimilation de certaines résolutions à des actes juridiques, car doter certaines résolutions d'une valeur juridique, équivaut selon lui, à intégrer dans le droit international du non-droit sous couvert d'une échelle de normativité. De sorte, il y a confusion entre droit et non-droit ou pré-droit. Il dénonce la confusion entre le fait que les résolutions peuvent constituer une étape importante dans le processus d'élaboration des normes internationales et leur consécration en tant que sources formelles du droit international ce qui revient à nier la distinction fondamentale entre *lex ferenda* et *lex lata*. En effet l'Assemblée générale, en tant qu'organe politique et non législatif, n'est compétente que pour prendre des actes politiques. Elle ne peut prétendre qu'à établir des règles de *lege ferenda* (droit désiré) et non de *lege lata* (droit établi)[247]. Car l'organisation de la société internationale, société de juxtaposition fondée sur l'égalité souveraine des Etats, s'oppose à ce que les résolutions relèvent de la catégorie des sources formelles du droit international. D'ailleurs, « ce n'est que par des biais, des détours, des compléments (...), donc par une voie indirecte, que l'on vise à leur conférer une portée obligatoire »[248]. Pour autant l'absence d'autorité juridique formelle ne les empêche pas d'influencer le droit international mais il convient de souligner qu'elles relèvent du pré-droit et non du droit établi. Cette argumentation vaut pour l'ensemble des résolutions, *a fortiori* pour les recommandations.

141. La recommandation, en tant que catégorie de résolutions, fait l'objet de différentes acceptions. Toutefois, la recommandation entendue au sens d'invitation, semble communément admise, à ce titre il s'agit « de résolutions émises avec l'intention de ne pas obliger leurs destinataires »[249]. Les recommandations sont identifiées en tant que « résolutions d'un organe international adressées à un ou plusieurs

---

245 M. Virally, « La valeur juridique des recommandations des organisations internationales », *AFDI*, 1956, p. 66.

246 P. Weil, « Vers une normativité relative en droit international ? », *RGDIP*, 1982-I, p. 6.

247 M. Virally, « A propos de la « lex ferenda » », in *Mélanges offerts à Paul Reuter, Le droit international : unité et diversité*, Paris, A. Pedone, 1981, p. 519.

248 S. Sur, « Quelques observations sur les normes juridiques internationales », *RGDIP*, 1985-2, p. 914.

249 J. Castaneda, « Valeur juridique des résolutions des N. U. », *op. cit.* , p. 217.

destinataires qui lui sont extérieurs et impliquant une invitation à adopter un comportement déterminé, action ou abstention »[250]. Le débat opposant ceux qui estiment que certaines résolutions sont l'expression de normes juridiques et ceux qui considèrent que les résolutions relèvent du non-droit ou du pré-droit n'affecte finalement pas la recommandation. La doctrine reconnaît que la recommandation adressée à un Etat membre, est soumise à l'appréciation individuelle de l'Etat, lequel dispose du droit d'accepter ou de rejeter la recommandation. En droit strict son destinataire n'est obligé à rien[251], la recommandation a tout au plus une valeur politique et morale. La recommandation présente de ce fait une ambiguïté entre son objet et sa valeur[252]. En tant qu'instrument de collaboration entre les Nations Unies et les Etats membres pour satisfaire aux finalités que s'est fixée la communauté internationale, la recommandation fixe les obligations sociales des Etats mais elle n'est pas elle-même obligatoire.

142. En vertu du principe de souveraineté, lequel n'est pas en l'espèce remis en cause, les Etats sont et demeurent à la fois les auteurs et les destinataires des normes internationales ce qui exclut l'existence d'un pouvoir législatif au niveau international. Sans nier l'utilité juridique des résolutions, leur apport à la construction du droit, elles n'en restent pas moins dépourvues de valeur juridique par elles-mêmes. Mais parce que les résolutions sont susceptibles de constituer une étape transitoire vers la formation du droit international, elles sont qualifiées d'instruments de *soft law*.

2- Les résolutions : instruments de soft law

143. La notion de *soft law* comporte un double inconvénient, d'une part une contradiction dans ses termes mêmes, d'autre part l'imprécision de sa définition. La notion est confuse puisqu'elle associe deux termes contradictoires[253] : *law* et *soft*. L'opposition entre *hard law* (droit dur) et *soft law* (droit mou) est basée sur le fait que la première posséderait la force juridique obligatoire que n'a pas la seconde.

---

[250] M. Virally, « La valeur juridique des recommandations des organisations internationales », *op. cit.*, p. 68.
[251] *Ibid.*, p. 83.
[252] *Ibid.*
[253] Intervention orale de Mr Arangio-Ruiz, in *La protection de l'environnement et le droit international*, Kiss A. C. (es), Académie de droit international de La Haye, Leiden, Sijthoff, 1975, p. 540.

L'ambiguïté terminologique explique les différentes utilisations[254] de la notion qui fait l'objet d'acceptions opposées.

144. Selon les définitions retenues, le terme *soft law* recouvre deux catégories d'actes de nature différente : soit des actes juridiques soit des actes para-juridiques.

Dans le premier cas, le terme est employé pour désigner les actes ayant une force obligatoire formelle mais matériellement moins contraignante. L'appellation *soft law* est donc réservée aux actes juridiques, en sont exclus les actes pré-juridiques[255]. Le vocable *soft law* est considéré inapproprié pour qualifier les étapes concourant à la formation du droit tels que les recommandations, vœux, déclarations. Plusieurs arguments[256] sont avancés pour justifier que les instruments non obligatoires ne ressortent pas de la *soft law*. D'une part, l'utilisation du terme *soft law* sous-tend que de tels instruments sont en voie de devenir une règle de droit or ils peuvent le devenir comme ils peuvent ne jamais le devenir. D'autre part, ces instruments sont souvent pris par défaut, par conséquent ils ne manifestent pas forcément le signe d'une évolution. Ils entretiennent de faux espoirs et parfois même ils entravent l'adoption d'instruments juridiques. L'ambiguïté de la *soft law* rejoint celle des résolutions constatée par le Professeur Sur[257], dans la mesure où le recours aux résolutions est susceptible d'être motivé par la volonté de détourner une volonté normative vers de simples déclarations d'intention ou par la volonté de susciter la création d'une règle de droit.

Dans le deuxième cas, ce sont les actes dépourvus de force obligatoire formelle qui sont visés par la qualification de *soft law*[258]. Seuls les actes para-juridiques méritent donc cette appellation. Ces actes sont subdivisés en deux catégories : 1) les résolutions qui énoncent des principes existants ; de telles résolutions ne créent pas la coutume mais elles participent à sa formation car elles servent à consacrer son existence, c'est ce qui est appelé : droit déclaratoire ; 2) les résolutions

---

[254] R. Ida, « Formation des normes internationales dans un monde en mutation, critique de la notion de soft law », in *Mélanges M. Virally*, Paris, Ed. A. Pedone, 1991, p. 333.

[255] Arangio-Ruiz, Intervention orale, *op. cit.*; P. Weil ,« Vers une normativité relative en droit international ? », *op. cit.*, p. 8.

[256] Intervention orale de Mr Arangio-Ruiz, *op. cit.*, p. 540.

[257] S. Sur, « Quelques observations sur les normes juridiques internationales », *op. cit.*

[258] R-J. Dupuy, « Droit déclaratoire et droit programmatoire : de la coutume sauvage à la soft law », in *L'élaboration du droit international public,* Paris, Ed. A. Pedone, 1975, p. 132 et sv. ; et intervention orale de M. Dupuy, in *La protection de l'environnement et le droit international,* Leyde, Sijthoff, 1975, p. 623 et sv.

qui anticipent sur l'existence de la pratique, et à ce titre elles incitent les Etats à suivre les objectifs qu'elles fixent ; elles ont vocation à susciter la *hard law*. Ces dernières relèvent du droit programmatoire[259]. Pour R-J. Dupuy, seules les résolutions relevant du droit programmatoire correspondent à la notion de *soft law*. Dans l'hypothèse du droit programmatoire « la légitimité précède la légalité », les résolutions se trouvent au stade de la « légitimité en cours de législation »[260].

145. Les partisans de la première hypothèse critiquent l'assimilation sous le terme *soft law* des résolutions ce qui entraîne une source de confusion[261], car les obligations pré-juridiques ne sont ni de la *soft law* ni de la *hard law* : elles ne sont tout simplement pas *law* du tout[262].

Cependant il nous semble préférable de réserver le sens de *soft law* aux actes para-juridiques, *a priori* dépourvus de force obligatoire mais susceptibles néanmoins d'être appliqués et respectés par leurs destinataires et d'emporter des effets, qui peuvent se révéler *a posteriori* effectifs et efficaces. Dans cette hypothèse, le terme rend compte d'une réalité de l'évolution du système normatif.

En effet, le terme *soft law* est évocateur des différentes étapes de formation du droit. A ce titre, il illustre le droit en devenir, ce qui permet de tenir compte de la portée des actes, c'est-à-dire de leur force obligatoire potentielle de fait[263]. La « force obligatoire de fait » des actes s'apprécie au regard a) de la procédure d'adoption de la résolution : le nombre d'Etats ayant approuvé la résolution est déterminant, b) de la dénomination de la résolution : celle de déclaration ou de charte revêt une certaine solennité, c) de l'existence de réserves : elles témoignent du sentiment des Etats d'être liés par une résolution, et d) du système éventuel de contrôle de sa mise en œuvre[264]. Dès lors, on ne remet pas en cause l'absence de valeur juridique directe de ces actes et on évoque leur utilité ou efficacité juridique indirecte. Ils pallient la difficulté et la lenteur, liées à l'adoption d'un traité ou d'une coutume en favorisant la

---

[259] R-J. Dupuy, « Droit déclaratoire et droit programmatoire : de la coutume sauvage à la soft law », *op. cit.*, p. 139 et sv.
[260] M. Dupuy, intervention orale, *op. cit*, p. 627.
[261] P. Weil, « Vers une normativité relative en droit international ? », *op. cit.*, p. 11.
[262] *Ibid.*
[263] R. Ida, « Formation des normes internationales dans un monde en mutation, critique de la notion de soft law », *op. cit.*, p. 337.
[264] *Ibid.*

coopération et la détermination de lignes de conduite nécessitant une réaction rapide au plan international.

L'image de la *soft law* se prête à l'élaboration graduée du droit international, car les résolutions, recommandations, déclarations... s'inscrivent dans le processus de création du droit en tant qu'actes préparatoires d'un futur instrument juridique contraignant ou en contribuant à la constatation d'une règle coutumière. A titre d'exemple récent, l'adoption de la Convention européenne des droits de l'homme et de la biomédecine a été précédée d'une série de résolutions et recommandations émanant de l'Assemblée parlementaire et du Comité des ministres du Conseil de l'Europe.

La Charte des droits fondamentaux de l'Union européenne dépourvue lors de son édiction de force obligatoire a été qualifiée d'acte de transition[265], et elle est désormais vouée à acquérir pleine valeur juridique par son insertion dans le traité établissant une Constitution pour l'Europe signé à Rome le 29 octobre 2004.

De même, l'engagement moral auquel les Etats ont souscrit en adoptant la Déclaration universelle sur le génome humain et les droits de l'homme est perçu comme « un point de départ »[266]. La Déclaration universelle sur le génome humain adoptée par l'UNESCO, entend être un instrument de référence pour toutes les cultures bien qu'il s'agisse d'un texte sans valeur contraignante. Son adoption à l'unanimité et le fait que l'Assemblée générale des Nations Unies l'ait avalisée le 9 décembre 1998[267], lui confère déjà une certaine autorité de fait. Certes, l'application de la Déclaration ressort de la volonté des Etats, toutefois la Déclaration incite au respect des engagements car elle contient des dispositions relatives à la promotion des principes de la déclaration et à sa mise en œuvre. Elle confie à cette fin un rôle de suivi au Comité international de bioéthique.

---

[265] M. Wathelet, « La Charte des droits fondamentaux : un bon pas dans une course qui reste longue », *Cahiers de droit européen*, n°5-6, 2000, p. 585.

[266] Préface de la déclaration universelle sur le génome humain et les droits de l'homme par F. Mayor le 3 déc. 1997, publiée in *Santé publique et éthique universelle*, B. Dodet, C. Perrotin, L. Valette (ed.), Paris, Elsevier, 1999, p. 125.

[267] B. Main, N. Lenoir, « La déclaration universelle sur le génome humain et les droits de l'homme », in *Santé publique et éthique universelle*, *op. cit.*, p. 123.

CONCLUSION DU CHAPITRE

146. En privilégiant le recours aux instruments de *soft law*, les organisations internationales gouvernementales, au même titre que les ONG sont des acteurs de la régulation para-juridique en bioéthique.

A cet égard, on peut conclure que le jugement de Nuremberg n'a affecté ni la conception corporatiste de l'éthique médicale étant donné la création et l'activité des ONG spécialisées dans le milieu médical et scientifique, ni suscité une véritable protection juridique des droits de l'homme dans le domaine biomédical, même si la vocation de la *soft law* vise à préparer de futurs instruments juridiques contraignants.

Le poids des professionnels dans le processus de régulation para-juridique est resté déterminant malgré la mise en cause de la médecine au lendemain de la seconde guerre mondiale.

147. Mais, au début des années soixante, un phénomène d'une ampleur insoupçonnée émerge, c'est l'apparition d'un autre type d'acteurs : les comités d'éthique, au coté des ONG, des institutions médicales et des organisations internationales gouvernementales, dans le domaine de l'éthique médicale ; acteurs désormais incontournables de la régulation para-juridique en bioéthique.

CHAPITRE 2 :
LA NOUVELLE REGULATION DES ACTIVITES BIOMEDICALES PAR LES COMITES D'ETHIQUE

148. L'avènement des comités d'éthique dans l'ensemble des pays, tant au niveau local que national et international, les érige en acteurs emblématiques de la régulation de l'activité biomédicale ; lesquels sont à l'origine d'une double innovation à la fois institutionnelle et normative.

149. Le quasi-monopole professionnel constaté dans le domaine de l'éthique médicale, produit un système normatif autonome dans la mesure où les destinataires de la norme dégagent leurs propres règles de conduite : les règles sont déterminées par les médecins à l'attention des médecins et elles sont fondées sur une conception peu critique du progrès scientifique. Dans ce contexte, l'apparition de nouvelles institutions : les comités d'éthique, semble remettre en cause le système d'autorégulation professionnelle au profit d'un nouveau mode de régulation. Dès lors, la question se pose de savoir pourquoi et comment ils sont apparus dans le domaine de l'éthique médicale déjà pris en charge par les professionnels concernés.

150. En raison du développement empirique des comités et des différentes cultures nationales, la typologie des instances qualifiées comités d'éthique est marquée par la diversité ; dès lors il faut s'interroger sur la cohérence du regroupement d'instances *a priori* hétérogènes sous une même appellation. Pour opérer une répartition au sein des comités dits d'éthique, nous adopterons une classification fondée sur la compétence *ratione materiae* et *ratione loci* permettant de dissocier deux catégories de comités : les comités d'éthique locaux de type pratique et les comités d'éthique nationaux et internationaux de type théorique. La catégorie des comités locaux se subdivise entre les comités d'éthique clinique qui exercent une mission de consultation au sein des hôpitaux sur des problèmes éthiques épineux rencontrés par les médecins

et fixent des lignes de conduite générales internes à l'hôpital, et les comités d'éthique de la recherche chargés d'évaluer et de donner leur avis sur les protocoles de recherche préalablement à la conduite d'expérimentations sur l'être humain. Les comités nationaux et internationaux appréhendent les problèmes éthiques soulevés par les avancées scientifiques, en traitant des conflits de valeurs et des choix de société qu'elles suscitent.

Les comités locaux de type pratique apprécient des situations concrètes au regard de l'éthique, ils appliquent et veillent au respect de principes éthiques alors que les comités nationaux et internationaux de type théorique déploient une activité normative, car ils dégagent et proclament des principes éthiques. A partir de cette distinction, il faut rechercher si une définition commune à l'ensemble des comités est susceptible de se dégager et si les critères légitimant l'appellation comité d'éthique sont suffisamment spécifiques pour que les comités constituent une nouvelle catégorie d'institution à part entière, à côté de celles qui œuvrent déjà dans le domaine médical : les associations et ordres des médecins et les organisations internationales non gouvernementales. La détermination d'un statut propre aux comités d'éthique nécessite de dégager à la fois des critères formels relatifs à la composition des comités, des critères matériels relatifs à la mission des comités et d'examiner la nature juridique des comités.

151. Non seulement les comités se présentent comme des institutions atypiques mais ils déploient aussi une activité normative qui leur est propre, en raison de leur champ d'intervention : l'éthique, qui ne se confond ni avec la morale ni avec la déontologie, et en raison du nouveau mode de régulation que les comités génèrent, fondé sur la délibération, l'argumentation, le consensus. La distinction de l'éthique et de la morale est controversée, certains la dénient, d'autres la justifient en vertu d'une variété de critères. En doctrine les mots : morale et éthique, sont souvent indifféremment utilisés, on relève d'ailleurs cette ambiguïté dans le texte institutif du comité d'éthique national français puisque le décret de 1983 lui confiait la tâche de rendre des avis sur les problèmes moraux.

152. L'émergence spontanée puis l'institutionnalisation des comités (Section 1) a donné naissance à un système normatif spécifique axé sur la procédure consensuelle (Section 3), dont la spécificité est déterminée sur le plan organique par le statut atypique des comités

(Section 2) en raison de leur caractère pluridisciplinaire, pluraliste, indépendant et consultatif.

Ces principes dont les normes éthiques tirent leur légitimité que l'on peut qualifier de légitimité procédurale se démarquent du mode démocratique d'élaboration des normes. C'est pourquoi les comités suscitent des objections au regard de la conception de la démocratie représentative, mais si certains y voient un danger pour la démocratie, d'autres au contraire y voient le signe d'un nouveau paradigme démocratique.

SECTION 1 : LA GENÈSE DES COMITÉS

153. La création des comités a été stimulée en particulier par deux facteurs, liés d'une part à des circonstances propres au contexte américain, et d'autre part à la nouvelle "problématique" issue du progrès technologique.

154. L'origine des comités est circonscrite à un pays, les Etats-Unis ; cette localisation géographique laisse présumer l'existence d'une connexité entre l'apparition des comités et la culture américaine. De fait, la création des comités concorde avec la genèse de la bioéthique qui naît aux Etats-Unis. L'historique des comités et celui de la bioéthique se confondent. Il s'agit, au départ d'un phénomène spécifiquement américain, comme en témoigne Daniel Callahan qualifiant la bioéthique de « native - grown american product »[268]. Les causes du développement de la bioéthique, et par la même des comités d'éthique qui en constituent le prolongement institutionnel reposent sur des facteurs internes à la société américaine : des facteurs d'ordre socio-culturels et des facteurs imputables aux pratiques médicales ; dont les répercussions vont profondément affecter la profession en provoquant la remise en cause de l'autorité médicale.

155. Mais au-delà des facteurs conjoncturels américains, l'émergence des comités répond à une problématique liée au développement scientifique et technologique qui appelle une

---

[268] Cité par A. R. Jonsen, in « The birth of bioethics », *Hastings Center Report,* vol. 23, n°6, 1993, p. 3.

responsabilité et une éthique nouvelles[269]. La nouveauté résulte de l'emprise croissante du progrès sur le devenir de l'homme et de son environnement. L'échelle à laquelle se pose désormais le problème ne relève plus seulement de l'espace des relations inter-personnelles mais concerne l'ensemble de la société et même l'humanité en raison des répercussions sans précédent susceptibles d'être engendrées par le progrès scientifique. Ainsi, la création des comités d'éthique se rattache à la prise de conscience généralisée de l'ambivalence du progrès scientifique. La réaction aux inquiétudes soulevées par la puissance croissante de la science et de la technique se manifeste par la naissance du mouvement écologique et du mouvement bioéthique né des nouveaux enjeux de la médecine moderne. Ces deux défis pour l'humanité, que constituent le défi écologique et le défi biomédical requièrent une même nécessité : la maîtrise de l'essor technologique car l'essor quantitatif du pouvoir technologique s'accompagne d'un changement qualitatif des problèmes posés.

156. L'émergence des comités d'éthique résulte de la naissance de la bioéthique. L'histoire propre des comités met en relief leur vocation à maîtriser le développement technologique en médecine ; à cet égard, les comités inaugurent une nouvelle approche des problèmes liés au progrès scientifique dont la portée dépasse le seul cadre de la compétence médicale.

157. Le mode d'apparition des comités aux Etats-Unis s'est déroulé en deux étapes : la naissance spontanée des comités suivie par la reconnaissance officielle des comités. Les motifs liés à l'établissement des premiers comités résultent de circonstances de fait. C'est pourquoi, au départ, il s'agit de structures informelles, destinées à faire face à des situations inédites, ponctuelles et individuelles. Phénomène spontané, non réglementé, leur existence précède leur reconnaissance en tant que comités d'éthique. L'historique met ainsi en évidence la façon dont les comités ont acquis un statut juridique qui leur faisait défaut auparavant.

158. En ce qui concerne l'établissement des comités en dehors des Etats-Unis, l'impulsion est venue d'initiatives professionnelles relayées dans un deuxième temps par les pouvoirs publics. Paradoxalement, les comités censés limiter les prérogatives du corps médical sont apparus grâce aux professionnels de sorte que l'existence

---

[269] P. Valadier, « La morale sort de l'ombre », *Archives de philosophie*, t. 64, cah. 1, 2001, p. 5.

des comités doit être rattachée dans un premier temps au processus d'autorégulation.

§1 Conjoncture favorable à l'émergence des comités

159. L'origine des comités d'éthique s'explique par plusieurs facteurs concomitants, provenant à la fois de l'évolution de la société américaine et de la vision critique portée sur l'évolution technologique et scientifique.

Le contexte de leur apparition se situe aux Etats-Unis au cours des années soixante au moment où la profession médicale est frappée par la remise en cause du « paternalisme » médical. A cette époque, le pays est traversé par une vague de mouvements contestataires, qui ouvrent la voie à de nouveaux rapports sociaux. Cette évolution nous intéresse car elle s'est répercutée sur la relation sociale médecin - patient en affaiblissant la légitimité de l'autorité médicale. Par conséquent, la relation médicale sera rééquilibrée au profit du patient et les non-médecins se trouveront habilités à prendre part aux décisions médicales engageant des jugements moraux. Dans ce contexte, la révélation d'une série d'expérimentations scandaleuses parachève la crise de l'autorité médicale.

160. Quant à la mise en garde à l'égard des risques inhérents au progrès, dans les domaines de l'écologie et de la médecine, elle met l'homme en demeure de maîtriser la technique et la science. La prise de conscience de la menace que présente la puissance technologique s'accompagne de la prise de conscience d'une nouvelle responsabilité, nécessairement collective. A cet égard, la tâche impartie aux comités d'éthique reflète l'idée selon laquelle il faut prévenir les risques liés à une découverte scientifique en encadrant son utilisation et en fixant les règles de son application et que cette mission n'incombe pas aux seuls scientifiques.

A/ Le contexte américain

161. La doctrine américaine relative à la bioéthique établit un rapport de cause à effet entre la révolution sociale des années soixante et l'évolution de la perception du rôle des médecins. Les combats menés par les mouvements étudiants, féministes, les mouvements pour les droits

civiques ou de défense des consommateurs, véhiculent de nouvelles valeurs manifestant une contestation générale de l'autorité et la volonté de protéger les individus en situation d'infériorité dans une relation jugée inégalitaire.

Certes les revendications sont catégorielles, néanmoins elles se fondent sur des principes directeurs communs, qui se sont répandus à d'autres secteurs de la vie sociale. Notamment, la défense des droits individuels constitue le dénominateur commun de ces mouvements, car le « communautarisme » défend non seulement les intérêts collectifs du groupe mais aussi les intérêts particuliers qui y sont rattachés[270].

Ainsi dans le milieu médical, les répercussions se sont traduites par une remise en cause de l'autorité "d'Esculape" et la promotion des droits des patients, en particulier le droit à l'autonomie.

162. De plus des facteurs internes au milieu médical ont contribué à décrédibiliser la profession : d'une part, les divers scandales relatifs à l'expérimentation ont suscité la défiance à l'égard du pouvoir médical ; d'autre part, l'introduction de nouvelles technologies a placé les médecins devant des dilemmes sortant du cadre de l'éthique médicale traditionnelle, et dépassant l'exercice de leur compétence professionnelle.

1- Les facteurs socio-culturels propres aux Etats-Unis

163. Le contexte socio-culturel au cours des années soixante est riche de bouleversements. Il révèle le malaise de la société américaine à la recherche de nouveaux rapports sociaux basés sur des choix culturels en rupture avec les valeurs alors dominantes.

La diffusion des opinions dissidentes assurée par les médias, leur a procuré une large audience auprès de la population. Au départ, minoritaires, ces opinions se sont propagées à l'ensemble de la société.

a- Les mouvements revendicatifs

164. Les mouvements de revendication qui se sont développés aux Etats-Unis (le mouvement pour les droits civiques, le mouvement contre la guerre du Vietnam, le mouvement activiste étudiant, le mouvement féministe et le mouvement de protection des consommateurs) sont symptomatiques de la crise que traverse la société

[270] P. Fraisseix, « De l'Etat - nation à l'Etat « groupusculaire » : chronique d'un dépérissement engagé », *D.*, Chr., 2000, p. 61.

américaine. Le développement de la bioéthique résulte en partie des changements culturels que ces divers mouvements ont imposés[271].

L'analyse d'Alain Touraine[272] sur le mouvement étudiant aux Etats-Unis démontre par exemple que l'action étudiante manifeste plus une crise sociale qu'une crise interne universitaire. L'université, milieu libéral, offre un terrain favorable à l'expression contestataire. L'émergence du mouvement est liée à des causes extérieures à l'université : la défense du mouvement noir et la lutte contre la guerre du Vietnam à l'égard desquelles les étudiants dénoncent les orientations prises par les pouvoirs politiques, économiques et militaires.

165. Les revendications sociales qui s'accompagnent de la promotion des droits individuels, s'attaquent aux différentes sources d'autorité : institution, Etat, religion[273]. Dans ce contexte, la critique a aussi touché l'autorité médicale d'autant que dans ce domaine, le Professeur René Savatier[274] avait dénoncé dès 1952 certaines pratiques américaines, qu'il qualifiait d' « impérialisme médical » pour rendre compte de la situation du patient hospitalisé. Dans certains hôpitaux, l'entrée du patient était subordonnée à la signature d'un formulaire mentionnant qu'il consentait par avance à tout acte médical qui serait jugé nécessaire ou utile à son état et qu'il renonçait à toute action en dommages et intérêts. Dès lors le malade se trouvait entièrement soumis à l'autorité des médecins, sans même pouvoir engager leur responsabilité ni celle de l'hôpital. Une telle pratique démontre à la fois l'inégalité de la relation médicale et la négation de la liberté individuelle du patient.

166. L'étude du mouvement de défense des consommateurs est particulièrement intéressante dans la mesure où ce mouvement a retenti naturellement sur la relation médecin - patient, puisque le patient est un consommateur de prestations médicales.

---

[271] Article « Bioethics » in *Encyclopedia of bioethics*, vol. 1, p. 247 ; article « Bioéthique » in *Dictionnaire d'éthique et de philosophie morale*, M. Canto-Sperber (sd.), PUF, 1996 ; D. J. Roy, J. R. William, B. M. Dickens, J-L. Baudouin, *La bioéthique, ses fondements et ses controverses*; *op. cit.* ; A. R. Jonsen, « The birth of bioethics », Special supplement, *Hastings Center Report*, vol. 23, n°6, 1993, p. 11.

[272] A. Touraine, *Université et société aux Etats-Unis*, Paris, Ed. du Seuil, coll. Sociologie, 1972, p. 224 et sv.

[273] M-H. Parizeau, « Bioéthique : questions de méthode », *JIB*, vol. 11, n°3-4-5, 2000, p. 69.

[274] R. Savatier, « Impérialisme médical sur le terrain du droit. Le « permis d'opérer » et les pratiques américaines.», *D.*, Chr., 1952, p. 157.

Les associations de consommateurs existent aux Etats-Unis depuis 1918, la Consumer Research et la Consumer Union sensibilisent le public en publiant des bulletins d'information. Mais le mouvement s'intensifie dans les années soixante, sous l'impulsion d'un seul homme, Ralph Nader[275]. Etant donné l'inaptitude du système politique à faire valoir les droits des consommateurs face au comportement des entreprises indifférentes à la sécurité des consommateurs, il leur revient en tant que citoyens de jouer le rôle de contre-pouvoir en exerçant leurs droits : droit à l'information, droit à la sécurité et à la protection[276]. Les patients, en tant que consommateurs vont réaliser qu'ils sont aussi bénéficiaires de ces droits et les revendiquer. Le patient est assimilé à un consommateur, puisque les soins sont considérés comme un produit économique, non comme un bien social, constituant un marché relevant de la libre entreprise[277].

Lors des auditions réalisées par la National Commission for the Protection of human subjects of biomedical and behavioral research en 1973, le Directeur du Hasting Center affirmait que « le patient consommateur n'a pas à avoir confiance, exclusivement, en la bienveillance du professionnel »[278]. Les répercussions des mouvements sociaux ont ainsi mis en cause l'autorité médicale en affirmant l'autonomie du patient comme primordiale dans la prise de décision médicale[279], en réaction contre le "paternalisme". C'est l'inégalité de relation médecin - patient qui a été dénoncée afin de rendre le patient maître des choix le concernant.

b- Le rôle des médias

167. En relatant les actions des mouvements de revendication, les médias ont focalisé l'attention du public sur les sujets en cause. Une des théories, relative à la communication de masse, met en relief la

---

[275] M. Bernard, J. Quentin, *L'avant-garde des consommateurs*, Paris, Les éditions ouvrières, 1975, p. 143 et sv.

[276] M. Wieviorka, *L'Etat, le patronat et les consommateurs. Etude du mouvement des consommateurs*, Paris, PUF, coll. Politiques, 1977, p. 246 et sv.

[277] E. Chamorand, *Le système de santé américain. Poids du passé et perspectives*, Paris, La Documentation française, coll. Notes et études documentaires, n°5030, 1996-5, p. 59 et sv.

[278] Cité in *Les comités hospitaliers d'éthique sont-ils des lieux de production de nouvelles normes de pratique ?*, Rapport MIRE, J-C. Mino, C. Weill (sd.), 1999, p. 88.

[279] *Ibid.*

fonction d'« agenda-setting »[280] des médias, c'est-à-dire que les médias axent l'intérêt du public sur certains problèmes de sorte qu'il y a une corrélation entre l'importance accordée par les médias à un problème et l'importance qu'il revêt pour l'opinion publique.

Plus les médias couvrent un événement, plus celui-ci attire l'intérêt du public, dès lors l'acuité d'un sujet dépend en grande partie du traitement qui en est fait par les médias. Une étude réalisée par un sociologue[281], démontre cet impact de l'information sur l'opinion publique. Son étude porte sur les problèmes principalement traités par trois journaux américains de 1960 à 1970 et l'ordre hiérarchique dans lequel les gens placent « les plus importants problèmes auxquels font face les Etats-Unis ». Il ressort de l'étude que les thèmes les plus couverts par la presse : la guerre du Vietnam et les problèmes raciaux figurent respectivement au premier et deuxième rang en ordre d'importance parmi les autres sujets traités. L'adéquation entre la couverture médiatique et l'opinion publique n'est certes pas parfaite, comme le prouve l'étude, néanmoins elle atteste qu'il y a une relation entre l'engagement de la presse à propos d'un sujet et la perception que le public a de ce problème. L'intérêt de la société américaine à l'égard des causes défendues par les différents mouvements de contestation résulte de leur médiatisation.

168. Dans le domaine médical, la couverture médiatique de certaines affaires, par la presse non spécialisée, a largement contribué à éveiller la conscience de la société américaine à l'égard de l'éthique médicale. Arthur Caplan[282] insiste sur le rôle majeur joué par les médias dans l'histoire de la bioéthique. Les médias ont capté l'intérêt du public en relatant des pratiques expérimentales scandaleuses[283] et en exposant les choix difficiles qui se présentaient aux médecins[284]. Au-delà du

---

[280] J. Lazard, *Sociologie de la communication de masse*, Paris, Armand Colin, coll. U, série « Sociologie », 1991, p. 150 et sv.

[281] *Ibid.*

[282] A. Caplan, « What bioethics brought to the public » in « The birth of bioethics », Special Supplement, *Hastings Center Report*, *op. cit.*, p. 14.

[283] L'article intitulé « Ethics and clinical research », rédigé par le Professeur Beecher et publié en 1966, a joué le rôle de détonateur en matière de dénonciation de pratiques expérimentales abusives. D'autres scandales seront révélés au début des années 1970 concernant des expérimentations menées sur des enfants handicapés mentaux et sur des personnes noires. *Cf. infra* n°171 et sv.

[284] L'affaire Quinlan a sans doute été la plus médiatisée. Elle soulevait le problème éthique de la cessation de traitement dans le cas d'une patiente en état végétatif

caractère sensationnel de ces révélations, l'éthique médicale est devenue une affaire publique. De ce fait, la légitimité du médecin à décider unilatéralement est battue en brèche, puisqu'il apparaît que l'acte médical ne repose pas seulement sur ses compétences professionnelles mais qu'il engage des choix moraux, qu'un médecin n'est pas plus qualifié à trancher qu'un non-médecin. Cet état de fait relayé par les médias a favorisé l'intervention de personnes étrangères au milieu médical dans la prise de décision médicale, il a par la même favorisé la constitution des comités d'éthique, dont l'une des caractéristiques est basée sur leur composition, qui intègre parmi leurs membres des non-médecins.

2- Les facteurs endogènes au milieu médical

169. La faillite de l'autorité médicale résulte aussi de causes internes au milieu médical. La première concerne la conduite d'expérimentations abusives, la découverte d'une série de scandales dans le domaine de l'expérimentation sur l'homme a inévitablement jeté le discrédit sur la profession médicale. La deuxième concerne l'application croissante de la technologie en médecine. Le développement de la technologie a placé les médecins hors de leur champ traditionnel de compétence et par conséquent affaibli leur légitimité dans la prise de décision médicale. Ces deux facteurs qui sont à l'origine de la crise de l'autorité médicale sont aussi à l'origine de la bioéthique, et des comités d'éthique, qui apparaissent dès lors comme une alternative à l'autorégulation et comme un moyen destiné à contrecarrer la logique exclusivement professionnelle.

a- La vague de scandales

170. Dès 1960[285], une enquête lancée par le *National Institute of Health* (NIH) met en évidence le manque d'encadrement de la recherche clinique. Sur 52 institutions, seulement neuf ont adopté des lignes de conduite pour la recherche clinique et 16 d'entre elles, des formalités relatives au consentement. En 1962, l'injection de cellules cancéreuses à des patients âgés non atteints du cancer au Jewish Chronic Disease Hospital est rendue public. Il apparaît que cette expérimentation

---

chronique. Cette affaire symbolise la survenance du débat public dans ce domaine ; le débat a fait la une des journaux non spécialisés et des informations télévisées ce qui a conduit certains à qualifier l'affaire de spectacle public. *Cf. infra* n°219 et sv.

[285] P. Pettit, « Instituting a research ethic : chilling and cautionary tales », *Bioethics,* vol. 6, n°2, 1992, p. 89.

a été conduite sans le consentement écrit des patients mais avec leur consentement oral selon les chercheurs et sans qu'ils soient informés de la nature de l'expérimentation. La même année, le scandale de la thalidomide[286] éclate, démontrant l'insuffisance des expérimentations des médicaments avant leur commercialisation et la nécessité de renforcer les conditions de mise sur le marché des médicaments pour assurer la sécurité des consommateurs.

La révélation de pratiques expérimentales scandaleuses dans un pays démocratique et en temps de paix va créer une véritable prise de conscience des dangers inhérents à l'expérimentation.

171. La publication de l'article du professeur Beecher[287] dans le New England Journal of Medicine en 1966, intitulé *Ethics and clinical research,* attire l'attention sur les problèmes éthiques posés par la médecine expérimentale ; il déclare que « les gens ordinaires ne risqueront pas sciemment leur santé ou leur vie pour l'amour de la science ». Il critique l'idée dominante dans certains milieux scientifiques selon laquelle les considérations éthiques constitueraient un obstacle au progrès. Il révèle le cas de 22 recherches biomédicales menées en l'absence de but et de conduite éthique et qui ont mis en danger la santé et la vie des sujets de recherche. Il cite certaines recherches conduites sur des patients sans que ceux-ci reçoivent de traitement efficace existant, ou encore l'injection de l'hépatite dans une institution pour enfants atteints de déficience mentale. Il dénonce les expérimentations menées à l'insu des patients, par conséquent sans leur consentement ainsi que l'absence d'information des patients sur les risques encourus. Sur 50 exemples d'expérimentations recueillis par le professeur Beecher, seulement deux font référence au consentement des sujets. Vingt ans après le Code de Nuremberg, il apparaît que l'exigence éthique du recueil du consentement éclairé est en pratique restée lettre morte.

Selon le professeur Beecher, les deux éléments fondamentaux garantissant une recherche éthique résident dans l'obtention du consentement éclairé et la présence « d'un clinicien - chercheur intelligent, averti, consciencieux, compatissant et responsable » qui d'après lui offre la meilleure protection aux sujets de recherche. En s'en remettant à la conscience professionnelle du chercheur pour garantir les

---

[286] La thalidomide est un tranquillisant, qui a été commercialisé alors qu'il entraînait des malformations congénitales, ce qui a contribué à mettre en évidence l'insuffisance des tests et des conditions de mise sur le marché des médicaments.

[287] H. K. Beecher, « Ethics and clinical research », *NEJM,* n°24, 1966, p. 1354.

intérêts du sujet de recherche, le professeur fait preuve d'un certain idéalisme. Si dans le cadre de la relation de soins, les intérêts du médecin concordent avec celui du patient, dans le cadre de l'expérimentation, les intérêts du patient et ceux du chercheur peuvent être contradictoires, dès lors il est peu crédible de confier au seul expérimentateur la décision de conduire une recherche.

172. Six ans après la publication de cet article, le « scandale de Tuskegee », certainement le plus retentissant est révélé au public, une étude sur la syphilis était menée depuis les années trente en Alabama pour étudier le processus de la maladie sur des sujets noirs, pauvres, non informés de la maladie et sans qu'ils bénéficient de soins thérapeutiques, alors même que la pénicilline était connue.

173. Ces divers scandales ont démontré l'incapacité d'auto-contrôle de l'expérimentateur et favorisé une évaluation collective de l'expérimentation. La naissance des comités d'éthique de la recherche est une réponse à ces pratiques abusives requérant la mise en place d'un système de contrôle. Selon François Isambert « toute l'histoire de la bioéthique est sous-tendue par celle d'un système de contrôle, celui de l'expérimentation sur l'homme »[288].

b- Les conséquences du développement technologique

174. Le fondement de la bioéthique ne repose pas seulement sur le contrôle de l'expérimentation médicale, il repose aussi sur l'application croissante de la technologie en médecine dans la mesure où le progrès technologique conduit les médecins à « déborder la frontière naturelle des valeurs morales traditionnelles sur lesquelles ils fondent leur décision »[289].

Ainsi, lors de l'introduction de la technique de la dialyse, les médecins ont été confrontés à l'impossibilité de procurer ce traitement à tous les patients. Le problème de la sélection s'est posé de la même manière pour la transplantation d'organes. La dialyse rénale et la transplantation d'organes sont les deux techniques médicales qui ont contribué au développement de la bioéthique en tant qu'elles ont placé les médecins face à des problèmes nouveaux : l'allocation de ressources limitées et la définition de la mort. Et, c'est précisément pour trancher

---

[288] F. A. Isambert, « Aux sources de la bioéthique », *Le Débat*, n°25, mai 1983, p. 84.
[289] J-L. Funck-Brentano, « La bioéthique, science de la morale médicale », *Le Débat*, n°25, mai 1983, p. 59.

ces nouveaux problèmes que les premiers comités d'éthique sont apparus, attestant ainsi des limites de la compétence médicale lorsqu'il s'agit de traiter des questions de société.

175. Dans cette perspective, la bioéthique se présente comme une réponse au développement technologique « ce qui a donné naissance à la bioéthique, c'est la nécessité d'une prise en compte de l'utilisation croissante, envahissante, de technologies sans cesse plus nombreuses en même temps que plus affinées dans les pratiques biomédicales »[290].

La bioéthique apparaît comme une nouvelle approche d'enjeux eux aussi nouveaux. Ces enjeux dépassent la compétence exclusivement professionnelle, et c'est pourquoi ils ont éveillé l'intérêt d'autres disciplines, au premier rang desquelles on trouve la philosophie et la théologie. Joseph Fletcher, théologien protestant, est présenté comme le précurseur de la pensée bioéthique grâce à son livre *Morals and Medicine* publié en 1954[291], dans lequel il défend une conception particulière du patient, en s'écartant de l'analyse théologique pour insister sur la liberté et l'autonomie du patient. Il est perçu comme celui qui inaugure une problématique toute nouvelle et établit le patient comme véritable sujet face au médecin[292]. L'impact du développement technologique sur l'évolution de la relation médecin - patient fera l'objet d'un ouvrage d'un autre théologien, Paul Ramsey, *The patient as person* en 1970.

La fondation de deux centres de réflexion sur les implications éthiques de la médecine moderne témoigne d'un nouveau besoin : la réflexion pluridisciplinaire. En 1969, Daniel Callahan, intellectuel catholique, créé l'*Institute for Society Ethics and The Life Sciences* (plus connu sous le nom de *Hastings Center*) dont l'objectif consiste à étudier les questions bioéthiques en collaboration avec diverses professions et disciplines. En 1971, André Hellegers fonde le *Kennedy Institute of Ethics*. La création de ces deux centres s'analyse comme la volonté des intellectuels catholiques de s'extraire d'une morale religieuse dogmatique pour faciliter la recherche et le dialogue entre biologie, médecine, éthique théologique ou autre. La réaffirmation de l'opposition de l'Eglise aux méthodes contraceptives en 1968, est pour ces intellectuels le signe de

---

290 G. Bourgeault, « Qu'est ce que la bioéthique ? », in *Les fondements de la bioéthique*, M-H. Parizeau (sd.), Bruxelles, De Boeck Université, coll. Sciences-éthiques-sociétés, 1992, p. 36.

291 A. R. Jonsen, « The birth of bioethics », *op. cit.*, p. 1.

292 *Ibid.*

« l'impuissance de la théologie morale à s'immerger dans le présent »[293]. Autrement dit, c'est la position jugée conservatrice et réactionnaire de l'Eglise qui a déclenché ces deux initiatives.

A la réflexion des philosophes et des théologiens s'est greffée celle des juristes, des sociologues, psychologues... La perspective pluridisciplinaire qui caractérise la réflexion en bioéthique s'est concrétisée en pratique dans l'organisation de la composition des comités d'éthique.

176. Les nouvelles problématiques sociales issues du progrès technologique expliquent l'ouverture du champ de la réflexion médicale à d'autres disciplines. Cependant, le premier historien du mouvement bioéthique, David Rothman, souligne que l'intrusion d'étrangers dans le domaine de la médecine si fermé et auto-contrôlé par la profession a créé un changement radical. C'est pourquoi, il insiste sur le fait que le développement de la bioéthique est emprunt de confrontations, d'incompréhensions, de tensions et de conflits en raison de l'atteinte portée à la souveraineté de la profession médicale.

Les Etats-Unis ont offert un terrain favorable à l'émergence de la bioéthique, et des comités d'éthique en raison des facteurs sus-mentionnés et du caractère séculier et pluraliste de la société américaine. Mais le succès de la bioéthique et des comités s'explique en outre par la nouvelle problématique liée à l'essor technologique commune à l'ensemble des pays.

B/ La nouvelle problématique contemporaine : la maîtrise de l'essor technologique

177. La prise de conscience du risque que fait peser le progrès scientifique et technologique appelle une prise de responsabilité. De là découle une nouvelle problématique, non pas tant parce qu'il faille agir de manière responsable face à un risque, ce qui semble évident, mais parce que le développement de la science et de la technique modifie le concept même de risque et de responsabilité. L'échelle et la nature du risque ont évolué dans la mesure où l'essor technologique menace désormais la nature et la nature humaine ; dès lors la prise en compte du risque se fait plus pressante d'autant qu'il peut être irréversible. Si le

---

[293] H. Doucet, « La contribution du théologien en bioéthique », in *Les fondements de la bioéthique, op. cit.*, p. 49.

risque paraît plus dangereux, il est aussi moins prévisible. En corollaire, la responsabilité doit s'adapter à cette nouvelle forme de risque[294], en anticipant la survenance d'un risque de plus en plus incertain. D'autre part, l'ampleur du risque accroît le champ de la responsabilité ; la prise de responsabilité implique non seulement les professionnels mais aussi les citoyens. L'exemple du moratoire d'Asilomar[295], lors duquel les scientifiques ont exercé un contrôle interne sur l'activité de recherche témoigne d'une nouvelle appréhension du risque par les professionnels. Mais les répercussions des activités technologiques et scientifiques exigent au-delà d'une responsabilité professionnelle, l'existence d'un contrôle social du développement scientifique.

178. Dans l'optique de cette nouvelle problématique issue du développement de la science et de la technique, le défi biomédical ne saurait être traité indépendamment du défi écologique car de ces deux défis dépend le sort de l'humanité. De ce fait, ils participent à une même exigence : la maîtrise de l'essor technologique. D'ailleurs, le terme *bioethics,* apparu dans un article de 1970 publié sous le titre « Bioethics, the science of survival » puis dans un livre intitulé *Bioethics : bridge to the future* en 1971, recouvre pour son auteur, Van Rensselaer Potter, la perspective d'une éthique globale pour le vivant. La bioéthique comprend l'éthique médicale et l'éthique écologique[296], elle est définie comme une « science du survivre et du mieux vivre prescrivant les règles pour une vie plus heureuse et plus productive »[297], pour autant V. R. Potter ne diabolise pas le progrès scientifique.

Force est de constater, que l'application du terme sera restreinte aux questions suscitées par la médecine moderne, et que la réflexion bioéthique va se développer à partir d'une vision plus critique du progrès technologique. A cet égard, la tâche des comités d'éthique consiste à appréhender les problèmes bioéthiques, c'est-à-dire à traiter des conflits de valeurs posés par l'avancée et l'application des technologies médicales dans une perspective critique, pragmatique, dialectique, et

---

[294] C. Schaegis, *Progrès scientifique et responsabilité administrative*, Paris, CNRS, coll. CNRS Droit, 1998.

[295] P. Kourilsky, *Les artisans de l'hérédité*, Paris, Odile Jacob, coll. Points, 1990, p. 142 et sv.

[296] P-A. Taguieff, « L'espace de la bioéthique. Esquisse d'une problématisation », in *Mots. Les langages du politique*, n°44, sept. 1995, p. 7.

[297] Cité par M. Moulin, « Le duel des contremaîtres », in *Contrôler la science ?*, M. Moulin (sd.), Bruxelles, De Boeck Université, coll. Sciences-éthiques-sociétés, 1990, p. 226.

normative. Les comités témoignent de l'institutionnalisation de la bioéthique, qui s'incarne à la fois dans des discours et des pratiques. Cette structuration du champ bioéthique va de pair avec le développement d'un système de régulation qui lui est propre.

1- La prise de conscience

179. L'apparition des comités d'éthique s'inscrit dans un contexte marqué par la mise en garde contre les dangers inhérents à l'essor technologique et scientifique. On assiste à une inversion des rapports science - société dans la mesure où la société attend de la science et de la technique qu'elles « rendent le monde plus sûr » or la technique et la science sont « génératrices d'insécurité »[298]. En témoignent la prise de conscience écologique et la prise de conscience des enjeux de la médecine moderne, lesquelles mettent en lumière les risques liés à un progrès scientifique non maîtrisé menaçant la préservation de la nature, dans un cas, et la préservation de la nature humaine, dans l'autre cas.

a- La conscience des questions écologiques

180. Avant de constituer un mouvement social, l'écologie est apparue en tant que discipline scientifique[299] dont l'objet est l'étude des conditions d'existence des êtres vivants, leurs rapports entre eux et avec leur milieu. L'écologie, au sens de volonté d'enrayer la dégradation de l'environnement causée par la société industrielle est une notion plus tardive.

La défense de l'environnement, comme les autres mouvements sociaux préalablement évoqués, s'est développée dans les années soixante. Cependant le thème de l'écologie est abordé ici en tant qu'il participe à la démystification du progrès, car l'existence du mouvement découle directement des conséquences néfastes du progrès technique. Il symbolise la réaction menée contre l'essor technologique.

L'ouvrage intitulé *Silent Spring,* publié en 1962, par la biologiste américaine Rachel Carson marque le début du mouvement écologique ; elle y dénonce l'emploi massif des pesticides dans l'agriculture et révèle les risques nocifs de telles pratiques à la fois pour l'homme et l'équilibre

[298] P. Kemp, « Maîtriser les risques. Les comités d'éthique devant les risques technologiques », in *Contrôler la science ?, op. cit.*, p. 17.
[299] F. De Roose et P. Van Parijs, *La pensée écologiste*, Bruxelles, Ed. De Boeck Université, coll. Sciences-éthiques-sociétés, 1991, p. 58.

écologique. D'autre part, la pollution de l'air et de l'eau devient manifeste. Les premières lois relatives à la qualité de l'air sont votées en 1960 et 1963. Le premier sondage d'opinion sur la pollution est réalisé en 1965 et à partir de cette date, le thème de l'écologie sera particulièrement exploité par les médias.

181. Pendant les années soixante, les plus grands détracteurs de la technique sont Lewis Mumford aux Etats-Unis et Jacques Ellul en France. Le premier critique le mythe de la technique selon lequel l'essor technologique est inévitable et forcément bénéfique. Il insère dans sa critique de la technique les conséquences dangereuses d'une exploitation excessive de la nature. La recherche de puissance et de profit, sous-jacente dans le mythe de la machine, se réalise au détriment des autres besoins de l'homme. Or la machine ne peut constituer un substitut permanent à l'existence organique. L'homme se trouve dans « un désert écologique »[300]. Cette indifférence à l'égard de l'environnement, fait que « « l'homme technologique » menace aujourd'hui « d'éteindre » sa vie »[301]. Lewis Mumford assimile l'aliénation de l'homme à la machine à un suicide collectif, ou plutôt elle équivaut à ce qu'il dénomme un « biocide », déjà en marche.

Jacques Ellul[302] fonde sa critique sur l'autonomie de la technique. Autonomie qui s'affirme particulièrement à l'égard de l'environnement. La machine prend le pas sur son milieu. L'autonomie se réalise aussi par rapport à la morale. La technique est devenue la valeur suprême, soustraite au jugement dans la mesure où elle s'auto-légitime. Elle est la valeur de référence. La technique se transforme en juge de la morale[303].

182. La relation de dépendance de l'homme à l'égard de la nature explique l'intérêt de la préservation de l'environnement dans une perspective anthropocentrique mais d'autres prônent le dépassement du point de vue anthropocentrique en fondant le principe de préservation pour la nature elle-même. Hans Jonas revendique la préservation comme un devoir envers la nature. La nature est objet de respect et Hans Jonas lui reconnaît des droits propres. Ce statut conféré à la nature a fait l'objet

---

[300] L. Mumford, *Le mythe de la machine*, t. II, Paris, Fayard, coll. Le phénomène scientifique, 1974, p. 224.
[301] *Ibid.*, p. 226.
[302] J. Ellul, *Le système technicien*, Paris, Calmann-Lévy, coll. Liberté de l'esprit, 1977, p. 137 et sv.
[303] *Ibid.*, p. 161.

de critiques[304], au motif qu'une « interprétation métaphysique ou théologique de la nature » est superflue, puisque l'homme est directement responsable du sort de l'humanité, par conséquent il l'est « indirectement de la nature qui est de fait la condition de son vivre… »[305]. En outre, la reconnaissance d'un droit à la protection de la vie extra-humaine présente « le risque de banalisation de l'humain »[306].

b- La conscience des questions médicales

183. L'utilisation des découvertes scientifiques en médecine est désormais sujette à caution pour trois raisons. Premièrement, l'ampleur des pouvoirs acquis par la médecine sur le corps humain dépasse le cadre classique de la thérapeutique, ces pouvoirs touchent à l'essence de l'homme, donc de l'espèce humaine. Deuxièmement, l'impact lié à la mise en œuvre d'une découverte ne concerne plus seulement la relation individuelle médecin - patient ; il est susceptible de se répercuter à l'échelle de la société et de l'humanité. Troisièmement, la nécessité d'instituer un jugement de valeur à l'égard de la science s'explique par la fin de l'optimisme scientiste qui concevait la science comme intrinsèquement bonne.

184. A partir des années cinquante, les conquêtes de la médecine s'intensifient avec : la dialyse rénale, la transplantation d'organes, le diagnostic prénatal, le respirateur artificiel, l'élucidation de la structure de l'ADN puis le déchiffrement du code génétique. Depuis lors, le progrès est tel que le Professeur Jean Bernard le qualifie de « révolution biologique » et de « révolution thérapeutique »[307]. Ces progrès scientifiques bousculent non seulement l'appréhension traditionnelle du début de la vie, de la fin de la vie, et le concept de personne humaine[308], mais ils risquent aussi de conduire à la réification de l'humain.

---

[304] B. Sève, « Hans Jonas et l'éthique de la responsabilité », in *Esprit*, n°165, oct. 1990, p. 73.

[305] *Ibid.*, p. 80.

[306] B. Mathieu, *Génome humain et droits fondamentaux*, Paris – Aix-en-Provence, Economica-PUAM, coll. Droit public positif, 2000, p. 38.

[307] J. Bernard, *De la biologie à l'éthique. Nouveaux pouvoirs de la science, nouveaux devoirs de l'homme, op. cit.*, p. 35.

[308] L. Sève, *Pour une critique de la raison bioéthique*, Paris, Ed. Odile Jacob, 1994, chapitre 1 : Personne, p. 21 et sv. ; B. Mathieu, *Génome humain et droits fondamentaux, op. cit.*, en particulier « Les démembrements de l'humain », p. 30 et sv.

C'est pourquoi, le développement croissant des techniques de soins et de la recherche dans le domaine de la médecine suscite autant d'espoir que de crainte. Par conséquent, il engendre un nouveau mode de réflexion dans le domaine médical, destiné à envisager les conséquences liées à l'application des connaissances nouvelles avec la participation de non-médecins.

Tout en offrant la perspective de vaincre la maladie, les nouvelles techniques remettent aussi en cause des concepts fondamentaux tels que la vie et la mort, comme en témoigne ce triple constat emprunté à Jean François Malherbe, on assiste à : « la dilution du corps du vivant humain », « la dilution du début de la vie », et à « la dilution de la fin de la vie »[309].

Or ces questions, par nature, ne sont pas du seul ressort de la médecine, elles intéressent aussi bien les philosophes, que les théologiens, que les juristes, que la société civile... Le problème de la définition de la mort constitue un exemple topique du type de difficultés engendrées par la médecine moderne ; puisque la découverte du respirateur artificiel et la technique de la transplantation d'organes ont imposé de redéfinir la mort (aujourd'hui le problème de la détermination du début de la vie et l'absence de statut juridique de l'embryon participent à la même problématique).

185. La science médicale tend à réduire le corps humain à sa dimension organique biologique, oubliant la dimension subjective et symbolique du corps ainsi que sa dimension sociale[310]. Or comme l'affirme Jean Ladrière « lorsqu'on commence à traiter l'homme selon les critères de scientificité objective, (...) on transforme effectivement l'être humain en objet et par conséquent on le supprime en tant qu'être humain »[311]. Et cette vision réductionniste de la vie est de plus en plus véhiculée par une appréhension mécaniciste des phénomènes vitaux. Ainsi, les progrès réalisés en génétique - l'élucidation de la structure de l'ADN en 1953, puis le déchiffrement du code génétique en 1961 - constituent des conquêtes sur la compréhension du vivant qui conduisent

[309] J-F. Malherbe, préface de *La responsabilité éthique face au développement biomédical*, Belgique, Ed. CIACO, coll. Catalyses, 1987, p. 11.
[310] J. Duchêne, « Les rapports entre la science et l'éthique : gérer ensemble l'incertitude », in *Les comités de la recherche biomédicale*, M-L. Delfosse (sd.), Namur, Presses Universitaires de Namur, coll.Travaux de la Faculté de droit de Namur, 1997, p. 31.
[311] Cité par L. Sève, in *Pour une critique de la raison bioéthique*, *op. cit.*, p. 212.

à reconsidérer le concept de personne. La démystification des mécanismes vitaux pose le problème de savoir si une personne est déterminée exclusivement par ses caractéristiques génétiques[312]. En outre les techniques de l'ingénierie génétique « supportent et promeuvent une nouvelle logique du vivant »[313], car elles participent à l'appropriation du vivant. Quant au génie génétique, il fait planer le spectre de manipulations génétiques à des fins de discrimination, de sélection et d'eugénisme[314].

Le danger réside donc dans l'instrumentalisation de l'être humain soit par la tentation de l'utiliser comme matériel de recherche dans le cadre des expérimentations, soit par la réification des éléments et produits du corps humain dans la mesure où le progrès scientifique conduit de plus en plus à dissocier le corps de la personne. L'affaire Moore[315] jugée aux Etats-Unis en 1988, démontre combien la dissociation du corps et de la personne bouscule le rapport entre l'humain et la chose, en tant qu'elle permet de qualifier les cellules humaines de biens mobiliers donc de choses et d'appliquer à ces cellules le droit de propriété.

186. Cet aperçu des enjeux bioéthiques illustre que la perspective des limites de l'activité humaine doit être repensée dans la mesure où elle n'est plus canalisée par « une normalité naturelle ou un corps de règles transmises par la tradition »[316].

En raison des risques croissants induits par le développement scientifique, il est devenu indispensable d'en fixer les orientations en vue de préserver l'espèce humaine et le respect de la personne humaine.

2- Le principe de responsabilité, instrument de contrôle de l'essor technologique

187. L'incertitude du devenir de l'humanité, fruit du développement technologique requiert l'exercice d'une responsabilité

---

[312] La Déclaration universelle sur le génome humain et les droits de l'homme, adoptée par l'UNESCO le 11 novembre 1997, a solennellement affirmé que la dignité de l'individu « impose de ne pas réduire les individus à leurs caractéristiques génétiques et de respecter leur caractère unique et leur diversité ».

[313] J-C. Galloux, « L'impérialisme du brevet », in *Nouvelles technologies et propriété*, Paris, Litec, 1991, p. 113.

[314] F. Roussel, « L'eugénisme : analyse terminée, analyse interminable », *Esprit,* La nature humaine au risque de la science, n°222, 1996, p. 26.

[315] B. Edelman, « L'homme aux cellules d'or », *D.*, Chr., 1989, p. 225.

[316] P-A. Taguieff, *L'effacement de l'avenir*, Paris, Galilée, 2000, p. 46.

d'un nouveau type. La responsabilité ne relève plus seulement de la réparation *a posteriori* d'un dommage survenu, mais elle relève d'un acte de prévoyance et de prudence, consistant à anticiper la survenance d'un risque dans un contexte où les effets du développement technologique sont de moins en moins prévisibles, et, peut-être irréversibles[317]. Cette responsabilité incombe aux scientifiques et aux citoyens en raison des répercussions sociales qu'entraîne l'essor technologique car « la question fondamentale n'est plus qu'est ce que l'homme mais qu'allons nous faire de l'homme »[318].

a- Auto-limitation de la recherche scientifique et responsabilité professionnelle

188. La communauté scientifique s'est imposée de son propre chef, une limite à la recherche lors du moratoire d'Asilomar. Cette démarche volontaire rend compte de la prise de responsabilité du milieu scientifique à l'égard des effets potentiels de la recherche. A cet égard, elle a été présentée comme « une prise de conscience, sans précédent dans l'histoire de l'humanité, des conséquences potentielles des travaux scientifiques »[319].

Dans les années soixante-dix, le progrès technique ouvre la possibilité aux scientifiques de produire des molécules d'ADN recombinées. Ce procédé devrait permettre d'élucider nombre de phénomènes biologiques. Seulement la manipulation de l'ADN en vue de créer une molécule hybride présente des risques potentiels du fait que les propriétés biologiques de la molécule ainsi créée ne sont pas entièrement connues à l'avance en l'état de la science et que les risques pourraient se propager chez l'homme, les animaux et les plantes.

En raison de ces incertitudes, onze chercheurs sous l'égide de Paul Berg ont publié une lettre en juillet 1974[320], invitant la communauté scientifique à observer un moratoire sur les manipulations génétiques. Ils proposaient par ailleurs l'organisation d'une conférence internationale afin d'établir un état des lieux de l'avancée scientifique et de traiter la question des risques biologiques. L'appel au moratoire formulé par les

---

[317] J. Testart, « Il ne faut pas confondre progrès scientifique et progrès humain », in *Mots. Les langages du politique*, n°44, sept. 1995, p. 145.

[318] G. Hottois, « Esquisse philosophique d'un critère », in *La responsabilité éthique face au développement biomédical, op. cit.*, p. 255.

[319] J-P. Changeux, « Penser la bioéthique : un débat philosophique », in *Mots, op. cit.*, p. 127.

[320] Lettre publiée in *Science*, vol. 185, 26 july 1974, p. 303.

chercheurs créé un précédent dans le milieu scientifique. Pour la première fois, les protagonistes d'un arrêt volontaire des expériences, sont les spécialistes de la discipline. Cette démarche révèle combien les professionnels ont pris conscience de la responsabilité qui pèse sur eux dans le cadre de leurs recherches, précisément, à cause des conséquences aléatoires de telles recherches. La lettre spécifie que leur requête est basée sur la crainte d'un risque potentiel, non démontré ; c'est pourquoi ils recommandent la suspension des recherches jusqu'à l'obtention de plus amples informations. Le moratoire a pour objectif de prévenir d'éventuels dommages, en interrompant les recherches jusqu'à ce que les risques soient évalués.

Face à l'ignorance, les scientifiques en appellent à la prudence. Et la vertu de la prudence s'impose d'autant plus que « le progrès ultime du savoir engendre un degré extrême d'ignorance »[321].

189. En s'interdisant de mettre en œuvre un risque qui menacerait la vie humaine alors même que ce risque est indéterminé, les scientifiques guidés par « l'heuristique de la peur » appliquent le principe de responsabilité, tel qu'il est conçu par Hans Jonas[322]. Par ailleurs, ce moratoire s'inscrit, semble t-il dans la logique du principe de précaution bien que la formulation et la conceptualisation de ce principe soit postérieure. Le rapprochement paraît pertinent dans la mesure où il y un parallèle entre la technique du moratoire fondée sur la prise en compte d'un risque scientifique incertain et l'avènement du principe de précaution, qui consacre un nouvel impératif : la gestion de l'incertitude scientifique. Le principe de précaution[323] vise à anticiper la survenance d'un risque qui n'est pas déterminé, ni évalué mais seulement présumé ce qui correspond aux conditions dans lesquelles le moratoire a été demandé. La différence entre le principe de précaution et le principe de prévention est basée sur le degré de prévisibilité du risque que l'un et l'autre entendent prévenir. Le principe de précaution correspond au comportement adopté face aux « présomptions de risque », alors que dans l'optique de la prévention, il s'agit de maîtriser un risque certifié.

---

[321] W. C. Zimmerli, « La responsabilité évolue t-elle avec le progrès technique ? », in *La responsabilité. Questions philosophiques*, M. Neuberg (sd.), Paris, PUF, coll. Philosophie morale, 1997, p. 246.
[322] *Cf. infra* n°198.
[323] Cf. O. Godard (sd.), *Le principe de précaution dans la conduite des affaires humaines*, Paris, MSH - INRA, 1997, en particulier O. Godard, « Introduction générale », p. 23.

190. La conférence s'est tenue l'année suivante conformément au souhait exprimé. La communauté scientifique réunie à Asilomar a décidé de reprendre les recherches, mais en application du principe de "précaution"[324], elle a établi des recommandations strictes à l'attention des chercheurs, relatives aux obligations de sécurité concernant les procédures de confinement des expériences.

191. D'abord observé par les scientifiques, le concept de précaution qui sera préféré à celui de prudence va pénétrer le droit positif international, communautaire et le droit interne[325]. En faisant référence au principe de précaution, le droit intègre l'aléa scientifique et tend ainsi à adopter une démarche traduisant la volonté d'anticiper l'évolution de la science.

192. Certes les scientifiques, parce qu'ils saisissent les premiers, la portée probable de leurs actes, doivent faire preuve de responsabilité mais en raison des répercussions sociales de leurs interventions, ils ne peuvent prétendre légitimement exercer seuls une responsabilité qui s'impose désormais comme une responsabilité collective.

b- Le contrôle social et la responsabilité collective

193. Au centre de la réflexion bioéthique se trouve la question des limites à opposer à la connaissance scientifique[326]. La démultiplication des pouvoirs acquis sur la nature humaine a étendu le champ de la responsabilité, et en a modifié les fondements. A cet égard, le plaidoyer intellectuel pour une éthique nouvelle de responsabilité est éclairant, et constitue une approche indispensable à une mise en perspective des enjeux, des devoirs engendrés par le progrès scientifique et des moyens susceptibles de les relever. Ce qui permet d'ores et déjà d'introduire la question des rapports entre la gestion collective de l'évolution scientifique d'une part, et, la volonté qu'elle réponde à une

---

[324] « It is this ignorance that has compelled us to conclude that it would be wise to exercise considerable caution in performing this research » extrait de « Asilomar Conference on recombinant DNA molecules », *Science*, vol. 188, 6 june 1975, p. 991.

[325] Il s'agit simplement de remarquer que les incertitudes scientifiques sont appréhendées par le droit, sans développer la portée du principe de précaution ni les rapports entre science et droit qui seront analysés dans le cadre de la deuxième partie.

[326] P-A. Taguieff, « L'espace de la bioéthique. Esquisse d'une problématisation », in *Mots. Les langages du politique*, n°44, sept. 1995, p. 7.

démarche démocratique et consensuelle, d'autre part, qui sera au cœur de la réflexion sur les comités d'éthique.

194. La portée ontologique et les répercussions sociales des pratiques professionnelles appellent un contrôle social de ces pratiques. C'est pourquoi la bioéthique se démarque de la déontologie, dans la mesure où incombe à la bioéthique une « tâche démocratique »[327] car les répercussions concernent la vie de tous individuellement et collectivement. Démocratique signifie ici que les choix doivent faire l'objet de débats nécessairement publics, ouverts à la participation de la société civile. L'échelle des risques étant décuplée, la prise de responsabilité ne doit plus relever des seuls professionnels mais incomber aux citoyens. La gestion du développement technique requiert la participation des profanes et pas seulement une réflexion interdisciplinaire car la question posée : quelle humanité serons nous demain ?[328], est éminemment, du ressort de la société.

C'est pourquoi, la réflexion bioéthique et l'existence des comités d'éthique s'inscrivent dans un débat plus large d'ordre politique sur les formes de la démocratie. A la démocratie représentative, on oppose une démocratie renouvelée : délibérative et participative[329].

195. Alors que l'éthique médicale traditionnelle est centrée autour de deux préoccupations : la relation médecin - patient et la relation entre professionnels, la particularité de la bioéthique réside dans le fait qu'elle prend en compte un troisième paramètre : la société actuelle et future[330]. Sortant de son champ traditionnel, celui de la thérapeutique, la

---

[327] G. Bourgeault, « Qu'est-ce que la bioéthique ? », in *Les fondements de la bioéthique, op. cit.*, p. 27.

[328] *Ibid.*, p. 44.

[329] *Cf. infra* n°359 et sv.

[330] G. Hottois, *Le paradigme bioéthique, une éthique pour la technoscience*, Bruxelles, De Boeck Université, coll. Sciences-éthiques-sociétés, 1990, p. 81 et sv. ; G. Hottois, « Demande et refus d'un contrôle éthique de la science. Une analyse et une réflexion philosophique », in *Contrôler la science ?*, M. Moulin (sd.), Bruxelles, De Boeck Université, 1990, p. 105 ; L. Sève, *Pour une critique de la raison bioéthique, op. cit.* ; P-A. Taguieff, « L'espace de la bioéthique. Esquisse d'une problématisation », in *Mots. Les langages du politique*, n°44, sept. 1995, p. 7 ; A. Fagot-Largeault, « La réflexion philosophique en bioéthique », in *Les fondements de la bioéthique*, M-H. Parizeau (sd.), Bruxelles, De Boeck Université, coll. Sciences-éthiques-sociétés, 1992, p. 11 ; A. Langlois, « Histoire et fondements des comités de protection des personnes », in *Comité de protection des personnes (CCPPRB) : 7 ans de réflexion*, D. Dreyfuss, F. Lemaire, H-D. Outin, S. Rameix, Paris, Flammarion, Journées d'Ethique Médicale Maurice Rapin, 1998, p. 1.

médecine soulève un questionnement sur ce qui est éthiquement et socialement acceptable.

Les choix doivent faire l'objet d'une responsabilité collective qui soit adaptée aux défis lancés à l'humanité comme en témoigne la doctrine relative à la bioéthique qui se réfère aux nouveaux concepts de responsabilité élaborés par Hans Jonas, Karl-Otto Apel et Jürgen Habermas.

196. Face au progrès technique, pour certains il n'y a plus d'alternative entre une éthique de la conviction et une éthique de la responsabilité, « c'est une question de conviction morale que de souscrire à une éthique de la responsabilité »[331]. Le concept de responsabilité ayant évolué avec le progrès technique, c'est d'une nouvelle forme de responsabilité dont il s'agit. « Ce n'est que tout récemment que la dimension communautaire ou collective de la responsabilité a été mise en relief, en même temps que sa prise sur le futur »[332]. La prise de responsabilité passe par la prudence et la vigilance. Les répercussions du progrès technologique exigent une prudence contre les excès du développement, laquelle devra se garder de succomber à deux positions extrémistes : l'optimisme prométhéen et le pessimisme apocalyptique[333].

197. La responsabilité implique désormais, non plus de réparer une action accomplie, mais de précéder et prévenir la survenance de faits dommageables. C'est pourquoi Paul Ricoeur différencie l'imputabilité et la responsabilité dans la mesure où la responsabilité n'est plus tournée vers le passé mais vers le futur, de ce fait elle ne repose plus sur une morale d'imputation mais sur une morale de préservation du futur : « L'impératif est nouveau par rapport à la simple idée de respect de la personne, en ce sens qu'il excède une éthique de la proximité, scellée par le souci de réciprocité. La responsabilité, à l'âge technologique, s'étend aussi loin que le font nos pouvoirs dans l'espace et dans le temps et dans les profondeurs de la vie »[334].

---

[331] W. C. Zimmerli, « La responsabilité évolue t-elle avec le progrès technique ? », in *La responsabilité, questions philosophiques*, op. cit., p. 251.

[332] G. Bourgeault, *L'éthique et le droit face aux nouvelles technologies bio-médicales*, Bruxelles, De Boeck Université, coll. Sciences-éthiques-sociétés, 1990, p. 95.

[333] G. Delannoi, « La prudence dans l'histoire de la pensée », in *Mots. Les langages du politique*, n°44, sept. 1995, p. 101.

[334] Cité in *Ethique et responsabilité. P. Ricoeur* , J-C. Aeschlimann (es.), Neuchâtel, Ed. La Baconnière, coll. Langages, 1994, p. 84.

198. Cette éthique de la survie, de la préservation, de la conservation constitue le fondement de la responsabilité pour Hans Jonas. « La technique moderne est un cas inédit »[335], car le règne de la technique a entraîné la disparition de trois constantes : l'idée que la condition humaine est donnée une fois pour toute ; que le bien de l'homme est aisément déterminable ; que le champ de l'action et de la responsabilité peut être étroitement circonscrit[336]. La perte de ces repères traditionnels explique l'inadaptation des anciennes morales pour faire face aux défis posés par le développement de la technique. La menace que fait peser, sur la nature et sur la nature de l'homme lui-même, la technique moderne appelle une éthique fondée sur le « principe responsabilité »[337], dans les domaines de l'écologie et de la bioéthique. Il s'agit d'une responsabilité du futur, l'homme doit contrôler, orienter la technique dans le but de préserver l'existence de la vie à l'égard des générations à venir. Le principe de responsabilité est gouverné par « l'heuristique de la peur », c'est-à-dire l'obligation d'envisager la survenance des risques potentiels ainsi que l'interdiction de mettre en œuvre un risque qui menacerait la vie humaine.

Cet impératif catégorique, il l'exprime de la manière suivante « Agis de telle sorte que les conséquences de ton action soient compatibles avec la permanence d'une vie authentiquement humaine sur terre » ou encore « Agis de telle sorte que les conséquences de ton action ne soient pas destructrices pour la possibilité future d'une telle vie »[338]. L'accroissement des pouvoirs techniques doit s'accompagner de nouveaux devoirs, « les exigences posées à notre responsabilité augmentent proportionnellement à notre pouvoir d'agir »[339]. C'est pourquoi le champ de la responsabilité est élargi d'un double point de vue : d'une part, parce que la responsabilité est portée vers l'avenir, d'autre part, parce que la menace provient de la technique, puissance collective et anonyme, le sujet de la responsabilité ne peut être que collectif.

---

335 H. Jonas, « La technique moderne comme sujet de réflexion éthique », in *La responsabilité, questions philosophiques*, M. Neuberg (sd.), *op. cit.*, p. 231.

336 H. Jonas, *Le principe responsabilité. Une éthique pour la civilisation technologique*, Paris, Ed. du Cerf, 1990, p. 17.

337 *Ibid.*, p. 115 et sv.

338 *Ibid.*, p. 30.

339 H. Jonas, « La technique moderne comme sujet de réflexion éthique », *op. cit.*, p. 235.

199. L'éthique de la discussion, théorisée par Apel et Habermas véhicule une autre conception de l'éthique de la responsabilité collective, qui se détache de la position critique de Hans Jonas à l'égard de l'idée moderne de progrès[340].

L'un comme l'autre, ils fondent la recherche d'une éthique universelle ou d'une macroéthique sur la communication et l'argumentation. A partir de la même problématique, à savoir la question de la limite ou de la maîtrise du pouvoir technologique, « de par les conséquences socio-culturelles imprévues du progrès technique, l'espèce humaine s'est-elle-même mise au défi non seulement de provoquer la destinée sociale qui est la sienne mais encore d'apprendre à la maîtriser »[341], Habermas conclut que la technique elle-même n'est pas apte à relever ce défi. Il dénonce la rationalité technique à laquelle il oppose la rationalité fondée sur la discussion et l'argumentation.

La domination exercée par l'idéologie scientifique doit être selon lui contrebalancée par « la formation d'une volonté politique, liée au principe d'une discussion générale et exempte de domination »[342], qui ne soit pas réservée à des spécialistes. L'orientation du pouvoir technique doit provenir d'une communication impliquant tous les sujets capables de parler et d'agir, pour aboutir par voie de consensus à une détermination collective des valeurs morales. Cette formation de la volonté permet à la fois que les intérêts de tout un chacun soient mis en évidence sans que le tissu social soit déchiré. Elle concilie deux exigences : la prise en compte de l'autonomie d'individus insubstituables et la prise en compte du bien de la communauté à laquelle ils appartiennent[343]. L'éthique de la discussion réalise la conciliation de l'individualité et de l'appartenance à une communauté.

Quant à Karl-Otto Apel, il souligne le caractère sans précédent de la problématique contemporaine, parce que « la situation de l'homme est un problème éthique pour l'homme », dans la mesure où les dangers (guerre nucléaire, destruction de l'écosphère et de la biosphère)

---

[340] *Cf.* K-O. Apel, *Discussion et responsabilité II,* Paris, Ed. du Cerf, coll. Passages, 1998, en particulier « La responsabilité aujourd'hui, n'est-elle qu'un principe de conservation et d'autolimitation ou reste t-elle encore un principe de libération et de réalisation de l'humanité ? », p. 9 et sv.

[341] J. Habermas, *La technique et la science comme « idéologie »,* Paris, Gallimard, coll. Tel, 1993, p. 95.

[342] *Ibid.*, p. 96.

[343] J. Habermas, *De l'éthique de la discussion,* Paris, Ed. du Cerf, coll. Passages, 1992, p. 68 et sv.

concernent « l'humanité comme totalité», « pour la première fois dans l'histoire universelle, une situation dans laquelle les hommes, eu égard au danger commun encouru, sont mis en demeure d'assumer en commun la responsabilité morale »[344], d'où la nécessité d'une macro-éthique. Pour compenser l'impuissance de la responsabilité individuelle face aux actions collectives, il voit dans l'éthique de la discussion la solution d'une réorganisation de la co-responsabilité. Car « l'éthique de la discussion (...), c'est une éthique de la responsabilité solidaire de ceux qui sont capables d'argumenter, pour tous les problèmes du monde vécu qui sont susceptibles de discussion »[345]. La discussion offre un terrain de médiation des intérêts permettant par consensus de résoudre les problèmes moraux.

200. L'éthique de la responsabilité telle qu'elle est conçue par Jonas, Apel et Habermas, se trouve au fondement de la bioéthique car leurs conceptions de la responsabilité répondent aux défis de la médecine moderne parce qu'il s'agit d'une responsabilité en charge de l'avenir, préoccupée des conséquences des activités techniques, eu égard au devenir de la personne humaine et parce qu'elle associe tous les individus à la gestion des pouvoirs scientifique et technique.

Au regard des risques engendrés par le progrès scientifique, les comités d'éthique apparaissent comme de nouvelles institutions chargées de maîtriser l'essor technologique et scientifique et de résoudre par la médiation, les conflits d'intérêts dont les enjeux et les répercussions sociales sont sans précédent.

§2 L'historique des comités d'éthique

201. L'historique des comités met en évidence l'existence de deux générations de comités : les premiers nés spontanément, les deuxièmes créés officiellement par les pouvoirs publics. Ceci explique l'évolution de leur statut : du stade de simples groupes informels, ils sont devenus de véritables institutions.

202. La constitution spontanée des premiers comités aux Etats-Unis, au début des années soixante, répond à deux types de besoin : résoudre les dilemmes moraux engendrés par le progrès technologique et

[344] K-O. Apel, *Discussion et responsabilité I*, Paris, Ed. du Cerf, coll. Passages, 1996, en particulier « La situation de l'homme comme problème éthique », p. 15.
[345] *Ibid.*, p. 102.

contrôler l'expérimentation sur l'être humain. Dès leur apparition, les comités sont subdivisés en deux catégories : les comités d'éthique clinique et les comités de la recherche. En réaction à une vague de scandales, le Congrès s'ingère dans le domaine de la recherche en 1974 ; il officialise alors l'existence des comités d'éthique de la recherche et institue une commission nationale d'un nouveau type. La reconnaissance des comités d'éthique clinique intervient quant à elle par le biais de la jurisprudence qui va inciter à leur création.

203. Le phénomène s'étend par la suite aux autres pays, les comités d'éthique s'implantent au Canada, dans les pays européens ainsi qu'au niveau international, auprès des instances européennes et de l'UNESCO. La succession de deux étapes marque le processus d'établissement des comités : dans un premier temps, l'apparition des comités de la recherche relève d'initiatives professionnelles ; dans un deuxième temps, la réglementation de ces comités est prise en charge par les pouvoirs publics.

A/ L'émergence des comités aux Etats-Unis

204. L'émergence des premiers comités résulte d'un phénomène spontané et ponctuel. Il s'agit au départ de groupes informels établis au sein des hôpitaux pour trancher des dilemmes moraux engendrés par la médecine moderne tels que la sélection des patients pour l'accès aux soins ou encore la cessation de traitement. Face à ces problèmes moraux plus que médicaux, le médecin perd sa légitimité à prendre une décision unilatérale, c'est pourquoi l'idée de confier ces fonctions à un groupe pluraliste s'est imposée.

205. D'autre part, la révélation d'expérimentations scandaleuses a jeté un discrédit sur la profession. Les découvertes successives d'expérimentations conduites en violation des principes éthiques énoncés dans le Code de Nuremberg et dans la Déclaration d'Helsinki, ont souligné la nécessité d'instituer un contrôle indépendant sur les recherches médicales. Les mesures prises spontanément afin de contrôler les protocoles de recherche, se sont révélées insuffisantes, d'autres scandales ont surgi qui ont déterminé l'intervention du législateur fédéral.

1- L'apparition spontanée des comités

206. Certains hôpitaux, au début des années soixante ont institué des groupes multidisciplinaires pour examiner des cas cliniques épineux. Leur champ d'intervention couvrait des pratiques cliniques sujettes à débat dans la société américaine: les demandes d'avortement, de stérilisation et l'accès aux appareils de dialyse en nombre insuffisant[346]. Ils étaient chargés d'étudier au cas par cas, des situations individuelles nécessitant d'effectuer des choix moraux.

207. Dans le domaine de l'expérimentation sur l'être humain, la dénonciation d'abus répétés a suscité la création de comités afin d'instaurer un contrôle préalable ainsi qu'une évaluation collective des protocoles de recherche.

a- Dans le milieu hospitalier

208. Un colloque organisé aux Etats-Unis les 23 et 24 septembre 1992, sur le thème : la naissance de la bioéthique[347], a célébré le trentième anniversaire d'un événement marquant dans l'histoire de la bioéthique : le recours à un comité pour trancher une question d'ordre éthique concernant l'accès aux soins.

En novembre 1962, Shana Alexander, journaliste de *Life Magazine*, relate dans un article intitulé « *They decide who lives, who dies* » comment a été résolu l'impossibilité quantitative de fournir des hémodialyses à tous les patients pour qui ce traitement était vital. Un comité a été institué pour choisir parmi les patients ceux qui bénéficieraient du traitement salvateur. Ce groupe composé pour la plupart de non-médecins examina le dossier de tous les candidats, il avait pour tâche de sélectionner les malades en fonction de critères autres que médicaux. A ce titre, ce comité est caractéristique d'un nouveau mode de résolution des conflits moraux dans le domaine hospitalier car le rationnement des soins et la sélection des patients pour l'accès aux soins, problèmes récurrents issus du progrès technologique, sortent de la compétence médicale.

La promotion de la médecine de pointe et le développement de la haute technologie en médecine génèrent des soins de plus en plus coûteux alors que les ressources pour les financer sont limitées. Dès lors,

---

346 in *Encyclopedia of Bioethics*, « Institutional ethics committees », vol. 1, p. 409.
347 A. R. Jonsen, « The Birth of Bioethics », *Hastings Center Report*, op. cit., p. 1.

il faut concilier le prix élevé de la technologie, et la demande accrue des consommateurs et des fournisseurs avec des ressources restreintes. Le problème de la distorsion entre le nombre de patients pouvant bénéficier potentiellement d'une avancée scientifique et ce que la société peut fournir est apparu de manière évidente pour le traitement par dialyse, où seulement 40 % de tous les bénéficiaires potentiels recevaient une dialyse rénale aux Etats-Unis[348]. Les premiers comités pluridisciplinaires créés, avaient pour tâche de sélectionner les patients qui accéderaient à ce traitement.

209. Outre le problème de l'allocation de ressources limitées, le développement de technologies nouvelles, a soulevé d'autres interrogations relatives à la définition de la mort et à la cessation de traitement face auxquelles les médecins se sont trouvés sans réponse. La découverte du respirateur artificiel au milieu des années cinquante a remis en cause les critères traditionnels utilisés pour constater la mort. Et, en 1967 la première transplantation cardiaque a relancé le problème de la détermination de la mort, condition *sine qua non* du prélèvement d'organes.

Ces deux progrès scientifiques et techniques : le prélèvement d'organes et les procédés de maintien en vie artificielle, ont imposé de redéfinir la mort dont les anciens critères basés sur l'arrêt des fonctions cardio-respiratoires se sont révélés inadéquats. Face à la nécessité de redéfinir la mort : les juristes et les autorités religieuses se sont désengagés, se déclarant incompétents et s'en remettant aux médecins[349].

210. Le Professeur Savatier a justifié l'absence de critères légaux de la mort, par le fait que la mort est un phénomène biologique dont il appartient aux médecins de juger[350]. Et l'Eglise catholique par la voix du Pape Pie XII, a répondu à la question de savoir si un patient placé sous respiration artificielle est mort, que ceci « ne peut se déduire d'aucun principe religieux et moral » ; « il appartient au médecin (...) de

---

[348] C.M. Kjellstrand, « Giving life – Giving death. Ethical problems of high technology medicine », *Acta Medica Scandinavica*, Stockholm, 1988, sup. n°725, p. 20.
[349] Sur le problème de la détermination de la mort, voir Annexe O-1 « Sur la « redéfinition » de la mort », p. 17-31, *Les causes de la mort. Histoire naturelle et facteurs de risque*, A. Fagot-Largeault, Paris – Lyon, Ed. Librairie philosophique J. Vrin – Institut interdisciplinaire d'études épistémologiques, coll. Science-Histoire-Philosophie, 1989.
[350] *Ibid.*, p. 17.

donner une définition claire et précise de la mort et du moment de la mort d'un patient qui décède en état d'inconscience »[351].

En raison de la vague de poursuites judiciaires intentées contre des médecins américains, accusés de prélever des organes sur des patients non morts au regard des critères classiques c'est-à-dire l'arrêt des fonctions cardio-respiratoires, les facultés de médecine ont créé des comités pour définir la mort cérébrale. Le plus connu est le comité ad'hoc de Harvard constitué en 1968.

211. Composé en majorité de médecins, au nombre de 10, il comprenait en outre un théologien, un historien et un juriste. A ce titre, il fait figure de pionnier dans la recherche d'une composition pluridisciplinaire, sa composition manifeste la prise en compte de la dimension interdisciplinaire, culturelle et sociale de la détermination de la mort. Ce comité a dégagé les critères scientifiques permettant de constater la mort cérébrale. L'enjeu concernait d'une part, la transplantation d'organes, car la reconnaissance de la mort cérébrale rend possible un plus grand nombre de prélèvements ; d'autre part, le constat de la mort cérébrale permettait de résoudre le problème de l'euthanasie posé par l'arrêt du respirateur artificiel. Pour certains, le comité a seulement établi les critères scientifiques du coma irréversible, par conséquent il n'a pas établi le lien entre le coma irréversible et la mort car la question de savoir quand un être humain doit être considéré comme mort est une question morale ou philosophique qui ne saurait être tranchée par aucune investigation scientifique. Force est de constater que la notion de mort est restée basée jusqu'à présent sur des critères exclusivement biologiques. En revanche, si des critères tels que la perte des fonctions relationnelles comme c'est le cas des patients en état végétatif chronique, permettaient de déclarer mort ces patients, dans ces circonstances, il y aurait véritablement une redéfinition de la mort puisque que les critères biologiques céderaient la place à une appréciation subjective fondée sur la qualité de la vie[352].

---

[351] *Ibid.*, p. 18.

[352] A. Fagot-Largeault, « Réflexions sur la notion de qualité de la vie », in *APD,* Droit et science, t. 36, 1991, p. 135.

b- Dans le domaine de la recherche

212. Un contrôle pèse sur le travail de recherche dès le début des années soixante, ce contrôle est exercé par les comités de publication. Dans le but de vérifier la rigueur scientifique des travaux de recherche, les revues scientifiques anglo-saxonnes ont mis en place des comités de publication chargés d'apprécier la qualité des recherches avant leur publication. L'examen est effectué par des pairs puisque le comité est composé d'experts de la discipline. Ce type de comité offre des garanties vis à vis du caractère scientifique et technique de la recherche bien qu'il ne soit pas infaillible[353]. Ils veillent à l'intégrité de la recherche, qui comprend nécessairement une dimension éthique : l'honnêteté du travail scientifique. Etant donné les manipulations, dont ont fait l'objet certains résultats, l'AMM introduira un article relatif à la publication lors de la révision de la déclaration d'Helsinki en 1975, prescrivant que la publication doit rendre compte de l'exactitude des résultats[354].

213. La question reste de savoir si ces comités s'assurent non seulement de la rigueur du travail scientifique mais aussi de la conformité des méthodes de recherche aux règles éthiques. Il n'est pas possible de généraliser les attitudes adoptées par les comités de publication, cependant il apparaît que les journaux à renommée internationale contrôlent le respect des règles éthiques[355]. Cependant, le contrôle éthique reste insuffisant dans la mesure où certains articles publiés ont utilisé les données résultant des expérimentations nazies : environ 45 articles de recherche ont été écrits depuis 1945 en se référant aux expériences menées par les médecins nazis, particulièrement celles relatives à l'hypothermie[356].

---

[353] On peut citer pour exemple la découverte de fraudes scientifiques comme le maquillage de souris dans le but de prouver des greffes de peaux réussies ou la fabrication de résultats concernant le QI des jumeaux homozygotes, exemples recueillis in *L'homme bio-éthique,* A. Fagot-Largeault, *op. cit.*, p. 33.

[354] L'exactitude de l'information médicale est de plus en plus menacée par la multiplication des sources d'information, et notamment des sites Internet dont l'intégrité du contenu est très variable selon J. P. Kassirer, « Information médicale et conflits d'intérêts », *Le Monde,* 29 oct. 1999.

[355] A. Fagot-Largeault, *L'homme bio- éthique,* Ed. Maloine, coll. Recherches interdisciplinaires, Paris, 1985, p. 98.

[356] S. G. Post, « The echo of Nuremberg : Nazi data and ethics », *Journal of medical ethics*, n°17, 1991, p. 42.

Il paraît cependant difficile d'interdire *a priori* l'utilisation de ces données obtenues scandaleusement, de même que tout autre résultat obtenu par des méthodes contraires à l'éthique. Pour les travaux déjà publiés, certains[357] demandent la suppression des références aux données nazies et que les éditeurs de ces articles fassent paraître une déclaration de condamnation morale des pratiques nazies. Ce dédouanement *a posteriori* participe cependant à une certaine hypocrisie, hypocrisie qui entoure d'ailleurs l'utilisation des expériences nazies depuis la fin de la seconde guerre mondiale puisque nombre de scientifiques ont été récupérés par l'armée et le gouvernement américain dans le cadre de l'opération Paperclip[358].

Les revues scientifiques disposent tout de même d'un moyen de pression important à l'égard des chercheurs, selon l'argument « publish or perish »[359]. Le refus de publier des expériences contraires à l'éthique est en mesure d'influer sur la conduite des recherches en dissuadant de telles pratiques car la publication conditionne le succès professionnel, l'augmentation de salaire, la titularisation et la promotion des chercheurs[360].

Toutefois, le contrôle effectué par les comités de publication intervient *a posteriori*. A cet égard, il s'avère incapable de prévenir la conduite d'expérimentations irrespectueuses des droits des sujets de recherche.

214. Quant à l'origine des comités d'éthique de la recherche, elle est directement liée à la révélation des scandales précédemment évoqués[361]. Ils ont éveillé la nécessité d'instituer un mécanisme de contrôle dans le domaine de l'expérimentation.

L'origine des comités chargés d'examiner les protocoles de recherche apparaît au sein du *National Institute of Health* (NIH), organisme gouvernemental chargé de financer les recherches, en 1966. En réaction aux pratiques expérimentales abusives, le NIH a adopté des directives éthiques[362] qui instaurent un mécanisme de contrôle sur la

---

[357] *Ibid.*

[358] Y. Ternon, « Le procès des médecins-Actualisation », *Revue d'histoire de la Shoah*, mai - août 1997, n°160, p. 10.

[359] F. Luna, « What should be publish ? The case of unethical research », *JIB*, vol. 10, n°1-2, 1999, p. 119.

[360] *Ibid.*

[361] *Cf. supra* n°170

[362] P. Pettit, « Instituting a research ethic : chilling and cautionary tales », *Bioethics, op. cit.*

recherche en subordonnant l'octroi de subventions à l'examen des projets de recherche par un comité. Le contrôle est fondé sur le financement public de la recherche dès lors il ne s'exerce pas sur les recherches financées par des fonds privés. La sanction réside seulement dans le refus d'allouer des crédits publics si bien qu'elle n'interdit pas la recherche en tant que telle. Ce mode de contrôle est spécifique aux pays anglo-saxons. Ce type de comités devait remplir un triple rôle : protéger les droits et le bien-être des sujets de recherche, veiller à l'obtention du consentement éclairé et évaluer les risques et les avantages de la recherche. La majorité des comités de la recherche étaient des comités de pairs, composés exclusivement de scientifiques ; sur 142 comités locaux contrôlés par le NIH en 1968[363], 73% étaient des comités de pairs, 18 comprenaient un juriste, 16 des associés profanes et seulement 11 d'entre eux présentaient une composition largement multidisciplinaire.

Malgré ces dispositions, le scandale de Tuskegee[364] éclate en 1972. Cette affaire mobilise le Congrès et fait aboutir un projet datant de 1968[365], portant sur la création d'une commission nationale d'éthique.

2- La reconnaissance officielle des comités d'éthique

215. Sous la pression des événements et de l'opinion publique résultant de la découverte du scandale de Tuskegee, le législateur fédéral a adopté la loi sur la recherche en 1974, dont les dispositions concernent à la fois les comités d'éthique locaux de la recherche et une commission d'un nouveau type : une commission nationale d'éthique.

216. La reconnaissance des comités d'éthique clinique est consacrée par la jurisprudence, à l'occasion d'une affaire très médiatisée concernant le problème de la cessation de traitement.

a- La loi de 1974

217. La protection des sujets de recherche a guidé l'élaboration du *National Research Act* adopté en 1974 par le Congrès.

D'une part, la loi institutionnalise les comités locaux de la recherche chargés d'examiner les protocoles. Elle rend obligatoire la

---

363 « Le contrôle de l'expérimentation sur l'homme », *op. cit.*, *RIDP*, vol. 51, n°3-4, 1980, p. 313.

364 *Cf. supra* n°172

365 La commission sénatoriale chargée d'apprécier l'opportunité de la création d'un comité national, s'est rangée à l'avis des représentants du corps médical et des chercheurs radicalement opposés à l'intrusion de non professionnels.

création et la consultation de ces comités, baptisés *Institutionnal Review Boards*. Dans le cadre de leur mission, ils doivent s'assurer de l'obtention du consentement éclairé et de l'information du sujet de recherche ainsi que de la proportionnalité entre les risques et bénéfices de l'expérimentation.

D'autre part, la loi crée une commission nationale *the National Commission for the Protection of Human Subjects of Biomedical and Behavioral Research*. Première commission nationale pluridisciplinaire, elle comprend 11 membres dont 5 issus du milieu de la recherche et 6 membres non - scientifiques : trois juristes, deux philosophes et un administrateur public. Le mandat confié à la Commission consiste à déterminer les principes éthiques de la recherche sur l'être humain, et à faire des recommandations en ce sens au Secrétaire du département de la Santé et au Congrès. En outre, la loi impose au département de la Santé de mettre en œuvre les recommandations de la Commission. Dans le cas contraire, il doit justifier leur non adoption. La Commission devait envisager les problèmes suivants : distinguer les activités de recherche des activités de soins, déterminer une méthode d'évaluation des risques et bénéfices, les méthodes de sélection des sujets de recherche, définir le consentement éclairé, et traiter la question des recherches sur le fœtus, les prisonniers, les enfants, les malades mentaux et la question de la psychochirurgie. Les audiences, réunions et délibérations de cette Commission ont eu lieu publiquement par souci de transparence[366]. La Commission a rendu une série de rapports concernant ces différentes recherches et dans son rapport final : le rapport Belmont, elle a dégagé trois principes fondamentaux de la recherche : le respect des personnes, le principe de bienfaisance et de justice[367].

218. La *President's Commission for the Study of Ethical Problems in Medicine and biomedical and behavioral research*, instituée par le Sénat, a succédé à la précédente commission. De 1979 à 1983, elle a mené des études sur les implications éthiques et juridiques posées par des problèmes précis : la définition de la mort, la génétique, l'accès aux soins, les décisions concernant les traitements de maintien en vie.

Elle a été remplacée par *The biomedical ethics advisory committee*, dont le fonctionnement a été gelé à cause de l'opposition

---

[366] A. Langlois, « Comités d'éthique », in *Dictionnaire d'éthique et de philosophie morale*, M. Canto-Sperber (sd.), PUF, Paris, 1996, p. 261.
[367] A. Fagot-Largeault, *L'homme bio-éthique*, *op. cit.*, p. 165 et sv.

politique au sein du Congrès sur la question de l'avortement[368]. Le comité ne s'est réuni que deux fois entre 1988 à 1990.

Après cet échec, il faudra attendre cinq ans avant qu'une nouvelle commission fédérale d'éthique soit instituée, cette fois à l'initiative du Président des Etats-Unis, par décret du 3 octobre 1995[369]. En raison de l'alternance politique, elle sera remplacée par *The President's Council on Bioethics*, le 28 novembre 2001.

b- La jurisprudence, la décision Quinlan

219. L'affaire *Quinlan*[370] a officiellement inauguré le recours aux comités d'éthique clinique. Pour la première fois aux Etats-Unis, une instance judiciaire a requis une prise de position d'un comité d'éthique dans un domaine jusque là réservé aux médecins et aux patients. La fonction du comité consistait à confirmer le pronostic c'est-à-dire l'état comateux de Karen Ann Quinlan. Il s'agissait pour le comité de se prononcer sur un problème principalement médical et non moral en s'assurant de la validité du pronostic préalablement établi. Néanmoins, la cour a créé un précédent en sollicitant la consultation d'un comité d'éthique.

En 1976, la Cour Suprême du New Jersey est saisie d'une demande d'autorisation de débrancher un respirateur artificiel. Plongée dans un coma irréversible, Karen Ann Quinlan est maintenue dans un état végétatif chronique grâce à une assistance respiratoire. Ses parents requièrent l'arrêt du respirateur artificiel auprès des médecins, mais ces derniers s'opposent à une telle demande qu'ils estiment contraire à l'éthique médicale. Face à ce refus, les parents exercent un recours en justice afin d'obtenir une autorisation légale d'interrompre le traitement. Le tribunal confirme la position des médecins, et les parents interjettent appel de la décision. La Cour Suprême va accéder à la requête des parents, toutefois l'autorisation accordée par la Cour est subordonnée à certaines conditions. Avant d'exposer les conclusions de la Cour, il convient d'étudier son raisonnement novateur, lié à la nature du problème qui lui est soumis.

---

[368] A. M. Capron, « An Egg Takes Flight : the once and future life of the National Bioethics Advisory Commission », *Kennedy Institute of Ethics Journal,* vol. 7, n°1, 1997, p. 63.

[369] *Ibid.*

[370] A propos de cette affaire, cf. C. H. Baron, *Droit constitutionnel et bioéthique. L'expérience américaine,* Ed. PUAM - Economica, coll. Droit public positif, Paris, 1997, extrait de la décision publiée en anglais, p. 102.

Dans un premier temps, la Cour confronte deux cas cliniques : le coma végétatif chronique et la mort cérébrale. Dans le premier cas, la communauté médicale considère comme contraire à l'éthique l'arrêt du respirateur alors que dans le deuxième cas, il est justifié par la mort biologique du patient. En l'espèce, Karen Ann Quinlan n'étant pas biologiquement morte, les médecins étaient fondés à se prévaloir, dans leur décision de refus, de l'éthique médicale.

La Cour s'interroge sur sa compétence à trancher un tel dilemme, qui relève traditionnellement de la responsabilité des médecins, et que la Cour inférieure avait laissé entre leurs mains en se conformant à l'éthique médicale. Mais contrairement aux premiers juges, la Cour Suprême estime qu'une telle décision relève non seulement de concepts médicaux mais aussi du jugement moral commun de la société en général et que le droit, l'équité et la justice doivent faire face aux nouveaux problèmes engendrés par la technologie moderne. D'autant que la Cour doute de la capacité de l'éthique médicale à traiter sereinement cette question car les médecins sont trop influencés par la multiplication des litiges pour faute professionnelle et par les risques d'encourir une sanction pénale. Elle considère que les règles existantes sont gouvernées par le souci de protéger le corps médical et ne sont donc pas l'expression d'un jugement médical indépendant.

220. Ce qui a persuadé la Cour de recourir à un comité d'éthique, c'est un article publié par un médecin qui suggérait la création de forum de dialogue pour les situations individuelles posant des problèmes éthiques. Le médecin préconisait un partage de responsabilité dans les jugements moraux, à ce titre, il présentait les comités d'éthique multidisciplinaires comme un moyen d'offrir une aide et des garanties aux patients et aux soignants. C'est donc l'idée de diffuser la responsabilité dans la prise de décision qui a conduit la Cour à solliciter l'avis du comité d'éthique de l'hôpital.

Sur le fondement du droit constitutionnel à l'intimité, la Cour a reconnu le droit du patient de refuser un traitement. Elle a mis en balance l'intérêt de l'Etat de protéger la vie et le droit individuel à l'intimité en considérant que l'intérêt de l'Etat diminue proportionnellement au degré d'invasion corporelle et à la diminution des chances de guérison. En l'espèce, la Cour a conclu que l'intérêt individuel du patient prime l'intérêt de l'Etat.

221. La Cour autorise le retrait du respirateur à condition qu'il y ait accord du tuteur, de la famille, du médecin traitant et que le comité

d'éthique de l'hôpital confirme l'absence d'espoir de guérison de la jeune fille. Cet arrêt admet implicitement qu'à partir d'un certain seuil la vie ne vaut plus la peine d'être vécue, en l'espèce le seuil est l'irréversibilité de l'état végétatif de la patiente qui doit être apprécié par le comité d'éthique. De ce fait, « est reconnu au comité à la fois un pouvoir d'évaluation de l'acte médical et une influence déterminante sur le tribunal »[371], dans la mesure où le tribunal renonce à déterminer lui-même ce qui est éthiquement et socialement acceptable. Or, la reconnaissance du droit de mourir à une personne inconsciente par l'intermédiaire du consentement substitué présente le risque d'un nouvel eugénisme social. Les traitements de maintien en vie sont onéreux dès lors d'aucuns suggèrent l'interruption des traitements même si la famille s'y oppose. C'est pourquoi si certains revendiquent le droit de mourir, d'autres revendiquent le droit de ne pas mourir[372].

222. Par ailleurs, le succès des comités d'éthique hospitaliers a été assuré par la President's Commission puisque dans son rapport sur l'interruption de traitement, rendu en 1983, elle recommande de recourir aux comités d'éthique pour aider à la prise de décision médicale dans les cas posant des problèmes éthiques. En 1982, seulement 1% des hôpitaux américains s'étaient dotés d'un comité d'éthique, et en 1987, on en dénombrait déjà 60%[373].

223. Les comités hospitaliers exercent en général trois types d'activités[374] : une fonction d'éducation, de formation des membres du comité et des membres de l'hôpital à l'égard des questions éthiques, une fonction d'élaboration de lignes de conduite au sein de l'hôpital par exemple sur la politique à suivre dans le cadre des traitements de maintien en vie, et une fonction de consultation éthique, d'aide à la décision dans des cas cliniques posant des problèmes éthiques difficiles ; toutefois cette dernière activité est en déclin[375]. Car l'examen de cas

---

371 B. Mathieu, « Les comités d'éthique hospitaliers. Etude sur un objet juridiquement non identifié », *RDSS*, 2000, p. 75.

372 C. H. Baron, *Droit constitutionnel et bioéthique. L'expérience américaine*, Paris, Economica, coll. Droit public positif, 1997, p. 67.

373 « Institutionnal ethics committees », in *Encyclopedia of Bioethics*, vol. 1, p. 409 et sv.

374 « Institutionnal ethics committees », in *Encyclopedia of Bioethics*, *op. cit.* ; J. E. Fleetwood, R. M. Arnold et R. J. Baron, « Giving answers or raising questions ? : the problematic role of institutional ethics committees », *op. cit.*, p. 137.

375 D. C. Blake, « The Hospital ethics committee. Health care's moral conscience or white elephant ? », *Hastings Center Report*, janv. - fév. 1992, p. 6.

individuels est le plus problématique, et le plus critiqué au regard de la relation médecin - patient dans la mesure où il porte atteinte au colloque singulier.

B/ L'expansion des comités

224. La création des comités d'éthique locaux hospitaliers, des comités de la recherche et des instances nationales d'éthique, impulsée aux Etats-Unis va gagner l'ensemble des pays occidentaux.

225. L'élan en faveur des comités d'éthique trouve sa source dans la Déclaration d'Helsinki de 1975, dans laquelle l'AMM précise que les protocoles de recherche doivent être soumis « pour avis et conseils, à un comité indépendant désigné spécialement à cet effet ». De ce fait, l'essor des comités résulte plus de l'application d'une recommandation d'origine professionnelle que d'une extrapolation du modèle américain. En témoigne, le peu de succès des comités d'éthique clinique alors qu'ils sont largement répandus aux Etats-Unis ; l'intérêt à l'égard de ce type de comité en Europe est récent[376]. Un rapport consacré au champ institutionnel hospitalier de l'éthique clinique en Amérique du Nord et en France pointe la situation contrastée entre le développement de ces comités aux Etats-Unis et en France[377].

En établissant des comités d'éthique pour contrôler les protocoles de recherche, les médecins se sont conformés à la Déclaration d'Helsinki, de sorte que la création de ces comités participe au processus d'auto-régulation de la profession médicale.

226. En raison de la menace que fait peser la pratique expérimentale sur la protection des sujets de recherche, les pouvoirs publics ont appréhendé le problème de l'expérimentation sur l'être humain, notamment en encadrant le fonctionnement des comités de la recherche. Outre la reconnaissance officielle des comités d'éthique de la recherche, l'intervention des pouvoirs publics s'est traduite par la création de comités d'éthique nationaux et internationaux destinés à

[376] R. Gillon, « Clinical ethics committees - pros and cons », *Journal of medical ethics*, vol. 23, n°4, 1997, p. 203.
[377] J-C. Mino (sd.), C. Weill, *Les comités hospitaliers d'éthique clinique sont-ils les lieux de production de nouvelles normes de pratique ? Etude sur le champ institutionnel hospitalier de l'éthique clinique en Amérique du Nord et en France*, Rapport MIRE, 1999, p. 105.

traiter sur un plan théorique les problèmes engendrés par le progrès biomédical.

1- Les comités d'éthique de la recherche : un nouveau système d'autorégulation

227. Malgré les diversités culturelles, et les traditions médicales différentes, le mode d'apparition des comités d'éthique de la recherche est commun à tous les pays, dans la mesure où on peut imputer leur création aux médecins. Les comités s'implantent dans les lieux de recherche : instituts de recherche, facultés de médecine, hôpitaux, et auprès des associations de médecins. Ils remplissent une tâche spécifique, cantonnée à l'examen des protocoles de recherche, ce qui les distingue des comités d'éthique clinique.

Cette initiative du milieu médical qui tend à renforcer la protection des sujets participant à une expérimentation présente néanmoins des limites en raison de l'absence d'uniformité affectant l'organisation des comités et en raison du caractère ambivalent du procédé d'autorégulation.

a- Les initiatives professionnelles

228. Le développement des comités répond certes à une exigence éthique formulée en 1975 dans la déclaration d'Helsinki, mais il est par ailleurs motivé par des intérêts pragmatiques car la publication des recherches dans les revues scientifiques anglo-saxonnes de même que l'octroi de subventions à la recherche sont conditionnés par l'approbation d'un comité d'éthique[378].

Selon les pays, l'installation des comités diffère en fonction du degré d'implication des institutions médicales. L'émergence des comités résulte parfois de l'intervention de la corporation médicale, parfois d'initiatives individuelles.

229. Parmi les pays où les institutions médicales ont pris des dispositions relatives aux comités d'éthique de la recherche, la Grande-Bretagne et l'Allemagne, sont les plus représentatifs. La Grande-Bretagne est le pays précurseur, elle a devancé la Déclaration d'Helsinki puisque le *Medical Research Council* évoque pour la première fois cette obligation déontologique dans son rapport de 1962-63, intitulé

---

[378] G. Mémeteau, « Les règles éthiques : qui les dit ? Pourquoi et comment ? », *RIDC*, vol. 14, 1992, p. 334.

« Responsability in Investigations on Human Subjects »[379]. L'exigence de consulter un comité figure d'autre part dans des « guidelines » (directives) adoptées par un organisme privé : le Collège royal des médecins, dès 1967. Ces directives recommandent que les recherches soient soumises à un examen éthique[380]. En 1984, le Collège royal rend un autre rapport incluant des lignes de conduite sur la composition des comités d'éthique préconisant la présence de médecins cliniciens, d'investigateurs, d'un médecin généraliste, d'une infirmière et d'au moins un profane[381]. En revanche, les comités d'éthique clinique n'ont pas trouvé grâce auprès des institutions médicales britanniques. Le besoin de recourir à de tels comités n'est apparu que récemment[382], le premier comité d'éthique clinique institué date de 1993.

230. La situation en Allemagne diffère de la situation britannique car les médecins se sont montrés réticents à l'établissement des comités de la recherche[383]. C'est par nécessité que la profession s'est engagée à promouvoir la création des comités en raison de la censure américaine exercée à l'égard des publications de recherches non approuvées par un comité d'éthique. En 1979, la Convention médicale fédérale recommande aux conseils médicaux des Länder de mettre en place des comités d'éthique, chargés d'évaluer les aspects éthiques et juridiques des projets d'expérimentation sur l'être humain. Cette recommandation a entraîné la constitution de comités d'éthique rattachés aux conseils médicaux et aux facultés de médecine dont la saisine restait facultative[384]. En 1988, la convention médicale fédérale rend obligatoire la consultation d'un comité institué auprès des conseils médicaux ou des facultés de médecine. Dès lors la saisine d'un comité devient une obligation déontologique. En ne reconnaissant compétents que les

---

[379] C. Byk, G. Mémeteau, *Le droit des comités d'éthique*, Paris, Ed. ESKA – Alexandre Lacassagne, coll. Médecine et droit, 1996, p. 250.

[380] N. Lenoir, « Ethics national committees in Europe », communication faite lors de la réunion d'experts et de parlementaires allemands, à propos du projet de création d'un Comité fédéral d'éthique en Allemagne, le 11 mars 1996, Bonn.

[381] L. Bergkamp, « The rise of research ethics committees in western europe : some concomitant problems », *Bioethics*, vol. 3, n°2, 1989, p. 122.

[382] R. Gillon, « Clinical ethics committees - pros and cons », *Journal of medical ethics*, vol. 23, n°4, 1997, p. 203.

[383] U. Schlaudraff, « Ethics committees in Germany », *Bull. Med. Eth.*, Août 1992, p. 40.

[384] H-M. Sass, « Blue-ribbon commissions and political ethics in the federal republic of Germany », *The journal of medicine and philosophy*, vol. 14, 1989, p. 465.

comités des conseils médicaux et des facultés de médecine et en imposant le recours à ces seuls comités, la réglementation professionnelle a déclenché une concurrence entre les comités créés par des collectivités de droit public : Universités et Chambres des médecins, et les comités privés ou les comités dits libres. Ces derniers condamnés à disparaître ont contesté en justice le monopole établi par la profession[385].

231. Dans d'autres pays notamment en France et au Canada, l'implantation des comités est l'œuvre d'initiatives ponctuelles, et indépendantes des instances représentatives de la corporation médicale.

232. Au Canada, l'influence des Etats-Unis a joué un rôle important dans la création des comités d'éthique, elle s'est tout d'abord imposée pour les recherches conduites en collaboration avec des équipes américaines puis le principe a été largement accepté. Dès 1972, les comités de la recherche sont apparus localement au sein des hôpitaux et des universités canadiennes[386]. Suivant l'exemple américain, les comités d'éthique clinique se sont aussi implantés dans les hôpitaux canadiens[387].

233. En France, en 1974, l'INSERM se dote d'un comité chargé d'examiner les questions éthiques soulevées par les projets de recherche, dont la saisine est facultative et restreinte aux chercheurs et instances scientifiques. Il s'agit d'un comité de pairs, composé de 9 membres issus du milieu scientifique.

Bien que l'Académie de médecine et l'Ordre des médecins se soient prononcés en faveur des comités locaux de la recherche, respectivement en 1977 et 1979, cette manifestation d'intérêt ne s'est accompagnée d'aucune disposition relative à ce type de comités[388] si bien que l'établissement des comités provient d'initiatives individuelles. Au début des années quatre-vingt[389], des comités locaux sont constitués de

---

[385] H-P. Graf, D. Cole, « Ethics-committees authorization in Germany », *Journal of medical ethics*, vol. 21, n°4, 1995, p. 229.

[386] M-H. Parizeau, « Les comités d'éthique au Canada et au Quebec : des instances de régulation sociale ? », in *Les comités de la recherche biomédicale*, M-L. Delfosse (sd.), Belgique, Ed. Presses universitaires de Namur, 1997, p. 109.

[387] M-H. Parizeau, « Un aperçu de la situation des comités d'éthique au Québec », in *Contrôler la science ?*, M. Moulin (sd.), *op. cit.*, p. 39.

[388] A. Langlois, « L'incidence de la loi Huriet-Sérusclat sur la composition et l'activité des comités d'éthique », in *Les comités de la recherche biomédicale*, M.-L. Delfosse (sd.), *op. cit.*, p. 93.

[389] B. Feuillet-Le Mintier, *Les comités régionaux d'éthique en France : réalités et perspectives*, CRJO, Université Rennes 1-CNRS, oct. 1998. Par exemple création en

manière spontanée au sein de certains hôpitaux, leur mission consiste principalement à évaluer les protocoles de recherche. La raison d'être de ces premiers comités officieux[390] présente un caractère particulier en France, car leur fondement repose sur la volonté des chercheurs d'obtenir une caution éthique à des actes illicites[391] puisqu'avant 1988 la conduite d'expérimentations sans bénéfice individuel direct était prohibée. A titre d'exemple, l'Assistance publique de Paris a établi un comité d'éthique par décision du Directeur général en 1981 qui avait la charge de « définir les principes garantissant le respect des personnes et d'apporter aux médecins ses conseils et son appui en matière d'évaluation des médicaments »[392]. Dans la même optique, les Hospices civils de Lyon ont mis en place en 1981, un comité pour veiller au respect des règles éthiques dans le cadre de l'expérimentation sur l'homme suite à une initiative conjointe de la Faculté de biologie humaine, du Conseil scientifique de l'Université et de la commission médicale consultative des hospices civils. Ces comités étaient institués soit en tant que structure interne aux Centres hospitalo-universitaires donc sans personnalité juridique soit sous forme d'association loi 1901[393].

La création de comités chargés d'examiner les protocoles de recherche sera d'ailleurs encouragée par le Comité consultatif national d'éthique dans un avis de 1984 relatif aux problèmes éthiques posés par les essais de nouveaux traitements chez l'homme et en 1988 dans ses recommandations sur les comités d'éthique locaux.

b- Les limites de l'autorégulation

234. Les comités gérés par la profession offrent des garanties inégales et imparfaites quant au contrôle des protocoles de recherche, en raison de l'hétérogénéité de ces instances tant du point de vue de leur composition, que de leur compétence, que de leur ressort géographique. Leur point commun, c'est leur ancrage dans le processus

---

1981 à Lyon et Nice, en 1982 à Nancy, Rennes, Brest, Paris Kremlin-Bicêtre, en 1983 à Besançon, Toulouse..., p. 10 et sv.

[390] En 1984 au moins 17 comités étaient dénombrés au niveau local et régional, et leur nombre était estimé entre 30 et 40 en 1986.

[391] *Ibid.*, p. 11.

[392] *Cf.*, « Comités consultatifs locaux d'éthique », in *Dictionnaire permanent bioéthique et biotechnologies*, Paris, Ed. Législatives.

[393] B. Feuillet- Le Mintier, *Les comités régionaux d'éthique en France : réalités et perspectives*, CRJO, Université Rennes 1-CNRS, oct. 1998, *op. cit.*, p. 1.

d'autorégulation professionnelle qui débouche sur un constat critique à leur égard, quel que soit leur pays d'origine.

235. Une enquête réalisée sur les comités de la recherche démontre leur extrême diversité au sein même de chaque pays[394]. Ainsi en Grande-Bretagne le nombre de membres varie de 3 à 41, 92 % des comités comprennent des non-médecins, 16 % ont un juriste et 88 % des comités considèrent l'approbation préalable par un comité comme obligatoire pour tous les projets de recherche sur l'être humain. En Allemagne, une étude réalisée entre 1984 et 1985, montre que le nombre de membres se situe entre 3 et 9, les deux tiers disposent d'un juriste et un cinquième un représentant du clergé. Les comités examinent entre 5 et 15 protocoles par an et ils reconnaissent que seule une toute petite proportion de recherches leur est soumise. En France, la composition des comités présente aussi un caractère hétérogène : certains sont des comités de pairs alors que d'autres s'adjoignent des non-médecins, et leur activité varie selon qu'ils sont plus ou moins tourné vers les questions éthiques et sociales[395].

236. Le rôle des comités consiste à soustraire la décision d'expérimenter au médecin chercheur pour la confier à un organe indépendant mais le système établi par la profession présente des lacunes[396], qui font douter de l'efficacité et de l'indépendance du contrôle. Une partie des recherches échappe à l'examen éthique (saisine facultative), et certains comités sont des comités de pairs. Il résulte de l'absence de suivi et de sanction que l'obtention d'un avis d'un comité ne constitue qu'une simple formalité. L'appellation comité d'éthique, n'étant pas contrôlée, ils font l'objet de suspicion. D'autant qu'ils procèdent des médecins, et en tant que procédé d'autorégulation, des doutes pèsent sur leur capacité d'auto-contrôle. D'ailleurs, les comités le confirment puisqu'ils ne conçoivent pas leur rôle comme un contrôle sur les médecins chercheurs mais comme un rôle de conseil, d'éducation, pour éveiller le sens des responsabilités des expérimentateurs, « il est clair que les membres de la profession médicale ont répugné à exercer une surveillance policière sur leurs collègues dans le cadre des comités

---

[394] L. Bergkamp, « The rise of research ethics committees in western europe : some concomitant problems », *op. cit.*, p. 122.

[395] A. Langlois, « L'incidence de la loi Huriet-Sérusclat sur la composition et l'activité des comités d'éthique », *op. cit.*

[396] L. Bergkamp, « The rise of research ethics committees in western europe : some concomitant problems », *op. cit.*

de révision institutionnels »[397]. La principale critique émise à l'encontre des comités de la recherche réside dans le fait qu'ils se présentent comme un contrôle externe sur le travail de recherche alors qu'il s'agit d'un contrôle interne, la participation des profanes restant minoritaire.

Dans ce contexte de foisonnement, de confusion et du manque de légitimité des comités de la recherche, une réglementation s'avérait indispensable.

2- L'institutionnalisation des comités d'éthique

237. L'étude du processus d'institutionnalisation ne concerne pas le cas des comités hospitaliers d'éthique clinique dans la mesure où ils ne font pas l'objet d'une réglementation étatique officielle hormis quelques cas exceptionnels, en Belgique[398] et dans certains Etats fédérés américains[399]. Toutefois, l'absence d'une telle réglementation n'exclut pas qu'au cas par cas, les comités, dans les hôpitaux publics, puissent bénéficier d'une reconnaissance officielle si leur création résulte d'une décision de l'autorité administrative compétente.

238. Pour harmoniser la composition et la compétence des comités locaux de la recherche, les pouvoirs publics sont intervenus de manière plus ou moins contraignante selon les pays, en fonction du degré de compromis entre l'autorégulation professionnelle et l'intervention de la puissance publique[400].

Par ailleurs, les pouvois publics ont institué des comités nationaux et internationaux pour faire face aux implications éthiques et sociales liées à l'application des sciences biomédicales ; ces comités sont divisés en deux catégories : les comités ad'hoc et les comités permanents.

---

[397] A. Langlois, « L'incidence de la loi Huriet-Sérusclat sur la composition et l'activité des comités d'éthique », *op. cit.*

[398] En Belgique, en vertu de l'arrêté royal instituant les comités locaux, ce sont les mêmes instances qui remplissent à la fois le rôle de comité de la recherche et le rôle de comité d'éthique clinique.

[399] Seules deux lois adoptées au Maryland et au New jersey prévoient la création de comités d'éthique dans les hôpitaux et trois Etats (le Maryland, l'Arizona et New York), demandent que certains cas particuliers soit traités par les comités hospitaliers, enfin un seul Etat, Hawaï accorde l'immunité à ceux qui suivent les recommandations d'un comité d'éthique, in Rapport MIRE, *Les comités hospitaliers…*, *op. cit.*, p. 23.

[400] A. Langlois, « Comités d'éthique », in *Dictionnaire d'éthique et de philosophie morale,* M. Canto-Sperber (sd.), *op. cit.*

a- La réglementation des comités locaux de la recherche

239. Les pays de *common law*, traditionnellement réticents à l'intervention du législateur ont tendance à adopter des dispositions par voie administrative et de nature incitative à l'égard des comités de la recherche qui restent sous la gouverne de la profession alors que dans les pays de *civil law*, les comités de la recherche disposent en général d'un statut légal. La consultation des comités est rendue obligatoire par une prescription législative. Toutefois cette distinction entre pays de *common law* et de *civil law* n'est plus pertinente dans le cadre de l'Union européenne, car la Directive 2001/20/CE relative à l'harmonisation des essais cliniques de médicaments, conduit les Etats membres à adopter des lois de transposition.

240. Au Canada, l'encadrement des comités de la recherche résulte de mesures administratives non contraignantes. Le Conseil de Recherches Médicales du Canada, organisme gouvernemental qui subventionne la recherche a adopté les premières lignes directrices concernant les projets de recherche sur l'être humain en 1977, dont la dernière actualisation date de 2003. L'octroi de subventions est subordonné à l'obtention d'un avis favorable d'un comité. De ce fait, les comités bénéficient d'une reconnaissance administrative mais leur gestion reste aux mains des professionnels ce qui explique la persistance du système d'autorégulation[401].

241. En Grande-Bretagne, l'intervention des pouvoirs publics s'est tout d'abord traduite par l'adoption de deux *guidelines*, directives émanant du ministère de la santé. L'une de 1991 intitulée *Local research ethics committees* organise l'examen des protocoles de recherche par un comité d'éthique et elle suggère notamment que le poste de président ou de vice-président d'un comité local de la recherche soit confié à un profane pour pallier la prédominance des professionnels de santé au sein des comités. D'autant qu'une étude réalisée en 1981, démontrait que certains professionnels de santé jugeaient que les profanes n'ont aucune

[401] M-H. Parizeau, « Un aperçu de la situation des comités d'éthique au Québec », in *Contrôler la science ?*, M. Moulin (sd.), *op. cit.*

utilité, ou tout au plus une fonction de façade[402]. L'autre directive date de 1997 ; elle est relative à l'établissement de comités de la recherche pour les essais multicentriques intitulée *Ethics committee review of multi-centre research*. Désormais l'examen des protocoles de recherche est régi par des dispositions de nature législative. Pour transposer la Directive européenne relative aux essais cliniques, le Parlement a adopté la loi « The Medecines for Human Use (Clinical Trials) Regulations 2004 », le 1er avril 2004.

242. En Allemagne, les comités ont obtenu un fondement légal lors de l'adoption de la loi du 9 août 1994 révisant la législation sur les médicaments. La loi requiert pour la première fois que les investigateurs dans le domaine de la recherche clinique sur l'être humain obtiennent l'approbation d'un comité d'éthique avant d'entreprendre une telle recherche. D'après la loi, l'approbation doit être fournie par un comité d'éthique indépendant, institué et administré selon le droit du Land[403]. Certes, la loi exige la consultation des comités, mais elle ne réglemente pas le fonctionnement de ces instances puisqu'elle renvoie à ce sujet à la compétence des Länder. La loi du 30 juillet 2004, assurant la transposition de la Directive 2001/20/CE, exige la consultation d'un comité d'éthique qui soit indépendant et pluridisciplinaire mais elle confie toujours aux Länder la mission de déterminer les détails concernant la constitution, la composition et le financement des comités.

243. Le législateur français a pour sa part précisé la composition, la compétence et le fonctionnement des comités de la recherche. La loi française établissant les comités consultatifs de protection des personnes qui se prêtent à des recherches biomédicales (CCPPRB) a été adoptée en 1988[404], et modifiée par loi du 9 août 2004 qui a rebaptisé les CCPPRB, désormais dénommés comités de protection

---

402 J. E. Fleetwood, R. M. Arnold et R. J. Baron, « Giving answers or raising questions ? : the problematic role of institutional ethics committees », *Journal of medical ethics*, vol. 15, n°3, 1989, p. 137.

403 H-P. Graf, D. Cole, « Ethics-committee authorization in Germany », *Journal of medical ethics*, 1995, vol. 21, n°4, p. 229.

404 Loi n°88-1138 du 20 déc. 1988 relative à la protection des personnes qui se prêtent à des recherches biomédicales, *JO*, 22 déc. 1988, J-M. Auby, « La loi du 20 déc. 1988 relative à la protection des personnes qui se prêtent à des recherches biomédicales », *JCP*, 1989-I, 3384 ; J. Borricand, « Commentaire de la loi du 20 déc. 1988 relative à la protection des personnes qui se prêtent à des recherches biomédicales », *D.*, Chr., 1989, p. 167 ; L. Dubouis, « La protection des personnes qui se prêtent à des recherches biomédicales », *RDSS*, 1989, p. 160.

des personnes[405]. La loi de 1988 a mis fin à une situation paradoxale en légalisant la recherche sans bénéfice individuel direct. Auparavant de tels essais étaient illicites mais pratiqués et conformes aux exigences de mise sur le marché des médicaments. Les médecins encourant des poursuites pénales, et les firmes pharmaceutiques, ont pressé le législateur d'intervenir au nom de la nécessité de la recherche médicale. Le Président de la commission d'autorisation de mise sur le marché des médicaments a déclaré se révolter avec énergie contre une législation inadaptée[406]. Le vote de la loi n°88-1138 du 20 décembre 1988 sera l'aboutissement d'une longue réflexion, précédée de deux avis du Comité consultatif national d'éthique de 1984 et 1988 et de deux rapports : le rapport Dangoumeau commandé par le Secrétaire d'Etat à la Santé[407] et celui du Conseil d'Etat. Le premier publié en 1982, met en lumière les contradictions et les dangers de la situation française, la fuite des essais hors de France et propose le recours à des comités d'éthique de la recherche. Le rapport du Conseil d'Etat rendu en 1988 constate que « la loi s'impose, d'ailleurs réclamée par les praticiens (...), les promoteurs et expérimentateurs peuvent être inculpés et condamnés et ont des difficultés à s'assurer, ce qui est, au surplus, dommageable pour les sujets d'essai. ».

Les comités chargés de contrôler les protocoles de recherche font l'objet d'un agrément émanant de l'autorité administrative. Leur recrutement et leur activité sont déterminés par la loi de même que les critères servant à apprécier les protocoles de recherche.

La loi a par conséquent dessaisi les anciens comités hospitaliers institués pour examiner les protocoles de recherches. Pour autant ces derniers n'ont pas disparu, ils continuent même à se développer en l'absence de reconnaissance officielle[408].

---

[405] Loi n° 2004-806 du 9 août 2004 relative à la politique de santé publique, *J.O*, 11 août 2004, p. 14277 ; D. Cristol, « La révision de la loi « Huriet » par la loi du 9 août 2004 relative à la politique de santé publique », *RDSS*, 2004, p. 885.

[406] L. Dubouis, « De la licéité en droit français des essais thérapeutiques sur l'homme à but non curatif », in *Etudes offertes à C-A. Colliard*, Paris, Pedone, 1984, p. 461.

[407] M-H. Parizeau, « Comités d'éthique » in *les mots de la bioéthique*, G. Hottois, M-H. Parizeau (sd.), Bruxelles, Ed. De Boeck Université, 1993, p. 69.

[408] B. Mathieu, « Les comités d'éthique hospitaliers. Etude sur un objet juridiquement non identifié. », *RDSS*, *op. cit.*

b- La création d'instances nationales et internationales d'éthique

244. Au sein des instances nationales d'éthique, deux types de comité sont à distinguer : les comités ad'hoc et les comités permanents car ils traduisent des options différentes prises par les pouvoirs publics, variables en fonction des traditions culturelles et politiques.

245. En Grande-Bretagne, les initiatives du gouvernement sont ponctuelles, préférant confier l'examen de problèmes précis à des commissions ad'hoc[409] temporaires dont l'existence s'achève une fois leur rapport rendu. Le rapport Peel, du nom du président de la commission ad'hoc instituée en 1970 pour envisager les implications, éthiques, médicales, sociales et juridiques de la recherche sur les fœtus a précédé en la matière la Commission Warnock, chargée d'examiner les implications éthiques, sociales et juridiques de la fécondation et de l'embryologie humaine. La vie de la commission a duré deux ans de 1982 à 1984. L'absence d'un comité national d'éthique permanent établi par les pouvoirs publics peut s'expliquer par la déférence témoignée à l'égard de la profession médicale[410] et par la tradition politique, peu encline à l'interventionnisme étatique. Néanmoins l'absence de perspective de création d'un comité national par le gouvernement a suscité l'intervention d'un organisme non gouvernemental d'origine privée : la fondation Nuffield. La fondation a suppléé au gouvernement, car le besoin d'un comité au niveau national s'est fait ressentir. C'est pourquoi le conseil d'administration de la fondation a créé le *Nuffield Council on Bioethics* en 1991 considéré aujourd'hui comme le comité national d'éthique de la Grande-Bretagne[411]. Le Premier Ministre informé de la création du comité, s'est félicité de cette initiative encourageant même le comité à élargir sa compétence[412].

246. En Allemagne, c'est aussi le système des comités ad'hoc que les pouvoirs publics ont privilégié. La Commission Benda a examiné

---

[409] A. V. Campbell, « Committees and commissions in the United Kingdom », *The Journal of Medicine and philosophy*, vol. 14, 1989, p. 385.

[410] S. Elliston, « Great Britain position », in *Bioéthique : de l'éthique au droit, du droit à l'éthique*, Zürich, Publication de l'Institut suisse de droit comparé, n°30, 1997, p. 61.

[411] D. Shapiro, « Nuffield Council on Bioethics », *Politics and the Life Sciences*, vol. 14, 1995, p. 263.

[412] Annual Report 1991-1992 du Nuffield Council on Bioethics.

les problèmes liés à la fécondation *in vitro*, à l'analyse du génome humain et à la thérapie génique. Trois autres commissions d'enquête créées par le Parlement fédéral lui ont succédé : l'une sur la biotechnologie, l'autre sur l'évolution et l'acceptabilité sociale de la technologie et la troisième sur le système de protection de la santé publique[413].

La création d'un comité national d'éthique est restée longtemps au stade de gestation[414], la structure fédérale rendant difficile l'établissement d'un tel comité car la santé ressort de la compétence des Länder[415]. Les réticences à l'égard d'un comité national ont finalement cédé. Dans le contexte d'un virulent débat politique autour de la recherche sur les cellules souches embryonnaires, sur le clonage et le diagnostic préimplantatoire, le gouvernement Schröder a installé le 2 mai 2001 un comité national de bioéthique consultatif et indépendant, afin de conseiller le gouvernement et d'informer le public et sans doute pour infléchir la position du Parlement sur ces questions[416].

247. En France, le gouvernement a opté tôt pour la création d'un comité national d'éthique, qui a précédé l'institutionnalisation des comités locaux de la recherche. Le comité consultatif national d'éthique pour les sciences de la vie et de la santé (CCNE), institué par décret du 23 février 1983, est le premier du genre en tant qu'il est permanent et non spécialisé. Sa mission porte sur les problèmes moraux soulevés par la recherche dans les domaines de la biologie, de la médecine et de la santé (Art. 1 décret de 1983). La loi du 29 juillet 1994 a consacré l'existence du comité et a modifié les termes de sa mission en élargissant son domaine de compétence à l'étude des problèmes éthiques soulevés par les progrès de la connaissance. La loi du 6 août 2004 a encore étendu son champ de compétence aux questions de société soulevées par les progrès de la connaissance.

---

[413] H-M. Sass, « Blue – ribbon commissions and political ethics in the federal republic of Germany », *The Journal of Medicine and Philosophy, op. cit.*

[414] Intervention de Mme Lenoir le 11 mars 1996 à Bonn lors d'une réunion d'experts et de parlementaires allemands, à propos du projet de création d'un comité fédéral d'éthique en Allemagne.

[415] D. Durand de Bousingen, A. Rogers, *Une bioéthique pour l'Europe,* Strasbourg, Ed. du Conseil de l'Europe, 1995, p. 200.

[416] W. Weber, « Germany creates another bioethics advisory group », *Lancet,* vol. 357, 12 mai 2001, p. 1512.

248. L'exemple français a été suivi à l'étranger, le Danemark s'est doté d'un Conseil national d'éthique en 1987, puis l'Australie, l'Italie, le Portugal, la Belgique. Aujourd'hui, la plupart des pays ont établi des comités nationaux d'éthique[417].

249. Le succès des comités dépasse le cadre des frontières puisque l'institutionnalisation de ces instances est apparue à l'échelle internationale. Le Conseil de l'Europe s'est doté d'un comité ad'hoc de bioéthique en 1983, devenu comité directeur sur la bioéthique en 1992. Il s'agit d'un organe intergouvernemental composé de représentants des Etats membres du Conseil de l'Europe. La Commission Européenne a institué en 1991 le groupe de conseillers pour l'éthique de la biotechnologie. Enfin, l'UNESCO a créé le Comité international de bioéthique en 1993.

L'historique nous fournit un panel des différents types de comités d'éthique : les comités d'éthique clinique, les comités d'éthique de la recherche, les comités non spécialisés, les comités locaux, nationaux, internationaux, les comités ad'hoc, les comités permanents, les comités privés, publics... Force est de constater que le label comité d'éthique ne recouvre pas une catégorie homogène ce qui s'explique par le caractère empirique du phénomène. Dès lors, il convient de dégager les spécificités de ces instances, car il faut se garder d'assimiler *ipso facto* les organismes qui mènent des réflexions éthiques aux comités d'éthique.

SECTION 2 : LE STATUT ATYPIQUE DES COMITÉS

250. Sous le label « comité d'éthique », sont regroupées plusieurs instances : d'éthique clinique, d'éthique de la recherche, locales, nationales, internationales, publiques ou privées, permanentes ou ad'hoc... Le recours à une même qualification laisse supposer qu'au-delà de leur hétérogénéité, elles présentent des caractéristiques communes. Dès lors il faut dégager les critères qui permettent d'identifier et de définir les comités d'éthique pour déterminer si l'amalgame de ces différents organismes est légitime et cohérent ou au contraire artificiel et arbitraire. Seule la comparaison des comités qualifiés d'éthique peut nous

[417] S. Le Bris, *Les instances nationales d'éthique*, Strasbourg, Ed. du Conseil de l'Europe, 1993.

éclairer pour mettre en relief les constances ou les différences entre ces organismes.

251. En retenant une définition large des comités d'éthique comme « institution, chargée par une autorité publique ou privée, de se prononcer sur les aspects moraux et accessoirement sur la rigueur scientifique, d'une politique, d'une recherche ou projet de recherche, biomédical, individuel ou collectif, ou d'une intervention biomédicale sans visée expérimentale »[418], on n'entrevoit pas la spécificité de ces institutions. C'est pourquoi il convient de préférer une définition plus étroite reposant sur des critères d'ordre matériel et formel, afin de ne pas assimiler tous les organismes qui mènent des réflexions éthiques à des comités d'éthique, ce que laisserait entendre la citation énoncée ci-dessus.

252. La particularité des comités réside dans leur mode de composition et leur mission qui concourent à en faire des médiateurs de la « société civile ». D'une part, la pluridisciplinarité et le pluralisme leur assurent une proximité avec la société atomisée en différents systèmes de valeurs. D'autre part, en tant que conseillers et pourvoyeurs d'informations, ils doivent favoriser le débat public. Cependant la légitimité de leur représentativité non élective et, celle de leur fonction qui s'apparente à celle des experts, est discutable dans un système de démocratie représentative à partir du moment où ils sont conduits à participer à l'élaboration du système normatif.

§1 Les critères consubstantiels à la qualité de comités d'éthique

253. En comparant les différentes instances portant le label comités d'éthique, on constate qu'il ressort *de facto* de cette appellation des caractéristiques communes à l'ensemble des comités, lesquelles fondent non seulement leur spécificité mais aussi leur légitimité. Les éléments de définition des comités d'éthique concernent, d'une part, la composition, d'autre part, la mission des comités.

---

418 G. Mémeteau, « Recherches irrévérencieuses sur l'autorité juridique des avis des comités d'éthique ou l'Iroquois sur le sentier des comités d'éthique », *RRJ*, 1989-1, p. 64

A/ Les principes relatifs à la composition

254. L'originalité des comités d'éthique réside dans leur composition, dans la mesure où des « gens étrangers à la science » sont associés à des scientifiques pour traiter de questions relatives à l'éthique biomédicale.

255. Trois principes fondamentaux gouvernent, selon la doctrine[419], la composition des comités d'éthique et conditionnent leur légitimité : la pluridisciplinarité, le pluralisme et l'indépendance. Ces trois exigences marquent la volonté de mettre les comités à l'abri de toute pression, en particulier de soustraire les choix éthiques à l'emprise du monopole médical et scientifique.

A ce titre, les comités symbolisent une rupture avec le processus d'autorégulation, au sein duquel les médecins sont à la fois juges et parties. C'est pourquoi la légitimité des comités dérive de leur composition. Elle garantit leur capacité à contrebalancer les intérêts de la recherche scientifique en étant le terrain de l'expression et de la confrontation d'intérêts et d'opinions contradictoires ; à condition de s'assurer de l'effectivité des principes de pluridisciplinarité, de pluralisme et d'indépendance. L'examen successif des fondements textuels puis de la pratique permettra d'apprécier la portée de ces principes.

256. La pluridisciplinarité et le pluralisme constituent deux mécanismes de représentation au sein des comités. La pluridisciplinarité assure la représentation de compétences, de professions diverses, et le pluralisme, la représentation de courants de pensée ou d'opinion. Pour éviter que derrière les comités ne s'exerce un contrôle déguisé du pouvoir médical, ou du pouvoir économique ou du pouvoir politique, il faut non seulement équilibrer le système de représentation mais aussi garantir l'indépendance des membres.

---

[419] C. Byk, G. Mémeteau, *Le droit des comités d'éthique, op. cit.*, p. 140 et sv. ; B. Mathieu, « Les « normes » éthiques et le droit : légitimité des « sages » et légitimité démocratique », publié en anglais in *Ethics Codes in Medecine,* England, Ashgate, 1998, p. 163; N. Lenoir, B. Mathieu, *Les normes internationales de la bioéthique,* Paris, PUF, QSJ, 1998 ; S. Le Bris, *Les instances nationales d'éthique,* Strasbourg, Ed. du Conseil de l'Europe, 1993, p. 10 ; O. Guillod, « Les comités nationaux d'éthique », in *Bioéthique : de l'éthique au droit, du droit à l'éthique,* Zürich, Institut suisse de droit comparé, 1997, p. 257.

Ce mode de représentativité et la nomination des membres diffèrent du système de représentation démocratique. Par ailleurs, l'appellation « comité de sages » parfois employée pour désigner les comités d'éthique met en relief l'idée d'une éthique réservée à une élite. Dès lors, l'institutionnalisation de l'éthique soulève la question de savoir si les comités sont porteurs d'un progrès pour la démocratie ou, au contraire, la manifestation d'une aristocratie du savoir.

1- L'affirmation des principes

257. Les instances méritant le titre de comités d'éthique doivent idéalement satisfaire à trois conditions cumulatives : l'indépendance, le pluralisme et la pluridisciplinarité. Bien que distincts, ces impératifs sont indissociables puisque l'indépendance est garantie par la pluridisciplinarité et le pluralisme, symboles de l'équilibre des intérêts à représenter et de la présence de contre-poids. Toutefois, si ces principes sont unanimement reconnus comme fondamentaux par la doctrine, ils ne sont pas toujours requis par les textes.

258. Les textes institutifs des comités posent de manière récurrente l'exigence du caractère pluridisciplinaire, en revanche, les exigences de pluralisme et d'indépendance n'y sont pas systématiquement expressément requises. Les fondements textuels mettent ainsi en lumière le déséquilibre existant entre les exigences formelles de pluridisciplinarité, de pluralisme et d'indépendance, tant au sein des comités d'éthique clinique, que des comités d'éthique de la recherche, que des comités nationaux et internationaux.

a- Les règles relatives à la composition des comités d'éthique locaux de type pratique

259. Les comités d'éthique clinique, aussi dénommés comités d'éthique hospitaliers, relèvent d'une situation particulière, car leur existence n'est pas consacrée par les pouvoirs publics. Dans la mesure où leur création émane des institutions hospitalières, et que leur organisation n'est pas soumise à une réglementation juridique, leur composition reste très hétérogène. Le peu d'études qui leur sont consacrées aux Etats-Unis[420], au Canada[421], et en France[422], s'accordent cependant à

---

420 « Institutionnal ethics committees », in *Encyclopedia of Bioethics*, vol. 1, p. 409 et sv.

reconnaître qu'ils tendent à remplir au moins l'exigence de pluridisciplinarité dans la mesure où ils comprennent des médecins, des membres du personnel para-médical, du personnel administratif de l'hôpital, et des juristes. En revanche, la présence de représentants d'une religion ou de philosophes n'est pas généralisée, et lorsqu'elle est assurée, le nombre de ces représentants est souvent limité à un[423].

260. La situation des comités d'éthique de la recherche contraste avec celle des comités d'éthique clinique puisque leur composition fait l'objet d'une réglementation plus ou moins contraignante de la part des pouvoirs publics, soit, qu'ils recommandent, soit, qu'ils rendent obligatoire le respect du principe de pluridisciplinarité, de pluralisme et/ou d'indépendance.

261. Au Canada, Guy Durand relève trois principes diffusés par les organismes officiels de recherches concernant la composition des comités de la recherche : la pluridisciplinarité, une certaine indépendance envers l'institution, et une représentation du public[424].

262. La réglementation fédérale[425] aux Etats-Unis prévoit dans la composition des comités de la recherche la présence d'au moins cinq membres représentants des milieux socio-culturels différents, dont au moins un membre ayant ses principaux centres d'intérêts dans le domaine scientifique et au moins un membre dont les principaux centres d'intérêts ne relèvent pas du domaine scientifique et un membre indépendant de l'institution à laquelle le comité est rattaché. En outre, les membres doivent disposer de compétences suffisantes pour traiter des sujets abordés par les comités. Pour les recherches menées sur des catégories de personnes vulnérables, il est préconisé de consulter une personne experte de la catégorie visée. Aux Etats-Unis, la composition doit donc être

---

[421] M-H. Parizeau, « Un aperçu de la situation des comités d'éthique au Québec », in *Contrôler la science ?, op. cit.*

[422] B. Feuillet-Le Mintier, *Les comités régionaux d'éthique en France : réalités et perspectives*, *op. cit.* ; B. Mathieu, « Les comités d'éthique hospitaliers. Etude sur un objet juridiquement non identifié », *op. cit.*

[423] B. Feuillet-Le Mintier, *Les comités régionaux d'éthique en France : réalités et perspectives*, *op. cit.*, p. 13.

[424] G. Durand, *Introduction générale à la bioéthique, histoire, concepts et outils*, Paris, Ed. du Cerf, 1999, p. 510.

[425] F. Berrisch, « Les règles de composition des comités d'éthique aux Etats-Unis, au Danemark, et en Belgique », in *Les comités de la recherche biomédicale,* M-L. Delfosse (sd.), Belgique, *op. cit.*, p. 143.

pluridisciplinaire mais la réglementation laisse une marge de manœuvre quant à l'application du principe.

263. Au Danemark, la loi du 28 mai 2003[426] précise que les comités doivent être indépendants et pluridisciplinaires. Elle fait prévaloir la présence de profanes au sein des comités puisqu'elle exige la présence de 3 médecins et de 4 non-médecins. En Belgique, la diversité est peu assurée au sein des comités rattachés aux hôpitaux, les médecins y sont majoritaires. L'arrêté royal du 12 août 1994 établit une composition de 8 à 15 membres dont « une majorité de médecins attachés à l'hôpital ou à un groupement d'hôpitaux », au moins un généraliste externe à l'hôpital, au moins une infirmière et un juriste. Pour garantir l'indépendance du comité, ne peuvent être désignés comme membres ceux qui exercent les fonctions de « directeur d'hôpital, médecin-chef, président du conseil médical, chef du département infirmier »[427]. La loi du 7 mai 2004 relative aux expérimentations sur la personne humaine prévoit la possibilité de consulter outre ces comités d'éthique rattachés aux hôpitaux, d'autres types de comités, définis comme instance indépendante, rattachée à une faculté de médecine ou à la Société scientifique de médecine générale, composée au minimum de 8 membres et au maximum de 15 membres représentant les deux sexes, dont une majorité de médecins, et au moins un juriste. La loi britannique exige au moins un tiers de membres profanes au sein des comités d'éthique[428].

264. En France, la composition pluridisciplinaire des comités de protection des personnes (CPP) repose sur une exigence légale ; l'article L. 1123-2 du CSP prévoit que les comités sont composés de manière à assurer une diversité des compétences dans le domaine biomédical et à l'égard des questions éthiques, sociales, psychologiques et juridiques. D'autre part, la loi affirme que les comités « exercent leur mission en toute indépendance »[429], condition réitérée à propos des délibérations du comité auxquelles ne doivent participer que des membres indépendants du promoteur et de l'investigateur de la recherche.

---

[426] Act on the biomedical research ethics committee system, entré en vigueur le 1er juin 2003.

[427] M-L. Delfosse, « L'institutionnalisation des comités d'éthique à propos de l'Arrêté royal du 12 août 1994 », *La revue politique*, n°2, 1995, p. 7.

[428] The Medicines for Human Use (Clinicla trials) Regulations 2004.

[429] Art. L. 1123-1 CSP.

265. La législation fédérale allemande du 30 juillet 2004 requiert la consultation d'un comité indépendant et pluridisciplinaire sans préciser les conditions de composition, déléguées aux Länder.

266. Au niveau européen, une harmonisation des règles relatives aux comités d'éthique de la recherche s'est s'engagée. Ces règles se réfèrent explicitement au principe de pluridisciplinarité et d'indépendance. La Directive spécifiquement consacrée aux essais cliniques adoptée le 26 février 2001 définit le comité d'éthique comme « un organe indépendant, dans un Etat membre, composé de professionnels de la santé et de membres non médecins, chargé de préserver les droits, la sécurité et le bien-être des participants à un essai et de rassurer le public à ce sujet, notamment en formulant un avis sur le protocole d'essai, l'aptitude des investigateurs et l'adéquation des installations, ainsi que sur les méthodes et les documents à utiliser pour informer les participants aux essais en vue d'obtenir leur consentement éclairé ».

Par ailleurs, la Convention de bioéthique du Conseil de l'Europe précise à son article 16 que le projet de recherche portant sur l'être humain doit faire préalablement l'objet d'un examen indépendant et pluridisciplinaire. Le protocole additionnel relatif à la recherche biomédicale adopté le 25 janvier 2005, indique seulement que l'évaluation sur le plan éthique doit faire appel à un éventail approprié de compétences et d'expériences reflétant de façon adéquate les points de vue tant professionnels que non spécialisés.

Ces dispositions prises à l'égard des comités d'éthique de la recherche dans le cadre de l'Union Européenne et du Conseil de l'Europe ne retiennent que deux principes fondamentaux : la pluridisciplinarité et l'indépendance, dont elles ne déterminent pas les conditions de mise en œuvre. Dès lors, il est permis de douter de l'harmonisation de la composition des comités étant donné la liberté laissée aux Etats pour satisfaire l'application de ces principes. C'est pourquoi, malgré la transposition de la Directive de 2001 en Grande-Bretagne, en Belgique, en Allemagne et en France, la composition des comités reste contrastée.

La tentative d'harmoniser les comités de la recherche s'est étendue au niveau international ; elle a donné lieu à l'élaboration de lignes directrices par l'OMS.

b- Les règles relatives à la composition des comités nationaux et internationaux de type théorique

267. Le mode de composition des comités nationaux et internationaux est aussi diversifié que celui des comités locaux bien qu'il réponde aux mêmes critères de pluridisciplinarité, de pluralisme et d'indépendance.

268. En France, le Décret du 23 février 1983 portant création du Comité consultatif national d'éthique pour les sciences de la vie et de la santé (CCNE) intègre dans la composition du comité « 19 personnalités qualifiées choisies en raison de leur compétence et de leur intérêt pour les problèmes éthiques » parmi lesquelles figurent : un membre de l'Assemblée Nationale, un membre du Sénat, un membre du Conseil d'Etat, un membre de la Cour de cassation , une personnalité du secteur social et une du secteur éducatif, plus 15 personnalités appartenant au secteur de la recherche. Le pluralisme d'opinion est explicitement requis dans la composition du CCNE, lequel doit être constitué de « 5 personnalités appartenant aux principales familles philosophiques et spirituelles ». Le législateur a souhaité consacrer la reconnaissance du CCNE et son indépendance. Désormais sa composition est déterminée par la loi et elle figure dans le Code de la santé publique[430].

269. La composition du comité national belge respecte l'exigence de pluridisciplinarité : scientifiques, médecins, juristes, philosophes et représentants des sciences humaines sont désignés au comité. Elle respecte aussi l'exigence du pluralisme. L'Accord de coopération portant création d'un comité consultatif de bioéthique prescrit de prendre en compte dans la composition du comité « la représentation équilibrée des différentes tendances idéologiques et philosophiques… ».

270. Le *Nuffield Council on Bioethics*, présenté comme le comité d'éthique national de la Grande-Bretagne dispose d'une composition pluridisciplinaire. Lors de la première désignation des membres, on dénombrait 8 non-médecins, et 7 membres issus du milieu médical et scientifique.

---

[430] Loi n°2004-800 du 6 août 2004, Art. L. 1412-2 CSP.

271. Le comité de bioéthique créé en Allemagne le 2 mai 2001 est doté d'une composition pluridisciplinaire et pluraliste dans la mesure où il compte un maximum de 25 membres comprenant des universitaires, des scientifiques, des représentants des Eglises[431]. Les membres doivent être représentatifs de l'état des connaissances et des positions en matière de sciences naturelles, de médecine, de théologie, de philosophie, de sciences sociales, de droit, d'écologie et d'économie[432].

272. Aux USA, *The President's Council on Bioethics*[433], créé par le Président Bush le 28 novembre 2001 et nommé le 16 janvier 2002, comprend 18 membres choisis parmi les disciplines suivantes : 1) la philosophie/théologie, 2) les sciences sociales et comportementales, 3) le droit, 4) la profession médicale et paramédicale, 5) la recherche en biologie. La différence par rapport à la précédente Commission consultative nationale de bioéthique[434] tient à ce que l'arrêté ne prévoit plus la présence de membres issus de la « société civile », ni ne mentionne expressément de tenir compte de la représentativité géographique, ethnique et sexuelle. Une moindre diversité des membres semble assurée.

273. Les comités internationaux ne dérogent pas au principe de pluridisciplinarité, ainsi le Comité International de Bioéthique de l'UNESCO, organisé de manière informelle jusqu'en 1998, dispose depuis son existence d'une composition interdisciplinaire[435]. Doté de statuts depuis le 7 mai 1998 par le Conseil exécutif de l'UNESCO, sa composition est fixée à 36 membres devant refléter « la diversité des cultures » en tenant compte d'une « répartition géographique équitable » (art. 3.1), ses membres sont choisis parmi « des spécialistes dans les domaines des sciences de la vie, des sciences sociales et humaines, notamment des sciences juridiques, des droits de l'homme, de la philosophie, de l'éducation et de la communication… » (art. 3.2). D'autre part, les statuts affirment explicitement l'indépendance des membres : « les membres sont indépendants et siègent à titre personnel ».

---

[431] A. Leparmentier, « Le débat sur la bioéthique mobilise les gouvernements européens », *Le Monde*, 21 juin 2001, p. 2.

[432] Site du comité national allemand : http://www.ethikrat.org.

[433] Site du comité fédéral américain : http://www.bioethics.gov.

[434] Publié sur le site Internet : http://bioethics.gov/nbac.

[435] J. Dhommeaux (sd.), *Le comité international de bioéthique de l'UNESCO et le comité directeur pour la bioéthique du Conseil de l'Europe : instances productrices d'éthique ?*, Rennes, CRJO, oct. 1998, p. 28.

274. A l'échelle européenne, le mandat[436] du Groupe européen d'éthique des sciences et des nouvelles technologies, créé en décembre 1997, ne spécifiait à l'origine que le caractère pluridisciplinaire du groupe[437]. Le mandat en date du 26 mars 2001 complète les conditions de composition du groupe en mentionnant explicitement qu'il est indépendant, pluraliste et pluridisciplinaire. La décision de la Commission du 11 mai 2005 renouvellant le mandat du comité réitère ces exigences.

275. Le Comité directeur pour la bioéthique répond au critère de pluridisciplinarité au regard des mandats conférés par le Comité des ministres : « Tous les Etats membres peuvent désigner des représentants au comité. Les représentants sont choisis parmi les cinq groupes de spécialistes suivants : chercheurs biologistes, médecins et autres scientifiques, juristes, spécialistes en éthique, personnes qualifiées dans les problèmes des sciences biomédicales et à même de les traiter dans une perspective « droits de l'homme »[438].

276. Il ressort de cette description que tous les comités quels qu'ils soient, sont caractérisés par une composition pluridisciplinaire, mais le degré de pluridisciplinarité ainsi que la garantie du caractère pluridisciplinaire, s'avèrent très variables. Quant aux principes du pluralisme et d'indépendance, leur consécration textuelle explicite fait souvent défaut. Néanmoins la crédibilité des comités d'éthique en dépend, c'est pourquoi la réalité institutionnelle éclairera la portée de ces principes.

2- La portée des principes

277. En pratique, la mise en œuvre de principes identiques : ceux de pluridisciplinarité, de pluralisme et d'indépendance, engendre des situations diversifiées, ce qui tend à démontrer la souplesse de ces principes et l'impossibilité d'enfermer les comités d'éthique dans un carcan trop rigide. Leur portée reste relative et diffuse surtout à l'échelle locale. Dès lors, faut-il exiger les mêmes critères de légitimité à l'égard des comités locaux qu'à l'égard des comités nationaux et

---

[436] Mandat publié in *Groupe européen d'éthique des sciences et des nouvelles technologies*, la Commission européenne, Belgique, nov. 2000.

[437] Publié sur le site : http://europa.eu.int/comm/european_group_ethics/gee_fr.htm.

[438] Cité in *Le comité international de bioéthique de l'UNESCO et le comité directeur pour la bioéthique du Conseil de l'Europe : instances productrices d'éthique ?, op. cit.*, p. 18.

internationaux ? Si l'indépendance et la pluridisciplinarité apparaissent d'emblée consubstantielles à la qualité des comités d'éthique, l'exigence du pluralisme ne revêt peut être pas, pour les comités locaux, un caractère aussi essentiel que pour les comités chargés des questions éthiques théoriques à l'échelle de la société.

278. La composition des comités offre quoi qu'il en soit une représentativité d'un nouveau type (ni corporatiste, ni démocratique), qui semble en conformité avec l'évolution de la société dans la mesure où leur composition s'ouvre au pluralisme idéologique, à l'expression d'opinions et d'intérêts concurrents. Mais, les comités étant dépourvus de légitimité élective, il convient de se demander à quel titre ils peuvent prétendre être médiateurs de la société.

a- Des principes inégalement respectés

α- Les comités d'éthique locaux

279. Certains comités n'offrent aucune garantie quant au respect d'une composition pluridisciplinaire, pluraliste et indépendante. Il s'agit d'une part, des comités locaux de la recherche lorsque la réglementation de leur composition figure dans de simples directives non contraignantes, comme c'est le cas au Canada.

280. Il s'agit d'autre part, des comités d'éthique clinique qui ne font l'objet d'aucune réglementation de la part des pouvoirs publics. Octroyer le titre de comités d'éthique à des instances qui ne présentent pas les garanties nécessaires équivaut à vider les principes de toute portée. C'est pourquoi certains suggèrent que l'appellation comité d'éthique soit soumise à agrément[439]. Faut-il réserver le titre de comité à ceux qui sont habilités par les pouvoirs publics ? La reconnaissance officielle des comités locaux hospitaliers est sollicitée afin de garantir leur caractère pluridisciplinaire et leur indépendance. La réglementation de leur système de nomination est souhaitée pour éviter la suspicion qui pèse sur l'actuel système de cooptation propre à favoriser l'existence de comités de complaisance[440]. Au lieu de reconnaître officiellement les

---

[439] B. Feuillet-Le Mintier, *Les comités régionaux d'éthique en France : réalités et perspectives, op. cit.*, p. 47.
[440] B. Feuillet-Le Mintier, « Le devenir des comités régionaux d'éthique », *JIB*, vol. 10, n°5, 1999, p. 53.

comités locaux hospitaliers et les soumettre à agrément de l'autorité publique comme le préconisait le CCNE[441], la loi du 6 août 2004 relative à la bioéthique a créé des espaces régionaux d'éthique[442]. L'occasion a été manquée de doter les comités locaux existants d'un véritable statut[443].

L'habilitation pour les comités locaux qu'ils soient de recherche ou clinique paraît effectivement seule en mesure d'assurer le respect des principes étant donné le foisonnement de ces comités.

281. Quant aux comités locaux de la recherche, dont les conditions de composition sont prescrites dans des instruments juridiques contraignants, ils mettent en œuvre un degré variable de pluridisciplinarité. La réglementation danoise fait prévaloir les membres non-scientifiques alors que la réglementation belge exige une majorité de médecins. Or, si les scientifiques sont sur-représentés au sein des comités, la portée du principe de pluridisciplinarité se trouve réduite au point de ne constituer qu'un leurre.

282. D'autre part, il faut s'interroger sur la pertinence de l'exigence du pluralisme au niveau local car ce mode de représentation s'avère particulièrement difficile à satisfaire à cette échelle[444]. Au sein des comités hospitaliers français qui comptent parmi leurs membres des religieux, leur nombre est souvent limité à un représentant[445] ; et dans la mesure où une seule confession est représentée, on ne peut parler de pluralisme. En outre, le pluralisme n'apparaît pas crucial[446] au regard de la mission des comités, dans la mesure où les comités locaux, à la différence des comités nationaux et internationaux, ne débattent pas de questions de société. La présence de non scientifiques importe plus que la représentation des différents courants de pensée. Ainsi, la composition des comités de protection des personnes qui comprend : 4 spécialistes de la recherche biomédicale, un médecin généraliste, deux pharmaciens, une infirmière, un psychologue, un juriste, une personne qualifiée dans le domaine social, une personne qualifiée en éthique, ne favorise pas la

441 Avis 84 sur la formation à l'éthique médicale, 29/ 04/ 2004.
442 Art. L. 1412-6 CSP.
443 J-P. Duprat, « Les aspects de droit public de la loi bioéthique », *AJDA*, 2004, p. 2329.
444 C. Byk, G. Mémeteau, *Le droit des comités d'éthique, op. cit.*, p. 96.
445 B. Feuillet-Le Mintier, « Le devenir des comités régionaux d'éthique », *op. cit.*
446 *Ibid.*

représentation des différents courants spirituels[447]. La réforme de 2004[448] a introduit une nouvelle disposition précisant qu'ils comportent, en leur sein, des représentants d'associations de malades ou d'usagers du système de santé agréées. En ce sens, elle renforce la présence de profanes mais ne promeut pas la représentation de courants de pensée. Par ailleurs, les textes du Conseil de l'Europe et de l'Union Européenne, relatifs aux comités d'éthique de la recherche ne retiennent comme principes fondamentaux que la pluridisciplinarité et l'indépendance.

β- Les comités d'éthique nationaux et internationaux

283. La composition des comités nationaux et internationaux recèle aussi une grande diversité, certains comprennent de nombreux membres (40 en France) alors que d'autres disposent d'une composition restreinte (17 au Danemark, 15 au maximum au sein du Groupe européen d'éthique des sciences et des nouvelles technologies). La proportion des membres scientifiques et non scientifiques varie selon les comités, et les critères du pluralisme sont multiples.

284. L'inflation du nombre des membres du CCNE, de 33 lors de sa création à 40 actuellement, démontre la difficulté d'assurer une représentativité qui soit la plus large possible. Alors que les représentants du milieu scientifique devraient être minoritaires (15 personnalités appartenant au secteur de la recherche contre 19 choisies en raison de leur compétence et de leur intérêt pour les problèmes éthiques), ils sont, en définitive, supérieurs en effectif car parmi les 19 membres choisis en fonction de leur compétence et de leur intérêt pour les problèmes éthiques, figurent aussi des scientifiques. En revanche, au *Nuffield Council on Bioethics* de même que dans le comité national danois, les membres non scientifiques sont majoritaires.

285. Dans le cadre du pluralisme, il est encore plus difficile de satisfaire la représentation de la diversité des valeurs morales, des croyances, des opinions, censée refléter l'hétérogénéité des sociétés actuelles qualifiées de sociétés pluralistes car de plus en plus segmentées et dépourvues de valeurs communes. La conception du pluralisme est

---

[447] A. Langlois, « L'incidence de la loi Huriet-Sérusclat sur la composition et l'activité des comités d'éthique », in *Les comités de la recherche biomédicale,* M-L. Delfosse (sd.), Belgique, Presses universitaires de Namur, 1997, p. 93.

[448] Loi n° 2004-806 du 9 août 2004 relative à la politique de santé publique, *JO*, 11 août 2004, p. 14277.

extensive puisque les critères déterminant le pluralisme peuvent être : religieux, culturel, social... De même, des paramètres comme le sexe, l'âge ou l'appartenance linguistique sont susceptibles de rendre compte du pluralisme[449].

Dès lors, le pluralisme recouvre plusieurs acceptions dont témoigne la composition des comités. En France, le principe du pluralisme est satisfait par la représentation de la pluralité des conceptions religieuses, au sein du CIB par la représentation de la diversité des cultures. La parité homme - femme au sein du comité danois, la parité linguistique au sein du comité belge, et la présence de citoyens profanes dans le comité national danois et canadien manifestent d'autres formes du pluralisme. Quant à la présence de philosophes et de théologiens dans les comités, elle assure non seulement le caractère pluridisciplinaire du comité en tant qu'ils sont les représentants de disciplines mais aussi le caractère pluraliste du comité en tant que représentants de courants de pensée ou d'opinion.

286. En France, le pluralisme se manifeste par la représentation de différentes familles religieuses (catholique, protestante, juive et musulmane) et par la présence d'un athée. D'aucuns s'étonnent du regain de la religion, particulièrement inattendu dans le champ scientifique[450], d'autant que si le pluralisme doit refléter la diversité de la société, le critère de l'appartenance ou non à une religion leur semble inadapté. C'est pourquoi des critiques s'élèvent à l'encontre de cette manifestation du pluralisme, « dans un pays où 80 % des habitants n'ont aucune pratique religieuse habituelle »[451]. En outre, la légitimité de leur présence peut surprendre dans un Etat laïc dont le principe est consacré à l'article premier de la Constitution de 1958. Toutefois la laïcité ne se borne pas à consacrer la séparation Etat - religion, elle s'entend aussi comme la laïcité - neutralité, ce qui signifie que l'Etat ne soutient aucune confession et qu'il respecte toutes les croyances. Ainsi la jurisprudence associe au principe de laïcité celui de neutralité[452] ou de liberté de

[449] O. Guillod, « Le rôle des comités nationaux d'éthique », in *Bioéthique : de l'éthique au droit, du droit à l'éthique, op. cit.*, p. 257.
[450] M-A. Hermitte, « Science, technologie et religions », *APD*, Droit et science, t. 36, 1991, p. 109 ; N. Fresco, « La modétique », *Autrement*, Ethique corps et âme, n°93, 1987, p. 168.
[451] A. Langaney, « Comités d'éthique et démocratie », *Raison présente*, n°105, 1993, p. 170.
[452] CE, 28 avril 1948, Demoiselle Weiss, rec. p. 379 ; CE 8 déc. 1948, Demoiselle Pasteau, note Waline, *RDP*, 1949, p. 75.

conscience[453] pour fonder ses décisions. En l'espèce, dans la mesure où chacune des religions les plus pratiquées en France, est représentée et qu'un non croyant est présent, la neutralité et le pluralisme sont respectés. La part ainsi faite à la religion est justifiée par son impact culturel et social ; « la laïcité se trouve transformée : tout en continuant à désigner la séparation et la neutralité de l'Etat par rapport aux religions, elle ne l'empêche pas d'avoir des rapports positifs avec elles en tant que composantes de la société »[454]. D'autant que nombre de questions posées en bioéthique qui engagent des réflexions sur la vie, la mort, la personne humaine sont liées de tout temps à des conceptions et traditions religieuses.

287. La pluridisciplinarité et le pluralisme constituent certes des principes nécessaires mais insuffisants. Pour relever de la catégorie « comités d'éthique », il faut satisfaire l'exigence d'indépendance, condition *sine qua non* de la crédibilité et de la légitimité d'un comité. Comme en témoigne le cas du Comité directeur pour la bioéthique (CDBI), l'absence d'indépendance des membres empêche sa reconnaissance en tant que comité d'éthique[455]. L'exigence d'indépendance lui fait défaut car il est composé exclusivement de représentants des Etats, auprès desquels les membres du CDBI doivent rendre compte et suivre leurs instructions. Composé exclusivement de délégués gouvernementaux, le CDBI ne peut prétendre au titre de comité d'éthique bien qu'il constitue un organisme atypique en raison de sa composition pluridisciplinaire. Cet exemple pose de manière plus générale la question de l'existence d'organismes en marge des comités d'éthique, qui s'y apparentent, sans en remplir tous les critères. Cette proximité peut s'expliquer par le fait qu'ils traitent de questions éthiques mais dans une perspective non seulement éthique mais aussi politique. Dans cette optique, à l'UNESCO, le Comité international de bioéthique a été assisté en 1996 d'un comité d'experts gouvernementaux chargé de la

[453] CE, Avis du 27 nov. 1989, note J. Rivero, *RFDA*, 1990, p. 1, note, J-P. C., *AJDA*, 1990, p. 39.
CE, 2 nov. 1992, Kherouaa et autres, note P. Sabourin, *RDP*, 1993, p. 220 ; note G. Koubi, *D.*, 1993, p. 108 ; Cl. D. Kessler, *RFDA*, 1993, p. 112.
[454] M. Barbier, « Esquisse d'une théorie de la laïcité », *Le Débat*, n°77, nov. - déc. 1993, p. 73.
[455] N. Lenoir, B. Mathieu, *Les normes internationales de la bioéthique*, *op. cit.*, p. 35.

mise au point du projet de déclaration sur le génome humain[456]. La volonté d'assurer une représentation étatique s'est confirmée puisque les statuts du CIB adoptés en 1998 institutionnalisent le Comité intergouvernemental composé de 36 membres représentants des Etats membres de l'UNESCO. Sa composition est entourée des mêmes conditions que celle du CIB, c'est-à-dire, tenir compte de la diversité des cultures, d'une répartition géographique équitable et assurer une rotation appropriée. La compétence du CIB se trouve donc limitée par l'intervention de cet organe intergouvernemental qui détient un pouvoir d'examen[457] et un pouvoir conjoint[458]. Ainsi, le comité intergouvernemental semble exercer un contrôle à l'égard de la faisabilité politique des propositions du CIB.

288. En France, certains établissements publics créés par voie législative, par exemple : l'Etablissement français du sang, ou l'Agence de la biomédecine, relèvent de la catégorie de ces instances "hybrides" dans la mesure où elles ont la particularité d'emprunter une caractéristique des comités d'éthique : la pluridisciplinarité et où elles examinent des questions éthiques. Mais, leur composition non pluraliste, la tutelle qui s'exerce sur elles, et leur mission qui ne se borne pas à une activité de conseil et de réflexion sur les problèmes éthiques[459], ne répondent pas aux exigences permettant d'identifier les comités d'éthique.

289. L'indépendance d'un comité, vis à vis du pouvoir politique, économique, scientifique, est assurée, en partie, par un équilibre des intérêts en présence, mais elle dépend aussi de l'indépendance des membres. Or, leur mode de désignation à savoir la

---

[456] R. Charignon, I. Sera, (sd.) J. Dhommeaux, *Le comité international de bioéthique de l'UNESCO et le comité directeur pour la bioéthique du Conseil de l'Europe : instances productrices d'éthique ?*, CRJO, Université de Rennes I, oct. 1998, p. 48.

[457] Il est chargé d'examiner les avis et recommandations du CIB, d'informer le CIB de son point de vue, de soumettre ses avis au Directeur général chargé de les transmettre aux Etats membres, au Conseil exécutif et à la Conférence générale, et de faire des propositions sur la suite à donner aux avis et recommandations du CIB.

[458] La disposition transitoire des statuts du CIB prévoit l'organisation de session conjointe entre le CIB et le Comité intergouvernemental pour examiner notamment toute proposition d'amendement de la Déclaration universelle sur le génome humain et d'adoption de toute autre déclaration ou instrument international relevant des domaines de compétence du CIB.

[459] Etablissement français du sang : Art. L. 1222-1 CSP et sv. ; Agence de la biomédecine : Art. L. 1418-1 CSP et sv.

nomination est suspectée d'entraver leur indépendance. Les garanties qui entourent leur nomination et leur statut permettent de détourner ces soupçons. D'une part, les membres sont nommés *intuitu personae.* Ainsi les membres du CIB sont désignés *intuitu personae* par le Directeur général de l'UNSECO, les membres du groupe de conseillers sont désignés *intuitu personae* par le Président de la Commission européenne. Lors d'un entretien, Jean Pierre Chevènement, ancien ministre de la recherche, insistait sur l'indépendance de la réflexion au sein du CCNE, il considérait que « la désignation des membres du Comité national à titre personnel permet à ces membres d'être à l'abri des pressions politiques et de garder leur indépendance »[460]. En outre la diversité des autorités de nomination au CCNE constitue un facteur d'indépendance.

D'autre part, tous les membres des comités sont irrévocables, ce qui constitue une condition essentielle de leur indépendance.

Il n'en reste pas moins que le statut des membres est ambigu. En effet, ces personnalités sont certes choisies à titre personnel, mais aussi en qualité de médecins, chercheurs, philosophes, juristes... D'où la nécessité d'examiner s'ils sont nommés plus pour leur capacité d'expertise que pour leur vertu, la sagesse.

290. En conclusion, une distinction se dégage entre la composition des comités locaux de type pratique et la composition des comités nationaux et internationaux de type théorique, dans la mesure où le pluralisme ne constitue un principe fondamental qu'à l'échelle nationale et internationale parce que ces comités ont vocation à régir des questions de société impliquant des conflits de valeurs.

En revanche, les exigences d'indépendance et de pluridisciplinarité semblent ne tolérer aucune exception, elles sont les plus communément partagées entre tous les comités. Toutefois, pour assurer le respect de ces deux conditions au niveau local, il serait préférable de réserver l'appellation comité d'éthique, aux comités locaux habilités par les pouvoirs publics.

S'agissant du respect des principes de pluridisciplinarité et de pluralisme, il faut accepter la marge de manœuvre dont ils peuvent faire l'objet, signe « de la vitalité des comités et des sociétés dans lesquelles ceux-ci sont créés »[461] à condition bien sûr, qu'ils ne soient pas

---

[460] Entretien avec Jean-Pierre Chevènement, propos recueillis par M. Azoulai et P. Jouannet, *Autrement,* Ethique corps et âme, n°93, 1987, p. 72.

[461] M-L. Delfosse, Introduction de l'ouvrage *Les comités de la recherche biomédicale, op. cit.*, p. 17.

dénaturés. Ainsi, les manifestations du pluralisme peuvent recouvrir différentes formes. En revanche, l'appréciation du principe de pluridisciplinarité est plus délicate. Le nombre de membres issus du milieu médical et scientifique reste souvent prédominant au sein des comités, c'est pourquoi il faudrait exiger une diversité minimum pour que le principe soit effectif. La réglementation belge relative aux comités d'éthique locaux, prescrit dans le cadre de la pluridisciplinarité, la présence d'un seul membre extérieur au milieu médical, en l'espèce un juriste, dans cette hypothèse, le principe est vidé de sa portée.

b- Des principes ambigus

291. Le mode de composition des comités d'éthique laisse en suspens la question suivante : de qui les membres sont-ils les représentants ? Trois alternatives sont envisageables : soit, chaque membre représente la profession, la discipline ou le courant de pensée duquel il est issu, soit, chaque membre ne représente que lui-même, dans ce cas sa compétence ou son appartenance à une école de pensée est subsidiaire, soit, les membres pris dans leur ensemble représentent la société caractérisée par une spécialisation et une parcellisation des connaissances et par le pluralisme des valeurs.

292. Les auteurs en bioéthique s'accordent à reconnaître la nécessité d'une composition pluridisciplinaire et pluraliste des comités en raison de la complexité objective des questions soulevées qui requiert les éclairages de disciplines diverses et de la complexité de la société qui exige de rendre compte de la pluralité des systèmes de valeur[462]. La caractéristique de la bioéthique réside dans son caractère interdisciplinaire, selon Daniel Callahan, elle « constitue un champ interdisciplinaire dont la dimension purement éthique ne peut ni ne doit être isolée sans résidu des dimensions juridique, politique, psychologique ou sociale »[463]. L'enchevêtrement des intérêts et des valeurs en cette matière s'oppose à une résolution unilatérale des problèmes, « aucun individu ni aucun groupe ne dispose d'un monopole légitime de réponse »[464].

---

[462] G. Hottois, *Le paradigme bioéthique*, Bruxelles, De Boeck Université, coll. Sciences-éthiques-sociétés, p. 191.
[463] Cité in *Le droit des comités d'éthique*, C. Byk, G. Mémeteau, *op. cit.*, p. 41.
[464] G. Hottois, *Le paradigme bioéthique*, *op. cit.*, p. 183.

α- Ethique, sagesse et expertise

293. La légitimité des comités est ainsi censée reposer sur leur faculté à remédier d'une part à l'éclatement du savoir et d'autre part à la perte de valeurs communes au sein de la société.

294. Face à la spécialisation et à l'interaction croissante des connaissances, les vertus de l'interdisciplinarité ne cessent d'être louées. Désormais « l'interdisciplinarité s'impose comme une exigence éthique du savoir », dans la mesure où « les éléments du savoir n'ont de sens que par les relations mutuelles qu'ils entretiennent entre eux », à cet effet, l'interdisciplinarité doit remédier à l'esprit aveugle du spécialiste, oublieux des buts de la vie humaine[465]. L'interdisciplinarité ouvre la voie à un développement cohérent et harmonieux du savoir car « l'interdisciplinarité oblige le savant à prêter attention au souci du penseur, aux inquiétudes du sociologue, aux interrogations du citoyen. Elle est donc l'occasion de mettre en œuvre une réflexion à la mesure des savoirs décisifs, mais dispersés, que la cité savante ne cesse de produire et d'accumuler »[466].

Incontestablement, la composition des comités dénote une ouverture par ailleurs justifiée par la nature de l'éthique : « l'éthique étant une réflexion holiste sur l'être humain, elle ne saurait relever d'un seul domaine, qu'il soit scientifique, juridique, philosophique ou autre ; elle se situe nécessairement aux carrefours de tous ces domaines »[467]. Par conséquent, les termes : expert et éthique, semblent antinomiques, et pourtant la notion d'éthicien ou de bioéthicien particulièrement prisée Outre Atlantique laisse penser le contraire.

La question des rapports entre expert et éthique doit être abordée sous deux facettes ; l'une concernant la notion d'expert en éthique et l'autre concernant la qualité des membres composant les comités d'éthique : sages ou experts ?

295. Cette question suppose un travail préliminaire de définition de l'expert et de la situation d'expertise. La situation d'expertise implique l'appel à un savoir spécialisé pour aider à trancher

---

465 J-P. Resweber, *La méthode interdisciplinaire,* Paris, PUF, coll. Croisées, 1981, p. 17.

466 F. Mayor, directeur général de l'UNESCO, préface *Entre savoirs. L'interdisciplinarité en acte : enjeux, obstacles, perspectives,* E. Portella (sd.), Toulouse, Ed. Erès, 1992, p. 13.

467 S. Le Bris, *Les instances nationales d'éthique,* Strasbourg, Ed. du Conseil de l'Europe, 1993, p. 10.

une situation problématique[468]. Dans ce cadre, l'expert est défini comme un individu ou un groupe d'individus qui a la particularité d'être doté d'une double légitimité[469]. Il tire sa légitimité à la fois de l'autorité qui le mandate et de la compétence qui lui est reconnue. Son activité consiste à éclairer le commanditaire[470], par divers moyens : examens, constats, évaluations, appréciations... en vue d'une prise de décision. Il ne fournit que des informations, sachant que la responsabilité de la prise de décision incombe à l'instance qui l'a mandaté. En outre, l'expert est caractérisé par son indépendance, sa neutralité, son caractère apolitique[471].

A cet égard les comités d'éthique correspondent à la situation d'expertise puisqu'ils traitent de questions problématiques en ayant recours à des savoirs spécialisés. Ils sont *a priori* composés d'experts puisque les membres sont choisis en fonction de leur compétence, en tant que médecin, juriste, sociologue, théologien...

Or, l'ambiguïté naît du fait qu'ils sont censés se détacher de l'appartenance à leur groupe pour se prononcer en tant qu'individu, et c'est sans doute une telle faculté que l'on attend de la personne du « sage ».

296. L'aptitude à prendre position en matière éthique caractérise le « sage» et non l'expert alors même qu'ils exercent des fonctions analogues : éclairer, informer, conseiller et qu'ils présentent des caractéristiques similaires telles que l'indépendance. Ce qui les distingue, c'est le champ d'exercice de leur compétence, dans un cas il s'agit de traiter, d'analyser des données objectives, dans l'autre de traiter de conflits de valeurs, des problèmes éthiques. Dans cette hypothèse, « l'expert n'est plus expert mais « sage » »[472]. L'expert, à la différence du « sage », exerce une compétence exclusivement technique ou

[468] C. Restier-Melleray, « Experts et expertise scientifique », *RFSP,* 1990, p. 546 ; R. Castel, « Savoirs d'expertise et production de normes », in *Normes juridiques et régulation sociale,* F. Chazel et J. Commaille (sd.), Paris, LGDJ, coll. Droit et société, 1991, p. 177.

[469] L. Sfez, « Science et pouvoir : la question des experts », in *Système et paradoxe, Hommage à Y. Barel,* Paris, Seuil, 1993, p. 169.

[470] C. Restier-Melleray, « Experts et expertise scientifique », *op. cit.*

[471] C. Restier-Melleray, *ibid.* ; L. Sfez, « Science et pouvoir : la question des experts », *op. cit.*

[472] L. Sfez, *ibid.*

scientifique[473]. Confondre la personne du sage avec celle de l'expert serait confondre science et éthique[474], connaissance et jugement de valeurs, faits et finalités. Pourtant la pluridisciplinarité et le pluralisme favorisent la représentation des spécialistes dans les comités, qu'ils soient médecins, juristes, ou sociologues. Les membres des comités sont donc amenés à dépasser leur qualité d'expert pour se prononcer en sage, c'est-à-dire à prendre position à titre personnel et en toute indépendance. Ils portent la double casquette d'expert et de sage. « La nature éthique des questions exige que chaque individu réponde en conscience et non en appliquant des consignes, chaque membre n'engage et ne représente que lui-même »[475]. Ainsi, lors de l'installation officielle du CCNE, le Président de la République François Mitterand a souligné dans son allocution que « (...) les membres du comité ne doivent pas se considérer comme les représentants de quelques groupes constitués »[476]. Par ailleurs, les membres du comité se défendent d'être des experts ou des spécialistes, de même qu'ils rejettent l'idée d'une éthique technicienne[477]. Sagesse et indépendance vont de pair, la vertu du sage tient à son indépendance, en tant qu'il est détaché des contraintes de l'intérêt, de l'influence et du pouvoir[478]. Son opinion n'est ni soumise ni dépendante[479]. C'est pourquoi les membres du comité consultatif national d'éthique affirment qu' « il n'y a aucun enjeu de pouvoir. Les gens sont vraiment indépendants » ou encore que « les gens sont vraiment là à titre individuel. Ils ne sont pas là comme porte-parole ou experts de leur domaine professionnel... En fait ce sont les personnes qui comptent ici plus que les groupes »[480].

---

[473] M. Bachir, *Sagesse et politique. L'impact des comités de sages sur les modes d'action et de légitimation politiques,* thèse de Doctorat de Science politique soutenue le 26 janvier 1994, dactylographiée.

[474] L. Ferry, « Tradition ou argumentation ? », *Pouvoirs,* n°56, 1991, p. 5.

[475] G. Hottois, « Demande et refus d'un contrôle éthique de la science », in *Contrôler la science ?,* M. Moulin (sd.), Bruxelles, De Boeck université, 1990, p. 112.

[476] Allocution du Président de la République française, lors de la mise en place du Comité consultatif national d'éthique pour les sciences de la vie et de la santé, 2 déc. 1983, in *Rapport du Comité consultatif national d'éthique 1984,* Paris, La doc. Française, 1985, p. 13.

[477] M. Bachir, « Le Comité consultatif national d'éthique dans l'espace public », *Quaderni,* n°29, 1996, p. 91.

[478] E. Pisier, « La prudence et les sages », in *Une prudence moderne ?,* P. Raynaud et S. Rials (sd.), Paris, PUF, coll. Politique d'aujourd'hui, 1992, p. 125.

[479] *Ibid.*

[480] Cité par M. Bachir, in « Le Comité consultatif national d'éthique dans l'espace public », *Quaderni, op. cit.*, p. 96.

Finalement, puisque les membres sont nommés à titre personnel mais aussi pour leur représentativité, il est plus réaliste de penser qu'ils tiennent un double discours : celui du je, de la croyance personnelle et de la représentation de soi et celui du nous, de la fonction sociale et de l'ambition à représenter le groupe et à parler en son nom, ce qui a pu être constaté lors du colloque Génétique, procréation et droit[481].

297. En conclusion, les comités d'éthique sont des comités de sages et non des comités d'experts dont ils se distinguent non par la qualité de leurs membres mais par leur domaine d'intervention : l'éthique, mais aussi par leurs destinataires : l'activité des sages est en effet plus tournée vers l'opinion publique que celle des experts[482]. Enfin, la sagesse, à la différence de l'expertise, n'est pas une profession, les membres des comités ne sont pas rémunérés.

298. S'agissant de la notion d'expert en éthique, il faut signaler que les dangers de l'expertise ou de la professionnalisation de l'éthique[483] sont souvent dénoncés, hormis Outre Atlantique, où cette professionnalisation n'est pas récusée.

Si l'éthique peut faire l'objet d'une formation, d'un enseignement, en revanche, elle serait dévoyée si elle faisait l'objet d'une appropriation[484], puisque l'éthique est affaire de jugement. Dès lors la faculté d'exercer un jugement éthique est indépendante de la détention d'un savoir[485]. « Le fait de savoir ce qui est ne détermine en rien ce qui doit être »[486]. Ceux qui s'opposent à la notion d'éthicien font valoir qu'en éthique, personne ne peut prétendre être détenteur d'un savoir exclusif[487]. Car il n'y a pas de compétence éthique distincte mais seulement la faculté d'adopter un point de vue éthique[488].

Or l'idée d'expert en éthique suppose l'existence d'une compétence éthique ce qui est particulièrement floue : soit, elle est associée à la compétence professionnelle, soit aux qualités personnelles telles que l'écoute, l'empathie… soit à la détention de connaissances en

---

481 D. Memmi, « Savants et maîtres à penser. La fabrication d'une morale de la procréation artificielle », *ARSS*, Droit et expertise, 1989, n°76-77, p. 82.
482 D. Schnapper, « Défense et illustration des « sages » », *Pouvoirs*, n°52, 1990, p. 101.
483 H. Atlan, « Comités d'éthique et démocratie », *Raison présente*, n°105, 1993, p. 149.
484 G. Durand, *Introduction générale à la bioéthique, op. cit.*, p. 523 et sv.
485 R. Thomas, « Bioéthique et démocratie », *JIB*, vol. 5, n°1, 1994, p. 11.
486 L. Ferry, « Tradition ou argumentation ? », *Pouvoirs*, *op. cit.*, p. 17.
487 H. Doucet, *Au pays de la bioéthique. L'éthique biomédicale aux Etats-Unis*, Genève, Ed. Labor et Fides, coll. Le champ de l'éthique, 1996, p. 184 et sv.
488 J-P. Harpes, « Bioéthique, éthique et morale », *JIB*, vol. 11, n°3-4-5, 2000, p. 37.

éthique (connaissances des théories morales et des méthodes analytiques).

Au cours de la Conférence permanente des comités européens d'éthique à Stockholm, la problématique de l'expert en éthique a été posée[489]. Le philosophe Göran Hermerén a identifié un sens fort et un sens faible de l'expert en éthique. Au sens fort c'est « une personne qui sait ce qui est juste ou peut décider ce qui est juste concernant un problème éthique particulier... ». Au sens faible, c'est une « personne qui, par sa formation professionnelle et ses études, a acquis une compétence particulière en éthique, c'est-à-dire qui est familiarisée avec les concepts fondamentaux, les traditions fondamentales en éthique, qui a acquis une certaine capacité analytique et critique » ce qui nécessite certaines qualités : disposer d'un esprit communicatif, critique, logique, être à l'écoute, avoir de la compassion.

L'idée d'expert en éthique n'est acceptable qu'au sens faible. Le sens fort doit être rejeté car il sous-tend qu'une élite puisse résoudre sans erreur un problème éthique ce qui est incompatible avec le fait que la résolution des dilemmes éthiques n'exige que des qualités accessibles à toute personne[490]. L'éthicien n'est pas doué d'une certaine expertise morale qui va au-delà de la capacité morale commune[491]. Dès lors, il est inadmissible de dessaisir les individus de leur capacité à porter leur propre jugement. Le concept d'un spécialiste en éthique doit être précisément circonscrit, au sens de spécialiste doté d'une compétence pour analyser, discuter, trouver les meilleurs arguments, qui permettront aux agents moraux de décider par et pour eux-mêmes.

β- L'ambition d'une représentativité démocratique

299. En ce qui concerne la représentativité des comités par rapport à la société, il semble que les comités ne peuvent prétendre être médiateurs de la société civile que s'ils représentent la diversité et l'opposition des valeurs morales qui règnent au sein de la société. Ces arguments assoient la légitimité des comités sur leur capacité à représenter la société ; à ce titre ils se voient attribuer le qualificatif

[489] M. A. M. de Wachter, « Bioéthique et pluridisciplinarité : discours parallèles ou vrai dialogue ? », *JIB*, vol. 11, n°3-4-5, 2000, p. 219.
[490] H. Doucet, *Au pays de la bioéthique*, *op. cit.*, p. 185.
[491] Y. Lajeunesse, L. K. Sosoe, *Bioéthique et culture démocratique,* Montréal – Paris, Ed. Harmattan, 1996, p. 213 et sv.

démocratique qui hormis sa connotation méliorative ne brille pas par sa clarté.

300. La composition pluridisciplinaire et pluraliste des comités d'éthique est perçue comme un gage de fonctionnement démocratique des comités. Selon la doctrine, un comité d'éthique largement constitué, composé de professionnels et de profanes, est plus apte à faciliter un processus démocratique d'analyse[492]. L'ouverture du champ de l'éthique à d'autres intervenants que les médecins revêt ainsi un caractère démocratique : « l'expansion de l'éthique médicale vers d'autres disciplines qui, en retour et par convergence, mènent à une éthique de caractère « démocratique » »[493]. Seule une composition pluraliste et pluridisciplinaire permet d'assurer la démocratie au sein des comités[494]. L'enjeu d'une telle composition concerne la démocratie interne des comités, qu'il faut distinguer d'une autre question, celle de la légitimité des comités d'éthique dans la démocratie.

301. Que faut-il entendre par démocratie en éthique ? Force est de constater que la signification fait l'objet d'interprétations variées. Pour certains, elle est entendue au sens de « partage général du savoir »[495], pour d'autres, au sens de la liberté d'expression des conflits[496]. Dans ces deux sens, effectivement, la pluridisciplinarité et le pluralisme garantissent la démocratie à l'intérieur des comités dans la mesure où ils favorisent le débat et la confrontation d'opinions, de sorte qu'ils satisfont au principe du contradictoire. Une telle démarche est conforme à l'essence même de l'éthique, au sens où l'éthique est plurielle. L'éthique sans divergence présenterait le risque d'aboutir à une morale d'Etat[497].

---

[492] J. E. Fleetwood, R. M. Arnold, R. J. Baron, « Giving answers or raising questions ? : the problematic role of institutional ethics committees », *Journal of medical ethics,* vol. 15, n°3, 1989, p. 137.

[493] M. A. M. de Wachter, « Origine et nature de la bioéthique », in *Bioéthique : de l'éthique au droit, du droit à l'éthique*, Zurich, Publication de l'institut suisse de droit comparé, 1997, p. 238.

[494] G. Braibant, « Comités d'éthique et démocratie », *Raison présente,* n°105, 1993, p. 161.

[495] A. Langaney, « Comités d'éthique et démocratie », *Raison présente,* n°105, 1993, p. 169.

[496] R. Castel, « Savoirs d'expertise et production de normes », in *Normes juridiques et régulation sociale,* F. Chazel et J. Commaille (sd.), Paris, LGDJ, coll. Droit et société, 1991, p. 188. Une « structure qui laisse place à l'expression des conflits et à la négociation est d'orientation démocratique ».

[497] L. Sève, *Recherche biomédicale et respect de la personne humaine,* Paris, La doc. fr., 1988, p. 12.

Finalement, le recours à la notion de démocratie ou à l'adjectif démocratique est contestable, ou du moins inapproprié puisqu'il conduit à dénaturer le concept politique pour lui conférer une acception dans le domaine éthique qui s'avère inutile car redondante.

302. La légitimité des sages, fondée sur l'indépendance, la pluridisciplinarité et le pluralisme, soulève des objections au regard de la légitimité démocratique fondée sur l'élection, le caractère général et collectif du mandat représentatif, et le primat de la volonté générale. Les membres des comités de sages sont nommés, leur composition est élitiste puisqu'ils sont désignés en raison de leur savoir - rares sont les comités d'éthique où les citoyens sont appelés à siéger - et leur représentativité est axée sur la pluralité et la diversité. Pourtant l'institutionnalisation des comités de sages donne lieu à des analyses divergentes, si certains y voient un pervertissement de la démocratie, d'autres y voient le signe d'une démocratie repensée, rénovée[498] répondant à « la définition moderne de la démocratie, comme participative et contradictoire »[499]. Car « un projet de démocratie plurielle exige de rendre compte des différences, des particularités, du multiple, de l'hétérogène, c'est-à-dire de tout ce qui est exclu par l'homme abstrait »[500]. A ce titre, les comités d'éthique semblent satisfaire au concept de démocratie délibérative prôné par Habermas, dans la mesure où ils tiennent compte de l'exigence de pluralisme, et où leur démarche est fondée sur la discussion[501]. Les comités seraient les acteurs du débat public et en tant que tels favoriseraient une délibération démocratiquement conduite à condition que leurs avis soient argumentés et justifiés[502].

Mais aussi pluridisciplinaire et pluraliste que soit la composition d'un comité national, ces principes n'impliquent ni ne garantissent que la société y est représentée[503] puisque les citoyens ne participent ni à la désignation des membres ni aux débats. La représentativité des comités ne présente rien de commun avec la représentation politique, ce n'est pas

---

498 M. Bachir, *op. cit.*

499 L. Cohen-Tanugi, *La métamorphose de la démocratie,* Paris, Ed. Odile Jacob, 1989, p. 182.

500 C. Mouffe, *Le politique et ses enjeux. Pour une démocratie plurielle,* Paris, La Découverte - MAUSS, 1994, p. 32.

501 *Cf. infra* n°400 et sv.

502 M. Canto-Sperber, *L'inquiétude morale et la vie humaine,* Paris, PUF, 2001, p. 132 et sv.

503 L. Gavarini, « Le nouveau jeu de lois », in *Autrement,* Le défi bioéthique, série Mutations, n°120, 1991, p. 148.

« l'homme dans son unité et son universalité... c'est-à-dire le citoyen »[504] qui est représenté mais une multiplicité de groupes d'intérêts.

Par ailleurs, les sages sont conscients de souffrir d'un déficit de légitimité qu'ils tentent de compenser par leur propre politique de légitimation[505] basée non pas tant sur leur composition que sur leur mission en tant que promoteurs du débat démocratique.

B/ Les principes relatifs à la mission des comités

303. Les comités d'éthique sont définis comme organes consultatifs[506] ; ils constituent des lieux de réflexion, de rencontre, de discussion conformément à la nature de l'éthique qui est dialectique. Tout autre statut serait impossible à concilier avec une mission éthique[507], car l'éthique ne se décrète pas[508], elle ne peut que proposer. Or l'institutionnalisation des comités présente le risque de conduire à une morale officielle dont l'élaboration serait réservée à des spécialistes alors que chaque citoyen doit participer à l'éthique. L'éthique est une responsabilité qui incombe à chaque être humain, « chacun est sujet éthique, agent moral. Nous sommes tous et chacun convoqués à l'éthique »[509].

304. C'est pourquoi les comités doivent diffuser auprès des citoyens « une information élaborée dans ses aspects problématiques d'une façon pluraliste et pluridisciplinaire »[510] pour éclairer leur jugement. La démocratie passe d'abord par un droit des citoyens à l'information, les questions bioéthiques doivent faire l'objet d'une information pour que le citoyen puisse exercer un libre jugement. Le rôle des comités consiste à susciter le débat et non à le clore, dès lors ce qui mérite d'être porté à l'attention du public, ce ne sont pas les conclusions

---

[504] M. Clapié, « Demandeurs et émetteurs d'avis », in *L'inflation des avis en droit,* T. Revet (sd.), Paris, Economica, 1998, p. 33.

[505] M. Bachir, *op. cit.*

[506] A. Langlois, « Comités d'éthique », in *Dictionnaire d'éthique et de philosophie morale*, *op. cit.*

[507] C. Ambroselli, « Comité d'éthique : histoire d'un défi », *Autrement,* Le défi bioéthique. La médecine entre l'espoir et la crainte, série Mutations, n°120, 1991, p. 96.

[508] S. Le Bris, *Les instances nationales d'éthique, op. cit.*, p. 7.

[509] G. Durand, *Introduction générale à la bioéthique*, *op. cit.*, p. 108 et 546.

[510] G. Hottois, « Demande et refus d'un contrôle éthique de la science », *op. cit.*, p. 113.

ou les solutions qu'ils tirent mais la réflexion et l'argumentation qu'ils produisent[511].

1- Missions de consultation et de réflexion

305. Les comités présentent la caractéristique commune d'exercer une mission de consultation et de réflexion soit dans le cadre de la relation individuelle médecin - patient, soit à destination des citoyens et des autorités politiques. La légitimité de leur intervention dérive de leur rôle exclusivement consultatif. Comme les experts, les comités offrent exclusivement une aide à la décision, ils jouent un rôle d'éclaireurs, mais la prise de décision leur échappe.

a- Les comités locaux d'éthique clinique et d'éthique de la recherche

306. Les comités d'éthique clinique remplissent une fonction de consultation et de réflexion à deux niveaux, au niveau de la relation médecin - patient quand ils sont saisis d'un cas individuel posant des problèmes éthiques difficiles et au niveau de la politique de l'hôpital lorsqu'ils proposent des lignes de conduite relatives au maintien en vie, au traitement de la douleur, ou à l'information du patient… Leur mission se borne dans les deux cas à une activité de conseil, leur « rôle doit être simplement d'éclairer, de faire réfléchir, de fournir un forum de discussion et non de décider au lieu et place du professionnel »[512]. Les comités cliniques fournissent une aide à la décision, ils ne doivent donc pas se substituer au professionnel auquel incombe la prise de décision.

Même si la décision relève en dernier ressort du praticien, il n'en reste pas moins que l'intervention d'un tiers dans la relation médecin - patient constitue une entrave au colloque singulier fondé sur une relation de confiance à caractère personnel et confidentiel qu'entretiennent le patient et le médecin. L'intrusion d'un comité d'éthique dans la relation thérapeutique est susceptible de porter atteinte aux principes de la Charte médicale comprenant le principe de liberté thérapeutique, du secret médical et du libre choix du médecin par le malade, destinés à protéger le colloque singulier. Ces principes interdisent une quelconque délégation du pouvoir de décision aux comités d'éthique hospitaliers. La légitimité des comités au sein des hôpitaux tient à leur mission consultative « les

[511] O. Guillod, « Les comités nationaux d'éthique », *op. cit.*, p. 257.
[512] Propos de J-L. Baudouin, cité in *Le droit des comités d'éthique*, C. Byk, G. Mémeteau, *op. cit.*, p. 229.

avis ne doivent être qu'une présentation d'argumentation sur un problème éthique donné », « les comités d'éthique ne peuvent trouver leur grandeur que dans l'absence d'autorité de leur avis »[513]. Par ailleurs, les membres des comités locaux se félicitent du rôle exclusivement consultatif des comités[514].

Il ne faut pas attendre d'un comité d'éthique clinique qu'il apporte la « bonne réponse » face à un problème éthique mais qu'il rende compte des ambivalences et des incertitudes qui rendent la décision difficile[515] ce qui évite la déresponsabilisation du médecin. Ce qui est important dans le raisonnement éthique c'est le procédé, le processus, la méthode utilisés pour arriver à une conclusion. La richesse des comités consiste à exposer la diversité des points de vue, et ainsi à inviter le médecin à analyser de façon critique les différentes alternatives[516]. En outre, le comité peut apprécier la situation de manière plus indépendante et objective en étant à distance de la crise[517].

307. Les comités d'éthique de la recherche remplissent une mission d'évaluation à la fois scientifique et éthique des protocoles de recherche, préalablement à la conduite d'une expérimentation sur l'être humain. A la suite de quoi, ils rendent un avis favorable, défavorable ou encore conditionnel. Ces avis consultatifs ne sont pour autant pas dépourvus d'effets. Un avis défavorable peut entraîner le refus de subvention ou de publication de la recherche. En France, la réforme introduite en 2004[518] a renforcé le poids des avis défavorables. Sous l'empire de la loi de 1988[519], un avis défavorable entrainait la suspension automatique de la mise en œuvre de la recherche durant un délai de deux mois. Désormais, l'avis défavorable fait obstacle à la conduite de la

---

[513] B. Feuillet-Le Mintier, « Le devenir des comités régionaux d'éthique », *JIB*, vol. 10, n°5, 1999, p. 65.

[514] *Cf.*, citations reproduites in *Le droit des comités d'éthique*, *op. cit.*, p. 51.

[515] R. Gillon, « Clinical ethics committees - pros and cons », *Journal of medical ethics*, vol. 23, n°4, 1997, p. 203.

[516] J. E. Fleetwood, R. M. Arnold, R. J. Baron, « Giving answers or raising questions ? : the problematic role of institutional ethics committees », *Journal of medical ethics*, vol. 15, n°3, 1989, p. 137.

[517] A. M. De Wachter, « Some troubling issues in bioethics », in *La responsabilité éthique face au développement biomédical*, Louvain-la Neuve, Ed. CIACO, coll. Catalyses, 1987, p. 185.

[518] Loi n°2004-806 du 9 août 2004 relative à la politique de santé publique, Art. L. 1121-4 CSP.

[519] Loi n°88-1138 du 20 décembre 1988 relative à la protection des personnes se prêtant à des recherches biomédicales, *op. cit.*

recherche. Dans certains cas, l'avis d'un comité local peut faire l'objet d'un appel devant un comité national de la recherche. Une telle hiérarchie existe au Danemark, où le comité national est une instance d'appel, par ailleurs compétente pour examiner les protocoles concernant des essais multicentriques menés à l'échelle nationale, et pour les protocoles qui posent de nouveaux ou de graves problèmes éthiques[520]. Cette organisation pyramidale présente l'avantage d'assurer un examen standardisé et moins arbitraire des protocoles, mais reconnaître la possibilité d'appel auprès d'un comité national, l'érige en juridiction de l'éthique ce qui contrevient à l'essence même de l'éthique. Le Conseil d'Etat dans son rapport : *Sciences de la vie, de l'éthique au droit,* s'est élevé contre une telle procédure. « Le comité national d'éthique n'est pas une juridiction ; c'est une instance d'avis et il doit le demeurer, car l'éthique, si elle inspire jurisprudence et droit, n'est ni l'une ni l'autre »[521].

b- Les comités nationaux et internationaux

308. Ces comités ne traitent pas en principe de cas d'espèce, ils mènent des réflexions générales sur des avancées scientifiques posant des problèmes éthiques, des conflits de valeurs à l'échelle de la société. Ils rendent leurs conclusions sous forme d'avis ou de recommandations.

309. Ainsi le *Nuffield Council on Bioethics* en Grande-Bretagne est investi de la mission d'identifier et d'étudier les questions éthiques soulevées par les avancées de la recherche biologique et médicale, et d'élaborer un rapport sur ces questions. Il est précisé que le comité doit agir exclusivement en tant qu'organe consultatif[522]. L'actuel comité américain est chargé d'une mission consultative auprès du Président dont le mandat est large puisqu'il s'agit de délivrer des conseils relatifs aux problèmes biomédicaux engendrés par les progrès technologiques et scientifiques. Outre cette mission consultative, sa fonction consiste à entreprendre une recherche sur les répercussions du développement des sciences biomédicales et comportementales et de la technologie sur l'humain et sur la morale. Le comité national belge est doté d'une compétence d'avis « sur les problèmes soulevés par la recherche et ses

---

[520] F. P. Crawley, « Ethical review committees : local, institutional and international experiences », *JIB,* vol. 10, n°5, 1999, p. 25.

[521] Etude du Conseil d'Etat, *Sciences de la vie, de l'éthique au droit,* Paris, la doc. fr., 1988, p. 115.

[522] Annual report, 1991-92.

applications dans les domaines de la biologie, de la médecine et de la santé, que ces problèmes concernent l'homme, des groupes sociaux ou la société toute entière. Ces problèmes sont examinés sous leurs aspects éthiques, sociaux et juridiques, en particulier sous ceux du respect des droits de l'homme. »[523]. Dans son intervention, lors de l'installation officielle du comité, le ministre de la justice a souligné que « le seul pouvoir de ce dernier est celui que lui donnera la sagesse de ses avis ». Le comité national allemand a aussi reçu mandat de rendre des avis sur les questions éthiques soulevées par les nouveaux développements dans le domaine des sciences de la vie et sur les conséquences qu'ils peuvent avoir pour l'individu et la société[524].

310. La mission du Comité consultatif national d'éthique français (CCNE) aux termes de la loi du 6 août 2004 relative à la bioéthique, consiste à « donner des avis sur les problèmes éthiques et les questions de société soulevés par les progrès de la connaissance dans les domaines de la biologie, de la médecine et de la santé ». La loi prévoit qu'il peut publier des recommandations sur les sujets relevant de sa compétence. L'introduction du terme recommandation datant de la loi du 23 juillet 1994 ne modifie pas la fonction consultative du comité, car les avis comme les recommandations sont l'expression d'opinion, de proposition non contraignante[525] ; même si la recommandation est présentée comme une invitation à agir dans un sens déterminé plus pressante que l'avis, il n'en demeure pas moins qu'elle est dépourvue de caractère contraignant.

Les membres du CCNE revendiquent le caractère exclusivement consultatif du comité. Pour le Professeur Jean Bernard, ancien Président du comité, « le comité n'est pas responsable des conduites gouvernementales, il donne un avis moral que les gouvernements suivent ou ne suivent pas »[526], « nous n'avons aucun pouvoir : là est notre grandeur, aucun pouvoir que celui tout moral que peut nous apporter la sagesse éventuelle de nos avis ». Lucien Sève considère, quant à lui, que la démarche du comité « relève de la conscience morale et ne se subordonne qu'à elle. Consultatif par définition, il n'entend exercer

[523] *JIB*, vol. 9, n°3, 1998, p. 99.

[524] Site du comité national allemand : http://www.ethikrat.org.

[525] T. Revet, Rapport introductif, in *L'inflation des avis en droit*, T. Revet (sd.), Paris, Economica, 1998, p. 1.

[526] CCNE, *Rapport Ethique et recherche biomédicale 1986*, Paris, La doc. fr., 1987, p. 231.

aucun pouvoir si ce n'est le pouvoir moral que peut lui conférer la qualité éventuelle de ses avis »[527]. Et, selon Jean Michaud, le comité « n'ordonne, ni ne prescrit, ni n'oblige »[528]. Dès l'instauration du comité, lors de son installation officielle, le Président de la République avait souligné ce caractère consultatif « face au développement si rapide de la recherche, il devenait nécessaire d'imaginer des mécanismes et des structures qui ne soient pas contraignants »[529]. Le Premier Ministre, Laurent Fabius, a rappelé que « Les avis du comité sont consultatifs. C'est me semble t-il la meilleure sauvegarde de leur crédibilité, (...) vous n'êtes pas des prophètes de l'ordre moral »[530].

311. Les comités internationaux sont aussi investis d'une mission consultative, les statuts du CIB lui donnent mandat pour émettre des avis et recommandations ; et le Groupe européen d'éthique des sciences et des nouvelles technologies est chargé de donner des avis à la Commission sur toutes les questions éthiques relatives à son champ d'intervention.

2- Missions d'information et d'animation

312. La mission d'information et d'animation est « la tâche propre, spécifique, d'un comité national d'éthique »[531], qui doit promouvoir le débat démocratique sur les questions bioéthiques alors que les comités d'éthique locaux ne sont pas investis d'une mission d'information du public.

Puisque l'éthique ne se délègue pas, elle ne saurait être réservée à un cénacle, fut-il composé de personnalités éminentes, c'est pourquoi le rôle des comités nationaux consiste à diffuser l'information afin de stimuler le débat public.

a- Les moyens d'information

313. Le CCNE est chargé d'une mission d'information qu'il exerce par l'intermédiaire de publications et par l'organisation de conférences. Le décret fondateur du CCNE était muet sur la publication

---

[527] L. Sève, *Recherche biomédicale et respect de la personne humaine*, *op. cit.*, p. 66.
[528] in *Rapport de la Cour de Cassation 1988*, Paris, La doc. fr., 1989, p. 41.
[529] CCNE, *Rapport Ethique et recherche biomédicale 1984*, Paris, La doc. fr., 1985, p. 13.
[530] Allocution du Premier ministre Laurent Fabius, in *Ethique et recherche biomédicale*, Rapport du CCNE 1985, Paris, La doc. fr., 1986.
[531] O. Guillod, « Les comités nationaux d'éthique », *op. cit.*, p. 257.

des avis. La loi n°94-654 du 29 juillet 1994 a chargé le comité de publier des recommandations. En pratique, le CCNE a toujours assuré la diffusion de ses avis et le rapport annuel qu'il doit élaborer est rendu public[532]. En outre, l'information sur les questions bioéthiques circule par le biais du centre de documentation et d'information en éthique, rattaché à l'INSERM et mis à disposition du CCNE. D'autre part, le CCNE a pour mission d'organiser des conférences annuelles dont l'objectif est de débattre publiquement de sujets abordés par le comité. De sa propre initiative, le comité organise aussi des journées régionales. En plus de ces journées, la loi relative à la bioéthique a créé des espaces de réflexion éthique destinés à faciliter les échanges interdisciplinaires au niveau régional ou interrégional. Ces espaces ont pour mission de participer à l'organisation de débats publics pour promouvoir l'information et la consultation des citoyens sur les questions bioéthiques[533].

314. La mission du *Nuffield Council on Bioethics* se place aussi dans la perspective de promouvoir l'information du public et le débat sur les questions bioéthiques, c'est pourquoi ses rapports sont publiés. Il procède à des consultations avant de rendre le rapport final. Au stade des groupes de travail, un rapport est diffusé et le comité invite les institutions concernées à la fois professionnelles et profanes ainsi que le public à intervenir. Ainsi, le rapport final est établi à la lumière des résultats de la consultation.

315. Le comité national belge[534] est investi d'une mission d'information du public, du gouvernement, du parlement, des conseils communautaires, par l'accord de coopération instituant le comité consultatif de bioéthique. A cette fin, il assure la tenue d'un centre de documentation, et il doit organiser des conférences bisannuelles « sur les problèmes d'éthique de la vie et de la santé, au cours de laquelle les questions importantes qui s'y rapportent sont abordées publiquement ».

316. Le comité danois est sans doute le plus impliqué dans la mission d'information du public, ce qui lui a valu d'être qualifié de comité populiste. Il déploie de multiples moyens d'information à destination du public. Outre la publication d'un rapport annuel, il organise des conférences, des débats publics, des consultations, des

[532] Art. L. 1412-3 CSP.
[533] Art. L. 1412-6 CSP.
[534] Mandat in *JIB*, n°3, vol. 9, 1998, p. 99.

présentations de films, des programmes à la télévision[535] et il mène des actions éducatives en élaborant du matériel pédagogique et des documents destinés aux écoles pour sensibiliser les élèves aux enjeux de la bioéthique. Selon, le président du comité, il ne faut pas considérer « notre Conseil d'éthique comme un tribunal portant des jugements sur les questions éthiques. Je pense que nous devrions avant tout le considérer comme un organe capable de produire une argumentation solide qui ait une portée éthique mais qui soit avant tout matière à plus ample discussion de la part du grand public et entre les décideurs politiques »[536].

317. La mission du comité national allemand insiste sur l'importance de la diffusion des travaux du comité auprès du public et de la participation du public au débat[537]. De même, la mission du nouveau comité américain est particulièrement tournée vers le public, à cette fin le comité doit promouvoir un forum de discussion nationale sur les problèmes bioéthiques, et il doit favoriser une plus grande compréhension de ces problèmes[538].

318. Au niveau international, le CIB est chargé par ses statuts de promouvoir la réflexion, l'échange d'idées et d'informations dans le domaine des sciences de la vie, et d'encourager les actions de sensibilisation de l'opinion, des milieux spécialisés et des décideurs publics et privés. Le mandat du groupe européen datant du 11 mai 2005 envisage comme méthode de travail la possibilité d'organiser des tables rondes publiques afin d'encourager le dialogue et améliorer la transparence.

b- Le public, récepteur de l'information ou acteur de la discussion ?

319. A l'occasion des Journées annuelles d'éthique, organisées par le CCNE, les membres du comité parlent « d'un échange à double sens avec la société », de « l'établissement d'un véritable dialogue », « tout citoyen a une opinion qui mérite d'être exprimée ». « Donner la

[535] S. Le Bris, *Les instances nationales d'éthique*, *op. cit.*, p. 59.

[536] Lars Nordskov Nielsen, Président du Conseil d'éthique danois, in *Actes de la Conférence permanente des comités européens d'éthique,* tenue à Stockholm, 8-9 avril 1994, Strasbourg, Ed. du Conseil de l'Europe, p. 20.

[537] Site du comité national allemand : http://www.ethikrat.org.

[538] Site du comité national américain : http://www.bioethics.org.

parole »[539], tel est l'objectif de ces Journées. Dans cette perspective, le comité formerait un nouveau lieu de débats dans l'espace public, s'inscrivant dans une logique démocratique, qui s'apparente au modèle pragmatique développé par Habermas. Selon ce modèle, les rapports entre le savoir spécialisé et la politique reposent sur une communication réciproque, les experts scientifiques « conseillent » les instances qui prennent les décisions, les politiques « passent commande » aux savants en fonction des besoins de la pratique[540], mais ce dialogue entre experts spécialisés et les instances de la décision politique exige en dernière instance la médiation de l'opinion publique. Le dialogue entre le savoir et la politique « ne peut pas s'instaurer indépendamment d'un autre dialogue (...) ce dernier peut être institutionnalisé sous la forme démocratique de discussions publiques auxquelles assistent les citoyens »[541]. Le comité est-il ce lieu ouvert à tous, et de dialogue entre les citoyens disposant d'une opinion informée conformément au concept d'espace public entendu comme espace de communication, de formation de la volonté et de l'opinion par le biais de la discussion critique, conflictuelle et polémique ?

320. Si comme le prétend le CCNE, « la réflexion éthique ne doit être ni confidentielle, ni réservée à des spécialistes », des efforts restent à faire pour dispenser l'information et associer le public aux débats. Les Journées annuelles du CCNE participent à une certaine théâtralisation de l'éthique[542], où l'échange avec le public est absent. Alors que ces journées présentaient l'occasion pour l'opinion publique de s'exprimer et de débattre, la confrontation avec le public et les discussions sont esquivées[543]. Le comité communique le contenu des travaux qu'il a réalisés plutôt qu'il n'engage de discussion sur les thèmes traités. Dès lors il n'y a pas communication avec le public mais diffusion unilatérale de l'information ce qui conforte l'analyse d'Habermas selon laquelle, « la sphère publique devient une cour devant le public de laquelle un prestige est mis en scène au lieu de développer une critique

---

[539] M. Bachir, *op. cit.*

[540] J. Habermas, *La technique et la science comme idéologie*, Paris, Denoël, 1984, en particulier : Scientificisation de la politique et opinion publique, p. 97 et sv.

[541] *Ibid.*, p. 110.

[542] L. Gavarini, « Réflexions dans un miroir », in *Autrement,* L'éthique corps et âme, n°93, 1987, p. 109.

[543] M. Bachir, *op. cit.*

au sein de ce public. »[544]. La publicité n'a plus pour objet de soumettre les problèmes à la discussion publique mais de conférer un prestige public ; aux fonctions critiques de la publicité se sont substituées des fonctions de légitimation recherchant l'adhésion des destinataires[545].

Du point de vue du contenu de l'information, les avis des comités doivent rendre compte des positions divergentes des membres sous peine de dispenser leurs destinataires d'exercer leur propre jugement. A cette fin, il faudrait que le CCNE change de mode de fonctionnement pour étayer les problèmes et non souffler des solutions toutes faites.

321. A défaut, de mettre en œuvre des procédés de consultation pour percevoir l'opinion publique, le débat risque d'être confisqué par les comités. Plutôt qu'à une ouverture du dialogue sur les sujets bioéthiques, on risque d'aboutir à une information dogmatique.

§2 La nature juridique des comités d'éthique

322. Si le mode de composition et le fonctionnement des comités font l'objet d'études, très peu d'entre elles se penchent sur la qualification juridique des comités qui reste le plus souvent indéterminée. Il est rare que les textes institutifs spécifient la nature juridique des comités qu'ils établissent ce qui laisse place à la plus grande hésitation. En fonction des sources disponibles, il y a lieu de rechercher par la méthode du faisceau d'indices si les comités locaux ainsi que les comités nationaux et internationaux sont susceptibles d'être rattachés à des catégories juridiques existantes ou s'ils forment une nouvelle catégorie.

A/ Les comités locaux : une situation contrastée entre organismes publics et privés

323. Qu'il s'agisse des comités hospitaliers ou des comités de la recherche, leur nature juridique s'avère très diversifiée dans la mesure où ils peuvent revêtir un caractère public aussi bien que privé. Ce constat s'explique par la nature institutionnelle des comités et la diversité des institutions auxquelles ils sont rattachés. En l'absence de statut juridique propre, leur statut dépend de celui de l'institution. Or par exemple, aux

---

[544] J. Habermas, *L'espace public*, Paris, Payot, coll. Critique de la politique, 1978, p. 209.

[545] *Ibid.*, *cf.* Subversion du principe de « publicité », p. 204.

Etats-Unis, on dénombre trois types d'hôpitaux : les hôpitaux privés à but lucratif, les hôpitaux privés à but non lucratif et les hôpitaux publics.

1- Les comités d'éthique clinique

324. Cette catégorie de comités reste certainement la plus méconnue dans la mesure où peu d'études empiriques leur sont consacrées[546] ; lesquelles n'abordent pas la question de leur statut juridique.

a- Comités avec ou sans personnalité juridique propre

325. Les comités d'éthique hospitaliers ne sont pas réglementés par les pouvoirs publics, dès lors leur nature juridique est des plus contrastée. Deux cas de figure peuvent se présenter, le cas où ils disposent d'un statut autonome par rapport à celui de l'institution hospitalière et le cas où ils dépendent de la structure hospitalière qui les a institués.

326. En France, les comités d'éthique hospitaliers se constituent indifféremment soit sous la forme d'une association loi 1901 soit sous la forme d'une structure interne à l'hôpital. Dans ce dernier cas, ils ne disposent pas de personnalité juridique propre. L'intérêt de recourir au statut d'association réside dans l'octroi de subventions. Hormis cet avantage financier, certains considèrent que la structure juridique des comités est somme toute indifférente. On peut leur objecter que la constitution d'une association est plus propice à satisfaire l'indépendance du comité que si ce dernier est un service interne de l'hôpital. En l'état actuel, l'hétérogénéité règne parmi ce type de comités : certains ont adopté des statuts ou règlements intérieurs d'autres non, certains sont implantés auprès des CHU, CHR, centres hospitaliers ou des facultés de médecine, certains disposent d'un budget, d'autres non.

La question de la légalité de leur création ne pose pas de véritable problème au regard de la jurisprudence constitutionnelle et administrative[547]. Pour cette dernière, « une autorité administrative dispose toujours de la possibilité de créer, à titre consultatif, un organe

[546] J-C. Mino (sd.), C. Weill, *Les comités hospitaliers d'éthique clinique sont-ils les lieux de production de nouvelles normes de pratique ? Etude sur le champ institutionnel hospitalier de l'éthique clinique en Amérique du Nord et en France,* Rapport MIRE, 1999.

[547] B. Mathieu, « Les comités d'éthique hospitaliers. Etude sur un objet juridiquement non identifié », *RDSS,* 2000-1, p. 73.

chargé d'émettre des avis propres à éclairer les choix auxquels elle doit procéder, dès lors que la consultation de cet organe ne se substitue pas aux procédures obligatoires existantes »[548]. Pour sa part, le Conseil Constitutionnel reconnaît qu'une autorité réglementaire a la faculté d'instituer une fonction consultative dans tout domaine où elle a un pouvoir de décision[549].

Si le comité est constitué en qualité de structure interne à l'établissement, la décision est prise par le directeur de l'établissement. L'intervention du conseil d'administration n'est pas nécessaire si la création du comité ne modifie pas le règlement intérieur de l'établissement[550].

b- Le mouvement de structuration des comités d'éthique hospitaliers

327. Les comités hospitaliers, en l'absence de réglementation étatique, fonctionnent de manière très hétérogène. C'est pourquoi, ils tentent de se structurer par le biais d'une auto-organisation, qui se manifeste par la constitution de réseaux aux Etats-Unis : les *Ethics committee networks.* Ces réseaux auxquels s'affilient les comités offrent des formations, ils encouragent la création de comités hospitaliers, ils établissent des contacts entre comités et ils recherchent des solutions aux questions éthiques communes. Ils diffusent des outils pédagogiques, tiennent une base d'information, organisent des conférences régionales, dans le but de mettre en commun les ressources disponibles. Ce type de regroupement est particulièrement intéressant car un mouvement comparable en France est né sous la forme d'association loi 1901[551].

328. Les comités hospitaliers se sont regroupés au sein d'une association dénommée Conférence permanente des comités et groupes d'éthique dans le domaine de la santé dont les statuts datent du 17 février 2000. L'objet de l'association s'apparente aux *networks* américains puisqu'il s'agit : d'aider les activités des comités, de faciliter les échanges d'information, de promouvoir les activités de formation et de sensibilisation ainsi que les rencontres entre comités et la diffusion de

---

548 Cité par B. Mathieu, *ibid.*, T. A. Dijon, 13 fév. 1997, *ARDA,* n°16, p. 57.

549 DC. 73-80 L, 28 nov. 1973, rec., p. 45, J. Rivero, *AJDA*, 1974, p. 229.

550 B. Mathieu, « Les comités d'éthique hospitaliers. Etude sur un objet juridiquement non identifié », *op. cit.*

551 I. Arnoux, « La fonction éthique dans les comités d'éthique hospitaliers : la situation française », *RGDM,* n°5, 2001, p. 9.

leurs travaux. En officialisant les contacts entre les comités, la création d'une association donne une identité à ces comités qui jusque là faisait défaut et leur confère une certaine reconnaissance en l'absence d'une reconnaissance réglementaire ou législative. Une telle organisation leur donnera la possibilité de faire valoir leurs propositions ou revendications avec plus de poids à l'égard des pouvoirs publics.

Si le statut des comités hospitaliers est particulièrement indéterminé, celui des comités de la recherche l'est aussi malgré l'intervention du législateur.

2- Les comités d'éthique de la recherche

329. La réglementation étatique des comités de la recherche prête peu attention au statut des comités, laissant ainsi une relative liberté concernant leur établissement, alors même qu'il n'est pas indifférent que ces organismes relèvent du droit public ou du droit privé, qu'ils soient dotés ou non de la personnalité juridique, qu'ils soient ou non sous la tutelle des pouvoirs publics.

a- Le statut flou des comités de protection des personnes

330. La loi n° 2004-806 du 9 août 2004 relative à la politique de santé publique[552] a réformé les dispositions régissant la conduite des recherches biomédicales datant de la loi du 20 décembre 1988[553]. La révision de la loi offrait la possibilité de clarifier le statut incertain des CCPPRB[554], incertitude pesant notamment sur leur qualification d'institution publique ou d'organisme privé[555]. La seule certitude concernant leur statut réside dans le fait que la loi a doté les CCPPRB et les actuels comités de protection, de la personnalité morale. En 2000, le Président de la Conférence des CCPPRB relevait que « les comités n'ont

---

[552] *J.O*, 11 août 2004, p. 14277.

[553] Loi n°88-1138 du 20 décembre 1988 relative à la protection des personnes se prêtant à des recherches biomédicales, *JO*, 22 déc. 1988, J-M. Auby, « La loi du 20 déc. 1988 relative à la protection des personnes qui se prêtent à des recherches biomédicales », *JCP*, 1989-I, 3384 ; J. Borricand, « Commentaire de la loi du 20 déc. 1988 relative à la protection des personnes qui se prêtent à des recherches biomédicales », *D.*, Chr., 1989, p. 167 ; L. Dubouis, « La protection des personnes qui se prêtent à des recherches biomédicales », *RDSS*, 1989, p. 160.

[554] F. Melleray, « Une nouvelle crise de la notion d'établissement public. La reconnaissance d'autres personnes publiques spécialisées », *AJDA*, 2003, p. 716.

[555] R. Chapus, *Droit administratif général*, t. 1, Paris, Montchrestien, Domat, Droit public, 15ème éd., 2001, n°243.

pas de statut juridique identifié, bien qu'ils possèdent *a priori* la personnalité morale »[556]. Et dans le rapport d'information du Sénat portant sur le fonctionnement des CCPPRB[557], fait au nom de la commission des affaires sociales, la mission d'information proposait des améliorations concernant le fonctionnement des comités, au nombre desquelles elle suggérait de doter les CCPPRB d'un statut adapté.

Dès leur création, les comités ont donc été dotés de la personnalité morale. Mais l'octroi de la personnalité s'explique plus par des raisons d'opportunité que par des raisons juridiques. La personnalité a été introduite par un amendement en seconde lecture à l'Assemblée Nationale dans la perspective d'asseoir l'indépendance des comités[558]. Or cette personnalité morale octroyée en quelque sorte artificiellement et symboliquement aux comités, jette le trouble sur leur statut juridique et ce depuis leur création.

331. Dans le silence de la loi, le caractère public ou privé des comités ne peut être établi que par la méthode du faisceau d'indices. A plusieurs égards, les comités semblent constituer des personnes morales de droit public[559], puisqu'ils trouvent leur origine dans une loi, ils doivent recevoir l'agrément du ministre (Art. L. 1123-1 al.1 CSP), ils disposent d'un monopole légal (Art. L. 1123-6 al.1 CSP), les membres sont nommés par le représentant de l'Etat dans la région (Art. L. 1123-1 al.1 CSP), leur siège est rattaché à la DRASS ou à la DDASS (Art. R. 1123-12 CSP), le financement des comités est géré conjointement par les ministres chargés de la santé et du budget (Art. R. 1123-21 CSP), les statuts des comités doivent être conformes à des statuts types fixés par Décret en Conseil d'Etat (Art. R. 1123-18 CSP) et chaque comité doit adresser un rapport annuel d'activité au ministre chargé de la santé et au préfet de région (Art. R. 1123-23 CSP).

Jusqu'à la réforme de 2004, nonobstant leur personnalité morale, tant la fonction exercée par les comités que leur mode de

---

[556] F. Chapuis, Président de la Conférence des CCPPRB, Audition du 29 nov. 2000, in Rapport sur le fonctionnement des CCPPRB, Rapport au nom de la commission des Affaires sociales, avril 2001, consulté sur le site : http://www.senat.fr/rap/r00-267/r00-267.html.

[557] Rapport sur le fonctionnement des CCPPRB, *op. cit.*

[558] Y. Gaudemet, « Les CCPPRB. Le bilan juridique », *JCP*, 1993-I, 3653.

[559] *Ibid.*

fonctionnement, tendait à les ranger parmi les organismes consultatifs[560]. Or la loi du 9 août 2004 a renforcé le rôle dévolu aux comités en leur octroyant des attributions qui sortent de la fonction consultative. C'est pourquoi le législateur a procédé à la requalification de ces organismes qui ne sont plus des comités consultatifs de protection des personnes qui se prêtent à des recherches biomédicales mais des comités de protection des personnes (CPP). La loi de 2004 a introduit une disposition précisant que la recherche biomédicale ne peut être mise en œuvre qu'après avis favorable du comité de protection des personnes et autorisation de l'autorité compétente[561] (Agence française de sécurité sanitaire des produits de santé ou le ministre chargé de la santé). Un pouvoir de décision a été implicitement octroyé aux comités. En effet, alors que la loi prévoit l'intervention du comité de protection et de l'autorité compétente pour autoriser la recherche, elle ne sollicite pas l'intervention de l'autorité compétente pour interdire la recherche, donc pour entériner ou confirmer l'avis défavorable d'un comité. L'avis défavorable suffit à interdire la recherche. A ce titre, il produit un effet juridique indépendamment de l'intervention de l'autorité compétente.

332. La personnalité morale attribuée aux comités induit *a priori* leur qualité d'établissement public d'autant que l'on a préalablement relevé leur qualité de personne de droit public.

L'établissement public est défini comme une personne morale de droit public, rattachée à l'Etat ou une collectivité territoriale, qui exerce une compétence spécifique en principe limitée à un service public en vertu du principe de spécialité[562]. Les établissements jouissent d'une autonomie : patrimoniale, administrative, budgétaire, dans la limite du contrôle de l'autorité de tutelle. L'autonomie se manifeste notamment par le fait qu'ils sont propriétaires d'un patrimoine et que le budget de l'établissement est séparé de l'institution de rattachement. L'existence d'un patrimoine propre et d'un budget distinct ne saurait suffire, ils doivent avoir la maîtrise de la provenance et du montant de leurs ressources[563]. Or, si les comités disposent de ressources propres car ils

---

[560] S. Monnier, « Des comités consultatifs de protection des personnes aux comités de protection des personnes : l'émergence d'une nouvelle catégorie de personnes publiques spécialisées ? », *RDP*, à par.

[561] Art. L. 1124-1 CSP.

[562] M. de Villiers (sd.), *Droit public général*, Paris, Ed. du Juris-Classeur, 2ème éd., 2003, n°265 et sv.

[563] F. Gazier, « Etudes sur les établissements publics. Réflexions sur les catégories et les spécificités des établissements publics nationaux », *EDCE*, n°36, 1984-1985, p. 52.

sont financés par le produit d'un droit fixe versés par les promoteurs pour chaque projet de recherche, le montant dudit droit est arrêté par le ministre de la santé et le produit est rattaché par voie de fonds de concours au budget du ministre chargé de la santé qui le répartit en fonction des charges des comités et de leur activité.

Par ailleurs, la personnalité juridique induit une existence individualisée : un siège, des locaux, du personnel. Or le siège des comités est rattaché à la DRASS ou à la DDASS. Ils ne disposent pas non plus de l'organisation ni de la structure des établissements publics : à savoir, une assemblée délibérante, un organe exécutif, du personnel, un patrimoine. De plus, l'autonomie de l'établissement public exclut toute demande en réparation adressée à l'Etat, conséquence de la personnalité morale de l'établissement. Or la loi prévoit explicitement la responsabilité de l'Etat en cas de faute du comité et ce alors même qu'il est doté de la personnalité morale. Cette disposition témoigne semble t-il de l'absence de patrimoine du comité qui ne saurait répondre des conséquences financières de sa responsabilité.

Par ailleurs, l'indépendance des comités s'accorde mal avec le statut d'établissement public sur lequel s'exerce un contrôle de l'autorité de tutelle. Certes, les comités sont agréés par le ministre à durée déterminée et l'agrément peut être retiré si les conditions d'indépendance, de composition ou de fonctionnement nécessaires pour assurer leur mission ne sont plus satisfaites. Toutefois, l'agrément ne manifeste pas nécessairement l'exercice d'une tutelle. L'agrément témoigne de l'existence d'un contrôle, mais l'existence d'un contrôle *a posteriori* n'implique pas nécessairement l'existence d'une tutelle[564]. Les modalités du contrôle de tutelle sur les personnes (nomination, suspension, révocation) et de tutelle sur les actes (pouvoir d'annulation, d'approbation, d'autorisation, de substitution) ne correspondent pas aux modalités du contrôle pesant sur l'agréé dans la mesure où le contrôle porte sur la manière dont l'activité est exercée, et non sur les personnes ni sur les actes. D'ailleurs, un amendement qui proposait d'introduire la disposition suivante : « L'autorité compétente est chargée de veiller au bon fonctionnement des comités de protection des personnes, à la qualité de chaque avis rendu et à la cohérence des pratiques sur le plan national. Elle établit un rapport triennal qui sera remis au Parlement au début de la session parlementaire. », a été rejeté. Justifié pour faire face à quelques

---

[564] C. Bertrand, *L'agrément en droit public*, Presses universitaires de la Faculté de droit Université d'Auvergne, LGDJ, 1999, n°107.

dysfonctionnements qui sont apparus et à l'hétérogénéité des pratiques des comités de protection des personnes, l'amendement a été écarté au motif que « les comités de protection des personnes doivent rester indépendants de l'autorité compétente parce qu'il s'agit de deux fonctions différentes. »[565].

A cet égard, l'autorisation de l'autorité compétente qui doit intervenir au même titre que l'avis favorable du comité pour autoriser la recherche, peut difficilement être interprétée comme un contrôle sur les actes du comité. En cas d'avis favorable du comité, l'autorisation de l'autorité compétente ne s'analyse pas comme l'exercice d'un pouvoir d'autorisation au sens d'un contrôle de tutelle dans la mesure où la loi a semble t-il établi une certaine indépendance entre la demande d'avis et la demande d'autorisation, puisque les demandes peuvent être ou non présentées simultanément au choix du promoteur, au comité et à l'autorité compétente. L'autorité compétente porte sa propre appréciation, elle ne porte pas une appréciation sur l'avis émis par le comité. En témoigne, le fait qu'elle peut informer le promoteur qu'elle a des objections à la mise en œuvre de la recherche, indépendamment de l'avis favorable du comité. Le promoteur peut alors modifier le contenu de son projet et adresser une nouvelle demande à l'autorité compétente sans qu'elle soit réexaminée par le comité.

En cas d'effets indésirables, ces effets doivent être notifiés à l'autorité compétente et au comité de protection, ce qui souligne l'indépendance et le rôle complémentaire des deux intervenants dans le processus d'autorisation.

Enfin en cas d'avis défavorable, la loi prévoit la possibilité de demander un nouvel examen au ministre à un autre comité désigné par lui, mais le ministre n'est pas lui même compétent pour apprécier l'avis.

333. Compte tenu de ces éléments, il apparaît que le statut des comités ne concorde pas avec les critères de l'établissement public ce qui conduit à envisager une autre qualification possible, celle d'autorité administrative indépendante dans la mesure où la loi a créé un précédent en octroyant la personnalité morale à une autorité administrative indépendante : l'Autorité des marchés financiers[566].

---

[565] Débats parlementaires, Assemblée nationale, M. Jean-Michel Dubernard, président de la commission, rapporteur. *JO*, 10 oct. 2003, compte rendu intégral, 2ème séance du 9 oct. 2003.

[566] Loi n° 2003-706 du 1er août 2003 de sécurité financière, *JO*, 2 août 2003, p. 13220.

334. L'appartenance à la catégorie des autorités administratives indépendantes suppose la réunion de trois éléments : être doté d'autorité, appartenir à l'administration, et être indépendant. Les comités disposent du statut d'autorité puisque ils disposent d'un pouvoir de décision individuelle lorsqu'ils rendent un avis défavorable. Par ailleurs, les comités sont compétents pour déterminer l'autorité habilitée à autoriser la recherche lorsqu'il s'agit d'une recherche sur une personne mineure ou majeure sous tutelle, d'un majeur sous curatelle ou d'un majeur hors d'état d'exprimer son consentement et ne faisant pas l'objet d'une mesure de protection juridique[567].

En principe, non dotées de la personnalité juridique et décrochées des structures hiérarchiques, les autorités administratives indépendantes ne sont pas extérieures à l'administration[568] : elles sont budgétairement rattachées aux services du Premier Ministre ou à un ministère, elles n'ont pas la maîtrise de leur moyens financiers, elles agissent pour le compte et au nom de l'Etat, et engagent donc sa responsabilité en cas de dommages. Ces caractéristiques s'expliquent par l'absence de personnalité morale des autorités administratives indépendantes, cependant on les retrouve chez les comités pourtant dotés de la personnalité morale. En effet, les comités relèvent de l'administration de l'Etat, leur budget est rattaché à l'administration centrale, leur siège est rattaché à l'administration déconcentrée et la responsabilité de l'Etat est engagée en cas de faute du comité dans l'exercice de sa mission.

Il reste à apprécier s'ils jouissent de l'indépendance nécessaire pour relever de la catégorie des autorités administratives indépendantes. La loi précise qu'ils « exercent leur mission en toute indépendance » (art. L. 1123-1 CSP) et c'est pour satisfaire à cette exigence d'indépendance qu'ils ont été dotés de la personnalité morale, au prix de la cohérence des catégories juridiques. La loi spécifie qu'ils « sont composés de manière à garantir leur indépendance » (art. L. 1123-2 CSP). Certes, les membres sont nommés par le représentant de l'Etat. Néanmoins, leur composition collégiale[569] destinée à assurer une diversité des compétences est un gage

[567] Art. L. 1122-2 CSP.

[568] R. Chapus, *Droit administratif général*, *op. cit.*, n°297.

[569] Art. L. 1123-2 CSP : « Les comités sont composés de manière à garantir leur indépendance et la diversité des compétences dans le domaine biomédical et à l'égard des questions éthiques, sociales psychologiques et juridiques. Le décret du 27 sept. 1990 précise que les comités comprennent 12 membres titulaires : 4 dont au moins 3 médecins ayant une qualification et expérience approfondie en matière de recherche biomédicale ; un médecin généraliste, deux pharmaciens, une infirmière, une personne

d'indépendance, diversité accentuée par la loi de 2004 qui prévoit la présence de représentants d'associations agréées de malades ou d'usagers du système de santé. Par ailleurs, le législateur a adopté une nouvelle disposition pour prévenir tout conflit d'intérêts. Les membres doivent adresser au représentant de l'Etat dans la région, lors de leur nomination, une déclaration mentionnant les liens directs ou indirects avec les promoteurs et investigateurs de la recherche[570]. Les incompatibilités garantissent l'impartialité et l'objectivité des comités. Afin de lutter contre l'absentéisme, le décret du 1er octobre 1997 a prévu que leur mandat est révocable au-delà de trois absences consécutives non justifiées aux séances du comité. Mais, c'est la seule hypothèse de révocation.

A cette indépendance organique, s'ajoute l'indépendance de leur pouvoir d'appréciation que l'on a préalablement relevée. Il appartient aux comités de protection d'apprécier le protocole de recherche sans que leur appréciation puisse être orientée ni contrôlée par une autorité de tutelle.

335. Au regard de ces éléments, malgré leur personnalité morale, le statut des comités de protection des personnes est plus proche de celui d'une autorité administrative indépendante en raison de leur autorité, de leur appartenance à l'administration et de leur indépendance, que de celui d'un établissement public. Malgré l'existence d'un précédent législatif, reconnaissant la personnalité morale à une autorité administrative indépendante, il apparaît peu opportun de contribuer à l'éclatement de cette catégorie déjà très hétérogène. D'autant que les comités se distinguent des autorités administratives indépendantes qui sont des autorités uniques, nationales, permanentes alors que les comités sont pluriels, institués localement au niveau régional et à durée déterminée. La spécificité des comités de protection des personnes ne permet pas non plus de les rattacher aux autres catégories de personnes publiques *sui generis*[571] que sont les groupements d'intérêt public et la Banque de France. C'est pourquoi, il apparaît préférable de conclure

---

qualifiée à l'égard des questions éthiques ; une personne qualifiée dans le domaine social ; un psychologue ; une personne qualifiée en matière juridique. ».

[570] Art. L. 1123-3 CSP.

[571] TC, 14 fév. 2000, GIP « Habitat et interventions sociales pour les mal-logés et les sans abris » c. Mme Verdier, CE, 22 mars 2000, Syndicat national autonome du personnel de la Banque de France c. Banque de France ; Chr. M. Guyomar et P. Collin, *AJDA*, 2000, p. 410 et sv.

qu'ils forment une nouvelle catégorie plutôt que d'assouplir au risque de les dénaturer les catégories existantes.

b- Aperçu sur l'hétérogénéité du statut juridique des comités de la recherche en droit comparé

336. Aux Etats-Unis comme au Canada, les comités de la recherche sont des comités institutionnels, leur création est l'œuvre d'établissements publics ou privés si bien que leur nature juridique varie en fonction de leur établissement de rattachement qui sont soit des Universités, des hôpitaux, des instituts de recherche, des fondations, ou des sociétés[572].

337. En Allemagne, la loi de 1994, révisée par la loi du 30 juillet 2004, requiert l'approbation préalable du projet de recherche par un comité d'éthique indépendant, établi et régi par le droit des Länder. Elle confie donc l'organisation et le fonctionnement des comités de la recherche aux Etats fédérés. Plusieurs d'entre eux ont annoncé leur volonté de les faire relever du domaine exclusif des Chambres des médecins et des facultés de médecine. Par conséquent, dans cette hypothèse les comités dépendent seulement de collectivités de droit public. En pratique, les Etats fédérés ont mis en œuvre leurs déclarations d'intention en réservant l'examen des projets de recherche aux comités d'éthique publics dépendant des facultés de médecine ou chambres des médecins c'est pourquoi certains considèrent qu'il serait plus juste de parler de comités de protection des médecins plutôt que de comités d'éthique[573].

338. Au Danemark[574], en vertu de la loi de 2003, les comités de la recherche sont institués dans le cadre régional, auquel se superpose un comité national car la loi a opté pour une organisation pyramidale du contrôle éthique de la recherche. Les membres des comités régionaux et du comité national sont désignés par des autorités publiques. Les dépenses des comités locaux sont prises en charge par les conseils régionaux, et celles du comité national par le ministère de la science, de la technologie et du développement.

---

[572] *Cf.* liste des CER au Canada, site : http://www.ncehr-cnerh.org.

[573] J. Spatz, « Im wilden westen », *Gen-Ethischer Informationdienst*, vol. 11, n°108-109, 1995, p. 20.

[574] Act on the biomedical research ethics commitee system, 28 mai 2003.

Dans les pays européens, les comités de la recherche sont principalement des organismes publics dans la mesure où ils sont financés par les Etats, ou rattachés à des autorités administratives locales. Par ailleurs, ils doivent remettre un rapport aux autorités publiques. Aux Etats-Unis et au Canada, ils sont constitués indifféremment sous la forme d'organismes publics ou privés.

B/ Les comités nationaux et internationaux : des organismes majoritairement publics

339. La détermination de la nature juridique des comités nationaux et internationaux nécessite de procéder par la méthode du faisceau d'indices car les instances qui les ont établis, ne les ont pas juridiquement qualifiés. En revanche, on peut d'ores et déjà relever que leur création est majoritairement l'œuvre des autorités étatiques et intergouvernementales[575] ; à cet égard, un seul pays fait exception, la Grande-Bretagne.

1- Les comités nationaux

340. L'absence de qualification des comités par les pouvoirs publics rend leur situation confuse. L'exemple du comité français est topique tant la doctrine est partagée sur son statut juridique alors même que cette question est relativement peu débattue. Pour les comités installés à l'étranger, il est encore plus difficile de trancher la question de leur statut, c'est pourquoi un simple aperçu devrait permettre de rechercher une qualification générale.

a- Le débat doctrinal sur le statut du CCNE

341. Ni le décret de 1983 portant création du CCNE, ni la loi de 1994 qui lui confère une consécration législative, ne qualifient juridiquement le comité. Quant à la doctrine, elle met en relief l'hésitation qui entoure la nature juridique du comité, tantôt présenté comme une autorité de doctrine, une AAI, un organisme consultatif ou un organisme *sui generis*. L'absence de personnalité morale du comité l'exclut d'emblée de la catégorie des établissements publics.

[575] *Cf. supra* n°244 et sv.

342. L'idée de qualifier le comité d'autorité de doctrine[576] est séduisante mais elle caractérise plus le rôle ou la fonction du comité que son statut juridique. La doctrine ne constitue pas une catégorie d'institution juridique, d'autant que l'idée même d'une entité doctrinale est sujette à débat[577]. De plus, cette qualification est ambivalente. Faut-il l'entendre comme autorité de doctrine juridique ou autorité de doctrine éthique ? car le Professeur Galloux constate que non seulement le CCNE détermine la doctrine éthique dans le domaine biomédical, mais qu'il adopte aussi un comportement doctrinal dans le champ juridique.

343. Dans la mesure où le comité a pour mission de rendre des avis, il paraît plus approprié de le rattacher à l'administration consultative. Qualifier le comité d'organisme consultatif implique que ses avis s'intègrent dans un processus de décision, car la mission d'un organisme consultatif consiste à préparer une décision. Les définitions doctrinales relatives à la notion d'avis et à la notion d'administration consultative les circonscrivent dans un processus d'élaboration d'une décision[578]. Les avis s'inscrivent dans un processus décisionnel, ils constituent une aide à la prise de décision. Or les avis du comité ne s'insèrent pas en théorie dans un processus d'élaboration d'une décision, ils sont une fin en soi, même si en pratique certains relèvent effectivement du processus décisionnel[579]. Ils ont en principe une portée générale, les avis sont destinés aussi bien aux autorités administratives, politiques, scientifiques qu'à l'opinion publique ce qui fait obstacle à la qualification d'organisme consultatif[580].

344. Les autorités administratives indépendantes (AAI) ont la particularité d'être implantées dans des secteurs dits sensibles ; elles sont compétentes pour gérer de nouveaux problèmes face auxquels les modes

---

[576] J-C. Galloux, « Le comité consultatif national d'éthique pour les sciences de la vie et de la santé est-il une autorité de doctrine ? », in *La doctrine juridique*, CURAPP, Paris, PUF, 1993, p. 240.

[577] P. Jestaz et C. Jamin, « L'entité doctrinale française », *D.*, Chr., 1997, p. 167 ; L. Aynès, P-Y. Gautier et F. Terré, « Antithèse de « l'entité » (A propos d'une opinion sur la doctrine) », *D.*, Chr., 1997, p. 229.

[578] Y. Weber, *L'administration consultative*, Paris, LGDJ, coll. Bibliothèque de droit public, 1968, p. 1.

[579] Un des plus topique étant l'avis n°60 du CCNE intitulé réexamen des lois de bioéthique rendu dans le cadre du projet de révision des lois de bioéthique.

[580] D. Thouvenin, « Les comités d'éthique dans le cadre du droit français », in *Bioéthique et Droits de l'homme*, Berlin, Annales Universitatis Saraviensis, Carl Heymanns Verlag, 1993, p. 101.

classiques d'exercice du pouvoir sont inadaptés parce que trop rigides ou insuffisamment représentatifs des intérêts en cause ou encore par manque de compétence des autorités traditionnelles dans les domaines concernés. A cet égard, le champ d'intervention du CCNE correspond aux secteurs d'activités des AAI puisqu'il est saisi des problèmes soulevés par le progrès scientifique dans le domaine des sciences de la vie.

La reconnaissance d'une autorité administrative indépendante nécessite que l'organisme soit de caractère administratif, indépendant et doté d'autorité au regard de l'ordre juridique.

Le CCNE revêt un caractère administratif et indépendant. Administratif car sa création émane d'une autorité publique : il a été créé par décret du Président de la République. La nomination des membres est effectuée par différentes autorités publiques, ainsi son président est nommé par le Président de la République. D'autre part, le CCNE initialement institué auprès du ministre de la santé et de la recherche, bénéficiait du soutien technique et administratif de l'INSERM. Il est désormais rattaché aux services du Premier Ministre par loi du 6 août 2004 relative à la bioéthique. Le CCNE jouit d'une indépendance organique et fonctionnelle, sa composition satisfait l'exigence d'indépendance et il ne s'exerce à son égard ni pouvoir hiérarchique ni tutelle.

Le débat sur la qualification du CCNE en tant qu'autorité administrative indépendante (AAI) porte sur l'autorité du comité et renvoie au débat sur la définition même des AAI dans la mesure où la notion d'autorité reçoit diverses interprétations doctrinales, l'une large et l'autre stricte. Autorité signifie tout d'abord qu'il ne s'agit pas « de simples donneurs d'avis, des « comités de sages » à rôle purement consultatif. »[581]. La doctrine se partage entre les tenants du concept d'autorité au sens exclusivement juridique[582] et ceux qui entendent ce concept en un sens plus sociologique que juridique[583]. Pour les premiers, la qualification d'autorité implique nécessairement la détention de

[581] C-A. Colliard, préface, *Les autorités administratives indépendantes,* C-A. Colliard et G. Timsit (sd.), Paris, PUF, coll. Les voies du droit, 1988, p. 10.

[582] P. Sabourin, « Les autorités administratives indépendantes. Une catégorie nouvelle », *AJDA,* 1983, « Si les institutions que nous examinons n'ont ni pouvoir réglementaire ni le pouvoir de prendre des décisions individuelles faisant grief, elles ne peuvent être qualifiées d'autorités administratives », p. 285 ; J. Chevallier, « Réflexions sur l'institution des autorités administratives indépendantes », *JCP,* 1986, 3254.

[583] H. Maisl, « Les AAI : protection des libertés ou régulation sociale », in *Les autorités administratives indépendantes, op. cit.*, p. 75.

pouvoirs juridiques, alors que les seconds prennent en compte les pouvoirs « qui leur confèrent autorité bien que n'entrant pas dans l'ordre normatif classique »[584] : pouvoir d'instruction, d'avis, de proposition, d'influence et de persuasion. L'autorité morale ou la magistrature d'influence, suffisent selon eux à consacrer une AAI à condition que les avis, propositions ou recommandations « soient assortis d'un poids suffisant et s'insèrent dans une action cohérente et suivie, s'imposent avec force et font donc autorité »[585]. C'est pourquoi certains rangent le CCNE parmi les AAI[586] en raison de son influence déterminante et des directives de comportement qu'il fixe[587]. D'autres sans assimiler le CCNE à une AAI estiment qu'il s'apparente à une AAI[588] et qu'il participe à « l'émergence d'un modèle original de pouvoir », proche des AAI par sa composition et son mode de fonctionnement collégial[589].

Sans dénier la spécificité des AAI qui traduit un nouveau mode d'élaboration du droit en usant de moyens extra-juridiques pour remplir leur mission et asseoir leur autorité, leur fonction ne saurait se réduire à l'exercice d'une magistrature morale. Elles sont qualifiées d'autorité car elles disposent d'un pouvoir de décision, soit d'un pouvoir réglementaire, soit d'un pouvoir de décision individuelle, soit d'un pouvoir de contrôle sous forme d'investigation, d'injonction ou de sanction. Or le CCNE ne détient aucune de ces compétences juridiques. C'est pourquoi, dans le rapport public du Conseil d'Etat sur les AAI, les auteurs écartent le CCNE de cette catégorie, tout en reconnaissant l'indépendance et l'autorité morale dont jouit cet organisme. Il est exclu de la catégorie en raison de sa fonction purement consultative et parce qu'il n'intervient ni dans un processus administratif de décision ni de contrôle[590].

---

[584] C. Teitgen-Colly, « Les AAI : histoire d'une institution », in *Les autorités administratives indépendantes, op. cit.*, p. 44.

[585] CE, *Rapport public 2001*, Les autorités administratives indépendantes, EDCE, n°52, Paris, La doc. fr., 2001, p. 306.

[586] C. Teitgen-Colly, *op. cit.* ; H. Maisl, *op. cit.* ; C. Sauvat, *Le comité consultatif national d'éthique*, Aix-en-Provence, PUAM, 1999, p. 55 et sv.

[587] C. Teitgen-Colly, *op. cit.*, p. 46.

[588] E. Pisier et S. Hubac, « Les autorités face aux pouvoirs », in *Les autorités administratives indépendantes*, *op. cit.*, p. 117 ; D. Thouvenin, « Les comités d'éthique dans le cadre du droit français », *op. cit.*

[589] S. Hubac, E. Pisier, « Les autorités face aux pouvoirs », in *Les autorités administratives indépendantes, op. cit.*, p. 131.

[590] CE, *Rapport public 2001*, Les autorités administratives indépendantes, *op. cit.*, p. 306.

345. Toutefois, sa qualité d'autorité est désormais consacrée par la loi du 6 août 2004. A l'occasion du rapport fait au nom de la commission des affaires culturelles, sur le projet de loi relatif à la bioéthique, un amendement relatif aux missions et statut du comité consultatif national d'éthique a été introduit et adopté à l'unanimité. L'amendement vise à reconnaître au comité son rôle d'autorité véritablement indépendante. La loi définitivement adoptée, qualifie le comité d'éthique d'« autorité indépendante »[591]. Après avoir étendu les compétences du comité en ajoutant à sa capacité de prendre des avis, la capacité d'émettre des recommandations ; le législateur franchit encore un pas supplémentaire en lui octroyant le statut d'autorité. Cette qualification vise à traduire l'indépendance statutaire du comité qui sera rattaché aux services généraux du Premier Ministre plutôt qu'à l'INSERM. Il y a une disjonction entre la notion d'autorité qui vise les instances compétentes à prendre des décisions au sens juridique du terme, et l'emploi ici réservé à la notion d'autorité qui vise à traduire l'indépendance du comité puisque le comité n'est toujours pas doté de pouvoir de décision. Néanmoins, ce nouveau statut d'autorité indépendante pourrait juridiquement ouvrir la voie à la reconnaissance future d'un pouvoir de décision et de sanction dévolu au comité.

b- Aperçu sur le statut des comités nationaux en droit comparé

346. Seuls deux comités ont un statut clairement identifié. Il s'agit d'une part du comité national américain[592] car le décret présidentiel qui l'a institué, prévoit explicitement que le comité est régi par le *Federal Advisory Committee Act.* Comme son prédécesseur c'est-à-dire le NBAC[593], *the President's Council on Bioethics* est placé auprès du Département de la santé et des services humains et il dispose du statut de comité fédéral consultatif. Il s'agit d'autre part, en Grande-Bretagne, du *Nuffield Council on Bioethics*, créé par le conseil d'administration de la fondation Nuffield, ce qui fait de lui, le seul comité national privé.

---

[591] Art. L. 1412-2 CSP.

[592] Executive Order, Creation of The President's Council on Bioethics, site : http://www.bioethics.gov/about/eo13237.html.

[593] Executive Order, Protection of human research subjects and creation of national bioethics advisory commission, site : http://www.bioethics.gov/nbac_extended.htlm.

347. Les autres comités nationaux peuvent être qualifiés de manière générale, d'organismes publics à caractère consultatif[594]. Leur activité consultative a été soulignée précédemment, il reste à mettre en évidence ce qui leur confère un caractère public. Ce dernier s'apprécie au regard de l'acte institutif, du mode de nomination, de financement, et des comptes-rendus d'activité des comités.

348. Le comité national danois[595] établi par une loi de 1987, actuellement régi par la loi du 9 juin 2004, comprend 8 membres nommés par différents ministres, les 9 autres sont désignés par un comité constitué à cet effet au sein du Parlement. Le comité est rattaché au ministère de la santé, lequel met à sa disposition un secrétariat. Le comité doit remettre un rapport annuel au ministre de la santé ainsi qu'au Parlement.

349. En Belgique[596], le comité national est le fruit d'un Accord de coopération en date du 15 janvier 1993, ses membres sont nommés par arrêté royal délibéré en Conseil des ministres, et d'autres sont désignés par le Roi et les Executifs des Communautés. Le règlement intérieur du comité est soumis à l'approbation du ministre de la justice, des exécutifs communautaires et du collège réuni. Les membres du comité ont droit à des jetons de présence, et le crédit de fonctionnement du comité relève du budget national et du budget des Communautés.

350. Les membres du conseil national d'éthique allemand mis en place par le gouvernement fédéral sont nommés par le chancelier fédéral. Le secrétariat du comité est installé à l'Académie des sciences et les frais de fonctionnement du comité et de son secrétariat sont pris en charge par l'Etat fédéral.

2- Les comités supra-nationaux

351. Le statut de ces comités est aisément déterminable dans la mesure où il est encadré par le droit des institutions internationales dont ils relèvent. Il est intéressant de remarquer que le Comité international de bioéthique (CIB) a longtemps fonctionné de manière informelle alors que les comités européens ont toujours été constitués dans un cadre juridique précis.

---

[594] Les instances nationales de bioéthique, Les documents de travail du sénat, série législation comparée, avril 2001, site Internet : http://www.senat.fr/lc/lc89/lc89.html.
[595] Site Internet : http//www. etiskraad.dk/english/.
[596] Site Internet : http:// www.health.fgov.be/bioeth/.

a- Le CIB

352. La création du CIB résulte d'une proposition du Directeur général de l'UNESCO prise en vertu de l'article 6 al. 3 de l'acte institutif de l'UNESCO qui prévoit que « le Directeur général formule des propositions en vue des mesures à prendre pour la conférence et le conseil ». D'autre part, certaines résolutions encourageaient le développement des actions de l'UNESCO dans le domaine du progrès scientifique et technique. Dans la résolution 24C/13-1 de 1987,. la Conférence générale incitait le Directeur général à « promouvoir l'étude des conditions d'exercice effectif des droits de l'homme pour l'analyse des incidences des récents progrès scientifiques et techniques sur la protection des droits de l'homme ».

Cela s'est traduit par la mise en place d'un groupe de travail et d'orientation scientifique et technique. Ensuite, en 1993, le Directeur général a établi une structure propre : le CIB dont la création a été avalisée par la Conférence générale et le Conseil exécutif de l'UNESCO. Mais il s'agit alors d'une instance informelle car aucun texte ne régissait l'organisation ni le fonctionnement du comité jusqu'à l'adoption de statuts en 1998. L'institutionnalisation date donc de 1998, date à laquelle le CIB a été officiellement reconnu en tant que comité permanent de l'UNESCO.

b- Les comités européens

353. Le comité du Conseil de l'Europe a été institué en tant que comité ad'hoc d'experts sur la bioéthique avant d'être transformé en comité directeur : le CDBI. Ces structures ont été mises en place en vertu de l'article 17 du statut du Conseil de l'Europe qui permet au Comité des ministres de « constituer à toutes fins qu'il jugera désirables, des comités ou des commissions de caractère consultatif ou technique ». Le CDBI est régi par la résolution 76(3) du Comité des ministres concernant les structures, les mandats et les méthodes de travail des comités[597]. Les comités directeurs dépendent directement du Comité des ministres, ils sont responsables d'une tranche importante du plan à moyen terme du Conseil de l'Europe. Les Etats désignent leurs représentants à ces comités. Il en est de même pour les comités ad'hoc d'experts, la

---

[597] Résolution publiée sur Internet, http://cm.coe.int/ta/res/1976/f76x3.htm.

différence tient à ce qu'ils ont un rôle plus ponctuel[598]. Donc, le passage du statut de comité ad'hoc d'experts à celui de comité directeur dénote l'intérêt politique accru pour la bioéthique au sein du Conseil de l'Europe. L'organisation du CDBI est régie par la résolution précitée dont l'annexe 2 encadre le règlement intérieur des comités : elle fixe les conditions de convocation, d'ajournement, et de quorum et elle prévoit également la procédure de vote et le mode d'examen des propositions ou amendements. Le personnel et les services administratifs nécessaires au comité sont fournis par le Secrétariat du Conseil de l'Europe.

Le CDBI se distingue pourtant des autres comités directeurs sur certains points : par sa composition pluridisciplinaire, du fait qu'il est compétent pour déterminer son ordre du jour et que son bureau comporte un nombre de membres plus élevé que les autres comités pour assurer une représentation des régions d'Europe.

354. Le groupe européen d'éthique des sciences et des nouvelles technologies (GEE) crée par la Commission européenne et qui a succédé au Groupe de conseillers pour l'éthique de la biotechnologie en 1997, est un organisme consultatif de la Commission. Le mandat du groupe, tel que l'a établi la commission, prévoit que ses membres sont nommés par la Commission. Il a pour tâche de donner des avis à la Commission. Le groupe se réunit sur convocation de la Commission, et les remboursements des frais de voyage et de séjour pour les réunions du groupe, sont couverts par la Commission.

355. Après avoir comparé les différentes catégories de comités d'éthique : les comités locaux hospitaliers, les comités locaux de la recherche, les comités nationaux et internationaux ; il ressort que ceux qui remplissent les conditions cumulatives de pluralisme, de pluridisciplinarité, d'indépendance, tout en exerçant une mission consultative et d'information sont finalement peu nombreux. Il s'agit des comités nationaux, d'une part, et du CIB et du groupe européen d'éthique des sciences, d'autre part. Ces comités disposent en outre d'une certaine homogénéité du point de vue de leur statut juridique dans la mesure où ils sont des organismes de droit public à l'exception du comité national britannique. En revanche, les comités locaux et le CDBI présentent seulement certaines des caractéristiques sus mentionnées.

---

[598] *Juris-Classeur Europe*, Conseil de l'Europe. Structures politiques et administratives, fasc. 6100.

On pourrait ainsi distinguer les comités d'éthique *stricto sensu*, des comités dits d'éthique parce qu'ils satisfont à certains éléments de la définition des comités d'éthique et qu'ils prennent en compte des considérations éthiques dans le cadre de leur mission.

L'étude institutionnelle a mis en lumière la diversité organique des types de comité œuvrant dans le domaine de la bioéthique. Cependant des points communs les réunissent : leur mode de délibération atypique et le type de normes qu'ils produisent.

SECTION 3 : L'ACTIVITÉ NORMATIVE PROPRE AUX COMITÉS D'ÉTHIQUE

356. L'approche institutionnelle a fait ressortir la spécificité des comités d'éthique tant du point de vue de leur composition que de leur mission, mais cette approche demeure incomplète car la particularité des comités réside aussi dans le type de normativité qu'ils produisent. En effet, les comités fonctionnent selon une démarche spécifique, dans la mesure où ils adoptent en principe leurs conclusions par consensus. C'est pourquoi, la définition des comités d'éthique doit, semble t-il, être complétée par un critère procédural de type consensuel. Le procédé consensuel témoigne ainsi d'un procédé décisionnel spécifique pratiqué par les comités d'éthique. Néanmoins il reste à démontrer que l'éthique telle qu'elle est dite par les comités forme un corpus normatif. Ceci induit que le rôle consultatif des comités ne fait pas obstacle à leur rôle normatif.

357. En raison de la polysémie du consensus liée d'une part à son emploi trans-disciplinaire[599] et d'autre part à son association à des notions voisines, le terme nécessite d'être circonscrit. D'autant qu'il jouit d'un véritable engouement au point d'être présenté comme le nouveau paradigme normatif. Il supplante le processus majoritaire dévalorisé comme en témoigne l'expression « tyrannie de la majorité »[600]. La prétention du consensus à refléter le pluralisme des sociétés

[599] C'est-à-dire que le terme consensus est employé avec des sens différents dans de multiples domaines étrangers les uns aux autres tels que la médecine, la sociologie, le droit…

[600] J. Habermas, « La souveraineté populaire comme procédure », *Lignes,* n°7, 1989, p. 34 ; A. G. Slama, *La régression démocratique,* Paris, Fayard, 1995, p. 75.

contemporaines lui confère une légitimité en tant que mode de décision plus adapté à la réalité sociale que la règle de la majorité qui tire sa force de légitimation d'une unité fictive subsumant la pluralité concrète. Mais ériger le consensus en paradigme démocratique, conduit à un curieux mélange des genres entre éthique et droit. Les philosophes qui prônent le consensus le justifient au regard d'une éthique pluraliste et consensuelle, mais en font aussi une exigence de la démocratie moderne. Par conséquent, la légitimité de la norme juridique dépendrait de son acceptation consensuelle.

358. Si le procédé consensuel est *a priori* étranger à la démarche juridique, en revanche, il caractérise le processus décisionnel éthique. Les comités d'éthique préfèrent le consensus à une procédure de vote majoritaire, ce qui se justifie par leur volonté de respecter le pluralisme, qui va de pair avec leur mode de composition particulier, et avec leur domaine de compétence : l'éthique. Les doctrines pluralistes et consensuelles gouvernent le travail des comités, ainsi Jean-Pierre Changeux considère que la philosophie de Rawls s'applique au débat éthique[601]. Et Jean-François Malherbe analyse la démarche du CCNE comme un modèle de la philosophie habermassienne[602]. Il reste à apprécier la portée du consensus, c'est-à-dire déterminer les implications pratiques qu'il produit sur le contenu de la norme éthique en recherchant s'il s'agit d'une exigence minimale ou optimale.

§1 La délibération consensuelle

359. Consensus et délibération sont consubstantiels, puisque le consensus induit une délibération préalable. En accordant une valeur paradigmatique au consensus, on peut se demander si ce n'est pas plutôt le principe de délibération qui est ainsi consacré ; comme la notion de démocratie délibérative semble en attester. Il faut se garder cependant de réduire la délibération au consensus, car les organes parlementaires au sein desquels règne la règle majoritaire sont des corps délibérants.

360. La valorisation du consensus comme mode de décision démocratique, ne prône pas seulement le principe de délibération, elle

---

601 Allocution de J-P. Changeux aux journées annuelles d'éthique, in *Ethique et recherche biomédicale,* Rapport du CCNE 1995-1996, Paris, La doc. fr., 1997, p. 241.

602 D. Gracia, « The intellectual basis of bioethics in southern european countries », *Bioethics,* vol. 7, n°2-3, 1993, p. 97.

remet aussi en cause plus fondamentalement le procédé majoritaire d'adoption des normes. Dès lors, il faut s'interroger sur la crise du fait majoritaire et rechercher quels peuvent être les fondements et la légitimité du consensus qui augurerait une nouvelle conception de la démocratie. En effet, légitimer le consensus au regard de la démocratie en principe conçue comme représentative et majoritaire, nécessite de refonder la démocratie ou de considérer qu'une nouvelle légitimité se substitue à la légitimité démocratique.

361. En revanche, le consensus semble entretenir un lien immanent avec l'éthique dont le mode d'élaboration est présenté comme nécessairement consensuel. C'est sans doute la raison pour laquelle les comités d'éthique symbolisent l'institutionnalisation du consensus. Toutefois, un tel constat ne préjuge pas de la valeur du consensus en éthique, c'est pourquoi il faut rechercher la portée du consensus afin d'évaluer le niveau de consensus atteint par les comités.

A/ Le paradigme du consensus

362. Le consensus a acquis une valeur paradigmatique en philosophie politique, en philosophie du droit et dans le domaine de l'éthique. La promotion du consensus au détriment du principe majoritaire découle de sa force de légitimation fondée sur le respect du pluralisme, d'une part, et sur son caractère exclusivement procédural, d'autre part. A cet égard, les théories de Rawls, Engelhardt et Habermas bien qu'elles dérivent de courants de pensée différents se rejoignent dans la prise en compte du pluralisme et la défense d'une légitimité procédurale qui succède à la légitimité formelle et substantielle.

Le consensus entend pallier les insuffisances de la démocratie représentative, à laquelle on reproche d'être « insuffisamment démocratique et insuffisamment représentative »[603].

1- Le caractère polysémique du consensus

363. A la fin d'une étude terminologique consacrée au terme consensus, un auteur conclut « ce mot n'est pas sûr »[604]. En effet, non

[603] G. Vedel, Préface, *La démocratie continue*, D. Rousseau (sd.), Paris-Bruxelles, LGDJ-Bruylant, coll. La pensée juridique moderne, 1995, p. VI.

[604] R. Pucheu, « A la recherche du « consensus » », in *Pouvoirs*, Le consensus, n°5, 1978, p. 20.

seulement ce terme recouvre des sens divers car il est véhiculé par des disciplines de nature très différente mais il contient aussi une ambiguïté intrinsèque puisqu'il peut désigner aussi bien un type de procédure délibérative que le résultat de la délibération.

a- Le consensus : un concept trans-disciplinaire

364. A l'origine, le consensus désignait un terme médical, puis le concept a pénétré les sciences sociales et le domaine juridique où il comprend différentes acceptions en droit privé, en droit public et en droit international.

La définition première du consensus était circonscrite au domaine de la physiologie. Le consensus, au sens de consensus vital, désignait une « relation, accord dans les fonctions des différentes parties du corps »[605]. Du domaine organique, le consensus est passé dans le domaine sociologique, où il a été appréhendé comme le ferment de la cohésion sociale, il signifie « l'adhésion largement répandue dans un groupe social à un ensemble de valeurs relatives aux modalités de vie en collectivité »[606]. L'existence même d'une société suppose un consensus minimum : la volonté de vivre ensemble[607].

365. Dans le champ politique, l'usage et le succès du terme traduisent la recherche d'autres rapports entre la société et le pouvoir, que la majorité, la volonté générale et la démocratie représentative, jugées trop formelles et coupées de la société civile[608]. L'invocation du consensus sous-tend au contraire une certaine conformité entre l'exercice du pouvoir et les attentes de la société, d'où la fonction idéologique du consensus en politique. Il remplit ainsi une fonction de légitimation.

366. La définition la plus communément admise du consensus est consentement ou accord de plusieurs personnes. C'est la conception retenue en droit civil, le consensus y est synonyme de consentement. Ainsi, l'expression contrat consensuel et le principe du consensualisme, fondent la conclusion d'un contrat sur l'accord des parties. Le contrat consensuel se forme par le seul échange des consentements sans aucune condition de forme en vertu du principe de l'autonomie de la volonté.

---

[605] *Ibid.*

[606] P. Favre, « Essais de définition », in *Pouvoirs*, Le consensus, *op. cit.*, p. 30.

[607] J. Baechler « Essais de définition », *Pouvoirs*, Le consensus, *op. cit.*, p. 21.

[608] J. Rigaud, « Réflexions sur la notion de consensus », *Pouvoirs*, Le consensus, *op. cit.*, p. 7.

Au-delà du cadre du contrat, cette doctrine consiste à affirmer que toute obligation doit être fondée sur la volonté, donc consentie pour être légitime[609].

367. En droit public, le terme consensus n'est en tant que tel pas usité. Néanmoins la théorie du pacte social s'appuie sur le principe de l'autonomie de la volonté, puisqu'en vertu de la doctrine individualiste « toute obligation non consentie serait injuste, tyrannie, une violation de la liberté, une atteinte au droit »[610]. La théorie du contrat social témoigne d'une sécularisation de la philosophie du droit en vertu de laquelle le fondement de l'autorité et du droit est placé dans l'homme et non plus dans une autorité divine et « puisqu'aucun homme, n'a une autorité naturelle sur son semblable, et puisque la force ne produit aucun droit, restent les conventions pour base de toute autorité parmi les hommes »[611]. Dès lors, c'est la volonté libre de l'individu qui est à la source du droit objectif. En consacrant la liberté de l'individu, le Pacte social induit que la loi ne peut émaner que des associés. La société civile résulte d'une convention passée entre tous ses membres, par conséquent la loi revêt aussi une nature contractuelle, les obligations qu'elle impose émanent de la volonté des individus qui y sont soumis de manière à ce que chacun n'obéisse qu'à lui-même[612].

368. Le consensus est entré dans le vocabulaire du droit international récemment où il a reçu une définition plus précise mais toujours empreinte d'ambiguïté en raison du double sens[613] de ce terme qui peut être employé pour désigner la procédure d'adoption des décisions (adopter par consensus), sens le plus courant, ou pour désigner le résultat de la procédure, c'est-à-dire la décision elle-même (adopter un consensus). En tant que mode de décision au sein des organisations intergouvernementales, il est défini par Guy de Lacharrière comme « une procédure de prise de décision, exclusive du vote consistant à constater l'absence de toute objection présentée comme étant un obstacle à la

---

[609] J. Flour, J-L. Aubert, E. Savaux, *Les obligations, L'acte juridique,* Paris, Armand Colin, coll. U, série Droit privé, 11ème éd., 2004, n°94 et sv.

[610] E. Gounot, *Le principe de l'autonomie de la volonté en droit privé. Contribution à l'étude critique de l'individualisme juridique,* Paris, Ed. Arthur Rousseau, 1912, p. 28.

[611] *Ibid.*, p. 46.

[612] *Ibid.*, p. 49.

[613] G. de Lacharrière, « Consensus et Nations Unies », *AFDI,* 1968, vol. XIV, p. 9.

décision en cause »[614]. Le consensus se démarque des procédures traditionnelles de décision que sont la règle de l'unanimité et la règle de la majorité. A cet égard, il faut souligner que le recours au consensus est issu de la pratique des Etats et que malgré sa fréquente utilisation, il conserve un caractère officieux puisqu'il n'est pas consacré en droit positif international[615]. Au départ, le terme recouvrait des réalités très diverses, désormais le consensus s'entend « selon la pratique de l'ONU, d'un accord général sans vote, mais pas nécessairement unanime ». Consensus et vote sont donc antinomiques, le consensus consiste en une procédure informelle de décision comprenant une phase de négociation et une phase d'adoption constatée en l'absence d'opposition. L'avantage de ce procédé est qu'il favorise par le biais de la négociation, la discussion et la consultation, la recherche d'un accord le plus large possible susceptible d'assurer l'efficacité des décisions[616]. A l'inverse, l'échec du consensus met en lumière les oppositions irréductibles. Mais le consensus risque d'aboutir à un semblant d'accord en jetant le voile sur les oppositions sans les résoudre, ou encore le consensus peut conduire à sacrifier la clarté du texte en ouvrant la voie à des interprétations et à des ambiguïtés qui nuisent à la sécurité du droit. Néanmoins, la technique du consensus apparaît particulièrement appropriée au droit international car il permet d'user de diplomatie, il offre une voie intermédiaire entre la règle de l'unanimité trop rigide et la règle de la majorité trop souvent perçue comme une tyrannie de la majorité parce qu'attentatoire à la souveraineté des Etats.

369. Mais c'est dans le domaine de l'éthique, que le consensus est appelé à être la pierre angulaire du système normatif en tant qu'il constitue le seul mode légitime de décision[617]. Le recours au consensus constituerait une troisième voie entre l'unanimité et la majorité. Toutefois, avant de se pencher sur la corrélation entre éthique et consensus, il convient de préciser les contours du consensus car cette notion est souvent confondue avec d'autres.

---

[614] G. de Lacharrière, « Essais de définition », in *Pouvoirs,* Le consensus, n°5, 1978, p. 34.

[615] H. Cassan, « Le consensus dans la pratique des Nations Unies », *AFDI,* vol. XX, 1974, p. 456.

[616] J. Monnier, « Observations sur quelques tendances récentes en matière de formation de la volonté sur le plan multilatéral », *ASDI,* vol. XXXI, 1975, p. 31 ; S. Courteix, « La méthode du consensus dans l'élaboration du droit de l'espace », in *Mélanges offerts à C. Chaumont,* Paris, Pedone, 1984, p. 223.

[617] *Cf. infra* n°360 et sv.

b- Notions connexes

370. En tant que mode de décision, le consensus est associé à la négociation, la discussion et la délibération, procédures qui participent d'une démarche consensuelle. Et en tant que résultat du processus de décision, le consensus est souvent assimilé au compromis, or le consensus peut conduire à une solution autre que le compromis.

371. La procédure de négociation induit l'existence d'un dialogue, de pourparlers dans le but de parvenir à un accord. Plus précisément, la négociation implique un échange de vues sur un sujet controversé entre les intéressés ayant des opinions divergentes afin de réduire les oppositions pour parvenir à un accord acceptable par tous. Elle se distingue de la médiation où l'intervention d'un tiers est requise pour arbitrer le conflit, alors que la négociation se conduit exclusivement entre les personnes concernées[618]. Lors de négociations, chaque participant cherche à sauvegarder l'essentiel de sa position préalable en ne cédant que jusqu'à un certain seuil sur ce qui lui est cher pour gagner l'accord indispensable des autres. La négociation conduit alors nécessairement au compromis[619], c'est-à-dire à un accord résultant de concessions réciproques.

L'enjeu d'une négociation ressort plus de la défense d'intérêts[620], que d'un échange d'idées ce qui autorise la distinction entre négociation au sens de confrontation d'intérêts et délibération au sens de confrontation de raisons. « Il y a délibération dès qu'il y a échanges de raisons plutôt que mise en présence d'intérêts divergents »[621]. Habermas opère cette distinction puisqu'il dégage deux types différents de règlement des conflits donnant lieu à un accord qui diffère dans sa finalité. Il s'agit d'une part de l'entente c'est-à-dire un accord conçu comme un consensus dont le fondement est axiologique et d'autre part, la négociation c'est-à-dire un accord conçu comme une convention, fondée

---

618 J. de Hemptinne, « La négociation : outil d'aide à la prise de décision et de règlement des conflits environnementaux », *RIEJ*, 1994-32, p. 129.

619 J. Freund, *Politique et impolitique*, Paris, Sirey, coll. Philosophie politique, 1987, en particulier chap. 6 : Typologie de la négociation, p. 84.

620 J. Freund, *ibid.*; P-Y. Moreau, *La notion de délibération en droit constitutionnel français*, Thèse dactylographiée, Limoges, 1999, p. 13.

621 D. Weinstock, « Démocratie et délibération », *Archives de philosophie*, t. 63, cahier 3, 2000, p. 405.

sur l'appréciation d'intérêts qui vise un équilibre ou un compromis[622]. La discussion donne lieu à un accord rationnellement motivé, fondé sur des raisons qui persuadent toutes les parties de la même manière, alors que la négociation vise le compromis qui peut être accepté par toutes les parties pour des raisons chaque fois différentes[623].

372. A l'origine, l'usage du terme négociation était cantonné au domaine commercial et diplomatique, désormais le terme s'emploie dans le champ social : ordre social négocié, et juridique : droit négocié. Dans les relations internationales, négociation et diplomatie sont intrinsèquement liées puisque la souveraineté des Etats fait obstacle à l'existence d'une autorité centralisée, supérieure à celle des Etats. Historiquement, la négociation pallie l'absence d'autorité législative au niveau international[624] alors que la pratique de la négociation dans les sociétés internes vise à concurrencer le modèle de décision unilatérale dont l'autorité est contestée. La légitimation de la négociation s'en trouve bouleversée, elle manifeste la remise en cause de l'unilatéralité du droit et de l'autorité immanente et contraignante de la norme juridique[625]. La légitimité ne s'épuise plus dans la légalité, puisque le droit ne jouit plus d'une légitimité *ab initio*, mais elle repose sur le consensus dont le droit doit bénéficier.

373. Quant à la notion de discussion, elle est souvent confondue avec celle de délibération. Or, la discussion se limite à une simple confrontation d'opinions alors que la délibération est orientée vers une fin, « la délibération n'est pas une confrontation quelconque mais celle-la qui porte sur ce qu'il convient de faire »[626]. La discussion comme la délibération impliquent le respect de la diversité des opinions, à la différence que la délibération est tournée vers l'action. En outre l'objet de la délibération est limité aux questions indéterminées, on ne délibère pas sur des évidences. « Nous ne délibérons que sur des questions qui apparaissent comme susceptibles de recevoir deux solutions opposées ;

---

[622] J. Habermas, *Droit et démocratie. Entre faits et normes*, Paris, Gallimard, coll. Nrf Essais, 1997, p. 157.
[623] *Ibid.*, p. 185.
[624] M. Merle, « De la négociation », in *Pouvoirs*, La négociation, n°15, 1980, p. 5.
[625] J. Chevallier, « Vers un droit postmoderne ? », Introduction générale, in *Les transformations de la régulation juridique*, J. Clam et G. Martin (sd.), Paris, LGDJ, coll. Droit et société, 1998, p. 21.
[626] Citation de Saint Thomas, *Somme théologique*, Paris, Les Ed. du Cerf, rééd. 1997, Les actes humains, I, Qu. 14 'La délibération', p. 208 in *La notion de délibération en droit constitutionnel français*, *op. cit.*, p. 11.

quant aux choses qui, dans le passé, le présent ou l'avenir, ne sauraient être autrement, nul n'en délibère, s'il les juge telles ; car cela ne lui servirait à rien »[627]. La délibération désigne donc le processus de formation collectif de la volonté.

374. Entendu comme résultat du processus de décision, le consensus peut être synonyme de compromis mais la valorisation du consensus, consiste, semble t-il, à le différencier du compromis[628]. Cependant la notion de compromis est aussi frappée d'ambiguïté[629], désignant selon le type d'approche, un accord ou le processus visant l'obtention d'un accord. Le compromis fait tantôt l'objet d'une appréciation péjorative de par son association à la compromission, tantôt l'objet d'une appréciation positive en tant que mode de résolution des conflits sans violence. Trois éléments caractérisent le compromis : le conflit, la négociation et la concession.

375. L'obtention d'un consensus équivaut à une solution de compromis, lorsque l'accord obtenu par des concessions réciproques exprime la moyenne des positions des parties en présence. En ce sens, le compromis représente le dénominateur commun aux parties. Alors que le vrai consensus ne saurait se contenter d'une solution de *statu quo* où chacun a un peu raison et un peu tort. Au contraire, il doit donner lieu à une position nouvelle, spécifique qui se construit au travers des débats. Les études en sciences sociales[630] ont démontré l'effet de polarisation de groupe en vertu duquel la tentative de conciliation des opinions contraires en groupe tend plutôt vers une position extrême que moyenne, à condition que les débats et les échanges soient entièrement libres. Au lieu de conduire à un équilibre entre les parties, le consensus laisse les positions antagonistes se modifier les unes au contact des autres jusqu'à ce qu'une position commune se dégage. Si le compromis masque les tensions sans modifier la position des parties, le consensus suppose que les positions évoluent par la confrontation des différences pour aboutir à une solution spécifique.

---

[627] Aristote, *Rhétorique*, I, 2, 1357 a 3-6, Paris, Les belles lettres, 1967.

[628] S. Moscovici et W. Doise, « Du consensus dans les sociétés modernes », in *Le genre humain*, Le consensus, nouvel opium ?, n°22, 1990, p. 15.

[629] M. Nachi, « La vertu du compromis : dimensions éthique et pragmatique de l'accord », *RIEJ*, 2001-46, p. 81.

[630] *Ibid.*

376. Les termes négociation, discussion, délibération, compromis et consensus sont souvent indifféremment utilisés, il paraîtrait cependant approprié de réserver le terme négociation à la confrontation d'intérêts qui vise des compromis, et le terme délibération à l'échange d'opinions ou de raisons qui vise un consensus. Tout en sachant qu'une telle distinction, si elle est - en théorie - idéalement satisfaisante, peut sembler - en pratique - superfétatoire et même dénuée de portée, puisque ces termes souvent sont indistinctement employés.

Mais parmi ces notions, finalement, seul le consensus a acquis une valeur paradigmatique au regard des nouvelles théories sur la démocratie. Il reste donc à s'interroger sur les fondements et la légitimité que ces dernières confèrent au consensus.

2- Fondements et légitimité du consensus

377. La démocratie est définie comme un mode de gouvernement par le peuple, soit par l'intermédiaire de représentants élus, soit directement par le peuple constituant ou par référendum, et prenant ses décisions à la majorité.

Si le consensus est désormais présenté comme un critère de la démocratie, c'est pour répondre à la double crise du système représentatif et du système majoritaire, non seulement jugés trop formels mais aussi incompatibles avec l'existence de communautés et de minorités revendiquant le droit à la différence. A cet égard, le consensus satisfait à une conception plus pragmatique parce qu'il prend en compte le pluralisme et qu'il recherche l'adhésion à la norme de toutes les personnes concernées ce qui est censé concilier la liberté de l'individu avec la poursuite du bien collectif, à condition qu'une telle prétention ne soit pas illusoire. A la légitimité démocratique fondée sur le principe du vote majoritaire semble se substituer une autre légitimité procédurale fondée sur le consensus, dépendante de l'acceptation sociale des normes et apte à intégrer les particularismes.

378. Cette nouvelle légitimité transparaît au travers de certains courants philosophiques, en particulier illustrés, par Rawls, Engelhardt et Habermas. Alors même qu'ils sont issus de courants idéologiques différents, il apparaît que leurs prises de position convergent sur deux principes : la défense du pluralisme et le primat de la procédure dans le processus décisionnel, sous réserve de quelques nuances. Ces théories sont riches d'enseignement à l'égard du fonctionnement des comités d'éthique. Les comités, en effet, semblent participer à cette nouvelle

légitimité dans la mesure où ils tiennent compte des valeurs plurielles, et où, ils adoptent une démarche procédurale de type consensuel.

a- Le respect du pluralisme

379. Prôner le consensus comme le nouveau paradigme démocratique postule la reconnaissance du pluralisme comme légitime, et le devoir de respecter les différences qui en découlent.

Selon les tenants du pluralisme, la perte des références axiologiques fondant l'identité collective, fait obstacle à une hiérarchisation des valeurs qui ferait valoir une forme de vie privilégiée[631] ce qui ne peut être envisagé qu'au prix d'une transformation de la démocratie. En rejetant l'idée de hiérarchie des valeurs, ils mettent en cause à la fois le système majoritaire et un système fondé sur le droit naturel, lesquels imposent et font prévaloir soit le point de vue de la majorité soit des valeurs prédéterminées et transcendantes. Or, le pluralisme consiste à accorder un égal respect aux diverses visions de "la vie bonne" en veillant à assurer la coexistence ou la coordination des différentes échelles de valeurs. Le pluralisme s'accompagne d'une prise en compte de la revendication des différences, au détriment de l'unité abstraite, critiquée en raison de sa dimension fictive et oppressive. Par conséquent la vision pluraliste de la société génère une nouvelle conception de la démocratie, qui prétend être adaptée à la réalité sociale.

380. Elle s'oppose ainsi à la conception rousseauiste, laquelle assoie la souveraineté sur la volonté générale exprimant l'unité du corps politique et poursuivant le bien commun. D'ailleurs, Rousseau distingue la volonté générale en tant que manifestation de l'intérêt commun et la volonté de tous en tant que somme de volontés particulières. Par le pacte social, « chacun met en commun sa personne et toute sa puissance sous la suprême direction de la volonté générale », ce qui suppose une renonciation individuelle au profit du collectif. Dès lors, les débats tournés vers la défense des intérêts particuliers pervertissent et font obstacle à l'expression de la volonté générale, « plus le concert règne dans les assemblées, c'est-à-dire plus les avis approchent de l'unanimité, plus aussi la volonté générale est dominante ; mais les longs débats, les dissensions, le tumulte annoncent l'ascendant des intérêts particuliers et

[631] J. Habermas, *De l'éthique de la discussion,* Paris, Ed. du Cerf, coll. Passages, 1992, p. 86.

le déclin de l'Etat... »[632]. Le pluralisme, au contraire, valorise l'hétérogénéité. A cet égard le fondement libéral de la conception anglo-saxonne de la démocratie paraît plus apte à intégrer le fait du pluralisme.

381. Parmi les partisans du pluralisme, il convient d'étudier la doctrine de Rawls issue du courant libéral et celle d'Habermas issue du courant communautarien, de même que celle d'Engelhardt puisqu'elle s'applique au domaine particulier de la bioéthique.

382. La pensée de John Rawls souligne la nécessité de respecter le pluralisme et il développe la technique du consensus par recoupement comme moyen d'y parvenir. En effet, il a élaboré les fondements de sa théorie de la justice à partir du pluralisme axiologique. La prise en compte des différentes conceptions de la vie bonne le conduit à déterminer le caractère strictement politique d'une raison publique qui devra se limiter à ce qui manifeste le consensus par recoupement[633]. Ceci signifie que le consensus ne doit dériver d'aucune doctrine d'ordre religieux, philosophique ou moral car il doit transcender les particularismes afin de considérer les conceptions conflictuelles et incommensurables comme étant toutes également acceptables. Dégager un tel consensus nécessite de soustraire de la politique les questions fondamentales sujettes à controverse d'ordre religieux, philosophique ou moral ce que John Rawls appelle « la méthode d'évitement »[634]. Il revient aux citoyens et non à l'Etat de trancher ces problèmes, que Rawls renvoie à la sphère privée. Cette conception de la politique fondée sur la non intervention de l'Etat en faveur d'une doctrine particulière mais fondée sur le principe de l'égal respect de chacune, lui a valu que l'on compare sa conception de l'Etat à la mission d'un gardien de zoo, où les

[632] J-J. Rousseau, *Du contrat social,* livre IV, chap. 2, in *Œuvres complètes,* t. III, Paris, Gallimard, 1964, p. 439.

[633] J. Rawls, « L'idée d'un consensus par recoupement », *Revue de métaphysique et de morale,* n°1, 1988, « L'idée d'un consensus par recoupement doit nous permettre de comprendre comment un régime constitutionnel, caractérisé par le « fait du pluralisme », pourrait assurer, malgré des divisions profondes et grâce à la reconnaissance publique d'une conception politique raisonnable de la justice, la stabilité et l'unité sociales », p. 5.

[634] *Ibid.*, « Une opinion libérale confrontée au « fait du pluralisme » doit éliminer d'un programme politique les problèmes les plus discutables , l'incertitude diffuse et les conflits les plus sérieux qui ne manqueront pas de miner les fondements de la coopération sociale », p. 23.

institutions publiques sont chargées du gardiennage et de la protection des exotismes en veillant à leur coexistence pacifique[635].

383. L'éthique de la discussion théorisée par Habermas rejoint la théorie précédente dans la mesure où il prend aussi en compte le pluralisme qu'il prétend surmonter grâce à une discussion libre susceptible de dégager « un consensus rationnel ». « La formation de la volonté collective se rapporte aux choix et à la réalisation effective de fins susceptibles de consensus »[636]. La rationalité d'une norme dépend selon lui de la capacité à dégager un consensus sur l'acceptation de la norme et du fait que ce consensus est issu d'une argumentation[637].

384. Il fonde la validité des normes sur leur justification discursive, seule à même de dégager leur acceptation rationnelle. « Chaque norme valide devrait pouvoir trouver l'assentiment de tous les concernés, pour peu que ceux ci participent à une discussion pratique »[638], c'est-à-dire à une discussion où l'on convainc l'autre par la force du meilleur argument.

385. Dans le domaine de la bioéthique, la pensée d'Engelhardt est sans doute la plus représentative de l'intérêt porté au respect du pluralisme. Il s'appuie sur le pluralisme pour dégager les fondements d'une éthique collective et séculière en bioéthique : « Une bioéthique séculière générale doit fonctionner comme une logique du pluralisme, comme le moyen d'une négociation pacifique des intuitions morales »[639]. Partant de l'impossibilité de dégager une vision univoque du Bien, il propose de considérer l'éthique comme une méthode de résolution pacifique des conflits de valeurs. Cette méthode doit faire l'objet d'un accord fondé - soit sur des prémisses morales partagées (hypothèse rare) - soit sur le principe de la négociation (hypothèse la plus fréquente). Il écarte comme mode de résolution des conflits : la force, la conversion à

[635] A. Exler, « Du veilleur de nuit au gardien de zoo. Métamorphoses de la démocratie libérale », *Le Débat,* n°97, 1997, p. 70.

[636] J. Habermas, *Droit et démocratie, op. cit.*, p. 157.

[637] J. Habermas, *Raison et légitimité, Problèmes de légitimation dans le capitalisme avancé,* Paris, Payot, 1978, p. 150.

[638] J. Habermas, *De l'éthique de la discussion, op. cit.*, p. 34.

[639] H. T. Engelhardt, *The foundations of bioethics,* Oxford, New-York, Oxford University Press, 1986, p. 11, extrait traduit in *Bioéthique et culture démocratique,* Y. Lajeunesse, L. K. Sosoe, Montréal, Paris, Ed. Harmattan, 1996, p. 166.

l'autre partie, et l'argumentation rationnelle, pour ne retenir que l'accord en tant que négociation[640].

386. On constate qu'au fondement de la théorie de la justice de Rawls, de la théorie de la discussion d'Habermas et de la bioéthique d'Engelhardt se retrouve le respect du pluralisme de fait. En effet, ils partent d'une même appréhension de la société concrète où l'homme est déterminé et situé socialement à l'inverse de la conception de l'homme abstrait, considéré comme une volonté libre, et isolé du milieu social. Cela les conduit à se poser la même question : comment dégager des valeurs communes tout en ménageant l'individualisme identitaire et à proposer la même méthode : le recours au consensus ou à l'entente comme facteur éventuel d'unification. Leur volonté d'accorder un égal respect aux formes de vie les détourne du système de vote majoritaire trop attentatoire aux droits des communautés ou des minorités alors qu'ils prônent le principe du respect mutuel. C'est pourquoi, ils débouchent sur une conception de la démocratie ou de l'éthique de pure forme dans la mesure où l'une et l'autre doivent moins spécifier des contenus de valeur que proposer des procédures équitables de décision. Constatant l'absence d'évidences partagées sur les questions substantielles, les partisans du pluralisme concluent au caractère indéterminable d'une vision commune de la vie bonne dès lors ils invoquent la procédure comme source de légitimité.

387. Au contraire, la conception de l'éthique défendue par Hans Jonas, est fondée sur la métaphysique et l'ontologie. Il élabore une éthique substantielle dans la mesure où elle repose sur des valeurs qu'il découvre dans la nature et dans la mesure où il reconnaît la valeur absolue de l'être même comme un bien en soi. Le monde n'est pas axiologiquement neutre, « il existe au moins une valeur dans le monde, l'existence de la responsabilité, qui est préférable à son absence »[641]. Selon lui, la peur devrait révéler les vraies valeurs humaines et orienter l'action dans le sens de la préservation de ces valeurs.

388. Le fonctionnement des comités d'éthique semble s'inspirer des différents courants philosophiques qui s'inscrivent dans la

---

[640] W. Kuhlmann, « Les foundations of bioethics d'Engelhardt et l'éthique discursive », in *Aux fondements d'une éthique contemporaine. H. Jonas et H. T. Engelhardt,* G. Hottois (ed.), Paris, Librairie philosophique J. Vrin, coll. Problèmes et controverses, 1993, p. 143.

[641] H. Jonas, *Une éthique pour la nature*, Paris, Desclée de Brouwer, 2000, p. 70.

logique du pluralisme et de la procédure consensuelle. Cela transparaît dans l'attention portée à leur composition laquelle doit prendre en compte la représentation de disciplines et de courants de pensée différents. En outre, la recherche du consensus comme moyen de parvenir à un accord est au cœur de la démarche des comités.

b- La légitimité procédurale

389. A la légitimité formelle, puis matérielle, se substitue aujourd'hui la légitimité procédurale[642] justifiée par son impartialité, autrement dit sa tolérance à l'égard des différentes formes de vie.

390. Le pluralisme des valeurs conduit Rawls à dégager un consensus fondé exclusivement sur les règles de procédure, en raison de leur caractère impartial et non dogmatique. Il défend une conception de la justice procédurale, « (...) il n'y a pas de critère de justice indépendant ; ce qui est juste est défini par le résultat de la procédure elle-même »[643]. Il entend ainsi vider la conception de la justice de tout contenu pré-déterminé, les principes de justice sont construits par un processus de délibération[644]. Le fondement de la coopération sociale doit donc reposer sur la procédure, c'est-à-dire sur les conditions d'organisation de la communauté et non sur des valeurs, c'est-à-dire sur la poursuite d'objectifs communs, indéterminables en raison du pluralisme. Ces principes d'organisation, il les fonde sur l'équité. Mais la non ingérence de l'Etat dans les conflits de valeurs risque d'aboutir plutôt à un éclatement qu'à une entente au sein de la communauté politique car « l'institution d'un ordre politique ne saurait se passer d'une mise en commun de valeurs »[645].

391. En dégageant comme fondement de l'éthique : la négociation, Engelhardt en développe une conception procédurale. Selon lui, tout accord résultant d'une négociation présente un caractère éthique, car il s'agit d'une méthode de résolution pacifique des conflits. Deux principes qu'il hiérarchise, gouvernent la procédure de négociation : le premier, le principe d'autonomie et le second, le principe de bienfaisance. Mais il n'entoure la négociation d'aucune contrainte

[642] J. Lenoble, *Droit et communication*, Paris, Ed. du Cerf, coll. Humanités, 1994, p. 20.
[643] J. Rawls, *Justice et démocratie*, Paris, Seuil, coll. La couleur des idées, 1993, p. 84.
[644] *Ibid.*
[645] P. Rosanvallon, *Le peuple introuvable. Histoire de la représentation démocratique en France*, Paris, Gallimard, coll. Bibliothèque des histoires, 1998, p. 340.

procédurale, il ne tient pas compte des violences ou contraintes symboliques telles que la manipulation, la persuasion, l'influence, la loi du marché, susceptibles de priver la négociation de son caractère éthique au sens du respect de l'autre[646].

La négociation telle qu'il la conçoit, donne lieu à un accord empirique. Car le respect du principe d'autonomie et de bienveillance peut emporter le respect de n'importe quelle valeur. Le principe d'autonomie enjoint de prendre en compte la volonté d'autrui au nom de sa liberté et celui de bienveillance d'agir selon cette volonté, c'est-à-dire selon la conception qu'autrui a de son propre bien, quelle que soit la nature de ce bien.

392. Quant à la conception de la démocratie délibérative développée par Habermas, elle entend la démocratie comme procédure[647]. La légitimité dépend des conditions de communication, encadrées par des contraintes procédurales que sont l'accès universel, illimité, égalitaire à la discussion, le choix des thèmes de discussion, la prise en compte de toutes les informations et raisons disponibles, les chances égales à la délibération, et l'absence de toute contrainte sur le processus d'entente sauf celle du meilleur argument[648]. Ces principes sont destinés à assurer un consensus sans contrainte.

Habermas fonde la légitimité des normes sur leur reconnaissance et leur justification discursive, ce qui le conduit à « désubstantialiser » la souveraineté, celle-ci réside exclusivement dans les procédures de formation de la volonté. La liberté de communication des citoyens se substitue à la souveraineté du peuple de manière à conduire à l'usage public de la raison[649]. Il renouvelle le concept de souveraineté populaire, la souveraineté appartient au peuple mais au lieu de l'incarner dans des

---

[646] G. Hottois (ed.), *Aux fondements d'une éthique contemporaine, op. cit.*, p. 129.

[647] M. Hunyadi, « La souveraineté de la procédure. A propos de la pensée politique de J. Habermas » *Lignes*, n°7, 1989, p. 11 ; J. Habermas, « La souveraineté populaire comme procédure. Un concept normatif d'espace public », *Lignes*, n°7, 1989, p. 29 ; J. Habermas, *Après Marx*, Paris, Fayard, 1985 : « Désormais , et puisqu'il n'est plus possible sur le plan théorique de défendre la validité des raisons dernières, ce sont les conditions formelles de justification qui acquièrent elles mêmes un pouvoir de légitimation » p. 259, « Les procédures et les présupposés de la justification elle même sont désormais les raisons qui assurent la légitimation et en confortent la validité. L'idée d'un accord passé entre tous les membres de la société en tant qu'ils sont libres et égaux, caractérise le type procédural de légitimité propre à l'époque moderne », p. 261.

[648] J. Habermas, *L'intégration républicaine. Essais de théorie politique*, Paris, Fayard, 1998, p. 319.

[649] J. Habermas, « Sur le droit et la démocratie », *Le Débat*, n°97, 1997, p. 42.

corps politiques, il l'incarne dans les procédures de formation de la volonté. A la fiction d'un peuple souverain, conçu comme un corps d'associés ou une entité collective, il substitue une vision plus complexe de la société : une société différenciée, et une « souveraineté populaire procéduralisée ». L'idée consiste à faire participer à la formation de la volonté, l'opinion publique informelle. La souveraineté ne doit plus s'exprimer seulement dans les enceintes parlementaires, c'est pourquoi il propose qu'elle s'exerce au sein d' « espaces publics autonomes », par des « communications spontanées », ou par « le pouvoir communicationnel non institutionnalisé », ainsi susceptibles de peser sur les institutions de l'Etat. La société civile doit exercer une pression externe sur le système politique qui lui doit rester perméable à l'opinion publique informelle.

Des trois modèles de décision qu'Habermas distingue : le modèle « décisionniste » accordant le primat à la prise de décision des politiciens, le modèle « technocratique » où à l'inverse, le politique s'en remet aux experts et technocrates, c'est le modèle « pragmatique » qu'il privilégie car il combine le recours aux spécialistes et techniciens et la participation des citoyens à la prise de décision. Les experts sont appelés seulement à éclairer les décisions, celles-ci devant nécessairement passer par la médiation de la discussion publique.

393. Ces théories nous intéressent dans la mesure où elles révèlent un nouveau mode de production normative dont la légitimé découle de l'argumentation, supplantant celle de la tradition[650]. Selon leurs auteurs, aucune valeur substantielle ne bénéficie d'une légitimité *ab initio*, la légitimité s'acquiert par le biais de la procédure de délibération vouée à l'obtention d'un consensus. En disqualifiant toute légitimité transcendante (se référant soit à la religion, soit à l'histoire, soit à la science), ils s'attachent à ancrer la légitimité dans la volonté et la participation des citoyens. A ce titre, la démocratie délibérative présente indubitablement des vertus puisqu'elle induit une démocratie plus participative. Le succès de cette conception de la démocratie s'affirme par la réception du concept de démocratie participative (art. I-47) dans le Traité établissant une Constitution pour l'Europe, à côté de la démocratie représentative (art. I-46).

Mais, le doute pèse sur le caractère réellement praticable de ces théories, d'autant que les auteurs eux-mêmes recourent à des fictions

[650] L. Ferry, « Tradition ou argumentation », *op. cit.*, p. 5.

pour asseoir leur propre thèse : le voile d'ignorance chez Rawls et la communauté idéale de communication chez Habermas. Finalement, ils remplacent la fiction de la volonté générale dégagée par la majorité par une autre fiction celle de l'auto-organisation consensuelle de la société grâce à la délibération de tous les citoyens concernés.

394. Les écrits d'Habermas illustrent particulièrement cette tendance idéaliste. En raison de l'idéalisation du rôle du discours, il ne peut tendre qu'à une visée consensuelle à défaut de consensus réalisable. C'est pourquoi il est conduit à reconnaître la règle de la majorité comme une procédure rationnelle qui légitime les décisions ainsi prises. Toutefois, la procédure de décision majoritaire ne constitue qu'une interruption momentanée du processus de discussion, l'opinion majoritaire n'est que temporairement obligatoire tant que la poursuite de la discussion ne fait pas émerger une autre majorité aux moyens d'arguments supposés meilleurs. La minorité n'a pas à changer ses convictions (toute opinion est légitime), dès lors qu'elle peut triompher au moyen de la discussion ce qui l'oppose à la conception de Rousseau, selon laquelle la minorité doit rallier la majorité : « Quand l'avis contraire au mien l'emporte, cela ne prouve autre chose sinon que je m'étais trompé et ce que j'estimais être la volonté générale ne l'était pas »[651]. Pour Habermas, la règle de la majorité bénéficie d'une légitimité procédurale parce qu'elle résulte de délibérations préalables[652], dont le contenu est élaboré par le processus de discussion, alors que pour Rousseau, la majorité est légitime en tant que substitut à l'unanimité et expression de la volonté déjà déterminée des individus[653].

395. Dès lors, l'apport de sa théorie se trouve réduit car le fait de justifier le principe majoritaire parce qu'il clôt une délibération n'est en soi pas nouveau. Kelsen[654] a souligné le caractère dialectique de la

---

[651] J-J. Rousseau, *Du contrat social, op. cit.*, p. 441.

[652] John Dewey « La règle de la majorité... n'est jamais purement et simplement une règle de la majorité... Les moyens par lesquels une majorité parvient à être la majorité, voilà la chose la plus importante, autrement dit les débats antérieurs, la modification des conceptions en fonction des opinions défendues par les minorités... En d'autres termes, ce dont on a besoin, c'est essentiellement une amélioration des méthodes et des conditions de débat, de discussion et de persuasion » in *Droit et démocratie, op. cit.*, p. 329.

[653] B. Manin, « Volonté générale ou délibération ? Esquisse d'une théorie de la délibération politique », *Le Débat,* n°33, 1985, p. 72.

[654] H. Kelsen, *La démocratie, sa nature, sa valeur,* Paris, Ed. Economica, coll. Classiques, Traduction de C. Eisenmann, 1988, p. 57 et sv.

procédure parlementaire qui s'élabore par argumentations, contre-argumentations, discours et réponses. D'ailleurs, Kelsen préfère en raison du sens du principe majoritaire dans la démocratie réelle, l'appeler : principe majoritaire - minoritaire parce que la volonté générale ne résulte pas d'une décision dictatoriale de la majorité mais de l'influence réciproque que majorité et minorité exercent l'un sur l'autre[655]. En raison de l'opposition des intérêts, la volonté générale « ne peut être que la résultante de ces oppositions et un compromis entre intérêts opposés »[656]. La procédure dialectique vise donc un compromis et non pas une vérité supérieure absolue, par conséquent il conclut à l'essence relativiste de la démocratie, laquelle « implique de considérer l'opinion contraire d'autrui comme possible, ainsi la procédure qui précède et prépare l'édiction des normes générales au Parlement, qui donne lieu à une succession de discours qui se répondent les uns aux autres, a un caractère démocratique »[657].

396. D'autre part, la conception procédurale de la démocratie présente des limites du point de vue juridique. Elle fait dépendre la légitimité du droit d'un processus démocratique entendu comme processus de communication publique. C'est la délibération publique menée sur le mode argumentatif qui rend légitime la norme juridique. Habermas fonde la légitimité du droit sur la théorie de la discussion, que cette dernière soit recevable en tant que procédure de légitimation des normes éthiques, soit, mais son transfert dans l'ordre juridique conduit à une appréhension du droit critiquable. La constitution du droit résulterait d'un procédé empirique, pragmatique, variant au gré de l'opinion publique. Car selon lui, le droit doit trouver sa source dans la combinaison entre une souveraineté du peuple juridiquement institutionnalisée et une souveraineté du peuple non institutionnalisée[658] qu'il caractérise par les espaces publics autonomes de telle sorte que les destinataires du droit en soient aussi les auteurs. C'est pourquoi des trois modèles de relation existant entre le savoir spécialisé et la politique, que nous avons précédemment évoqués, il juge que seul le modèle pragmatique présente un lien nécessaire avec la démocratie car il passe

---

655 *Ibid.*, p. 59.
656 *Ibid.*, p. 34.
657 *Ibid.*, p. 92.
658 J. Habermas, *Droit et Démocratie*, *op. cit.*, p. 471.

par la médiation de l'opinion publique[659]. Le dialogue entre science et politique ne doit être dominé ni par les politiciens ni par les experts, mais ouvert à tous les citoyens. Il insiste sur l'ouverture de l'espace politique qui doit être « réceptif aux impulsions émanant des mondes vécus privés ». « L'influence d'opinions publiques qui se sont constituées de manière informelle doit pouvoir se transformer en pouvoir communicationnel, et de là en pouvoir administratif »[660]. C'est l'acceptabilité sociale des normes juridiques qui détermine leur légitimité, ce qui sous-tend la nécessaire adaptabilité[661] du droit à la factualité sociale. Il en résulte une conception hétéronome[662] et contingente du droit qui remet en cause la stabilité de la norme juridique et par conséquent le principe de sécurité juridique. Ce n'est pas le caractère évolutif du droit que nous entendons critiquer ici, lequel est d'ailleurs indispensable mais le fait qu'il soit conditionné par les données empiriques de la réalité sociale, économique, scientifique au point d'être comparé à une technique de gestion ou de marketing[663]. Au lieu de s'inscrire dans la durée et une certaine permanence, ce qui offre à chacun la sécurité de connaître à l'avance les conséquences de ses actes, le droit s'installe dans le transitoire, devenant un produit de circonstances de plus en plus marqué par l'incertitude. Le droit se trouve fragilisé par des impératifs qui lui sont extrinsèques et souvent pressé par l'urgence. La sécurité juridique est affectée par le manque de prévisibilité des évolutions du droit que d'aucuns jugent plus improvisées que programmées[664]. En s'inscrivant dans le provisoire, et en faisant l'objet

---

[659] J. Habermas, *La technique et la science comme idéologie*, *op. cit.*, en particulier : Scientificisation de la politique et opinion publique, p. 107 et sv.

[660] J. Poulain, « Rencontre avec Habermas », *Le Monde*, 10 janvier 1997.

[661] Pour J. Habermas, « L'opinion majoritaire par nature faillible, peut - jusqu'à nouvel ordre, c'est-à-dire jusqu'à ce que la minorité ait persuadé la majorité du bien-fondé de ses conceptions - être considérée comme le fondement raisonnable d'une pratique commune ». in *Droit et Démocratie, op. cit.*, p. 331.

[662] J. Habermas, « Les diverses formes de l'opinion publique se convertissent en pouvoir communicationnel exerçant à la fois un effet d'autorisation sur le législateur et un effet de légitimation sur l'administration régulatrice », in *Droit et Démocratie*, *op. cit.*, p. 472.

[663] J. Commaille, *L'esprit sociologique des lois,* Paris, PUF, coll. Droit-éthique-société, 1994, p. 235.

[664] F. Ost, « Le temps virtuel des lois postmodernes ou comment le droit se traite dans la société de l'information », in *Les transformations de la régulation juridique,* J. Clam et G. Martin (sd.), *op. cit.*, p. 423.

de changements imprévus soumis aux données empiriques, le droit instrumentalisé, perd de son autonomie et de son autorité.

397. De plus, les auteurs qui défendent une légitimité procédurale et consensuelle en raison de son impartialité sont contraints d'y renoncer face à une question aussi controversée que celle de l'avortement qui ne peut faire l'objet d'une solution consensuelle. Habermas reconnaît qu'il y a différentes réponses valides au sujet de l'avortement, dès lors il faut rechercher comment assurer la coexistence des différentes conceptions éthiques de l'avortement. L'Etat devant être impartial, il doit s'abstenir de légiférer sur le sujet[665]. Mais une telle solution ne répond pas au critère d'impartialité puisque ne pas légiférer ouvre la voie au laisser-faire et aux partisans du libre choix. La solution consiste donc à s'en remettre à la loi majoritaire comme suspension temporaire de la discussion. Finalement cette question qui relève à la fois de la sphère privée et de la sphère publique nécessite un choix de valeurs et ne peut se satisfaire d'une procédure impartiale à l'égard des différentes conceptions.

398. L'apport des doctrines consensuelles et procédurales est intéressant sur le plan de la philosophie du droit, dans la mesure où elles renouvellent la réflexion sur la démocratie en mettant en cause la fiction de la représentation, par l'impossible identification des gouvernés et des gouvernants et en proposant un rapprochement entre le peuple réel et le peuple abstrait. Mais le recours à des concepts abstraits ou à des idéaux, affecte à la fois la clarté et la portée de ces théories. D'autre part, elles restent insatisfaisantes sur le plan juridique, car la reconnaissance du pluralisme a pour conséquence d'égaliser tous les points de vue or si tout se vaut rien ne vaut[666]. Tout le droit devient relatif et tributaire des intérêts économiques, scientifiques, sociaux, au risque de satisfaire des intérêts particuliers plutôt que l'intérêt général, d'être dénaturé dans sa fonction de cohésion sociale car « instituer durablement le social n'est pas le moindre des effets symboliques qu'on est en droit d'attendre d'une législation »[667], et de vider les droits fondamentaux de leur portée. En ce

---

[665] Y. Sintomer, *La démocratie impossible ? Politique et modernité chez Weber et Habermas*, Paris, La Découverte, 1999, en particulier le droit à l'avortement, p. 317 et sv.

[666] P-A. Taguieff, « L'exil et le dialogue : l'étoile de la rationalité juridique », *Lignes*, n°7, 1989, p. 141.

[667] F. Ost, « Le temps virtuel des lois postmodernes ou comment le droit se traite dans la société de l'information », *op. cit.*

sens, ce système procédural et consensuel s'oppose au respect de valeurs absolues, intangibles que sont, ou devraient être les droits fondamentaux. En outre l'impartialité de l'Etat n'est pas concevable quand les conflits de valeurs ressortent de la sphère privée et de la sphère publique, d'autant que dans le domaine de la bioéthique, les impacts des nouvelles technologies appellent des choix de société et des garde-fous afin de garantir la protection de la personne humaine.

399. Dans le domaine de l'éthique, l'existence des comités d'éthique procède de la volonté de promouvoir un terrain de médiation entre le monde politique, les savoirs spécialisés et l'opinion publique. Les comités remplissent cette fonction de médiation à condition qu'ils jouent exclusivement le rôle d'informateur pluraliste et éclairé de l'opinion et qu'ils ne se substituent pas au débat public. Leur démarche procédurale axée sur la délibération et l'argumentation s'inscrit dans le cadre de ces doctrines consensuelles.

B/ La démarche consensuelle des comités d'éthique

400. Si la possibilité de fonder le droit sur le consensus s'avère inappropriée, dans le domaine de l'éthique, le consensus apparaît comme le seul mode décisionnel légitime. Pour preuve, les comités d'éthique appliquent une démarche consensuelle qu'elle soit ou non prescrite dans leurs statuts.

401. La consécration du consensus est liée à la nature de l'éthique car l'éthique ne se vote pas. Mais il faut attirer l'attention sur les différentes utilisations du consensus. En effet, il y a lieu de distinguer le consensus procédural qui caractérise la démarche éthique et le consensus portant sur le contenu substantiel issu des délibérations des comités.

1- L'adoption des conclusions des comités par consensus

402. L'ensemble des comités chargés de prendre des positions éthiques procède de préférence par consensus. Ce constat s'appuie à la fois sur les statuts des comités, en particulier ceux des comités internationaux qui prévoient officiellement le recours au consensus et sur la pratique des comités.

a- L'institutionnalisation du consensus dans les statuts

403. Paradoxalement, la consécration du consensus dans les statuts reste peu fréquente alors que le recours au consensus est préféré à la procédure de vote.

404. Les statuts des comités d'éthique internationaux ont officiellement institué le consensus pour l'adoption des avis ou recommandations. Les statuts du CIB, adoptés le 7 mai 1998, stipulent à l'article 7 que « les avis et recommandations du CIB sont adoptés par consensus » ainsi que tout membre a droit de consigner une opinion dissidente. L'adoption par consensus signifie, non pas unanimité, mais seulement qu'il n'y a pas de procédure de vote. Le mandat[668] du Groupe Européen d'éthique pour les sciences et les nouvelles technologies, prévoit que si l'avis ne fait pas l'objet d'un accord unanime, l'avis peut être assorti d'opinions dissidentes. Ces dispositions elliptiques sont précisées dans le règlement d'ordre intérieur établi par le Groupe. « En principe, l'avis est adopté par consensus ». Et les dissensions sont consignées parallèlement à l'opinion majoritaire. La décision de la Commission du 11 mai 2005 renouvellant le mandat du comité ne précise toujours pas le mode d'adoption de l'avis : vote ou consensus, mais elle précise que si un avis n'est pas adopté à l'unanimité, il est assorti de toute opinion divergente exprimée.

405. Parmi les comités nationaux, le règlement intérieur du comité national belge prévoit que les avis doivent faire état des divers points de vue exprimés et que le texte final de l'avis ne fait pas l'objet d'un vote. Il est adopté par consensus.

406. La promotion du consensus figure dans les lignes directrices adoptées par l'OMS[669], relatives aux comités d'éthique de la recherche puisque pour la prise de décision, elles conseillent de parvenir à la décision par consensus, si possible ; et lorsqu'un consensus semble peu probable, il est conseillé de procéder à un vote.

---

[668] Publié in *Le groupe européen d'éthique des sciences et des nouvelles technologies*, émis par le Secrétariat général de la Commission Européenne, Bruxelles, nov. 2000.
[669] OMS, *Lignes directrices opérationnelles pour les comités d'éthique chargés de l'évaluation de la recherche biomédicale*, Genève, 2000.

b- La pratique du consensus

407. Alors même que les statuts ne prévoient pas explicitement le consensus ou qu'ils organisent une procédure de vote, les comités d'éthique privilégient la démarche consensuelle.

408. Le Comité directeur pour la bioéthique du Conseil de l'Europe, fonctionne selon la procédure de vote, à la majorité des deux-tiers, chaque Etat disposant d'une voix au sein du CDBI. Mais, le mode de travail vise à l'obtention d'un consensus[670].

409. Le comité d'éthique national anglais adopte ses avis et rapports par consensus[671]. Le groupe de travail constitué en Allemagne pour rendre un rapport sur la fécondation in vitro, l'analyse du génome et la thérapie génique, s'est efforcé d'atteindre le plus large consensus possible, lorsqu'il n'a pu être obtenu, l'opinion majoritaire a été dégagée par un vote. Le rapport final a été adopté par un vote, et les opinions divergentes sont reproduites en annexe du rapport[672]. La même démarche a guidé le travail de la commission américaine sur la protection des sujets humains, dont la tâche était de dégager un consensus. Une seule dissension a été recensée, émise par un seul membre parmi tous les rapports qu'elle a rendus[673].

410. Le comité national d'éthique français procède aussi par consensus bien que le décret relatif au CCNE ne fasse référence qu'à la procédure de vote. Lors du dixième anniversaire du comité, le Professeur Jean Bernard déclarait « nous avons voté une seule fois en dix ans. Dans

[670] Comptes rendus d'entretien avec M. Carlos De Sola, Secrétaire du Comité Directeur pour la bioéthique au Conseil de l'Europe, in *Le comité international de bioéthique de l'UNESCO et le Comité Directeur pour la bioéthique au Conseil de l'Europe : instances productrices d'éthique ?,* R. Charignon, I. Sera, (sd.) J. Dhommeaux, CRJO, Rennes I, octobre 1998, annexe V, p. 7.

[671] D. Shapiro, « Nuffield Council on Bioethics », *Politics and the Life Sciences*, vol. 14, n°2, 1995, p. 263.

[672] Rapport du groupe de travail constitué en commun par le ministère fédéral de la recherche et de la technologie et le ministère fédéral de la justice, *Fécondation in vitro, analyse du génome et thérapie génique,* Paris, La doc. fr., 1987, p. 9.

[673] D. W. Brock, « Public policy and bioethics », in *Encyclopedia on Bioethics,* vol. 4, p. 2186.

tous les autres cas, l'accord s'était fait entre nous »[674]. De manière générale, il est impossible de recenser le nombre et les avis ayant fait l'objet d'un vote dans la mesure où le secret du délibéré s'applique à la demande d'un ou plusieurs membres.

411. Les comités d'éthique locaux prennent aussi de préférence leurs avis par consensus[675]. Dans le cadre des CCPPRB, l'avis est décidé consensuellement dans la majorité des cas, la procédure formelle de vote est minoritaire[676].

412. Il ressort d'une enquête réalisée aux Etats-Unis auprès de comités d'éthique hospitaliers et d'un rapport émanant de membres de comités d'éthique que l'unanimité ou le consensus sont considérés comme les solutions les plus préférables[677].

413. Que les statuts des comités requièrent ou non la procédure consensuelle pour clore les délibérations, c'est la solution privilégiée par l'ensemble des comités qui produisent des avis, recommandations ou rapports dans le domaine de l'éthique. Le consensus signifie que l'adoption a lieu sans vote, cependant l'accord n'est pas nécessairement unanime. Toutefois, le recours au vote reste toujours possible en cas d'oppositions irréductibles.

2- L'autorité du consensus en éthique

414. L'éthique s'élabore par consensus, le vote et la procédure majoritaire, appropriés au modèle politique, ne conviennent pas au modèle éthique car l'éthique relève de l'ordre de la persuasion non de la contrainte.

Le rôle des comités consiste à débattre des questions éthiques et à promouvoir le débat au sein de l'opinion publique, et non à dicter de bonnes réponses ou des réponses "toutes faites" qui dispenseraient les citoyens de toute réflexion critique personnelle. La richesse des comités

---

674 J. Bernard, « Les dix ans du Comité consultatif national d'éthique », Compte rendu du 10ème anniversaire du comité, *Ethique et recherche biomédicale*, Rapport 1992-1993, Paris, La doc. fr., 1994, p. 170.

675 B. Feuillet-Le Mintier, *Les comités régionaux d'éthique en France : réalités et perspectives*, CRJO, Rennes I, octobre 1998, p. 28.

676 A. Langlois et G. Atlan, « Enquête nationale menée au sein de la Conférence nationale des CCPPRB sur le fonctionnement des CCPPRB (1991-1997) », *JIB*, vol. 10, n°5, 1999, p. 85.

677 J. D. Moreno, « Ethics by committee : the moral authority of consensus », *The Journal of Medicine and Philosophy*, vol. 13, 1988, p. 411.

doit résider plus dans leur démarche consensuelle que dans leurs conclusions consensuelles.

a- Le caractère nécessairement consensuel de l'éthique

415. L'éthique, à la différence de la loi, ne se vote pas[678]. La procédure de vote, en raison de son caractère autoritaire et arbitraire est jugée inadaptée à la prise de position éthique. Elle n'exprime qu'une somme d'opinions juxtaposées, alors que l'éthique doit se construire, s'élaborer par la confrontation des opinions[679]. La solution au conflit passe par « la culture du respect mutuel » selon l'expression employée par le comité national d'éthique allemand. La culture du respect mutuel[680], implique que l'esprit des opinions divergentes est respecté, que les arguments sont examinés avec objectivité, que chaque partie justifie sérieusement ses positions. Enfin aucune formule verbale susceptible de blesser, de rabaisser ou de gêner l'autre ne doit être utilisée au cours de la discussion. Dans cette perspective, soulignons d'ores et déjà qu'il s'agit d'une conception particulière de l'éthique, à distinguer de la morale[681]. Conçue comme système de décision consensuelle, l'éthique se présente comme un nouveau mode d'élaboration des normes privilégiant la procédure de délibération, de discussion et d'argumentation pour concilier tous les points de vue dans une société pluraliste.

416. Si l'application de la règle de la majorité conduit à écarter les opinions minoritaires, l'éthique au contraire cherche à concilier les différentes positions afin de « ne blesser en nos avis aucune conviction »[682]. Par la procédure de vote, on consent automatiquement au résultat même si on est en désaccord avec la solution obtenue alors que le consensus requiert l'adhésion de tous les participants[683]. Pour certains, endosser le point de vue de la majorité présente un grand risque quand il s'agit de traiter de problèmes éthiques, risque d'oppression de la minorité et donc de déboucher sur une solution non éthique. Le vote est jugé

---

678 H. Atlan, « Comités d'éthique et démocratie », *Raison présente*, n°105, 1993, p. 149.
679 R. Thomas, « Bioéthique et démocratie », *JIB*, vol. 5, n°1, 1994, p. 11.
680 Démarche explicitée dans l'avis rendu par le comité national allemand sur les cellules souches embryonnaires, mis en ligne sur le site : http://www.ethikrat.org.
681 *Cf. infra* n°437 et sv.
682 L. Sève, *Recherche biomédicale et respect de la personne humaine*, *op. cit.*, p. 14.
683 P. Caws, « Committees and consensus : how many heads are better than one ? », *The Journal of Medicine and Philosophy*, vol. 16, n°1, 1991, p. 375.

inconvenant pour l'adoption de points de vue éthiques[684] car un comité doit justifier sa prise de position non parce qu'elle résulte d'une majorité mais parce qu'elle résulte d'une délibération au cours de laquelle ont été envisagés et évalués les types problèmes, les différentes réponses possibles ainsi que leurs fondements[685]. C'est pourquoi l'autorité d'un jugement éthique ne dépend pas de la voix du plus grand nombre mais de la force des arguments donc de la capacité à persuader. La fonction des comités est de convaincre et non contraindre ce qui correspond à leur rôle exclusivement consultatif.

417. Le modèle de décision judiciaire[686], est lui aussi inadapté à celui que doit suivre un comité d'éthique. Car il résout le conflit en prenant partie pour un des points de vue opposé, alors qu'un comité en tant que médiateur doit respecter toutes les perspectives en conflit en cherchant une solution acceptable pour toutes les personnes impliquées. En outre la décision judiciaire tranche le conflit en vertu de règles préétablies alors que les comités produisent leur propre système de référence. Dans cette optique, la démarche des comités se rapproche plus de l'arbitrage, mode de justice douce, volontaire et contractuelle[687], dans la mesure où dans l'arbitrage « la survie du groupe, l'aménagement entre ses membres de rapports harmonieux, sont plus important que le droit de chacun »[688]. L'arbitre plutôt que de trancher le conflit, cherche à concilier les positions des parties afin d'obtenir une solution acceptable pour tous. « L'esprit initial de l'arbitrage est ainsi de mettre fin aux litiges de manière consensuelle »[689]. En tant qu'amiable compositeur, l'arbitre contrairement au juge, n'est pas tenu de statuer en droit. La recherche de solutions non juridiques se traduit par la recherche de solutions fondées en équité ou par la recherche de solutions d'opportunité acceptables pour

---

684 L. Sève, *Recherche biomédicale et respect de la personne humaine*, *op. cit.*, p. 14.

685 J. Crosthwaithe, « Moral expertise : a problem in the professional ethics of professional ethicists », *Bioethics*, vol. 9, n°3, 1995, p. 361.

686 K. A. Parker, « The Bioethics Committee : A consensus – Recommandation Model », in *Pragmatic Bioethics*, Glenn Mac Gee (ed.), USA, Vanderbilt University Press, 1999, p. 60.

687 S. Guinchard, « L'évitement du juge civil », in *Les transformations de la régulation juridique*, J. Clam et G. Martin (sd.), Paris, LGDJ, 1998, p. 221.

688 R. David, « Arbitrage du XIXe et arbitrage du XXe siècle », in *Mélanges offerts à R. Savatier*, Paris, Dalloz, 1965, p. 229.

689 J-B. Racine, « Les dérives procédurales de l'arbitrage », in *Les transformations de la régulation juridique*, J. Clam et G. Martin (sd.), *op. cit.*, p. 233.

chaque partie[690]. Par conséquent, et pour poursuivre notre comparaison avec les comités d'éthique, « l'amiable compositeur n'est plus comme le juge un organe d'application de normes pré-établies ; il créé la norme en résolvant les conflits »[691].

418. Le procédé consensuel tel que l'entend Habermas et tel qu'il devrait être mis en œuvre dans les comités doit favoriser un équilibre éthique[692] en vertu duquel les concessions consenties peuvent être inégalitaires mais justes. Un tel équilibre ne peut être atteint ni par une loi d'égalité ni par une loi de la majorité toujours dogmatique, mais exclusivement par la contrainte du meilleur argument. Seulement cette démarche nécessite une faculté de décentration, qui suppose l'acceptation d'une contradiction entre ses propres convictions et le résultat d'une délibération collective. Car il s'agit de faire abstraction de ses propres convictions vis-à-vis de celles d'autrui, en acceptant de ne pas rendre opposables aux tiers, ses propres préférences car les implications seraient pour eux inacceptables ou impraticables. Il y a donc une distinction entre le fait de préférer et défendre une position et l'imposer aux autres.

b- Ambiguïté et limites du consensus en éthique

419. La démarche consensuelle est présentée comme la seule légitime en éthique, mais l'ambiguïté persiste quant à la signification du consensus. Il faut distinguer le consensus en tant que résultat de la délibération c'est-à-dire l'accord sur les conclusions issues des délibérations et le consensus en tant que procédure de délibération.

420. En effet, la doctrine considère que l'autorité morale du consensus ne peut être que procédurale, elle ne découle pas de la capacité des comités à parvenir à des conclusions consensuelles de nature substantielle[693]. Le consensus ne doit pas être perçu comme une fin en

---

[690] E. Loquin, *L'amiable composition en droit comparé et international. Contribution à l'étude du non – droit dans l'arbitrage commercial,* Paris, LGDJ, 1980, en particulier : la fonction d'apaisement de la clause d'amiable composition, p. 341 et sv.

[691] Citation de M. Witemberg, in *L'amiable composition en droit comparé et international. Contribution à l'étude du non-droit dans l'arbitrage commercial*, *op. cit.*, p. 367.

[692] J-M. Ferry, « Un concept communicationnel de pouvoir et de souveraineté », in *Les paradigmes de la démocratie,* J. Bidet (sd.), Paris, PUF, coll. Actuel Marx Confrontation, 1994, p. 31.

[693] R. Tong, « The epistemology and ethics of consensus : uses and misuses of 'ethical' expertise », *The journal of Medicine and Philosophy,* vol. 16, 1991, p. 409.

soi, mais seulement comme un moyen, un procédé de délibération[694]. Les auteurs qui dénient toute autorité morale aux solutions consensuelles, s'appuient sur le fait que ce n'est pas parce que les membres d'un comité s'entendent sur des conclusions exprimant un jugement d'ordre subjectif que celles-ci sont pour autant justes ou bonnes. C'est donc la procédure qui doit être consensuelle, non les conclusions.

421. Or dans la pratique, les comités valorisent le consensus de nature substantielle dans leur souci de parvenir à l'unanimité. Le CCNE s'est toujours efforcé de rendre des avis reflétant un accord unanime de type consensuel[695], mais reste à déterminer si une telle unanimité n'est pas illusoire, auquel cas il s'agirait d'une unanimité de façade. L'éthique ne se satisfait pas du principe du vote majoritaire, car « voter ou se diviser en matière d'éthique dénature l'éthique »[696] ce qui correspond à une certaine conception de l'éthique selon laquelle elle devrait être idéalement fondée sur l'unanimité[697]. Mais, en raison du pluralisme, certaines positions irréductibles font obstacle à l'adoption d'une position unanime. Dans ce cas, le comité a tendance à endosser la position majoritaire, les opinions minoritaires étant reléguées en annexe en tant que positions dissidentes. Le comité prend donc position dans le débat. Par exemple, dans l'avis n°8, « malgré l'opposition de certains de ses membres, le comité estime que… ». D'autre part, les divergences ne sont pas nécessairement portées à la connaissance du public car l'article 11 du décret du 29 mai 1997 relatif au CCNE prévoit que « le vote au scrutin secret est de droit sur décision du président ou sur demande d'un ou de plusieurs membres présents ». Et, si l'avis rend compte de désaccords, les personnes en désaccord ne sont pas nécessairement identifiées, l'avis ne mentionne alors que le nombre de personnes favorables ou défavorables. Sur l'ensemble des avis rendus, rares sont ceux qui signalent une opposition des membres du comité, ou qui laissent place à l'expression d'opinions personnelles même non contraires à la position du comité[698].

---

[694] J. Moreno, « Ethics by committee : the moral authority of consensus », *The journal of Medicine and Philosophy*, vol. 13, 1988, p. 411.

[695] N. Aumonier, avec la coll. d'A. Fagot-Largeault, « L'éthique consensuelle au CCNE », *Communio*, n°XVIII, 5, p. 72.

[696] N. Aumonier, « Les limites d'une éthique consensuelle », *Communio*, n°XVIII, 5, p. 114.

[697] *Ibid.*

[698] L'avis n°8 contient une contribution de Mr Galamur déclarant son abstention. L'avis n°18 signale qu'une « minorité importante du comité est plus sévère et estime que toute expérimentation sur l'embryon doit être interdite ». L'avis n°40 est prolongé par des

Toutefois, la lecture de certains avis laisse présager une évolution en cours vers plus de transparence car cinq avis consécutifs[699], soit rendent le résultat du scrutin public, soit sont accompagnés des notes ou des observations des membres.

422. La notion d'opinion dissidente appelle ici une comparaison avec la formulation des arrêts en droit. La pratique des opinions dissidentes et concurrentes est instituée auprès de certaines juridictions internationales : la Cour internationale de justice[700] et la Cour européenne des droits de l'homme[701], et auprès de certaines juridictions nationales, comme la Cour suprême des Etats-Unis[702]. L'opinion dissidente désigne une opinion en désaccord à la fois avec l'argumentation et avec la décision de la majorité alors que l'opinion concurrente désigne une opinion qui tout en étant d'accord avec la décision de la majorité la fonde sur d'autres motifs que ceux invoqués par la majorité[703]. La pratique des opinions dissidentes est attachée à la tradition anglo-saxonne, de *common law* , en vertu de laquelle les jugements étaient rendus *seriatim*[704], il n'y avait pas d'opinion de la Cour mais des opinions des juges qui étaient rendues les unes après les autres sachant qu'elles n'étaient pas nécessairement identiques. Aux Etats-Unis, l'expression des opinions dissidentes constitue un élément essentiel de l'indépendance judiciaire, c'est-à-dire de l'indépendance d'un juge par

---

observations de Mr Laroque. L'avis n°43 est complété par une note de France Quéré sur le rapport éthique et toxicomanie. L'avis n°50 rend compte de trois positions en annexe. L'avis n°53 contient des observations sur le statut des cellules ES et des embryons conservés in vitro, l'avis n°64 mentionne qu'il a reçu l'approbation de l'ensemble des membres du comité à l'exception de trois personnes qui ont émis un avis défavorable. L'avis n°65 est accompagné de deux notes dont l'une souligne les insuffisances de l'avis et l'autre précise que son auteur n'a pas voté le texte. L'avis n°66 relève l'approbation des 40 membres sauf un, sachant qu'en raison de l'opération de renouvellement des membres, sept membres n'ont pu participer à l'élaboration du texte. L'avis n°67 est accompagné de trois notes. L'avis n°68 contient une contribution de Mr Cavaillet. L'avis n°88 contient une contribution d'un membre du comité en annexe.

[699] Avis n° 64 à 68.

[700] *Juris-Classeur Droit international*, Cour internationale de justice, Fasc. 218.

[701] J-P. Marguénaud, *La Cour européenne des droits de l'homme,* Paris, Dalloz, coll. Connaissance du droit, 1997, p. 20.

[702] E. Zoller, « Présentation de la Cour Suprême des Etats-Unis », *Les Cahiers du Conseil Constitutionnel,* 1998, n°5, p. 34.

[703] F. L. Morton, « La rédaction des opinions de la Cour Suprême », *Pouvoirs,* La Cour Suprême des Etats-Unis, n°59, 1991, p. 45.

[704] E. Zoller, « La pratique de l'opinion dissidente aux Etats-Unis », in *Mélanges en l'honneur de Pierre Avril,* Montchrestien, 2001, p. 609.

rapport aux autres[705]. Ainsi, le désaccord entre les juges est présenté comme aussi important dans le cadre de la démocratie que la liberté d'expression elle-même, comme le moyen démocratique d'exprimer des points de vue différents[706]. En revanche, en France, le secret du délibéré fait obstacle à la pratique des opinions dissidentes et concurrentes[707]. Cependant, certains jugent l'argument du secret du délibéré réfutable dans la mesure où le secret pèse sur les délibérations préalables au vote et non sur le vote lui-même[708], d'autres considèrent que c'est le principe même du secret qui est discutable[709].

Quels que soient les pays, la teneur des débats relatifs aux opinions dissidentes présente une certaine identité[710].

Un des avantages de présenter l'opinion de la minorité à coté de celle de la majorité consiste à obliger la majorité à offrir une motivation plus précise de la décision, ce qui lui confère un caractère éducateur et pédagogique[711]. C'est pourquoi certains plaident en faveur de leur introduction dans la procédure constitutionnelle française[712] afin d'améliorer la qualité de l'argumentation des décisions et faire valoir la transparence et la prévisibilité des évolutions jurisprudentielles. Au titre des inconvénients, l'expression d'opinions dissidentes risque de nuire à la clarté de la décision et d'affaiblir l'autorité et la crédibilité de la décision car c'est reconnaître qu'une solution alternative à celle de la majorité est envisageable.

Toujours est-il que l'opinion dissidente donne la possibilité à la minorité d'expliquer les raisons de son désaccord, sur ce point la reconnaissance de la dissidence s'inscrit dans le cadre de la légitimité

---

[705] F. L. Morton, « La rédaction des opinions de la Cour Suprême », *Pouvoirs, op. cit.*

[706] W. O. Douglas, « In defense of dissent », in *The Supreme Court : views from inside,* A. F. Westin (sd.), USA, Connecticut, Greenwood Press, 1983, p. 51.

[707] Entretien avec Georges Vedel, « Neuf ans au Conseil constitutionnel », *Le Débat,* n°55, mai - août 1989, p. 52 ; Jacques Robert, « Neuf années au Conseil Constitutionnel. Débat entre J. Robert et D. Rousseau », *RDP,* 1998, p. 1758.

[708] M. Troper, Table ronde : Faut-il réformer le Conseil constitutionnel ?, in *Le Conseil Constitutionnel a 40 ans,* Paris, LGDJ, 1999, p. 190.

[709] D. Rousseau, *Droit du contentieux constitutionnel,* Paris, Montchrestien, coll. Domat Droit public, 5ème éd., 1999, p. 36.

[710] Dossier : contributions au débat sur les opinions dissidentes dans les juridictions constitutionnelles, in *Les Cahiers du Conseil Constitutionnel,* n°8, 2000, p. 80.

[711] W. Mastor, « Essai sur la motivation des décisions de justice. Pour une lecture simplifiée des décisions des Cours constitutionnelles », *AIJC,* 1999, vol. XV, p. 35.

[712] M. Troper, Table ronde : Faut-il réformer le Conseil constitutionnel ?, in *Le Conseil Constitutionnel a 40 ans, op. cit.,* p. 190 ; D. Rousseau, « Neuf années au Conseil Constitutionnel. Débat entre J. Robert et D. Rousseau », *op. cit.*, p. 1758.

délibérative, pluraliste et procédurale puisqu'elle garantit le droit à la différence de la minorité et elle valorise l'argumentation. Les différentes opinions émises apparaissent comme légitimes, la publication de celles de la minorité a lieu dans l'espoir que dans le futur d'autres juges ou cours en soient convaincus. A ce titre, elles mettent en évidence que la décision est l'expression d'un choix et qu'elle résulte du pouvoir d'interprétation des juges ce qui va à l'encontre du dogme de l'absence de pouvoir de création des juges. Rédigées dans l'objectif d'un revirement, et dans le but de prouver les erreurs de la position majoritaire, les opinions dissidentes mettent en doute la certitude et la stabilité de la décision ce qui en droit peut porter atteinte à l'autorité du jugement et au principe de sécurité juridique.

423. En revanche, en éthique, la publication des opinions dissidentes n'entache pas l'autorité des avis des comités d'éthique dans la mesure où ces avis ne prétendent à aucune autorité et encore moins à l'autorité de la chose jugée. L'éthique « on l'énonce, on s'efforce d'en convaincre et chacun accepte ou rejette »[713]. La force d'une position éthique réside dans la qualité de son argumentation et dans sa capacité à convaincre. En outre, étant donné que la mission des comités consiste à éclairer les citoyens, leur rôle consiste moins à dégager une solution unique que de présenter les différentes alternatives possibles.

Les points de vue ont donc droit à un égal respect, pourtant le comité national français tranche en faveur des arguments majoritaires dans le corps de l'avis au lieu d'exposer simultanément les différentes alternatives. Certes, les positions dissidentes sont portées à la connaissance du public mais dans la mesure où elles ne figurent pas dans le corps de l'avis, leur diffusion et leur portée demeurent plus confidentielles. Elles n'éclairent pas suffisamment l'enjeu des débats. A l'inverse, les avis du comité danois exposent à la fois, les conclusions ayant recueilli l'accord de l'ensemble des membres et celles ayant fait l'objet de désaccord en précisant le nombre de membres en faveur et contre les propositions[714]. C'est en mettant en évidence publiquement les divergences, au lieu de réduire artificiellement les dissensus, qu'un comité peut stimuler le débat public en éclairant les différentes

---

[713] J. Michaud, « Situation juridique du comité national d'éthique », *Rapport de la Cour de cassation 1988*, Paris, La doc. fr., 1989, p. 37.

[714] Avis de 1997 sur la procréation médicalement assistée, *JIB*, vol. 10, n°1-2, 1999, p. 93 ; Avis sur le don d'organes et recommandations sur l'euthanasie, site http://www.etiskraad.dk/.

alternatives. Les réponses unanimistes risquent de dispenser d'un tel débat.

424. Quand les membres du comité parviennent à une solution acceptable pour chacun, il faut déterminer à quel niveau s'opère un tel consensus.

La volonté des comités de prendre des positions acceptables pour tous, les conduit à éluder les questions de fond pour s'accorder seulement sur les modalités pratiques. L'avis n°8 du CCNE relatif aux recherches et utilisations des embryons humains *in vitro* à des fins médicales et scientifiques, qui a fait l'objet d'un vote précise que « le comité national n'en est pas moins unanime sur les conditions que requièrent ces pratiques et il tient à insister sur les points suivants ». A défaut de trancher des conflits théoriques, il est plus facile d'obtenir des accords sur les pratiques, la Commission américaine a procédé ainsi. Selon Stephan Toulmin, « les membres de la commission nationale américaine pour la protection des sujets humains (...) trouvent relativement facile de parvenir à un accord (...) mais continuent à avoir des désaccords fondamentaux et profonds quant aux principes moraux »[715]. Etant entendu qu'un accord sur l'application des principes n'induit pas un accord sur les fondements et la signification des principes eux-mêmes. Les principes peuvent être formulés de manière à laisser place à diverses interprétations. A rechercher le consensus à tout prix, le risque est de n'exprimer que le plus petit dénominateur commun grâce à une formulation suffisamment générale et ambiguë permettant de recueillir l'accord de chacun en ménageant différentes interprétations possibles, tel est le cas des principes d'autonomie, de bienfaisance et de justice[716]. La qualification de l'embryon d'être humain potentiel fournit un autre exemple ; elle esquive d'une part la question du statut de l'embryon et d'autre part, elle permet des interprétations opposées. Pour certains, personne potentielle signifie être humain en puissance donc déjà donné ; pour d'autres, elle signifie seulement possible, « on ne peut que respecter

---

[715] Cité in *Bioéthique et culture démocratique*, *op. cit.*, p. 50.

[716] Par exemple, le Rapport Belmont « se tient prudemment dans la zone moyenne de réaffirmation des valeurs humanistes, où tout le monde peut se retrouver et reste évasif sur les arrière-plans ontologiques ou métaphysiques afin de ne mécontenter quiconque » A. Fargot-Largeault, « La réflexion philosophique en bioéthique », in *Les fondements de la bioéthique*, M-H. Parizeau (sd.), Bruxelles, De Boeck Université, coll. Sciences-éthiques-sociétés, 1992, p. 17.

de tels points de vue, mais il y aurait irréalisme à y chercher la base d'un accord général »[717].

425. Finalement l'idée de solution acceptable se réduit soit à un consensus minimum soit à une unanimité concernant le moindre mal. De l'aveu même du CCNE dans l'avis n°8 « l'élaboration des règles et leur mise en œuvre impliquent des compromis que le principe éthique du moindre mal peut rendre tolérables ». Le comité reconnait l'exigence de compromis « comme toujours, il appartient à la réflexion éthique de se frayer un chemin entre le nécesaire progrès technique et le respect des personnes »[718]. Tiraillés entre le respect du pluralisme et le respect de la pratique sociale, entre le respect de la dignité de la personne humaine et la liberté de la science, les comités élaborent un équilibre toujours précaire.

426. Dans cette perspective, la poursuite du consensus est instrumentalisée pour parvenir à une solution de compromis unanimiste. L'exemple de l'avis du CCNE rendu sur l'euthanasie est à cet égard topique. Le Président du CCNE déclarait dans *Libération* des 4 et 5 mars 2000 que le texte avait été adopté à l'unanimité « aussi bien par des membres des Eglises catholique et protestante, des musulmans ou des juifs, des athées ou encore Henri Cavaillet, qui préside l'Association pour le droit de mourir dans la dignité. Et tous se déclarent solidaires »[719], tandis que le représentant de l'Eglise catholique dans ses propos publiés dans *La Croix* du 6 mars 2000 exposait son opposition à l'exception d'euthanasie en tant que troisième voie entre deux positions opposées, le respect de la vie et le droit de mourir dans la dignité. « L'euthanasie, c'est clair, n'est pas conforme à la morale catholique et sur le plan des principes, il est clair que je dis non à l'exception d'euthanasie »[720]. D'ailleurs, un communiqué du Président de la conférence épiscopale française publié dans *Le Figaro,* le 6 mars 2000, rejette l'avis du comité en qualifiant l'exception d'euthanasie de compromis impossible.

Mais, reconnaît le représentant de l'Eglise au comité, la pratique de l'euthanasie existe, dès lors la question était de déterminer dans

---

[717] L. Sève, « La personne, la connaissance : regard sur dix ans de réflexion », in *Ethique et recherche biomédicale*, Compte rendu du Xème anniversaire du comité, Rapport du CCNE 1992-1993, Paris, La doc. fr., 1994, p. 196.
[718] Avis n°77 relatif aux biobanques, 20/03/2003.
[719] Revue de presse : le débat sur l'euthanasie, site : http://www.centredeformation.net/revue/euthana.htm, le 09/01/2001.
[720] *Ibid.*

« l'avis d'une éthique séculière pour une société sécularisée », quelle est la solution du moindre mal. Ce qui nous renvoie à la faculté de décentration préalablement évoquée, il admet le principe de l'exception d'euthanasie du point de vue de l'éthique séculière. Donc, il renonce à rendre opposable aux tiers, les principes de la morale catholique que pourtant il défend et qu'il maintient. La solution du moindre mal équivaut à consacrer la pratique existante, l'éthique se soumet aux données empiriques d'ordre socio-économico-scientifique au prix non seulement des convictions mais aussi des droits fondamentaux qui eux sont relativisés. Parce que, au lieu de poser le problème au regard de la mise en cause de la pratique elle-même, le comité prend acte de la pratique qu'il cherche seulement à circonscrire.

427. Il ressort de ces exemples que l'usage du consensus est dévoyé si les comités confondent démarche consensuelle et position unanime. Le risque d'une telle confusion a été identifié aux Etats-Unis car le décret présidentiel[721] instituant le comité national d'éthique américain met en garde contre cette conception du consensus - unanimité. En effet, il précise que le comité doit chercher dans sa démarche à exprimer les différents points de vue moraux en opposition plutôt qu'à atteindre un consensus. Dire que l'éthique est consensuelle, c'est dire qu'elle s'élabore de manière informelle sans vote. La légitimité procédurale du consensus requiert une délibération libre, où tous les points de vue sont exprimés, évalués, confrontés sans pour autant conduire à un consensus sur le contenu substantiel sinon on arrive au paradoxe suivant : alors que la démarche consensuelle s'inscrit en faux contre le dogmatisme, les solutions consensuelles de nature substantielle acquérraient une valeur dogmatique, moralement contraignante en raison de l'unanimité dont elles se réclament.

Il reste à déterminer si l'éthique est par nature consensuelle ou s'il s'agit d'une propriété qui a été rattachée à l'éthique pour fonder un nouveau système d'élaboration des normes sur un type de délibération consensuelle et pluraliste.

---

[721] Décret en ligne sur le site : http://www. bioethics.gov/about/eo13237.html, « In pursuit of this goal, the Council shall be guided by the need to articulate fully the complex and often competing moral positions on any given issue, rather than by an overriding consensus. The Council may therefor choose to proceed by offering a variety of views on a paticular issue, rather than attempt to reach a single consensus position. ».

§2 La normativité éthique

428. Parler de normativité éthique sous-tend que l'éthique engendre un système normatif qui lui est propre. La procédure consensuelle plaide en faveur d'une telle reconnaissance en dotant l'éthique d'un mode de décision spécifique. Cependant l'autonomie de l'éthique par rapport à d'autres ordres normatifs, la morale et la déontologie, fait l'objet de controverse. La question se pose de savoir si, par nature, l'éthique est différente des deux autres systèmes normatifs ou si cette notion d'éthique sert à rendre compte *a posteriori* d'un phénomène normatif en rupture avec les modes traditionnels de détermination des normes qu'il s'agisse du système majoritaire ou du droit naturel et dont les comités d'éthique seraient les acteurs en bioéthique. Il y a donc lieu de s'interroger sur la pertinence de la distinction de l'éthique, de la morale et de la déontologie afin de déterminer dans quelle mesure l'éthique présente ou non certaines caractéristiques, d'autant qu'elle bénéficie d'une légitimité accrue comparée aux deux autres systèmes concurrents.

Une fois la particularité de l'éthique identifiée par rapport aux autres systèmes de normes para-juridiques, il faut examiner la normativité éthique telle qu'elle est produite par les comités d'éthique.

A/ Distinction de trois ordres normatifs : l'éthique, la morale et la déontologie

429. Les rapports entre l'éthique, la morale et la déontologie sont complexes dans la mesure où d'une part, ils ont évolué, et d'autre part, ils sont entremêlés. A cette complexité s'ajoute la polysémie de ces différents termes.

430. La synonymie des termes morale et éthique a été abandonnée au profit d'une émancipation de l'éthique par rapport à la morale. Mais les fondements de la distinction, souvent avancés par les philosophes manquent d'homogénéité. Malgré l'imbroglio des définitions proposées, il faut admettre qu'une certaine conception de l'éthique a le mérite de correspondre à une évolution du mode d'élaboration des normes proche des théories consensuelles et procédurales préalablement exposées.

431. La question de la distinction entre éthique et morale appelle une autre réflexion sur une notion voisine : la déontologie qui entretient aussi des liens étroits avec l'éthique et la morale mais qui semble constituer un système normatif à part entière[722].

1- L'opportunité discutée d'une distinction entre éthique et morale

432. Deux façons d'appréhender l'éthique et la morale s'opposent : celle qui les traite de manière équivalente et celle qui opère une distinction. L'argument étymologique penche en faveur de l'identification des deux termes, cependant on ne peut nier en pratique l'évolution sémantique qui tend à faire de l'éthique et de la morale deux modes différents de jugements de valeur.

a- Des termes originellement synonymes

433. Etymologiquement, éthique d'origine grecque et morale d'origine latine, recouvrent la même signification. Ces notions se rapportent aux mœurs, aux règles de comportement et à leur justification[723]. Les dictionnaires rappellent l'indifférenciation originelle des deux termes. Selon la définition du dictionnaire de l'Académie française de 1776, éthique signifie morale. Le dictionnaire philosophique Foulquié relève l'identité des deux termes à la différence que la morale fait l'objet d'un usage courant alors que l'éthique est réservée à la philosophie, à un langage savant, ce qui lui confère un caractère plus noble.

Non seulement étymologiquement, mais aussi historiquement, l'éthique est assimilée à la morale, « Historiquement le mot éthique a été appliqué à la morale sous toutes ses formes soit comme science soit comme art de diriger la conduite »[724].

434. En raison de cette assise étymologique, certains auteurs emploient indifféremment les mots éthique et morale, « (...) nous prenons, quant à nous, indistinctement un mot pour l'autre, étant donné l'étymologie commune des deux termes, l'un étant simplement d'origine latine, et l'autre d'origine grecque »[725]. En admettant que les mots

[722] Le caractère juridique sera abordé dans la deuxième partie.
[723] *Encyclopaedia Universalis*, V° Ethique.
[724] A. Lalande, *Vocabulaire technique et critique de la philosophie*, Paris, PUF, 18ème éd., 1996, V°Ethique.
[725] G. Durand, *Introduction générale à la bioéthique*, *op. cit.*, p. 93.

éthique et morale sont interchangeables, il n'en reste pas moins qu'ils revêtent un caractère polysémique. Ils comportent trois acceptions[726], qui renvoient soit à un type de réflexion, soit à un contenu, soit à une pratique. Morale ou éthique impliquent une réflexion sur ce qu'il faut faire dans le cadre d'une recherche du bien ou du juste, morale ou éthique font référence à un contenu relatif à un ensemble organisé et hiérarchisé de valeurs et, morale ou éthique induisent une obéissance aux normes.

435. Aujourd'hui, le débat s'élève pour déterminer s'il y a lieu ou non de distinguer la morale de l'éthique en raison de l'emploi inconditionné du terme éthique et du recul de l'usage de la morale qui semble dévalorisée. Si dans le langage, l'éthique supplante la morale, faut-il pour autant en conclure qu'ils doivent être différenciés. Non, répondent ceux qui voient dans ce phénomène un simple effet de mode. Comme le souligne Jean Bernard, le mot moral paraît « désuet, suranné, poussiéreux »[727], alors que l'éthique bénéficie du sceau de la modernité. D'autres rejettent la distinction en analysant le phénomène de substitution de l'éthique à la morale comme un anglicisme, puisqu'en anglais morale se dit *ethic*[728]. En effet, selon les différentes traditions, les pays préfèrent le mot morale à celui d'éthique pour désigner les mêmes réalités[729]. D'autres enfin estiment que la distinction de l'éthique et de la morale est un faux débat, donc superflu, et qu'il convient de se focaliser sur des questions plus fondamentales, c'est-à-dire s'interroger sur qui prend position en matière éthique ou morale, à destination de qui, et sur quoi[730].

436. A l'inverse, nombre d'auteurs s'attachent à différencier l'éthique de la morale soit en opposant l'éthique à la morale, l'éthique serait a-morale, soit en opérant un distinguo sans nier toute corrélation entre l'un à l'autre. Il est vrai que le succès de l'éthique est interprété comme une volonté de refouler la morale, ce qui suggère une éthique

---

[726] *Ibid.*, p. 83 et sv.

[727] J. Bernard, *De la biologie à l'éthique, op. cit.*, p. 30.

[728] D. Thouvenin, « Ethique et droit en matière biomédicale », *D.*, Chr, 1985, p. 21.

[729] G. Bourgeault, *L'éthique et le droit face aux nouvelles technologies biomédicales*, Bruxelles - Paris, De Boeck Université - Editions Universitaires, coll. Sciences-éthiques-sociétés, 1990, p. 53.

[730] P. Verspieren, « Nature du débat éthique », *Le supplément. Revue d'éthique et de théologie morale*, n°185, 1993, p. 27.

sans morale[731]. Or nous ne croyons pas qu'un tel divorce existe. L'éthique est rattachée à la morale[732], sans quoi elle serait vide de sens. Toutefois, la morale renvoie à un système de valeurs constitué. Dès lors, elle évoque un système fermé de normes, religieux ou confessionnel, alors que l'éthique ne fait pas référence à un système de valeurs préétablies. Au contraire, elle se présente comme auto-référentielle et, par conséquent, elle est associée à un questionnement, ouvert, séculier et pluraliste[733].

b- Des termes soumis à des évolutions sémantiques distinctes

437. Les deux termes étant polysémiques, les distinctions entre éthique et morale sont multiples et même contradictoires. Les critères de différenciation de l'éthique et de la morale s'articulent autour de différentes notions opposées telles que concret - abstrait, théorie - pratique, individuel - collectif, système fermé - ouvert, dogmatique - réflexif, impératif - descriptif, l'appréciation du bien ou du mal – du bon ou du mauvais.

438. Certains cantonnent la morale à l'analyse des phénomènes concrets et le terme éthique à l'étude des fondements de la morale et des notions fondamentales telles que le bien, le mal[734]. La plupart des dictionnaires définissent d'ailleurs l'éthique comme la science de la morale. Dans cette perspective, la morale est tournée vers la pratique, alors que l'éthique est d'ordre théorique[735]. Mais l'inverse est aussi soutenu, la morale est placée dans l'ordre de l'abstrait et c'est l'éthique en tant que recherche des fondements de l'action qui est concrète[736]. Selon cette conception, l'éthique est présentée comme « réflexion de type moral en relation avec les sciences humaines et juridiques : biologie,

---

[731] C. Atias, « Rapport entre éthique et droit », in *Bioéthique : de l'éthique au droit, du droit à l'éthique, op. cit.*, p. 217.

[732] H. Barreau, « La loi morale fondement du droit », *Ethique*, n°22, 1996-4, p. 11, L. Sève, *Recherche biomédicale et respect de la personne humaine, op. cit.*, p. 12.

[733] G. Durand, *Introduction générale à la bioéthique, op. cit.*, p. 88.

[734] *Encyclopedia Universalis*, V° Ethique.

[735] F. Quéré, *L'éthique et la vie*, Paris, Odile Jacob, 1991, p. 12 ; M. Pierson et H. Brunswic, « Ethique, morale et déontologie », in *Principes d'éthique médicale*, H. Brunswic et M. Pierson (sd.), Paris, Ed. Vuibert, 1999, p. 13.

[736] R. Misrahi, *La signification de l'éthique. Pour l'application de l'éthique aux problèmes de la vie de la santé*, Le Plessis- Robinson, Ed. Synthélabo, coll. Les empêcheurs de penser en rond, 1995, p. 67.

sociologie, psychologie, économie et déontologie » et le mot morale utilisé pour désigner « des aspects normatifs, théoriques et formels de ce type de réflexion »[737].

439. D'autres fondent la distinction sur les référents de la morale et de l'éthique ; celui de la morale appartient à l'ordre du jugement du bien et du mal, qui renvoie à des valeurs absolues et transcendantes, celui de l'éthique à l'ordre du jugement du bon ou du mauvais, qui renvoie à des valeurs relatives[738]. Là encore les avis divergent, l'éthique est parfois définie comme « science ayant pour objet le jugement d'appréciation en tant qu'il s'applique à la distinction du bien et du mal »[739]. L'incohérence des définitions se manifeste aussi au regard du caractère personnel ou collectif de la morale ou de l'éthique, certains prétendent que l'éthique est individuelle et la morale collective, et d'autres avancent la position inverse[740].

440. Finalement, quelles que soient ces distinctions divergentes d'ordre philosophique, l'essentiel est de relever que la redéfinition de l'éthique a pour but d'adapter l'éthique à une nouvelle manière d'arbitrer les conflits de valeurs.

441. C'est pourquoi, parmi les critères de distinction figure le plus souvent le type de normativité attaché à la morale et à l'éthique, le caractère impératif de la morale est opposé au caractère optatif de l'éthique.

Paul Ricoeur caractérise l'éthique par la quête d'une vie bonne, qui relève du registre du questionnement, que la morale transcrit dans des normes, des règles de conduite. « Qu'en est-il maintenant de la distinction proposée entre éthique et morale ? Rien dans l'étymologie ou dans l'histoire de l'emploi des termes ne l'impose. L'un vient du grec, l'autre du latin ; et les deux renvoient à l'idée intuitive de mœurs, avec la double connotation que nous allons tenter de décomposer, de ce qui est estimé bon et de ce qui s'impose comme obligatoire. C'est donc par convention que je réserverai le terme éthique pour la visée d'une vie

---

737 M. Serres, cité in *L'éthique et le droit face aux nouvelles technologies biomédicales,* G. Bourgeault, *op. cit.*, p. 52.

738 A. Comte-Sponville, cité in *Qu'est-ce qu'une règle de droit ?,* D. de Béchillon, Paris, Ed Odile Jacob, 1997, Cf Nuances : droit et autres ordres normatifs, Ethique et morale, p. 259.

739 A. Lalande, *Vocabulaire technique et critique de la philosophie, op. cit.*, V° Ethique.

740 D. Memmi, *Les gardiens du corps.10 ans de magistère bioéthique,* Paris, Ed. EHESS, 1996, p. 193.

accomplie et celui de morale pour l'articulation de cette visée dans des normes caractérisées à la fois par la prétention à l'universalité et par un effet de contrainte »[741]. Dans la même optique, on trouve l'affirmation selon laquelle « l'éthique décrit, la morale prescrit »[742].

Si certains reconnaissent que l'éthique ne s'exprime pas sur le mode impératif, ils ne la considèrent pas pour autant comme seulement descriptive, mais aussi suggestive. Guy Bourgeault entend par morale « ce qui est système et codification d'exigences régissant la conduite humaine et éthique pour désigner ce qui échappant aux systèmes et aux codes tout en y inscrivant parfois les résultats de ses démarches, oriente néanmoins par ses questions et ses propositions plus que par l'imposition de règles, la conduite humaine »[743]. Ceci nous paraît plus approprié car l'éthique comme la morale prétend guider l'activité humaine. En résumé, la morale commande, l'éthique recommande[744].

442. Une autre opposition permet de dissocier éthique et morale dans la mesure où le caractère dogmatique de la morale est étranger à la construction réflexive de l'éthique qui s'élabore sans se référer à un système idéologique. Le contenu de la morale est prédéterminé, transcendant, alors que l'éthique se construit : « elle est l'action même de fonder une action sur des principes neufs »[745]. C'est cette spécificité de l'éthique que mettent en avant les auteurs et qu'il convient de souligner, car elle démontre que face aux problèmes nouveaux auxquels le droit et la religion ne disposaient prétendument pas de réponses, il fallait inventer quelque chose : l'éthique[746].

En ce sens, le recours à l'éthique naît d'une situation nécessairement conflictuelle où l'appel à des règles existantes est insuffisant car la situation imprévue nécessite un choix qui ne peut résulter d'une démarche ni mécanique ni logique. Elle exige un effort d'analyse, de réflexion et de créativité dans le domaine de la morale, là

---

[741] P. Ricoeur, *Soi-même comme un autre*, Paris, Ed. du Seuil, 1990, p. 200.
[742] F. Quéré, *L'éthique et la vie*, Paris, Odile Jacob, 1991, p. 12.
[743] G. Bourgeault, *L'éthique et le droit face aux nouvelles technologies médicales, op. cit.*, p. 52.
[744] D. de Béchillon, *Qu'est-ce qu'une règle de droit ?, op. cit.*, p. 259.
[745] R. Misrahi, *La signification de l'éthique. Pour l'application de l'éthique aux problèmes de la vie de la santé, op. cit.*, p. 80.
[746] D. Memmi, *Les gardiens du corps. 10 ans de magistère bioéthique, op. cit.*, p. 200 et sv.

où la référence à des systèmes axiologiques établis ne va pas de soi[747]. C'est pourquoi l'éthique est associée à l'ouverture d'esprit et la morale à un système fermé de normes[748]. L'éthique est le fruit d'une réflexion critique sur des réalités problématiques, grâce à son approche empirique, pragmatique, elle est susceptible de redéfinir les valeurs alors que la morale est un ensemble de prescriptions non disponibles, admises à une époque et dans une société déterminées, l'effort pour se conformer à ces prescriptions, l'exhortation à les suivre[749]. La caractéristique de l'éthique réside dans son appréhension critique de la morale en vigueur. En évaluant les valeurs et règles constitutives de cette morale, elle peut déboucher soit sur une reconnaissance des étalons de la morale, soit en proposer un renouvellement[750]. C'est là que réside la fortune du terme éthique et c'est cette signification qui couvre le champ de notre étude.

443. Au regard de ces diverses distinctions, il s'avère que chacun offre une interprétation de l'éthique et de la morale. Nous proposons de prendre acte de l'évolution sémantique de l'éthique qui traduit selon nous un nouveau mode d'appréhension des problèmes moraux. Finalement, l'éthique s'est démarquée de la morale, peu importe que cette évolution soit due à une évolution des mœurs (en vertu de laquelle les règles de conduite doivent se conformer aux mœurs au lieu de se plier à des principes supérieurs absolus), ou due à l'influence d'une philosophie anglo-saxonne en vertu de laquelle la réflexion s'effectue non plus en amont mais en aval de la morale[751].

A cet égard, la bioéthique et la démarche des comités d'éthique témoignent d'un nouveau type de jugements de valeur relatif à la conduite humaine.

444. Dans le domaine des sciences de la vie et de la santé, l'éthique est dite appliquée. Lucien Sève parle de l'éthique comme d'« une morale en travail appliquée sur le terrain, c'est une morale en situation »[752]. D'autre part, il s'agit d'une éthique de responsabilité, selon la distinction établie par Max Weber entre éthique de conviction et

---

[747] G. Hottois, « Demande et refus d'un contrôle éthique de la science », in *Contrôler la science ? La question des comités d'éthique*, M. Moulin (sd.), *op. cit.*, p. 108.
[748] G. Durand, *La bioéthique*, Ed. du Cerf, coll. Bref, 1989, p. 17.
[749] A. Lalande, *Vocabulaire technique et critique de la philosophie, op. cit.*, V°Morale.
[750] J-P. Harpes, « Bioéthique, éthique et morale », *JIB,* vol. 11, n°3-4-5, 2000, p. 37.
[751] L. Sève, *Recherche biomédicale et respect de la personne humaine. Explicitation d'une démarche*, *op. cit.*, p. 17.
[752] *Ibid.*

éthique de responsabilité[753]. L'importance du principe de responsabilité a été soulignée[754], il reste à préciser le lien entre la notion actuelle d'éthique et ce principe. Selon l'éthique de responsabilité « nous devons répondre des conséquences prévisibles de nos actes » et en raison de l'essor scientifique et technologique, il faut anticiper les conséquences de ces activités qui nécessitent une responsabilité tournée vers le futur ; il s'agit de préserver l'avenir pour les générations futures par l'action responsable au présent et donc soucieuse des répercussions du progrès scientifique.

445. En conclusion, nous entendrons le terme éthique au sens d'éthique appliquée, définie comme l'« analyse de problèmes concrets dans une perspective normative ». L'appellation éthique appliquée peut prêter à confusion, il ne s'agit pas d'une éthique à appliquer c'est-à-dire d'une méthode déductive qui consisterait à appliquer des principes généraux prédéterminés à des problèmes concrets. Au contraire, l'éthique appliquée suppose d'aborder les cas de manière empirique puis de se forger à leur sujet un jugement de valeur en prenant en compte les données factuelles. Elle est aussi qualifiée d'éthique sectorielle. Cette définition a l'avantage d'évoquer le fait que l'analyse éthique s'applique à un secteur d'activité précis et concret, et qu'elle combine une approche à la fois empirique, interrogative, à l'égard des fondements de l'action, créative et normative.

446. Nous pensons que le succès de l'éthique au détriment de la morale ne résulte pas seulement d'un effet de mode, il traduit une approche différente de la conduite des affaires humaines qui doit répondre à des problèmes inédits consécutifs à l'essor scientifique et technologique. C'est pourquoi, la démarche éthique a la particularité d'être pragmatique, évolutive, et auto-référentielle dans la mesure où l'éthique forge ses normes de références ; d'autre part, elle témoigne d'un refus du dogmatisme en valorisant la discussion et le consensus, et elle s'inscrit dans une logique « conséquentialiste » avec la prise en compte des répercussions, notamment sociales, des activités humaines.

2- L'enchevêtrement de la déontologie et de la morale

447. Les rapports entre la déontologie et la morale ou l'éthique (ici considérées en tant que synonyme) semblent si unis que l'on peut se

[753] M. Weber, *Le savant et le politique*, Paris, Plon, 1959, p. 187 et sv.
[754] *Cf. supra* n°187 et sv.

demander si la déontologie ne se confond pas avec la morale. En effet, les références à la morale y sont constantes. Toutefois, le mode d'élaboration des normes en déontologie semble en faire un système normatif parallèle.

a- Les sources morales de la déontologie

448. Le terme déontologie, attribué à Jeremy Bentham, traduit par la science des devoirs, a été introduit en français lors de la traduction de son ouvrage intitulé *Essai sur la nomenclature et la classification des principales branches d'Art et Science* dans lequel il est écrit « l'Ethique a reçu le nom plus expressif de déontologie »[755]. En ce sens, les termes, éthique, morale et déontologie étaient synonymes, ce qui explique les rapports intimes qui les lient les uns aux autres.

449. Puis la définition de la déontologie s'est précisée pour devenir « l'ensemble des règles de probité et de morale que les membres d'un corps professionnel doivent respecter »[756], ou « l'ensemble des devoirs imposés à l'individu dans le cadre de sa profession »[757], ou « les règles qui régissent l'organisation des diverses professions, gouvernent les rapports de leurs membres entre eux et avec ceux qui bénéficient de leurs services, enfin fixent leurs droits, leurs devoirs et leur place dans l'ensemble de la société »[758], ou « l'étude des devoirs qui incombent aux médecins dans l'exercice de leur profession »[759]. Le sens a donc été restreint aux devoirs d'une profession.

Même si ces définitions ne font pas explicitement référence à la morale ou à l'éthique, la déontologie évolue dans le registre de la morale (ou de l'éthique), ainsi « la déontologie est une expression de la morale »[760], ce qui a peut-être tendance à être estompé en raison de la juridicisation des règles déontologiques.

---

[755] B. Hoerni, *Ethique et déontologie médicale,* Paris, Masson, coll. Abrégés, 2ème éd., 2000, p. 1.

[756] P. Nicoleau, *Dicojuris, lexique de droit privé*, Paris, Ed. Ellipses, 1996, Déontologie.

[757] J-L. Bergel, « Du concept de déontologie à sa consécration juridique », in *Droit et déontologies professionnelles,* J-L. Bergel (sd.), Aix-en-Provence, Ed. Librairie de l'Université, coll. Ethique et déontologie, 1997, p. 9.

[758] L. Husson, « Les activités professionnelles et le droit », *APD*, t. 2, 1953-1954, p. 12.

[759] R. Savatier, J-M. Auby, J. Savatier, H. Péquignot, *Traité de droit médical,* Paris, Librairies techniques, 1956, p. 115.

[760] G. Mémeteau, « La place des normes éthiques en droit médical », *RRJ*, 1988-2, p. 396.

450. Historiquement, la déontologie médicale est rattachée à la morale, et cette composante morale n'a pas disparu avec la réception de la déontologie dans le système juridique étatique.

Ainsi, dans un ouvrage consacré à la déontologie datant de la fin du XIXème siècle[761], il est patent que les devoirs du médecin sont liés à la morale ; l'auteur consacre un développement aux qualités morales exigées d'un médecin : la bonté, le courage, le dévouement... Le souci de moraliser la profession est si prégnant qu'il réclame la création d'un conseil de l'Ordre sur le modèle de celui des avocats, auquel serait dévolue la fonction de juridiction morale, afin d'exercer une surveillance morale sur ses membres. A cette fin, le projet de loi relatif à la création d'un Ordre des médecins adopté par la Chambre des députés en 1932 entendait doter l'ordre du pouvoir d'élaborer les règles morales de la profession et de veiller à leur respect[762].

451. De tout temps, l'exercice de la médecine a requis des qualités morales à la fois professionnelles et personnelles en raison de l'essence même de l'activité médicale. La médecine ne se limite pas à l'application d'un savoir technique, « le soin de chaque corps est inséparable du soin moral du patient »[763]. Ainsi parle-t-on d'humanisme médical (présenté comme « congénital à la médecine »[764]) et de sacerdoce ou de ministère au sujet de la profession médicale, parce que la profession touche aux intérêts essentiels de la personne humaine. La déontologie voisine avec la morale car elle s'adresse directement à la conscience du professionnel[765].

Depuis l'Antiquité jusqu'à nos jours, la déontologie prescrit des devoirs moraux aux médecins dans l'exercice de leur profession. Mais la déontologie ne s'épuise pas dans l'énoncé de règles morales, elle renvoie aussi à d'autres règles, notamment des règles d'organisation de la profession, ce qui exclut une assimilation de la déontologie à la morale.

Fort de cette précision, il convient de souligner la composante morale de la déontologie. Ainsi, au nombre des obligations morales, le médecin, en raison même de sa profession, doit être l'honnête homme par

---

[761] Juhel-Renoy, *Vie professionnelle et devoirs du médecin*, Paris, Ed. Octave Doin, 1892, p. 66 et sv.

[762] J-L. Mouralis, « Déontologie des professions de santé », in *Droit et déontologies professionnelles*, *op. cit.*

[763] R. Savatier, « L'origine et le développement du droit des professions libérales », *APD*, t. 2, 1953-1954, p. 71.

[764] J-L. Mouralis, « Déontologie des professions de santé », *op. cit.*

[765] P. Jestaz, « Les frontières du droit et de la morale », *RRJ*, 1983-2, p. 334.

excellence. Le règlement de déontologie médicale de 1936 élaboré par la Confédération des syndicats médicaux français[766], stipule à l'article 1 que le médecin, dans la vie publique ou privée doit en raison même de sa profession être l'honnête homme par excellence. Et l'article 8 mentionne expressément que le médecin doit avoir un grand respect de la personne humaine. De même, les principes d'éthique médicale élaborés par l'Association médicale américaine précisent que les principes adoptés par l'Association ne sont pas des lois, mais des règles de conduite qui définissent l'essentiel d'un comportement honorable pour un médecin[767].

A propos du Code de déontologie de 1947, on a pu dire que « c'est un recueil officiel des préceptes de morale professionnelle, imposés aux médecins »[768].

Et aujourd'hui, dans un contexte où l'Ordre est concurrencé par la création des comités d'éthique dans le domaine de l'éthique médicale, il rappelle sa légitimité en la matière en soulignant le rattachement de la déontologie à l'éthique. La déontologie est définie par l'Ordre comme une éthique appliquée, une application particulière de l'éthique générale[769]. Et, s'agissant de l'élaboration du nouveau code en 1995, le Président de l'Ordre a déclaré « sur quelles bases s'appuierait-il si ce n'est sur des principes éthiques »[770].

452. Les devoirs moraux se présentent sous trois formes : les devoirs moraux généraux, les devoirs moraux envers les patients et les devoirs moraux entre médecins.

Parmi, les devoirs généraux qui relèvent de l'humanisme médical figure le fait que dans toutes circonstances, le médecin doit respecter les principes de moralité, de probité et de dévouement indispensables à l'exercice de la médecine (art. 3 du code de déontologie). En outre, le médecin doit exercer sa mission dans le respect de la vie humaine, de la personne et de sa dignité (art. 2). La déontologie requiert une exigence d'humanité, de laquelle découle le désintéressement. C'est pourquoi, il est interdit de pratiquer la médecine comme un commerce, l'intérêt du malade doit l'emporter sur toute autre considération. Car la relation

---

[766] Texte publié in *La déontologie médicale*, J-P. Alméras, H. péquignot, Paris, Litec, 1996, p. 185.

[767] B. Hoerni, *Ethique et déontologie médicale, op. cit.*, p. 12.

[768] R. Savatier, J-M. Auby, J. Savatier, H. Péquignot, *Traité de droit médical*, *op. cit.*, p. 16.

[769] B. Hoerni, *Ethique et déontologie médicale, op. cit.*, p. 1.

[770] D. Thouvenin, « De l'éthique biomédicale aux lois « bioéthiques » », *RTDC,* 1994, p. 717.

médicale ne se réduit pas à un rapport patrimonial. Le devoir d'humanité apparaît aussi dans l'interdiction de toute discrimination de la part des médecins. La morale concerne aussi les rapports entre professionnels, la notion de confraternité en porte l'empreinte. Elle se traduit par une exigence de loyauté.

453. Certes la déontologie exprime les exigences de la morale professionnelle[771], mais elle déborde le cadre de la morale car elle a aussi pour but l'organisation de la profession. En outre, l'élaboration de la déontologie dispose d'une spécificité qui fait d'elle un système normatif autonome.

b- La spécificité de la déontologie au regard de la morale

454. La déontologie a une double caractéristique, sa création empirique d'une part, et le fait qu'elle émane de la profession concernée, d'autre part[772]. C'est un pléonasme que de parler de déontologie professionnelle.

L'émergence de la déontologie est le fruit d'une auto-régulation puisque la déontologie est constituée par les usages et coutumes, forgés par les professionnels eux-mêmes. Avant la codification de la déontologie, face à des difficultés concrètes, le médecin déterminait son attitude en fonction des solutions que la conscience et l'expérience des pairs avaient dégagées dans des cas semblables[773].

455. L'approche historique sur les sources de la régulation en médecine a mis en exergue l'importance des sources professionnelles, antérieurement et postérieurement au jugement de Nuremberg. En droit interne français, l'élaboration du code de déontologie est régie actuellement par l'article L. 4127-1 du CSP qui dispose qu'« un code de déontologie, propre à chacune des professions de médecin, chirurgien dentiste et sage-femme, préparé par le Conseil national de l'Ordre intéressé, est édicté sous la forme d'un décret en Conseil d'Etat ». En vertu de cette disposition, la fonction de l'ordre est préparatoire et

---

[771] M-L. Delfosse, *L'expérimentation médicale sur l'être humain, Construire les normes, construire l'éthique*, Bruxelles, De Boeck Université, coll. Sciences-éthiques-sociétés, 1993, p. 192.
[772] *Ibid.*, p. 196 et sv.
[773] R. Savatier, J-M. Auby, J. Savatier, H. Péquignot, *Traité de droit médical, op. cit.*, p. 115.

consultative, mais force est de constater qu'en pratique, l'ordre est le véritable auteur du Code[774].

Qu'il s'agisse de règles coutumières ou de la rédaction d'un code, la déontologie a été et reste le fruit d'une auto-régulation. Par ailleurs, elle se manifeste aussi par une auto-discipline.

456. D'un point de vue sociologique[775], il apparaît irrésistible qu'une profession libérale donne naissance à une morale sociale particulière ou qu'elle tende à un particularisme collectif pour conforter le prestige et la confiance dont la profession doit bénéficier, tout comme il apparaît inévitable pour la même raison que se crée spontanément une discipline interne. Ainsi, au sein de la profession médicale, un pouvoir disciplinaire a été exercé avant la création de l'Ordre par des organismes privés : les conseils de famille des syndicats médicaux[776]. Toutefois le pouvoir disciplinaire syndical privé manquait d'efficacité, puisqu'il était subordonné à l'adhésion facultative des médecins au syndicat et la sanction était symbolique, allant du blâme à l'exclusion du syndicat[777].

457. L'origine spontanée de la déontologie lui confère un caractère corporatiste, empirique et pragmatique[778]. Cette connotation corporatiste jette une suspicion sur la légitimité des règles déontologiques et explique la raison de leur discrédit au profit des règles éthiques élaborées en dehors des instances professionnelles. Les règles déontologiques sont trop marquées par les concepts et représentations propres au milieu médical, ce qui ne pose pas de problème lorsqu'il s'agit de régir des pratiques internes. En revanche, la représentation unilatérale des intérêts est plus discutable quand les pratiques touchent à l'organisation des relations sociales[779].

En tant qu'auto-régulation la déontologie est nécessairement close[780] ; en effet, elle est à la fois limitée dans son objet et son

---

[774] N. Decoopman, « Droit et déontologie. Contribution à l'étude des modes de régulation », in *Les usages sociaux du droit,* CURAPP, Paris, PUF, 1989, p. 87.

[775] R. Savatier, « L'origine et le développement du droit de professions libérales », *APD,* t. 2, 1953-1954, p. 45.

[776] *Ibid.*

[777] R. de Lacharrière, « L'ordre des médecins et l'ordre des architectes », *Dr. Soc.,* 1941, p. 21.

[778] M-H. Bernard-Douchez, « La déontologie médicale », in *De la bioéthique au bio-droit,* C. Neirinck (sd.), Paris, LGDJ, coll. Droit et société, 1994, p. 97.

[779] D. Thouvenin, « De l'éthique biomédicale aux lois « bioéthiques » », *op. cit.*

[780] M-H. Bernard-Douchez, « La déontologie médicale », *op. cit.*

application. Elle rencontre des limites objectives[781], puisqu'elle est incompétente à l'égard des problèmes qui dépassent le cadre des seuls professionnels.

458. Bien que concurrencée par la régulation des comités d'éthique, l'activité normative des Ordres ou des associations professionnels, reste active, qu'elle intervienne selon les pays, sous forme de code de déontologie, de guide de bonne conduite ou de bonne pratique. En Allemagne, le principe de subsidiarité s'applique au profit de la réglementation professionnelle. Le législateur comme le gouvernement s'en remettent à la réglementation issue des organisations professionnelles. Ainsi la loi du 5 novembre 1997 sur la transplantation d'organes, confie au conseil fédéral des médecins la mission d'élaborer des directives concernant l'état des connaissances médicales sur la transplantation, les règles pour le constat de la mort cérébrale et les principes relatifs à l'inscription des patients en attente de greffes[782].

En Grande-Bretagne, en raison de la déférence témoignée à l'égard de la profession médicale, et de la crainte d'une législation trop rigide, les règles émanent de la pratique clinique et des *guidelines*.

B/ La normativité éthique produite par les comités

459. L'étude de la mission des comités d'éthique et celle de leur statut juridique, ont mis en lumière leur caractère consultatif. Il reste à démontrer que la fonction consultative n'est pas antinomique avec une certaine activité normative.

460. Le système normatif ainsi produit par les comités est caractérisé non seulement par une procédure consensuelle, mais aussi par la nature même des normes émises. Ce type de normes s'inscrit dans le phénomène de régulation, puisqu'il s'agit de normes relatives et flexibles qui assurent un équilibre provisoire.

1- La fonction normative des comités

461. Les comités internationaux et nationaux auxquels l'étude est limitée en raison de leur approche théorique des problèmes éthiques,

---

[781] N. Decoopman, « Droit et déontologie. Contribution à l'étude des modes de régulation », *op. cit.*

[782] R. Grote, « Aspects juridiques de la bioéthique dans la législation allemande », *RIDC*, 1999-1, p. 104.

rendent leurs conclusions sous forme d'avis ou de recommandations. C'est la nature consultative de ces actes qui se trouve au centre du débat sur le caractère normatif ou non des opinions éthiques. Hormis la forme des actes, leur mode de rédaction et de présentation est aussi susceptible de révéler leur éventuel caractère normatif.

a- La forme des actes

462. A l'exception de deux comités, le CIB et le CDBI, dotés d'une fonction normative, car ils ont reçu le mandat de préparer et rédiger un instrument international[783], le caractère normatif des actes émanant des comités soulève des doutes dans la mesure où leur mission est limitée à rendre des avis et des recommandations. Avis et recommandations sont dépourvus de caractère contraignant. L'avis exprime une opinion donnée à titre consultatif en réponse à une question[784], alors que la recommandation désigne une invitation à agir dans un sens déterminé[785], ce qui lui confère un caractère plus pressant que l'avis. La différence entre l'avis et la recommandation repose donc sur une différence de degré et non sur une différence de nature entre ces deux types d'actes.

463. Selon l'opinion largement répandue, l'éthique des comités n'est pas normative[786] car, par nature, l'éthique n'est que suggestion, incitation. L'éthique relève de l'ordre de la réflexion, elle postule une attitude questionnante et non normative[787], dans la mesure où elle ne prétend à aucune autorité. Elle peut d'autant moins aspirer à la normativité qu'elle se trouve au confluent de diverses éthiques particulières. Cependant, un tel discours se fonde sur la confusion du normatif et de l'impératif. C'est parce que la mission des comités est consultative que certains dénient le caractère normatif des avis ou recommandations émis par les comités.

---

[783] R. Charignon, I. Sera, J. Dhommeaux (sd.), *Le comité international de bioéthique de l'UNESCO et le comité directeur pour la bioéthique du Conseil de l'Europe : instances productrices d'éthique ?*, CRJO, Rennes 1, oct. 1998, p. 13 et 25.

[784] G. Cornu, *Vocabulaire juridique*, Paris, PUF, 2000, V° Avis.

[785] *Ibid.*, V° Recommandation.

[786] G. Mémeteau, « Recherches irrévérencieuses sur l'autorité juridique des avis des comités d'éthique ou l'Iroquois sur le sentier des comités d'éthique », *RRJ*, 1989-1, p. 59.

[787] D. Memmi, *Les gardiens du corps. 10 ans de magistère bioéthique, op. cit.*, p. 196 et sv.

464. Or, il s'avère que la doctrine parle de normes éthiques ou de règles éthiques, nonobstant le caractère non contraignant des avis et recommandations. Normatif doit selon nous s'entendre au sens non pas où l'on impose des normes mais où l'on énonce des normes. Le fait d'exprimer un modèle de comportement qui est le fruit d'un jugement de valeur confère un caractère normatif aux positions prises par les comités bien qu'elles n'édictent pas d'obligation. L'éthique tend à produire des lignes de conduite dont l'objet vise à encadrer les actions humaines[788]. C'est pourquoi nous la considérons comme normative, puisque nous avons retenu une définition de la norme conçue comme un modèle dont la fonction est de servir de référence afin de déterminer comment les choses doivent être[789], en vue de s'y conformer. Tant le sens étymologique que philosophique du terme normatif ne confond pas le normatif et l'obligatoire. Il assimile le normatif à un modèle, que celui-ci soit imposé, donc obligatoire, ou qu'il soit proposé, donc souhaitable[790]. Le caractère recommandatoire, incitatif de l'éthique n'est pas dirimant à l'égard de la reconnaissance d'une normativité éthique.

D'ailleurs, l'éthique est présentée comme un système normatif qui s'exprime sous forme de recommandation plutôt que sous forme d'obligation[791]. C'est pourquoi les comités nationaux et internationaux sont qualifiés d'instances régulatrices ou d'instances proclamatoires et que leurs prises de position sont associées à des régulations alternatives[792].

Les avis du CCNE peuvent être analysés comme des actes producteurs de normes. Jean-Pierre Changeux en qualité de Président du CCNE reconnaissait que la démarche du comité vise à l'obtention d'un accord normatif[793].

465. Les comités sont chargés d'arbitrer des conflits de valeurs, dès lors ils s'interrogent sur ce que l'on peut et ce que l'on doit faire. A

---

788 N. Lenoir, B. Mathieu, *Les normes internationales de la bioéthique*, *op. cit.*, p. 8.

789 A. Jeammaud, « La règle de droit comme modèle », *D.*, Chr., 1990, p. 199.

790 C. Thibierge, « Le droit souple. Réflexion sur les textures du droit », *RTDC*, 2003, p. 619.

791 M-L. Delfosse, *L'expérimentation médicale sur l'être humain, Construire les normes, construire l'éthique*, *op. cit.*, p. 132.

792 G. Durand, « Ethique, droit et régulation alternative », in *Les fondements de la bioéthique*, M-H. Parizeau (sd.), De Boeck Université, coll. Sciences-éthiques-sociétés, 1992, p. 63.

793 J-P. Changeux, Introduction « Le débat éthique dans une société pluraliste » in *Une même éthique pour tous ?*, J-P. Changeux (sd.), Paris, Ed. Odile Jacob, 1997, p. 19.

cette fin, ils recommandent l'application de règles et de principes à respecter. L'activité normative se traduit par l'établissement de références destinées à guider les comportements[794]. L'analyse éthique en bioéthique se déroule en deux étapes : la première de nature réflexive qui comprend un travail de clarification des enjeux, la deuxième de nature normative qui conduit à une prise de position des comités. En effet les comités avalisent ou non des pratiques, ils hiérarchisent des valeurs, distinguent la règle de l'exception. Ils énoncent des règles d'action et d'organisation sociale, ils génèrent une configuration sociale du permis et de l'interdit[795].

b- Le contenu des actes

466. Au niveau du contenu des avis, le comité ne dit pas seulement ce qui est souhaitable, il recourt aussi au mode prescriptif. Dans l'avis n°22, le CCNE autorise de manière limitative les possibilités de thérapie génique aux seules cellules somatiques et il interdit formellement toute tentative de modification du génome des cellules germinales. Le CCNE formule des interdictions et des obligations ; dans l'avis n°1, le maintien artificiel de la vie de l'embryon est interdit et l'utilisation commerciale ou industrielle d'embryons est prohibée. L'avis du comité national américain[796] sur le clonage d'êtres humains conclut à l'interdiction d'une telle pratique de même que celui du comité national danois[797].

467. Non seulement le contenu des avis conforte le caractère normatif des actes mais aussi leur mode de rédaction qui les apparente à des jugements[798] en raison de leur concision, de l'emploi du mode indicatif et de leur présentation qui commence par un préambule, suivi d'une exposition des faits et de la situation problématique, de l'énoncé des principes en cause puis du dispositif en forme de recommandation. En outre, certains avis comprennent un visa des précédents avis rendus sur le même sujet, et des opinions dissidentes. Dans l'avis n°21 sur la

---

794 C. Byk, « La bioéthique : langage médiateur ou langage médiatique ? », *JIB*, vol. 11, n°3-4-5, 2000, p. 17.

795 D. Memmi, *Les gardiens du corps. 10 ans de magistère bioéthique*, *op. cit.*, p. 236.

796 Executive summary from cloning human beings : the report and recommendations 1997, in *JIB*, vol. 11, n°1, 2000, p. 79.

797 Cloning – statement from the Danish Council of Ethics, The Council of Ethics'views on reproductive cloning, sur le site http://www.etiskraad.dk/.

798 V° « Comité consultatif national d'éthique », in *DPBB*, *op. cit.*

non - commercialisation du corps humain, le CCNE rappelle la doctrine du comité en la matière, en se référant à l'ensemble de ses prises de position émises depuis 1990 pour démontrer la constance de l'affirmation de ce principe énoncé en 1984, 1989, 1986, 1987, 1990. L'avis n°42 sur l'évolution des pratiques d'assistance médicale à la procréation dispose d'un visa renvoyant aux avis de 1984, 1986, 1989, 1990 et 1991. La reproduction des opinions dissidentes[799], rapproche la rédaction des avis de la pratique de certaines juridictions[800].

Comme les décisions de justice, les avis des comités sont publiés. Et certains comparent la conférence annuelle sur les problèmes éthiques organisée par le CCNE à une audience solennelle de rentrée lors de laquelle l'activité de l'année écoulée et les thèmes à venir sont présentés[801].

468. L'éthique telle qu'elle est dite par les comités est un discours normatif qui exprime des jugements de valeur destinés à encadrer les conduites humaines. En empruntant le style des décisions de justice, les comités mettent finalement plus en valeur l'aspect normatif que l'aspect réflexif de leur démarche. Cette fonction normative appelle des précisions relatives à la qualité des normes produites.

2- La flexibilité des normes éthiques

469. Les normes éthiques élaborées par les comités sont caractérisées par le « mou », le « doux » et le « flou ». D'ailleurs, parmi les arguments émis contre la création d'un comité national figure le risque qu'il engendre une situation de *soft law* dont le type est la norme éthique.

a- Des normes provisoires

470. Les normes bioéthiques sont évolutives parce que leur contenu est en partie déterminé par l'évolution du progrès scientifique et des mœurs. La légitimité des normes est provisoire, c'est pourquoi l'actualisation du débat et le fait de le laisser toujours ouvert sont les

---

[799] On peut citer pour exemple l'opinion dissidente de Claude Huriet publiée dans l'avis sur l'avant projet de révision des lois bioéthiques, ou celle de Michel Bornancin publiée dans l'avis relatif à la réanimation néonatale.

[800] *Cf. supra* n°422.

[801] J-C. Galloux, « Le comité consultatif national d'éthique pour les sciences de la vie et de la santé est-il une autorité de doctrine ? », in *La doctrine juridique,* CURAPP, Paris, PUF, 1993, p. 240.

qualités attachées au discours éthique[802]. A tel point que la norme éthique est considérée comme flexible par essence[803], puisque sa validité est déterminée par son acceptation par le corps social et par l'évolution scientifique.

471. Le caractère temporaire des normes qui va de pair avec la démarche pragmatique des comités, se manifeste par l'évaluation périodique des normes et il se traduit par leur adaptabilité et même leur réversibilité.

Dans la mesure où l'éthique est en partie tributaire des données scientifiques, elle inclut un élément irréductible de naturalisme, c'est-à-dire que les faits conditionnent les normes objectivement bonnes[804]. Par exemple, dans son revirement sur les essais concernant les malades atteints de la maladie de Parkinson, le CCNE a procédé à un ajustement normatif en raison de l'évolution scientifique de la situation, pour adapter à cette situation l'équilibre des principes en cause. Les principes auxquels se réfèrent le CCNE pour justifier ses avis successifs n'ont pas changé, c'est la situation qui a changé.

472. Le caractère nécessairement provisoire des normes est sans cesse rappelé par le CCNE. Dans son avis n°8 relatif aux recherches et utilisations des embryons humains *in vitro* à des fins médicales et scientifiques, le CCNE prévoit la réévaluation des limites et conditions qu'il a posées au regard « de l'expérience qui résultera de leur application, des évolutions scientifiques et sociales, de l'approfondissement de la réflexion éthique et de l'intervention éventuelle d'une législation en la matière ». L'avis n°14 sur les problèmes éthiques posés par la lutte contre la diffusion de l'infection par le VIH est conditionné par les données actuelles : « les données des problèmes sont essentiellement évolutives. Les observations formulées ne sont donc valables qu'en l'état actuel de la situation ». Dans l'avis n°16 sur les greffes de cellules nerveuses dans le traitement de la maladie de Parkinson, le CCNE donne un avis négatif sous réserve de l'évolution des connaissances, auquel cas les objections éthiques perdraient de leur pertinence. Le comité a ensuite opéré un revirement en autorisant les greffes chez cinq malades, greffes justifiées par l'intervention d'éléments

---

[802] J-P. Changeux, Introduction « Le débat éthique dans une société pluraliste » in *Une même éthique pour tous ?*, *op. cit.*

[803] C. Byk, « La bioéthique : langage médiateur ou langage médiatique ? », *op. cit.*

[804] A. Fagot-Largeault, « Normativité biologique et normativité sociale » in *Les fondements naturels de l'éthique*, J-P. Changeux (sd.), Paris, Odile Jacob, 1993, p. 191.

scientifiques nouveaux. A l'occasion de l'avis n°19 sur les recherches sur l'embryon soumises à moratoire depuis 1986 et qui visent à permettre un diagnostic génétique avant transplantation, le CCNE reconsidère ses positions antérieures et réaffirme les considérations de son précédent avis pour recommander de ne pas entreprendre de diagnostics génétiques préimplantatoires. Lors de l'avis n° 31 sur le dépistage de l'infection par le virus du SIDA, il examine si sa réponse de 1988 doit être corrigée au regard de nouveaux éléments. L'avis n°26 condamne l'euthanasie alors que dans l'avis rendu en 2000 intitulé fin de vie, arrêt de vie et euthanasie, le comité retient la possibilité d'une exception d'euthanasie.

473. La décision de la Commission européenne du 11 mai 2005 renouvellant le mandat du comité du GEE relève que le comité a besoin de nouvelles méthodes de travail pour pouvoir réagir en temps utile à des évolutions scientifiques et technologiques plus rapides. A cette fin pour accroître la réactivité du comité, le mandat prévoit qu'« en cas d'exigence opérationnelle de délivrance plus rapide d'un avis sur un sujet particulier, le GEE émet de brèves déclarations pouvant être suivies, si nécessaire, d'une analyse plus complète… ». La dépendance de l'opinion éthique à l'égard de l'avancée scientifique y est promue : « Tout avis du GEE fait référence à l'état du développement de la technologie considérée au moment de sa publication. Le GEE peut décider d'actualiser ses avis s'il le juge nécessaire ».

474. Les exemples pourraient être multipliés, l'intérêt est de conclure au caractère particulièrement relatif des normes éthiques d'autant qu'à leur variabilité dans le temps se juxtapose une variabilité dans l'espace liée à la multiplication des instances infra ou supra étatiques qui produisent des normes et une variabilité due à la souplesse des normes[805].

b- Des normes souples

475. La souplesse des normes éthiques est liée à leur caractère non contraignant dans la mesure où elles ne sont pas assorties de sanction. Elles fixent une direction non autoritaire des conduites, elles ne s'imposent pas par obligation mais par adhésion des destinataires de la norme. Le respect des moratoires ou interdictions, prononcés par les

---

[805] C. Byk, « La bioéthique : langage médiateur ou langage médiatique ? », *op. cit.*, p. 29.

comités d'éthique, dépend de leur acceptation par le milieu scientifique et médical.

D'autre part, la souplesse des normes éthiques tient à leur formulation. Le recours à des concepts généraux et vagues explique la variabilité des normes dont l'imprécision laisse place à l'interprétation qui peut confiner à l'arbitraire[806].

L'énoncé en termes flous véhicule l'incertitude et l'indétermination des normes. Ceci ne saurait surprendre, tout comme en droit international, le recours à des notions confuses paraît inévitable pour obtenir l'accord sur un texte en raison des différences idéologiques[807] ; le recours à des notions confuses s'explique par la composition pluraliste et pluridisciplinaire des comités.

476. La souplesse est liée à la méthode procédurale empruntée par les comités sacrifiant au prix du consensus un accord sur les fondements et la portée des principes qu'ils énoncent. Si l'on examine certaines méthodes appliquées en bioéthique, il s'avère que la souplesse prévaut. Le "principisme" de Beauchamp et Childress, pose quatre principes vagues et abstraits : bienfaisance, non - malfaisance, autonomie, et justice, destinés à résoudre les problèmes éthiques. Ensuite, à l'occasion de l'analyse de cas, chaque principe reçoit une signification précise. La spécification des principes a lieu lors de l'examen de chaque dilemme éthique. La définition du contenu des principes et leur hiérarchisation s'effectuent en fonction de la problématique ce qui explique un ajustement constant, « l'interprétation, la construction, la reconstruction des données sont essentielles au processus »[808]. Engelhardt a démontré combien les principes de bienfaisance et de non - malfaisance sont susceptibles d'interprétations variées ; ils peuvent signifier : ne fais pas à autrui ce que tu ne voudrais pas qu'il te fit ou ne fais pas à autrui ce qu'il ne veut pas qu'on lui fasse ou fais à autrui ce que tu voudrais qu'on te fasse ou fais à autrui ce qu'il veut qu'on lui fasse[809].

477. La méthode casuistique qui procède par analogie de cas s'inscrit aussi dans l'ordre de la relativité. Le raisonnement casuistique s'appuie sur des maximes générales mais non invariables car elles ne sont

---

[806] *Ibid.*

[807] C. Perelman, *Ethique et droit*, Bruxelles, Ed. de l'Université de Bruxelles, 1990, p. 808.

[808] J. Saint-Arnaud, « L'approche bioéthique par principes : fondements et critiques », *JIB*, vol. 11, n°3-4-5, 2000, p. 60.

[809] A. Fagot-Largeault, « Normativité biologique et normativité sociale », *op. cit.*

estimées bonnes avec certitude que dans les circonstances spécifiques, propres au cas particulier[810]. Le jugement est modelé en fonction du cas particulier ce qui explique l'écart de jugement entre le paradigme qui peut condamner une action et le cas analogue qui peut admettre que dans ce cas l'action soit justifiée ou excusable[811].

478. Les caractéristiques des normes élaborées par les comités d'éthique prouvent qu'au côté de la déontologie basée sur un système d'autorégulation et de la morale basée sur un système de valeurs prédéterminées et transcendantes, se déploie un nouveau type de normativité auto-référentielle, flexible, fondée sur la délibération consensuelle, plus susceptible de dégager un accord procédural que substantiel par respect du pluralisme.

C/ La structuration du système normatif des comités

479. L'installation de comités d'éthique à l'échelle nationale, communautaire et internationale conduit à s'interroger sur la cohérence du système normatif, d'autant que les comités sont amenés à rendre des avis portant souvent sur un même objet. Force est de constater que les comités cherchent à se structurer sur la base de rapports de collaboration et de coordination. A la différence de l'ordre juridique, leurs rapports ne sont pas susceptibles de reposer sur une organisation hiérarchique.

1- La collaboration institutionnelle

480. Les mandats veillent à promouvoir le dialogue entre les comités d'éthique.

a- Incitation à la coopération dans les mandats des comités

481. Les statuts du CIB le chargent de coopérer avec les comités nationaux et régionaux de bioéthique et instances assimilées (Art. 2 c). De même, il relève de la mission de certains comités nationaux d'éthique, de promouvoir une coopération internationale en matière bioéthique. Le mandat du comité américain lui confie la mission d'explorer les possibilités d'une coopération internationale sur les

[810] M-H. Parizeau, « Bioéthique : questions de méthode », *JIB*, vol. 11, n°3-4-5, 2000, p. 76.
[811] H. Doucet, *Au pays de la bioéthique. L'éthique biomédicale aux Etats-Unis*, Genève, Ed. Labor et Fides, coll. Le champ de l'éthique, 1996, p. 141 et sv.

questions bioéthiques[812]. Et la mission du comité allemand, prévoit que le comité travaillera en collaboration avec d'autres comités d'éthique allemands, des organismes similaires d'autres Etats et des organisations internationales.

482. Parfois, la volonté de coopération ne figure pas dans la mission affectée au comité mais elle est prise en compte dans le cadre des méthodes de travail du comité. Ainsi, le mandat du GEE prévoit au titre des méthodes de travail que le Groupe peut tisser des liens plus étroits avec les représentants des différents comités d'éthique de l'Union européenne. Dans la description de ses méthodes de travail, le comité national anglais examine le travail entrepris à l'étranger, par la Communauté Européenne et le Conseil de l'Europe, et prend en compte le travail des comités nationaux de bioéthique en Europe, au Canada, et aux USA.

b- L'organisation structurelle de la coordination

483. Afin de structurer la coopération des comités, l'article 23 de la Déclaration universelle sur le génome humain et les droits de l'homme, adoptée le 11 novembre 1997 prévoit dans le cadre de la mise en œuvre de la déclaration que « les Etats devraient également encourager les échanges entre les comités d'éthique indépendants, quand ils existent, et leur mise en réseaux, afin de favoriser la coopération entre eux. ». Le Directeur général a proposé afin de promouvoir une coopération entre les organisations concernées en matière bioéthique de créer un comité inter-institutions chargé d'une telle coordination. La première réunion à l'UNESCO a eu lieu le 17 septembre 2001. Cette initiative a été saluée par le CIB.

484. Au niveau européen, l'action des comités a été coordonnée au sein d'une Conférence permanente : la Conférence permanente des comités nationaux d'éthique (ComEth) organisée sous l'égide du Conseil de l'Europe. A son initiative, la première réunion des comités nationaux d'éthique a été convoquée en 1992. L'existence de la conférence tient à la volonté des comités d'y participer, il s'agit d'une structure souple et indépendante du Conseil de l'Europe. La première résolution adoptée par la Conférence permanente « souligne la spécificité et l'indépendance de la Conférence »[813]. La Conférence n'a pas de compte à rendre au Conseil

[812] The President's Council on Bioethics, Executive Order, 28 nov. 2001.
[813] http://legal.coe.int/bioethics/html/cometh_reso.htm.

de l'Europe. Il ne s'agit pas de créer une institution qui se superpose aux comités nationaux mais de constituer une réunion des comités nationaux déjà existants[814]. Le but affiché de la Conférence permanente consiste pour les comités à échanger leurs informations et partager leurs expériences. L'installation de ce réseau a été jugée opportun par le comité danois afin d'éviter la répétition et le gaspillage des ressources.

485. De manière plus informelle, l'échange entre comités résulte d'un cumul de mandats des membres des comités, dont certains sont à la fois membres d'un comité national d'éthique et d'un comité international.

486. En ce qui concerne l'institutionnalisation de la coopération entre comités, elle existe depuis peu à un niveau plus restreint. Les comités nationaux français et allemand ont inauguré une coopération de type bilatérale. La première réunion conjointe des comités français et allemand s'est tenue le 22 novembre 2001, à la veille du 78ème sommet franco-allemand. Dans le cadre des contacts établis entre les comités d'éthique en Europe, ils ont décidé d'institutionnaliser leur coopération, en se rencontrant annuellement. Ils perçoivent la coopération bilatérale comme un moyen d'enrichir et d'approfondir la réflexion européenne pour mieux développer et de manière plus convaincante des optiques communes. Les comités français et allemand ont ainsi adopté un document commun concernant les biobanques[815].

Ces mécanismes de rapprochement entre comités sont susceptibles d'aboutir à une éthique comparée comme il existe un droit comparé[816].

<u>2- La complexité intra-systémique</u>

487. La complexité résulte de l'enchevêtrement des normes au sein du système normatif que produisent les comités d'éthique.

a- L'accumulation d'avis sur un même objet

488. Le champ d'investigation des comités nationaux et internationaux se recoupe. Les comités sont saisis ou se saisissent de questions d'actualité souvent brûlantes, en réaction à des découvertes scientifiques dont les problématiques dépassent le cadre des frontières et

---

[814] V°« Organismes européens et internationaux » in *DPBB, op. cit.*
[815] Avis n°77 relatif aux biobanques, 20/03/2003.
[816] *Cf. infra* n°623 et sv.

appellent un traitement éthique. Les priorités des comités sont parfois identiques, comme le thème du clonage[817] ou la recherche sur les cellules souches embryonnaires[818].

D'autres thèmes de la bioéthique sont récurrents, c'est pourquoi ils sont successivement appréhendés par les comités, c'est le cas de l'euthanasie[819], de l'expérimentation humaine[820], ou de la protection juridique des inventions biotechnologiques[821].

489. Le comité national belge a été saisi deux fois par le Vice-Premier Ministre, Ministre de l'Economie et des Télécommunications pour rendre un avis relatif à la protection juridique des inventions biotechnologiques. La première demande d'avis concernait la proposition de directive du Parlement européen[822], la deuxième demande concernait le projet de loi de transposition de la Directive[823]. Par deux fois, le comité a proposé de compléter la norme juridique en introduisant une référence explicite au principe de non-commercialisation du corps humain et en faisant mention expresse du droit de la personne à être informée le plus complètement possible. Néanmoins il n'a pas jugé les dispositions de la directive contraires au respect des principes éthiques.

En revanche, le Conseil national danois s'est prononcé contre la directive dont il a demandé la révision[824], de même que le CCNE. Ce dernier s'est prononcé en faveur d'une révision de la directive européenne relative à la protection juridique des inventions biotechnologique[825], qu'il a jugé non respectueuse des principes éthiques.

Quant au groupe européen d'éthique des sciences et des nouvelles technologies (GEE) institué auprès de la commission européenne, il a

[817] Avis du NBAC (comité américain), avis du comité national danois, avis du comité français, avis du comité belge, avis du GEE.
[818] Avis du comité danois, avis du comité allemand, avis du CIB, avis du GEE, avis du NBAC, avis du comité anglais, avis du comité français.
[819] Avis du comité danois, avis du comité belge, avis du comité français.
[820] Avis du comité danois, avis du comité belge, avis du NBAC, avis du comité français.
[821] 2 avis du comité belge, avis du comité français, avis du comité danois, 2 avis du GEE.
[822] Avis n°5 relatif à la protection juridique des inventions biotechnologiques, 09/02/98.
[823] Avis n°12 relatif à la protection juridique des inventions biotechnologiques, 10/01/2000.
[824] Hearing on gene patenting, Annual Report 2000.
[825] Avis n° 64 sur l'avant-projet de loi portant transposition, dans le code de la propriété intellectuelle de la directive relative à la protection juridique des inventions biotechnologiques, 14/09/2000.

rendu deux avis sur ce sujet, l'un de sa propre initiative[826]; l'autre sur saisine de la Commission[827]. Bien que fondé sur des concepts éthiques similaires, le CCNE et le GEE sont arrivés à des conclusions différentes[828].

490. Les différents avis formulés à l'égard de la directive témoignent des divergences de positions adoptées par les comités.

b- Le jeu d'influence entre les comités

491. Le jeu d'influence réciproque existant entre les comités transparaît au travers des visas, du contenu, des rapports, ou des annexes des avis.

492. Ainsi le GEE mentionne parmi les visas précédant ses avis les différents textes émanant des institutions européennes, et ceux des comités d'éthique nationaux et internationaux[829]. La référence aux avis rendus par les organismes nationaux d'éthique devient systématique[830]. Dans son avis relatif aux cellules souches, le GEE fait preuve d'une plus grande ouverture car il intègre dans ses références non seulement les avis exprimés par les comités nationaux au niveau de l'Union européenne, mais aussi le rapport du comité américain. Lors de l'examen du projet de charte des droits fondamentaux, le GEE a cité parmi ses sources de références les avis publiés par les comités nationaux. Le GEE invite d'ailleurs la Commission à faciliter la diffusion et l'utilisation de ces informations.

493. L'avis du GEE relatif à la fabrication de produits dérivés du sang ou du plasma humains mérite un traitement spécifique dans la mesure où la rédaction de cet avis a été directement suscitée par l'avis du CCNE relatif à la transfusion sanguine[831]. L'avis rendu par le GEE se veut une réponse à la critique émise par le CCNE à l'égard de la directive européenne du 14 juin 1989. « A la lumière de ce débat et des

---

[826] Avis n°3 relatif à la protection juridique des inventions biotechnologiques, 01/10/1993 sur la proposition de directive adoptée par la Commission européenne en 1988.

[827] Avis n°8 relatif à la brevetabilité des inventions portant sur des éléments d'origine humaine, 25/09/1996.

[828] Commentaire avis GEE, *D*, 1998, som., p.158.

[829] Avis n°4 relatif la thérapie génique, 13/12/1994.

[830] Avis n°11 ; Avis n°12 ; avis n°13.

[831] Avis n°28 relatif à la transfusion sanguine au regard de la non-commercialisation du corps humain, 2/12/1991.

suggestions avancées par le comité national d'éthique français, le groupe de conseillers pour l'éthique de la biotechnologie exprime l'avis suivant… ».

494. Le comité anglais fournit un exemple où il a non seulement pris en compte mais aussi endossé une prise de position éthique formulée par un autre comité. Dans son avis relatif aux cellules souches embryonnaires, le *Nuffield Council on Bioethics*[832], affiche explicitement qu'il s'est inspiré de certaines dispositions dégagées par le comité américain : « nous faisons nôtres les recommandations suivantes du rapport de la commission consultative nationale bioéthique américaine de 1999 ». De même, le CCNE a repris dans un de ses avis[833], les dispositions du GEE consacrées aux aspects éthiques des tests génétiques dans le cadre du travail.

Au regard de ces exemples, l'interaction entre les comités ne fait aucun doute. Le dialogue interculturel s'installe et la structuration du système normatif s'intensifie. La prise en compte d'opinions formulées par d'autres, participe à l'ouverture d'esprit promue par les comités. Néanmoins, l'objectif recherché ne doit pas conduire à des réflexions et des conclusions uniformisées, ce qui irait à l'encontre du rôle des comités chargés d'exposer la diversité des points de vue en présence.

---

[832] « We endorse the relevant recommendations of the US NBAC Report ».

[833] Avis n°80 concernant l'orientation de travailleurs vers un poste comportant un risque, 04/12/2003.

CONCLUSION DU CHAPITRE

495. Les comités d'éthique constituent un phénomène atypique tant du point de vue de leur histoire, de leur statut, que de leur activité normative.

496. Nés spontanément, de manière informelle, leur création répond à un besoin non seulement conjoncturel lié au contexte américain mais aussi plus fondamentalement à un besoin structurel lié à la nouvelle dimension des problèmes éthiques engendrés par les progrès scientifiques et médicaux. Comme la médecine expérimentale a renouvelé la question éthique par rapport à la médecine hippocratique, les progrès sans précédent réalisés en science, en médecine et en technologie depuis les années cinquante ont renouvelé le questionnement éthique, appréhendé désormais sous l'angle d'une éthique de responsabilité.

497. Alors que l'hétérogénéité des organismes regroupés sous l'appellation comité d'éthique hypothéquait l'existence d'une identité commune à l'ensemble de ces organismes, il s'avère que les comités se sont forgés une identité propre. Elle réside à la fois dans leur composition, leur mission et leur délibération fondée sur une démarche consensuelle. L'ensemble de ces éléments qui caractérise les comités, légitime aussi leurs prises de position, et confère une autorité de fait aux normes qu'ils produisent dans la logique de la démocratie délibérative. Pour autant, le respect du pluralisme et la démarche procédurale consensuelle affichée par les comités ne les érigent pas nécessairement en acteurs du débat public.

CONCLUSION DE LA PREMIÈRE PARTIE

498. La régulation de l'activité médicale est historiquement marquée par la prégnance d'un système normatif para-juridique. En marge du droit, se sont développés plusieurs types de normes régissant la pratique médicale, incluant à la fois des normes professionnelles issues d'un procédé d'autorégulation, des normes de *soft law* produites par les organisations internationales gouvernementales, et des normes éthiques élaborées par les comités d'éthique. De même le code de Nuremberg, énoncé par le tribunal militaire américain disposait originellement d'une valeur para-juridique avant sa novation en règle coutumière.

499. Au sein de ces différents acteurs de la régulation para-juridique en bioéthique, les comités d'éthique forment une nouvelle catégorie d'institution susceptible d'être identifiée non seulement par des critères organiques relatifs à leur composition et à leur mission mais aussi par leur mode de régulation délibératif et consensuel, même si une subdivision s'avère appropriée entre les comités d'éthique *stricto sensu* et les comités dits d'éthique. Nés d'un contrôle interne exercé par le milieu scientifique et médical, les comités ont évolué au point d'être perçus aujourd'hui comme un système de contrôle externe rendu nécessaire par l'essor technologique qui appelle une éthique de responsabilité. En raison de leur composition pluridisciplinaire, pluraliste, de leur indépendance, de leur rôle de consultation et de médiation, les comités sont parés d'une légitimité accrue par rapport au système d'autorégulation jugé corporatiste donc clos et non susceptible de gérer les répercussions sociales du progrès scientifique, et d'une légitimité accrue par rapport au système démocratique traditionnel jugé insuffisamment représentatif et trop autoritaire. Pour autant, les comités ne peuvent prétendre à une légitimité démocratique dans la mesure où quelle que soit la diversité des membres d'un comité, ce dernier n'en reste pas moins un cénacle de personnalités nommées adoptant des avis par consensus.

500. De par la spécificité du mode d'élaboration des normes éthiques, ancrée dans une démarche procédurale et consensuelle, les comités ont donné naissance à un système normatif qui leur est propre, distinct à la fois de la morale et de la déontologie. Il revêt la particularité

d'être flexible et provisoire. Ce mode de fabrication de la norme éthique qui s'inscrit dans la logique du pluralisme, et du primat de la procédure sur les contenus substantiels engendre un système évolutif et auto-référentiel qui diffère du système juridique fondé sur des valeurs pré-établies : les droits fondamentaux. Dès lors se pose la question de l'articulation des normes éthiques et juridiques, sachant que le danger de l'éthique procédurale, c'est qu'elle devienne formelle, c'est-à-dire qu'elle se limite à un système mécanique de résolution des conflits éthiques. Si cet aspect domine, on en arrive à considérer qu'une conclusion est pourvue d'autorité morale simplement parce qu'elle aura poursuivi formellement un certain cheminement institutionnel, indépendamment de la qualité du débat et des discutants[834].

---

[834] G. Hottois, *Essais de philosophie bioéthique et biopolitique,* Paris, Librairie philosophique J. Vrin, 1999, p. 123.

DEUXIEME PARTIE : L'IDENTITE DES MODES DE LEGITIMATION DES NORMES PARA-JURIDIQUES ET JURIDIQUES DANS LE CHAMP DE LA BIOETHIQUE

501. Historiquement, la prédominance de la régulation para-juridique en médecine, ne doit pas occulter la contribution jurisprudentielle, même si cette dernière revêt un caractère subsidiaire. A cet égard, la jurisprudence a assuré l'implémentation juridique de principes éthiques et a tempéré le processus d'autorégulation en comblant tant les lacunes professionnelles que les lacunes législatives. Dans le cadre d'actions contentieuses, le juge a joué et continue à jouer un rôle fondamental dans l'encadrement des pratiques médicales en imposant des devoirs aux médecins. Les tribunaux ont affirmé l'existence de principes juridiques à dimension éthique préalablement à leur consécration en tant que principes éthiques. La part créatrice de la jurisprudence a été essentielle en droit médical[835]. Mais le juge n'intervient qu'*a posteriori* à titre de dédommagement et de sanction, son intervention n'empêche donc pas la réalisation de l'acte préjudiciable.

502. Au manque d'encadrement juridique succède aujourd'hui une inflation de textes juridiques relatifs à la bioéthique. A la profusion des normes para-juridiques émanant de l'autorégulation professionnelle, de la *soft law*, et des comités d'éthique, s'ajoute aussi une pléthore de normes juridiques qu'il s'agisse de normes d'origine jurisprudentielle ou législative, au niveau constitutionnel, européen ou international. La dynamique inter-normative et la mobilité des frontières inter-normatives[836], s'avèrent particulièrement intenses en bioéthique. L'inter-

[835] G. Mémeteau, *Le droit médical*, Paris, Litec, coll. Jurisprudence française, 1985, n°16.

[836] J. Carbonnier, *Essais sur les lois*, Paris, Répertoire du notariat Defrénois, 2ème éd., 1995, en particulier : Les phénomènes d'inter-normativité, p. 287 et sv.

normativité permet de rendre compte qu'entre « le droit et les autres systèmes normatifs des rapports se nouent et se dénouent, des mouvements, des conjonctions, des conflits se produisent »[837].

La question de l'articulation de l'ensemble de ces normes se pose au regard de la cohérence même du système normatif sachant que les relations entre normes para-juridiques et juridiques peuvent revêtir la forme d'un développement parallèle, concurrent ou complémentaire. Le phénomène d'interpénétration se produit non seulement entre le système para-juridique et le système juridique mais aussi entre les différents ordres juridiques. Il y a donc deux types d'articulation, celle qui concerne les rapports que le droit entretient avec les autres systèmes normatifs, et celle qui concerne les normes juridiques entre elles, sachant que cette dernière se subdivise en deux sous-articulations, celle liant les normes émanant de différents ordres juridiques, et celle liant les normes au sein d'un même ordre juridique.

503. Il ressort de ce jeu d'influence un certain décloisonnement entre la culture juridique de *civil law* et de *common law* et un certain rapprochement entre le système juridique et para-juridique. Chaque système cherche dans l'autre système un autre type de légitimité. En considérant que la légitimité du droit découle de sa vocation à énoncer et à faire respecter un système de valeurs autour duquel la société est organisée, et que celle de l'éthique réside dans la spécificité du mode d'élaboration des normes fondée sur le respect du pluralisme, le consensus, la souplesse et la réversibilité, on constate un phénomène de convergence entre le système juridique et para-juridique. D'une part, ils ont un fondement commun, les systèmes para-juridique et juridique de la bioéthique sont basés sur les droits fondamentaux. Ils sont ainsi dotés d'une légitimité de type substantiel incarnée dans les valeurs (Chapitre 1). D'autre part, hormis cette référence commune aux valeurs, les deux systèmes reposent sur une légitimité de type procédural, qui se manifeste tant au niveau de l'élaboration des normes que du contenu des normes (Chapitre 2).

504. Sous couvert de ces nouvelles légitimités, le droit évolue. Il présente des caractéristiques éloignées de ses représentations traditionnelles. D'un droit général, abstrait, stable, hiérarchisé, et formel, on passe à un droit substantiel, changeant, complexe, casuistique et pragmatique. Même si la procédure n'est pas étrangère à la conception

[837] J. Carbonnier, *Sociologie juridique*, Paris, PUF, Quadrige, 1994, p. 317.

formelle et si la substance n'est pas étrangère à la conception matérielle du droit, le fait de mettre l'accent sur la légitimité procédurale et substantielle plutôt que sur la légitimité formelle et matérielle témoigne d'une évolution profonde de la logique juridique.

505. La légitimité procédurale, couvre l'ensemble du processus normatif, de la phase de préparation à la phase d'application des normes, contrairement à la légitimité formelle, plus circonscrite. La conception formelle s'attache à déterminer l'organe compétent et la procédure d'adoption des normes. La légitimité formelle des normes dérive essentiellement de leur énonciation par des institutions démocratiques ; alors que la logique procédurale accorde plus d'intérêt aux phases précédant et suivant l'adoption des normes. Elle favorise même la substitution d'autres institutions aux institutions démocratiques traditionnelles. Elle cherche ainsi à rationaliser le système normatif dans son ensemble et à l'ouvrir à d'autres influences, à d'autres voix que celles des autorités politiques et juridiques. De la même manière, on peut considérer que la conception substantielle dépasse la conception matérielle dans la mesure où elle subordonne la validité de la norme au respect de certaines valeurs. A cet égard, elle est susceptible de menacer la hiérarchie formelle des normes juridiques.

CHAPITRE 1 : LES DROITS FONDAMENTAUX COMME SOURCE DE LEGITIMITE SUBSTANTIELLE COMMUNE

506. Les systèmes juridique et para-juridique partagent un même fondement, puisqu'ils sont construits à partir d'une référence commune aux valeurs. Ce fondement identique leur procure un nouveau type de légitimité que l'on qualifiera de substantielle, incarnée dans les droits fondamentaux. Le domaine de la bioéthique se trouve gouverné par des valeurs dégagées par des autorités juridiques et a-juridiques. Dans la mesure où l'activité biomédicale est susceptible d'être attentatoire à l'être humain et à l'espèce humaine, elle doit être encadrée par des garde-fous. C'est dans cette optique que la bioéthique est fondée sur les droits fondamentaux consacrant la primauté et la dignité de la personne humaine.

507. En bioéthique, le droit semble en quête d'un nouveau mode de légitimation, certains constatent ce « souci de l'asseoir sur des principes valeurs »[838]. Dans le domaine de l'éthique et du droit, la référence aux droits fondamentaux apparaît incontournable, c'est notamment par référence aux droits fondamentaux que s'exercent les missions dévolues aux comités d'éthique[839]. C'est pourquoi, les droits fondamentaux se sont imposés comme socle de référence en bioéthique.

La doctrine est partagée entre l'emploi du terme droits de l'homme et celui de droits fondamentaux ; la notion de droits fondamentaux semble plus appropriée pour rendre compte du phénomène de constitutionnalisation des droits, d'une part, et d'une nouvelle approche des droits, d'autre part, moins centrée sur une conception individualiste que les droits de l'homme[840].

---

[838] C. Byk, « Progrès scientifique et droits de l'homme : la rupture ? », *RTDH*, Progrès scientifiques ou techniques et droits de l'homme, n°spécial, 2003-54, p. 364.

[839] J. Dalcq-Depoorter, « L'utilité des comités d'éthique », *RTDH*, Progrès scientifiques ou techniques et droits de l'homme, *op. cit.*, p. 449.

[840] P. Fraisseix, « Les droits fondamentaux, prolongement ou dénaturation des droits de l'Homme ? », *RDP*, 2001, p. 531.

508. Les droits fondamentaux, de par leur nature même, constituent une expression privilégiée des impératifs éthiques. La dialectique entre normes éthiques et juridiques s'opère ainsi au travers des droits fondamentaux. En tant que système de valeurs, les droits fondamentaux offrent un lieu propice de confusion et d'échange entre la régulation para-juridique et le droit. Chaque système normatif espère ainsi conforter sa légitimité en cumulant en sus de ses propres qualités, les qualités de l'autre système, qui sortent mutuellement renforcés par un phénomène de concordance. La régulation para-juridique gagne un surcroît d'autorité en se fondant sur des valeurs consacrées par le système juridique, et le droit gagne en légitimité en s'appuyant sur des valeurs méta-juridiques.

509. La conception formelle et matérielle du droit telle qu'elle est conçue en droit positif est susceptible d'être supplantée par la conception substantielle. Alors que la conception positiviste du droit a libéré le droit de toute référence à l'horizon méta-juridique des valeurs afin d'affirmer la neutralité axiologique du droit[841], la conception substantielle fonde le droit sur les valeurs. Le droit positif est présenté comme éthiquement neutre[842], c'est-à-dire que la validité de la norme ne dépend pas de sa valeur intrinsèque mais du rapport qu'elle entretient avec la norme qui lui est supérieure, dont elle doit respecter la procédure d'édiction et le contenu. La validité des normes n'est conçue qu'en termes purement objectifs, indépendamment de tout jugement moral ou idéologique. Or la conception substantielle tend à placer les valeurs et le respect des valeurs au fondement de la validité des normes. Ainsi, la logique substantielle a vocation à détrôner la conception traditionnelle du droit (matérielle et formelle). Ce phénomène dépasse d'ailleurs la bioéthique. Il touche par exemple le droit civil dont certains dénoncent la domination[843], par l'idéologie des droits de l'homme.

510. Non seulement les droits fondamentaux modifient la conception du droit mais ils perturbent aussi son contenu. Les catégories juridiques sont troublées par le développement des droits fondamentaux dont il est difficile d'identifier les destinataires ou les titulaires, et de déterminer le caractère objectif ou subjectif des droits. Le mode de

---

[841] S. Goyard-Fabre, *Les fondements de l'ordre juridique*, Paris, PUF, coll. L'interrogation philosophique, 1992, p. 11 et sv.

[842] *Ibid.*, p. 153.

[843] J. Foyer, « Le droit civil dominé », in *Etudes offertes à P. Catala*, Paris, Litec, 2001, p. 13.

création du droit a aussi évolué dans la mesure où la consécration des droits fondamentaux émane d'autorités diverses, à la fois juridiques et a-juridiques d'où l'incertitude qui règne quant à la valeur des droits dits fondamentaux : valeur éthique ou juridique. Enfin la diversité des droits engendre un système complexe, dont la cohérence est problématique, car la cohérence du système des droits fondamentaux ne dépend pas nécessairement de la hiérarchie formelle des normes de type pyramidal.

511. La référence aux droits fondamentaux apparaît dans un premier temps comme une garantie, une protection contre les abus de la science. Ils forment un obstacle aux dérives du progrès. Le recours aux droits fondamentaux confère *de facto* une légitimité aux instruments qui les emploient, cette fonction légitimante des droits appelle à être vigilant. Les droits fondamentaux sont susceptibles en effet d'être instrumentalisés. Leur caractère protecteur est mis en avant alors qu'ils peuvent masquer d'autres logiques, économique, scientifique et utilitariste dont l'humanisme n'est pas le fil directeur. Malgré l'omniprésence des droits fondamentaux en bioéthique, leur logique ne prime pas nécessairement d'autres exigences.

512. Bien que jugées fondamentales ces normes n'ont pas toujours la force nécessaire pour gagner en effectivité sur d'autres normes, d'autres systèmes apparaissent comme concurrents sinon destructeurs du système des droits fondamentaux[844]. La multiplication des droits entraîne aussi leur banalisation, leur portée risque de s'affaiblir, sans compter qu'elle peut aboutir à leur dénaturation. Le système présente des failles qui affaiblissent inéluctablement la portée des droits. La valeur des droits fondamentaux se trouve relativisée par la souplesse laissée à leur application et à leur interprétation. En effet, non seulement les droits fondamentaux affrontent des logiques concurrentes hétéronomes, mais les droits fondamentaux eux-mêmes sont traversés par des courants contradictoires.

Les droits fondamentaux apparaissent comme la pierre angulaire de la bioéthique (Section 1), ce constat ne préjuge cependant pas de la portée des droits (Section 2).

[844] C. Byk, « Progrès scientifique et droits de l'homme : la rupture ? », *op. cit.*

SECTION 1 : LES DROITS FONDAMENTAUX, AU FONDEMENT DE LA BIOÉTHIQUE

513. Les droits fondamentaux irriguent l'ensemble des textes relatifs à la bioéthique aussi bien juridiques que para-juridiques. La légitimité en quelque sorte rayonnante des droits fondamentaux, explique leur succès. Partout dans le monde, les questions de bioéthique sont posées au regard de la protection des droits de la personne humaine[845]. Il y a un accord unanime pour fonder la bioéthique sur les droits de l'homme[846]. Au sein du système juridique, et particulièrement en bioéthique, il y a une hégémonie des droits fondamentaux dont on peut *a priori* se féliciter en ce qu'ils sont porteurs de valeurs mais dont il faut prendre conscience qu'ils bouleversent le champ juridique. La dimension substantielle des droits menace la hiérarchie formelle, dans la mesure où certains droits sont appelés à prévaloir non en raison de leur place dans la hiérarchie des normes mais en raison de leur contenu. Cette logique rompt avec la conception positiviste et rejoint le courant d'une certaine forme de droit naturel. L'ordre juridique fondé sur les droits fondamentaux contribue à une certaine renaissance du droit naturel[847]. D'aucuns analysent la consécration de la dignité comme un retour du droit naturel[848] et le domaine de la bioéthique comme étant propice à un tel retour[849]. Le « discours bioéthique » fondé sur les droits fondamentaux participerait à un renouveau du droit naturel en développant la réflexion sur la valeur, la place et l'essence de l'homme. D'ailleurs, la notion même de droits fondamentaux est particulièrement disputée entre les partisans du positivisme et du jusnaturalisme. En

---

[845] N. Lenoir, « Bioéthique, Constitutions et Droits de l'homme », *Diogène*, n°172, oct. - déc. 1995, p. 13.

[846] M-T. Meulders-Klein, « Biomédecine, famille et droits de l'homme : une même éthique pour tous ? », *RTDH*, n°43, 2000, p. 429.

[847] B. Mathieu, M. Verpeaux, *Contentieux constitutionnel des droits fondamentaux*, Paris, LGDJ, Manuel, 2002, p. 418.

[848] C. Neirinck, « La dignité humaine ou le mauvais usage juridique d'une notion philosophique », in *Mélanges offerts à C. Bolze, Ethique, droit et dignité de la personne*, Paris, Economica, 1999, p. 39.

[849] L. Favoreu, Rapport introductif in *Constitution et éthique biomédicale*, N. Lenoir, B. Mathieu, D. Maus (sd.), Paris, La doc. fr., 1998, p. 18.

associant plutôt qu'en opposant leur conception, on appréhendera toute la richesse mais aussi la complexité des droits fondamentaux, étant donné qu'ils sont un trait d'union entre le monde des valeurs et celui du droit.

514. L'essor des droits fondamentaux témoigne d'une évolution du droit, dans la mesure où la dynamique des droits fondamentaux a des répercussions sur le système juridique. La pénétration de la logique des droits fondamentaux se traduit par la promotion d'instruments d'harmonisation consensuels, susceptibles de concurrencer la logique hiérarchique fondée sur l'autorité des normes. Comme les droits tirent leur fondamentalité de leur contenu, c'est la valeur intrinsèque des normes et la place qu'elles occupent dans le système de valeurs qui les appellent à prévaloir indépendamment de la place qu'elles occupent dans la hiérarchie des normes. Par ailleurs, la croissance exponentielle des droits fondamentaux est susceptible de menacer la cohérence du système de valeurs. C'est pourquoi l'internationalisation est ressentie comme nécessaire dans la mesure où elle assure une fonction d'harmonisation des droits nationaux[850]. De même, la méthode comparative employée dans le domaine éthique et juridique témoigne de ce souci de parvenir à une harmonisation des normes. La quête d'un droit commun des droits fondamentaux retentit sur la place des droits fondamentaux dans le système juridique, qui tend à devenir hégémonique puisque les droits fondamentaux s'imposent au détriment d'autres branches du droit, notamment du droit civil.

§1 Les droits fondamentaux, fondement commun à l'éthique et au droit

515. Assurer le respect de la personne humaine constitue l'objectif cardinal des discours sur la bioéthique, c'est un objectif concomitant à l'éthique et au droit. C'est pourquoi, d'une part, l'éthique biomédicale est ancrée dans des valeurs protectrices de la personne humaine. C'est pourquoi, d'autre part, la bioéthique est liée à l'idée d'un droit commun fondé sur un droit naturel, car l'enjeu de la bioéthique, c'est la place de l'homme dans l'univers avec pour référence et comme valeur le respect de l'identité de la personne humaine et ce qui fait son humanité[851]. La bioéthique est associée à la nécessité d'affirmer des

---

[850] S. Maljean-Dubois, « Bioéthique et droit international », *AFDI*, 2000, p. 82.
[851] B. Mathieu, N. Lenoir, *Les normes internationales de la bioéthique*, *op. cit.*, p. 42.

droits attachés à la nature de l'homme, qui appartiennent à tous les hommes, qui soient immuables, universels et transcendants[852], pour sauvegarder la dimension symbolique de l'être humain, de manière à le préserver d'une désacralisation engendrée par le progrès scientifique.

516. Toutefois, pour être effectif, ce système de valeurs, mis en œuvre dans le domaine de l'éthique biomédicale, doit être transcrit dans des textes de droit positif. A force de réitération et de convergence, certaines valeurs se voient ainsi positivées. La formation de certains droits fondamentaux résulte dans cette hypothèse d'un processus de juridicisation de principes éthiques, qui contribue à enrichir le champ des droits fondamentaux, lesquels intègrent la vision éthique des valeurs.

A/ Les références de l'éthique biomédicale

517. L'ordonnancement de l'éthique biomédicale s'est opéré autour de certaines valeurs qui sont gardiennes des catégories anthropologiques fondamentales, des obstacles à la transgression de ce qui caractérise l'humanité de l'homme, sa dignité. Les références de l'éthique biomédicale sont à l'origine d'un système de valeurs qui veut garantir certains caractères propres à l'homme, qui en tant que tels, sont inhérents à l'homme et existent indépendamment de toute consécration formelle. Mais l'ancrage de ces valeurs dans le droit, d'une part, et l'affirmation de valeurs éthiques inspirées de droits fondamentaux, d'autre part, est à l'origine de l'ambivalence qui affecte ces valeurs. De cette référence croisée aux valeurs, partagée entre des valeurs existant indépendamment de leur reconnaissance juridique formelle et des valeurs juridiquement consacrées, naît une certaine confusion, on ne sait plus s'il s'agit de principes éthiques ou juridiques.

1- La filiation originaire de l'éthique biomédicale et des valeurs

518. Le jugement de Nuremberg[853], perçu comme l'acte de naissance de la bioéthique, consacre le lien étroit établi depuis l'origine entre l'éthique biomédicale et le respect de certaines valeurs que sont la protection de la personne et le respect de l'homme comme valeur en soi. Il en ressort que l'homme doit être traité comme une fin jamais comme

---

[852] P. Kayser, « Essai de contribution au droit naturel à l'approche du troisième millénaire », *RRJ*, 1998-2, p. 387.

[853] *Cf. supra* n°91 et sv.

un moyen. L'éthique biomédicale s'appuie donc sur des valeurs qui sont inhérentes à la nature de l'homme et qui existent en dehors d'une reconnaissance juridique formelle ce qui conforte la vision classique de l'articulation entre éthique et droit, fondée sur l'antériorité de l'éthique[854]. La primauté de la personne humaine, ou encore le respect de la dignité, sont des valeurs qui s'imposent indépendamment de leur formulation juridique, c'est pourquoi elles se sont d'ailleurs imposées comme références de l'éthique biomédicale préalablement à leur reconnaissance juridique dans le domaine de la biomédecine. Dans un premier temps, à défaut de rattacher ces valeurs à des droits de l'homme au sens de droits juridiquement consacrés, on peut néanmoins les rattacher à la philosophie des droits de l'homme[855], dans la mesure où elles partagent un même objectif : la protection de ce qui caractérise l'humanité et l'identité de l'homme et l'affirmation de la primauté de l'être humain.

519. Les déclarations des ONG ont témoigné du souci de veiller au respect de ces valeurs fondamentales dans le domaine biomédical avant leur consécration en droit positif. Pour le conseiller juridique de l'Association médicale mondiale, « éthique et droits de l'homme se confondent »[856], puisque l'éthique est guidée par le respect de la vie, le respect de la dignité de la personne humaine, le respect de la vie privée[857]. Les déclarations des ONG ont ainsi précisé le contenu des principes fondamentaux en biomédecine préalablement à leur reconnaissance par le droit. La référence à la dignité traverse les déclarations, et l'AMM a notamment déclaré son attachement au principe de non-commercialité du corps humain, au principe du consentement et au respect de la vie privée.

520. De la référence aux valeurs va naître une certaine confusion car les valeurs vont se décliner aussi bien sur le mode éthique que sur le mode juridique. Les valeurs sur lesquelles s'est fondée l'éthique biomédicale vont accéder à une reconnaissance juridique

---

[854] J-P. Duprat, « Interactions normatives et recherches biomédicales », *RGDM*, n°3, 2000, p. 21.
[855] N. Lenoir, « Bioéthique, Constitutions et droits de l'homme », *op. cit.*
[856] H. Anrys, « L'éthique médicale et les droits de l'homme », in *La santé face aux droits de l'homme, à l'éthique et aux morales,* Réseau européen de coopération scientifique Médecine et Droits de l'homme (es.), Strasbourg, Ed. du Conseil de l'Europe, 1996, p. 55.
[857] AMM, Déclaration d'Helsinki, site : http://www.wma.net.

explicite par leur rattachement aux droits fondamentaux. Etant donné que la protection de l'homme et de sa dignité sont des objectifs concomitants à l'éthique biomédicale et aux droits fondamentaux, une communauté de valeurs à l'éthique et au droit va se former.

2- La typologie des références de l'éthique biomédicale

521. Les références de l'éthique biomédicale ont inspiré certains droits fondamentaux. En retour, l'éthique biomédicale se fonde sur le socle de la Déclaration de 1948 en s'inspirant des principes fondamentaux de dignité, d'intégrité, et de liberté de la personne humaine[858]. Plus généralement, les comités d'éthique se réfèrent à des principes qui sont par ailleurs des droits fondamentaux juridiquement reconnus ou ils se réfèrent à des valeurs fondamentales non consacrées juridiquement en tant que droits fondamentaux. Une typologie s'impose pour rechercher les différents types de référence utilisés par les comités, à partir de l'exemple du comité d'éthique national français (CCNE) et du comité européen (GEE).

a- La formulation de principes éthiques, d'exigences éthiques, d'impératifs éthiques, de jugements éthiques

522. Sont explicitement formulés en tant que principe éthique : le principe du consentement informé et libre[859], le principe de solidarité[860], la santé du receveur[861], le respect du donneur (anonymat, don volontaire)[862], la non-commercialisation du corps humain[863], la gratuité du don[864], le principe d'autonomie[865], le libre accès à la connaissance du gène et le partage de cette connaissance[866]. Les principes éthiques énoncés dans le cadre de la recherche recouvrent: le

[858] G. B. Kutukdjian, « La bioéthique : un enjeu international », in *La bioéthique au pluriel*, C. Byk, G. Hubert (sd.), Montrouge, J. Libbey Eurotext, coll. Ethiques et sciences, p. 113.
[859] GEE avis 8.
[860] GEE avis 10.
[861] GEE avis 2.
[862] GEE avis 2.
[863] GEE avis 2, avis 8, avis 16, CCNE avis 64.
[864] GEE avis 2.
[865] CCNE avis 63.
[866] CCNE avis 64.

consentement éclairé, l'agrément du protocole par un comité indépendant, la proportionnalité risques-bénéfices et la confidentialité[867].

523. Sont identifiés en tant qu'impératifs éthiques : la confidentialité des résultats[868], la sécurité des systèmes d'informatisation[869], la sécurité sanitaire[870], la protection des consommateurs. Sont qualifiées d'exigences éthiques : l'exigence de transparence[871], l'exigence de consentement[872], l'exigence de garantir à tous des soins adéquats[873] et l'exigence d'empêcher l'instrumentalisation d'une personne[874]. Les activités liées à la collecte et à l'utilisation des tissus sont subordonnées à des exigences éthiques ; le but de celles-ci étant de sauvegarder le respect de la personne humaine, de sa dignité et de sa liberté ainsi que le bien commun[875].

524. Les comités rendent des jugements éthiques. Le GEE a jugé éthiquement inacceptable et comme devant être interdit, le recours au DPN pour choisir le sexe ou d'autres caractéristiques[876]. De même, l'instrumentalisation de l'homme voire le danger d'eugénisme, liés au clonage reproductif le rendent éthiquement inacceptable[877]. Le clonage reproductif d'êtres humains ne peut susciter qu'une condamnation éthique véhémente, catégorique et définitive[878].

b- La formulation de principes fondamentaux et de principes éthiques fondamentaux

525. La qualification de principes éthiques fondamentaux est propre au comité européen, le comité français préfère recourir aux principes fondamentaux.

---

[867] GEE avis 4.
[868] GEE avis 6.
[869] GEE avis 13.
[870] GEE avis 11.
[871] GEE avis 5.
[872] CCNE avis 65.
[873] CCNE avis 59.
[874] CCNE avis 54.
[875] GEE avis 11.
[876] GEE avis 6.
[877] GEE avis 9.
[878] CCNE avis 54.

526. Les principes éthiques fondamentaux applicables[879], retenus par le GEE, sont les suivants : le principe d'autonomie de l'individu (impliquant le recueil du consentement éclairé, le respect de la vie privée)[880], le respect de l'autonomie de la volonté de la personne[881], le principe de liberté de la recherche[882], le principe de proportionnalité[883], le principe du respect de la dignité de la personne humaine[884], le principe de non-discrimination[885], le principe de non-exploitation[886], le principe de non-instrumentalisation[887], le principe de protection des groupes de personnes vulnérables[888], le respect du corps humain[889], le respect de la vie privée et du secret médical[890], le droit à l'information[891], le droit à ne pas faire l'objet d'une discrimination injustifiée[892], le respect du consentement[893], le respect dû à la vie humaine[894], le principe de justice qui appelle une juste répartition des ressources en santé[895], les principes de bienfaisance[896] et de non malfaisance[897] qui permettent de dresser le bilan coûts - avantages, le principe de solidarité, qui fonde le droit de tout citoyen à la protection de la santé et exige de porter une attention particulière aux personnes vulnérables[898], la protection de la santé[899], les exigences d'intégrité et de transparence[900].

527. Le CCNE n'use pas de la qualification de principe éthique fondamental, néanmoins il qualifie de principe éthique indiscutable :

---

879 GEE avis 10.
880 GEE avis 10, avis 13.
881 GEE avis 11 avis 15, avis 17.
882 GEE avis 15.
883 GEE avis 10, avis 17, avis 15.
884 GEE avis 10, avis 13 avis 15, avis 14, avis 17.
885 GEE avis 10, avis 17.
886 GEE avis 10, avis 17.
887 GEE avis 17.
888 GEE avis 10, avis 11, avis 14.
889 GEE avis 11.
890 GEE avis 11.
891 GEE avis 11.
892 GEE avis 11.
893 GEE avis 11 avis 12, avis 16.
894 GEE avis 12.
895 GEE avis 13, avis 15, avis 17.
896 GEE avis 13, avis 15, avis 17.
897 GEE avis 13, avis 17.
898 GEE avis 13.
899 GEE avis 14.
900 GEE avis 14.

l'égalité d'accès aux produits pour tous les patients qui en ont également besoin[901] et en tant que principe éthique absolu[902] : toute personne humaine est éminemment respectable indépendamment de son âge et des conséquences que cet âge entraîne pour sa santé physique et mentale. Il se réfère à la dignité de l'homme en tant que critère éthique fondamental[903], et rappelle le souci éthique majeur de sauvegarder la dignité présente et future de l'être humain[904].

528. Le CCNE retient comme principe fondamental : le principe fondamental de solidarité pleine et entière envers les personnes handicapées[905], le principe fondamental d'égalité d'accès aux médias[906], les principes fondamentaux d'égalité en droits et en dignité et de solidarité entre tous les humains[907], le principe fondamental de non-commercialisation[908], qu'il a aussi qualifié de principe intangible[909], de même que le consentement[910], le principe fondamental du respect de la dignité humaine[911], le principe fondamental et immémorial de l'inviolabilité du corps humain qui justifie et assure la protection de l'intégrité de la personne en son corps[912]. Le CCNE rappelle que la santé est le lieu d'application de principes fondamentaux, pour nombre d'entre eux de nature constitutionnelle, notamment la nation reconnaît à tous, le droit à la protection de la santé. Ce droit s'appuie sur le principe, lui aussi de valeur constitutionnelle, de l'égalité des citoyens devant la loi. Au même rang de principe constitutionnel, trouve à s'appliquer le principe du respect de la dignité humaine[913].

c- La formulation de valeurs

529. Au titre des valeurs communes, le GEE consacre le respect de la vie humaine, la nécessité d'alléger la souffrance humaine, la

[901] CCNE avis 48.
[902] CCNE avis 59.
[903] CCNE avis 21.
[904] CCNE avis 18.
[905] CCNE avis 68.
[906] CCNE avis 45.
[907] CCNE avis 46.
[908] CCNE avis20.
[909] CCNE avis 27, 41.
[910] CCNE avis 41.
[911] CCNE avis 26.
[912] CCNE avis 70.
[913] CCNE avis 57.

nécessité de garantir la qualité et donc la sécurité des traitements médicaux, le principe de la liberté de la recherche, et l'exigence du consentement libre et informé[914]. En outre, il affirme que le progrès de la connaissance en sciences de la vie, a une valeur éthique en soi[915], et que l'exigence de confiance constitue en soi une valeur éthique[916].

530. Pour sa part, le CCNE énonce en tant que valeurs fondamentales de l'existence humaine : la vulnérabilité, le sens de la fin, l'autonomie et la dignité. Il s'appuie sur la valeur fondatrice de l'interdit du meurtre[917]. Il prend en compte les valeurs essentielles de compassion et de solidarité[918]. Il retient en tant que valeurs fondamentales du système transfusionnel : la gratuité, le caractère non lucratif des opérations subséquentes, le respect du donneur, l'intérêt du malade[919]. Il qualifie de valeur éminente, le libre choix du médecin et la confidentialité[920].

d- La formulation de droits et de libertés

531. Les avis des comités se réfèrent au droit à la vie[921], au droit à l'intégrité physique[922], au droit au respect de la dignité humaine[923], au droit à l'information[924], au droit à une information permettant de prendre une décision éclairée[925], au droit des citoyens de jouir d'une protection contre les risques[926], au droit de ne pas savoir[927], au droit au respect de la vie privée et à la protection des données personnelles[928]. Ils affirment le droit de s'opposer à l'utilisation des données personnelles[929], le droit à la sécurité[930], le droit des patients à un

[914] GEE avis 12.
[915] GEE avis 12.
[916] GEE avis 13.
[917] CCNE avis 63.
[918] CCNE avis 65.
[919] CCNE avis 28.
[920] CCNE avis 57.
[921] GEE avis 2.
[922] GEE avis 2, CCNE avis 73.
[923] GEE avis 2, CCNE avis 73, 65.
[924] GEE avis 5, avis 7, avis 9, avis 11.
[925] CCNE avis 33.
[926] GEE avis 7, avis 9.
[927] GEE avis 18, CCNE avis 25, 33, 46, 72.
[928] GEE avis 18, avis 13, avis 11.
[929] GEE avis 13.
[930] GEE avis 11.

accès équitable aux possibilités thérapeutiques[931], le droit à ne pas faire l'objet d'une discrimination injustifiée[932]. De certains principes, ils font découler des droits. Ainsi le principe de solidarité fonde le droit de tout citoyen à la protection de la santé[933]. Et du principe d'autonomie de l'individu découle le droit de chacun à l'autodétermination et à participer aux décisions médicales[934].

532. Le respect de la vie privée et du secret médical[935], le droit à la santé[936], et la liberté de la recherche[937] sont qualifiés de droits et libertés fondamentaux.

e- La formulation d'exigences non qualifiées

533. A la lecture des avis du comité européen et du comité français, il apparaît que le plus grand nombre de références employées par les comités ne sont qualifiées ni de principe éthique, ni d'exigence éthique, ni d'impératif éthique, ni de principe fondamental, ni de principe éthique fondamental, ni de valeur.

534. Ils formulent sans les qualifier, l'exigence de don volontaire[938], non rémunéré[939], d'anonymat[940], l'interdiction d'en faire profit[941], le consentement[942], l'égalité d'accès au DPN[943], à la thérapie génique[944], le respect de la personne humaine[945], de l'être humain en devenir[946], le respect de la dignité humaine[947], le secret des informations[948], la non-commercialisation[949], le secret médical[950], le

931 GEE avis 11.
932 GEE avis 11.
933 GEE avis 13.
934 GEE avis 13.
935 GEE avis 11.
936 CCNE avis 78.
937 GEE avis 10.
938 GEE avis 2.
939 GEE avis 2.
940 GEE avis 2, avis 11, avis 15, CCNE avis 14, avis 18.
941 GEE avis 2.
942 GEE avis 6, avis 18, CCNE avis 1, 2, 8, 14, 18, 25, 30, 34, 38, 39, 42, 50, 52-53, 56, 58, 61, 63, 71, 73.
943 GEE avis 6, CCNE avis 5.
944 GEE avis 4.
945 CCNE avis 4, avis 7, avis 12, avis 73.
946 CCNE avis 8.
947 CCNE avis 8, 28, 41, 54, 58, 59, 61, 66.
948 CCNE avis 5, 30.

respect de la liberté individuelle[951], le secret de la vie privée[952], le respect de l'autonomie de l'individu[953], le principe de justice[954], le principe de solidarité[955] ou devoir de solidarité[956], le principe d'autonomie[957], le principe de bienfaisance[958], le respect de la vie[959], le respect de l'intégrité de la personne[960], le principe de non-instrumentalisation des individus nés ou à naître[961], le principe de proportionnalité[962], la confidentialité[963], la non-discrimination[964], le progrès de la médecine[965], la loyauté et la confiance[966], la responsabilité de l'homme vis à vis des animaux, de la nature, de l'environnement, et de la biodiversité[967], la responsabilité de la société[968].

535. Une série d'exigences témoigne de l'attention portée à la sécurité sanitaire et au principe de précaution, les comités se réfèrent à : la prudence[969], la sécurité des produits[970], des personnes[971], la vigilance[972], la prévention[973], la surveillance sanitaire[974], la protection de l'environnement[975], l'évaluation[976], la traçabilité[977], la transparence[978],

---

949 CCNE avis 8, avis 9, 21, 25, 52-53.
950 CCNE avis 14, 31, 33.
951 CCNE avis 15, 54.
952 CCNE avis 17, 33, 46.
953 CCNE avis 33, 46, 54.
954 CCNE avis 38, 57.
955 CCNE avis 57, 63, 65, 68, 70.
956 CCNE avis 58, 71, 72.
957 CCNE avis 58, 63, 70, 71.
958 CCNE avis 58, 65, 70, 71.
959 CCNE avis 63.
960 CCNE avis 72.
961 CCNE avis 72.
962 GEE avis 15.
963 GEE avis 18 ; CCNE avis 33, 46.
964 GEE avis 18 ; CCNE avis 17, 68, 69.
965 CCNE avis 4.
966 CCNE avis 12.
967 GEE avis 7.
968 CCNE avis 46, 65, 66, 68.
969 GEE avis 7, avis 16 approche prudente ; CCNE avis 5, avis 8, 18, 42, 50, 71.
970 CCNE avis 28.
971 GEE avis 7, CCNE avis 38, 41.
972 CCNE avis 35, 42, 55, 56, 61.
973 CCNE avis 43, 57, 65.
974 CCNE avis 61.
975 GEE avis 7.

l'enquête[979], l'approche de précaution[980], et le principe de précaution[981]. Ils requièrent des procédures d'agrément et le contrôle des activités[982].

536. Une autre série d'exigences tourne autour du contrôle démocratique des choix effectués en bioéthique : la formation et l'information du public[983], le dialogue[984], le débat public[985], l'éducation[986], la participation des citoyens[987], l'association des citoyens[988], la consultation publique[989], la discussion[990], le débat démocratique[991], le débat de société[992], et le respect du pluralisme[993], implicite dans la dimension éthique de la construction d'une société européenne démocratique.

537. A partir de la classification des différentes formulations employées, il s'avère impossible de structurer les références de l'éthique biomédicale puisqu'un même principe est tantôt dépourvu de qualification, tantôt qualifié de différente manière. Par exemple, le principe de non-commercialisation, est soit employé sans être qualifié, soit qualifié de principe fondamental, de principe intangible, ou de principe éthique. Il faut renoncer à l'idée de trouver une cohérence interne, qui dériverait de la qualification effectuée par les comités eux-mêmes. Si le catalogue présenté, donne une idée de l'étendue du panel de références exploitées par les comités, il ne permet pas d'en établir une

---

976 GEE avis 4, avis 5, avis 7, avis 9, avis 10, avis 12, avis 13, avis 15, avis 16 ; CCNE avis 8, 31, 36, 42, 43, 46, 49, 51, 57, 61.

977 GEE avis 11, avis 15.

978 GEE avis 4, avis 5, avis 11, avis 12, avis 13, avis 16 ; CCNE avis 28, 45, 48, 61, 65, 73.

979 GEE avis 11.

980 GEE avis 15.

981 CCNE avis 56, 57, 61, 79, 85.

982 CCNE avis 8, 18, 28, 37, 42, 61.

983 GEE avis 3, 4, 5, 6, 7, 8, 9, 10, 11, 12, 13 ; CCNE avis 13, 14, 29, 36, 43, 44, 45, 46, 55, 57, 62, 70.

984 GEE avis 7, 9, 15.

985 GEE avis 4, 9, 10, 12, 16 ; CCNE avis 45, 61.

986 GEE avis 4, avis 5, avis 6, avis 10, avis 13, avis 14 avis 15 ; CCNE avis 14, 31, 43, 57, 62, 70.

987 GEE avis 4, avis 5, avis 7, avis 10, avis 13, avis 15.

988 CCNE avis 3.

989 CCNE avis 3.

990 CCNE avis 42.

991 CCNE avis 57.

992 CCNE avis 50.

993 GEE avis 12, avis 15.

typologie cohérente d'autant que se mêlent parmi ces références des principes juridiques et des principes éthiques. L'analyse des références de l'éthique biomédicale permet en revanche de comprendre l'ambiguïté qui affecte les valeurs dont certaines sont autant éthiques que juridiques, ce qui crée finalement une communauté de valeurs entre l'éthique et le droit.

538. En effet, il convient de constater que, qu'elle que soit la qualification utilisée par les comités, ils récupèrent sous leur propre dénomination des droits fondamentaux juridiquement établis. Ils dégagent des principes éthiques fondamentaux, dont certains reprennent des principes juridiques, alors que d'autres n'ont pas d'équivalent juridique mais annoncent peut-être de futurs principes juridiques. Ou les comités reprennent à leur compte un principe juridique reconnu comme droit fondamental formel, ou ils énoncent un principe éthique non reconnu par le droit mais qui sera susceptible de l'être par un processus de convergence et de réitération des principes.

539. Si l'on classe les références de l'éthique biomédicale en fonction des rapports qu'elles entretiennent avec les droits fondamentaux, trois situations se dessinent. Dans la première, les références éthiques recouvrent des droits fondamentaux juridiques mais reformulés en principes éthiques. Dans la deuxième, les références éthiques recouvrent des principes exclusivement éthiques qui n'ont pas de formalisation juridique. Et, dans la troisième, rarissime, les références mentionnent explicitement la valeur juridique de certains principes. Le CCNE n'a mentionné que dans un seul avis, la valeur constitutionnelle de certains principes[994], et le GEE n'a mentionné qu'une fois, respectivement, la notion de droit fondamental et celle de liberté fondamentale[995]. Néanmoins, l'intérêt qu'il manifeste à l'égard des droits fondamentaux est de premier ordre puisqu'il affirme leur primauté : « le progrès de la connaissance ne saurait prévaloir sur les droits fondamentaux de l'homme »[996].

La tendance des comités consiste donc à re-qualifier des principes juridiques fondamentaux en principes éthiques fondamentaux, ce qui apparaît de manière éclatante lorsque le GEE énonce comme principes éthiques fondamentaux : l'interdiction de faire du corps humain et de ses

[994] CCNE avis 57.
[995] GEE avis 10 et 11.
[996] GEE avis 12.

parties une source de profit, et le principe de consentement libre et éclairé du donneur, en précisant qu'ils sont énoncés par l'article 3 de la Charte européenne des droits fondamentaux[997], alors même que la Charte les consacre en tant que droits fondamentaux.

540. En conclusion, on retrouve ou des valeurs communes à l'éthique et au droit au titre des valeurs fondamentales qui guident la réflexion des comités, ou des valeurs fondamentales propres à l'éthique mais qui deviendront peut être des valeurs juridiques. Si dans leur sphère de compétence, les autorités éthiques sont habilitées à dégager des principes éthiques, des principes fondamentaux ou des principes éthiques fondamentaux, dans la mesure où elles sont susceptibles de porter des jugements de valeur sur les questions qu'elles abordent, elles brouillent les frontières du droit et de l'éthique lorsqu'elles exploitent des principes juridiquement fondamentaux qu'elles retranscrivent en principes éthiques. En outre, la référence pêle-mêle aux principes fondamentaux juridiques et éthiques, conduit les comités à les mettre en balance indifféremment. Enfin, sachant que les autorités juridiques s'inspirent de certains principes éthiques fondamentaux en les faisant accéder au rang de principes juridiques fondamentaux, il faut être vigilant à l'égard de ce passage au droit qui résulte de l'influence des comités, car certaines notions éthiques ne sont pas appropriées au contexte juridique[998], leur transposition n'y est donc pas nécessairement souhaitable.

B/ Les droits fondamentaux : trait d'union entre le monde des valeurs et celui du droit

541. Les droits fondamentaux apparaissent comme un point de passage entre le monde des valeurs et celui du droit. C'est pourquoi ils font l'objet de deux types d'approche : une approche formelle qui conçoit la fondamentalité du droit au regard de la hiérarchie des normes, autrement dit la fondamentalité du droit dépend de sa constitutionnalité ou de sa conventionnalité, et une approche substantielle qui dissocie la fondamentalité du droit de la hiérarchie des normes. La qualité de la règle énoncée est distincte de sa place dans la hiérarchie des normes et de la

---

[997] GEE avis 16.

[998] C. Neirinck, « La dignité humaine ou le mauvais usage juridique d'une notion philosophique », in *Mélanges C. Bolze, Ethique, droit et dignité de la personne,* Paris, Economica, 1999, p. 39.

qualité de l'organe compétent pour l'énoncer, elle ne repose que sur sa valeur intrinsèque. La conception formelle des droits fondamentaux est fondée sur la hiérarchie des normes alors que la conception substantielle se rapporte à une hiérarchie des valeurs, indépendante de la hiérarchie des normes. Cette double conception résulte du fait que les droits fondamentaux se situent entre normes et valeurs[999].

542. A cet égard, le mode de formation des droits fondamentaux témoigne de la perméabilité des valeurs entre l'éthique et le droit, ce qui donne une nouvelle impulsion aux droits fondamentaux en diversifiant les droits et leurs destinataires mais qui présente le risque de les dénaturer.

543. Appréhender les droits fondamentaux en tant que valeurs ou les percevoir comme la traduction de celles-ci conduit à s'interroger sur la notion même de droits fondamentaux. Il ne s'agit pas de trancher les nombreuses doctrines qui se rapportent à cette question mais de prendre en considération ces analyses au regard de la manière dont la bioéthique se sert et traite des droits fondamentaux.

544. L'emploi usuel de la notion de droits fondamentaux permet d'englober un ensemble de droits plus large[1000] que les droits de l'homme et les libertés publiques. Les droits de l'homme en raison de leur caractère inaliénable et sacré sont fondés sur le droit naturel, droit qui découle de la condition humaine et qui préexiste à la société. Droits génériques, ils s'adressent à l'homme abstrait universel, alors que les droits fondamentaux comprennent des droits catégoriels, et qu'ils reconnaissent en tant que dépositaires des droits à la fois des entités, ou au contraire, l'individu appréhendé non plus de manière abstraite et égalitaire mais de manière concrète et identitaire[1001].

545. La notion de libertés publiques est associée aux libertés reconnues et garanties en droit positif, alors que les droits de l'homme renvoient à un fondement jusnaturaliste[1002]. « Les droits de l'homme ont

---

[999] B. Beignier, « Hiérarchie des normes et hiérarchie des valeurs. Les principes généraux du droit et la procédure civile », in *Etudes offertes à P. Catala*, Paris, Litec, 2001, p. 153.

[1000] B. Mathieu, M. Verpeaux, *Contentieux constitutionnel des droits fondamentaux*, *op. cit.*, p. 14.

[1001] P. Fraisseix, « Les droits fondamentaux, prolongement ou dénaturation des droits de l'Homme ? », *RDP*, 2001, p. 531.

[1002] D. Lochak, *Les droits de l'homme*, Paris, La découverte, coll. Repères, 2002, p. 5.

une nature transcendantale, ce qui n'est pas le cas des libertés publiques qui font partie du droit positif »[1003]. Mais le phénomène de constitutionnalisation du droit a assuré le succès de la notion de droits fondamentaux au détriment de celle des libertés publiques. Le changement de dénomination, à savoir l'emploi de la notion de droits fondamentaux, préférée à celle de libertés publiques, « correspond en réalité à un changement structurel important et irréversible qui s'explique et se rattache au phénomène global de la mutation de l'ordre juridique et du remplacement de la légalité par la constitutionnalité comme axe majeur de cet ordre juridique »[1004].

Certains préfèrent la terminologie des droits de l'homme à celle des droits fondamentaux au motif qu'elle sous-tend l'idée de hiérarchie des droits et qu'elle manque de critères d'identification[1005]. L'idée de hiérarchie des droits ne vaut que si l'on retient une conception étroite des droits fondamentaux, or au contraire, les droits fondamentaux sont fédérateurs, ils intègrent plusieurs strates de droit[1006], notamment les droits énoncés dans la déclaration de 1789, dans le préambule de 1946, dans la Convention européenne de 1950...

546. Bien que la doctrine et les instruments juridiques soient partagés entre le vocabulaire des droits l'homme et celui des droits fondamentaux, ce dernier semble plus approprié. Par delà l'effet de mode et l'influence du droit comparé, l'appellation droits fondamentaux correspond à une évolution matérielle des droits dont le contenu et les destinataires se diversifient.

1- Les deux approches de la fondamentalité des droits

547. La notion de droits fondamentaux, importée du droit allemand où l'expression figure explicitement dans La loi fondamentale, et où la notion revêt un sens précis prévu par la Constitution, ne bénéficie pas d'une telle clarté en France. Absente de la Constitution française, la

---

[1003] J. Rivero, *Les libertés publiques*, t. 1, Paris, PUF, Thémis Droit public, 7ème éd., 1995, p. 21.

[1004] L. Favoreu, P. Gaïa, R. Ghevontian, J-L. Mestre, O. Pfersmann, A. Roux, G. Scoffoni, *Droit constitutionnel*, Paris, Dalloz, Précis, Droit public, 5ème éd., 2002, n°1222.

[1005] D. Lochak, *Les droits de l'homme*, *op. cit.*, p. 5.

[1006] B. Mathieu, M. Verpeaux, *Contentieux constitutionnel des droits fondamentaux*, *op. cit.*, p. 14.

notion a été entérinée par la jurisprudence constitutionnelle[1007], néanmoins elle fait l'objet de diverses interprétations doctrinales. Le concept de droits fondamentaux a été introduit en France à l'occasion d'un colloque organisé au début des années 1980 sur le thème « Cours constitutionnelles européennes et droits fondamentaux » lors duquel le terme « droits fondamentaux » était entendu en tant que libertés et droits constitutionnellement protégés[1008].

548. Deux conceptions doctrinales des droits fondamentaux s'affrontent, mais l'opposition de ces deux approches présente l'inconvénient de nier leur complémentarité. Une des conceptions privilégie une approche des droits fondamentaux en termes juridiques et l'autre une approche en termes de valeurs.

a- L'approche formelle

549. En vertu de l'approche formelle, sont qualifiés de droits et libertés fondamentaux ceux et celles qui figurent à un rang supérieur dans la hiérarchie des normes. En effet, l'essor des droits fondamentaux est lié au constitutionnalisme[1009]. Les droits fondamentaux « désignent donc simplement les droits et libertés protégés par des normes constitutionnelles ou (et) européennes et internationales »[1010]. Le caractère fondamental d'un droit est indépendant de la fondamentalité du droit considéré, le contenu ou encore la substance du droit sont indifférents à sa qualification de droit fondamental. C'est pourquoi les droits fondamentaux ne consacrent pas nécessairement que des « valeurs fondamentales »[1011], (à titre d'exemple, le droit des travailleurs d'être représentés dans certains organismes).

550. Certains adoptent une conception positiviste, plus restrictive de la catégorie des droits fondamentaux, en considérant qu'ils

---

[1007] Décision du 16 janvier 1982 sur les nationalisations affirme « le caractère fondamental du droit de propriété » ; Décision du 22 janvier 1990 fait référence aux « libertés et droits fondamentaux de valeur constitutionnelle reconnus à tous ceux qui résident sur le territoire de la République ».

[1008] L. Favoreu, P. Gaïa, R. Ghevontian, J-L. Mestre, O. Pfersmann, A. Roux, G. Scoffoni, *Droit constitutionnel*, *op. cit.*, n°1217.

[1009] C. Grewe et H. Ruiz Fabri, *Droits constitutionnels européens*, Paris, PUF, coll. Droit fondamental, Droit politique et théorique, 1995, p. 140 et sv.

[1010] L. Favoreu, P. Gaïa, R. Ghevontian, J-L. Mestre, O. Pfersmann, A. Roux, G. Scoffoni, *Droit constitutionnel*, *op. cit.*, n°1218.

[1011] *Ibid.*, n°1221.

ne se confondent pas avec l'ensemble des droits constitutionnellement reconnus[1012]. Tous les droits et libertés auxquels renvoie la Constitution ne sont pas des droits fondamentaux, ne le sont que ceux qui sont qualifiés comme tel par le Conseil constitutionnel. L'emploi par le Conseil constitutionnel de l'expression « droits fondamentaux à valeur constitutionnelle » impliquerait qu'il existe des droits fondamentaux d'une valeur autre que constitutionnelle sans quoi l'expression paraîtrait redondante. Pour d'autres, la catégorie des droits et libertés fondamentaux est limitée aux libertés et droits constitutionnels qui sont entendus par la jurisprudence dans un sens attaché à la personne humaine. Il s'agit de droits qui donnent la priorité aux prérogatives des personnes à l'encontre de celles des groupes[1013]. Un droit fondamental concerne nécessairement l'homme en tant qu'individu-personne physique, un droit fondamental touche donc à l'identité de l'homme[1014].

551. Or ces conceptions limitatives des droits constitutionnellement fondamentaux s'inscrivent en porte à faux avec l'usage du terme qui se satisfait de la conception, semble-t-il, la plus large. La notion de droits fondamentaux se démarque justement de celle des droits de l'homme dans la mesure où elle ne se borne pas à la conception individualiste des droits et métaphysique de l'homme, mais intègre une conception aussi collective des droits, associée à une prise en compte de l'homme concret et dont les titulaires ne se bornent pas à la catégorie des individus. C'est pourquoi il n'y a pas lieu de distinguer entre droits constitutionnellement reconnus ceux qui seraient fondamentaux parce que le Conseil constitutionnel les auraient qualifiés de fondamentaux, ou parce qu'ils auraient tel titulaire. En outre, il convient de préciser que la notion de droits fondamentaux recouvre aussi bien des droits que des libertés, que des principes fondamentaux.

[1012] V. Champeil-Desplats, « La notion de droit « fondamental » et le droit constitutionnel français », *D.*, Chr., 1995, p. 323.

[1013] J. Favre, B. Tardivel, « Recherches sur la catégorie jurisprudentielle de « libertés et droits fondamentaux de valeur constitutionnelle » », *RDP*, 2000, p. 1411.

[1014] M-L. Pavia, « Eléments de réflexions sur la notion de droit fondamental », *LPA*, n°54, 6 mai 1994. « Si les caractères formellement constitutionnel et fondamental d'un droit sont importants, ils ne sont pas cependant décisifs ». « Au sens profond et initial, un droit fondamental mérite son nom lorsqu'il est constituant - au sens d'établir - de l'identité de l'homme dans une société démocratique déterminée. Il est aussi constitutionnel matériellement et/ou formellement ».

b- L'approche substantielle

552. Dans son acception substantielle[1015], c'est de la fondamentalité du droit et non de sa consécration en droit positif ou de sa place dans la hiérarchie des normes que dérive la qualification de droit fondamental. Ainsi les droits fondamentaux sont susceptibles de se trouver partout dans l'ordonnancement juridique aussi bien au niveau supra-national, qu'infra-constitutionnel. Dans le cadre de l'approche matérielle, la valeur fondamentale reconnue au droit peut émaner de la loi, du juge, ou d'une autre autorité normative[1016]. Leur caractéristique réside dans le fait que leur fondamentalité les appelle à prévaloir, ce qui remet en cause la hiérarchie formelle des normes au profit de considérations substantielles. En raison des valeurs qu'ils sous-tendent, ils sont pris en compte par l'ordre juridique et susceptibles d'être opposés et de prévaloir sur d'autres prétentions. « Les droits fondamentaux sont tous ceux qui, apparaissant suffisamment essentiels au jurislateur, s'avèrent susceptibles de prévaloir contre telle autre prétention qui pourrait s'y opposer »[1017]. La fondamentalité repose sur la valeur du droit considéré et la place qu'il occupe dans le système de valeurs, et non de la place qu'il occupe dans la hiérarchie des normes. Certains droits sont jugés plus fondamentaux que d'autres, parmi les plus fondamentaux figure notamment la dignité humaine. Cette conception substantielle réserve une place essentielle aux valeurs dans le droit en associant juridique et axiologique. Les droits fondamentaux sont perçus comme fondateurs de l'Etat de droit, ce qui les érige en norme suprême, et justifie que la hiérarchie substantielle doive primer la hiérarchie formelle.

553. Certes, le droit est constitué de valeurs, notamment la dignité et les valeurs contenues dans la Déclaration des droits de l'homme et du citoyen de 1789, et dans le Préambule de la Constitution de 1946, mais toutes ces valeurs ont été positivées et consacrées au niveau constitutionnel. Dès lors, il y a le plus souvent concordance entre la valeur substantiellement fondamentale d'un droit et son rang constitutionnel et conventionnel. Le droit positif est fondé sur des valeurs

---

[1015] E. Picard, « L'émergence des droits fondamentaux en France », *AJDA*, Les droits fondamentaux. Une nouvelle catégorie juridique ?, n°spécial, 1998, p. 6.

[1016] B. Mathieu, M. Verpeaux, *Contentieux constitutionnel…*, *op. cit.*, p. 20.

[1017] E. Picard, « L'émergence des droits fondamentaux en France », *op. cit.*, p. 9.

qu'il a positivées. L'exemple le plus topique de correspondance entre le droit et les valeurs est fourni par la consécration du respect de la dignité en droit positif, qui s'est imposée après la Seconde Guerre mondiale en réaction contre les atrocités commises. L'avilissement de la personne humaine résulte de l'exclusion d'êtres humains de la communauté des hommes. La négation de l'humanité de l'homme a suscité le besoin d'inscrire la dignité dans des instruments internationaux. Ainsi la Déclaration universelle des droits de l'homme de 1948 inscrit dans son préambule « La reconnaissance de la dignité inhérente à tous les membres de la famille humaine et de leurs droits égaux et inaliénables constitue le fondement de la liberté, de la justice et de la paix dans le monde », et affirme à l'article 1 « Tous les hommes naissent libres et égaux en dignité et en droit ». Quant aux préambules des Pactes de 1966, ils fondent les droits qu'ils énoncent sur la dignité, « ces droits découlent de la dignité inhérente à la personne humaine ». Nombre de droits constitutionnels nationaux ont aussi intégré la référence à la dignité. La Loi Fondamentale allemande adoptée en 1949 proclame avec force le principe de dignité en son article 1 « La dignité de l'être humain est intangible ». La reconnaissance et la consécration de la dignité sont directement liées à la découverte de la déshumanisation de l'homme durant la Seconde Guerre mondiale[1018].

554. Même en France, la consécration constitutionnelle tardive du principe de dignité est rattachée au contexte historique de la Seconde Guerre mondiale puisque le Conseil constitutionnel a dégagé le principe de sauvegarde de la dignité de la personne humaine de la phrase liminaire du Préambule de la Constitution de 1946 : « Au lendemain de la victoire remportée par les peuples libres sur les régimes qui ont tenté d'asservir et de dégrader la personne humaine, le peuple français proclame, à nouveau, que tout être humain, sans distinction de race, de religion, ni de croyance, possède des droits inaliénables et sacrés ». Le principe de dignité est replacé dans cette perspective historique, dans le même but d'empêcher l'homme de porter atteinte à l'homme. Certes, il ne s'agit pas d'entraver des pratiques d'un Etat totalitaire, mais d'encadrer des pratiques médicales qui se développent dans un Etat démocratique et qui

---

[1018] M-L. Pavia, « La découverte de la dignité de la personne humaine », in *La dignité de la personne humaine*, M-L. Pavia et T. Revet (sd.), Paris, Economica, coll. Etudes juridiques, 1999, p. 3.

sont aussi susceptibles d'attenter à l'homme en tant que sujet[1019]. La notion de dignité en droit protège d'abord et avant tout l'homme dans son corps[1020]. C'est pourquoi elle s'impose particulièrement en bioéthique. Reconnaître la dignité, c'est s'opposer à traiter l'homme comme un objet conformément à la maxime kantienne « Agis de telle sorte que tu traites l'humanité, aussi bien dans ta personne que dans la personne de tout autre, toujours en même temps comme une fin et jamais simplement comme un moyen ». C'est pourquoi la construction d'un droit de la bioéthique touche directement et intimement aux droits fondamentaux de la personne humaine[1021].

555. La double conception des droits fondamentaux à la fois formelle et substantielle correspond à l'existence d'une double hiérarchie : la hiérarchie des normes et la hiérarchie des valeurs. Le principe institutionnel de la hiérarchie des normes est insuffisant pour rendre compte de la valeur des normes elles-mêmes, dès lors une confusion entre la fondamentalité et la constitutionnalité ou la conventionnalité s'est opérée. Lorsqu'on qualifie un principe de fondamental, constitutionnel ou conventionnel, on se contente de le qualifier au regard de la hiérarchie des normes non au regard de sa valeur intrinsèque[1022].

556. Le domaine de la bioéthique est particulièrement réceptif à la conception substantielle, nombre de droits sont proclamés comme fondamentaux en raison de leur place dans le système de valeurs et dans le but de les faire prévaloir, indépendamment de leur place dans la hiérarchie des normes. Certains droits substantiels s'imposent en droit positif grâce au phénomène de répétition et de convergence, sachant que leur fondamentalité substantielle est susceptible d'être découverte et mise en valeur par les comités d'éthique. Ainsi, le GEE a non seulement

---

[1019] B. Mathieu, « Force et faiblesse des droits fondamentaux comme instruments du droit de la bioéthique : le principe de dignité et les interventions sur le génome humain », *RDP*, 1999, p. 93.

[1020] H. Moutouh, « La dignité de l'homme en droit », *RDP*, 1999, p. 159.

[1021] Allocution de Roland Dumas, président du Conseil constitutionnel, in *Constitution et éthique biomédicale, op. cit.*, « … dès lors le juge constitutionnel est appelé à intervenir dans cette matière au cœur de laquelle se trouve l'affirmation juridique des droits de la personne », p. 11.

[1022] B. Beignier, « Hiérarchie des normes et hiérarchie des valeurs. Les principes généraux du droit et la procédure civile », in *Etudes offertes à P. Catala*, *op. cit.*, p. 153.

contribué au perfectionnement du corpus communautaire des droits fondamentaux mais aussi participé à son élargissement[1023].

2- La juridicisation de principes éthiques

557. La formation des droits fondamentaux témoigne de l'interpénétration du monde des valeurs et du droit. En étudiant les références de l'éthique biomédicale, il est apparu que parmi ces références figurent des valeurs qui correspondent à des droits fondamentaux juridiquement formalisés. Elles sont donc inspirées des droits fondamentaux. Inversement, des valeurs consacrées en tant que références de l'éthique biomédicale sont susceptibles d'inspirer de futurs droits fondamentaux.

558. A la prise de conscience éthique de la nécessité de protéger certaines valeurs a succédé une prise de conscience juridique de la nécessité de protéger par l'intermédiaire des droits fondamentaux, les valeurs susceptibles d'être bafouées par les progrès de la médecine. Dans le cadre de la production des normes juridiques relatives à la biomédecine, l'approche éthique est abordée concurremment avec l'approche juridique des problèmes ce qui explique le phénomène de consécration juridique des valeurs éthiques telles que la dignité, l'exigence du consentement, la primauté de l'être humain…

a- Le processus de juridicisation par répétition et convergence

559. La consécration tardive du principe constitutionnel de sauvegarde de la dignité de la personne humaine en droit français résulte sans doute d'un processus de réitération et de convergence. L'affirmation du principe de dignité en droit international, la consécration constitutionnelle du principe dans les droits nationaux, la récurrence de l'affirmation du principe dans les instruments de *soft law* européens[1024],

[1023] O. Dubos, « Droit communautaire et bioéthique : études des internormativités à travers les avis du groupe européen d'éthique », in J-P. Duprat (sd.), *Jeux de normes dans la recherche biomédicale*, Paris, Publications de la Sorbonne, Droit économique, 2002, p. 167.
[1024] Recommandation 934 (1982) relative à l'ingénierie génétique ; Recommandation 1046 (1986) relative à l'utilisation d'embryons et fœtus humains à des fins diagnostiques, thérapeutiques, scientifiques, industrielles et commerciales ; Recommandation 1100(1989) de l'Assemblée parlementaire du conseil de l'Europe sur l'utilisation des embryons et fœtus humains dans la recherche scientifique ; Résolution

et internationaux, et dans les avis des comités d'éthique, ont certainement contribué à ce que le Conseil constitutionnel reconnaisse ce principe. La consécration de la dignité en droit français est due non seulement à l'influence du droit comparé mais aussi à la référence insistante du CCNE à ce principe. Le comité français a souligné qu'au centre de sa réflexion, se trouve la notion de dignité de la personne, qui fonde depuis son origine la démarche du comité[1025]. Si la fonction de la législation française adoptée en 1994 consistait à « traduire en langage juridique les principes éthiques ayant vocation à s'appliquer à l'ensemble des domaines de la biomédecine »[1026], il est possible de supputer l'influence potentielle du CCNE sur l'élaboration de la loi et sur la reconnaissance du principe constitutionnel du respect de la dignité.

560. Parmi les exemples les plus topiques, de l'avènement d'un principe juridique au plus haut de la hiérarchie des normes, qui s'est affirmé par un processus de répétition et de convergence, se trouvent notamment l'exigence du consentement et le principe de non-commercialisation du corps humain.

561. La consécration du consentement au plus haut de la hiérarchie des normes est le résultat d'une interaction entre normes éthiques, déontologiques, et juridiques. Malgré des précédents juridiques, l'avènement du principe est rattaché à son inscription dans le Code de Nuremberg. Le recueil du consentement y est érigé au premier rang des normes éthiques garantissant la protection de la personne humaine. Au lendemain de la guerre, l'autorité du principe émane donc de normes éthiques élaborées au niveau international, avant d'accéder à une reconnaissance juridique explicite en droit international par son rattachement aux droits de l'homme[1027]. Le Pacte de 1966 est le seul texte international à valeur obligatoire qui impose l'exigence du consentement. L'exigence du consentement éclairé sera réitérée dans les

---

du 16 mars 1989 sur les problèmes éthiques et juridiques de la manipulation génétique ; Recommandation (90)3 du Comité des ministres du Conseil de l'Europe sur la recherche médicale sur l'être humain ; Recommandation (90)13 du comité des ministres du Conseil de l'Europe sur le dépistage génétique anténatal, le diagnostic génétique anténatal et le conseil génétique y relatif ; Résolution du Parlement européen du 12 mars 1997 sur le clonage des animaux et des êtres humains.

[1025] CCNE avis n°54 relatif au clonage reproductif, 22/04/1997.

[1026] N. Lenoir, « Le statut juridique du corps humain pour répondre à l'angoisse contemporaine », in *Mélanges en l'honneur de Guy Braibant. L'Etat de droit*, Paris, Dalloz, 1996, p. 413.

[1027] Art. 7 PIDCP.

déclarations des ONG. Et elle sera prescrite dans des actes à valeur incitative émanant d'organisations intergouvernementales, ainsi la Déclaration de l'UNESCO sur le génome humain prévoit que « dans tous les cas, le consentement préalable, libre et éclairé de l'intéressé(e) sera recueilli. ».

Le recueil du consentement est prescrit de manière récurrente, au niveau européen dans les recommandations[1028], résolutions[1029], et directives[1030] visant à encadrer les progrès de la médecine par des principes éthiques et juridiques. De plus, le respect du consentement a été garanti par la jurisprudence européenne[1031]. Enfin, le consentement est une des exigences les plus souvent requises dans les avis des comités d'éthique.

Son affirmation répétée a contribué à affirmer le caractère fondamental du principe qui est désormais consacré au plus haut de la hiérarchie des normes. Dans certains Etats, l'exigence du consentement est rattachée à l'ordre constitutionnel. En Espagne, le tribunal constitutionnel a précisé la portée du droit à l'intégrité physique et morale, énoncé à l'article 15 de la Constitution, en affirmant que « l'inviolabilité de la personne » protège l'individu « non seulement contre les attaques destinées à porter atteinte au corps et à l'esprit mais

---

[1028] Recommandations de l'Assemblée parlementaire du Conseil de l'Europe : Recommandation 779 de 1976 relative aux droits des malades et des mourants ; Recommandation 934 de 1982 relative à l'ingénierie génétique; Recommandation 1046 de 1986 relative à l'utilisation d'embryons et fœtus humains à des fins diagnostiques, thérapeutiques, scientifiques, industrielles et commerciales ; Recommandation 1100 de 1989 sur l'utilisation des embryons et fœtus humains dans la recherche scientifique. Recommandations du Comité des ministres du Conseil de l'Europe : Recommandation R(90) 3 sur la recherche médicale sur l'être humain ; Recommandation R(90)13 sur le dépistage génétique anténatal, le diagnostic génétique anténatal et le conseil génétique; Recommandation R(92)3 sur les tests et le dépistage génétiques à des fins médicales.

[1029] Résolution (78)29 du Comité des ministres du Conseil de l'Europe relative aux prélèvements, greffes et transplantations de substances d'origine humaine. Dans le cadre de l'Union Européenne plusieurs résolutions requièrent le respect du principe du consentement : la Résolution de 1984 sur la Charte européenne des droits du patient ; Résolution du 16 mars 1989 sur les problèmes éthiques et juridiques de la manipulation génétique; Résolution du 16 mars 1989 sur la fécondation in vivo et in vitro.

[1030] La Directive du 20 mai 1975 relative aux procédures d'autorisation de mise sur le marché des médicaments comprend l'obligation d'obtenir le consentement libre et éclairé puisqu'elle renvoie à la Déclaration d'Helsinki dans le cadre des bonnes pratiques cliniques à appliquer.

[1031] CEDH, Herczegfalvy c. l'Autriche, 24 sept. 1992, *RTDH*, note J. Callewaert, 1993, n°15, p. 431 ; CJCE, X. c. Commission des Ctés Eur., 5 oct. 1994, *RTDH*, note O. De Schutter, 1995, n°21, p. 97.

aussi contre toute intervention sur ces biens qui n'a pas recueilli le consentement de leur titulaire »[1032]. Par conséquent, il est porté atteinte au droit constitutionnel à l'intégrité, chaque fois qu' « est imposé à une personne une assistance médicale contre sa volonté ». La Cour Suprême du Canada a subordonné l'utilisation des informations prélevées sur un échantillon de sang à l'obtention du consentement de l'intéressé, sur le fondement du droit au respect de la vie privée garanti à l'article 5 de la Charte canadienne, « l'utilisation du corps d'une personne, sans son consentement, en vue d'obtenir des renseignements à son sujet, constituait une atteinte à une sphère de la vie privée essentielle au maintien de sa dignité humaine »[1033].

En Europe, l'exigence du consentement est consacrée au niveau conventionnel, puisque le chapitre II de la Convention européenne de bioéthique est consacré au consentement, dont l'exigence est par ailleurs réaffirmée dans le cadre de l'Union européenne à l'article 3.2 de la Charte des droits fondamentaux.

562. Un autre principe cardinal de l'éthique biomédicale affirmé de manière récurrente et avec force a reçu une consécration juridique. Le comité d'éthique français et le comité d'éthique européen ont fondé nombre de leurs avis au regard du principe de non-commercialisation dont ils soulignent le caractère fondamental. Le comité européen a appelé à la reconnaissance au niveau communautaire du principe selon lequel les parties et les produits du corps humain ne doivent pas faire l'objet d'une exploitation commerciale[1034]. Les déclarations de l'AMM invoquent aussi le principe de non-commercialité[1035]. Les instruments de *soft law* posent l'exigence de gratuité[1036], et l'interdiction de faire profit d'éléments du corps humain.

La Convention européenne de bioéthique a finalement consacré le principe de non-commercialité en affirmant que le corps humain et ses parties ne doivent pas être en tant que tels, source de profit (art. 21). La

---

[1032] Décision du 27.06.1990, extrait cité in *La protection de la liberté individuelle en France et en Espagne,* P. Cambot, Paris, Ed. Economica, coll. Droit public positif, 1998, p. 127.

[1033] R. c. Dyment (1988) 2 RCS 417, extrait cité dans le rapport de M. B. Knoppers in *Constitution et éthique biomédicale, op. cit.*, p. 104.

[1034] GEE avis n°3.

[1035] Déclaration sur le commerce d'organes 1985, sur la transplantation d'organes humains 1987, sur la fécondation in vitro et le transfert d'embryon 1987, sur le transfert de tissus fœtaux 1989, site http://wma.net.

[1036] R(88) 4 du Comité des ministres ; R(94)1 du Comité des ministres.

même interdiction figure à l'article 3.2 de la Charte européenne des droits fondamentaux. Plusieurs dispositions du code civil français mentionnent la non-patrimonialité des éléments et produits du corps humain[1037]. L'absence de caractère patrimonial du corps humain a été reconnue par le Conseil constitutionnel comme un principe dérivé du principe de dignité[1038].

L'exemple de la notion « hors commerce » est topique de la mutation de la signification de concept juridique au contact de l'éthique. Le terme d'extra-commercialité est dénaturé par le sens que lui confèrent les comités d'éthique[1039] qui est sensiblement différent du sens juridique du terme. Le commerce en langage juridique ne signifie pas la contrepartie onéreuse comme l'entend le langage commun mais « tout acte ayant pour but de créer, modifier ou éteindre des droits »[1040]. « Hors du commerce » ne signifie pas « hors échanges commerciaux » mais « hors de toute transaction »[1041]. Le corps humain hors du commerce juridique signifie qu'il n'est pas susceptible de faire l'objet d'une convention au sens de l'article 1128 du Code civil, « il n'y a que les choses qui sont dans le commerce qui puissent faire l'objet de conventions », peu importe le caractère onéreux ou gratuit de la convention. Or le CCNE et le GEE se limitent à une approche économique du principe de non-commercialisation, lorsqu'ils énoncent le caractère hors commerce du corps ou d'un de ses éléments, c'est le caractère non marchand qu'ils visent, donc la gratuité. Mais la gratuité est en deçà de l'extra-commercialité[1042]. Ainsi le sang est dans le

---

[1037] Art. 16-1 : « Le corps humain, ses éléments et ses produits ne peuvent faire l'objet d'un droit patrimonial », art. 16-5 : « Les conventions ayant pour effet de conférer une valeur patrimoniale au corps humain, à ses éléments ou à ses produits sont nulles », art. 16-6 : « Aucune rémunération ne peut être allouée à celui qui se prête à une expérimentation sur sa personne, au prélèvements d'éléments de son corps ou à la collecte de produits de celui-ci. ».

[1038] DC 94-343-344 DC, 27 juil. 1994, L. Favoreu, L. Philip, *GDCC*, Paris, Dalloz, 12ème éd., 2003, n°47 ; B. Mathieu, *RFDA*, 1994, p. 1019.

[1039] J-C. Galloux, « Le comité consultatif national d'éthique pour les sciences de la vie et de la santé est-il une autorité de doctrine ?», in *La doctrine juridique*, CURAPP, PUF, 1993, p. 240.

[1040] Citation de Gaudemet par I. Moine, in *Les choses hors commerce. Une approche de la personne humaine juridique*, LGDJ, Bibliothèque de droit privé, 1997, p. 12.

[1041] M. Gobert, « Réflexions sur les sources du droit et les « principes » d'indisponibilité du corps humain et de l'état des personnes (à propos de la maternité de substitution) », *RTDC*, 1991, p. 489.

[1042] I. Moine, *Les choses hors commerce. Une approche de la personne humaine juridique*, LGDJ, Bibliothèque de droit privé, 1997, p. 106.

commerce juridique au sens de l'article 1128, car le sang est dans l'échange, mais hors du marché[1043].

563. La consécration de droits fondamentaux peut s'avérer être le résultat d'un processus de réitération d'un principe au travers des avis des comités, des déclarations des ONG et d'instruments juridiques consensuels au niveau européen et international, et par l'effet conjugué de l'attitude convergente des Etats.

Toutefois la pression par répétition ne produit pas toujours les effets escomptés. Ainsi, le droit à une identité génétique propre n'a pas été juridiquement consacré, ce droit n'a pas trouvé d'écho dans la Convention européenne de bioéthique. L'Assemblée parlementaire avait cependant dégagé du droit à la vie et à la dignité humaine, le droit d'hériter de caractéristiques génétiques n'ayant subi aucune manipulation, et elle avait d'ailleurs plaidé pour que ce droit soit expressément énoncé dans la Convention européenne de sauvegarde des droits de l'homme[1044]. Le droit à une identité génétique propre a fait l'objet d'affirmations répétées au niveau européen[1045], sans parvenir à une consécration constitutionnelle ou conventionnelle.

b- L'effet substantiel : l'enrichissement des droits fondamentaux

564. La juridicisation de principes éthiques régénère les droits fondamentaux en établissant à la fois de nouveaux droits et de nouveaux bénéficiaires. Certains proposent d'ajouter aux trois générations des droits, une quatrième génération des droits de l'homme : ceux destinées à protéger la dignité humaine de certains abus de la science[1046], sans pour autant entraver la liberté de la science. Dans le contexte de la biomédecine et des biotechnologies, certains s'interrogent sur

1043 M-A. Hermitte, « Le corps hors du commerce, hors du marché », *APD*, t. 33, 1988, p. 323.

1044 Recommandation 934(1982) de l'Assemblée parlementaire du Conseil de l'Europe, *DPBB*, p. 3594.

1045 Résolution du 16 mars 1989 sur les problèmes éthiques et juridiques de la manipulation génétique, *DPBB*, p. 3703 ; Résolution du 16 mars 1989 sur la fécondation artificielle in vivo et in vitro Résolution du 12 mars 1997 du Parlement européen sur le clonage des animaux et des êtres humains.

1046 S. Marcus Helmons, « La quatrième génération des droits de l'homme », in *Mélanges en hommage à Pierre Lambert, Les droits de l'homme au seuil du troisième millénaire*, Bruxelles, Bruylant, 2000, p. 549.

l'avènement des droits biologiques de l'homme[1047], ce qui témoigne *a priori* de la spécificité des droits dérivés de la bioéthique.

Chaque technique médicale engendrant son propre droit : le droit de la transplantation, le droit de la procréation médicalement assistée, le droit des tests génétiques, on assiste à une spécialisation croissante du droit des sciences de la vie[1048], et à une multiplication de prétention de droits à ou de droits sur. La revendication d'un prétendu droit à l'enfant se manifeste depuis que les techniques permettent la procréation médicalement assistée. La détection prénatale des maladies s'est accompagnée d'une revendication, du côté de l'enfant, d'un droit à ne pas naître handicapé, du côté des parents, d'un droit à un enfant « normal ». Certains plaident pour la reconnaissance d'un droit à la mort. Parmi ces prétentions, il convient de distinguer celles qui sont consacrées en droit positif de celles qui restent l'expression de simples désirs.

α- Les nouveaux droits

565. Nombre de droits fondamentaux traditionnels sont susceptibles d'être appliqués et d'encadrer l'activité scientifique et médicale[1049]: tel est le cas de la dignité (préambule et art. 1 DUDH), du droit à la vie (art. 2 CEDH, art. 3 DUDH, art. 6 PIDCP), de l'interdiction de toute discrimination (art. 2 et 7 DUDH, 2 et 26 du PIDCP), de l'interdiction des traitements inhumains et dégradants (art. 5 DUDH, art. 7 PIDCP, art. 3 CEDH), du respect dû à la vie privée (art. 12 DUDH, art. 23 PIDC, art. 8 CEDH), du droit à la santé (art. 25 DUDH, art. 12 PIDESC), ou encore de la liberté de la recherche (art. 27 DUDH, art. 15 PIDESC). Une nouvelle tendance se dessine au travers de l'adoption d'instruments internationaux ciblés[1050], qui consacrent des droits fondamentaux liés aux problèmes nouveaux posés par les sciences du vivant. Par ailleurs, des dispositions propres à la bioéthique ont été intégrées dans un instrument généraliste, la Charte européenne des droits

---

[1047] J-C. Galloux, « Les enjeux d'une déclaration universelle sur la protection du génome humain », *D.*, Chr., 1996, p. 141.

[1048] C. Byk, « Le monde du droit face aux sciences de la vie. Société du risque, droit et démocratie, *JCP*, 2002-I, 164.

[1049] C. Byk, « Les sciences de la vie en droit international : de la préhistoire du droit à l'établissement d'une coutume en droit de la santé ? », *GP*, 18-19 oct. 2000, rec. sept. - oct. 2000, p. 1761.

[1050] La Déclaration universelle sur le génome humain et les droits de l'homme, la Convention européenne de bioéthique.

fondamentaux, ce qui est significatif de l'intérêt porté aux questions biomédicales.

566. Aux droits traditionnels, sont venus s'ajouter de nouveaux droits plus spécifiques, pour encadrer juridiquement les activités biomédicales. Parmi les « nouveaux » droits, on compte des droits classiques mais adaptés aux nouveaux champs de la biomédecine. Ainsi, le principe de non-discrimination a fait l'objet d'une extension spécifique. La loi du 4 mars 2002 a introduit dans le Code civil une disposition interdisant les discriminations fondées sur des caractéristiques génétiques[1051], et la même loi dispose qu'aucune personne ne peut faire l'objet d'une discrimination dans l'accès à la prévention et aux soins[1052]. Les instruments internationaux condamnent aussi les discriminations fondées sur les caractéristiques génétiques[1053], et posent le principe d'égalité d'accès aux soins[1054]. A cet égard, la prise en compte juridique d'exigences éthiques a permis de décliner les droits fondamentaux dans des domaines précis, ce qui tend à favoriser l'applicabilité concrète des droits fondamentaux.

567. Au nombre des droits fondamentaux spécifiques dérivés de l'éthique biomédicale figurent notamment : l'exigence du consentement, le principe de non-commercialisation[1055], le « droit de ne pas savoir »[1056], le droit à la cessation de traitement. Par ailleurs, l'appréhension par le droit d'exigences éthiques a permis de reconnaître le principe de précaution, explicitement formulé dans la Charte de l'environnement[1057]. A l'occasion du vingtième anniversaire du CCNE, un ancien membre convenait que « nos avis concernant les produits humains et leurs dérivés, ont sans nul doute contribuer à forger le

---

[1051] Art. 16-13 C. Civ.

[1052] Art. L. 1110-3 CSP.

[1053] AMM Déclaration sur le projet du génome humain, 1992, principe de non-discrimination art. 6 Déclaration universelle sur le génome humain, art. 11 Convention européenne sur la bioéthique, art. 21-1 Charte des droits fondamentaux de l'Union européenne.

[1054] Art. 3 de la Convention européenne de bioéthique.

[1055] Art. 21 Convention européenne de bioéthique.

[1056] Art. 5 c Déclaration universelle sur le génome humain, art. 10-2 Convention européenne de bioéthique Résolution du 16 mars 1989 sur les problèmes éthiques et juridiques de la manipulation génétique, *DPBB*, p. 3703.

[1057] Loi constitutionnelle 2005-205 du 1er mars 2005 relative à la Charte de l'environnement, *JO*, 2 mars 2005, p. 3697.

principe de sécurité sanitaire et son corollaire le principe de précaution »[1058].

568. Les exigences éthiques liées au principe de contrôle démocratique des choix scientifiques et technologiques, affirmées de manière récurrente dans les avis des comités d'éthique, ont reçu une consécration juridique au niveau constitutionnel dans la Charte de l'environnement, qui affirme le droit d'accéder aux informations, de participer à l'élaboration des décisions publiques, et qui mentionne les exigences d'éducation et de formation.

C'est dans le cadre d'un texte constitutionnel spécifiquement consacré à l'environnement que le droit français intègre ces nouveaux droits fondamentaux et des éléments nouveaux comme les générations futures, l'écosystème et la biodiversité[1059].

β- Les nouveaux bénéficiaires

569. L'homme a été placé au cœur du système, la protection des droits de l'homme était centrée sur l'individu. Or, la protection des droits fondamentaux s'étend désormais hors de la personne humaine. La diversification des droits modifie dès lors notre conception de l'ordre constitutionnel dans sa conception anthropocentrique.

C'est pourquoi, il paraît nécessaire de distinguer les bénéficiaires, des titulaires de droits. Les bénéficiaires se voient reconnaître la jouissance d'un droit, les titulaires disposent de la faculté de le faire valoir, à cette fin, ils sont habilités à saisir le juge.

En bioéthique, la mention dans les textes juridiques de nouvelles entités telles que l'espèce humaine, les générations futures ou l'humanité conduit à s'interroger sur leur éventuelle qualité de sujet de droit.

570. L'espèce humaine est entrée dans le code civil à la suite du vote de la loi n°94-653 du 29 juillet 1994, l'article 16-4 du Code civil énonce « nul ne peut porter atteinte à l'intégrité de l'espèce humaine », principe législatif qui selon le Conseil constitutionnel concourt au respect du principe constitutionnel de dignité de la personne humaine. En revanche, il n'existe aucun principe constitutionnel consacrant la

---

1058 B. Descamps-Latscha, « Innovations thérapeutiques », in *Travaux du Comité consultatif national d'éthique, 20ème anniversaire*, D. Sicard (sd.), Paris, PUF, Quadrige, 2003, p. 216.

1059 B. Mathieu, « Observations sur la portée normative de la Charte de l'environnement », *CCC*, n°15, 2003, p. 146.

protection du patrimoine génétique de l'humanité. Sans ériger l'espèce humaine en sujet de droit, certains proposent pour la protéger de la classer dans la catégorie des choses communes définies à l'article 714 du Code civil[1060], afin de rendre le *fructus* et l'*abusus* impossibles[1061]. Désormais, la loi n°2004-800 relative à la bioéthique a créé une nouvelle incrimination « le crime contre l'espèce humaine » qui vise à sanctionner le clonage à but reproductif et les pratiques eugéniques tendant à l'organisation de la sélection des personnes. Dès lors, cette incrimination tend à ériger l'espèce humaine en catégorie juridique autonome qui ne se laisse pas enfermer dans les catégories existantes. Or la création de cette nouvelle catégorie juridiquement protégée, l'espèce humaine, est sujette à caution, d'une part, en raison de l'absence de définition de la notion, d'autre part, en raison de la prévalence accordée aux droits collectifs au détriment des droits individuels[1062]. L'incrimination aurait pu être rattachée aux crimes contre les personnes en tant que crime contre l'intégrité de la personne humaine, en évitant de créer une nouvelle catégorie de crime, entre les crimes contre l'humanité et les crimes contre les personnes. Une telle création participe à une véritable surenchère déclaratoire[1063]. C'est la volonté symbolique de stigmatiser le clonage qui a guidé le législateur plus que la volonté d'assurer la cohérence des catégories juridiques. La création d'une incrimination spécifique est justifiée « parce qu'il s'agit d'un crime qui brise tous les tabous. Un crime radicalement nouveau que nous avons souhaité mettre au-dessus du meurtre. »[1064].

571. Les générations futures, visées dans la Charte de l'environnement, figurent, comme l'espèce humaine, parmi les nouveaux prétendants à la qualité de sujet de droit. Le droit de chaque génération

---

[1060] « Il est des choses qui n'appartiennent à personne mais dont l'usage est commun à tous. Des lois de police règlent la manière d'en jouir ».

[1061] X. Labbée, « Esquisse d'une notion civiliste de l'espèce humaine », *D.*, Chr., 1999, p. 437. Les choses communes sont insusceptibles de faire l'objet d'une appropriation, et on ne peut ni les détruire, ni les transformer. Par conséquent, il serait interdit de faire copie de l'espèce humaine (clonage reproductif), d'organiser la sélection des personnes, de modifier la descendance (la thérapie génique germinale) tout en garantissant un usage commun à tous.

[1062] B. Mathieu, « Le projet de loi bioéthique à la veille de son examen en deuxième lecture par l'Assemblée nationale », *LPA*, n°108, mai 2003, p. 4.

[1063] P. Egéa, « La « condition fœtale » entre « procréation et embryologie » Du titre VI de la loi n°2004-800 du 6 août 2004 », *RDSS*, 2005, p. 235.

[1064] V. Pecresse, « Le corps de la personne », *LPA*, n°131, juil. 2004, p. 15.

de recevoir la planète dans un état au moins égal à celui dont a bénéficié la génération précédente, le droit d'hériter d'une diversité comparable et le droit d'accès équitable à l'utilisation et aux avantages de l'héritage sont affirmés comme des droits collectifs, droits de groupe, car ce sont les générations qui les détiennent, indépendamment de l'identité des individus qui les composent[1065].

Mais l'espèce humaine, comme les générations futures, ne peuvent être « titulaires fantômes de droits subjectifs », ils comptent parmi les objets du droit et non parmi les sujets de droit[1066], car ils sont protégés par le droit, sans pour autant être titulaires de droits dont ils pourraient exiger le respect devant un juge.

Il paraît difficile de leur octroyer des droits, dans la mesure où les générations futures n'ont pas d'intérêts identifiables, puisque les individus futurs bénéficiaires sont eux-mêmes non identifiables. En outre, reconnaître des droits tant à l'espèce humaine qu'aux générations futures ou à l'humanité, implique de leur trouver des représentants susceptibles d'exercer ces droits.

Il semble plus pertinent et tout aussi efficace de se limiter à reconnaître des obligations à leur égard plutôt que des droits. La Loi fondamentale allemande, amendée par la loi du 26 novembre 2001 consacre un article 20-a à la protection des fondements naturels de la vie : « Assumant ainsi également sa responsabilité pour les générations futures, l'Etat protège les fondements naturels de la vie par l'exercice du pouvoir législatif, dans le cadre de l'ordre constitutionnel, et des pouvoirs exécutif et judiciaire dans les conditions fixées par la loi et le droit ». Il est possible de concevoir des devoirs sans droits corrélatifs, faute d'individus déterminés auxquels ces droits pourraient se rattacher. Il n'apparaît pas nécessaire d'ériger la protection de leurs intérêts en droits, il suffit d'assortir leur protection d'obligations positives à la charge de l'Etat.

572. Dans les déclarations des droits, il a d'abord été fait référence à l'homme, puis à la famille humaine, ainsi qu'à l'idée d'un patrimoine commun d'idéal et de traditions politiques avant que soit consacré le concept d'humanité, désormais intégré comme les générations futures en droit constitutionnel français, par l'intermédiaire de la Charte de l'environnement. L'humanité apparaît en droit

---

[1065] E. Brown Weiss, *Justice pour les générations futures*, Paris, Ed. Sang de la terre, 1993, p. 89 et sv.

[1066] B. Mathieu, *Génome humain et droits fondamentaux*, *op. cit.*, p. 92.

international dans la Convention des Nations Unies sur le droit de la mer du 10 décembre 1982, sous la forme de l'affirmation d'un patrimoine commun de l'humanité. En bioéthique, la Déclaration sur le génome humain, adoptée par l'UNESCO proclame que « le génome humain sous-tend l'unité fondamentale de tous les membres de la famille humaine ainsi que la reconnaissance de leur dignité et de leur diversité. Dans un sens symbolique, il est le patrimoine de l'humanité ». Préalablement à cette déclaration, la doctrine avait rangé le patrimoine génétique parmi le patrimoine commun de l'humanité[1067]. L'émergence du concept d'humanité au travers de la notion de patrimoine commun de l'humanité lui confère une caution de juridicité[1068]. En effet, la notion de patrimoine revêt un sens juridique précis en droit civil. Le patrimoine est l'ensemble des biens d'une personne physique ou morale, formant une universalité de droit. « L'idée de patrimoine est le corollaire de l'idée de personnalité »[1069]. Il n'y a pas de patrimoine sans personne, ni personne sans patrimoine. Or, l'humanité a un patrimoine mais pas de personnalité juridique[1070].

L'humanité est privée de personnalité juridique car elle est dépourvue de puissance juridique, et qu'elle est en quelque sorte introuvable en raison des difficultés rencontrées pour la désigner et la définir[1071]. Pourtant, certains proposent de l'ériger en nouveau sujet de droit, en tant que titulaire de la dignité. Comme l'homme est le sujet des droits de l'homme[1072], la dignité serait vouée à protéger l'Humanité ; quant aux droits de l'homme, ils seraient gardiens de la liberté.

Ceux qui ne voient pas d'obstacle théorique à la reconnaissance de l'humanité en tant que sujet de droit international, titulaire de droits et tenue à des obligations, rencontrent des obstacles institutionnels[1073]. Ils

---

[1067] A. C. Kiss, « La notion de patrimoine commun de l'humanité », *RCADI*, t. 175, 1982.II, p. 99.

[1068] P-M. Dupuy, « Humanité, communauté et efficacité du droit », in *Mélanges René-Jean Dupuy, Humanité et droit international*, Paris, Pedone, 1991, p. 133.

[1069] Aubry et Rau, *Droit civil français*, t. 9, Paris, Librairies techniques, 1953, p. 305 et sv.

[1070] J. Charpentier, « L'humanité : un patrimoine mais pas de personnalité juridique », in *Etudes en hommage à Alexandre Kiss, Les hommes et l'environnement. Quels droits pour le XXIème siècle ?*, Paris, Ed. Frison-Roche, 1998, p. 17.

[1071] F. Terré, « L'humanité, un patrimoine sans personne », in *Mélanges Pierre Ardant*, Paris, LGDJ, 1999, p. 339.

[1072] B. Edelman, « La dignité de la personne humaine, un concept nouveau », in *La dignité de la personne humaine*, M-L. Pavia et T. Revet (sd.), *op. cit.*, p. 25.

[1073] A. C. Kiss, « La notion de patrimoine commun de l'humanité », *op. cit.*

comparent l'humanité à l'Etat qui a une personnalité juridique, qui a son domaine et son patrimoine, mais l'humanité ne dispose pas d'une telle personnalité. En outre, l'Etat incarne la communauté nationale, alors que l'humanité n'a pas de mécanisme d'expression de la communauté internationale.

C'est l'emploi de la notion juridique de patrimoine qui confère à l'humanité un semblant de qualité de sujet de droit. Or, on peut s'interroger sur le caractère approprié du terme patrimoine, très connoté juridiquement, alors que ce qui a motivé le recours à la notion est peut être moins sa signification juridique que sa signification symbolique entendue comme devoir de transmission. La notion représente l'idée d'héritage. A cet égard, patrimoine et ressources génétiques vont de pair, car ils véhiculent l'idée de transmission des biens[1074].

Le patrimoine commun de l'humanité représente l'intérêt commun de l'humanité ou encore le bien commun de l'humanité.

573. Le mouvement s'étend parfois en faveur de la personnification de la nature et des animaux, or les instituer en tant que sujet de droit a pour conséquence la perte de spécificité du sujet humain[1075]. Pour limiter le champ d'action du sujet humain, on prétend opposer d'autres sujets concurrents mais au prix d'une dévalorisation de l'homme. Dans cette logique, au droit subjectif de l'homme on ne peut opposer qu'un autre droit subjectif, ce qui implique, par exemple, de faire des écosystèmes des sujets de droit en mesure de défendre leur propre patrimoine[1076].

Soit on adopte une position anthropocentriste et on accorde une place privilégiée à l'homme, soit on opte pour une approche biocentriste auquel cas on relativise la place de l'homme au sein du vivant. Sans aller jusqu'à personnifier les animaux, le droit peut prendre en compte leur protection. A cet égard, la Loi fondamentale allemande prévoit dans le domaine de la compétence législative concurrente de la Fédération, la protection des animaux.

1074 F. Bellivier, L. Boudouard-Brunet, « Les ressources génétiques et les concepts juridiques de patrimoine », in *Le droit saisi par la biologie*, C. Labrusse-Riou (sd.), LGDJ, Bibliothèque de droit privé, 1996, p. 179.

1075 Y. Thomas, « Le sujet de droit, la personne et la nature », *Le Débat*, n°100, 1998, p. 85.

1076 M-A. Hermitte, « Le concept de diversité biologique et la création d'un statut de la nature » in *L'homme, la nature et le droit*, B. Edelman et M-A. Hermitte, Paris, Christian Bourgeois, 1988, p. 250.

Certaines propositions tendent à étendre le bénéfice des droits de l'homme aux animaux et plus particulièrement aux grands singes. Dans le cadre de l'expérimentation, certains plaident pour qu'ils soient protégés par les Codes d'éthique internationaux de médecine jusqu'ici réservés aux êtres humains[1077]. Il convient de dénoncer l'octroi de droits de l'homme aux grands singes et préférer concevoir simplement des devoirs envers eux[1078]. Il faut relever la dangerosité de l'argumentation de ceux qui prétendent justifier l'attribution de droits humains aux grands singes. Ils font référence « aux individus non paradigmatiques irrévocablement dépourvus de caractéristiques jugées typiquement humaines : les handicapés mentaux, les demeurés, les séniles »[1079] pour justifier d'élargir le bénéfice des droits de l'homme aux non-humains qui sont jugés à peu près équivalents. « Les animaux non humains d'une part, et les jeunes enfants et les attardés mentaux de l'autre se trouvent dans la même catégorie... », la seule différence résidant dans l'appartenance à l'espèce. Ils démontrent ainsi que certains animaux font partie de la communauté morale au même titre que certains hommes dépourvus de certaines caractéristiques[1080].

574. L'extension des bénéficiaires des droits tend à démontrer que la conception du sujet de droit évolue vers celle de sujets des droits[1081], ce qui caractérise de plus en plus le sujet, c'est de posséder des droits. Un sujet existe en tant qu'il peut faire valoir des droits, c'est le droit acquis qui le constitue en sujet. La novation de multiples intérêts en droits contribue à accroître les droits subjectifs et les entités destinataires des droits. L'octroi de droits à de nouvelles entités participe au phénomène de subjectivisation[1082] du droit. Selon la théorie de Ihering, les droits subjectifs reposent non sur la thèse de la volonté mais sur celle de l'intérêt, « les droits subjectifs sont des intérêts juridiquement

---

[1077] P. Cavalieri, « Les droits de l'homme pour les grands singes ? », *Le Débat*, Dossier Droits de l'homme, droits du singe, droits de l'animal, n°108, janv. - fév. 2000, p. 155.

[1078] L. Ferry, « Des « droits de l'homme » pour les grands singes ? Non, mais des devoirs envers eux, sans nul doute », *Le Débat*, n°108, janv. - fév. 2000, p. 163.

[1079] P. Cavalieri, « Les droits de l'homme pour les grands singes ? », *op. cit.*, p. 158.

[1080] E. de Fontenay, « Pourquoi les animaux n'auraient-ils pas droit à un droit des animaux ? », *Le Débat*, n°109, mars - avril 2000, p. 143.

[1081] C. Grzegorczyk, « Le sujet de droit : trois hypostases », *APD*, Le sujet de droit, t. 34, 1989, p. 24.

[1082] J. Chevallier, « Vers un droit postmoderne ? », in *Les transformations de la régulation juridique, op. cit.*, p. 21.

protégés ». Mais, la tendance à muer les intérêts en droits, brouille la notion de sujet de droit.

Pour éviter un amalgame et en raison de la dimension morale, symbolique, que revêt le sujet de droit (perçu comme une qualité qui ne se confère pas à la légère), certains distinguent deux types de sujets de droit : les sujets de jouissance qui peuvent s'étendre au-delà de l'humanité, à tout être capable de souffrir, et les sujets de disposition, qui se limitent à l'humanité raisonnable ou présumée telle, c'est-à-dire les personnes aptes à faire des actes juridiques[1083]. Dès 1909, Demogue proposait d'abandonner la conception terre à terre du sujet de droit (disposition) en affirmant que « rien n'empêche et bien des raisons recommandent que les générations futures soient, par rapport aux hommes actuels ou à ceux de demain, titulaires de certains droits »[1084].

Toutefois, il semble préférable d'éviter l'amalgame, en réservant la qualité de sujet de droit à ceux qui sont titulaires de droits de manière à les distinguer de ceux qui sont seulement bénéficiaires d'un régime de protection. A cet égard, l'espèce humaine, les générations futures, l'humanité, les animaux sont les destinataires d'une protection et non des sujets titulaires de droits.

3- « L'éthicisation » des droits fondamentaux

575. Les droits fondamentaux s'enrichissent au contact de la substance éthique mais ils subissent en contrepartie les effets négatifs de la démarche éthique. Notamment, la vision éthique des valeurs qui se réclame du pluralisme contamine les droits fondamentaux, plus prompts à répondre aux revendications du corps social qu'à affirmer des valeurs intangibles. La tentative de satisfaire des revendications communautaristes ou individualistes, fait perdre de vue l'objectif universaliste des droits fondamentaux. Les risques de conflit des droits décuplent, à force d'ériger en droit chaque désir et son contraire, sans compter que la diversité des interprètes autorisés du droit et les oppositions substantielles, accentuent ce phénomène[1085].

576. La prise en compte du pluralisme des valeurs conduit à la relativisation des droits fondamentaux, qui se traduit par l'abandon de leur valeur objective. Or la multiplication des droits subjectifs révèle une

---

[1083] R. Demogue, « La notion de sujet de droit », *RTDC*, 1909, p. 611.

[1084] *Ibid.*, p. 632.

[1085] D. Gutmann, « Les droits de l'homme sont-ils l'avenir du droit ? », in *Mélanges en hommage à François Terré, L'avenir du droit*, Paris, Dalloz, 1999, p. 329.

exaltation de l'individualité, au détriment de valeurs collectives. Elle présente un risque d'excès à partir du moment où tout besoin ou désir demande à être reconnu comme droit subjectif. Les droits fondamentaux risquent de s'épuiser par la multiplication de droits qui traduisent des désirs individuels.

Au lieu de trancher entre des choix contraires et affirmer des valeurs intangibles, le droit cherche à combiner les contraires, conformément au respect du pluralisme. Par conséquent les droits fondamentaux sont interprétés de manière à intégrer des exigences contradictoires.

a- L'appréhension du pluralisme des valeurs

577. Les droits fondamentaux, font l'objet d'une interprétation évolutive qui permet d'intégrer, au gré de l'évolution des mœurs et des techniques, des exigences susceptibles d'être contradictoires. Du droit à la vie, on évolue vers la reconnaissance d'un droit à ne pas vivre[1086]. D'ores et déjà, le droit à la cessation de traitement est consacré, et le droit à l'euthanasie est en voie de consécration.

578. Concernant les demandes de cessation de traitement, la Cour Suprême du New Jersey, et la Cour Suprême du Massachussets ont affirmé l'existence constitutionnelle de ce droit sur le fondement du droit à la vie privée et la Cour Suprême des Etats-Unis l'a consacré en vertu de la clause du *due process of law*[1087].

Au Canada[1088], la Cour supérieure du Québec a jugé que si le choix est libre et éclairé, le droit à l'autodétermination justifie l'arrêt du traitement même s'il entraîne inéluctablement la mort puisque le corollaire du droit de consentir est celui de refuser un traitement[1089].

En Allemagne, l'euthanasie passive que la Cour suprême définit comme l'interruption de soins intensifs médicaux visant uniquement à

[1086] S. Hennette-Vauchez, *Disposez de soi ? Une analyse du discours sur les droits de la personne sur son corps*, Paris, L'Harmattan, coll. Logiques juridiques, 2004.

[1087] S. Monnier, « La reconnaissance constitutionnelle du droit au consentement en matière biomédicale », *RIDC*, 2001-2, p. 391.

[1088] C. S. Québec, Nancy B c. Hôtel-Dieu de Québec, 1992, D. Trembley, « Les décisions de fin de vie et le respect de l'autonomie de la personne », in *Les droits de la personne et les enjeux de la médecine moderne*, L. Lamarche, P. Bosset (sd.), Sainte Foy, Les Presses de l'Université de Laval, 1996, p. 59.

[1089] Extrait cité in «Les décisions de fin de vie et le respect de l'autonomie de la personne », D. Trembley, *op. cit.* p. 63.

prolonger la vie est licite voire obligatoire lorsque le patient est d'accord, la souffrance inéluctable, l'agonie commencée, et le décès prévisible à court terme. C'est la conséquence du droit d'autodétermination garanti par la loi fondamentale. Dans une Décision du 15 novembre 1996, la Cour suprême a exprimé sa préférence pour une mort digne sans souffrance et conforme à la volonté du patient, préférée à une courte période de vie dans d'atroces souffrances[1090].

En Grande-Bretagne, la Chambre des Lords a autorisé avec le consentement des parents, l'interruption de l'alimentation artificielle de leur enfant en état végétatif permanent. Le caractère sacré de la vie n'est pas absolu, « Premièrement il est établi que le principe de l'autodétermination exige que l'on respecte les souhaits du patient. Dans cette mesure le caractère sacré de la vie doit céder devant le principe de l'autodétermination »[1091]. Mais les Lords ont pris soin de distinguer l'interruption de traitement de l'euthanasie active.

Le droit français reconnaît le droit de refuser des soins thérapeutiques. Ce droit a été consacré par la Cour de cassation[1092], et le Conseil d'Etat[1093]. Il figure dans le code de déontologie des médecins et dans la circulaire instituant la Charte du patient hospitalisé et à l'article L. 1111-4 du CSP lequel énonce : le médecin « doit respecter la volonté de la personne après l'avoir informée des conséquences de ses choix. Si la volonté de la personne de refuser ou d'interrompre un traitement met sa vie en danger, le médecin doit tout mettre en œuvre pour la convaincre d'accepter les soins indispensables ». La jurisprudence pondère[1094], toutefois le respect de l'autonomie du patient et le respect de la vie en conciliant ces exigences contradictoires[1095]. La loi n°2005-370 du 22 avril 2005 relative aux droits des malades et à la fin de vie[1096], a ajouté

[1090] *D.*, IR, 2001, p. 595, http://www.senat.fr/lc/lc49/lc491.html.

[1091] Airedale NHS Trust v. Bland 1993.

[1092] Cass. crim. 3 janvier 1973, Bull. crim. 1973, n°2, p. 4.

[1093] CE, 6 mars 1981, rec. p. 133.

[1094] CAA Paris, arrêts du 9 juin 1998, Cl. M. Heers, *RFDA,* 1998, p. 1231 ; arrêts commentés par G. Mémeteau, « Refus de soins et traitement imposé par le médecin : la conciliation de valeurs opposées », *LPA,* avril 1999, n°81, p. 10 ; note J.M. Auby, *RDP,* 1999, p. 235.

[1095] B. Mathieu, « De la difficulté de choisir entre la liberté et la vie. Réflexions sur la jurisprudence administrative relative à la transfusion des témoins de Jéhovah », *RGDM,* n°9, 2003, p. 97.

[1096] *JO*, 23 avril 2005, p. 7089.

l'obligation pour le malade qui refuse les soins de réitérer sa décision après un délai raisonnable[1097].

579. Le droit à la cessation de traitement est unanimement reconnu par les Etats qui autorisent dans cette hypothèse une atteinte à la vie. En revanche, l'euthanasie relève de l'interdit dans la majorité des Etats. Les juges constitutionnels américains[1098], et canadiens ont refusé de reconnaître un droit constitutionnel à l'aide médicale pour mourir.

Dans la décision Rodriguez[1099], la Cour Suprême du Canada a rejeté la demande de la requérante invoquant un droit constitutionnel à l'aide au suicide. La cour a confronté le principe d'autonomie lié au droit à la sécurité de sa personne garanti par l'article 7 de la Charte canadienne et le droit à la vie figurant également à l'article 7, lequel impose à l'Etat de protéger le droit à la vie. En l'espèce la Cour a jugé que le caractère sacré de la vie prime sur la liberté de choisir sa mort.

580. De manière générale, l'euthanasie est prohibée dans les Etats et sanctionnée pénalement[1100]. Toutefois, la tolérance de l'euthanasie dans certaines circonstances fait actuellement l'objet de débats. Cette tolérance est admise sur le plan éthique. En France, l'avis du Comité Consultatif National d'Ethique intitulé « Fin de vie, arrêt de vie et euthanasie » rendu public le 3 mars 2000, retient l'idée de « l'exception d'euthanasie »[1101]. Au niveau juridique, certains Etats ont réalisé une dépénalisation partielle de l'euthanasie, notamment au Pays-Bas, suite à l'adoption de la loi « Contrôle de l'interruption de vie pratiquée sur demande et de l'aide au suicide » le 28 novembre 2000[1102]. La loi a introduit dans le code pénal une clause d'impunité du médecin pratiquant l'euthanasie sur demande à la double condition qu'il ait

---

1097 D. Roman, « Le respect de la volonté du malade : une obligation limitée ? », *RDSS*, 2005, p. 432.

1098 M. Rosenfeld, « L'aide au suicide en droit constitutionnel américain in *Rapport public 1998*, Réflexions sur le droit de la santé, EDCE, n°49, Paris, La doc. fr., 1999, p. 379.

1099 Rapport de M. B. Knoppers, in *Constitution et éthique biomédicale*, *op. cit.*, p. 101 et sv.

1100 B. Mathieu, « La vie en droit constitutionnel comparé. Eléments de réflexions sur un droit incertain », *RIDC*, 1998-4, p. 1031.

1101 *Les cahiers du CCNE*, n°23, avr. 2000, p. 3 ; Dictionnaire Permanent Bioéthique et Biotechnologies, p. 7811.

1102 Site Internet, http://www.minjust.nl :8080/A_BELEID/FACT/Suicide.htm.

satisfait aux critères de “minutie”[1103], et qu’il ait fait part de son intervention au médecin légiste, sans quoi l’interruption de vie pratiquée sur demande et l’aide au suicide restent passibles d’une peine.

La Belgique a aussi procédé à une dépénalisation partielle de l’euthanasie. Le Conseil d’Etat a apprécié la conformité de la proposition de loi avec le droit à la vie. Prenant en compte la conciliation du droit à la vie avec le droit à l’autodétermination et les garanties en matière de procédure, il a conclu que les dispositions satisfaisaient aux exigences découlant de la protection du droit à la vie. Il n’y a pas incompatibilité entre la proposition de loi sur l’euthanasie et le droit à la vie en raison des conditions très rigoureuses requises par le législateur et les contrôles *a posteriori* prévus par lui[1104]. La loi a été adoptée le 28 mai 2002.

En France, le législateur n’a pas suivi le modèle belge et néerlandais, le droit à l’euthanasie n’est pas consacré en tant que tel, le droit de mourir apparaît indirectement comme la conséquence de la décision du patient en fin de vie de limiter ou d’arrêter tout traitement[1105].

La position de la Cour Européenne de droits de l’homme est particulièrement ambivalente à l’égard de l’euthanasie, elle affirme que le droit à la vie n’a pas pour corollaire le droit de mourir. « L’article 2 n’a aucun rapport avec les questions concernant la qualité de la vie ou ce qu’une personne choisit de faire de sa vie » et elle affirme que l’interdiction de pratiquer le suicide assisté ne saurait constituer un traitement inhumain et dégradant. Mais elle juge que l’interdiction de mettre fin à ses jours avec l’assistance de son mari « représente une atteinte au droit de l’intéressée au respect de sa vie privée ». Elle opère une extension de l’article 8§1, qui reflète selon la Cour « un principe d’autonomie personnelle, au sens du droit d’opérer des choix concernant son propre corps ». La Cour considère que c’est sous l’angle de l’article 8

1103 Les critères de minutie impliquent que le médecin : a) ait acquis la conviction que le patient a formulé sa demande librement et de façon mûrement réfléchie, b) que les souffrances du patient sont sans perspective d’amélioration et insupportables, c) ait informé le patient de sa situation et de ses perspectives, d) soit parvenu , en concertation avec le patient et compte tenu de la situation de ce dernier, à la conviction qu’aucune autre solution n’était envisageable, e) ait consulté au moins un autre médecin indépendant qui aura examiné le patient et se sera fait une opinion quant aux critères de minutie, f) ait pratiqué l’interruption de la vie avec toute la rigueur médicalement requise.

1104 Conseil d’Etat, section de législation, ass. gén., 2 juil. 2001, note F. Rigaux, *RTDH*, n°49, 2002, p. 259.

1105 Art. L. 1111-10 CSP.

que la notion de qualité de la vie prend toute sa signification[1106]. L'interdiction de l'assistance médicale pour mourir constitue donc une ingérence dans le droit au respect de la vie privée mais elle est proportionnée à la nécessité de protéger les droits d'autrui, les personnes vulnérables risquant d'être les victimes « des abus éventuellement commis qu'impliquerait un assouplissement de l'interdiction générale du suicide assisté ou la création d'exceptions au principe ». Ce n'est donc pas une valeur absolue, le caractère sacré de la vie, qui motive la décision, mais l'argument de la pente glissante, en raison de la difficulté de prévoir des garanties pleinement efficaces contre l'euthanasie involontaire lorsque l'euthanasie volontaire est légalisée.

La tendance dominante, caractérisée par le droit à la cessation de traitement et la reconnaissance progressive d'un droit à l'euthanasie, s'oriente vers la reconnaissance d'un droit à disposer de sa vie.

b- Le phénomène de subjectivisation

581. Il s'agit d'un phénomène global caractéristique de l'évolution juridique, le droit est de plus en plus enclin à consacrer des désirs individuels plutôt qu'à défendre des valeurs objectives. Cette tendance à la subjectivisation transparaît dans les lois bioéthique. La loi de 1994 a institué des rapports de la personne avec son corps qui sont subjectivisés. Le respect du corps humain est reconnu en tant que droit subjectif. « Chacun a droit au respect de son corps ». L'article 16-1 du Code civil régit au titre des droits subjectifs ce qui jusqu'à présent était protégé grâce à la mise en œuvre du droit de la responsabilité pénale ou civile en cas d'atteintes subies. L'intérêt de reconnaître le droit au respect de son corps en tant que droit subjectif ne consiste cependant pas à lui offrir une protection accrue mais plutôt à permettre de pouvoir y renoncer. Toutefois, le droit au respect du corps relève de la catégorie des droits de la personnalité ce qui le rend indisponible « on ne peut renoncer à la protection juridique, car les droits de la personnalité ont leur siège dans des éléments de cette personnalité, qui ne peuvent exister à l'état distinct »[1107]. Tout dépend de l'approche que l'on fait prévaloir ; soit on favorise le caractère subjectif du droit et on ouvre la faculté d'y renoncer,

---

[1106] O. de Schutter, « L'aide au suicide devant la Cour européenne des droits de l'homme (A propos de l'arrêt Pretty c. le Royaume-Uni du 29 avril 2002) », *RTDH*, n°53, 2003, p. 71.

[1107] P. Roubier, « Délimitation et intérêts pratiques de la catégorie des droits subjectifs », *APD*, t. 9, 1964, p. 86.

soit on le perçoit comme un droit de la personnalité et on le soustrait à la renonciation et à la transaction.

582. La loi du 4 mars 2002 a consacré une série de « droits de la personne », elle a transformé certaines règles de droit en droit subjectif. La loi a opéré une subjectivisation de la dignité[1108] : « la personne malade a droit au respect de sa dignité » (art. L. 1110-2 CSP). L'information du patient sur son état est aussi conçue comme un droit appartenant au patient, il en dérive un droit à la communication des documents de santé. Le secret médical imposé par le Code pénal, est érigé en droit par la loi de 2002 : « Toute personne a droit au respect de sa vie privée et du secret des informations la concernant »[1109]. La perception du secret médical évolue : à l'origine, principe d'ordre public, il tend à devenir un droit de la personne[1110].

583. La Cour de cassation a tiré les conséquences de la reconnaissance du secret médical en tant que droit subjectif. Au sujet d'un litige portant sur la contestation d'une succession en raison de l'insanité d'esprit de la testatrice[1111], la Cour a du trancher la question de la levée du secret médical opposé par le médecin qui refusait la consultation du dossier médical. La Cour a considéré que « la finalité du secret professionnel étant la protection du non professionnel qui les a confiés, la révélation peut être faite non seulement à ce dernier mais également aux personnes ayant un intérêt légitime à faire valoir cette protection ». Quand le secret était un principe pénalement protégé, le secret était opposable en tout état de cause (sauf dérogation légale). Désormais, il y a lieu de s'interroger sur la légitimité de son invocation, sachant qu'il ne peut être opposé à des personnes qui ont un intérêt légitime à le faire valoir. Dans un deuxième arrêt[1112], la Cour a reconnu la possibilité de renoncer par avance au secret médical. S'agissant d'une clause d'un contrat d'assurance prévoyant la remise d'un certificat médical énonçant la cause du décès, la Cour a jugé que « l'assuré avait, en acceptant la divulgation de certains éléments le concernant, renoncé lui-même et par avance au secret médical ». Si la Cour admet la possibilité de renoncer préalablement par contrat au secret médical par

---

[1108] B. Mathieu, « Les droits des personnes malades », *LPA*, n°122, juin 2002, p. 10.
[1109] Art. L. 1110-4 CSP.
[1110] M. Cauchy, A. Dionisi-Peyrusse, « Le droit au secret médical et son application en matière d'assurances », *D.*, Chr., 2005, p. 1314.
[1111] Cass, 1ère civ., 22 mai 2002, Bul., n°144.
[1112] Cass, 1ère civ., 29 oct. 2002, Bul., n°244.

une clause expresse, elle se refuse à analyser la levée du secret comme une obligation contractuelle systématique de tout contrat d'assurance de personnes[1113]. La faculté de renonciation est une caractéristique du droit subjectif. A l'inverse, lorsque le secret était un principe pénalement protégé, le consentement de l'intéressé était dépourvu d'effet puisque le consentement de la victime ne constitue pas un fait justificatif en droit pénal. La novation du secret médical en droit subjectif affaiblit la protection du secret, dans la mesure où l'accès à l'information des tiers se trouve plus étendue et dans la mesure où la faculté de renonciation est reconnue. Or en matière d'assurance et d'emploi, ce droit subjectif sera susceptible de présenter un danger pour son bénéficiaire.

Ce mouvement de subjectivisation résulte en partie du phénomène de judiciarisation des relations médecins - patients[1114].

584. Les droits fondamentaux émanent de diverses sources tant juridiques qu'a-juridiques. Formellement, les droits fondamentaux émergent des processus de constitutionnalisation et d'internationalisation. Toutefois, la création des droits fondamentaux ne fait pas l'objet d'un monopole formel. Les droits fondamentaux sont susceptibles d'être découverts au niveau infra-constitutionnel, ou de la *soft law*, ou hors du droit par des autorités éthiques. Certains droits aujourd'hui positivés et au plus haut de la hiérarchie des normes, doivent leur avènement au phénomène de réitération et de concordance dans des instruments non contraignants et a-juridiques.

Pour faire face à la diversité de leurs sources et de leur contenu, les droits fondamentaux cherchent à s'harmoniser, et grâce à l'harmonisation, ils peuvent renforcer leur autorité.

§2 La dynamique des droits fondamentaux

585. Le besoin d'harmonisation des normes en bioéthique s'est fait ressentir car les « droits les plus fondamentaux de la personne humaine sont susceptibles d'être affectés par le développement des sciences biomédicales »[1115]. Ceci explique la tendance uniforme qui

---

[1113] Cass, 1ère civ., 15 juin 2004, *D.*, J., 2004, note D. Duval-Arnould, p. 2682 ; la Cour a refusé de considérer que la réponse à un questionnaire de santé implique l'engagement contractuel de lever le secret médical.

[1114] C. Byk, « Progrès scientifique et droits de l'homme, la rupture ? », *RTDH*, n°54, 2003, p. 363.

[1115] Résolution n°3 des 5-7 juin 1990 relative à la bioéthique, *DPBB*, p. 3767.

consiste à placer la maîtrise des sciences biomédicales dans la perspective des droits fondamentaux, en raison du puissant facteur d'harmonisation juridique qu'ils représentent[1116]. La profusion des textes juridiques et a-juridiques en bioéthique et la consécration multiple de droits fondamentaux y afférents conduit à s'interroger sur la cohérence du système. Paradoxalement, alors que les droits fondamentaux sont porteurs en eux-mêmes d'un facteur d'harmonisation, leur accumulation conduit à rechercher les moyens par lesquels ils vivent en harmonie.

586. Le souci d'harmoniser les droits fondamentaux en bioéthique passe par « un pluralisme ordonné »[1117], ordonné à la fois par le processus d'internationalisation du droit et par le recours au droit comparé. En tant que recherche d'un droit commun, l'objectif du droit comparé correspond à celui des droits fondamentaux qui par delà les particularismes culturels poursuit l'objectif de dégager des valeurs communes universelles.

587. La dynamique des droits fondamentaux se traduit non seulement par la recherche d'un droit commun des droits fondamentaux mais aussi par la prédominance des droits fondamentaux au sein du système juridique, au détriment notamment des principes qui régissent le droit civil en tant que droit commun dans les pays de droit écrit. Par ailleurs, les droits fondamentaux entendus comme exprimant des valeurs qui s'imposent aux Etats et, au sein de ces Etats, à l'ensemble des autorités normatives, tendent à prévaloir sur le principe de souveraineté.

A/ La recherche d'un jus commune

588. L'appréhension de la bioéthique au niveau supra-national est une exigence, dans la mesure où les problèmes et les enjeux sont trans-nationaux. Dans un souci d'efficacité et d'harmonisation des normes juridiques, une telle approche s'avère nécessaire[1118]. L'internationalisation se manifeste au travers du développement de normes régionales et de normes universelles, elle s'opère principalement par les instruments de *soft law*. Le rôle du droit européen et du droit

---

[1116] C. Byk, « La Convention européenne sur la biomédecine et les droits de l'homme et l'ordre juridique international », *JDI*, 2001, p. 47.

[1117] M. Delmas-Marty, « La mondialisation du droit : chances et risques », *D.*, Chr., 1999, p. 43.

[1118] S. Maljean-Dubois, « Bioéthique et droit international », *AFDI*, 2000, p. 82.

international est particulièrement actif en ce qui concerne le développement des droits fondamentaux en bioéthique. La montée en puissance des sources européennes et internationales participe à la construction d'un ordre international où les droits fondamentaux jouent un rôle essentiel[1119].

589. Si le recours au droit comparé mérite d'être souligné comme facteur d'harmonisation des droits fondamentaux, il reste encore à la fois dans l'ombre et peu exploité. La cohérence du système des droits fondamentaux assurée par la méthode comparative diffère de la hiérarchie des normes telle qu'elle est conçue par Kelsen dans la mesure où elle ne résulte pas de l'autorité de la norme supérieure sur la norme inférieure. C'est un système de coordination et de coopération qui est promu au détriment de la hiérarchie formelle. Les droits fondamentaux ont développé un système de cohérence qui leur est propre, indépendant du système hiérarchique.

1- L'internationalisation du droit

590. L'harmonisation au niveau supra-national est d'autant plus aisée à établir, qu'il est possible de recourir à des instruments de *soft law*. L'absence de caractère contraignant de ces textes facilite l'obtention d'une position commune entre les Etats qui sera susceptible d'aboutir après une période de maturation à l'adoption de normes à valeur obligatoire.

a- La juridicisation progressive par la *soft law*

591. L'Europe est un creuset d'instruments de *soft law*. Dans le cadre du Conseil de l'Europe et de l'Union européenne un corpus de résolutions et de recommandations a été adopté afin de prévenir les atteintes aux droits de l'homme dans le domaine de la biomédecine. Ces textes se réfèrent aux droits fondamentaux de l'homme : le droit au respect de la dignité humaine[1120], à la liberté individuelle[1121], le droit à

1119 C. Byk, « Progrès scientifique et droits de l'homme, la rupture ? », *op. cit.*

1120 Recommandation 934(1982) relative à l'ingénierie génétique ; Recommandation 1046 (1986) relative à l'utilisation d'embryons et fœtus humains à des fins diagnostiques, thérapeutiques, scientifiques, industrielles et commerciales ; Recommandation 1100(1989) de l'Assemblée parlementaire du conseil de l'Europe sur l'utilisation des embryons et fœtus humains dans la recherche scientifique ; Résolution du 16 mars 1989 sur les problèmes éthiques et juridiques de la manipulation génétique ; Recommandation (90)3 du Comité des ministres du Conseil de l'Europe sur la

l'auto-détermination[1122], le respect de la vie privée[1123], le droit à la vie[1124], le droit à l'intégrité physique et psychique[1125], l'inviolabilité et l'indisponibilité du corps humain[1126], la liberté de la recherche[1127]...

592. L'UNESCO a témoigné d'un intérêt pour la bioéthique, plus précisément pour le génie génétique dès les années soixante-dix, en organisant des colloques tels que le colloque biologie et éthique en 1978[1128], et en publiant des ouvrages sur le sujet. La réflexion a abouti à la rédaction de la Déclaration universelle sur le génome humain et les droits de l'homme. La Déclaration est inspirée de l'esprit des droits de l'homme, le choix de la forme déclarative et l'universalisme des droits

---

recherche médicale sur l'être humain ; Recommandation (90)13 du comité des ministres du Conseil de l'Europe sur le dépistage génétique anténatal, le diagnostic génétique anténatal et le conseil génétique y relatif ; Résolution du Parlement européen du 12 mars 1997 sur le clonage des animaux et des êtres humains, DPBB, p. 4305.

1121 Recommandation(83)2 sur la protection juridique des personnes atteintes de troubles mentaux, Recommandation(90)13 sur le dépistage génétique anténatal ; Recommandation (90)13 du comité des ministres du Conseil de l'Europe sur le dépistage génétique anténatal, le diagnostic génétique anténatal et le conseil génétique y relatif.

1122 Résolution du 16 mars 1989 sur les problèmes éthiques et juridiques de la manipulation génétique ; Résolution du 16 mars 1989 sur la fécondation artificielle *in vivo* et *in vitro*.

1123 Recommandation 934(1982) relative à l'ingénierie génétique, Recommandation(90)13 sur le dépistage génétique anténatal ; Recommandation (90)13 du comité des ministres du Conseil de l'Europe sur le dépistage génétique anténatal, le diagnostic génétique anténatal et le conseil génétique y relatif ; Recommandation (94)11 du Comité des ministres du Conseil de l'Europe sur le dépistage comme instrument de médecine préventive, DPBB, p.4082A ; Recommandation (97)5 du Comité des ministres du Conseil de l'Europe relative à la protection des données médicales.

1124 Recommandation 934(1982) relative à l'ingénierie génétique ; Résolution du 16 mars 1989 sur la fécondation artificielle *in vivo* et *in vitro*.

1125 Recommandation 818(1977) relative à la situation des malades mentaux ; Résolution du 16 mars 1989 sur la fécondation artificielle *in vivo* et *in vitro* ; Déclaration du Conseil européen sur l'interdiction du clonage humain, 16-17 juin 1997.

1126 Recommandation 1240(1984) de l'Assemblée parlementaire du Conseil de l'Europe relative à la protection et à la brevetabilité des produits d'origine humaine.

1127 Recommandation 1100(1989) de l'Assemblée parlementaire du conseil de l'Europe sur l'utilisation des embryons et fœtus humains dans la recherche scientifique ; Résolution du 16 mars 1989 sur les problèmes éthiques et juridiques de la manipulation génétique.

1128 G. B. Kutukdjian, « La bioéthique : un enjeu international », in *La bioéthique au pluriel*, *op. cit.*, p. 113.

qui y sont proclamés sont à cet égard symbolique[1129]. Le préambule de la Déclaration universelle rappelle solennellement son attachement aux principes universels des droits de l'homme et vise les textes relatifs aux droits de l'homme : la Déclaration universelle des droits de l'homme de 1948, les deux Pactes de 1966, la Convention des Nations Unies sur les droits de l'enfant... Par ailleurs, la déclaration se fixe comme objectif le respect de la dignité, de la liberté et des droits de l'homme. La Déclaration énonce des principes destinés à être durables ; le contenu de la déclaration réalise la synthèse des principes éthiques généralement reconnus dans les démocraties[1130]. La Déclaration a la prétention de constituer un instrument de référence malgré son absence de caractère contraignant. La qualifier de « déclaration universelle » traduit la volonté de lui conférer une solennité symbolique.

593. Evidemment, les droits énoncés dans les instruments de *soft law* se bornent à une affirmation déclaratoire plus ou moins solennelle des droits ; ils sont dépourvus de caractère juridique s'ils ne sont pas positivés. Néanmoins, ces instruments constituent une étape utile. Ils suscitent un effet de persuasion.

L'intérêt des textes déclaratoires consiste à assurer une prise de conscience, et la solennité des textes leur confère une portée morale. Mais les déclarations internationales doivent se concrétiser dans des conventions pour passer de la déclaration des droits à une garantie des droits[1131].

b- L'adoption d'instruments contraignants

594. Au niveau européen, l'adoption d'un instrument contraignant a semblé nécessaire et a été rendue possible. Nonobstant les particularismes culturels, les Européens partagent des valeurs essentielles leur permettant d'adopter des solutions communes à la plupart des

---

1129 C. Byk, « La Déclaration universelle sur le génome humain et les droits de l'homme », *JDI*, 1998-3, p. 675.

1130 B. Mathieu, N. Lenoir, *Les normes internationales de la bioéthique*, *op. cit.*, p. 105.

1131 D. Breillat, « Les droits de l'homme déclarés solennellement », *Ecrits en l'honneur du professeur Jean Savatier*, Paris, PUF, 1992, p. 111.

problèmes[1132], les valeurs communément partagées sont les droits de l'homme et notamment le respect de la dignité de l'être humain[1133].

595. La démarche suivie a privilégié le recours à des instruments souples, dépourvus de force obligatoire. Ce choix traduit la recherche d'une harmonisation des législations basée sur l'adhésion volontaire des Etats. Le processus de réitération des droits fondamentaux dans des instruments juridiques consensuels dans le cadre du Conseil de l'Europe a permis d'aboutir à l'élaboration de la Convention européenne de bioéthique. Elle marque l'achèvement d'une réflexion amorcée depuis longtemps au sein du Conseil de l'Europe. L'adoption des résolutions et recommandations apparaît *a posteriori* avoir constitué une phase de maturation de la Convention en éveillant la prise de conscience relative à la nécessité d'une harmonisation juridique européenne et en favorisant l'acceptation de la réglementation.

Pour la rédaction de la Convention, la philosophie des droits de l'homme a fonctionné comme un facteur d'identification politique et comme élément d'intégration juridique[1134]. La Convention a adopté un mode rédactionnel qui la rapproche des grands textes déclaratoires relatifs aux droits de l'homme. D'ailleurs la Convention utilise le langage des droits de l'homme, langage commun aux Etats du Conseil de l'Europe. A cet égard, la Convention européenne de bioéthique s'inscrit dans la filiation de la Déclaration universelle des Droits de l'homme de 1948, de la Convention européenne de sauvegarde des droits de l'homme et des libertés fondamentales de 1950, du Pacte international des Droits civils et politiques et du Pacte international relatif aux droits économiques sociaux et culturels de 1966, et de la Convention relative aux droits de l'enfant. Comme son intitulé et son préambule[1135], l'indiquent, le but de la Convention sur les droits de l'homme et la biomédecine consiste à protéger les droits de l'homme et la dignité de

[1132] C. de Sola, « Les valeurs communes à l'Europe », in *La bioéthique au pluriel*, *op. cit.*, p. 104.

[1133] J-P. Duprat, « Le biodroit, un phénomène global sans principe unificateur ? », *JIB*, vol. 15, n°2-3, 2004, p. 37, « Il serait erroné de prétendre qu'il n'existe pas de principe unificateur du biodroit et, pour cela, le principe de dignité de la personne humaine est celui qui est le plus apte à jouer ce rôle… », p. 49.

[1134] C. Byk, « La Convention européenne sur la biomédecine et les droits de l'homme et l'ordre juridique international », *JDI*, 2001, p. 47.

[1135] « Résolus à prendre, dans le domaine des applications de la biologie et de la médecine, les mesures propres à garantir la dignité de l'être humain et les droits et libertés fondamentaux de la personne ».

l'être humain à l'égard des applications de la biologie et de la médecine. Le but affiché dès l'article 1 de la Convention est de garantir et promouvoir la protection des droits fondamentaux : « les Parties à la présente Convention protègent l'être humain dans sa dignité et son identité et garantissent à toute personne, sans discrimination, le respect de son intégrité et de ses autres droits et libertés fondamentales à l'égard des applications de la biologie et de la médecine ».

La Convention affirme la primauté de l'être humain, l'accès équitable aux soins, l'interdiction du profit, le principe de non-discrimination, l'exigence du consentement, le respect de la vie privée, le droit à l'information. Le texte, conformément à la conception classique des droits de l'homme qui se réclame d'une vocation universelle, prétend à une portée universelle. Les ambitions déclarées par le secrétaire général du Conseil de l'Europe sont claires : « ce texte constituera, sans aucun doute, la référence universelle destinée à protéger l'être humain et son patrimoine génétique dans le cadre de la science biologique et médicale »[1136].

596. Dans le cadre de l'Union européenne, la Charte des droits fondamentaux confirme à cet égard le partage de valeurs communes au niveau européen.

597. La Charte des droits fondamentaux de l'Union européenne marque une étape décisive dans le renforcement des droits fondamentaux au sein de l'Union européenne. Déjà le Traité d'Amsterdam, signé le 2 octobre 1997, avait placé les droits fondamentaux dans une nouvelle perspective, en fondant l'Union sur le respect des droits de l'homme, la démocratie et la prééminence du droit, en les érigeant en principes constitutionnels de l'Union.

L'élaboration de la Charte confirme une profonde rénovation de la protection des droits fondamentaux en droit communautaire sachant qu'elle a été rédigée dans la perspective d'être ultérieurement insérée dans les traités communautaires avec force juridique contraignante. Elle figure désormais dans le Traité établissant une Constitution pour l'Europe signé le 29 octobre 2004 à Rome.

598. Se réclamant de valeurs communes, la Charte proclame solennellement les droits fondamentaux de l'Union applicables aux

---

[1136] Cité par P. Fraisseix, « La protection de la dignité de la personne et de l'espèce humaines dans le domaine de la biomédecine : l'exemple de la Convention d'Oviedo », *RIDC*, 2000-2, p. 374.

institutions et organes de l'Union dans le cadre d'exercice de leur compétence et aux Etats membres dans le champ d'application du droit communautaire.[1137]. Le préambule de la Charte rappelle que l'Union se fonde sur des valeurs communes indivisibles et universelles, et qu'elle contribue à la préservation et au développement de ces valeurs, « à cette fin, il est nécessaire, en les rendant plus visibles dans une Charte, de renforcer la protection des droits fondamentaux à la lumière de l'évolution de la société, du progrès social et des développements scientifiques et technologiques ».

C'est pourquoi, la Charte consacre des dispositions spécifiquement liées aux progrès scientifiques et aux sciences de la vie. L'article 3 proclame le droit à son intégrité physique et mentale, il vise précisément dans le cadre de la médecine et de la biologie : le consentement libre et éclairé, l'interdiction de pratiques eugéniques, l'interdiction de faire du corps humain et de ses parties une source de profit, l'interdiction du clonage reproductif. L'article 8 énonce le droit à la protection des données personnelles, et le droit d'accès à ces données. L'article 21 pose le principe de non discrimination notamment en fonction des caractéristiques génétiques.

599. L'apport de la Charte en matière de droits fondamentaux consiste à assurer la visibilité et la lisibilité des droits en les recensant dans un catalogue. En se dédiant à la protection des droits pour eux-mêmes, la Charte les place aussi au cœur du système européen. La Charte opère la réunion des sources formelles et matérielles : les valeurs consacrées sont celles de l'Union et constituent son identité[1138]. Désormais les droits fondamentaux de l'Union ne visent plus seulement les individus opérateurs économiques ou sociaux mais l'individu personne humaine. Les droits fondamentaux sont érigés en normes fondatrices de l'Union. Les droits fondamentaux n'apparaissent plus seulement comme des droits subjectifs ou comme des normes de protection individuelle[1139], ils revêtent la qualité de normes objectives

---

[1137] F. Sudre, *Droit international et européen des droits de l'homme*, PUF, coll. Droit fondamental, droit international, 5ème éd., 2001, n°72.

[1138] H. Dumont et S. van Drooghenbroeck, « La contribution de la Charte à la constitutionnalisation du droit de l'Union européenne », in *Hommage à Silvio Marcus Helmons, La Charte des droits fondamentaux de l'Union européenne. Son apport à la protection des droits de l'homme en Europe*, J-Y. Carlier et O. de Schutter (sd.), Bruxelles, Bruylant, 2002, p. 61.

[1139] O. Dubos, « Droit communautaire et bioéthique : étude des internormativités à travers les avis du groupe européen d'éthique », *Jeux de normes dans la recherche*

fondatrices de l'Union. Ils sont devenus des principes structurels, la place accordée aux droits fondamentaux est interprétée comme une concrétisation du processus de constitutionnalisation.

600. Les deux systèmes européens, celui du Conseil de l'Europe et celui de l'Union Européenne, s'orientent vers la reconnaissance de droits fondamentaux communs applicables aux sciences et aux techniques. Cette tendance témoigne d'une démarche du droit européen qui est celle de la « fondamentalisation »[1140].

Non seulement le droit européen s'intéresse aux questions bioéthiques mais il forge le système des droits fondamentaux en la matière. L'Europe trouve son unité et sa légitimité internationale dans la défense et la promotion des droits de l'homme, c'est pourquoi elle déploie son activité normative sur la base des droits fondamentaux. Non seulement ils présentent l'avantage d'être le ciment politique de l'Europe mais en tant que prolongement du droit international des droits de l'homme, ils revalorisent l'ordre juridique européen.

Toutefois, le niveau européen est lui-même insuffisant lorsque certaines questions universelles, en ce qu'elles concernent la dignité de l'être humain, réclament un encadrement international. Ainsi le Parlement européen a appelé de ses vœux une maîtrise du clonage à l'échelle mondiale par un instrument contraignant[1141].

601. L'adoption d'un instrument contraignant relatif aux sciences de la vie au niveau international est à l'état de projet. L'Allemagne et la France ont demandé l'inscription à l'ordre du jour de la 56ème session de l'Assemblée générale d'une question intitulée « Convention internationale contre le clonage d'êtres humains à des fins de reproduction »[1142]. Cette initiative a conduit à la création d'un comité spécial de la 6ème commission de l'ONU, commission juridique qui présente la particularité de se prononcer par consensus et non par vote. Mais des clivages partagent ceux qui prônent l'interdiction du seul clonage reproductif et ceux qui souhaitent l'interdiction de toute

---

biomédicale, J-P. Duprat (sd.), Paris, Publications de la Sorbonne, Droit économique, 2002, p. 167.

1140 C. Byk, « Progrès scientifique et droits de l'homme, la rupture ? », *op. cit.*

1141 Résolution du Parlement européen, du 12 mars 1997 sur le clonage des animaux et des êtres humains.

1142 Travaux de la commission juridique de l'Assemblée générale, in *AFDI*, 2001, p. 386.

utilisation du transfert nucléaire[1143]. Le processus stagne alors que la position des Etats converge à l'égard du clonage reproductif[1144] ; c'est pourquoi la première étape pourrait consister à élaborer une convention internationale interdisant le seul clonage reproductif. Le législateur français promeut l'adoption d'un tel instrument international, l'article 22 de la loi du 6 août 2004 relative à la bioéthique prévoit que dans un délai d'un an, le Gouvernement déposera devant le Parlement un rapport présentant les initiatives qu'il aura prises auprès des instances appropriées pour élaborer une législation internationale réprimant le clonage reproductif.

602. Sans conteste, la maîtrise des sciences biomédicales est placée dans la perspective des droits fondamentaux, car ils constituent un référent commun aux Etats, donc un facteur d'harmonisation juridique[1145]. Pour harmoniser l'éclatement des sources du droit, le recours au droit supranational s'avère donc d'autant plus nécessaire[1146]. Toutefois, l'harmonisation ne fonctionne que si le droit international et le droit communautaire sont respectés par les Etats.

c- L'effectivité du droit international en droit interne

603. L'intégration du droit international en droit interne est régie par les dispositions constitutionnelles. Mais de manière informelle, les rapports du droit international et du droit interne se règlent aussi par l'intermédiaire du dialogue des juges.

604. En France, les traités ou accords prennent effet en droit interne, une fois ratifiés ou approuvés par l'autorité compétente, et ils ne sont applicables qu'à la condition d'avoir été régulièrement publiés. En vertu de l'article 54 de la Constitution, les actes internationaux sont susceptibles de faire l'objet d'un contrôle *a priori* de conformité à la Constitution. En cas de déclaration de non conformité à la Constitution, ils ne peuvent être ratifiés ou approuvés qu'après révision de la Constitution. En outre, les dispositions ne seront appliquées par le juge que si elles sont d'effet direct, c'est-à-dire que si elles comportent des

[1143] A. Albert, « Vers une interdiction mondiale du clonage des êtres humains ? », in *Le clonage*, A. McLaren (sd.), Strasbourg, Ed. du Conseil de l'Europe, 2002, p. 175.

[1144] G. Teboul, « Un instrument international prohibant le clonage humain reproductif ? », *JIB*, vol. 15, 2004, p. 85.

[1145] C. Byk, « La Convention européenne sur la biomédecine et les droits de l'homme et l'ordre juridique international », *JDI*, 2001, p. 47.

[1146] M. Delmas-Marty, « La mondialisation du droit : chances et risques », *op. cit.*

dispositions suffisamment précises pour se suffire à elles-mêmes sans nécessiter de mesure d'exécution nationale.

Le droit communautaire présente des spécificités. D'une part, la Constitution de 1958 fait référence à des traités communautaires[1147]. D'autre part, il est réservé un sort particulier aux actes communautaires dérivés dans la mesure où le respect des règlements et des directives s'impose en droit interne. Le principe de supériorité des Conventions sur la loi a été étendu aux règlements communautaires[1148], aux objectifs d'une directive communautaire[1149], et aux principes généraux du droit communautaire[1150]. En revanche, une telle supériorité n'a été reconnue ni à la coutume[1151], ni à un principe général de droit international[1152].

605. L'incorporation du droit communautaire dans l'ordre juridique interne remonte à 1975 pour la Cour de cassation, et à 1989 pour le Conseil d'Etat, dates auxquelles ils ont respectivement accepté d'opérer un contrôle de conventionnalité de la loi sachant que ce contrôle a été étendu aux actes dérivés. Le Conseil constitutionnel s'étant déclaré incompétent « lorsqu'il est saisi en application de l'article 61 de la Constitution, d'examiner la conformité d'une loi aux stipulations d'un traité ou d'un accord international »[1153], les juges administratifs et judiciaires sont les juges de droit commun du respect du droit communautaire.

606. Les deux ordres de juridiction ont été amenés à déterminer la place de la norme internationale dans la hiérarchie des normes internes : elles ont une valeur infra-constitutionnelle[1154], et supra-

---

[1147] Titre XV de la Constitution. Des Communautés européennes et de l'Union européenne.

[1148] CE, 24 sept. 1990, Boisdet, rec. p. 250, Cl. Mme LAROQUE, *LPA*, n°123, oct. 1990, p. 15 ; note L. DUBOUIS, *RFDA*, 1991, p. 172.

[1149] CE ass. 28 fév. 1992, SA Rothmans International France et SA Philip Morris France, rec. p. 80, Cl. Mme LAROQUE, *AJDA*, 1992, p. 210.

[1150] CE, Syndicat national de l'industrie pharmaceutique et autres, 3 déc. 2001, *DA*, mars 2002, p. 28, note P. Cassia.

[1151] CE, ass. 6 juin 1997, Aquarone, p. 206, Cl G. BACHELIER, *RFDA*, 1997, p. 1068, chr. D. CHAUVAUX et T X. GIRARDOT, *AJDA*, 1997, p. 570.

[1152] CE, 28 juillet 2000, Paulin, *D.*, 2001, p. 387, note G. TIXIER, *RFDA*, 2000, p. 1170.

[1153] DC 74-54 DC, 15 janv. 1975, note L. FAVOREU, L. PHILIP, *RDP*, 1975, p. 185, note L. HAMON, *D.*, 1975, J., p. 529 ; note C. FRANCK, *RGDIP*, 1975, p. 49.

[1154] CE ass. 30 oct. 1998, Sarran et Levacher et autres, rec. p. 369, Cl. Ch. MAUGUE, *RFDA*, 1998, p. 1081 ; *GAJA*, 13ème éd., n°113 ; Cass., ass. pl., 2 juin 2000, Melle Fraisse, note B. MATHIEU, M. VERPEAUX, *D.*, J., 2000, p. 865.

législative[1155]. Le Conseil d'Etat a précisé, s'agissant de l'ordre communautaire, que la primauté de l'ordre juridique communautaire ne remet pas en cause la suprématie de la Constitution dans l'ordre interne[1156].

La dualité du système hiérarchique entre le droit interne et le droit communautaire ne saurait surprendre, puisqu'en théorie nous sommes en présence de deux ordres juridiques distincts : l'ordre juridique communautaire et l'ordre juridique interne. Chaque ordre juridique dispose de ses propres juridictions : les juridictions européennes d'une part, et le Conseil constitutionnel d'autre part, ce qui engendre la dualité des systèmes de hiérarchie des normes[1157]. Le droit national a une hiérarchie favorable au droit constitutionnel, alors que la hiérarchie en droit communautaire accorde la primauté au droit de l'Union. Le risque de conflit est accru par le fait que chaque ordre juridique dispose de son propre juge, et que les juges n'accordent pas la primauté à la même norme[1158]. Inévitablement ces deux logiques différentes risquent de conduire à des conflits.

Les auteurs s'accordent à reconnaître qu'en théorie et dans l'absolu, des conflits peuvent s'élever entre les juridictions nationales suprêmes et les juridictions communautaires. Mais en réalité, les conflits tendent à s'atténuer[1159], car les différents systèmes juridiques ne sont pas si « étanches »[1160]. On note non seulement un rapprochement sur le plan des normes, au travers des droits fondamentaux, mais aussi une intégration réciproque du droit interne et du droit communautaire[1161].

1155 Cass., 24 mai 1975, Société des Cafés Jacques Vabre, *D.*, 1975, p. 497; Cl. TOUFFAIT ; note J. BOULOUIS, *AJDA*, 1975, p. 567 ; CE ass., Nicolo, 20 oct. 1989, rec. p. 190, Cl. P. Frydman, *RFDA*, 1989, p. 813, note B. Genevois, *RFDA*, 1989, p. 824, note L. Favoreu, p. 993, note L. Dubouis, p. 1000.

1156 CE, Syndicat national de l'industrie pharmaceutique et autres, 3 déc. 2001, *DA*, mars 2002, p. 28, note P. Cassia.

1157 F. Chaltiel, « Droit constitutionnel et droit communautaire », *RTD Eur.*, 1999, p. 389.

1158 L. Dubouis, Intervention in *Droit constitutionnel, droit communautaire, vers un respect réciproque mutuel ?*, Paris, Economica, PUAM, coll. Droit public positif, 2001, p. 85.

1159 D. Maus, Introduction, in *La Constitution face à l'Europe*, Paris, la doc fr., coll. Droit et démocratie, 2000, p. 5.

1160 N. Lenoir, Conclusion, in *La Constitution face à l'Europe*, *op. cit.*, p. 91.

1161 H. Gaudin (sd.), *Droit constitutionnel, droit communautaire, vers un respect réciproque mutuel ?*, *op. cit.*, p. 259.

La décision du Conseil constitutionnel du 10 juin 2004 marque une évolution destinée à assurer une meilleure cohérence du droit national et du droit communautaire. Pour la première fois, le juge prend en compte le droit communautaire dans son contrôle de constitutionnalité. Il considère que la transposition d'une directive constitue une obligation constitutionnelle, fondée sur l'article 88-1 de la Constitution, à laquelle il ne pourrait être fait obstacle qu'en raison d'une disposition expresse contraire de la Constitution. Le Conseil se déclare incompétent pour contrôler la constitutionnalité d'une loi de transposition d'une directive communautaire, puisqu'il se refuse à opérer un contrôle de constitutionnalité du droit communautaire dérivé. Il ne se déclare incompétent que si la disposition législative est l'exacte et nécessaire transposition de dispositions inconditionnelles et précises de la directive. Le juge constitutionnel évite ainsi les conflits de compétence avec la CJCE[1162], et consacre la prévalence du droit communautaire sur le droit national[1163].

Dans la décision du 19 novembre 2004[1164], le Conseil constitutionnel a estimé que l'article I&6 du Traité établissant une Constitution pour l'Europe, proclamant la primauté du droit de l'Union sur le droit national, n'appelle pas de révision de la Constitution. Le principe doit se lire à la lumière des autres dispositions du traité, notamment l'article I-5 selon lequel « l'Union respecte l'identité nationale inhérente à leurs structures fondamentales politiques et constitutionnelles ». Le principe de primauté s'entend dans ces limites. Dans la continuité des décisions de juin et juillet 2004[1165], le Conseil constitutionnel a fondé le principe de primauté du droit de l'Union sur l'article 88-1[1166], en circonscrivant la portée du principe dans le prolongement de sa jurisprudence antérieure, puisque le principe de primauté trouve sa limite dans les dispositions expresses contraires de la Constitution. Le Conseil constitutionnel confirme l'existence d'un ordre

---

[1162] DC n°2004-496 DC, 10 juin 2004, note D. Chamussy, *AJDA*, 2004, p. 1939 ; note M. Gautier et F. Melleray, *AJDA*, 2004, p. 1538.

[1163] B. Mathieu, « Le Conseil constitutionnel conforte la construction européenne en s'appuyant sur les exigences constitutionnelles nationales », *D.*, 2004, p. 1740.

[1164] DC n°2004-405 DC, 19 nov. 2004, note J-E. Schoettl, *LPA*, n°238, nov. 2004, p. 10.

[1165] DC 2004-496 DC du 10 juin 2004, DC 2004-497 DC du 1er juil. 2004, DC 2004-498 DC du 29 juil. 2004, DC 2004-499 DC du 29 juil. 2004.

[1166] DC 2004-505 DC, 19 nov. 2004, note C. Maugüé, *RFDA*, 2005, p. 30 ; B. Genevois, *RFDA*, 2005, p. 239.

juridique communautaire intégré à l'ordre juridique interne, et distinct de l'ordre juridique international.

2- Le recours au droit comparé

607. Le droit comparé renaît après une certaine désaffection, liée à son inaptitude à prévenir les événements de la Seconde Guerre mondiale. Il a été la source d'espoirs déçus. Aujourd'hui, il regagne une place tant dans la théorie du droit, que dans la pratique du droit. Mais la définition et les objectifs du droit comparé ne font pas l'unanimité. Un des clivages porte sur le caractère normatif ou l'absence de caractère normatif du droit comparé.

608. En ce qu'il met en lumière les dissemblances et les rapprochements des systèmes juridiques, il constitue un précieux instrument de connaissance du droit. Par delà la diversité des systèmes juridiques, il permet de dégager un *jus commune*, susceptible de rallier jusnaturalistes et positivistes. Il est associé à un néo-jusnaturalisme dans la mesure où il est dégagé par induction à partir des différents droits positifs. Prenant sa source dans le droit positif, il traverserait les systèmes juridiques, ce qui lui conférerait un caractère transcendant.

a- Le droit comparé : facteur d'harmonisation

609. Le droit comparé bénéficie d'un regain intérêt. Il retrouve actuellement une légitimité en raison de la globalisation et de l'interpénétration des ordres juridiques[1167], car il nourrit l'espoir d'une unification du droit. Dès sa naissance au XIXème siècle, le droit comparé tend vers l'idée d'un droit universel. L'objectif affiché du droit comparé lors du premier congrès de la discipline à Paris en 1900 consiste en la recherche d'un fonds commun à toutes les législations nationales. Ainsi, le droit comparé doit servir à l'émergence, soit d'un « universalisme en devenir »[1168], soit d'un « droit commun de l'humanité »[1169], soit d'un « droit commun législatif »[1170]. L'étude du droit comparé diffère en effet

[1167] O. Pfersmann, « Le droit comparé comme interprétation et comme théorie du droit », *RIDC*, 2001-2, p. 275.

[1168] H. Battifol, « Le pluralisme des méthodes en droit international privé », *RCADI*, t. 197, vol. II, p. 81.

[1169] R. Saleilles, « Rapport sur l'utilité, le but et le programme du Congrès », *Congrès de Paris*, Paris, LGDJ, 1905, vol. I, p. 9 et sv. ; « Conception et objet de la science du droit comparé », p. 167 et sv.

[1170] H. Hayem, « L'étude du droit comparé », *RTDC*, 1909, p. 327.

de l'étude des droits étrangers. Si l'étude des droits étrangers est tournée exclusivement vers la connaissance de ces droits, le droit comparé s'évertue à établir les différences et les ressemblances existant entre les différents systèmes juridiques et les phénomènes d'interpénétration.

610. Mais deux opinions s'opposent à l'égard de la portée à accorder au droit comparé. L'une lui reconnait une portée théorique, l'autre une portée pratique[1171]. La visée théorique réside dans la fonction explicative et critique reconnue au droit comparé, susceptible d'offrir une meilleure compréhension des différents droits, en permettant d'accéder à la connaissance de la diversité du droit. C'est pourquoi certains rejettent l'idée d'un *jus commune* issu des jurisprudences constitutionnelles, dans la mesure où une pratique commune n'engendre pas du droit. Elle n'est une règle ni conventionnelle ni coutumière. Le droit comparé conduit à une constatation ; il ne crée pas du droit[1172]. Formellement, le fonds commun tiré des jurisprudences ne constitue effectivement pas une source de droit. Mais la pratique des juges démontre que l'existence d'une convergence peut s'avérer constituer une source matérielle du droit.

En revanche, la visée pratique attribue une fonction normative au droit comparé. Dans cette perspective, il incombe au droit comparé de ramener la diversité à l'unité ; le droit comparé est ainsi instrumentalisé pour parvenir à une harmonisation du droit à défaut d'une uniformisation. En effet, la prise en compte de la dimension historique, sociale, économique et culturelle du droit a fait renoncer à l'idéal d'une uniformisation des droits. La quête d'un rapprochement des droits s'avère plus réaliste[1173].

Mais le droit comparé n'est pas seulement une méthode susceptible d'aider au rapprochement des droits. Dans sa fonction normative, on attend du droit comparé, qu'il livre la substance même du droit[1174]. Or ceux qui dénoncent la portée pratique du droit comparé, dénoncent une telle possibilité dans la mesure où le droit comparé est selon eux insusceptible d'offrir des solutions normatives pour des

---

1171 *Ibid.*

1172 G. Vedel, « Souveraineté et supraconstitutionnalité », in *Pouvoirs*, La souveraineté, n°67, 1993, p. 79.

1173 M. Ancel, « Rapprochement, unification ou harmonisation des droits ? », in *Mélanges dédiés à Gabriel Marty*, Toulouse, Université des Sciences sociales, 1978, p. 1.

1174 E. Picard, « L'état du droit comparé en France en 1999 », *RIDC*, 1999-4, p. 911 et sv.

réglementations nouvelles ou résoudre des cas inédits[1175]. Dans son acception substantielle, le droit comparé rejoint l'idée de droit naturel. C'est pourquoi il est associé à une conception *néo-jusnaturaliste* du droit. Le renouveau du droit comparé s'accompagne d'ailleurs d'un renouveau du droit naturel puisque pour certains le droit comparé est fondé sur un nouveau droit naturel[1176]. Le droit naturel ainsi entendu ne représente pas une norme idéale qui s'imposerait à tous, mais la recherche d'une harmonie tirée de la comparaison et donc de la pluralité des systèmes juridiques[1177]. Il s'agit d'appréhender la diversité et non de la vaincre. Le droit comparé permettrait de dégager un fonds commun de principes, transcendant les droits nationaux et supra-nationaux, principes auxquels se soumettent les différents systèmes juridiques. Le droit comparé permettrait de dégager de la diversité des systèmes un *jus gentium* qui les traverserait tous, comme une sorte de droit naturel reconnu par induction à partir de ses différentes concrétisations positives[1178].

611. Toutefois, à la différence du droit naturel, ces principes transcendants n'émanent, ni de la nature, ni de la raison, ni d'une autorité divine ; ils émanent des droits eux-mêmes. Ces principes ne sont pas posés *a priori* mais au contraire, révélés *ex post* par le droit comparé. Le droit comparé offre la possibilité de faire émerger un *jus gentium* par delà la diversité des systèmes juridiques. L'essence commune du droit ressort ainsi de l'étude du droit lui-même. La recherche s'opère du coté de la nature du droit.

Saleilles associait déjà droit naturel et droit comparé : « le droit comparé par le rapprochement des jurisprudences sur le terrain d'un droit naturel transformé, et réduit en formules concrètes d'application juridique, tendra à devenir, dans ses grandes lignes, le droit commun de l'humanité civilisée, et par suite le droit subsidiaire, qui par delà les droits locaux, réalise l'union des principes, tout en conservant, pour chaque pays, l'indépendance absolue de sa vitalité propre… »[1179].

On lit au sujet des comparatistes qu'« ils savent discerner le fond commun de la condition humaine, de ses besoins et de ses aspirations,

---

[1175] O. Pfersmann, « Le droit comparé comme interprétation et comme théorie du droit », *op. cit.*

[1176] X. Dijon, *Droit naturel*, t. 1, les questions du droit, Paris, PUF, coll. Thémis, Droit privé, 1998, p. 521.

[1177] E. Picard, « L'état du droit comparé en France en 1999 », *op. cit.*

[1178] X. Dijon, *Le droit naturel*, *op. cit.*, p. 521.

[1179] R. Salleilles, « Ecole historique et droit naturel », *RTDC*, 1902, p. 111.

ainsi naturellement tournés vers les principes généraux du droit et des droits fondamentaux de l'homme, ils sont conduits à l'humanisme et au sens, au souci profond du rapprochement, de l'harmonisation et de l'unité humaine »[1180]. La perspective humaniste du droit comparé nous autorise à établir une corrélation avec les droits fondamentaux. Ce rapprochement est d'autant plus pertinent que le droit comparé comme les droits fondamentaux poursuivent les mêmes aspirations, à savoir l'universalité et l'harmonie substantielle[1181]. Le droit comparé et les droits fondamentaux imposent certaines règles de droit en raison des valeurs qu'elles consacrent au détriment de la hiérarchie des normes telle qu'elle est conçue par Kelsen. Le droit comparé, ainsi que les droits fondamentaux, sont susceptibles de mettre en cause la hiérarchie formelle au profit de la hiérarchie substantielle. D'autant que se développe un droit comparé des droits fondamentaux, auquel les juges nationaux et internationaux font de plus en plus fréquemment appel[1182]. Un rapprochement spontané des droits s'opère par le biais de la mise en œuvre des principes généraux du droit, et par le biais des droits fondamentaux, très puissants facteurs de convergence du droit des Etats[1183].

b- L'emploi de la méthode comparative par le juge

612. Le droit comparé est particulièrement employé par le juge, qui l'utilise soit explicitement, soit implicitement. L'utilité du droit comparé présente plusieurs facettes, dans la mesure où le recours au droit comparé peut être plus ou moins instrumentalisé. Il peut servir de moyen d'évaluation afin que le juge choisisse la meilleure solution, ou au contraire servir d'alibi à la solution choisie par le juge, qui n'examine alors ni l'adaptabilité, ni l'opportunité de la solution.

α- Juge constitutionnel et droit comparé

613. L'idée d'un droit constitutionnel européen issu des règles, principes, et institutions qu'ont en commun les Constitutions nationales

---

[1180] Citation de Gabriel Marty in « Rapprochement, unification ou harmonisation des droits ? », M. Ancel, *op. cit.*, p. 1.

[1181] B. Fauvarque-Cosson, « Droit comparé et droit privé : la confrontation de deux logiques à travers l'exemple des droits fondamentaux », *RIDC*, 2000-4, p. 797.

[1182] B. Mathieu, M. Verpeaux, *Contentieux constitutionnel…*, *op. cit.*, p. 9.

[1183] G. Canivet, « La convergence des systèmes juridiques du point de vue du droit privé français », *RIDC*, 2003-1, p. 7.

des Etats européens, fait son chemin. Par des interprétations convergentes, « le travail des cours constitutionnelles, construit un droit constitutionnel européen au sens de droit commun des droits fondamentaux »[1184]. La coopération des Cours constitutionnelles s'organise et s'intensifie au travers des Conférences des Cours constitutionnelles européennes (CCCE)[1185]. La CCCE est née de l'initiative des Cours, et elle reste la manifestation propre des Cours constitutionnelles. Le travail est effectué uniquement par les Cours membres. La coopération est fondée sur l'échange d'informations et l'examen de questions définies d'un commun accord, ce qui est susceptible de développer une culture constitutionnelle commune et un langage commun. Les efforts de coopération ne se concentrent pas dans les mains de la CCCE ; une institution spécifique, sous l'égide du Conseil de l'Europe, encourage le développement d'un droit commun. La Commission européenne pour la démocratie par le droit autrement dénommée Commission de Venise, œuvre en faveur du développement de l'approche comparative du droit constitutionnel. A cette fin, elle assure la diffusion de la jurisprudence constitutionnelle par l'intermédiaire du Bulletin de jurisprudence constitutionnelle, jugée indispensable pour la coopération des Cours constitutionnelles[1186]. Elle organise des réflexions sur des thèmes abordés de manière comparative, et veille à la coopération entre les cours constitutionnelles. C'est pourquoi elle constitue un instrument majeur de la diffusion du patrimoine constitutionnel européen. Elle participe à l'émergence du « transconstitutionnalisme », c'est-à-dire à la « recherche d'une inspiration commune de la jurisprudence des différents Etats, qui contribue à son tour au développement d'un patrimoine constitutionnel commun à toute l'Europe »[1187].

614. En matière constitutionnelle, le droit comparé peut être utilisé de plusieurs manières : soit pour dégager un fonds commun par delà les divergences, soit comme objet de connaissance pour appréhender les différentes réponses juridiques apportées par les Etats à un problème commun. Cette connaissance doit permettre dans un second temps

---

[1184] D. Rousseau, « La notion de patrimoine constitutionnel européen », in *Mélanges Philippe Ardant, Droit et politique à la croisée des cultures*, *op. cit.*, p. 27.

[1185] S. Solyom, « Sur la coopération des Cours constitutionnelles », *AIJC*, vol. XII, 1996, p. 31.

[1186] *Ibid.*

[1187] http://www.venice.coe.int.

d'apprécier avec recul, s'il est souhaitable ou non d'emprunter des solutions aux systèmes juridiques étrangers afin d'améliorer son propre système[1188]. Pour certains, « il est moralement irresponsable de ne pas étudier les structures juridiques possibles et il est irresponsable de ne pas tenir compte des résultats de ces analyses »[1189].

615. Par le biais de son pouvoir d'interprétation, le juge constitutionnel est en mesure de s'inspirer des solutions adoptées à l'étranger afin de choisir la meilleure des solutions. Le recours au droit constitutionnel comparé implique ainsi la possibilité pour le juge de faire évoluer, d'adapter le droit constitutionnel ; une telle possibilité relève d'une doctrine américaine qui conçoit la Constitution comme un « document vivant » (a living document)[1190]. Si certains juges se réfèrent ouvertement à des solutions étrangères, d'autres les prennent en compte implicitement. Aux Etats-Unis, la Cour suprême divulgue l'attention portée à des expériences étrangères. L'ouverture de la Cour suprême des Etats-Unis à d'autres systèmes juridiques correspond au moment où la Cour a été confrontée à des problèmes très conflictuels, tels que la peine de mort ou l'avortement. Dans les décisions relatives à l'aide au suicide, la Cour s'est penchée sur les jurisprudences et les expériences constitutionnelles étrangères, même de pays hors *Common law*[1191]. S'agissant du Conseil constitutionnel, il faut noter l'absence de références étrangères alors même que l'analyse de la jurisprudence laisse paraître en filigrane une telle influence. La consécration du principe de dignité résulte sous doute en partie de l'influence du droit comparé[1192].

616. L'influence du droit comparé tend à s'accroître. Les juges constitutionnels se renseignent sur les solutions étrangères et ils prennent en compte le droit international, bien qu'il ne figure pas dans le bloc de constitutionnalité. Le droit constitutionnel de la bioéthique s'appuie ainsi sur des principes communs et il contribue en retour à consolider le socle des droits fondamentaux[1193]. Le droit constitutionnel comparé est appelé

1188 E. Zoller, « Qu'est-ce que faire du droit constitutionnel comparé ? », *Droits*. Repenser le droit constitutionnel, vol. 32, 2000, p. 121.

1189 O. Pfersmann, « Le droit comparé comme interprétation et comme théorie du droit », *op. cit.*

1190 E. Zoller, « Qu'est-ce que faire du droit constitutionnel comparé ? », *op. cit.*

1191 M. Rosenfeld, « L'aide au suicide en droit constitutionnel américain », *Rapport public du Conseil d'Etat 1998, op. cit.*

1192 *Cf. supra* n°553

1193 Noelle Lenoir, Rapport de synthèse, in *Constitution et éthique biomédicale*, *op. cit.*, p. 221.

à se développer grâce à la mise en ligne, donc à l'accessibilité des jurisprudences étrangères.

617. Les cours constitutionnelles utilisent de plus en plus « l'argument de droit comparé »[1194], dont il faut prendre garde qu'il se transforme en argument d'autorité. En tant que source d'inspiration, le droit comparé n'est pas sans poser de problèmes d'adaptabilité et d'opportunité ; il peut servir d'alibi aux juges tentés de faire l'économie d'une argumentation. C'est pourquoi le droit comparé doit faire l'objet d'une solide analyse de manière à s'assurer que la solution est transposable et opportune en droit interne. Il ne s'agit pas de calquer artificiellement une solution adoptée par d'autres systèmes juridiques parce qu'elle est communément partagée. Quand il s'agit de choix de société, il revient à la Cour constitutionnelle d'opérer des choix au regard du contexte national. Il doit y avoir en ces matières une subsidiarité du droit commun comparé et du droit européen des droits fondamentaux, et non une primauté au nom d'une harmonisation sans limite[1195].

β- Juges européens et droit comparé

618. Pour la Cour de justice des Communautés européennes (CJCE), « le recours au droit comparé est essentiellement une méthode d'interprétation du droit communautaire ». L'article F§2 du Traité sur l'Union européenne stipule que « l'Union respecte les droits fondamentaux, tels qu'ils sont garantis par la Convention européenne de sauvegarde des droits de l'homme et des libertés fondamentales, signée à Rome le 4 novembre 1950, et tels qu'ils résultent des traditions constitutionnelles communes aux Etats membres, en tant que principes généraux du droit communautaire ». En se prêtant à l'examen des traditions juridiques, des traditions constitutionnelles, et des principes de droit commun à tous les Etats membres, le juge communautaire se livre à une méthode comparative. Même si les références explicites au droit comparé dans le texte des arrêts demeurent rares, le juge communautaire est nécessairement conduit à procéder de manière comparative. « Institution internationale, la juridiction communautaire a, par essence, vocation à faire œuvre comparative, ne serait-ce qu'en raison de l'appartenance de ses membres à une variété de cultures juridiques, du

1194 M-C. Ponthoreau, « Le droit comparé en question(s) entre pragmatisme et outil épistémologique », *RIDC*, 2005, p. 9.

1195 L. Favoreu, Intervention, in « Interprétation de la Constitution par le juge constitutionnel », *AIJC*, 2001, p. 371.

multilinguisme des textes et des concepts soumis à son analyse »[1196]. Si la démarche comparative est peu flagrante dans les arrêts, elle apparaît explicitement dans les conclusions des avocats généraux, ou dans les prétentions d'un Etat membre ou des particuliers impliqués dans les affaires. En outre, la Cour peut procéder à une demande d'information sur les différents droits nationaux auprès de son service de recherche et de documentation.

619. Le droit comparé irrigue le travail du juge communautaire à tel point qu'il a été présenté comme un « laboratoire de droit comparé ». C'est en dégageant des principes généraux communs aux systèmes juridiques des Etats membres que s'exprime l'œuvre comparative du juge communautaire. A partir de traditions juridiques communes aux Etats membres, le juge dégage les principes généraux du droit. Depuis longtemps les principes fondamentaux des droits des Etats membres « contribuent à former ce substratum philosophique, politique et juridique commun aux Etats membres à partir duquel se dégage de façon prétorienne un droit communautaire non écrit dont l'un des buts essentiels est précisément d'assurer le respect des droits fondamentaux de l'individu. »[1197].

620. Le recours à la méthode comparative en droit communautaire favorise l'acceptabilité, donc l'intégration des solutions juridiques. C'est une garantie d'efficacité. En s'appuyant sur les traditions constitutionnelles communes aux Etats membres pour la protection des droits fondamentaux, la jurisprudence procure un fondement légitime au droit communautaire. En l'absence de dispositions communautaires, le juge peut ainsi dégager le droit d'une convergence constatée entre les solutions nationales. Au contraire, le constat de contradiction entre les solutions nationales peut le conduire à s'en tenir à une position de réserve.

A partir d'un examen de droit comparé, la CJCE a reconnu que « le droit au respect de la vie privée, consacré par l'article 8 de la Convention européenne des droits de l'homme et qui découle des traditions constitutionnelles communes aux Etats membres des Communautés européennes, constitue l'un des droits fondamentaux

[1196] K. Lenaerts, « Le droit comparé dans le travail du juge communautaire, *RTDEur*, 2001, p. 490.

[1197] Cl. de l'Avocat général Dutheillet de Lamothe, CJCE, Internationale Handelsgesellschaft, 17 déc. 1970, 11/70, rec. p. 1125, 1149.

protégé par l'ordre juridique communautaire. Il comporte notamment le droit d'une personne de tenir son état de santé secret »[1198].

621. La Cour européenne des droits de l'homme, pour les mêmes raisons, recourt intensément au droit comparé. C'est un moyen d'assurer une harmonisation de l'interprétation des droits et de leur assurer une réception dans les droits nationaux. Il s'agit de trouver un compromis entre l'effectivité des droits et le respect des particularismes nationaux. C'est pourquoi la Cour s'attache à rechercher s'il existe un consensus européen ou non, lorsqu'elle traite de questions particulièrement sensibles.

Dans l'affaire Pretty, relative à l'aide médicale au suicide, la Cour a pris en compte dans son jugement la décision de la Cour suprême canadienne dans l'affaire Rodriguez. D'autre part, la Cour a souligné que la position du Royaume-Uni à l'égard du suicide assisté s'inscrit dans un consensus international très large. « Le suicide assisté et l'homicide volontaire consensuel sont illégaux dans l'ensemble des Etats parties à la Convention, sauf aux Pays-Bas... ». « La cour considère avec la chambre des lords et la majorité de la Cour suprême du Canada dans l'affaire Rodriguez, que les Etats ont le droit de contrôler, au travers de l'application du droit pénal général, les activités préjudiciables à la vie et à la sécurité d'autrui ».

Une approche de droit comparé est aussi menée dans l'affaire Odièvre, dans laquelle elle sert de justification à la solution de la Cour[1199]. « Face à la diversité des systèmes et traditions juridiques, mais également des pratiques d'abandon sous des formes diverses, les Etats doivent jouir d'une certaine marge d'appréciation pour décider des mesures propres à assurer la reconnaissance des droits garantis par la Convention à toute personne relevant de leur juridiction ».

Dans un considérant de principe, la Cour a affirmé que « la Convention étant avant tout un mécanisme de défense des droits de l'homme, la Cour doit cependant tenir compte de l'évolution de la situation dans les Etats contractants et réagir, par exemple, au consensus susceptible de se faire jour quant aux normes à atteindre » [1200]. La Cour affiche sa volonté de prendre appui sur l'évolution convergente des droits

---

[1198] CJCE, 5 oct. 1994, C-404/92, note O. De Schutter, *RTDH*, n°21, 1995, p. 97.

[1199] CEDH, Odièvre c. France, 13 fév. 2003, note A. Gouttenoire-Cornut et F Sudre, *JCP*, 2003-II, 10049 ; Chr. J-P. Marguenaud, J. Raynard, *RTDC*, 2003, p. 375.

[1200] CEDH, Chapman c. Royaume-Uni, 18 janv. 2001, *GACEDH*, n°39, Chr. H. Labayle, F. Sudre, *RFDA*, 2002, p. 1103.

internes pour revenir sur ses précédents, et pour développer une interprétation évolutive et consensuelle de la Convention[1201]. De l'analyse du droit comparé, elle entend tirer des conséquences normatives. L'interprétation de la Cour se veut consensuelle. De cette façon, le droit apparaît moins imposé que dérivé de l'évolution des droits internes[1202].

622. Pour conclure, le développement d'un droit comparé des droits fondamentaux poursuit l'objectif de parvenir à une harmonie substantielle. La hiérarchie substantielle, forte de ces deux éléments, risque encore plus de supplanter la hiérarchie formelle.

Certains comparent la fécondation réciproque du droit comparé et du droit naturel avec la fécondation réciproque du droit comparé et des droits fondamentaux. Cette fécondation permettrait à partir des droits de l'homme d'imaginer un droit des droits pour rapprocher et non unifier les systèmes de droit[1203].

3- L'emploi de la méthode comparative par les comités d'éthique

623. Il ne faut pas s'étonner que les comités d'éthique recourent à la méthode comparative. Elle constitue le seul instrument d'harmonisation à leur disposition en l'absence de toute logique hiérarchique[1204].

A la différence du système juridique organisé sur la base d'une logique hiérarchique, le système normatif éthique est étranger à l'idée même de hiérarchie. Fort de leur indépendance, les comités jouissent d'une autonomie en ce sens qu'aucun rapport d'autorité ni de subordination ne les lie. Puisque l'éthique est plurielle, rien ne s'oppose à ce que les comités nationaux et internationaux adoptent des positions divergentes sur une même question. Néanmoins, ils peuvent spontanément chercher un certain rapprochement, car s'ils parviennent à harmoniser leurs positions, ils pourront influer plus intensément sur les solutions juridiques. Les comités ont d'ailleurs structurellement organisé

1201 *Ibid.*

1202 L. Favoreu, *Droit des libertés fondamentales*, *op. cit.*, n°471.

1203 M. Delmas-Marty, *Pour un droit commun*, Paris, Ed du Seuil, La Librairie du XXème siècle, 1994, p. 284.

1204 *Cf. supra* n°479 et sv.

leur coopération et coordination[1205], afin d'instaurer un échange d'informations et un dialogue entre eux.

624. Quand un comité d'éthique comme le GEE vise au titre de ses références les avis d'autres comités, on en déduit implicitement qu'il entreprend une approche éthique comparée du problème à traiter. Dans son deuxième avis sur les produits dérivés du sang ou du plasma humain, le GEE a relevé la réaction du comité national d'éthique français à l'égard de la directive 89/381/CEE, et répondu à ses inquiétudes.

L'approche éthique comparée réalisée de manière explicite reste rare. A ce titre, il convient de mentionner l'avis du CCNE sur la fin de vie, l'arrêt de vie et l'euthanasie, où figurent en annexe les avis des comités étrangers sur l'euthanasie. Il s'est livré à une étude qui synthétise le contenu et présente les principales conclusions des comités, belge, canadien, danois, luxembourgeois et portugais. Dans son avis relatif à l'inégalité d'accès aux soins et à la participation à la recherche mondiale, le CCNE fait référence aux avis du GEE, du comité anglais et du comité américain, et déclare rejoindre les recommandations du GEE sur cette question.

625. Paradoxalement, les avis des comités comprennent plus de références au droit comparé qu'à « l'éthique comparée ».

Ainsi l'avis du GEE sur les cellules souches embryonnaires contient des informations sur la situation juridique dans les Etats membres et aux Etats-Unis. En outre, pour la première fois, l'avis est assorti d'un dossier d'accompagnement qui expose les réglementations nationales dans l'Union Européenne et les réglementations nationales hors de l'Union. De même, une approche de droit comparé figure dans l'avis relatif à la recherche impliquant l'utilisation d'embryons humains[1206]. L'avis recense les législations relatives à la recherche sur l'embryon, les définitions de l'embryon dans les différentes législations, et dégage les règles communes aux législations en vigueur ainsi que les règles adoptées au niveau européen en la matière. Le CIB, dans son rapport sur les aspects éthiques des recherches sur les cellules souches embryonnaires, consacre aussi une partie à l'examen des dispositions existantes dans ce domaine. A cette fin, il adopte une approche comparée en examinant les dispositions internationales, européennes et nationales,

---

[1205] *Cf. supra* n°480 et sv.

[1206] Avis 12 sur les aspects éthiques de la recherche impliquant l'utilisation d'embryons humains dans le contexte du 5ème programme-cadre de recherche.

mais en incluant pèle mêle les dispositions de nature juridique et éthique. Il se réfère indifféremment aux lois nationales et aux avis des comités d'éthique[1207].

Les comités nationaux se livrent également à des études de droit comparé. A cet égard, l'avis du CCNE relatif au diagnostic pré-implantatoire, renvoie en annexe aux droits étrangers[1208]. Le CCNE fait le point sur les législations et réglementations en Europe dans son avis sur les banques de sang de cordon ombilical[1209], et dans son avis sur le dépistage prénatal généralisé de la mucoviscidose[1210]. Il s'est livré à une approche comparative concernant les collections de matériel biologique et les données d'informations associées[1211]. Fait sans précédent, à la suite de cet avis, figure un document commun élaboré avec le comité national allemand. Le comité danois a examiné les législations européennes concernant la transplantation d'organes[1212].

626. L'intérêt que les comités portent aux droits davantage qu'aux normes éthiques dégagées par leurs homologues étrangers, témoigne d'une certaine déférence de l'éthique à l'égard du droit. En revanche, les comités tentent d'affirmer l'autonomie de leur réflexion éthique en ignorant les avis rendus par les autres comités, alors même que le fait d'examiner et de prendre connaissance de ces avis n'induit aucune dépendance entre comités.

627. Le droit de la bioéthique s'inscrit dans un mouvement d'ensemble de l'évolution du système juridique, dans la mesure où le processus d'internationalisation et le recours à la méthode comparative ne sont pas propres à la bioéthique. Mais, ils sont particulièrement accentués dans ce domaine. Ils paraissent même consubstantiels à la bioéthique, puisque ces deux phénomènes caractérisent aussi les normes para-juridiques en la matière. L'exposé des motifs afférents au projet de loi relatif à la bioéthique souligne « qu'il s'agit d'un domaine dans lequel les interdépendances sont fortes aussi bien à l'échelle européenne que mondiale. Il est indispensable que la loi française tienne compte des

---

1207 Rapport sur les aspects éthiques des recherches sur les cellules souches embryonnaires, 6/04/2001, site http://europa.eu.int/comm/european_group_ethics.
1208 Avis n°72, 4 juil. 2002.
1209 Avis n°74, 12 déc. 2002.
1210 Avis n°83, 25 mars 2004.
1211 Avis n°77, 20 mars 2003.
1212 Organ donation. Informed or presumed consent ?, 1999, site Internet préc.

évolutions récentes des réflexions et législations étrangères en la matière ».

B/ L'hégémonie des droits fondamentaux

628. La dynamique des droits fondamentaux s'est imposée dans le système juridique au point de concurrencer d'autres logiques juridiques, en particulier celle du droit civil.

On constate en France et dans d'autres pays, un déclin du droit civil au profit d'une référence aux droits fondamentaux, puisque certains principes du droit civil ont été intégrés au sein des droits fondamentaux, et que certains concepts du droit civil, tels que la *summa divisio* entre les personnes et les choses[1213], semblent inadaptés.

L'essor des droits pose problème au regard des fondements du droit civil. Les catégories juridiques existantes apparaissent inappropriées pour englober à la fois les nouveaux droits et leurs destinataires.

1- La perturbation des catégories juridiques

629. Le droit est une représentation du réel et fonctionne à partir de cette représentation, mais il n'est pas la simple traduction du réel[1214]. Le droit constitue non seulement un instrument de codification des conduites, mais il régit aussi les représentations collectives, et forge une image de l'ordre social[1215]. Au travers du discours et du langage du droit, se dessine une image globale et cohérente de la société avec ses repères. A cet égard, il façonne une vision du monde par l'intermédiaire des catégories, des notions, et des critères juridiques, qui n'est pas l'exacte représentation de la réalité[1216]. Le droit remplit une fonction symbolique : « la qualification juridique dépend, en effet rarement de la seule nature objective ou de la destination naturelle des choses ; elle est le produit de la volonté humaine qui, en disant le droit, ne vise pas

[1213] B. Mathieu, « La nécessité de la norme juridique en matière bioéthique » in *Les lois bioéthique à l'épreuve des faits, réalités et perspectives*, B. Feuillet-Le Mintier (sd.), PUF, Droit et Justice, 1999, p. 21.
[1214] M. Vivant, « Sciences et praxis juridique », *D.*, Chr., 1993, p. 109.
[1215] D. Loschak, « Droit, normalité et normalisation », in *Le droit en procès*, CURAPP, 1983, p. 51.
[1216] *Ibid.*

seulement ce qu'il faut faire ou ne pas faire, mais ce que la permission ou l'interdit signifie pour l'ensemble du corps social »[1217].

630. Le droit se réalise à l'aide de catégories juridiques[1218], cadres dans lesquels sont classés selon leurs natures et leurs ressemblances les éléments de l'ordre juridique, et desquels découle le régime juridique applicable. L'opération de qualification permet de rassembler au sein des catégories des cas concrets et de déterminer les règles qui s'y appliquent. Les catégories constituées à partir de regroupements, de ressemblances et de distinctions, traduisent la réalité et la complexité des faits sociaux en droit. Il s'agit d'un procédé intellectuel par lequel le droit saisit et organise le désordre des faits sociaux, en les plaçant sous une qualification claire et des règles déterminées[1219]. Les catégories juridiques sont les éléments de base du système juridique qui assurent l'ordre et la cohérence au sein du système. Elles ne doivent être ni rigides, ni immuables. Il est impensable qu'il n'y en ait pas ou qu'elles ne correspondent pas à des concepts définis, à moins de renoncer à toute méthode dans le raisonnement juridique[1220].

631. Les catégories juridiques sont appelées à s'adapter afin d'appréhender les évolutions et transformations sociales. Il est nécessaire qu'elles les absorbent dans l'ordre juridique, afin d'influer ou d'orienter leur cours. Le nombre des catégories n'est pas limitatif, mais l'établissement de catégories doit éviter un développement excessif ce qui les rendrait inutilisables ou trop restreint, ce qui risquerait de forcer les catégories existantes et de les dénaturer.

632. La tendance actuelle est à l'éclatement des catégories juridiques suite aux évolutions du progrès scientifique. Ces évolutions conduisent à s'interroger sur le statut des éléments et produits issus du corps humain, sur le statut du corps humain, sur le statut des états biologiques antérieurs à la naissance et postérieurs à la mort… Les juristes cherchent à pallier l'impossibilité de classer certaines réalités dans les catégories existantes en créant de nouvelles catégories.

[1217] C. Labrusse-Riou, « L'embryon humain : qualifications juridiques et politique législative », in *RGDM*, La recherche sur l'embryon : qualifications et enjeux, n°spécial, 2000, p. 164.

[1218] F. Terré, *Introduction générale au droit*, Paris, Dalloz, Précis, 5ème éd., 2000, n°364.

[1219] J-L. Bergel, *Méthodologie juridique*, Paris, PUF, Thémis, Droit privé, 2001, p. 112.

[1220] M. Waline, « Empirisme et conceptualisme dans la méthode juridique : faut-il tuer les catégories juridiques ? », in *Mélanges en l'honneur de Jean Dabin, Théorie générale du droit*, t. 1, Paris-Bruxelles, Sirey - Bruylant, 1963, p. 359.

L'établissement de nouvelles catégories est motivé par la volonté de la doctrine d'octroyer à certains éléments un régime juridique plus protecteur. Certains ont proposé l'idée d'une catégorie des « choses d'origine humaine et à finalité humaine », pour maintenir le corps hors du marché, faute de le maintenir hors du commerce[1221].

D'autres ont suggéré de créer une catégorie intermédiaire entre les personnes et les choses, catégorie dénommée centres d'intérêts. Plus un intérêt ou un groupe d'intérêts nécessite d'être protégé, plus il sera utile de l'ériger en patrimoine indépendant à titre de sujet de droit ou de centre d'intérêt[1222]. Cette expression sert à désigner un cas de demi-personnalité, si l'on admet que la qualité de sujet de droit ne peut exister que partiellement par la seule reconnaissance d'un patrimoine indépendant[1223]. C'est l'intérêt à protéger qui motive la reconnaissance d'un sujet de droit ou d'un centre d'intérêt. « La qualité de sujet de droit appartient aux intérêts que les hommes vivant en société reconnaissent suffisamment importants pour les protéger par le procédé technique de la personnalité. Le substratum essentiel est ici l'intérêt protégé »[1224].

633. Le concept de centre d'intérêts a été réemployé récemment pour désigner une catégorie juridique intermédiaire entre les personnes et les choses, cette catégorie est divisée en trois sous-catégories : 1°) les succédanés de la personne morale : la famille, les groupes de société, l'entreprise ; 2°) les ombres des personnes physiques : l'embryon, le mort, l'animal ; 3°) les choses et objets personnalisés : navires et aéronefs. L'objectif de cette qualification consiste à les faire bénéficier d'une protection particulière et entraîner une charge particulière à leur égard[1225]. L'octroi de la personnalité juridique à un arbre ou un animal n'a pas de sens ni aucune effectivité, puisqu'ils ne disposeront d'aucune capacité d'agir juridique ; la notion de centre d'intérêts permet d'entraîner des effets juridiques à leur égard, sans leur octroyer une telle personnalité. L'avantage réside dans la souplesse de la notion. Adaptée

1221 M-A. Hermitte, « Le corps hors du commerce, hors du marché », *op. cit.*

1222 « Il est naturel de considérer un droit comme n'étant en quelque sorte que la dépendance d'un autre et à faire de la chose principale une sorte de centre, je dirais presque de sujet de droit ».

1223 R. Demogue, « Le sujet de droit », *op. cit.*, p. 624.

1224 *Ibid.*, p. 630.

1225 « La plus grande raison d'être des centres d'intérêts offrir une protection renforcée qui dépasse celle des choses sans atteindre celle des personnes ».

aux besoins de la société moderne, elle correspond à l'évolution juridique qui tend vers le flexible et le flou[1226].

L'avènement de cette catégorie prête le flanc à la critique. Il s'agit d'une catégorie fourre-tout, sans homogénéité. Relèvent de cette catégorie tous les inclassables, sans que se dégage une cohérence d'ensemble. Au même titre et au même plan, l'embryon, l'animal, l'entreprise ou le navire figurent dans la catégorie. Or il y a des moyens de les protéger sans les ériger en sujet de droit, ni en centre d'intérêts. Ainsi l'embryon, sans disposer du statut de sujet de droit, fait l'objet d'une protection constitutionnelle. C'est le régime juridique qui dicte la création de cette catégorie plus que les éléments qui la composent, d'où le manque de cohérence des éléments qui y sont répertoriés. Or la détermination des catégories doit être basée sur le caractère commun des objets regroupés. Pour chaque catégorie, il est nécessaire de découvrir les traits communs à toutes les situations qu'elle réunit. « Les critères de similitude entre toutes les entités d'une même catégorie et les critères de disparité entre celles-ci et celles de la catégorie opposée doivent être précisément établis »[1227].

634. Dans les faits, on constate une accentuation du phénomène de catégorisation au travers du concept de bénéfice indirect qui sert d'élément d'identification à de nouvelles catégories. Grâce au concept de bénéfice indirect, on consacre ou on identifie des intérêts catégoriels à la base d'une solidarité catégorielle[1228]. La référence au bénéfice indirect a pour effet d'autonomiser les éléments constitutifs de la catégorie. L'ensemble doit en effet disposer d'un degré d'autonomie suffisant pour pouvoir constituer une catégorie juridique. Le caractère commun qui relie les différents éléments de la catégorie, réside dans l'identification d'un bénéfice qui leur serait propre. A l'opposé des catégories précédemment proposées, qui avaient pour objectif d'instituer un régime plus protecteur du corps humain et de l'être humain, l'établissement de ces nouvelles catégories justifie l'instrumentalisation dont ils peuvent faire l'objet. Par l'intermédiaire de la notion de bénéfice indirect, on institue à l'égard de

---

[1226] G. Farjat, « Entre les personnes et les choses, les centres d'intérêts. Prolégomènes pour une recherche », *RTDC*, 2002, p. 221. La notion de centre d'intérêts est conçue comme une notion de fait, le centre d'intérêt est dépourvu de capacité, d'agir juridique, est un point d'imputation.

[1227] J-L. Bergel, *Méthodologie juridique*, *op. cit.*, p. 114.

[1228] B. Mathieu, « Le projet de loi bioéthique à la veille de son examen en deuxième lecture par l'Assemblée nationale », *LPA*, n°108, mai 2003, p. 7.

certaines catégories d'êtres humains des régimes juridiques moins protecteurs. La recherche sur certains embryons est autorisée parce qu'elle bénéficiera aux embryons en général. La Convention européenne de bioéthique autorise la conduite de recherches sans bénéfice individuel direct sur des personnes incapables de consentir si, à terme, les résultats offrent un bénéfice à la personne concernée, ou à d'autres personnes dans la même catégorie d'âge, ou souffrant de la même maladie, ou présentant les mêmes caractéristiques (art. 17-2). De même, la Déclaration universelle sur le génome humain autorise une recherche, sans bénéfice direct, sur le génome d'un individu incapable de consentir, si cette recherche est effectuée dans l'intérêt de la santé d'autres personnes appartenant au même groupe d'âge, ou se trouvant dans les mêmes conditions génétiques (art. 5 e).

635. Ces cas rappellent que les catégories juridiques sont un terrain de conflit[1229]. Les catégories juridiques n'étant pas neutres, elles ont un sens éthique et une fonction sociale. L'appel à la résistance des catégories juridiques[1230], afin de protéger le corps et l'être humain du pouvoir scientifique, est plus que jamais à réitérer.

2- La personne, en droit civil : une notion inadaptée ?

636. La personne humaine est la figure par excellence des sujets de droit. Cependant la reconnaissance à tout humain de la qualité de sujet de droit résulte de conquêtes laborieuses, celles de l'abolition de l'esclavage et de la disparition de la mort civile. La détermination de la notion de personne, donc du sujet de droit, est néanmoins rendue malaisée en raison de l'évolution du progrès scientifique et médical.

637. Une première ambiguïté doit être levée. La personne au sens juridique du terme est un artefact distinct de la personne physique. Il existe des sujets de droit qui ne sont pas des personnes humaines. Ainsi les personnes morales se voient octroyer la qualité de sujet de droit. Le sujet de droit n'est pas une réalité mais une qualification ; c'est le droit positif qui attribue cette qualité. Originellement, la personne recouvrait un patrimoine et non un être physique. La personne au sens juridique

---

[1229] J-C. Honlet, « Adaptation et résistance de catégories substantielles de droit privé aux sciences de la vie », in *Le droit saisi par la biologie*, C. Labrusse-Riou (sd.), *op. cit.*, p. 233.

[1230] C. Labrusse-Riou, « L'enjeu des qualifications : la survie juridique de la personne », *Droits*, Biologie, personne et droit, n°13, 1991, p. 19.

constitue une notion abstraite qui n'est pas totalement assimilée à la personne physique. C'est pourquoi le corps était absent de la définition de la personne jusqu'aux lois de 1994, qui l'ont fait entrer dans le droit civil[1231]. L'instauration d'un statut du corps humain est liée à l'avènement récent de la personne elle-même, puisque le corps est cette personne. La personne est constituée d'une entité physique et psychique formant un tout indissociable.

638. Si la problématique réside dans le fait que la personne juridique ne se confond pas nécessairement avec la personne humaine, une autre problématique dérive de la difficulté à déterminer la personne humaine elle-même. Les techniques scientifiques et médicales permettent de découper des tranches de vie qui brouillent les seuils de la vie et de la mort, ainsi que la notion de personne. L'individu en coma dépassé, de même que l'embryon humain disposent-ils du statut de personne ? Avec l'avancée scientifique, cette question s'étend désormais aux cellules souches embryonnaires. Les techniques scientifiques et médicales parcellisent le corps humain. Dès lors se pose la question du statut des éléments et produits détachés du corps. Il s'agit d'une question ontologique qui concerne le rapport de la personne avec son corps : unité ou dissociation ? L'embarras du législateur vis-à-vis du statut des éléments isolés du corps humain se traduit par l'absence de qualification explicite. Le sang, les organes, les tissus, les cellules, et le matériel génétique, ne sont rangés dans aucune des deux catégories qui gouvernent le monde juridique : les choses et les personnes. Ils ne sont pas qualifiés. Toutefois, le législateur les protège par des principes.

639. Implicitement, ils relèvent de la catégorie des choses, puisqu'ils font l'objet d'une réification dès qu'ils sont isolés du corps humain. Le matériel génétique relève de la catégorie des choses comme tous les éléments et produits du corps humain, de même que le cadavre[1232]. Le corps en tant que support de la personne est identifié à elle, mais puisque l'évolution scientifique distingue le corps de la personne, le droit se doit d'appréhender le corps. Quant le corps était la personne, il n'y avait pas lieu de s'interroger sur la nature juridique du rapport de la personne avec son corps. « Le corps humain est le substratum de la personne... Il n'est pas déraisonnable de penser que le

---

[1231] Y. Thomas, « Le sujet de droit, la personne et la nature », *Le Débat*, n°100, mai - août 1998, p. 85.

[1232] J-C. Galloux, « De la nature juridique du matériel génétique ou la réification du corps humain et du vivant », *RRJ*, 1989-3, p. 520.

corps humain fait la personne »[1233]. La dissociation du corps de la personne pose désormais la question de la protection juridique de la pré-personne et de la post-personne. S'agissant de l'enfant conçu, certains opèrent une distinction entre l'embryon qui n'est pas encore une personne, et le fœtus qui en est déjà une[1234].

640. Face à la controverse insoluble relative au statut de l'embryon, le législateur et le Conseil constitutionnel n'ont pas pris parti. L'embryon en tant qu'être humain n'est ni une personne juridique telle que l'entend le droit civil, ni une personne humaine telle que la protège le droit pénal[1235].

Sciemment, le législateur n'a « pas voulu définir cet embryon », se tenant à l'écart des querelles biologiques et philosophiques. Il a renvoyé dos à dos ces différents courants de pensée, en écartant la question de la nature de l'embryon, considérant que « la loi n'a pas à qualifier les êtres humains. »[1236]. Mais renoncer à opérer la qualification juridique de l'embryon conduit à livrer le sort des embryons à la puissance biomédicale et à la puissance parentale[1237]. Dès lors, le droit, paralysé par l'absence de définition, ne remplit pas son rôle[1238].

Toutefois, l'absence de statut juridique est contrebalancée par la protection dont est entouré l'embryon.

Le droit interne fait référence, pour désigner l'être avant la naissance, à l'être humain ou à l'embryon, sans distinguer entre embryon, pré-embryon, sans mentionner non plus le fœtus, l'enfant à naître ou la notion de personne[1239]. Le silence sur la personnalité juridique ou non de l'embryon ou du fœtus se constate aussi au niveau européen. Dans la Convention d'Oviedo, dite Convention européenne de bioéthique, l'article 1 évoque distinctement la notion d'être humain et de personne,

---

[1233] J. Carbonnier, *Droit civil, Les personnes*, t. 1, Paris, PUF, Thémis Droit privé, 21ème éd., 2000, p. 19.

[1234] F. Terré, « Génétique et sujet de droit », *APD*, Le sujet de droit, t. 34, 1989, p. 159.

[1235] C. Neirinck, « L'embryon humain : une catégorie juridique à dimension variable ? », *D.*, Chr., 2003, p. 841.

[1236] J-F. Mattéi, Ministre de la Santé, compte rendu analytique officiel de la séance du 28 janv. 2003, discussion générale, http://www.senat.fr/cra/s20030128.

[1237] C. Labrusse-Riou, « Projet parental, projet biomédical : la reconstitution des « droits de puissance » ? », in *RGDM*, n° spécial, *op. cit.*, p. 117.

[1238] C. Neirinck, « L'embryon humain ou la question en apparence sans réponse de la bioéthique », *LPA*, n°29, mars 1998, p. 4.

[1239] J-F. Seuvic, « Paradoxes sur la situation pénale de l'humain avant la naissance et après la mort », in *Bioéthique, les enjeux du progrès scientifique - France, Allemagne -* , F. Furkel, F. Jacquot et H. Jung (sd.), Bruxelles, Bruylant, 2000, p. 163.

mais il faut déplorer l'absence de définition de ces notions. Le rapport explicatif renvoie au droit interne la définition des notions d'être humain et de personne, tout en précisant qu' « il est généralement admis que la dignité de l'être humain et l'identité de l'espèce humaine doivent être respectées dès le commencement de la vie ». Or il y a un paradoxe à affirmer un principe, préciser son interprétation généralement admise, et laisser une marge de manœuvre dans la portée du principe[1240]. La CEDH s'est aussi gardée de définir la personne dans l'arrêt Vo contre France : « il n'est ni souhaitable, ni possible actuellement de répondre dans l'abstrait à la question de savoir si l'enfant à naître est une « personne » au sens de l'article 2 de la Convention » [1241]. En l'absence de consensus européen sur cette question, la Cour estime que « le point de départ du droit à la vie relève de la marge d'appréciation des Etats… ».

Quant à la jurisprudence des juges du fond, elle est partagée à l'égard du statut de l'embryon. En principe, l'enfant conçu est assimilé à une personne née à condition de naître vivant et viable[1242] ; la Cour de Metz a affirmé « qu'il ne peut y avoir d'homicide qu'à l'égard d'un enfant dont le cœur battait à la naissance et qui a respiré ». Mais certaines cours ont retenu le seul critère de viabilité pour qualifier le fœtus de personne humaine. Ainsi la Cour d'appel de Reims a qualifié le fœtus de personne humaine, car il avait franchi le seuil de viabilité[1243]. De même, la Cour d'appel de Douai a retenu l'homicide par imprudence, sans exiger la naissance et la respiration, car le fœtus était âgé de neuf mois[1244]. Enfin la Cour d'appel de Lyon a rompu avec l'exigence de viabilité en retenant l'homicide involontaire à l'encontre d'un fœtus de 20 à 24 semaines[1245].

Dans le silence de la loi, à l'occasion d'une action en responsabilité intentée contre un hôpital suite au réchauffement accidentel d'embryons cryoconservés, le tribunal administratif d'Amiens

[1240] B. Mathieu, « Les droits fondamentaux : les contraintes (?) du droit international et du droit constitutionnel », *RGDM*, n°spécial, *op. cit.*, p. 215.

[1241] CEDH, Vo c. France, 8 juil. 2004, note J. PRADEL, *D.*, J., 2004, p. 2456 ; M. LEVINET, *JCP*, 2004-II, 10158 ; E. SERVERIN, *D.*, Chr., 2004, p. 2801.

[1242] J-M. Roux, « Un sujet toujours en quête de son personnage : l'embryon humain », in *Le droit de la biologie humaine - Vieux débats nouveaux enjeux*, A Sériaux (sd.), Paris, Ellipses, 2000, p. 5.

[1243] CA Reims, 3 fév. 2000, *JCP*, 2000-II, 10406, note G. Fauré ; *D.*, 2000, p. 873, note J-Y. Chevallier.

[1244] CA Douai, 2 juin 1987, *JCP*, 1989-II, 21250, note X. Labbée.

[1245] CA Lyon, 13 mars 1997, *D.*, 1997, p. 557, note E. Serverin, *JCP*, 1997-II, 22955, note G. Fauré.

a estimé que « les ovocytes surnuméraires ne sont pas des personnes ». Dès lors, les époux ne peuvent se prévaloir d'un préjudice moral résultant de la perte d'êtres chers[1246].

641. La référence à l'être humain, à défaut d'employer la notion de personne humaine, caractérise la volonté de distinguer l'être humain de la personne humaine, en ce que cette dernière seule dispose de la personnalité juridique. En droit civil, la personnalité juridique dépend de la naissance en vie et viable. La personnalité juridique s'acquiert ainsi à la naissance, alors que la qualité d'être humain apparaît à la conception.

Dans la mesure où la notion d'être humain est indépendante de la personnalité juridique, il convient de distinguer la vie, qui relève de l'essence de l'être humain, de la viabilité, critère d'octroi de la personnalité juridique[1247]. « L'être humain est humain dès sa conception et non pas seulement dès sa naissance car sa naissance n'apporte rien de spécifique à son humanité »[1248].

642. A défaut de statut juridique, l'embryon est protégé. En droit interne, l'embryon et *a fortiori* le fœtus bénéficient d'une protection au regard du principe du respect de l'être humain dès le commencement de la vie, et au titre du principe de dignité. En droit européen, l'interprétation littérale du texte de la Convention européenne de bioéthique en fait un texte protecteur de l'embryon humain, au nom de la dignité qui lui est reconnue[1249].

643. En France, la jurisprudence constitutionnelle a dégagé des exigences relatives à la protection de l'embryon. Dans la Décision 74-54 DC du 15 janvier 1975, relative à l'avortement, le Conseil constitutionnel a veillé à la conciliation du respect de l'être humain dès le commencement de la vie avec les droits de la mère. De cette décision, il est possible de déduire que l'embryon est un être humain, il bénéficie en tant que tel du respect de l'être humain dès le commencement de la vie.

[1246] TA Amiens, 9 mars 2004, M et Mme T. c. CHU d'Amiens, Cl. B. Boutou, *RFDA*, 2004, p. 786, note S. Hennette-Vauchez, *AJDA*, 2004, p. 1546 ; note X. Labbée, *D.*, J., 2004, p. 1051.

[1247] P. Murat, « Réflexions sur la distinction être humain, personne juridique (à propos d'un arrêt de la cour d'appel de Lyon du 13 mars 1997) », *Droit de la famille*, sept. 1997, p. 4.

[1248] G. Cornu, « L'embryon humain », in *L'art du droit en quête de sagesse*, Paris, PUF, 1998, p. 5.

[1249] B. Mathieu, « Les droits fondamentaux : les contraintes (?) du droit international et du droit constitutionnel », *op. cit.*

Toutefois, il est possible de déroger au respect de ce principe, à condition que la dérogation soit proportionnée entre les droits de l'embryon et les droits de la mère. La loi de 1975 a été déclarée constitutionnelle, car elle pose le principe du respect de l'être humain dès le commencement de la vie, et que l'atteinte au principe n'est justifiée qu'en cas de nécessité et sous certaines conditions.

L'incertitude sur la valeur juridique du principe du respect de la vie dès son commencement est levée dans la Décision 94-343-344 DC du 27 juillet 1994, laquelle reconnaît le droit au respect de l'être humain dès le commencement de sa vie comme un principe législatif concourant au respect du principe de dignité, principe à valeur constitutionnelle et en vertu duquel les embryons sont protégés. Mais certains embryons sont écartés de la protection constitutionnelle. Le Conseil constitutionnel a en effet estimé que le législateur n'a pas entendu appliquer aux embryons *in vitro* le respect de l'être humain dès le commencement de sa vie, tout en soulignant que « le législateur a assorti la conception, l'implantation et la conservation des embryons fécondés *in vitro* de nombreuses garanties... »[1250]. En revanche, si le doute est maintenu concernant l'embryon *in vitro*, l'embryon *in vivo,* est protégé de manière certaine par l'exigence constitutionnelle du respect de la dignité.

La Décision 2001-466 du 27 juin 2001 le confirme. Le Conseil se réfère au principe de sauvegarde de la dignité de la personne humaine dont le respect de l'être humain dès le commencement de la vie, visé à l'article L. 2211-1 du Code de la santé publique, constitue une modalité de mise en œuvre du principe par la loi[1251]. Comme en 1975, il vérifie si l'équilibre établi par la loi entre le respect de l'être humain dès le commencement de la vie et la possibilité pour la femme de mettre fin à sa grossesse, est respecté[1252]. Alors que les requérants invoquaient comme argument le passage de dix à douze semaines, correspondant selon eux à celui où l'embryon accède au stade fœtal, pour considérer que l'équilibre était rompu, le Conseil a esquivé le débat et n'a pas répondu à cette argumentation. Même si cette décision manifeste une grande réserve du Conseil relativement à la protection de l'embryon humain[1253], ce dernier n'en demeure pas moins bénéficiaire du principe de sauvegarde de la dignité de la personne humaine.

[1250] B. Edelman, « Le Conseil constitutionnel et l'embryon », *D*, Chr., 1995, p. 205.

[1251] G. Nicolas, note sous CC 27 juin 2001, *RFDC*, n°47, juil. - sept. 2001, p. 619.

[1252] J-E. Schoettl, note sous CC 27 juin 2001, *LPA*, juil. 2001, n°136, p. 25.

[1253] B. Mathieu, « Une jurisprudence selon Ponce Pilate (constitutionnalité de la loi sur l'interruption volontaire de grossesse et la contraception) », *D*., Chr., 2001, p. 2533.

La réserve du juge constitutionnel ressort aussi de la décision de 2004[1254], relative à la bioéthique, dans laquelle le juge s'est gardé d'examiner la question de la recherche sur l'embryon en exerçant un contrôle limité de la constitutionnalité de la loi. Les parlementaires requérants ne l'ont pas saisi de cette question. Et, il a prudemment évité de s'en saisir d'office.

644. Cette analyse conduit à distinguer les personnes, au sens civil, seules sujet de droit, et l'être humain ou les autres états biologiques avant la naissance et après la mort, qui ne bénéficient que d'un régime de protection en tant qu'objets constitutionnellement protégés, sachant que leur protection est suceptible d'être relativisée en opérant des distinctions au sein d'une même catégorie telle que celle établie entre les embryons *in vitro* et les embryons *in vivo*.

645. Si la référence aux droits fondamentaux nous semble nécessaire, à la fois parce qu'ils sont un facteur d'identification politique, permettent l'harmonisation, fournissent un point de compromis entre droit naturel et droit positif, et semblent être le seul rempart contre les avancées scientifiques et la mondialisation économique en tant qu'ils instituent des limites. Il ne faut pas se méprendre sur leur capacité à protéger l'humain. L'assise internationale, régionale, nationale, des droits fondamentaux, la nature juridique et éthique des droits fondamentaux, la consécration formelle et substantielle des droits fondamentaux, enfin le caractère objectif et subjectif des droits fondamentaux, donnent une idée de l'étendue du panel des droits fondamentaux, qui conduit à se demander si on peut encore les considérer comme l'expression de valeurs communes. A force d'étendre le champ des droits fondamentaux, ils risquent de s'épuiser dans la reconnaissance de droits multiples et contradictoires, qui reflètent plus des désirs individuels ou catégoriels que des valeurs communes. Des doutes sérieux pèsent sur la capacité des droits fondamentaux à dépasser la contradiction des valeurs qu'ils affirment et les différences culturelles.

646. On constate cependant que le système des droits fondamentaux tend à s'imposer aux Etats et à l'ensemble des autorités normatives, ce qui s'inscrit dans une logique plus générale d'affaiblissement de la portée du principe de souveraineté ; la légitimité de la règle étant moins fondée sur l'autorité de celui qui l'édicte que sur sa conformité à une légitimité plus substantielle, celle des droits

[1254] DC 2004-498 du 29 juil. 2004, note J-E. Schoettl, *LPA*, n°164, août 2004, p. 3.

fondamentaux. Mais même si le rapprochement et l'harmonisation des droits fondamentaux opérés grâce au droit international, au droit comparé et aux efforts des juridictions, créent un phénomène de convergence qui pèse sur le droit interne des Etats, la réception des normes internationales et européennes reste tributaire du droit interne. Ainsi la ratification de la Convention d'Oviedo par la France est conditionnée par l'adoption de la loi nationale nouvelle, relative à la révision des lois de bioéthique de 1994. Le gouvernement français a promis d'engager le processus de ratification dès que la loi serait promulguée[1255].

SECTION 2 : LES DROITS FONDAMENTAUX, UN FONDEMENT APPARENT DE LA BIOÉTHIQUE ?

647. La proclamation des droits fondamentaux, et le socle qu'ils constituent en bioéthique, ne préjugent pas de leur efficacité. Ils figurent au fronton des textes relatifs à la bioéthique. Pour autant, leur effet est indépendant de la place qu'ils y occupent. Une fois franchi l'effet d'annonce, la question se pose de savoir si les droits fondamentaux guident réellement les choix effectués en bioéthique. Car concurremment aux droits fondamentaux, d'autres logiques se déploient, souvent masquées derrière ces droits. Dans cette hypothèse, ils servent alors de leurres. En effet d'autres logiques pèsent de manière insidieuse sur les solutions adoptées dans le domaine de la bioéthique, et se substituent aux droits fondamentaux de sorte qu'elles s'imposent comme facteur d'organisation sociale au lieu et place des droits fondamentaux.

648. Il faut prendre conscience de la faiblesse des droits fondamentaux par rapport à ces logiques concurrentes et dominantes, mais aussi de la faiblesse des droits fondamentaux eux-mêmes. Leur efficacité varie dans la mesure où nombre de moyens permettent de relativiser les droits. La relativisation apparaît même comme une condition de viabilité du système, qui a besoin d'une certaine souplesse pour assurer à la fois sa cohérence et son efficacité.

[1255] B. Mathieu, « Le projet de loi bioéthique à la veille de son examen en deuxième lecture par l'Assemblée nationale », *op. cit.*

§1 Les droits fondamentaux concurrencés

649. Si les droits fondamentaux sont placés au premier rang des préoccupations en bioéthique et qu'ils fondent la réflexion dans ce domaine, un regard critique porté à leur encontre doit permettre de rechercher quelle est leur portée réelle, sachant qu'ils doivent faire face à d'autres intérêts. Il s'agit de vérifier s'ils ne servent pas seulement de paravent à la logique économique, scientifique ou utilitariste, et de déterminer quelle est leur place au regard de ces exigences. Ainsi, dans certaines matières fortement marquées par des enjeux économiques comme la brevetabilité, les droits fondamentaux apparaissent au second plan. Ils sont certes pris en compte, mais davantage en tant que principes correcteurs qu'en tant que principes fondateurs du droit des brevets.

650. La logique économique est prégnante dans l'ensemble des domaines de la bioéthique et de la biotechnologie, qui sont des sources de profit considérable. Elles suscitent autant l'intérêt des acteurs économiques privés que des Etats, s'ils veulent être concurrents sur le marché mondial. Le savoir est devenu une marchandise, un bien que l'on achète et que l'on vend. Du reste, il faut compter avec une autre logique à l'œuvre, relevant aussi du phénomène de mondialisation. Il s'agit de la logique scientifique tournée vers l'approfondissement des connaissances et la poursuite du progrès. Enfin, apparaît en filigrane une autre logique non moins importante, la logique utilitariste, qui met en avant la poursuite du bien commun.

A/ La logique économique

651. L'intégration croissante de la science et des marchés explique le fort potentiel économique de la recherche fondamentale. On assiste à la privatisation de la recherche particulièrement intense dans le domaine du génome humain. Nous vivons dans une économie du savoir, où la caractéristique de la croissance économique moderne réside dans l'application systématique de la science à des fins économiques. Le savoir est devenu un produit économique[1256]. Il est passé du statut de valeur au statut de produit.

[1256] A. Arora, A. Fosfuri, A. Gambardella, « Les marchés de technologies dans l'économie du savoir », *RISS*, n°171, mars 2002, p. 129.

L'enjeu financier est si important que la brevetabilité et la santé s'apprécient en termes économiques. Et l'enjeu est tel que l'intérêt économique tend à primer les autres considérations, notamment les droits fondamentaux.

1- L'enjeu financier

652. Le domaine de la santé est gouverné par des impératifs économiques de plus en plus incontournables en raison du développement d'une technologie de pointe très coûteuse, de ressources financières limitées, des enjeux financiers de l'industrie en biotechnologie, et de la mondialisation de l'économie. L'imprégnation de la logique économique dans le secteur de la santé est illustrée par l'enjeu des brevets en biotechnologie et le marché qu'offre le secteur de la santé.

a- La protection de la propriété intellectuelle dans le domaine des biotechnologies

653. La protection des inventions par brevet est devenue un enjeu économique indéniable dans les domaines de l'industrie pharmaceutique, du génome humain, et de l'agriculture.

654. Les produits pharmaceutiques, eu égard à la particularité de ces produits et à leur rôle dans la protection de la santé publique, ont longtemps été exclus de la brevetabilité ou soumis à un régime spécial leur accordant une protection des droits de propriété plus faibles. Or cette spécificité tend à disparaître.

Lors de l'Uruguay Round, organisé en 1994 pour réviser les Accords du GATT, les pays membres ont adopté l'« Accord sur les aspects des droits de propriété intellectuelle qui touchent au commerce »[1257](ADPIC), qui stipule la brevetabilité des produits pharmaceutiques. Il prévoit des exceptions notamment « pour protéger la santé publique ». Mais en pratique, nombre de pays en développement n'ont pas osé utiliser les garde-fous de l'ADPIC par crainte de mesures de rétorsion[1258].

Certains considèrent que cet Accord « bouleverse le droit des brevets : il fait basculer celui-ci comme l'ensemble des droits de

[1257] B. Remiche, H. Desterbecq, « Les brevets pharmaceutiques dans les accords du GATT : l'enjeu ? », *RIDE,* 1996-1, p. 7.

[1258] C. Le Gal, « Droit à la santé et droits de propriété intellectuelle : l'accès aux médicaments dans les pays en développement », *RDSS*, 2005, p. 461.

propriété intellectuelle, dans la réglementation du commerce international »[1259]. L'industrie pharmaceutique a milité pour un renforcement des droits de propriété intellectuelle[1260], afin de rentabiliser ce secteur où le coût de la recherche développement et de la mise sur le marché est un des plus élevés. Les médicaments sous brevet bénéficient d'une position monopolistique, qui permet aux firmes pharmaceutiques de pratiquer des prix surévalués. Toutefois, une déclaration sur l'accord ADPIC et la santé publique a clarifié la question des exceptions aux droits conférés par un brevet. Elle énonce que « l'accord sur les ADPIC n'empêche pas et ne devrait pas empêcher les membres de prendre des mesures pour protéger la santé publique », et en particulier « de promouvoir l'accès de tous aux médicaments »[1261]. L'accord du 30 août 2003 relatif à l'importation de médicaments génériques, permet aux pays qui ne sont pas en mesure de fabriquer des produits pharmaceutiques, d'importer des médicaments brevetés produits dans le cadre de licences obligatoires[1262].

Au nom de la logique du profit, le gouvernement fédéral américain a cédé à la pression du lobby pharmaceutique en renonçant au blocage administratif du prix des médicaments[1263]. L'enjeu financier consiste à conserver la place de l'industrie pharmaceutique américaine au premier rang mondial dans le domaine de la recherche et de la découverte des médicaments. A ce titre, un contrôle des prix aurait constitué une entrave à l'innovation, et compromis leur position dominante en matière de biotechnologie. Or ce domaine est voué à devenir un des plus florissant grâce à la reconnaissance de la brevetabilité du vivant. Selon certains experts, la biotechnologie devrait être à l'origine de la moitié des nouveaux médicaments dans les dix années à venir[1264].

1259 B. Remiche, H. Desterbecq, « Les brevets pharmaceutiques dans les accords du GATT : l'enjeu ? », *op. cit.*, p. 62.

1260 *Ibid.*, p. 19.

1261 4ème conférence ministérielle de l'OMC, Doha, 9-14 nov. 2001, http://www.wto.org.

1262 M-C. Chemtob-Concé, « Accès aux médicaments essentiels des pays en développement et respect du droit des brevets : un changement de position en faveur du droit à la santé », *GP*, 22-23 déc. 2004, p. 2.

1263 Les prix sont fixés par les lois du marché ; par conséquent, les prix ont augmenté de 152% sur une période de 10 ans alors que proportionnellement le taux d'inflation n'a progressé que de 58 %.

1264 Intervention de Mr Lerat à la table ronde : Les perspectives d'avenir, in *Les inventions biotechnologiques. Protection et exploitation*, Paris, Litec, 1999, p. 91.

655. Ces considérations financières et commerciales sont transposables au génome humain. Bien que le discours scientifique destiné au public ait prôné dans un premier temps l'accès libre aux connaissances, car le génome humain « est la propriété de tout le genre humain et que c'est une information qui doit, bien entendu, être partagée dans une optique universelle »[1265], la valeur commerciale l'a emporté. « Avec le temps, on s'habitua à l'idée de breveter des gènes humains. »[1266]. De même, sur le plan juridique, les textes opèrent « un dédoublement de la nature des gènes d'un individu »[1267], en consacrant le principe de protection et de non appropriation du génome humain, tout en autorisant la brevetabilité d'un gène isolé donc dissocié du corps humain, pour satisfaire aux intérêts financiers attachés à la recherche sur le génome humain.

La réticence de l'Union Européenne à reconnaître ce type de brevet a plié sous la pression économique. Pour être concurrente sur ce marché, l'Europe s'est alignée sur la politique de commercialisation de la matière biologique.

Le brevet constitue la manifestation la plus flagrante de l'appropriation privative de la recherche génomique. Certaines phases préalables à la brevetabilité sont aussi devenues des marchandises. Ainsi, l'accès aux données médicales et génétiques des populations est devenu un bien. Les données font l'objet de contrats d'accès exclusif aux ressources génétiques et médicales des populations. Le Parlement islandais a adopté une loi autorisant la concession d'une base de données médicales nationale à un acteur privé Decode Genetics. A la suite de l'adoption de cette loi, l'entreprise a vu sa capitalisation boursière multipliée par quatre. Cette société va se servir de la base de donnée sur la population islandaise pour isoler des gènes pathogènes. Par le biais d'un contrat passé avec un laboratoire pharmaceutique, la société lui fournira les informations chargées de concevoir de nouveaux médicaments et outils de diagnostics. En échange du paiement d'un droit d'accès, la société privée a acquis un droit exclusif pour l'exploitation de ces collections[1268].

[1265] Cité par M-A. Hermitte, in « Le projet génome humain : liberté de la recherche et démarche démocratique », *RIDE*, 1993-1, p. 34.
[1266] M-A. Hermitte, *ibid.*, p. 35.
[1267] B. Mathieu, *Génome humain et droits fondamentaux, op. cit.*, p. 36.
[1268] M. Cassier, « Bien privé, bien collectif et bien public à l'âge de la génomique », *RISS*, n°171, mars 2002, p. 95.

b- Le marché de la santé

656. L'interaction entre l'économie et la santé implique des choix politiques : soit les soins sont envisagés comme un bien social dont le marché doit être régulé par les pouvoirs publics, soit les soins sont considérés comme un produit économique, et ils constituent alors un marché comme les autres relevant de la libre entreprise.

L'application de l'analyse économique dans le domaine de la santé peut aboutir à des conclusions dangereuses. Un éminent économiste américain a critiqué la réglementation de 1962 renforçant les conditions de mise sur le marché des médicaments, au motif qu'elle engendrait une baisse du taux d'innovation et une baisse du taux de rentabilité de la recherche et du développement, dues au retard de la commercialisation des produits et à une hausse des coûts de production[1269]. Il préconise de favoriser en priorité un mode de commercialisation plus rapide des nouveaux médicaments, au détriment de la prévention de leurs risques de toxicité.

Cette théorie montre qu'il y a des cas où la logique industrielle, commerciale, et financière, tend à mettre en cause le noyau dur des droits fondamentaux, et que dans ces hypothèses, une hiérarchisation des priorités s'impose. Il faut se garder cependant de diaboliser l'économie en général alors même qu'une industrie prospère est la condition du progrès thérapeutique. Le niveau d'innovation et la création de nouveaux médicaments, notamment de biotechnologie, sont liés à l'économie[1270]. La production de connaissances nouvelles va de pair avec l'accroissement des investissements dans le domaine de la recherche.

657. Le marché américain de la santé est le plus concurrentiel parmi les pays industrialisés pour une raison idéologique : l'intervention de l'Etat y est perçue comme une entrave à la liberté individuelle et à la liberté de choix de l'individu[1271]. L'application des mécanismes du marché passe par la mise en concurrence des hôpitaux et la mise en concurrence des offreurs et des assureurs[1272].

[1269] P. J. Feldstein, *Analyse économique de la santé, Health care economics,* Paris, Ed. Seillans, coll. Politiques et Technologies, 1992, p. 428.

[1270] E. Barral, « Problématiques économiques et juridiques des médicaments de biotechnologie », in *Santé et systémique,* vol. 5, n°1-2, 2001, p. 43.

[1271] O. Frayssé (sd.), *La crise du système de santé aux Etats-Unis*, La doc. fr., coll. Problèmes politiques et sociaux, n°744, 1995.

[1272] M. Mougeot, *Systèmes de santé et concurrence*, Paris, Economica, 1994, p. 149 et sv.

Le système de soins est dominé par les assurances maladies privées, puisque seulement deux assurances maladies publiques : Medicare et Medicaid couvrent les soins pour certaines catégories de personnes[1273]. La logique du profit conduit à une politique discriminatoire des compagnies d'assurances. Elles sélectionnent leurs clients, refusent d'assurer les personnes à risque, et les tarifs des primes d'assurance varient en fonction des risques. De plus, les assureurs privés ont crée leurs propres réseaux de soins[1274], « les réseaux de soins coordonnés », qui les placent au rang de producteurs de soins, et menacent l'existence de la médecine libérale. Le système institué par les assureurs privés viole les principes de la Charte médicale destinés à protéger le colloque singulier entre le médecin et son patient. Parmi ces principes, figurent le secret médical, le libre choix du médecin par le malade, et la liberté de prescription[1275]. Une pratique courante oblige le médecin, avant qu'il détermine le traitement du patient, à consulter leurs « inspecteurs à l'usage des soins », dont le rôle consiste à veiller aux intérêts de l'assureur en tentant de limiter les soins et d'en réduire les coûts. Le tiers payeur, en même temps producteur de soins, maîtrise ainsi la relation médecin - patient. Mais cette politique de santé commence à soulever le mécontentement des médecins et des patients, confrontés à des refus de soins et à une hausse des tarifs médicaux[1276].

658. Dans ce contexte, on comprend l'enjeu des tests génétiques dans le domaine de l'assurance. Le recours aux tests soulève des problèmes non seulement au regard de la relation contractuelle assuré - assureur, mais aussi au regard des fonctions sociales de l'assurance[1277]. Pour l'instant, le recours aux tests n'est pas à l'ordre du jour puisque dans de nombreux pays les assureurs ont adopté un moratoire[1278]. Cependant, il ne s'agit pas d'une question spéculative ; le Royaume-Uni autorise les assureurs à accéder aux informations génétiques. Ces derniers peuvent les demander à un candidat, s'il a été préalablement

---

1273 E. Chamorand, *Le système de santé américain. Poids du passé et perspectives*, Paris, La doc. fr., coll. Notes et études documentaires, 1996-5, n°5030, p. 39.

1274 *Ibid.*, p. 62 et sv.

1275 Ces trois principes sont introduits dans le Code de la sécurité sociale français au titre de « principes déontologiques fondamentaux » Art. L. 162-2.

1276 P. de Beer, « Médecins et patients américains dénoncent la « médecine de marché » », *Le Monde*, 26 nov. 1999.

1277 G. Martin, « Tests génétiques et assurances », *RIDE*, 1993-1, p. 53.

1278 F. Ewald, « Génétique et assurance », *Revue générale du droit des assurances*, 1999-3, p. 539.

soumis à un test génétique, et à condition que le test soit « relevant » pour l'assurance. Le caractère pertinent du lien entre le test et le risque doit être apprécié par une commission indépendante[1279].

Le risque encouru par les assurés réside dans l'utilisation des tests génétiques à des fins commerciales, si les assureurs exigeaient que l'assuré se soumette à un test génétique avant la conclusion du contrat, ce qui serait conforme à la technique assurantielle. En effet, celle-ci tend à segmenter la clientèle en fonction des risques et les tests facilitent leur identification, ce qui pourrait conduire à des discriminations ou à des exclusions dans le secteur de l'assurance. D'autre part, une telle utilisation des tests génétiques opérerait une mutation du fondement de l'assurance, basée sur un système solidaire, mutualiste et une couverture individuelle du risque. L'application d'une logique exclusivement concurrentielle dans le domaine de l'assurance présente des dangers sur le plan éthique. Comme le relève le Professeur Martin, elle aboutit à faire de l'individu une marchandise « puisque chaque élément de son identité biologique et génétique est peu à peu directement traduit en termes monétaires »[1280], et, citant F. Ewald, « le risque transforme tout ce qu'il appréhende en équivalent financier »[1281].

2- Les droits fondamentaux tributaires de la logique économique

659. Dans certaines hypothèses, les rapports entre droits fondamentaux et économie penchent en faveur de la logique économique. Les droits fondamentaux interviennent alors à titre subsidiaire.

a- Les droits fondamentaux dépendants des enjeux économiques

660. Dans la Directive européenne relative à la protection juridique des inventions biotechnologiques, les considérations économiques priment les considérations des droits de l'homme[1282]. A la lecture des considérants qui précèdent le corps de la Directive, on s'aperçoit de la modeste place réservée aux droits de l'homme. En l'espèce, ils n'apparaissent pas fondateurs, mais seulement correcteurs du droit de la brevetabilité. Les premiers considérants sont consacrés à

[1279] *Ibid.*

[1280] G. Martin, «Tests génétiques et assurances », *op. cit.*, p. 59.

[1281] *Ibid.*

[1282] S. Marcus-Helmons, « Quelques aspects éthiques relatifs à la protection juridique des inventions biotechnologiques », *RTDH*, n°spécial, *op. cit.*, p. 537.

l'importance de la biotechnologie et du génie génétique pour le développement de l'activité industrielle de la Communauté, et à l'importance des échanges commerciaux, ce n'est qu'en seizième position que référence est faite à la dignité et à l'intégrité de l'homme. « Le droit des brevets doit s'exercer dans le respect des principes fondamentaux garantissant la dignité et l'intégrité de l'homme ». A ce titre, l'Europe exclut de la brevetabilité « les inventions dont l'exploitation commerciale serait contraire à l'ordre public ou aux bonnes mœurs »[1283]. En vertu de cette interdiction, l'article 6 de la Directive relative à la protection juridique des inventions biotechnologiques fournit des exemples d'inventions non brevetables : les procédés de clonage humain, ou de modification de la lignée germinale de l'être humain… En outre, la prise en compte des droits de l'homme se manifeste par l'obligation faite à la Commission de remettre un rapport tous les cinq ans, évaluant si la Directive « a soulevé des problèmes au regard des accords internationaux sur la protection des droits de l'homme ».

Malgré cette prise en compte somme toute subsidiaire des droits fondamentaux, la CJCE a jugé que la Directive ne méconnaît pas les droits fondamentaux[1284], en considérant que la brevetabilité de la matière vivante d'origine humaine ne porte pas atteinte à la dignité[1285]. D'autre part, la Cour a refusé d'examiner la question du consentement, moyen « inopérant à l'encontre d'une Directive qui porte seulement sur la délivrance des brevets et dont le champ d'application ne s'étend pas par conséquent aux opérations antérieures et postérieures à cette délivrance ».

661. La logique économique retenue par l'Union européenne ne saurait étonner, même si les droits fondamentaux sont une préoccupation

---

1283 Directive 98/44/CE du Parlement européen et du Conseil du 6 juillet 1998.

1284 Un Etat, les Pays-Bas, a intenté un recours en annulation de la directive, soutenu ensuite par l'Italie et la Norvège. Parmi les moyens de la requête, était invoquée comme motif d'annulation, la violation des droits fondamentaux dans la mesure où la brevetabilité d'éléments isolés du corps humain conduirait à une instrumentalisation de la matière vivante attentatoire à la dignité de l'être humain.

1285 CJCE, 9 oct. 2001, C-377/98, http://www.curia.eu.int/jurisp. La Cour a estimé que le respect de la dignité est assuré par article 5-1 qui précise que « Le corps humain aux différents stades de sa constitution et de son développement, ainsi que la simple découverte d'un de ses éléments, y compris la séquence ou la séquence partielle d'un gène, ne peuvent constituer des inventions brevetables », que l'article 5-2 n'est pas une dérogation à l'article 5-1 car les éléments isolés du corps humain ne sont pas eux-mêmes brevetables.

croissante au sein de l'Union. L'intégration de la biomédecine et des biotechnologies en droit communautaire s'est opérée par le biais des libertés économiques, par les notions de marchandises et de services[1286]. Ainsi, sont entrés dans le champ communautaire en qualité de marchandises, les médicaments, les organismes génétiquement modifiés et les inventions biotechnologiques, auxquels il est toutefois reconnu un traitement spécifique. Au rang des services, on trouve l'activité médicale, en particulier l'interruption de grossesse[1287]. Les gamètes et les embryons ne peuvent être assimilés à des marchandises, mais l'activité de PMA est une activité de service[1288]. Par ailleurs, la Cour a jugé que la directive relative à la responsabilité du fait des produits défectueux doit être interprétée, en ce sens qu'un produit défectueux est mis en circulation, lorsqu'il est utilisé à l'occasion d'une prestation de service concrète, de nature médicale, consistant à préparer un organe humain en vue de sa transplantation et lorsque le dommage causé à celui-ci est consécutif à cette préparation[1289].

Il n'est pas en soi anormal que la Directive relative à la brevetabilité ne soit pas fondée sur les droits fondamentaux. La directive se présente « uniquement comme un texte relevant du droit commercial destiné à faciliter l'exploitation industrielle des avancées de la science dans le domaine du vivant »[1290]. Les droits fondamentaux ne sont pas le seul ancrage de tout texte juridique. Le problème réside dans le fait que cette directive, en se référant au vivant, crée une situation dans laquelle l'homme est en quelque sorte banalisé, malgré quelques dispositions spécifiques qui font l'objet de correctif en référence aux droits fondamentaux.

662. Les pays anglo-saxons imprégnés d'une logique économique libérale interdisent le financement de certaines recherches sur fonds publics. Dès lors, les recherches ne sont pas interdites au moyen, ni au nom des droits fondamentaux, mais par l'absence de financement, ce qui engendre une distinction entre le secteur public où la recherche est interdite, et le secteur privé où la recherche reste libre.

1286 J-S. Bergé, « Droit communautaire, biomédecine et biotechnologies : entre concordance et antinomie », *RDTEur*, 2002-4, p. 627.

1287 CJCE, 4 oct. 1991, C-159/90, rec. p. I-4685.

1288 CJCE, 10 mai 2001, C-203/99, rec. p. I-3569.

1289 *Ibid.*

1290 J-C. Galloux, « Les dispositions de la loi du 6 août 2004 relatives aux inventions biotechnologiques », *RDSS*, 2005, p. 209.

Depuis 1995, le Congrès américain adopte chaque année une disposition du projet de loi de finances qui interdit le financement public de la recherche sur l'embryon. Mais la recherche peut être menée dans le secteur privé. C'est pourquoi depuis 1999 la direction des NIH, organismes fédéraux de la recherche médicale, a accepté de financer les recherches visant à utiliser les cellules d'embryons humains à des fins thérapeutiques. En effet, ces cellules pluripotentes ne peuvent se développer en embryon. Elles ne sauraient être assimilées à des embryons. Elles ne tombent pas, par conséquent, sous le coup de la législation interdisant le financement public de toute recherche impliquant des embryons humains[1291]. Le Congrès a finalement adopté le 25 mai 2005 une loi permettant l'octroi de crédits publics à la recherche sur les cellules souches embryonnaires[1292].

b- Le droit à la santé limité par des exigences économiques

663. Le contenu du droit à la santé est particulièrement indéterminé. C'est pourquoi ce droit est qualifié de droit protéiforme, de kaléidoscope de droit[1293]. L'OMS définit la santé comme suit : « la possession du meilleur état de santé qu'il est capable d'atteindre constitue l'un des droits fondamentaux de tout être humain, quelles que soient sa race, sa religion, ses opinions politiques, sa conduite économique ». L'article 25-1 de la DUDH énonce que « toute personne a droit à un niveau de vie suffisant pour assurer sa santé ». L'article 12-1 du Pacte relatif aux droits sociaux économiques et culturels proclame que « toute personne a droit de jouir du meilleur état de santé physique et mental qu'elle est capable d'atteindre ». Le droit à la santé comprend à la fois un aspect individuel concernant l'accès et l'égalité aux soins et un aspect collectif sous l'angle de la santé publique[1294]. Le contenu du droit est principalement associé au droit aux soins[1295]. Ce droit est tantôt rangé

[1291] P. Fraisseix, « La protection de la dignité de la personne et de l'espèce humaines dans le domaine de la biomédecine : l'exemple de la Convention d'Oviedo », *RIDC,* 2000-2, p. 371.

[1292] G. Faure, *Le Figaro*, 26/05/2005.

[1293] M. Bélanger, « Origine et histoire du concept de santé en tant que droit de la personne », *JIB,* vol. 9, n°3, 1998, p. 57.

[1294] V. Saint-James, « Le droit à la santé dans la jurisprudence du Conseil constitutionnel », *RDP*, 1997, p. 457.

[1295] M. Bélanger, « Origine et histoire du concept de santé en tant que droit de la personne », *op. cit.*

parmi les droits dits de deuxième génération en tant que droit-créance, tantôt rangé parmi les droits de troisième génération en tant que droit de solidarité[1296].

664. En droit international, le droit à la santé est un droit-cible, dans la mesure où il constitue un droit déclaratoire. A ce titre, il n'emporte que des objectifs. En droit national, on note une réticence à le reconnaître en tant que droit subjectif en raison de son caractère contingent, dépendant de la situation économique et des ressources disponibles. C'est pourquoi il est un droit créance, qui impose une simple obligation de moyens[1297]. Le plus souvent, le droit à la santé n'est pas considéré comme un droit subjectif, mais comme une obligation pesant sur l'Etat[1298]. Toutefois, il peut prendre la forme d'un droit subjectif en tant que prolongement d'un droit consubstantiel à l'homme tel que la dignité, l'égalité, la liberté, et le droit à la vie[1299]. En ce sens, la CEDH impose, dans le cadre de l'article 3 interdisant les traitements inhumains et dégradants, de protéger la santé des personnes privées de liberté, et de fournir des soins médicaux appropriés. Un maintien en détention inconciliable avec l'état de santé du détenu peut être jugé incompatible avec l'article 3[1300].

665. La Cour constitutionnelle allemande a énoncé que le patient n'a pas « sur le plan constitutionnel de droit à obtenir des services sanitaires servant à soigner ou en tout cas à éviter une aggravation de sa maladie ». La Cour constitutionnelle d'Afrique du Sud a affirmé que le droit à la vie ne donne pas un droit d'accès aux soins, en raison de la nécessité de concilier le droit aux soins et la répartition de ressources

---

[1296] M. Bedjaoui, « Le droit à la santé, espoirs, réalités, illusions », *JIB*, vol. 9, n°3, 1998, p. 33.

[1297] J-L. Baudouin, « Quelques réflexions sur la reconnaissance du droit à la santé dans les systèmes internationaux et régionaux des droits de la personne », *JIB*, vol. 9, n°3, 1998, p. 69.

[1298] B. Mathieu, « La protection du droit à la santé par le juge constitutionnel. A propos et à partir de la décision de la Cour constitutionnelle italienne du 20 mai 1998 », *Les Cahiers du Conseil constitutionnel*, n°6, 1999, p. 59.

[1299] F. Tulkens, « Le droit à la vie et le champ des obligations des Etats dans la jurisprudence récente de la Cour européenne des droits de l'homme », in *Mélanges en hommage au Doyen G. Cohen-Jonathan, Libertés, Justice, Tolérance*, vol. II, Bruxelles, Bruylant, 2004, p. 1613.

[1300] CEDH, 14 nov. 2002, Mouisel c. France, Droit de la Convention européenne des droits de l'homme, Chr. F. Sudre, *JCP*, 2003-I, 109, note H. Moutouh, *D.*, J., 2003, p. 303.

limitées[1301]. En France, le droit à la protection de la santé est considéré comme un objectif de valeur constitutionnelle[1302]. En tant que tel, le droit à la santé est susceptible de limiter l'exercice d'autres droits[1303], mais il n'est pas reconnu sous la forme d'un droit subjectif.

Le système de distribution de soins implique des limites à l'exercice des droits fondamentaux, notamment du droit à la santé, puisque l'accès de certaines personnes à certains soins est interdit ou restreint[1304].

666. La gestion des ressources limitées est du reste susceptible d'entraîner un néo-eugénisme économique[1305], lorsque pour éviter des charges supplémentaires, l'Etat encourage l'accès au dépistage dans une perspective économique. On assiste à l'adoption de lois d'Etat aux Etats-Unis relatives à la contraception de longue durée chez les femmes allocataires de l'aide publique[1306].

B/ La logique utilitariste

667. La logique utilitariste dérivée de la philosophie de Bentham trouve naturellement sa place en bioéthique, puisqu'elle s'inscrit dans la quête du plus grand bonheur pour le plus grand nombre. Cette logique particulièrement familière à la culture anglo-saxonne se présente comme conséquentialiste, c'est-à-dire plus attachée aux fins qu'aux moyens d'y parvenir. C'est pourquoi la logique utilitariste pose problème au regard des droits fondamentaux, fondés sur une approche essentiellement déontologique.

L'utilitarisme guide les choix en bioéthique plus souvent qu'il n'y paraît, car sa présence apparaît souvent en filigrane. L'utilité n'est pas en

---

[1301] DC du 26 nov. 1997, citée par N. Lenoir, in « Eléments de réflexions sur le droit comparé… », *op. cit.*, p. 383.

[1302] C. Byk, « La place du droit à la santé au regard du droit constitutionnel », *GP,* 25-27 nov. 2001, p. 3.

[1303] V. Saint-James, « Le droit à la santé dans la jurisprudence du Conseil constitutionnel », *op. cit.*

[1304] P. A. Molinari, « La prestation des soins de santé et le respect des droits fondamentaux : esquisse d'une problématique », *Etudes offertes à Jean-Marie Auby,* Paris, Dalloz, 1992, p. 771.

[1305] W. Henn, « Au seuil d'un néo-eugénisme économique ? », in *Bioéthique, les enjeux du progrès scientifique - France, Allemagne -* , *op. cit.*, p. 41.

[1306] C. Bachelard-Jobard, *L'eugénisme, la science et le droit*, Paris, PUF, Partage du savoir, 2001, p. 195.

soi un objectif affiché. Elle transparaît à travers d'autres notions. La logique utilitariste est ainsi susceptible de relativiser les droits fondamentaux en mettant en avant le bénéfice escompté d'une action au détriment du respect de certaines valeurs.

1- Bioéthique et utilitarisme

668. En bioéthique, deux courants philosophiques s'affrontent, ceux qui apprécient la moralité d'une action au regard de ses conséquences, courant utilitariste et ceux qui l'apprécient au regard du respect de certains principes, courant déontologique.

Deux types d'approche des problèmes sont traditionnellement opposés : l'approche déontologique en vertu de laquelle les actions sont conditionnées par nos devoirs et nos principes, l'approche utilitaire ou téléologique qui évaluent les actions humaines en fonction des fins ou des conséquences poursuivies.

669. Le principe d'utilité est celui du plus grand bonheur, pour le plus grand nombre. L'action est jugée bonne si elle tend à augmenter le bonheur, mauvaise si elle tend à son contraire. Le bonheur est une notion vague, qui renvoie à d'autres notions indéfinissables, à l'idée de bénéfice, d'avantage, de plaisir, de bien, et à l'absence de douleur.

La pensée utilitariste est pragmatique et cherche à élaborer des décisions rationnelles. Après avoir envisagé les différentes options possibles, le calcul de l'utilité générale qui en résultera pour les individus, permettra de choisir l'option qui présente le plus d'utilité. Elle consiste à appliquer le paradigme économique, à savoir le calcul coût - bénéfice. C'est sans compter l'aporie de cette pensée, puisqu'il est impossible de réaliser un bonheur à la fois le plus grand possible et celui du plus grand nombre. Soit on réduit la part de bonheur de chacun pour en faire profiter le plus grand nombre, soit on maximise le bonheur de quelques-uns au détriment des autres.

670. Lorsque le clonage est présenté comme une méthode susceptible de résoudre la rareté des organes pour les greffes, ou lorsque l'on présente la nécessité d'expérimenter sur les embryons humains dans l'objectif de remédier à certains maux et pour le bien de l'humanité, ces discours se situent dans une perspective utilitariste au risque de nier la primauté de l'individu sur le groupe ou la société.

2- Modes d'expression et dangers de l'utilitarisme

671. Etant donné que l'utilitarisme apparaît en filigrane, il convient de rechercher comment il se traduit en bioéthique, afin d'apprécier la manière dont il s'articule avec les droits fondamentaux.

a- La qualité de la vie

672. Dans le cadre de la décision médicale, le calcul quantité - qualité de vie correspond à la conception utilitariste de la morale du bien ou du bonheur, alors que ce type d'argument est rejeté par la morale déontologique fondée, sur le caractère sacré de la vie humaine qui exclut le calcul ou l'idée d'une évaluation de la vie[1307].

Il pèse une suspicion sur la possibilité de mesurer la qualité de vie qui revêt une dimension à la fois physique, psychique et sociale, et laisse part à une appréciation subjective. Le bonheur est défini en termes de plaisir ou d'absence de souffrance. L'émergence de la notion de QALY en médecine (quality adjusted life years) prend en compte la durée de vie gagnée pondérée par la qualité. Il y a une pondération du gain en survie par une appréciation subjective quantifiée de la qualité de cette survie[1308]. En tant qu'instrument de mesure pour apprécier l'impact d'une thérapie sur la qualité de vie du patient obtenu grâce au traitement, la méthode des QALY's permet non seulement d'apprécier si une activité médicale est bénéfique[1309], mais aussi si elle est rentable, ce qui présente un risque au niveau de la répartition des ressources. Les traitements salvateurs seront alloués à ceux qui auront une espérance de vie plus longue, ou à celui qui aura une meilleure qualité de vie, ce qui engendre un risque de discrimination envers les plus faibles[1310].

[1307] A. Fagot-Largeault, « Réflexions sur la notion de qualité de la vie », *APD*, Droit et science, t. 36, 1991, p. 135.

[1308] B. Kanovitch, « De la mesure et de l'utilitarisme », in *Cancer, SIDA. La qualité de vie*, C. Jasmin, Jay A. Levy, G. Bez (sd.), Le Plessis-Robinson, Synthélabo, coll. Les empêcheurs de penser en rond, 1996, p. 181.

[1309] G. Hottois, M-H. Parizeau (sd.), *Les mots de la bioéthique, op. cit.*, V° Qualité de la vie. Méthode de qalys : on demande aux personnes atteintes d'une affection médicale donnée d'estimer le risque de décès qu'ils accepteraient d'encourir à l'occasion d'un traitement chirurgical pour recouvrer un état de santé normal. Plus le sujet est prêt à prendre un risque opératoire plus il estime mauvaise la qualité de vie. Ou, les sujets doivent choisir entre rester dans un état de santé morbide particulier jusqu'à leur mort ou recouvrer un état de santé normal mais avec une espérance de vie réduite.

[1310] G. Durand, *Introduction générale à la bioéthique*, *op. cit.*, p. 207.

673. Le rationnement des soins de santé destiné à éviter le gaspillage de ressources rares s'appuie sur le calcul d'utilité et le calcul quantité - qualité de vie. En fonction de ce calcul, le gouvernement en Grande-Bretagne a fixé une limite d'âge pour l'accès à la dialyse rénale. Offrir aux frais de la collectivité une dialyse aux personnes âgées de plus de 65 ans a été considéré comme un gaspillage, contraire à une allocation efficiente des ressources.

674. Entre le caractère sacré de la vie et la qualité de la vie, s'oppose le respect absolu, égal et inconditionnel, dû objectivement à toute vie humaine, et l'appréciation subjective, relative, et dépendante, d'une comparaison d'une vie avec une autre.

Dans le milieu médical, la prise en compte de la qualité de vie peut être appréhendée de deux manières différentes : soit dans un objectif de limitation et d'élimination, en opérant une comparaison entre vies individuelles, soit au regard du patient seulement, en comparant ses qualités et conditions actuelles de vie à celles qu'il juge acceptables ou souhaitables[1311]. Quoi qu'il en soit, l'appréciation de la qualité de la vie implique qu'une vie vaut ou pas la peine d'être vécue. Elle introduit des discriminations, et son appréciation subjective n'est pas sans danger. Elle pourrait être abandonnée aux seuls professionnels de santé[1312], alors que la qualité de la vie ne peut être appréciée que par la personne elle-même.

675. Mais la logique de la qualité de la vie s'affirme au sein des sociétés. Le diagnostic préimplantatoire, le diagnostic prénatal, et l'interruption médicale de grossesse procèdent d'une démarche individuelle eugénique, qui s'inscrit dans une logique, celle de favoriser la qualité biologique de la vie. « La politique de la qualité de la vie humaine est une réalité banale et depuis longtemps acceptée par nos sociétés. »[1313]. L'extension de la médecine à tous les niveaux de notre existence a produit une obsession de la normalité. La référence à la médecine est sans limite dans l'appréciation des comportements d'une personne, des manières d'être du groupe ou d'une population[1314]. La médecine devient la discipline du normal et du pathologique.

1311 *Ibid.*, p. 203.

1312 G. Hottois, M-H. Parizeau (sd.), *Les mots de la bioéthique, op. cit.*

1313 O. Cayla et Y. Thomas., *Du droit de ne pas naître, à propos de l'affaire Perruche*, Paris, Gallimard, 2002, p. 116.

1314 G. Le Blanc, « L'invention de la normalité », *Esprit*, mai 2002, p. 145.

L'appréhension de la normalité a évolué. Conçue comme exclusivement individuelle[1315], elle fait désormais l'objet d'une appréciation globale. La médecine prédictive a favorisé ce passage de l'individuel au collectif[1316]. Au nom de la normalité, certains revendiquent un droit fondamental à la liberté eugénique afin d'améliorer le patrimoine génétique de leurs enfants. C'est pourquoi il y a lieu de craindre la perspective d'un élevage humain[1317].

b- La solidarité : socialité versus individualité

676. La logique utilitariste favorise le collectif au détriment de l'individu. En poursuivant comme objectif la maximisation globale du bonheur, elle risque de sacrifier le bonheur et l'existence même de certains individus. « La théorie utilitariste est gênée par la possibilité de monstres d'utilité qui, dans le domaine de l'utilité, retirent du sacrifice des autres des bénéfices plus importants que la perte de ces derniers »[1318]. Elle avalise une logique sacrificielle pour un plus grand bonheur collectif[1319].

Dans cette optique, on trouve l'argumentation selon laquelle l'expérimentation a une fin morale, car le progrès du savoir profitera aux hommes, d'où l'expression « l'expérimentation médicale est moralement nécessaire et nécessairement immorale »[1320].

677. C'est la logique de solidarité qui justifie aussi le prélèvement d'organes. L'argument repose sur l'amélioration de la survie des patients. Le besoin des receveurs est mis en avant. En raison de la rareté des donneurs, il y a un déséquilibre entre l'offre et la demande. L'application de cette logique pousse à l'élargissement des prélèvements sur donneurs vivants, ce qui permet d'une part d'atténuer la pénurie et de

---

1315 « La frontière entre le normal et le pathologique est imprécise pour les individus multiples considérés simultanément, mais elle est parfaitement précise pour un seul et même individu, considéré successivement ».

1316 C. Bachelard-Jobard, *L'eugénisme, la science et le droit, op. cit.*, p. 170 et sv.

1317 J. Habermas, *L'avenir de la nature humaine. Vers un eugénisme libéral ?,* Paris, Gallimard, Nrf Essais, 2002, p. 108 et sv.

1318 Cité par G. Tusseau, « Jeremy Bentham et les droits de l'homme : un réexamen », *RTDH*, n°50, 2002, p. 407, note 3.

1319 G. Tusseau, « Jeremy Bentham et les droits de l'homme : un réexamen », *RTDH*, n°50, 2002, p. 407.

1320 D. Foldscheid, « Quelques grains de sel philosophiques », in *Les lois "bioéthique" à l'épreuve des faits*, B. Feuillet-Le Mintier (sd.), Paris, PUF, Droit et justice, 1999, p. 273.

l'autre offre une meilleure chance de survie des greffons. Le CCNE a adopté cette position utilitariste en considérant qu' « il importe de faire en sorte par un élargissement contrôlé des catégories de donneurs d'améliorer le sort des receveurs potentiels et d'en réduire le nombre sur la liste d'attente, étant rappelé au surplus que l'organe d'un donneur vivant est statistiquement de meilleur pronostic que celui d'un donneur décédé »[1321].

Qu'il s'agisse du prélèvement d'organes ou de l'expérimentation médicale, la logique sous-jacente consiste à favoriser l'utilisation du corps pour le bien de l'humanité par la collectivisation des impératifs de santé. La loi n°88-1138 du 20 décembre 1988 relative à la protection des personnes qui se prêtent à des recherches biomédicales a été qualifiée de loi de santé publique, puisque « l'intérêt général, celui de l'observation et, par là même celui de la compréhension des mécanismes vitaux, l'emporte sur les intérêts particuliers, en l'occurrence les soins »[1322]. Les conditions de licéité de la recherche reposent sur des standards utilitaristes, visant l'amélioration de la connaissance scientifique de l'être humain et l'amélioration de la condition humaine. Sous couvert de références aussi vagues, non susceptibles de faire l'objet d'une appréciation en termes juridiques, se dessine un déplacement du système hors de la légitimité juridique[1323].

678. La justification de l'autorisation de mener des recherches sur l'embryon s'inscrit aussi dans une démarche utilitariste. L'instrumentalisation de l'embryon ne pèse pas face aux perspectives qu'offre cette recherche en termes de santé publique. Le phénomène de catégorisation préalablement constaté au travers de la notion de bénéfice indirect, sert à reconnaître des intérêts catégoriels et à justifier la conduite de recherches sur certains embryons au motif qu'elles bénéficieront aux embryons en général. Cet argument est topique du raisonnement bioéthique qui réussit ainsi à faire prévaloir les intérêts collectifs au détriment des intérêts individuels. La notion de bénéfice indirect institue une solidarité catégorielle qui justifie une instrumentalisation des êtres humains. Alors que l'embryon faisait l'objet d'une protection renforcée, les garde-fous sont en voie de disparaître, même si l'autorisation de la

---

[1321] D. Thouvenin, « L'obtention des organes : le don comme finalité et le prélèvement comme modalité », in *Les lois bioéthique à l'épreuve des faits*, *op. cit.*, p. 77.
[1322] D. Thouvenin, *D.*, AL, 1989, p. 89.
[1323] C. Labrusse-Riou, « Aux frontières du contrat : l'expérimentation biomédicale sur des sujets humains », in *Les transformations de la régulation juridique*, *op. cit.*, p. 335.

recherche sur l'embryon est limitée aux embryons surnuméraires. On s'achemine vers une législation voisine de la Grande-Bretagne, qualifiée d'utilitariste et qui elle, autorise la création d'embryons pour la recherche. D'autre part, dans une logique utilitariste, on autorise un détournement de l'assistance médicale à la procréation, en admettant la création d'embryons non pas en vue de leur propre développement, mais dans l'intérêt d'un tiers. Le CCNE a accepté l'extension du DPI pour rechercher la compatibilité HLA dans un cas de maladie familiale de maladie de Fanconi. Le contrôle des embryons permet de vérifier la compatibilité immunologique de l'embryon pour soigner l'enfant malade[1324]. Le futur enfant est conçu en tant qu' « enfant médicament ». Désormais, la loi française autorise à titre exceptionnel cette pratique[1325].

Au nom de prétendues solidarités catégorielles, et au travers du « bénéfice indirect », on assiste à un affaiblissement de la protection des personnes les plus vulnérables qui devraient à ce titre bénéficier d'une protection renforcée. La référence à la solidarité sert de justification à un accès de plus en plus étendu aux éléments biologiques d'origine humaine[1326].

C/ La logique scientifique

679. L'alliance de la science à la technique a fondamentalement modifié l'objectif de la science. Son objectif premier était tourné vers la quête de vérité. Désormais, l'enjeu de la science réside moins dans la vérité que dans l'utilité, dans la mesure où la dimension théorique de la science est mise au service de l'efficience et de la rentabilité. La recherche est de plus en plus finalisée, donc instrumentalisée. Néanmoins le mythe de la neutralité de la science reste ancré dans la conscience collective.

680. Les scientifiques défendent l'idée d'une recherche « pure », indépendante des applications qui en sont faites. Pour assurer la légitimité et l'efficacité de la recherche scientifique, l'absence de

---

[1324] C. Neirinck, « L'embryon humain : une catégorie juridique à dimension variable ? », *D.*, Chr., 2003, p. 841.

[1325] Art. L. 2131-4-1 CSP.

[1326] D. Thouvenin, « La loi relative à la bioéthique ou comment accroître l'accès aux éléments biologiques d'origine humaine », *D.*, Chr., 2005, p. 120.

contrainte semble nécessaire. Néanmoins, il faut en outre éviter le risque de justifier l'isolement d'une « République des savants »[1327].

Comme en matière économique, il faut se garder de stigmatiser le pouvoir scientifique : l'approfondissement des connaissances, la capacité d'innovation, la recherche du progrès sont inhérents à la société. La question se pose en termes d'équilibre entre la poursuite de l'objectif scientifique et le respect de l'individu.

1- L'évolution de la logique scientifique

681. L'objectif initial de la science consiste à découvrir la vérité ; toute accumulation des connaissances est associée à un progrès. L'association de la science à la technique va modifier le visage de la science, plus seulement en quête de compréhension des lois de la nature, mais en quête de leur maîtrise. Dans cette optique, elle manipule, modifie, construit et déconstruit le réel.

a- De la quête d'un savoir

682. L'être humain cherche à atteindre naturellement le savoir. Il relève de l'essence de l'homme d'être en quête de la vérité pour elle-même. Le désir de savoir, disait Aristote, est la définition même de l'homme[1328]. Imre Lakatos, philosophe des sciences, affirme que la science n'a pas de responsabilité sociale ; en revanche, la société doit l'aider à maintenir la seule responsabilité qui lui est attachée, celle d'une recherche autonome de la vérité. Nous avons hérité du siècle des Lumières l'idée que le progrès scientifique et technique conduit l'humanité vers le mieux. A cet égard, malgré la remise en cause majeure du progrès scientifique et la prise de conscience des risques sans précédent qu'il fait courir à l'humanité[1329], l'opinion dominante persiste à affirmer la neutralité de la science. Le point de vue selon lequel la connaissance en elle-même est toujours positive, est largement répandu[1330]. La nature même de la science garantit *a priori* l'acceptabilité morale de toute recherche, dans la mesure où le choix des thèmes de

[1327] F. Gros, F. Jacob, P. Royer, *Sciences de la vie et société,* Rapport présenté à Mr le Président de la République, La doc. fr., Points, coll. Actuels, 1979, p. 281.
[1328] J-J. Salomon, « Le nouveau décor des politiques de la science », *RISS*, n°168, juin 2001, p. 355.
[1329] *Cf. supra* n°177 et sv.
[1330] F. Mayor, « Science et pouvoir aujourd'hui et demain », in *Science et pouvoir*, F. Mayor, A. Forti, Paris, Ed. UNESCO-Maisonneuve§Larose, 1996, p. 141.

recherche est présumé neutre[1331]. Les dangers ne sont pas imputés à la science elle-même, mais aux méthodes de recherche et aux applications de la recherche. En fait, la connaissance n'est pas en soi mauvaise. Ce sont soit les moyens d'y parvenir, soit les utilisations, qui sont condamnables. Mais l'interdépendance de la science et de ses applications rend illusoire l'idée de neutralité de la science[1332], car la recherche est désormais finalisée.

b- A l'exercice d'un pouvoir

683. La science revêt deux aspects : dans un cas, la science en tant que partie de la philosophie préoccupée de connaissance et de vérité est tournée vers le savoir, dans l'autre cas, la science recherche le savoir-faire, et la manière de procéder pour atteindre un but déterminé. Dans cette deuxième hypothèse, la science devient un moyen de manipulation et par conséquent un instrument de pouvoir[1333]. Cette mutation qui affecte la logique scientifique résulte de l'enchevêtrement de la dimension théorique et technique de la science. « La nouvelle science est dans son essence technologique »[1334]. La recherche contemporaine s'opère à partir d'un va-et-vient entre le concept et l'application, la théorie et la pratique[1335]. Le rapport de la science à son objet a changé. D'un objet à connaître, elle est devenue un objet à manipuler. D'un rapport théorique de contemplation, on est passé à une relation active de manipulation de la réalité. Alors que la science théorique pouvait se dire pure et innocente, la technoscience, parce qu'elle est une activité modificatrice, a perdu cette innocence[1336]. Si des questions éthiques se posent désormais au niveau de la recherche fondamentale, c'est parce que le projet de savoir est faire et pouvoir[1337].

[1331] A. Lekka-Kowalik, « Le choix des thèmes de recherche en tant que décision morale », in *Y a t-il des limites éthiques à la recherche scientifique ?*, P. Proellochs et D. Schulthess (sd.), Genève, Suisse, Médecine et Hygiène, 2000, p. 31.

[1332] K. Bayertz, « Trois arguments pour la liberté de la science », in *Y a t-il des limites éthiques à la recherche scientifique ?*, *op. cit.*, p. 11.

[1333] H-P Durr, *De la science à l'éthique*, Paris, Albin Michel, coll. Sciences d'aujourd'hui, 1994, p. 171 et sv.

[1334] W. Barret, *The illusion of Technique*, cité par G. Hottois, in *Le paradigme bioéthique, op. cit.*, p. 23.

[1335] J-J. Salomon, *Science et Politique*, Paris, Economica, 1989, p. 135 et sv.

[1336] G. Hottois, *Le paradigme bioéthique*, *op. cit.*, p. 31.

[1337] *Ibid.*, p. 29.

684. Non seulement l'interaction de la science et de la technique a modifié le visage de la science, mais l'interdépendance de la science avec l'économie et la société a contribué à faire de la science un instrument de pouvoir. Notre société dépend de la science et de la technologie[1338]. La science en tant qu'institution a un tel pouvoir qu'elle constitue l'un des principaux facteurs qui détermine notre société moderne[1339]. La maîtrise de la nature et la maîtrise de la nature humaine témoignent de l'emprise croissante de la science.

2- L'omnipotence de la science

685. La science a pénétré la société et la vie quotidienne, ce qui crée un sentiment de proximité de chaque individu avec l'univers scientifique, et engendre des croyances positives et optimistes en la science. Alors que l'on a pris conscience de la puissance aussi bien positive que négative de la science, l'opinion dominante la conçoit néanmoins comme le seul Salut possible. Cette croyance est nourrie par le discours des défenseurs d'une science sans limite.

a- Le plaidoyer en faveur d'une recherche scientifique sans limite

686. La tendance de l'institution scientifique consiste à s'autonomiser en définissant ses propres objectifs[1340]. La communauté scientifique cherche doublement à préserver son autonomie. De l'extérieur, elle refuse de se laisser imposer des règles par une autorité non scientifique, donc soupçonnée d'introduire des dogmes dans le domaine de la vérité. De l'intérieur, l'autonomie se manifeste par le fait que la communauté pose des règles de conduite à l'égard de ses membres. La communauté scientifique détermine ses propres critères de jugement et se donne ses propres lois[1341]. Il y a un monde à part de la science. La conduite scientifique, la qualité de la recherche, la détermination de ce qui est scientifique où de ce qui ne l'est pas, sont

---

[1338] F. Mayor, « Science et pouvoir aujourd'hui et demain », in *Science et pouvoir*, *op. cit.*, p. 141.

[1339] W-H. Newton-Smith, « Le pouvoir de la rationalité scientifique » in *Les pouvoirs de la science*, D. Janicaud (textes présentés par), Paris, J. Vrin, coll. Problèmes et controverses, 1987, p. 47.

[1340] *Ibid.*

[1341] R. Encinas de Munagorri, « La communauté scientifique est-elle un ordre juridique ? », *RTDC*, 1998, p. 247.

jugées à partir de standards propres à la communauté scientifique. L'autonomie du monde scientifique est renforcée par l'existence d'un contrôle interne : le contrôle de la validité scientifique et de la qualité de la recherche est effectué par les pairs. La communauté scientifique sait faire preuve de responsabilité. L'historique des comités d'éthique et le moratoire d'Asilomar démontrent l'initiative prise par la communauté pour gérer les nouvelles problématiques nées du développement scientifique et technologique. Mais c'est aussi un moyen de prévenir l'intrusion de non-scientifiques, en exerçant un contrôle interne sur la recherche. Au nom de l'autonomie du monde scientifique, certains s'opposent d'ailleurs à l'interdiction du clonage pour des motifs autres que scientifiques : « si on interdit le clonage, ce doit être pour des raisons scientifiques et non éthiques »[1342].

687. Dans cette hypothèse, la liberté de la science est perçue comme une liberté absolue. « La science doit être libre d'étudier et d'examiner tout sujet accessible à ses méthodes de recherche, et soutenir et communiquer toute conclusion obtenue sur la base de preuves sans quoi elle mourra »[1343]. Cette prétention à un statut privilégié ne peut que heurter le juriste. En tant que droit fondamental, la liberté de la recherche ou la liberté de la science n'a pas de caractère absolu ; elle doit être conciliée avec d'autres droits ou libertés de même niveau[1344]. Les choix qui déterminent les axes du développement de la science sont des choix chargés de valeurs et liés à des intérêts. A cet égard, la science n'a pas un statut d'exception. La liberté de la science doit être justifiée et évaluée en tant que pratique sociale[1345].

688. Or nombre de scientifiques refusent l'idée de limite[1346]. Ils partent du principe que l'interdit est illégitime. Imposer des limites à la science équivaut à entraver « la soif de l'homme pour connaître » le monde, et à s'opposer à la « marche du progrès »[1347]. L'idée règne qu'il est difficile, sinon impossible, de départager *a priori* la recherche en une partie autorisée et une partie interdite. En tant que terres inconnues, les

---

[1342] D. Solter, Intervention, Table ronde in *Les sciences du vivant*, F. Gros (sd.), Paris, Odile Jacob, 2001, p. 47.
[1343] Citation de Glass par A. Lekka-Kowalik, *op. cit.*, p. 31.
[1344] B. Mathieu, *Génome humain et droits fondamentaux, op. cit.*, p. 42 et sv.
[1345] D. G. Johnson, « Redéfinir la question du savoir proscrit en science », in *Y a t-il des limites éthiques à la recherche scientifique ?, op. cit.*, p. 47.
[1346] J. Testart, *Des hommes probables*, p. 75, cité par J-R. Binet, *op. cit.*, p. 258.
[1347] *Ibid.*

applications de la science sont nécessairement imprévisibles[1348]. Celui qui veut imposer des limites à la recherche scientifique, se voit accuser de revenir au temps des procès en sorcellerie de la science, autrement appelé le « syndrome de Galilée ». Les défenseurs d'une science sans limite assimilent volontairement le droit à la religion en tant que système dogmatique. Or le droit n'est pas dogmatique. Il choisit entre diverses solutions possibles celle qui sera susceptible de préserver certaines valeurs, notamment la primauté de l'être humain et sa dignité[1349]. Le « terrorisme intellectuel » s'opère plutôt du côté pro-scientifique. L'opposition à la science est systématiquement taxée de conservatrice, obscurantiste, réactionnaire[1350]. La science est devenue la nouvelle religion[1351] ; le scientisme demeure et se renforce.

689. Les promoteurs d'une science sans limite justifient les avancées scientifiques au regard du développement linéaire de la science. Ils donnent l'illusion d'une continuité du progrès scientifique, alors que certaines de ses avancées bouleversent notre perception du monde. De fait, ils minimisent le bouleversement opéré. Selon eux, « nous n'avons donc rien inventé : nous avons juste assuré une sorte de raccordement à partir de l'héritage de nos prédécesseurs »[1352]. Même si une avancée est considérée comme illégitime, ils la défendent en démontrant que toute avancée soulève toujours au départ « des prises de positions formelles et harsardeuses d'hommes imparfaitement informés du problème technique ». A cet égard, le sénateur Sérusclat a comparé l'opposition à la recherche sur l'embryon à l'opposition à la dissection au Moyen Age. Lors des débats au Sénat, à l'occasion de la révision des lois de bioéthique, le ministre de la Santé a légitimé en ces termes la recherche sur l'embryon : « la science et la médecine ont toujours progressé par transgression : autopsie, transfusion sanguine et prélèvements d'organes *post mortem*, qui ont été autant de transgressions par rapport aux valeurs reçues (...) pendant cinq ans (s'agissant de la recherche sur l'embryon), il est donc nécessaire de permettre cette dérogation »[1353].

1348 H-P. Durr, *De la science à l'éthique*, *op. cit.*, p. 171 et sv.

1349 J-R. Binet, *Droit et progrès scientifique, science du droit, valeurs et biomédecine*, *op. cit.*, p. 261

1350 B. Edelman, « Génétique et liberté », *Droits*, n°13, 1991, p. 31.

1351 J-R. Binet, *Droit et progrès scientifique, science du droit, valeurs et biomédecine*, *op. cit.*, p. 261

1352 J. Gearhardt, « Possibilités techniques » in *Les sciences du vivant*, *op. cit*, p. 31.

1353 http://www.senat.fr/cra/s20030128.

b- Un renouveau du "scientisme" ?

690. Malgré la prise de conscience de la puissance absolue de la science, c'est-à-dire qu'elle peut tout pour le bien comme pour le mal, la société croit au caractère bénéfique de la science. Les promesses de la science, notamment en médecine dont on attend qu'elle guérisse les maux de l'humanité, suscitent l'adhésion de la société à tous les projets destinés à améliorer la santé. On n'attend plus seulement de la science la découverte de la nature, mais aussi la réponse à ce qui inquiète et angoisse. L'idéologie actuelle de la science est une idéologie du Salut[1354]. La science est seule perçue comme susceptible de résoudre tous les problèmes, particulièrement en ce qui concerne la médecine. L'image de la science comme maîtrise de la nature renforce la tendance naturelle de la société à en présumer les bienfaits[1355]. Dès lors, il est encore plus difficile de chercher à limiter l'entreprise scientifique.

691. La tendance des scientifiques vise à s'octroyer un statut spécial. Les succès obtenus par la méthode scientifique les amènent à croire que leurs opinions dans la société possèdent un prestige particulier[1356]. Ils sont confortés par le fait que la science est utilisée comme instrument de légitimation des décisions politiques. A défaut d'invoquer le nom de Dieu ou le droit divin, on invoque la science[1357]. *De facto*, la science occupe un statut privilégié ; elle est devenue un facteur d'organisation sociale. La révision des lois bioéthiques témoigne de la régulation de la société par la science. La nouvelle loi relative à la bioéthique, adoptée en 2004, vise à assouplir les règles existantes pour répondre à certaines demandes de praticiens ou de chercheurs[1358]. Le grand nombre d'auditions des scientifiques dans les rapports préparatoires à la révision des lois, en font des acteurs incontournables de l'élaboration de la loi. Leur forte représentation au sein des comités d'éthique leur permet aussi d'influer sur les prises de position éthique.

[1354] J. Ellul, « Esquisse sur les idéologies de la science », in *Les pouvoirs de la science*, *op. cit.*, p. 111.

[1355] W-H. Newton-Smith, « Le pouvoir de la rationalité scientifique », in *Les pouvoirs de la science*, *op. cit.*, p. 47.

[1356] *Ibid.*

[1357] E. Schatzman, « La vitrine confuse et la réalité du pouvoir », in *Les pouvoirs de la science*, *op. cit.*, p. 235.

[1358] B. Mathieu, « Le projet de loi bioéthique à la veille de son examen en deuxième lecture par l'Assemblée nationale », *op.cit.*, p. 4.

En outre, l'évolution de la dimension et du coût de la recherche a affublé la science d'un nouvel objectif, la rentabilité. En liant recherche scientifique et développement économique, la science a perdu de sa liberté mais a accru sa domination. Le discours scientifique se sert de la logique utilitariste et de l'argument économique pour développer une activité sans contrainte. La science fondamentale est un instrument stratégique dans la compétition économique. En Allemagne, les chercheurs plaident pour la liberté de la recherche, dans le domaine du génie génétique, en invoquant l'argument économique[1359].

692. Fort éloignée de sa vocation initiale, la science guide les choix de société grâce à sa propre légitimité ; ce qui est scientifique paraît nécessairement positif et bénéfique. Il s'avère de plus en plus difficile de poser des interdits à la recherche scientifique qu'elle promet de soulager les maux de l'humanité.

693. Chaque logique économique, utilitariste et scientifique trouve un écho en bioéthique. Ces logiques sont d'autant plus puissantes qu'elles se combinent, et s'associent les unes aux autres. Au lieu de se concurrencer, elles se renforcent mutuellement, dans la mesure où elles partagent des intérêts convergents. Sous couvert de la logique utilitariste qui met en avant le bien de l'humanité, ce sont les intérêts économiques et scientifiques concomitants qui se déploient. En effet, l'évolution la plus marquante du système économique réside dans l'importance croissante que le savoir scientifique et technologique revêt pour l'activité économique. Il y a une interdépendance entre le progrès scientifique et la croissance économique. Le discours destiné à justifier la recherche sur l'embryon témoigne de l'imbrication des trois logiques. Ceux qui appellent de leurs vœux la recherche sur l'embryon, la justifient par la défense de la place de l'Etat dans la concurrence économique internationale. A partir du moment où certains pays autorisent ce type de recherche, ceux qui s'y opposent risquent de perdre leur place dans la compétition internationale. Un autre argument avancé repose sur la perspective de bienfaits pour l'humanité qu'offre cette recherche. Le caractère prometteur de la recherche est largement mis en avant. Enfin, on tente de minimiser le bouleversement ontologique qu'implique cette recherche en la comparant à d'autres avancées scientifiques qui ont soulagé les maux de l'humanité, bien qu'elles aient soulevé en leur temps

[1359] N. Campagna, « Une communauté libérale peut-elle imposer des limites à la recherche scientifique ? », *op. cit.*, p. 75.

la réprobation. Le progrès médical est ainsi présenté sous un jour nécessairement positif. Le ministre français a motivé l'arrêté autorisant l'importation de cellules souches embryonnaires « en raison de l'intérêt public s'attachant à la poursuite des recherches menées dans ce domaine (...) plusieurs équipes étrangères se sont déjà, parfois depuis plusieurs années, engagées dans ces recherches, certaines pour le compte d'entreprises industrielles. C'est donc à la fois en considération de l'intérêt scientifique et thérapeutique de ces recherches, et en vue d'assurer dans le futur le plus large accès à leurs résultats, qu'il importait de permettre à la recherche publique française de participer dès à présent à ce mouvement scientifique international. »[1360].

Face à l'accumulation de ces trois logiques, les droits fondamentaux résistent difficilement pour s'opposer aux intérêts communs de l'économie, de la science, et du courant utilitariste.

§2 Les droits fondamentaux instrumentalisés

694. Les droits fondamentaux contrent difficilement l'application des avancées scientifiques ou des objectifs économiques, dans la mesure où la bioéthique remplit la fonction d'un jardin d'acclimatation[1361]. On condamne au nom de principes intemporels et universels certaines pratiques comme le clonage humain, mais de fait, on prépare les esprits aux mutations qui s'annoncent. Même les réactions de rejet entraînent une familiarisation avec la pratique en cause, car l'inacceptabilité se réduit souvent à l'inapplicabilité de la technique. Le bouleversement soulevé par une innovation récente permet de faire accepter l'innovation précédente. Désormais, le clonage thérapeutique est légalisé en Grande-Bretagne[1362], et le Parlement belge a adopté une loi, le 11 mai 2003, autorisant la recherche sur les embryons humains *in vitro* de moins de quatorze jours et le clonage thérapeutique. Confrontés au fait scientifique, les droits fondamentaux s'adaptent à la réalité scientifique.

695. Outre les pressions externes, la portée des droits fondamentaux se trouve limitée à l'intérieur même de la sphère où ils évoluent, puisqu'au sein du système juridique, l'institution de

[1360] Cité par H. Moutouh, note sous CE, 13 nov. 2002, *D.*, J., 2003, p. 91.

[1361] N. Fresco, « Protestations, acclimatation », in *Le clonage humain*, Atlan H., Delmas-Marty M., Pol-Droit R., Fresco N., Ed. du Seuil, 1999, p. 173.

[1362] A. Altavilla, « L'Europe face à la recherche sur les cellules souches : enjeux éthiques et juridiques », *RGDM*, n°14, 2004, p. 188.

dérogations généralisées porte atteinte à l'autorité des droits. De même, la reconnaissance d'une marge d'appréciation relativise la portée des droits. Ceci conduit à les considérer davantage comme des principes directeurs que comme des règles, car ils se bornent à donner des lignes de conduite et n'imposent pas de comportement déterminé. C'est pourquoi tant la signification que l'application des droits fondamentaux est particulièrement souple et malléable. Cette préférence pour des principes directeurs s'explique par la volonté de faire une place au pluralisme en assurant la compatibilité de valeurs ou d'intérêts complémentaires et contradictoires. C'est un moyen d'assurer la co-existence de différentes valeurs et d'organiser la complexité qui en résulte[1363]. Au lieu d'affirmer une valeur intangible, de faire prévaloir *a priori* cette valeur, et donc d'opérer un choix exclusif, on cherche à concilier les valeurs, d'où leur extrême relativité.

La faiblesse des droits fondamentaux se traduit par le fait que ces droits sont à la fois relativisés, interprétés, insuffisamment déterminés et insuffisamment garantis.

A/ Des droits relativisés

696. Les droits fondamentaux n'échappent pas à l'évolution du droit en quête de plus de souplesse. Le système juridique confronté aux contradictions qui traversent la société, et aux revendications tendant à satisfaire des désirs individuels, a du mal à instituer un système de valeurs cohérent. Le droit doit gérer ces exigences contradictoires, ce qui l'amène soit à poser des exceptions au respect des valeurs, soit à concilier les valeurs conflictuelles. Le juge, acteur principal de la conciliation des droits fondamentaux, est appelé à résoudre les conflits. En effet, la portée des droits fondamentaux est souvent appréciée in *concreto*, au cas par cas. Leur mise en œuvre effectuée par pesée d'intérêts est incertaine et aléatoire[1364], car elle dépend des particularités de chaque espèce.

Les droits fondamentaux sont nécessairement relatifs. La structuration des droits fondamentaux implique leur absence de caractère absolu[1365]. « Il est dans la nature des droits d'être conciliables entre eux » pour des raisons à la fois pragmatiques et théoriques. Néanmoins, il faut

---

[1363] M. Delmas-Marty, *Pour un droit commun*, *op. cit.*, p. 130 et sv.

[1364] C-A. Morand, *Le droit néo-moderne des politiques publiques*, Paris, LGDJ, Droit et société, 1999, p. 19.

[1365] B. Mathieu, M. Verpeaux, *Contentieux constitutionnel...*, *op. cit.*, p. 472 et sv.

s'interroger sur la manière dont s'effectue la limitation des droits fondamentaux afin d'apprécier leur portée concrète.

697. Deux moyens permettent, selon des degrés divers, de se soustraire légalement au respect des droits fondamentaux. Le mécanisme de dérogation permet d'instituer des exceptions qui vont à l'encontre du respect des droits. Quant au mécanisme de conciliation, il consiste moins à méconnaître totalement un droit qu'à en tempérer la portée, en le contrebalançant avec d'autres impératifs.

1- Les dérogations

698. Nombre d'apories du droit de la bioéthique résultent des dérogations apportées aux droits fondamentaux. Le principe fondamental de l'anonymat du don fait l'objet d'exceptions, notamment en ce qui concerne le don entre vifs[1366]. En dérogation au principe du consentement individuel, la substitution de consentement est autorisée[1367]. En tant que droit fondamental destiné à protéger l'inviolabilité du corps humain, le consentement revêt un caractère strictement personnel. Les titulaires de l'autorité parentale, ou le représentant légal, ne peuvent user de leurs prérogatives que dans le seul intérêt de l'incapable, ce qui limite *a priori* leur pouvoir d'autorisation aux actes à but thérapeutique. Mais les dérogations au principe tendent à se développer, remettant en cause la protection personnelle de l'incapable.

699. Les lois n°94-653-654 du 29 juillet 1994 mettent en exergue la distorsion entre les principes proclamés dans le Code civil et les entorses permises par les dispositions du Code de la santé publique[1368]. L'article 16-1 du Code civil consacre le respect du corps humain en tant que droit de la personnalité : il s'agit d'un droit général, extra-patrimonial, ni cessible, ni saisissable, ni susceptible de renonciation. Toutefois, il y a une dissociation entre cette règle générale énoncée dans le Code civil, et les exceptions prévues dans le Code de la

[1366] C. Labrusse-Riou, « Difficultés, contradictions et apories du droit de la « bioéthique » », in *Etudes offertes à Pierre Catala, Le droit privé français à la fin du XXème siècle*, Paris, Litec, 2001, p. 273.
[1367] La notion de consentement substitué prête à controverses, certains lui préfèrent celle de « consentement pour autrui » ou « par représentation », *cf.* G. Mémeteau, « La Convention dite « bioéthique » du Conseil de l'Europe et le droit français de l'assentiment à l'acte médical », *JIB,* vol. 9, n°3, 1998, p. 92.
[1368] D. Thouvenin, « L'obtention des organes : le don comme finalité et le prélèvement comme modalité », in *Les lois bioéthique à l'épreuve des faits, op. cit.*, p. 77.

santé publique, qui autorisent une atteinte à l'intégrité physique d'une personne dans un intérêt autre que le sien. Les deux lois de 1994 se contredisent. On passe d'un droit au respect du corps humain extra-patrimonial, avec l'impossibilité de renoncer à sa protection, à des autorisations de porter atteinte à l'intégrité de la personne dans l'intérêt d'autrui. D'autre part, la loi du 27 juillet 1999, adoptée en fin de session parlementaire, a encore affaibli la protection de l'intégrité, en substituant à l'article 16-3 du Code civil, le terme médical au terme thérapeutique pour qualifier la nécessité de porter atteinte à l'intégrité du corps humain. Le terme thérapeutique, même si la notion est incertaine, était plus objectif pour juger de la légalité d'une atteinte à l'intégrité que le terme médical[1369].

700. A l'occasion de la révision des lois de bioéthique, le gouvernement français a reconnu adopter une logique d'exception à l'égard des droits fondamentaux. Les dispositions les plus topiques à cet égard concernent la recherche sur l'embryon. Le gouvernement « propose de rester dans cette logique d'exception par rapport à cet interdit fondateur qui nous enjoint le respect de l'embryon qui est la clef de voûte de notre édifice législatif en matière de bioéthique »[1370]. Il souhaite donc ne pas légaliser la recherche sur l'embryon, mais permettre que certaines recherches soient menées sur certains embryons[1371]. Sans méconnaître que cela engendre un bouleversement ontologique puisque l'on se sert de l'être humain, le gouvernement justifie la recherche sur l'embryon au travers de la notion de bénéfice indirect, au motif que c'est une recherche pour l'embryon, et qu'elle laisse entrevoir des perspectives thérapeutiques prometteuses. La rédaction adoptée par le Sénat a renversé la logique qui prévalait dans le texte adopté par l'Assemblée nationale en première lecture[1372]. Alors que la recherche était *a priori* autorisée sous conditions dans le texte adopté par l'Assemblée[1373], le

1369 C. Labrusse-Riou, « Difficultés, contradictions et apories du droit de la « bioéthique » », *op. cit.*

1370 J-F Mattéi, compte rendu analytique officiel de la séance du 28 janvier 2003, discussion générale du projet de loi sur la bioéthique.

1371 *Ibid.*

1372 S. Hennette-Vauchez, « La loi n°2004-800 du 6 août 2004 : vers la fin de l'« exception bioéthique » ? », *RDSS*, 2005, p. 191.

1373 « Est autorisée la recherche menée sur l'embryon humain et les cellules embryonnaires qui s'inscrit dans une finalité médicale, à la condition qu'elle ne puisse pas être poursuivie par une méthode alternative d'efficacité comparable, en l'état des connaissances scientifiques ».

Sénat a posé le principe selon lequel la recherche sur l'embryon est interdite. Mais des dérogations, très encadrées à ce principe, sont prévues[1374]. Des recherches sur l'embryon peuvent donc être autorisées sous conditions, à titre dérogatoire.

701. La loi allemande sur l'importation d'embryons et l'utilisation de cellules souches embryonnaires humaines adoptée le 28 juin 2002 a opté aussi pour cette logique d'exception. Elle pose en principe l'interdiction d'importer et d'utiliser les cellules souches embryonnaires. Néanmoins, elle autorise sous certaines conditions des exceptions à l'interdiction. Elle encadre strictement les dérogations au principe. D'après la loi, l'autorisation d'importer doit être refusée si les cellules ont été obtenues en contradiction avec les principes fondamentaux du droit allemand. En revanche, l'autorisation ne peut pas être refusée au seul motif que les cellules sont issues d'un embryon humain.

Le législateur espère ainsi trouver un équilibre entre le maintien de l'interdit symbolique de la recherche sur l'embryon, et des dérogations limitatives transgressant cet interdit. Mais il s'agit d'un équilibre artificiel. La balance a définitivement penché en faveur du progrès scientifique au détriment de la protection de l'embryon humain. Ce manque de cohérence institue ce que le GEE appelle un système de « double moralité », qui consiste à interdire la recherche sur l'embryon en vue d'obtenir des cellules souches, mais qui autorise l'importation des cellules souches.

702. La distorsion entre la proclamation et l'application des principes conduit à une certaine schizophrénie. La position de la Cour européenne des droits de l'homme concernant l'aide au suicide est révélatrice de cet état de fait. « Il ne paraît pas arbitraire à la Cour que le droit reflète l'importance du droit à la vie en interdisant le suicide assisté tout en prévoyant un régime d'application et d'appréciation par la justice qui permet de prendre en compte dans chaque cas concret tant l'intérêt public à entamer des poursuites que les exigences justes et adéquates de la rétribution et de la dissuasion ». Après avoir posé une interdiction symbolique, générale, *a priori*, du suicide assisté, la Cour réserve et autorise des exceptions *a posteriori*. La cour prend en compte et avalise la souplesse laissée à l'application de la loi, bien qu'elle soit susceptible de contrevenir au droit à la vie.

[1374] Art. L. 2151-5 CSP.

2- La conciliation d'exigences contradictoires

703. La conciliation des droits appartient en théorie au législateur[1375]. En vertu de l'article 34 de la Constitution, la loi fixe notamment les règles concernant les garanties fondamentales accordées aux citoyens pour l'exercice des libertés publiques. En outre, le Conseil constitutionnel considère qu'il ne dispose pas d'un pouvoir d'appréciation identique à celui du législateur, et qu'il ne lui appartient pas de mettre en cause la conciliation opérée par le législateur, sauf erreur manifeste d'appréciation[1376]. Néanmoins, les juges, tant ordinaires, que constitutionnels, ou européens, sont investis d'une compétence de conciliation en matière de droits fondamentaux[1377]. En bioéthique, le juge est d'autant plus confronté à des exigences contradictoires, que le législateur s'est gardé de concilier lui-même les valeurs en conflit, en déléguant implicitement au juge le soin de les hiérarchiser au cas par cas[1378].

704. L'étendue des pouvoirs du juge varie. Il faut distinguer l'hypothèse de la conciliation des droits fondamentaux où le juge confronte des droits d'égale valeur, et l'hypothèse de la limitation des droits fondamentaux dans le cadre de laquelle la portée d'un droit fondamental peut être restreinte par le juge, au nom de la protection d'un intérêt ou de prétendus nouveaux droits qui refléteraient l'état de la société et des mœurs. Dans ce dernier cas, le juge exerce un pouvoir normatif susceptible de dépasser le cadre de ses compétences. C'est le cas lorsque le droit à la vie est concilié avec un droit à la qualité de la vie[1379]. Dans cette hypothèse, la substitution de consentement est particulièrement discutable car elle conduit à contrebalancer le droit à la vie, avec un droit à la qualité de la vie qui relève nécessairement d'une appréciation subjective que seule la personne elle-même serait en mesure d'évaluer.

[1375] V. Saint-James, *La conciliation des droits de l'homme et des libertés publiques en droit public français*, Paris, PUF, 1995, p. 123 et sv.

[1376] G. Drago, *Contentieux constitutionnel français*, Paris, coll. Thémis, 1ère éd., 1998, p. 233 et sv.; B. Genevois, *La jurisprudence du Conseil constitutionnel, principes directeurs*, Paris, STH, 1988, p. 294 et sv.

[1377] V. Saint-James, *La conciliation des droits de l'homme et des libertés en droit public français*, *op. cit.*, p. 201 et sv.

[1378] *Cf. infra* n°865 et sv.

[1379] B. Mathieu, « La vie en droit constitutionnel comparé », *op. cit.*

705. Dans le cadre des décisions portant sur la stérilisation des malades mentaux, le droit à l'intégrité physique est mis en balance avec le bien-être de la personne incapable. Or l'appréciation du bien être repose aussi sur un jugement subjectif.

Le Tribunal constitutionnel espagnol, dans sa décision de 1994[1380], a avalisé la substitution de consentement dans le cadre d'une stérilisation d'une personne atteinte d'une maladie mentale, et incapable de consentir à une telle intervention. L'autorité judiciaire a été reconnue compétente pour autoriser la stérilisation au lieu et place de la personne incapable. En l'espèce, le tribunal constitutionnel a estimé les conditions et garanties suffisantes. La limitation du droit à l'intégrité physique de l'intéressé était justifiée, d'autant qu'une telle décision était prise dans l'intérêt de l'incapable puisqu'une surveillance permanente méconnaîtrait sa dignité et son intégrité morale. Dans ces conditions, la stérilisation d'une personne incapable ne peut constituer un traitement inhumain ou dégradant interdit par l'article 15 de la Constitution.

Les opinions dissidentes ont critiqué l'atteinte portée au principe d'intégrité corporelle. Un des juges estime que le bien-être de la personne atteinte d'une maladie mentale « n'est pas un droit fondamental pas plus qu'il ne peut contrebalancer le droit à l'intégrité corporelle »[1381]. D'autre part, les magistrats dissidents mettent en cause le caractère eugénique de la stérilisation[1382], et objectent que la stérilisation ne peut être sollicitée par les parents de l'incapable au motif que la stérilisation ne satisfait pas un objectif thérapeutique.

706. Dans les affaires de cessation de traitement et de stérilisation, des droits fondamentaux sont mis en balance avec de prétendus droits à la qualité de la vie et au bien-être de la personne, qui ne sont pas des droits d'égale valeur avec les droits fondamentaux et qui ne permettent pas de prendre en compte les intérêts du patient de manière objective. Or, en cas de doute sur l'intérêt de l'incapable, surtout quand il s'agit d'actes attachés à la personne, pour lesquels seul l'intéressé peut apprécier sa situation, personne ne devrait s'ériger en juge[1383]. Le droit des incapacités est un régime de protection. Dès lors, comment légitimer

---

[1380] Arrêt du 14 juil. 1994, *AIJC*, 1994, chron. E. Alberti, P. Bon et F. Moderne, p. 435.

[1381] Cité in *La protection constitutionnelle de la liberté individuelle en France et en Espagne*, P. Cambot, Paris, Economica, coll. Droit public positif, 1998, p. 133.

[1382] *Ibid*.

[1383] J. Hauser, « Réflexions sur la protection de la personne de l'incapable », in *Mélanges offerts à Pierre Raynaud*, Paris, Dalloz, 1985, p. 227.

que leur droit à l'intégrité physique puisse être affaibli par la protection tutélaire.

707. La consécration du principe de dignité, parce qu'il représente « l'irréductible humain » et qu'il constitue une exigence éthique suprême, laissait penser qu'il s'agissait d'un principe non dérogeable, d'un droit à protection absolue[1384]. En tant que tel, il permettait justement de poser une limite à cette logique de conciliation. Mais de fait, même ce principe conçu comme éminemment fondamental a perdu son caractère absolu ; la supériorité du principe de dignité s'est trouvée affaiblie par la conciliation du principe avec une autre norme constitutionnelle. Le Conseil constitutionnel a relativisé la portée du principe en conciliant le principe de sauvegarde de la dignité avec la liberté de la femme[1385].

B/ Des droits interprétés

708. La souplesse des droits fondamentaux est promue par le juge constitutionnel et le juge européen, lorsque ces derniers laissent une marge de manœuvre respectivement au législateur lors du contrôle de constitutionnalité dans l'appréciation des droits fondamentaux, et aux Etats lors du contrôle de conformité du droit interne aux droits fondamentaux au niveau européen.

709. En droit interne, le juge constitutionnel peut laisser le législateur déterminer la signification à donner à un droit fondamental. En droit européen, la Cour européenne des droits de l'homme peut laisser une marge d'appréciation aux Etats pour déterminer la portée et le sens de certains droits fondamentaux.

[1384] M. Delmas-Marty, *Pour un droit commun*, *op. cit.*, p. 177 et sv.

[1385] DC 2001-446 DC, 27 juin 2001, Loi relative à l'interruption volontaire de grossesse et à la contraception, *LPA*, 10 juil. 2001, note J-E. Schoettl, p. 25 ; V. Gimeno, « Les apports de la décision IVG au traitement jurisprudentiel du principe de sauvegarde de la dignité de la personne humaine », *RDP*, 2001, p. 1483.

1- La marge de manœuvre laissé au législateur par le juge constitutionnel

710. En vertu de la prudence des juges constitutionnels[1386], le législateur conserve une marge de manœuvre importante en bioéthique. Les juges constitutionnels européens se refusent à substituer leur propre appréciation à celle du législateur, alors que la Cour suprême des Etats-Unis a pris position dans la décision Roe en matière d'interruption volontaire de grossesse. Elle a déterminé le droit. Cette attitude critiquée par la doctrine explique l'attitude prudente adoptée ensuite par cette même Cour concernant les décisions de fin de vie. Les deux jugements relatifs à l'aide au suicide valident les lois prohibant l'assistance médicale au suicide, mais laissent à chaque Etat entière liberté pour autoriser ou interdire l'euthanasie. La réponse à apporter est laissée aux mains des majorités locales[1387]. La décision étroitement délimitée de la Cour permet un large débat ultérieur, en laissant à chaque Etat le soin de légaliser ou non l'aide au suicide.

711. Les juges constitutionnels européens n'entendent pas se substituer au législateur, ni fixer le droit. Ce n'est pas à eux qu'il revient de faire les choix essentiels, mais au constituant[1388]. Dans la décision dite "bioéthique" de 1994[1389], réitérant la formule utilisée en 1975 lors de la décision relative à l'avortement, le Conseil souligne « qu'il n'appartient pas au Conseil constitutionnel, qui ne détient pas un pouvoir d'appréciation et de décision identique à celui du Parlement, de remettre en cause au regard de l'état des connaissances et des techniques, les dispositions ainsi prises par le législateur ». Le juge adopte une double attitude de *judicial restraint*, en laissant d'une part au législateur une marge d'appréciation face aux choix de société, et en se référant d'autre part « à l'état des connaissances et des techniques ». Il abandonne l'arbitrage à effectuer à l'évolution scientifique. Un troisième élément

---

[1386] N. Lenoir, « Eléments de réflexion sur le droit comparé : les juges constitutionnels et la bioéthique, entre audace et prudence », in *Mélanges J. Robert*, Paris, Montchrestien, 1998, p. 365.

[1387] M. Rosenfeld, « L'aide au suicide en droit constitutionnel américain », *Rapport Public Conseil d'Etat*, 1998, Réflexions sur le droit de la santé, EDCE, La doc. fr., 1999, p. 379.

[1388] L. Favoreu, Rapport introductif, in *Constitution et éthique biomédicale*, *op. cit.*, p. 18.

[1389] DC 94-343-344 DC du 27 juil. 1994, note L. Favoreu, *RFDC*, 1994, p. 799 ; note B. Mathieu, *RFDA*, 1994, p. 1019.

témoigne du retrait du Conseil. Ce dernier reconnaît la constitutionnalité des lois, « considérant que l'ensemble des dispositions de ces lois mettent en œuvre, en les conciliant et sans en méconnaître la portée, les normes à valeur constitutionnelle applicables », alors que rien ne spécifie les modalités de conciliation[1390]. La prudence du juge se manifeste par ailleurs dans la Décision 2004-498 DC[1391], dans laquelle le juge n'a pas examiné la constitutionnalité de la recherche sur l'embryon, alors que cette disposition méritait d'être discutée au regard des principes de liberté de la recherche, de la protection de la santé publique, et de la protection de l'embryon.

Saisi du contrôle de constitutionnalité des dispositions consacrant la brevetabilité des éléments du corps humain, contenues dans la loi bioéthique, le Conseil consitutionnel s'est retranché derrière la jurisprudence du 10 juin 2004, estimant que « la transposition en droit interne d'une directive communautaire résulte d'une exigence constitutionnelle à laquelle il ne pourrait être fait obstacle qu'en raison d'une disposition expresse contraire à la Constitution ; qu'en l'absence d'une telle disposition, il n'appartient qu'au juge communautaire, saisi le cas échéant à titre préjudiciel, de contrôler le respect par une directive communautaire tant des compétences définies par les traités que les droits fondamentaux garantis par l'article 6 du Traité sur l'Union européenne. ». Le Conseil était en l'espèce confronté à une alternative. Soit il considérait la transposition fidèle au texte communautaire et il pouvait invoquer l'argument ci-dessus rappelé, soit il l'estimait non conforme à la Directive ce qui l'aurait conduit à examiner la constitutionnalité de l'article de la loi déférée. Le Conseil a tranché en faveur de la transposition fidèle : « les dispositions critiquées se bornent à tirer les conséquences nécessaires des dispositions inconditionnelles et précises de l'article 5 de la Directive susvisée sur lesquelles il n'appartient pas au Conseil de se prononcer ». Or cetains doutent du caractère fidèle de la transposition, y décelant plutôt une réécriture discutable de la directive, d'autant que la transposition séparée et indépendante des articles 5 et 6 de la Directive conduit nécessairement le

---

[1390] N. Lenoir, « Eléments de réflexion sur le droit comparé… », *op. cit.*

[1391] DC 2004-498 du 29 juil. 2004, *op. cit.*

législateur à une interprétation biaisée[1392]. La loi française n'est pas, selon eux, conforme aux dispositions de la directive[1393].

712. De même que le Conseil constitutionnel, la Cour constitutionnelle italienne a rappelé qu'elle n'a pas à substituer son jugement à celui du législateur en matière d'effets, d'efficacité, et de classification des médicaments, ni à celui des experts « sachant à quel point est essentielle en cette matière, l'opinion des organismes scientifiques »[1394]. Cette opinion témoigne de la réserve du juge vis-à-vis des choix techniques et scientifiques.

713. Deux décisions de la Cour constitutionnelle fédérale allemande, relatives à la loi du 5 novembre 1997 concernant la transplantation d'organes se sont prononcées, en faveur de la constitutionnalité de la loi. La décision du 18 janvier 1999 considère que le fait de subordonner le non prélèvement d'organe à une manifestation explicite et écrite de refus ne porte atteinte ni à la dignité, ni à la liberté. La décision est brièvement motivée. Les commentateurs notent la réticence de la Cour à se prononcer sur la constitutionnalité de la loi.

La deuxième décision de la Cour constitutionnelle allemande porte sur un recours contre une disposition de la loi allemande limitant le don entre vifs aux individus liés personnellement. La loi interdit des dons anonymes à des fins altruistes. Pour le requérant, cette limitation le condamne à mourir, car quelqu'un s'était proposé de faire un tel don. La cour a statué en simple section considérant implicitement que cette loi ne posait aucun problème juridique nouveau. Dans les deux affaires, le juge s'est prononcé en simple section, manifestant une tendance selon laquelle de plus en plus de décisions importantes sont prises par de simples sections chaque fois que la cour adopte une attitude de *self restraint*. Sur le fond, la cour a reconnu au législateur un large pouvoir d'appréciation, comme le juge constitutionnel français. Toutefois, il a exercé un contrôle

---

[1392] J-C. Galloux, « Le gène du dromadaire », note sous DC 2004-498 DC, 29 juil. 2004, *JCP*, 2004-II, 10167.

[1393] J-C. Galloux, « Les dispositions de loi du 6 août 2004 relatives aux inventions biotechnologiques », *RDSS*, 2005, p. 206.

[1394] B. Mathieu, « La protection du droit à la santé par le juge constitutionnel. A propos et à partir de la décision de la Cour constitutionnelle italienne du 20 mai 1998 », *CCC*, n°6, 1999, p. 59.

de proportionnalité, en vérifiant si la restriction du cercle des donneurs était indispensable à la protection de la liberté de décision du donneur[1395].

714. Le juge constitutionnel, par l'étendue de son contrôle, peut laisser une marge d'appréciation plus ou moins importante au législateur, sachant qu'il laisse au législateur à l'intérieur de la marge d'appréciation, un pouvoir autonome de détermination de la norme. En présence de normes en conflit quand le juge invite le législateur à concilier les normes, il lui laisse aussi une marge de manœuvre[1396].

Le législateur peut ainsi déterminer le champ de protection des droits fondamentaux, et en écarter certains êtres humains, comme il l'a fait en France avec l'embryon *in vitro*. Le législateur a pu estimer que ni le principe du respect de la vie dès son commencement, ni le principe d'égalité, ne leur est applicable. L'efficacité du principe de dignité paraît dès lors aléatoire, puisque le législateur soumis au respect du principe de dignité est demeuré libre d'en déterminer le champ d'application[1397].

2- La marge de manœuvre laissé aux Etats par les Cours européennes

715. La nécessité d'établir des normes internationales afin d'éviter l'inefficacité des législations nationales et le "tourisme médical", est confrontée au pluralisme culturel et juridique des Etats. Pour aboutir à un accord au-delà des divergences, la technique des réserves permet l'adhésion de tous, tout en ménageant une marge de manœuvre à chaque Etat. La Convention européenne de bioéthique organise le régime des réserves. Elle permet d'établir des réserves concernant une disposition particulière de la Convention dans la mesure où une loi en vigueur n'est pas conforme à cette disposition. La réserve ne doit pas présenter un caractère trop général. En outre, elle doit être justifiée par un exposé de la loi en cause.

716. Le recours à des réserves constitue une façon de re-nationaliser une norme d'origine internationale. Mais ce système pose problème pour les traités relatifs aux droits de l'homme à partir du moment où ils consacrent un standard minimum. Certains proposent

[1395] Chronique étrangère, M. Fromont, RFA : la jurisprudence constitutionnelle en 1998, 1999, *RDP*, 2001, p. 119.
[1396] M. Delmas-Marty, *Pour un droit commun*, *op. cit.*, p. 158 et sv.
[1397] O. Cayla, « Le coup d'Etat de droit ? », *Le Débat*, n°100, mai - août 1998, p. 108.

d'instaurer une clause de conscience de l'Etat en bioéthique[1398], car les dispositions internationales sont parfois moins protectrices que les normes de droit interne. Le gouvernement allemand a émis des objections à l'égard de la Convention européenne de bioéthique[1399], qui ouvre la possibilité d'expérimentation sans bénéfice individuel direct sur des personnes incapables de consentir. Or la législation allemande s'avère plus protectrice pour les mineurs, les malades mentaux et les prisonniers, car elle interdit ce type d'expérimentation sur des personnes détenues dans un établissement par décision judiciaire ou administrative[1400].

717. L'avantage de réserver une marge nationale d'appréciation consiste à concilier le pluralisme et la poursuite d'un droit commun[1401]. Car elle ouvre la possibilité de reconnaître une liberté de manœuvre, mais qui reste limitée. Elle rend possible de conjuguer l'un et le multiple. L'unification du droit fait place à l'harmonisation, au lieu d'appliquer une règle unique à laquelle les Etats doivent se conformer à l'identique ; on préfère l'harmonisation qui opère un rapprochement autour de principes directeurs, et qui admet un droit à la différence. La marge conduit à raisonner en termes de compatibilité, et non de conformité à la règle.

718. Le recours à la marge nationale d'appréciation est particulièrement prisé par la Cour européenne des droits de l'homme. La notion n'apparaît pas dans la Convention européenne des droits de l'homme ; elle a été dégagée par la Cour. Lorsque la Cour laisse une marge d'appréciation à l'Etat, c'est en principe en l'absence d'un dénominateur commun juridique et sociologique entre les Etats. L'absence de communauté de vues des Etats accroît, en principe[1402], la

---

[1398] G. Mémeteau, « La clause de conscience de l'Etat en bioéthique », in *L'éthique au pluriel*, *op. cit.*, p. 45.

[1399] H. Rosenau, C. Magnin, « Les conditions légales préalables requises pour les essais cliniques d'après la Déclaration d'Helsinki révisée et la Convention européenne sur les droits de l'homme et la biomédecine », *JIB*, vol. 15, 2004, p. 56 et sv.

[1400] R. Grote, « Aspects juridiques de la bioéthique dans la législation allemande », *RIDC*, 1999-1, p. 85.

[1401] M. Delmas-Marty et M-L. Izorche, « Marge nationale d'appréciation et internationalisation du droit », *RIDC*, 2000-4, p. 753.

[1402] Il y a des entorse à ce principe, dans l'affaire B contre France, la Cour a relevé les différences juridiques, l'absence de consensus social en Europe à l'égard du transsexualisme, néanmoins elle a jugé la situation française incompatible avec le respect dû à la vie privée, CEDH, B. c. France, 23 mars 1992, C. Lombois, « La position française sur le transsexualisme devant la CEDH », *D.*, Chr., 1992, p. 323.

marge d'appréciation laissée aux Etats[1403]. Cependant, les critères d'attribution de la marge ne paraissent pas assez clairs[1404], ce qui entache la prévisibilité du droit.

719. Le texte de la Convention date de cinquante ans. La Cour interprète le texte dans un sens qui tient compte des évolutions de la société contemporaine. Le but de la Cour consiste à assurer l'effectivité de la Convention. A cette fin, la Cour affirme que « le but de la convention consiste à protéger des droits non pas théoriques et illusoires mais concrets et effectifs » et qu'« il est solidement ancré dans la jurisprudence de la Cour que la Convention est un instrument vivant à la lumière des conditions de vie actuelles. Il s'ensuit que les dispositions de la Convention, ne sauraient être interprétées uniquement en conformité avec les intentions de leurs auteurs telles qu'elles fussent exprimées voici plus de quarante ans ». La prise en compte de l'opinion publique européenne, et de l'état général des mentalités en Europe, guide les jugements de la Cour. Et en l'absence de tendance dominante, la Cour accorde généralement aux autorités nationales une marge d'appréciation. Dans l'affaire Odièvre concernant le droit à la connaissance de ses origines[1405], la Cour estime, face à la diversité des systèmes et traditions juridiques, que les Etats doivent jouir d'une certaine marge d'appréciation pour décider des mesures propres à assurer la reconnaissance des droits garantis par la Convention. Compte tenu de la controverse existant en France sur le statut juridique de l'embryon et de l'absence de consensus européen en la matière, la Cour considère que la question de savoir quel est le point de départ de la vie relève de la marge d'appréciation des Etats et leur reconnaît un large pouvoir discrétionnaire en la matière[1406].

720. Dans le cadre de la jurisprudence communautaire, la CJCE reconnaît la nécessité de laisser une marge de manœuvre aux Etats. S'agissant de la Directive relative à la brevetabilité, la Cour a admis qu'« une marge de manœuvre est nécessaire pour tenir compte des difficultés particulières que peut susciter l'exploitation de certains

---

[1403] F. Sudre, *Droit international et européen des droits de l'homme*, PUF, coll. Droit fondamental, Droit international, 2001, n°109.

[1404] J. Callewaert, « La Convention européenne des droits de l'homme entre effectivité et prévisibilité », *Mélanges en hommage à Pierre Lambert*, *op. cit.*, p. 93.

[1405] CEDH, Odièvre c. France, 13 fév. 2003, *op. cit.*

[1406] CEDH, Vo c. France, 8 juil. 2004, note J. Pradel, *D.*, J., 2004, p. 2456 ; note M. Levine, *JCP*, 2004-II, 10158.

brevets dans le contexte social et culturel que connaît chaque Etat membre, contexte que les autorités nationales, législatives, administratives et juridictionnelles sont mieux à même d'appréhender que les autorités communautaires »[1407].

721. Dans les domaines sensibles impliquant des choix de société, les juges constitutionnels, comme les cours européennes, adoptent une attitude prudente, en considérant qu'il revient à la représentation nationale d'opérer ces choix en fonction du contexte culturel. Néanmoins, il ne faut pas négliger la place croissante des juges dans le développement et la hiérarchisation des droits fondamentaux. C'est souvent à eux, en dernier ressort, qu'il appartient d'appliquer les droits fondamentaux et d'en fixer la portée.

C/ Des droits insuffisamment déterminés

722. La portée des droits fondamentaux est affaiblie par le fait que les termes employés sont polysémiques. La volonté de recourir à des notions suffisamment vagues et floues afin d'homogénéiser les droits internes et internationaux, et d'obtenir un consensus sur les valeurs, se paye par la plasticité du contenu des droits. L'indétermination des droits favorise le développement de logiques contradictoires. En outre, l'essor des droits multiplie nécessairement les hypothèses de conflit.

723. La polysémie des termes employés facilite l'obtention du consensus autour des valeurs, au mépris de la cohérence des droits ainsi reconnus. La dignité érigée en valeur cardinale de la bioéthique fait l'objet d'interprétations antagonistes. Indéfinie, et considérée comme indéfinissable, elle autorise diverses significations qui sont pourtant contradictoires.

Sciemment, le recours à des notions à contenu variable est favorisé de manière à laisser une certaine marge de manœuvre. Cette sorte d'ambiguité constructive risque de créer des droits identiques, mais de contenu différent.

[1407] CJCE, 9 oct. 2001, C-377/98, *op. cit.*

1- La coexistence de logiques contradictoires : dignité versus liberté

724. La notion de dignité a des contours imprécis ; sa signification varie en fonction de l'approche choisie. La notion était avant tout et demeure essentiellement philosophique[1408]. C'est pourquoi la juridicisation du principe est discutée. En tant que notion a-juridique elle est susceptible d'inspirer les normes juridiques, mais elle même n'en est pas une. En tant que principe flou jouissant d'un caractère moralement et politiquement correct, la dignité est extensible à l'infini[1409]. Certains la jugent comme la « notion la plus agaçante de la littérature judiciaire, tant elle se prête à des utilisations variées »[1410]. La notion de dignité qui n'avait naguère aucune densité juridique devient une sorte de voiture balai du contrôle juridictionnel[1411]. Elle permet aux juges d'en tirer des interdictions, des droits subjectifs, des inconstitutionnalités, et des obligations positives de l'Etat. Le danger réside dans le fait que les juges assoient leur jugement sur des normes dont ils déterminent eux-mêmes le contenu. « La notion est si vague, son contenu si indécelable qu'en l'inscrivant dans un texte normatif, le constituant donne une véritable délégation constitutionnelle au juge. »[1412].

725. En vertu de la conception libérale, la dignité ne renvoie pas à un contenu moral déterminé. La dignité symbolise en effet, le respect des libertés affranchies d'une conception dogmatique du Bien. La dignité ne véhicule pas un contenu moral substantiel : elle signifie pour les libéraux « la capacité d'un moi libre et indépendant de se déterminer en fonction de finalités qu'il a lui-même choisi »[1413] ; elle fonde la reconnaissance de l'individualité et la faculté de s'autodéterminer. Dans

---

[1408] C. Neirinck, « La dignité humaine ou le mauvais usage juridique d'une notion philosophique », in *Mélanges C. Bolze*, *op. cit.*

[1409] V. Saint-James, « Réflexions sur la dignité de l'être humain en tant que concept du droit français », *D.*, Chr., 1997, p. 61.

[1410] P. Martens, « Encore la dignité humaine : réflexions d'un juge sur la promotion par les juges d'une norme suspecte », in *Mélanges en hommage à Pierre Lambert*, *op. cit.*, p. 561.

[1411] *Ibid.*

[1412] *Ibid.*, p. 569.

[1413] T. Pech, « La dignité humaine. Du droit à l'éthique de la relation », *Justices*, Dossier : Le corps humain saisi par la justice, Hors-série, mai 2001, p. 90.

ce cas, la dignité se confond avec la liberté[1414]. En revanche, une autre approche diffère profondément de celle-ci. Il s'agit d'une approche substantielle, qui dépasse l'individualité et s'impose aux individus. La dignité constitue un concept objectif permettant de faire prévaloir l'universel sur l'individuel, comprenant des obligations de chaque individu envers l'humanité. Cette conception est souvent rattachée à la conception kantienne, en vertu de laquelle la dignité implique que tous les êtres humains sont dignes de respect, et que la personne humaine en tant que telle possède une valeur intrinsèque. Cette conception conduit Kant à énoncer un impératif catégorique : « Agis de telle sorte que tu traites l'humanité, aussi bien dans ta personne, que dans la personne de tout autre, toujours en même temps comme une fin et jamais simplement comme un moyen »[1415].

726. En raison de cette distorsion concernant la conception de la dignité, on comprend pourquoi elle fonde des droits contradictoires. La dignité est invoquée autant par les partisans du droit au respect de la vie qu'elle est revendiquée par les partisans d'un droit à l'euthanasie, ou d'un droit de mourir dans la dignité. Soit ce sont les pratiques eugéniques, qui sont jugées comme attentatoires à la dignité humaine. Soit c'est la lutte contre les tares et le combat pour l'amélioration de l'espèce, qui sont jugés les plus respectueux de la dignité humaine.

727. Au sein des droits fondamentaux, deux logiques s'affrontent, l'une fondée sur la liberté, l'autre sur la dignité correspondant respectivement à la primauté des droits subjectifs d'une part, et du droit objectif d'autre part. Certains présentent cette partition entre une conception dite moderne, attachée à la promotion des droits de l'homme, et une conception dite contemporaine, fondée sur la dignité de la personne humaine. Les droits de l'homme sont l'expression des droits subjectifs de l'individu, et sont attachés à une certaine conception de la liberté. La dignité symbolise la lutte contre les droits subjectifs, et la liberté de disposer de soi, car une autre autorité que la personne elle-même détermine l'indisponibilité de la personne. La dignité opère un changement de paradigme, puisque ce qui caractérise la nature de l'homme, ce n'est plus la liberté, mais l'humanité.

[1414] J. Pic de la Mirandole, *Discours sur la dignité de l'homme*, Paris, Garin, 1942, p. 104.
[1415] E. Kant, *Fondements de la métaphysique des mœurs*, Paris, Delagrave, 1952, p. 150.

Soit la dignité est perçue comme un attribut de la liberté. Dans ce cas, la dignité de l'homme ne peut lui être opposée pour restreindre sa liberté. Soit la liberté est perçue comme un attribut de la dignité. Dès lors, l'invocation de la dignité de l'homme peut servir à limiter sa liberté[1416].

728. La volonté de dissocier la conception dite moderne et la conception dite contemporaine des droits de l'homme n'est pas neutre ; elle entend affirmer le primat de la liberté sur la dignité. C'est l'enjeu du débat philosophique et juridique actuel que de déterminer laquelle de ces deux valeurs doit l'emporter. Tout dépend de la fonction que l'on entend attribuer au droit. Si le droit a pour mission d'arrêter des valeurs fondamentales, de poser des interdits pour éviter des transgressions permises grâce à la disjonction du sexe, de l'identité, de la sexualité, de la procréation, de la filiation, le droit se doit alors de reconnaître des impératifs méta-juridiques. Cette perspective touche à la fonction anthropologique du droit[1417]. Il est important qu'il soit le gardien des catégories ou des structures anthropologiques fondamentales, dans la mesure où le droit révèle notre rapport aux choses et témoigne de notre humanité du moment[1418]. En tant que normes fondamentales, transcendantes parce qu'indisponibles, elles rappellent le discours du droit naturel[1419]. A cet égard, les arguments avancés devant l'Assemblée nationale concernant l'interdiction du clonage reproductif reposent essentiellement sur des considérations d'ordre anthropologique : l'interdit est justifié par le fait que la reproduction asexuée porte atteinte à la condition humaine, et bouleverse les rapports de parenté, par le fait que le clonage porte atteinte à la dignité humaine en instrumentalisant la naissance du futur enfant. Le clonage reproductif fait l'objet d'une condamnation solennelle. La prohibition de cette pratique a été introduite dans le code civil, et non dans le code de la santé publique. Le caractère symbolique de l'interdiction du clonage reproductif est renforcé par la création d'une incrimination spécifique, le crime contre l'espèce humaine. En l'espèce, le droit joue le rôle de gardien, et remplit un rôle

---

[1416] B. Jorion, « La dignité de la personne humaine ou la difficile insertion d'une règle morale dans le droit positif », *RDP*, 1999, p. 197.

[1417] O. Cayla, Y. Thomas, *Du droit de ne pas naître*, *op. cit.*, p. 47 et sv.

[1418] D. de Béchillon, « La valeur anthropologique du Droit. Eléments pour reprendre un problème à l'envers », *RTDC*, 1995, p. 835.

[1419] D. de Béchillon, « Porter atteinte aux catégories anthropologiques fondamentales ? », *RTDC*, 2002, p. 47.

symbolique. Dans le cadre de sa fonction anthropologique, le droit a la fonction de préserver ce qui spécifie le sujet humain[1420]. Toutefois, il peut être tenté de stigmatiser certaines pratiques telles que le clonage reproductif, et laisser faire d'autres pratiques tout aussi attentatoires aux considérations anthropologiques[1421].

729. On ne compte pas moins de trois conceptions de la dignité qui s'opposent. La première rattache la dignité aux droits de l'homme[1422], et la considère comme un principe matriciel, en ce qu'il engendre d'autres droits de portée et de valeur différente[1423]. La dignité constitue « le socle sur lequel est construit la philosophie des droits de l'homme »[1424] ; c'est le principe source de tous les droits de l'homme. La deuxième conception place la dignité sur un autre plan que celui des droits de l'homme, puisque la liberté est l'essence des droits de l'homme, et la dignité l'essence de l'humanité[1425]. Enfin, la troisième conception identifie la dignité à la liberté, de manière à faire prévaloir la liberté[1426].

Les instruments internationaux accordent le primat à la dignité comme fondement des droits de l'homme. La Charte européenne des droits fondamentaux, plus précisément les explications qui accompagnent la Charte, précisent que la dignité n'est pas seulement un droit fondamental, mais constitue la base même des droits fondamentaux. La Convention européenne de bioéthique a adopté la dignité comme valeur fondatrice, ce qui lui a valu la formulation de certaines critiques, dénonçant le caractère technophobe de la convention et un retour du dogmatisme[1427]. Dans ce conflit entre dignité et liberté, les juges

---

[1420] Entretien avec A. Supiot, *Esprit*, fév. 2001, la fonction anthropologique du droit, p. 151.

[1421] B. Mathieu, « Le projet de loi bioéthique à la veille de son examen en deuxième lecture par l'Assemblée nationale », *op. cit.*

[1422] B. Maurer, « Notes sur le respect de la dignité humaine… ou petite fugue inachevée autour d'un thème central », in *Le droit, la médecine et l'être humain*, A. Sériaux (sd.), PUAM, 1996, p. 202.

[1423] B. Mathieu, « Pour une reconnaissance de « principes matriciels » en matière de protection constitutionnelle des droits de l'homme » *D.*, Chr., 1995, p. 212.

[1424] B. Mathieu, « La dignité de la personne humaine : du bon (et du mauvais ?) usage en droit positif français d'un principe universel », in *Le droit, la médecine et l'être humain*, *op. cit.*, p. 230.

[1425] B. Edelman, « La dignité de la personne humaine, un concept nouveau », *D.*, Chr., 1997, p. 186.

[1426] O. Cayla, « Le coup d'Etat de droit ? », in *Le Débat*, *op. cit.*

[1427] G Hottois, *Essais de philosophie bioéthique et biopolitique*, Paris, Librairie philosophique J.Vrin, 1999, p. 157.

constitutionnels n'ont pas la même hiérarchie de valeurs. Dans les pays d'Europe continentale, l'accent est mis sur le principe de dignité, en *common law* sur la protection de l'autonomie de l'individu[1428].

2- Des notions à contenu variable

730. Un des moyens susceptible de gérer la complexité du droit et de trouver un rapprochement entre les Etats, consiste à recourir à des notions faiblement déterminées, afin de permettre une co-détermination du sens. En tant que principes directeurs, les droits fondamentaux sont acceptés par des systèmes juridiques différents. Ils constituent un facteur d'harmonisation, dans la mesure où ils guident les choix du législateur ou du juge, tout en leur laissant une marge d'appréciation. En particulier, le juge se trouve investi d'un large pouvoir d'interprétation, puisqu'il peut étirer ou restreindre la portée des principes.

731. Parmi les notions à contenu variable, faiblement déterminées, figure la notion de vie privée. Le respect de la vie privée est un concept utilisé dans les systèmes juridiques de *common law* et de *civil law*, mais il y revêt une signification profondément différente. En *civil law*, notamment en droit français, la vie privée recouvre et se borne à reconnaître un droit au secret[1429], alors qu'en *common law*, il comprend une double dimension : à la fois celle du droit au secret et un droit à l'autodétermination. Au Canada, la vie privée est conçue comme une notion très élastique. Elle est utilisée aussi bien en tant que liberté de la vie privée que secret de la vie privée[1430]. De même, aux Etats-Unis, la vie privée est conçue comme un concept « large, abstrait et ambigu... », selon le juge qui a rédigé la décision Griswold c. Connecticut[1431]. Le droit américain retient deux aspects principaux de la vie privée, le secret et l'autonomie, sachant que l'autonomie en tant que droit de faire des choix concernant sa propre personne, et de mener la vie personnelle de son choix, est celui qui connaît le plus de développement : contraception, avortement, cessation de traitement.

[1428] N. Lenoir, Rapport de synthèse in *Constitution et éthique biomédicale*, *op. cit.*

[1429] M. Fatin-Rouge, France, Constitution et secret de la vie privée, Table ronde, *AIJC*, XVI, 2000, p. 259.

[1430] B. Pelletier, Canada, Constitution et secret de la vie privée, Table ronde, *AIJC*, XVI, 2000, p. 163.

[1431] G. Scoffoni, Etats-Unis, Constitution et secret de la vie privée, Table ronde, *AIJC*, XVI, 2000, p. 247.

732. La vie privée est une notion essentiellement contingente. De fait, en droit européen, la notion de vie privée fait l'objet d'une interprétation évolutive et dynamique de la part de la CEDH. Dans l'affaire Pretty, relative à l'aide au suicide, la Cour s'est livrée à une interprétation dynamique de l'article 8§1, considérant qu'il reflète « un principe d'autonomie personnelle, au sens du droit d'opérer des choix concernant son propre corps ». S'agissant de la reconnaissance de la nouvelle identité des transsexuels, la Cour écarte l'absence de consensus européen concernant la reconnaissance juridique du changement de sexe. Elle se fonde sur l'interprétation dynamique de la notion de vie privée au sens d'autonomie personnelle, et du droit de jouir pleinement du droit au développement personnel, pour imposer à l'Etat l'obligation de procéder à la reconnaissance du changement de sexe[1432]. La Cour a franchi un pas supplémentaire en consacrant explicitement « le droit de disposer de son corps », en reliant ce droit à la notion d'autonomie personnelle[1433]. La conception européenne de la vie privée s'oriente vers la conception de *common law*, puisqu'elle reconnaît explicitement comme élément de la vie privée, la notion d'autonomie personnelle. Dès lors, la conception européenne de la vie privée englobe l'idée d'autodétermination étrangère à la culture de *civil law*.

Si l'indétermination de la vie privée permet de ne pas l'enfermer dans un cadre juridique prédéterminé, pour faire évoluer la notion avec le temps, et pour répondre aux nouvelles réalités sociales, une trop grande souplesse risque de travestir la notion si elle sert à entériner l'évolution des mœurs.

733. Le vocabulaire utilisé en bioéthique est volontairement imprécis pour favoriser l'adhésion des Etats aux instruments internationaux. Il est topique que la Convention européenne de bioéthique se soit refusée à définir l'être humain. Le rapport joint à la Convention laisse aux droits étatiques la détermination de la portée de l'expression être humain. Le Protocole additionnel à la Convention portant interdiction du clonage d'êtres humains stipule dans son article 1 : « est interdite toute intervention ayant pour but de créer un être humain génétiquement identique à un autre être humain vivant ou mort ». Dès lors, l'interdiction du clonage thérapeutique, qui consiste à créer des

[1432] CEDH, 11 juil. 2002, Goodwin c. Royaume-Uni, *GACEDH*, n°38. La Cour ne garde une marge d'appréciation qu'à l'égard des moyens à mettre en œuvre.
[1433] CEDH, 17 fév. 2005, KA et AD c. Belgique, note J-P. Marguénaud, *RTDC*, 2005, p. 341.

embryons par clonage comme sources de cellules, ne vaut que pour les pays qui considèrent l'embryon comme un être humain. Or les Pays Bas ont déclaré qu'ils interprètent « le terme être humain comme se référant exclusivement à un individu humain c'est-à-dire à un être humain qui est né »[1434].

Le recours aux notions indéterminées offre implicitement aux Etats la possibilité de déroger à l'application de certains droits. Les notions indéterminées donnent ainsi une impression d'harmonisation, sous couvert d'une adhésion à des valeurs communes, et peuvent masquer des logiques différentes.

D/ Des droits insuffisamment garantis

734. La superposition d'instruments juridiques nationaux, européens et internationaux, nuit à la signification et à la clarté des droits fondamentaux. On a tendance à oublier des concepts de droit interne parfois plus précis au profit du flou du droit international, les mêmes droits faisant l'objet d'interprétations différentes.

Un système de protection ne vaut pas seulement par le contenu des droits, mais aussi par l'existence de recours direct et effectif en cas de violation des droits. C'est pourquoi les instruments de droit international et de droit européen en bioéthique se rattachent à la notion propre au droit international de *lex imperfecta*, dans la mesure où les règles ne sont pas assorties de sanctions. L'insuffisante garantie des droits résulte aussi des failles existant dans la hiérarchie des normes.

1- Les failles dans la hiérarchie des normes

735. En France, dans la mesure où le contrôle de la loi s'effectue *a priori* et sur saisine, une loi est susceptible d'échapper au contrôle de constitutionnalité. Ainsi, la loi n°88-1138 du 20 décembre 1988 relative à l'expérimentation médicale n'a pas été soumise à l'examen du Conseil constitutionnel. Quant à la loi de 2001 relative à l'interruption volontaire de grossesse et à la contraception[1435], elle n'a fait l'objet que d'un contrôle partiel de constitutionnalité. La constitutionnalité des dispositions relatives à la stérilisation des

[1434] G. de Vel, « Le rôle du Conseil de l'Europe en matière de bioéthique », *RTDH*, n° spécial, *op. cit.*, p. 357.
[1435] *JO*, 7 juil. 2001, p. 10828, CC 2001-446 DC, 27 juin 2001, rec. p. 74, note B. Mathieu, *D.*, J., 2001, p. 2533, note G. Nicolas, *RFDC*, 2001, p. 619.

handicapés mentaux, sans leur consentement, n'a pas été soulevée par la saisine sénatoriale, et ces dispositions n'ont pas fait l'objet d'une saisine d'office par le Conseil. Une deuxième saisine a été présentée par les députés en ce sens, mais le Conseil a refusé d'apprécier deux fois une même loi, même pour des questions non examinées lors de la première saisine[1436]. Il aurait été d'autant plus opportun qu'il se juge compétent que la légalisation de la stérilisation des handicapés mentaux s'est opérée dans l'ombre. En effet, la loi avait pour objet principal l'allongement du délai de recours à l'avortement.

Le contrôle de constitutionnalité de la loi de 2004 relative à la bioéthique a été lui aussi particulièrement restreint, car il n'a porté que sur la brevetabilité des inventions portant sur les gènes[1437], alors que d'autres questions méritaient d'être examinées, notamment l'autorisation de mener des recherches sur les embryons surnuméraires.

736. Non seulement, il y a des lacunes dans le contrôle de constitutionnalité, mais l'absence de mécanismes assurant l'autorité de la jurisprudence du Conseil constitutionnel auprès des juges ordinaires, conduit à la méconnaissance de certains principes constitutionnels. Le juge judiciaire, par exemple, a privé le fœtus de la protection pénale au nom du principe d'interprétation stricte de la loi pénale, alors que l'embryon jouit d'une protection constitutionnelle au nom du principe de sauvegarde de la dignité de la personne humaine qui lui est reconnu[1438]. La solution adoptée par la Cour de cassation conduit ainsi à un paradoxe entre l'absence de protection pénale du fœtus, et l'exigence constitutionnelle de sa protection. Sans porter atteinte au principe de l'interprétation stricte, le juge pénal, en raison du flou de la loi pénale et de la problématique que posait l'espèce en termes de droits fondamentaux, pouvait interpréter le droit pénal en tenant compte des exigences constitutionnelles, et en reconnaissant l'effet horizontal des normes. Pour assurer la conformité du droit pénal aux normes constitutionnelles, non seulement le législateur doit adopter des lois conformes à la Constitution, mais le juge doit aussi appliquer la loi en

[1436] B. Mathieu et M. Verpeaux, « Saisine sur saisine ne vaut » ou les insuffisances du contrôle de constitutionnalité à la française, CC 4 juil. 2001 », *D.*, J., 2001, p. 3374.
[1437] DC 2004-498 DC, 29 juil. 2004, note J-E. Schoettl, *LPA*, n°164, août 2004, p. 3.
[1438] S. Monnier, « Le principe d'interprétation stricte de la loi pénale, prétexte à un refus de mettre en œuvre l'exigence constitutionnelle de protection de l'embryon humain » (à propos de l'arrêt de la Cour de cassation du 29 juin 2001), *GP*, 28-30 juil. 2002, n°209-211, p. 12.

l'interprétant de la manière la plus conforme à la Constitution. Lors du débat contentieux, le juge, en tant qu'organe de l'Etat, est lié par les principes constitutionnels qui régissent celui-ci[1439]. Il est donc tenu de veiller au respect des exigences constitutionnelles en matière pénale.

737. La hiérarchie des normes est battue en brèche non seulement lorsque le juge ordinaire méconnaît des exigences constitutionnelles, mais aussi lorsqu'il méconnaît des dispositions législatives. Par exemple, le juge administratif a maintenu la possibilité de passer outre le refus de transfusion d'un patient en cas de situation extrême mettant en jeu le pronostic vital ou de danger immédiat pour la vie du patient, alors que la loi du 4 mars 2002 affirme que « le médecin doit respecter la volonté de la personne après l'avoir informée des conséquences de ses choix. »[1440].

738. La perturbation dans la hiérarchie des normes n'épargne pas le niveau européen. Dans deux arrêts, la Cour européenne des droits de l'homme a préféré se fonder sur la Charte européenne des droits fondamentaux, jusqu'alors dépourvue de force contraignante, plutôt que d'invoquer la Convention européenne des droits de l'homme[1441]. Cette référence explicite et isolée à un instrument du droit communautaire relance la question de l'articulation des ordres juridiques européen et communautaire. C'est sans doute un signe de « déplacement du centre de gravité de l'Europe des droits de l'homme »[1442]. La Cour a pris en compte l'article 9 de la Charte proclamant le droit de se marier, dans le but de justifier l'évolution de la conception du mariage et admettre celui des transsexuels. De cette manière, elle neutralise l'article 12 de la Convention européenne par l'article 9 de la Charte, qui ne contient aucune mention relative à l'identité sexuelle des postulants au mariage, alors que l'article 12 précise « qu'à partir de l'âge nubile, l'homme et la femme ont le droit de se marier... ».

[1439] J. Rivero, « La protection des droits de l'homme dans les rapports entre personnes privées », in *Amicorum Discipulorumque Liber René Cassin*, T. III, La protection des droits de l'homme dans les rapports entre personnes privées, Paris, A. Pedone, 1971, p. 311.

[1440] Y. Lachaud, « Le droit au refus de soins après la loi du 4 mars 2002 : premières décisions de la juridiction administrative », *GP*, 15-17 déc. 2002, p. 19.

[1441] V. Michel, « La Charte des droits fondamentaux de l'Union : entre mythe ancien et conte moderne », *LPA*, juin 2003, p. 8.

[1442] F. Sudre, « La communauté européenne et les droits fondamentaux après le Traité d'Amsterdam : vers un nouveau système européen de protection des droits de l'homme ?», *JCP*, 1998-I, 100.

2- Le détournement du droit par le droit

739. Afin de satisfaire leurs désirs individuels et détourner les interdictions imposées sur leur territoire national, les individus ont recours au "tourisme médical"[1443]. On relève peu d'illustrations juridiques ou judiciaires des processus trans-européens de cette pratique[1444]. Il est en effet difficile pour un Etat membre de contrôler le comportement des ressortissants qui utilisent les libertés de circulation pour échapper aux interdits nationaux. La CJCE facilite ce flux transfrontalier en qualifiant de service l'interruption médicale de grossesse[1445], qualification dégagée à l'occasion d'un recours formé contre des associations informant les étudiantes irlandaises de la possibilité d'avorter au Royaume-Uni. En Irlande, ces faits sont jugés contraires à la Constitution qui reconnaît le droit à la vie de l'enfant à naître[1446]. L'importance de la qualification réside dans le fait que la liberté de prestation de services inclut la liberté des destinataires des services de se rendre dans un autre Etat membre pour y bénéficier d'un service.

740. On a parlé de droit communautaire dévoyé[1447], au sujet de l'affaire Blood. Dans le cadre de cette affaire, une épouse a fait prélever des gamètes sur son époux en état de coma profond sans son consentement et a sollicité une insémination *post mortem*. Elle a demandé à l'autorité anglaise de régulation, l'autorisation d'exporter le sperme congelé en Belgique, car ce type d'insémination est interdit au Royaume-Uni en l'absence de consentement du mari. Le refus de l'autorité a été porté devant le juge national qui a appliqué le droit communautaire. L'insémination a été qualifiée de prestation de service soumise en tant que telle au principe de liberté qui justifie l'exportation des gamètes. Le juge a raisonné en termes de principal et d'accessoire, considérant que la circulation des gamètes est l'accessoire du service

---

[1443] J-J. Lemouland, « Le tourisme procréatif », *LPA*, n°62, mars 2001, p. 24.

[1444] Cass., 1ère civ., 23 avril 2003, *JCP*, 2004-II, 10058, note A. Bourrat-Gueguen.

[1445] CJCE, 4 oct. 1991, C-159/90, rec. CJCE, I, p. 4685, *RTD eur.* 1992, p. 167, note H. Gaudemet-Tallon.

[1446] En l'espèce, la cour a considéré que le droit communautaire ne s'oppose pas aux interdictions établies par la loi et la jurisprudence irlandaises, en raison du lien ténu entre l'activité des associations et les IVG pratiquées à l'étranger, la Cour estime que l'interdiction de diffusion des informations ne porte pas atteinte à la libre prestation de services.

[1447] J-S. Bergé, « Le droit communautaire dévoyé. Le cas Blood », *JCP*, 2000- I, 206.

« insémination artificielle ». Le juge anglais a appliqué le droit communautaire de la libre prestation de services pour faire réaliser un acte de procréation assistée dans un autre Etat membre. Le juge a autorisé l'entorse à la loi nationale, sans doute sous l'influence de l'opinion publique favorable à Mme Blood[1448]. Le juge aurait cependant pu opposer au principe de libre échange, des exigences impérieuses d'intérêt général qui autorisent de faire échec à la liberté de circulation. Cette affaire traduit l'intrusion de la logique économique dans les relations entre individus, et la transformation de la procréation assistée qui tend à répondre au désir d'enfant, et non plus seulement au traitement de la stérilité.

741. La loi française de 2004 relative à la bioéthique cherche à pallier l'inefficacité du droit à l'égard d'infractions commises à l'étranger. Elle rend la loi pénale française applicable au fait de se prêter à un prélèvement de cellules ou de gamètes, dans le but de faire naître un enfant génétiquement identique à une autre personne, lorsque ce délit est commis à l'étranger par un français[1449]. Pour lutter contre les trafics de gamètes, la loi précise que seuls les embryons conçus avec les gamètes de l'un au moins des membres d'un couple, et dans le respect des principes fondamentaux prévus par les articles 16 à 16-8 du Code civil, peuvent entrer sur le territoire et en sortir. Ces déplacements d'embryons sont exclusivement destinés à permettre la poursuite d'un projet parental. Ils sont soumis à autorisation de l'Agence de la biomédecine[1450]. De même, l'importation de tissus ou cellules embryonnaires fœtaux aux fins de recherche nécessite une autorisation de l'Agence, sachant qu'ils doivent être obtenus dans le respect des principes fondamentaux prévus par le code civil[1451]. L'exportation est soumise aux mêmes conditions, et elle est subordonnée à la condition de participation d'un organisme de recherche français au programme de recherche international.

742. Hormis les hypothèses de tourisme médical, l'incohérence des instruments juridiques permet de détourner le droit par le droit. Alors que la Convention européenne de bioéthique prohibe la création

---

[1448] R. Sefton-Green, « La procréation médicalement assistée entre droit national et droit communautaire », *RGDM,* n°spécial, La recherche sur l'embryon : qualifications et enjeux, *op. cit.*, p. 101.
[1449] Art. 511-1-1 du Code pénal.
[1450] Art. L. 2141-9 CSP.
[1451] Art. L. 2151-6 CSP.

d'embryons à des fins de recherche[1452], la décision finale concernant le 6ème programme-cadre en matière de recherche[1453], n'interdit pas le financement des activités de recherche impliquant la création d'un être humain à des fins expérimentales ou thérapeutiques[1454].

743. En France, on peut s'interroger sur l'éventuel détournement de la loi de 1994 par un arrêté autorisant l'importation de cellules souches embryonnaires[1455]. Dans le cadre du référé-suspension, le Conseil d'Etat a prononcé la suspension de l'exécution de la décision du ministre autorisant le Centre national de la recherche scientifique à importer d'Australie, deux lignées de cellules souches pluripotentes humaines d'origine embryonnaire, et à effectuer des recherches sur les dites lignées[1456]. La suspension a été justifiée par l'existence d'un doute sérieux quant à la légalité de la décision, en raison de la méconnaissance de l'article 2141-8 du code de la santé publique, en vertu duquel « la conception *in vitro* d'embryons humains à des fins d'études, de recherche ou d'expérimentation est interdite. Toute expérimentation sur l'embryon est interdite ». Les cellules pluripotentes peuvent se spécialiser pour produire une large variété de tissus. Elles ne peuvent pas se développer pour créer un nouvel embryon. Mais ces cellules sont obtenues par la destruction d'embryons.

En revanche, le tribunal administratif a jugé que « les cellules souches pluripotentes humaines d'origine embryonnaire ne sont pas des embryons ; que par suite, la décision attaquée qui a pour seul objet d'autoriser l'importation de telles cellules, n'a ni pour objet ni pour effet de permettre une expérimentation sur l'embryon ; que la circonstance que ces cellules aient été prélevées sur un embryon est sans incidence sur la légalité de la décision attaquée dès lors qu'un tel prélèvement ne constitue pas une expérimentation ; qu'au surplus ce prélèvement a été effectué hors du territoire national »[1457]. Le tribunal administratif contredit donc la position du Conseil d'Etat. A cet égard, le jugement est

---

[1452] Art. 18 §2 « La constitution d'embryons humains aux fins de recherche est interdite ».

[1453] DC 1513/2002/CE du Parlement et du Conseil 27 juin 2002.

[1454] B. Mathieu, « De la difficulté d'appréhender l'emploi des embryons humains en termes de droits fondamentaux », *RTDH*, n°spécial, *op. cit.*, p. 387.

[1455] TA Paris, 21 janv. 2003, Association Alliance pour les droits de la vie, Cl. A. Guedj, *RFDA*, 2003, p. 763 ; note S. Hennette-Vauchez, *AJDA*, 2003, p. 1563.

[1456] CE, 13 nov. 2002, Association Alliance pour les droits de la vie, Cl. D. Chauvaux, *AJDA*, 2002, p. 150 ; note H. Moutouh, *D.*, J., 2003, p. 89.

[1457] TA Paris, 21 janv. 2003, Association Alliance pour les droits de la vie, *op. cit.*

particulièrement intéressant au regard des rapports entre le Conseil d'Etat, juge de cassation des ordonnances en référé, et un tribunal administratif, juge du fond. Le tribunal administratif a rejeté le recours en annulation, et n'a pas appliqué la disposition utilisée par le Conseil d'Etat pour relever un doute sérieux quant à la légalité. Il n'a donc pas confirmé le doute sérieux relevé par le Conseil d'Etat. Pour ce faire, le tribunal administratif distingue les cellules souches embryonnaires des embryons, et leur applique le régime applicable aux tissus et cellules issus du corps et non les dispositions protectrices de l'embryon. Le juge distingue le prélèvement de l'expérimentation, seule la dernière est illégale. Cette distinction est en l'espèce discutable car le prélèvement provoque la destruction de l'embryon. Et la loi, si elle autorise de mener des études sur les embryons surnuméraires, précise qu'elles ne peuvent porter atteinte à l'embryon. Le tribunal accepte que les chercheurs français bénéficient d'une opération réalisée à l'étranger, interdite en France, mais susceptible d'être légalisée à l'occasion de la révision des lois bioéthiques. Effectivement, la nouvelle loi relative à la bioéthique autorise la recherche sur l'embryon, et encadre l'importation des tissus et cellules embryonnaires. Afin de commencer ces recherches dès la promulgation de la loi, un régime transitoire a même été instauré. Ainsi, jusqu'à l'adoption des décrets d'application de la loi, les ministres de la santé et de la recherche peuvent autoriser conjointement par arrêté, l'importation à des fins de recherche de cellules souches embryonnaires et des protocoles d'études et de recherche sur les cellules souches importées. Le régime transitoire est entré en vigueur avec l'adoption d'un décret en Conseil d'Etat le 28 septembre 2004[1458]. L'instauration d'un tel régime témoigne de l'urgence et de la volonté d'autoriser ces recherches.

744. L'approche des problèmes bioéthiques est traitée en définitive de manière pragmatique, dans la mesure où les intérêts économiques et scientifiques réussissent à faire céder les interdits symboliques. On tente de concilier la logique des droits fondamentaux et la logique utilitariste économico-scientifique, mais force est de reconnaître que cette dernière a tendance à l'emporter.

Les enjeux financiers attachés à la recherche scientifique, et les perspectives prometteuses que laissent entrevoir les avancées

---

[1458] Décret n°2004-1024, du 28 sept. 2004, *JO*, 30 sept. 2004, p. 16802, *JCP*, AR, 2004, 540, « Le régime transitoire d'autorisation des recherches sur les cellules souches embryonnaires », J-R. Binet.

scientifiques, leur octroient une crédibilité et une légitimité que les droits fondamentaux peuvent difficilement contrecarrer. La mondialisation de l'économie et de la science crée un monde de plus en plus interdépendant. C'est pourquoi l'éthique et le droit doivent se développer à l'échelle supra-nationale. Le phénomène de mondialisation exige non seulement de savoir, mais aussi de prendre en compte ce que font les autres, car cela détermine les choix éthiques que l'on fait soi-même[1459]. Toutefois, la prise en compte de la diversité culturelle ne doit pas conduire à un alignement des Etats sur ce que serait le plus petit dénominateur commun des valeurs partagées.

En outre, traversés eux-mêmes par des courants contradictoires, les droits fondamentaux se perdent et s'épuisent en reconnaissant l'existence d'un droit et son contraire. Il leur est de plus en plus difficile d'affirmer des valeurs objectives qui soient communément partagées. Dès lors, ils sont profondément affaiblis par le système juridique qui autorise légalement dérogation, conciliation, marge de manœuvre, indétermination, pour assurer la flexibilité et la souplesse des droits. Sans compter, les failles inhérentes au système juridique qui permettent d'échapper au respect des droits fondamentaux.

[1459] N. Lenoir, « L'éthique entre universalité et diversité », in D. Sicard (sd.), *Travaux du Comité national d'éthique. 20 ème anniversaire, op. cit.*, p. 1001.

CONCLUSION DU CHAPITRE :

745. Le droit de la bioéthique et la régulation para-juridique sont construits à partir des droits fondamentaux. Dans le cadre du système para-juridique et juridique, la valeur accordée aux droits fondamentaux découle moins de la source formelle de la norme qui l'énonce, que de la substantialité du droit considéré. Dès lors, les droits fondamentaux sont dégagés aux différents niveaux de la hiérarchie des normes et même par des autorités a-juridiques. Cette référence croisée et réitérée aux droits fondamentaux donne l'impression que le droit est ordonnancé à partir d'un système de valeurs établies, incarnées dans des règles de droit substantielles. Or l'idée même d'un système de valeurs prédéterminé et cohérent est critiquée ; on dénonce la difficulté et le caractère artificiel d'un accord sur les valeurs. Dans cette optique, la méthode comparative et le dialogue des juges permettent de rechercher un système de valeurs minimum qui soit partagé par tous, permettant de promouvoir un rapprochement suffisamment souple, sans utiliser la contrainte.

746. Sous la pression d'une conception pluraliste, communautariste, en même temps excessivement individualiste de la société, et sous la pression de la logique utilitariste, scientifique, économique, se développe un droit consensuel et flexible des droits fondamentaux qui affecte la substance de ces droits, pourtant proclamés solennellement et sans cesse réaffirmés. L'écart se creuse entre l'affirmation des droits fondamentaux comme exigence absolue, et la substance éminemment relative des droits. Le droit à la vie est particulièrement révélateur de cette évolution.

747. Grâce à son pouvoir d'interprétation, le juge exerce à l'égard des droits fondamentaux un pouvoir considérable et en tant que tel discutable, tant au niveau de la formulation des droits, qu'au niveau de leur hiérarchisation. La lecture des opinions dissidentes, lorsqu'elles existent dans le contentieux constitutionnel, démontrent le type de dilemmes auxquels sont confrontés les juges constitutionnels face à des problèmes à la fois juridiques et éthiques, puisque les décisions ne reposent pas seulement sur la logique juridique, mais engagent aussi des choix de valeurs, des choix de société. Pour le juge, l'équilibre à trouver

est complexe entre l'adoption d'une attitude ni trop réservée, ni trop interventionniste.

748. Le prétendu éclatement du système de valeurs, la contestation de l'existence de valeurs absolues, impératives et prédominantes, rendent de moins en moins légitime l'établissement de règles substantielles ; ce qui se traduit par le caractère souple, flou, évolutif et dérogatoire des droits fondamentaux, et par la tendance du système juridique à se tourner vers l'énonciation de règles procédurales, sur lesquelles il semble plus facile de parvenir à un accord que sur des règles substantielles.

CHAPITRE 2 : LES MODALITES DE PRODUCTION DES NORMES COMME SOURCE DE LEGITIMITE PROCEDURALE COMMUNE

749. L'accord sur des valeurs substantielles communément partagées et intangibles s'avère artificiel, tant la substance des valeurs est déformée. La prise en compte du pluralisme social et culturel rend, en outre, un tel accord peu crédible, ce que semble confirmer l'extrême relativisation des droits fondamentaux. A l'arrière plan de la référence aux valeurs, intervient un autre mode de légitimation des normes, de type procédural, moins visible, mais sans doute plus efficace, étranger au monde des valeurs et apprécié pour sa neutralité.

750. L'évolution des modes d'élaboration et d'expression du droit est guidée par un objectif de légitimation de la norme juridique, qui repose sur un double fondement. Cette quête de légitimité est recherchée dans la procédure d'une part, et dans l'appréhension d'autres systèmes normatifs, d'autre part. Sur ces deux plans, le droit subit l'influence du mode de fonctionnement des comités d'éthique et du modèle juridique anglo-saxon.

Le mouvement de « procéduralisation » du droit prend diverses formes. La « procéduralisation » concerne soit les procédures même d'élaboration du droit, soit l'élaboration d'un droit procédural.

751. S'agissant du mode d'élaboration du droit, le succès de la procédure se manifeste au travers de l'institutionnalisation de procédés de préparation, d'adoption et de révision des normes juridiques, visant à les rendre plus performantes, tout en mettant en cause la conception traditionnelle du droit. Le principe de révision induit l'idée d'un droit provisoire en rupture avec la conception permanente de la loi. Selon la conception matérielle de la loi, elle est une règle générale, abstraite et permanente[1460]. L'attention portée à la phase préparatoire s'explique par

[1460] F. Terré, « La « crise de la loi », *APD*, La loi, t. 25, 1980, p. 17.

l'efficacité recherchée du dispositif législatif, et sa vocation à s'inscrire dans une certaine durée, mais cet objectif se heurte à une autre exigence concurrente, assurer l'adaptation des normes aux évolutions scientifiques et sociales. Le droit doit éviter deux écueils, l'immobilisme qui risque de le rendre inopérant et une soumission aveugle à la science, en vertu de laquelle le droit se contenterait d'entériner les avancées scientifiques en perpétuelle évolution[1461]. En outre, la mise en place de ces procédures engendre une importante innovation dans le processus d'élaboration du droit en ce qui concerne les personnes appelées à participer au processus normatif. Les acteurs qui mettent en œuvre ces procédures, et sont ainsi associés à l'élaboration de la norme, sont en partie les acteurs de la régulation para-juridique : les comités d'éthique et les instances professionnelles. Cette conséquence liée à la « procéduralisation » préfigure le phénomène d'internormativité perçu comme instrument de production du droit.

752. Une autre évolution se dessine dans le domaine des procédures d'élaboration du droit. Elle réside dans le développement d'une approche pragmatique et casuistique du droit, qui résulte non seulement de l'œuvre jurisprudentielle, mais aussi de la volonté du législateur. Le point commun que présente cette démarche avec les procédures précédentes, c'est qu'elle aboutit à une détermination de la norme par médiation. Elle fait ainsi intervenir des instances intermédiaires. Le droit se construit au cas par cas par répétition et convergence, en privilégiant une appréciation *in concreto* de la norme juridique, qui modifie la conception traditionnelle générale et abstraite de la règle juridique.

753. La procéduralisation s'entend dans un deuxième sens de l'élaboration d'un droit procédural. Le droit procédural s'apprécie au regard du contenu des normes juridiques, qui s'avère plus enclin à poser des règles de procédure que des règles substantielles. Le succès du droit procédural se perçoit notamment au travers de la mise en œuvre du principe de proportionnalité et du principe de précaution. Le développement du droit procédural a pour corollaire un désinvestissement du droit sur le plan des valeurs, qui a pour conséquence de renvoyer les choix à effectuer, et le règlement des

[1461] B. Mathieu, « Normes et bioéthique », Communication au colloque éthique et hôpital, Bicentenaire des Hospices civils de Lyon, le 13 mars 2002, non publiée.

conflits de valeurs à d'autres instances, qui ne sont pas nécessairement dotées d'une légitimité démocratique.

754. La transformation des modes d'élaboration du droit s'analyse, non seulement au travers de la procédure, mais aussi au travers du phénomène d'interpénétration entre le droit et les autres systèmes normatifs. En démêlant l'enchevêtrement des normes, on s'aperçoit que les normes para-juridiques influent sur le droit et inversement. La réception des normes entre les ordres normatifs s'opère plus ou moins ouvertement. Cette influence réciproque repose sur la complémentarité qu'ils s'apportent. A l'éthique, il manque l'autorité de la norme juridique ; à la norme juridique, il manque la sagesse et le caractère consensuel dont est parée la norme éthique. Mais autant l'auteur de la norme éthique en appelle publiquement à la réception de ses normes dans l'ordre juridique, autant le droit appréhende discrètement la norme éthique, même si une certaine évolution apparaît avec l'essor de la consultation, et avec le sort particulier réservé aux normes déontologiques.

755. L'interaction des systèmes normatifs engendre des incertitudes, car la perméabilité des frontières brouille les repères de normativité, soulève des doutes quant à l'auteur réel des normes, quant à la signification même des normes et à la hiérarchie des normes.

756. Les instruments de légitimation du système normatif de la bioéthique reposent sur la procédure (Section 1), et sur un mode de construction basé sur l'interaction des systèmes normatifs (Section 2).

SECTION 1 : LA PROCÉDURE COMME INSTRUMENT DE LÉGITIMATION DU DROIT

757. La perte de légitimité et d'autorité *ab initio* de la règle de droit, cherche à être contrebalancée par la quête d'une légitimité extrinsèque, calquée sur le modèle de la prise de décision éthique, procédurale et consensuelle[1462]. Ainsi le principe de révision des normes a été emprunté à la démarche éthique, alors même qu'elle s'inscrit en porte-à-faux avec la qualité traditionnellement associée à la norme juridique : la stabilité. Néanmoins, tous les systèmes juridiques n'ont pas

[1462] *Cf. supra* n°400 et sv.

une conception permanente de la loi ; les attributs de stabilité et de généralité caractérisent l'approche de *civil law*[1463].

758. La tendance consiste à « procéduraliser » le droit pour fonder sa légitimité. Or le phénomène dit de procéduralisation recouvre plusieurs facettes[1464]. L'une concerne le mode d'élaboration des normes (Sous-section 1). L'élaboration des normes suscite l'institution de procédures telles que la consultation, la négociation, qui permettent de rendre les règles plus acceptables à défaut d'être satisfaisantes pour tous et de dissuader de les contester. Par ailleurs, le mode d'élaboration des normes se caractérise par l'approche concrète qui l'anime. La détermination des normes a tendance en effet à s'opérer de manière casuistique et pragmatique. La procéduralisation désigne aussi l'essor d'un certain type de règles juridiques, les règles procédurales, au détriment des règles substantielles (Sous-section 2). C'est-à-dire que le droit se contente d'agencer les modalités de prise de décision en instituant des règles de procédure, sans se prononcer au fond, ce qui entraîne par conséquent *de facto* une délégation de pouvoir explicite ou implicite à des autorités intermédiaires.

SOUS-SECTION 1 :
La procédure d'adoption des normes

759. En droit biomédical, la procéduralisation se concrétise à la fois par l'instauration de procédés de préparation et de révision des normes, et par une approche pragmatique et casuistique du droit.

760. La volonté de rationaliser le système normatif a conduit à institutionnaliser deux procédures : l'évaluation et l'expérimentation. Grâce à ces techniques, le système cherche à être plus efficient, en étant plus adapté aux situations qu'il entend régir, et en étant capable de s'adapter si la survenance de nouveaux éléments l'exige.

761. La critique du modèle démocratique classique, notamment du système représentatif et majoritaire[1465], a favorisé la promotion de nouveaux acteurs sur la scène juridique, notamment la figure du juge. Le

---

[1463] B. Cottier, « Les sunset laws : des lois expérimentales à la mode américaine », in *Evaluation législative et lois expérimentales*, PUAM, 1993, p. 161.
[1464] A. Jeammaud, « Introduction à la sémantique de la régulation juridique. Des concepts en jeu », in *Les transformations de la régulation juridique*, *op. cit.*, p. 66.
[1465] *Cf. supra* n°362 et sv.

juge apparaît comme le vecteur du concept procédural de démocratie délibérative, étant donné que les décisions des juges suscitent un incessant débat, et qu'elles conduisent à des échanges argumentés[1466]. « Dès lors, en effet, que la démocratie ne se définit plus seulement par le simple pouvoir majoritaire de faire la loi, mais aussi par une pratique délibérative où se discute et se construit la validité des décisions, le rôle du Conseil (constitutionnel) devient parfaitement légitime au regard de cette définition là de la démocratie »[1467]. Le juge est l'emblème de la démocratie procédurale dans la mesure où il favorise l'activité communicationnelle, et que ses décisions sont le résultat de cette activité soumise aux seules contraintes de l'argumentation et de la discussion. La fonction de juger est perçue « comme la mise en œuvre d'une raison procédurale garantissant la circulation des arguments, évaluant leur rationalité et dégageant la signification d'un texte de la communauté des convictions subjectives des parties, élus, juges, doctrine... forgée par la discussion sur la prétention à la validité des significations concurrentes »[1468]. Dans cette perspective, la conception des droits fondamentaux, telle qu'elle est interprétée par le juge n'est jamais définitive. L'interprétation est évolutive, et de nouveaux droits peuvent être reconnus.

§1 L'institutionnalisation du provisoire

762. Au regard du discours et de la pratique éthique, la révision des normes est justifiée par l'évolution scientifique et sociale ; leur adaptabilité compte parmi les conditions de légitimité des normes éthiques. Or, à l'instar de ces normes nécessairement provisoires donc relatives en raison de la démarche suivie par les comités, il semble que les normes juridiques soient désormais vouées au même esprit d'adaptation. En adoptant une procédure de réajustement identique à celle des comités, le droit s'installe dans la précarité. C'est pourquoi la transposition de la méthode d'élaboration des règles éthiques aux règles

[1466] P. Martens, « Encore la dignité humaine : réflexions d'un juge sur la promotion par les juges d'une norme suspecte », in *Mélanges en hommage à Pierre Lambert*, *op. cit.*, p. 571.

[1467] D. Rousseau, *Droit du contentieux constitutionnel,* Paris, Montchrestien, Domat, Droit public, 6ème éd., 2001, p. 482.

[1468] *Ibid.*, p. 483.

juridiques présente le risque que le droit soit perverti par le caractère ponctuel et temporaire de l'éthique.

763. Pour autant, les procédures d'ajustement présentent dans une certaine mesure une garantie d'efficacité de la norme juridique, et son adéquation à la réalité. D'ailleurs, nul ne songe à nier que le droit évolue[1469]. Mais un débat s'élève pour déterminer les sources qui peuvent légitimement prétendre susciter un changement du droit. Pour certains, l'évolution de la science, des mœurs, et de l'économie, ne doit pas influer inéluctablement sur l'évolution du droit. Ils critiquent l'idée d'un droit dynamique soumis à de tels impératifs, ce qui induit une création continue du droit qui devrait changer dès qu'il a été créé[1470]. Le progrès du droit doit provenir du droit lui-même. Toutefois, l'idée d'un juriste isolé de l'influence du monde semble éloignée de la pratique juridique qui rend compte d'une certaine dépendance à l'égard des faits.

En outre, la conception de la loi en *common law* conforte l'idée selon laquelle la loi n'est pas nécessairement permanente, ni dotée des attributs de stabilité et de généralité. Sous peine d'être inadapté, le droit ne peut ignorer les évolutions scientifiques et sociales. Pour autant, il ne saurait se soumettre à leur logique en intégrant toutes ces avancées dans l'ordre juridique.

A/ Les procédures d'adaptation de la loi

764. Les procédures mises en place pour satisfaire à l'exigence d'adaptabilité se divisent en deux techniques : l'évaluation et l'expérimentation, qui se distinguent sur le plan pratique et théorique, mais qui n'en présentent pas moins des points communs, en ce qui concerne leurs avantages et inconvénients. A la différence de l'expérimentation, l'évaluation n'est pas seulement un mécanisme de révision de la loi, c'est aussi un outil de préparation de la loi.

Le succès de ces procédures diffère ; la pratique expérimentale a jusque-là gardé un caractère exceptionnel, alors que l'évaluation s'est largement répandue. C'est pourquoi il convient d'examiner davantage les différentes techniques d'évaluation, notamment en raison de l'impact qu'elles ont acquis dans le processus législatif. Dès lors, il faut prêter une

---

[1469] G. Ripert, *Les forces créatrices du droit*, Paris, LGDJ, 2ème éd., 1955, p. 28.
[1470] *Ibid.*

attention particulière aux acteurs de l'évaluation qui sont susceptibles de participer à l'élaboration de la loi.

765. L'étude des procédés de préparation et de révision des normes juridiques se concentre sur la norme législative, car la loi est l'instrument juridique privilégié dans le domaine de la bioéthique. Le choix de la norme juridique s'est opéré en faveur de la loi ; la norme législative a été préférée à la norme constitutionnelle et à la norme réglementaire. La loi est un instrument particulièrement approprié en bioéthique[1471]. Sur le plan de la légitimité, elle fait l'objet d'une délibération parlementaire qui peut faire appel à des informations externes, elle est votée par la représentation nationale, et elle est édictée de manière solennelle. Sur le plan de l'efficacité, elle peut être adoptée rapidement, elle est sanctionnée, et elle offre une flexibilité dont ne disposent pas les textes constitutionnels.

1- La distinction de l'évaluation et de l'expérimentation

766. Deux techniques offrent la possibilité de modifier des dispositions normatives existantes, et de légitimer cette modification. Il s'agit de l'évaluation et de l'expérimentation qu'il convient de distinguer, car le sort de la loi varie en fonction de chacune des deux méthodes. En outre, l'évaluation est autant un moyen de préparation qu'un moyen de révision de la loi, alors que l'expérimentation ne concerne que le champ de révision de la loi.

a- L'évaluation

767. En France, la technique de l'évaluation est institutionnalisée au travers de la création, par la loi du 8 juillet 1983, de l'Office parlementaire d'évaluation des choix scientifiques et technologiques, puis de la création par deux lois du 14 juin 1996, de l'Office parlementaire d'évaluation de la législation et de l'Office parlementaire d'évaluation des politiques publiques[1472]. La technique de l'évaluation est dissociée de l'expérimentation, laquelle n'a pas originellement bénéficié du développement de la première.

Pour autant, la fonction d'évaluation du Parlement n'a pas été consacrée au niveau constitutionnel comme le préconisait le projet Vedel

---

[1471] B. Mathieu, « La nécessité de la norme juridique en bioéthique », in *Les lois bioéthiques à l'épreuve des faits*, B. Feuillet-Le Mintier (sd.), *op. cit.*

[1472] J-P. Duprat, « Le Parlement évaluateur », *RIDC*, 1998-2, p. 551.

de révision de la Constitution, envisageant de confier au Parlement, outre la fonction législative et de contrôle du gouvernement, la fonction d'évaluer les résultats des lois[1473]. En revanche, en Allemagne, l'évaluation législative a valeur constitutionnelle. Elle a été jugée par la Cour constitutionnelle comme une technique contribuant à la garantie des droits dans le cadre d'une protection dynamique des droits fondamentaux[1474], l'obligation d'évaluer pouvant être de nature prospective ou rétrospective[1475]. Dès lors, le législateur doit procéder à une évaluation prévisionnelle des effets potentiels de chaque variante envisageable, et observer les effets produits par la loi de manière à la corriger en fonction des résultats observés.

768. L'évaluation rétrospective consiste à observer les effets produits par la législation[1476]. Elle est perçue comme « un procédé moderne de contrôle de l'efficacité et du succès de la législation »[1477]. Le procédé de l'évaluation se borne à dresser un bilan, indépendant du sort de la loi. Certes l'évaluation est susceptible de susciter une modification de la loi, mais un tel changement intervient de manière autonome par rapport à l'évaluation.

769. L'article 21 de loi 94-654 du 29 juillet 1994 relative au don et à l'utilisation des éléments et produits du corps humain, à l'assistance médicale à la procréation et au diagnostic prénatal, prévoit que « la présente loi fera l'objet, après évaluation de son application par l'Office parlementaire d'évaluation des choix scientifiques et technologiques, d'un nouvel examen par le Parlement dans un délai maximum de cinq ans après son entrée en vigueur ».

Cet article instaure explicitement une procédure d'évaluation de l'application de la loi, puisqu'aucun terme n'est fixé quant à la validité de la loi. La forclusion du délai de cinq ans n'a pas pour conséquence d'entraîner la caducité de la loi. Il s'agit dès lors d'un procédé d'évaluation et non d'expérimentation. Toutefois, les débats soulevés par

---

[1473] C-A. Morand, « L'obligation d'évaluer les effets des lois », in *Evaluation législative et lois expérimentales, op. cit.*, p. 79.

[1474] A. Höland, « L'évaluation législative comme auto-observation du droit et de la société », in *Evaluation législative et lois expérimentales, op. cit.*, p. 26.

[1475] C-A. Morand, « L'obligation d'évaluer les effets des lois », in *Evaluation législative et lois expérimentales, op. cit.*

[1476] B. Mathieu, *La loi*, Paris, Dalloz, coll. Connaissance du droit, 1996, p. 126 et sv.

[1477] A. Höland, « L'évaluation législative comme auto-observation du droit et de la société », in *Evaluation législative et lois expérimentales, op. cit.*, p. 19.

l'adoption d'une telle clause, lors de la révision des lois de bioéthique, démontrent qu'il y a dans les esprits une confusion entre le principe d'évaluation et le principe de révision de la loi. C'est pourquoi à l'occasion de la révision, s'est posée la question de l'opportunité et de la légitimité d'inscrire à nouveau une clause d'évaluation dans la loi. Le projet de loi adopté en première lecture par l'Assemblée nationale avait repris l'article 21 en prévoyant que la loi après évaluation de son application par l'OPCST ferait l'objet d'un nouvel examen par le Parlement dans un délai maximum de quatre ans. Cet article a été supprimé par le Sénat à l'initiative du gouvernement. Le ministre de la Santé Jean-François Mattéi s'est prononcé contre l'inscription dans la loi du principe de sa révision, présenté comme un « procédé ambigu et néfaste »[1478]. En raison de l'amalgame fait entre évaluation et révision, ce n'est pas l'évaluation en elle-même qui est remise en cause, mais sa conséquence potentielle de fait, la révision. Le ministre a souligné l'inutilité d'inscrire le principe de révision dans la loi, et le paradoxe qui en découle, à savoir affirmer des principes intangibles tout en prévoyant leur éventuelle péremption.

Le rétablissement de la clause par la commission des affaires sociales de l'Assemblée Nationale, justifié pour assurer la réactivité de la loi par rapport au progrès scientifique, confirme non seulement le lien qui existe en pratique entre évaluation et révision, mais témoigne aussi de la dépendance de l'ordre juridique au regard du développement scientifique[1479].

b- L'expérimentation

770. Si, la procédure d'évaluation a été institutionnalisée et réglementée, il manquait à la procédure d'expérimentation un tel encadrement[1480]. En effet, l'encadrement de la pratique des lois expérimentales était le fruit de dispositions jurisprudentielles dégagées par le Conseil Constitutionnel. Désormais, cette nouvelle procédure figure dans la loi constitutionnelle du 28 mars 2003 relative à l'organisation décentralisée de la République[1481]. Il est inséré un article

---

[1478] Discussion générale du projet de loi relatif à la bioéthique, séance du 28 janv. 2003, *op. cit.*

[1479] Art. 40 de la loi relative à la bioéthique.

[1480] R. Drago, « Le droit de l'expérimentation », in *Mélanges en hommage à François Terré, L'avenir du droit*, Paris, Dalloz, 1999, p. 229.

[1481] Loi constitutionnelle n°2003-276 du 28 mars 2003 relative à l'organisation décentralisée de la république, *JO*, 29 mars 2003, p. 5568.

37-1 de la Constitution prévoyant que : « La loi et le règlement peuvent comporter, pour un objet et une durée limités, des dispositions à caractère expérimental » et un article 72 al. 4 précisant que : « Dans les conditions prévues par la loi organique, et sauf lorsque sont en cause les conditions essentielles d'exercice d'une liberté publique ou d'un droit constitutionnellement garanti, les collectivités territoriales ou leurs groupements peuvent lorsque, selon le cas, la loi ou le règlement l'a prévu, déroger, à titre expérimental et pour un objet et une durée limités, aux dispositions législatives ou réglementaires qui régissent l'exercice de leurs compétences ».

L'expérimentation se déroule selon une procédure plus complexe que l'évaluation, dans la mesure où elle comprend une étape d'évaluation, mais aussi d'autres étapes.

771. La doctrine définit l'expérimentation par son caractère temporaire[1482] ; la loi a un terme dont la durée doit figurer dans le texte. De plus, ses effets doivent faire l'objet d'une évaluation prévue. Enfin le maintien de la loi dépend de l'adoption d'une nouvelle loi. Le régime des lois expérimentales tel que l'a fixé le Conseil constitutionnel exige que le législateur définisse « précisément la nature et la portée des expérimentations, les cas dans lesquels celles-ci peuvent être entreprises, les conditions et les procédures selon lesquelles elles doivent faire l'objet d'une évaluation conduisant à leur maintien, à leur modification, à leur généralisation ou à leur abandon »[1483]. Dans une décision ultérieure, le juge constitutionnel a spécifié le caractère temporaire des expérimentations, en obligeant le législateur à limiter dans le temps les expérimentations et en empêchant leur renouvellement automatique[1484]. L'essai, pour être pérennisé, nécessite l'adoption d'une loi ultérieure.

772. L'article 72 de la Constitution reprend dans une large mesure les conditions de l'expérimentation issues de la jurisprudence du Conseil constitutionnel[1485]. L'objet de l'expérimentation et sa durée doivent être limités. L'article 72 renvoie à une loi organique le soin de

1482 J. Chevallier, « Les lois expérimentales. Le cas français », in *Evaluation législative et lois expérimentales*, *op. cit.*, p. 119.

1483 DC 93-322 DC du 28 juillet 1993, Etablissements publics universitaires, *JO*, 30 juil.1993, p.10750, comm. X. Philippe, *RFDC*, 1993, p. 830.

1484 DC 93-333 DC du 21 janv. 1994, *JO*, 26 janv. 1994, Rec. 1994, p. 32, note M. Verpeaux, *LPA*, n°38, mars 1995, p. 8.

1485 J-F. Brisson, « Les nouvelles clefs constitutionnelles de répartition matérielle des compétences entre l'Etat et les collectivités locales », *AJDA*, 2003, p. 529.

préciser le cadre procédural de l'expérimentation. La loi organique relative à l'expérimentation par les collectivités territoriales fixe des règles et des limites très précises concernant la procédure et le délai de l'expérimentation[1486]. Elle prévoit une étape d'évaluation qui permet de décider de prolonger, de modifier, de généraliser ou d'abandonner, les mesures prises à titre expérimental[1487].

L'expérimentation induit nécessairement l'existence d'une loi à durée déterminée. La procédure d'expérimentation lie le sort de la loi, alors que l'évaluation est conduite indépendamment du sort de la loi.

773. La loi de 1975 relative à l'interruption volontaire de grossesse mérite la qualification de loi expérimentale. La loi de 1975 avait suspendu pour une durée de cinq ans les dispositions pénales sanctionnant ceux qui procurent ou tentent de procurer l'avortement, et les auteurs de manœuvres ou de pratiques de provocation à l'avortement ou de propagande en sa faveur. La loi « définitive » a été adoptée le 31 décembre 1979 après un bilan de l'application du texte établi par le gouvernement[1488].

<u>2- Le paradoxe intrinsèque à ces techniques</u>

774. L'évaluation ainsi que l'expérimentation sont présentées à la fois comme des remèdes aux insuffisances législatives et comme des dangers potentiels pour le système juridique.

a- L'optimisation des normes juridiques

775. Le recours aux techniques d'expérimentation et d'évaluation s'est développé pour des motifs d'ordre politique[1489] : il faut convaincre les citoyens de l'opportunité des réformes avant de les mettre en œuvre, des motifs d'ordre sociologique : la complexification et la diversité de la société nécessitent d'étudier les données et les impacts d'une réforme, et des motifs d'ordre technologique : les bouleversements liés au progrès scientifique requièrent de prendre en compte leurs effets

---

[1486] Loi organique du 1er août 2003 relative à l'expérimentation par les collectivités locales, *JO*, 2 août 2003, p. 13217.

[1487] J-M. Pontier, « La loi organique relative à l'expérimentation par les collectivités locales », *AJDA*, 2003, p. 1715.

[1488] *JO*, 1er janv. 1980, J-S. Cayla, « La loi du 31 décembre 1979 relative à l'interruption volontaire de grossesse : aspects médicaux et biologiques », *RDSS*, 1980, p. 308.

[1489] EDCE, *Rapport public 1996*, Le principe d'égalité, EDCE, n°48, Paris, La doc. fr., 1997, p. 51 et sv.

sur le terrain du droit en vue d'une adaptation éventuelle. Les procédés d'évaluation prévisionnelle et rétrospective relèvent de la méthodologie législative dont l'objet consiste à rationaliser l'élaboration de la loi[1490].

Ces techniques suscitent l'approbation car non seulement elles participent au processus de rationalisation de la loi mais elles en facilitent aussi l'acceptation. D'une part, elles mettent en œuvre un contrôle de l'efficacité de la législation, d'autre part, elles favorisent l'adhésion à la législation. A cet égard, elles constituent une stratégie de persuasion[1491].

776. Elles présentent l'avantage d'avoir pour objectif de réduire l'incertitude, dans les domaines à risque et dans les domaines où le législateur doit relever le défi de rendre le futur actuel[1492]. Les procédures d'évaluation et d'expérimentation s'expliquent ainsi par l'objet de la législation, soumis à mutation, donc à un ajustement, et par des raisons liées à l'effectivité des lois. La nécessité d'emprunter une démarche prudente s'impose dans des domaines particulièrement incertains et évolutifs comme celui de la biomédecine. Et les juristes cherchent à combler le décalage entre le temps de la loi et celui du progrès scientifique.

777. L'idée d'une nécessaire adaptation du droit à la réalité devient une condition de sa légitimité, laquelle est appréciée en fonction de sa propension à faire face aux problèmes de société. Le souci d'optimiser la qualité de la loi se trouve au cœur de la procédure d'évaluation et d'expérimentation. L'archaïsme décrié de la préparation des lois, dépourvue de procédés d'évaluation et d'expérimentation[1493], a laissé place à un mode de préparation « moderne » des lois.

b- L'affaiblissement des normes juridiques

778. Alors que pour ces motifs, le droit cherche à conquérir une légitimité, il affaiblit son autorité en institutionnalisant le caractère provisoire de la règle de droit. Le souci d'adéquation du droit à la réalité est souhaitable à condition qu'il ne s'agisse pas d'entériner une soumission du droit à toute sorte de contingences. L'instrumentalisation du droit au service de son efficacité risque de conduire à une

---

1490 J-L. Bergel, *Méthodologie juridique*, *op. cit.*, p. 269 et sv.

1491 A. Höland, « L'évaluation législative comme auto-observation du droit et de la société », in *Evaluation législative et lois expérimentales, op. cit.*

1492 *Ibid.*, p. 24.

1493 A. Viandier, « La crise de la technique législative », *Droits,* Crises dans le droit, vol. 4, 1986, p. 75.

instrumentalisation du droit au service d'intérêts extrinsèques : scientifiques, économiques... Au regard de notre système juridique, la précarité de la règle de droit risque d'entraîner sa perte de crédibilité. En effet, le caractère provisoire de la règle induit par l'évaluation et l'expérimentation pèse sur la légitimité et la sécurité du droit. Or il y a un risque sérieux pour la légitimité à franchir certaines limites de la légitimité temporelle[1494]. En outre, le recours au procédé d'évaluation doit être exclusivement perçu comme un outil d'information[1495], afin que l'évaluation n'usurpe pas le pouvoir de décision du législateur.

779. Ces techniques remettent en cause la conception de la loi, sa généralité et sa stabilité, c'est pourquoi elles sonnent la « fin de la représentation idéalisée de la loi »[1496], attachée à la culture juridique des pays de *civil law*.

Elles risquent en outre de conduire à une dégradation de la qualité des textes, puisque le législateur sait qu'il aura l'opportunité d'en corriger la formulation[1497]. Il convient aussi de relever le paradoxe entre la lente maturation de la loi comme ce fut le cas des lois de 1994 dont le processus d'élaboration s'étend sur presque dix ans et leur réexamen donc leur potentielle remise en cause prévue dans un délai de cinq ans. Le sens de cette clause de réexamen a été présenté comme une volonté démocratique de ré-ouvrir le débat public plutôt que comme un signe de dépendance de la norme juridique à l'égard du progrès scientifique ou de l'évolution de la société[1498]. Mais l'argument démocratique tombe au regard des motivations réelles qui justifient la révision, comme l'atteste l'ensemble des rapports d'évaluation rendus à propos des lois de 1994[1499]. La loi du 6 août 2004 anticipe l'évolution du traitement de la recherche sur l'embryon[1500], car la loi autorise à titre dérogatoire, la recherche sur l'embryon pour une période de cinq ans, et prévoit six mois

---

1494 J. Chevallier, « Les lois expérimentales. Le cas français », in *Evaluation législative et lois expérimentales*, *op. cit.*, p. 41.

1495 J-L. Bergel, *Méthodologie juridique*, *op. cit.*

1496 J. Chevallier, « Les lois expérimentales. Le cas français », in *Evaluation législative et lois expérimentales*, *op. cit.*, p. 48.

1497 F. Ost, « Le temps virtuel des lois postmodernes... », in *Les transformations de la régulation juridique*, *op. cit.*, p. 423.

1498 C. Chadelat, « Les enjeux d'une révision législative », in *Les lois « bioéthique » à l'épreuve des faits. Réalités et perspectives*, B. Feuillet-Le Mintier (sd.), *op. cit.*, p. 11.

1499 *Cf. infra* n°809 et sv.

1500 D. Thouvenin, « La loi relative à la bioéthique ou comment accroître l'accès aux éléments biologiques d'origine humaine », *D.*, Chr., 2005, p. 178.

avant le terme de cette période, l'évaluation « des résultats respectifs des recherches sur les cellules souche embryonnaires et sur les cellules souches adultes afin de permettre un nouvel examen de ces dispositions par le Parlement »[1501].

780. S'agissant plus particulièrement de la formule expérimentale, il s'avère qu'elle sert plus souvent d'alibi à la recherche d'un consensus politique[1502], qu'à fournir des informations destinées à optimiser les réponses législatives. En effet, grâce au principe de réversibilité des mesures expérimentales, il est plus facile de réduire les oppositions car la loi est présentée comme un test. Cette tactique est particulièrement prisée dans les situations controversées. L'expérimentation permet de faire accepter avec souplesse les mesures ainsi prises, le temps favorisant le consensus recherché. L'exemple topique est fourni par la loi de 1975 relative à l'avortement ; le but de l'expérimentation était de faire passer progressivement une réforme controversée, sachant que la réversibilité possible juridiquement apparaissait socialement improbable.

781. Les conséquences de l'expérimentation et de l'évaluation consistent dans le domaine biomédical à rendre le droit, comme l'éthique, tributaires de l'évolution scientifique. Or, la précarité temporelle de la loi implique du point de vue substantiel, une certaine précarisation des droits fondamentaux qui y sont enracinés. Par ailleurs, l'exposé des motifs du projet de loi relatif à la bioéthique, démontre l'état de dépendance du droit à l'égard de la science. Le projet parle de l'identification en <u>temps réel</u> des ajustements qu'<u>imposent</u> les progrès des techniques ou les conclusions du suivi des activités. « Ainsi, le temps du législateur pourra-t-il au mieux se rapprocher du temps du chercheur pour le plus grand bénéfice des personnes malades et des usagers du système de santé »[1503].

En poussant à l'extrême la logique d'adaptation, certains doutent encore de l'utilité et de l'efficacité de la loi même expérimentale dans des matières faisant l'objet d'une évolution rapide des sciences et des techniques, domaines où la norme même expérimentale apparaîtrait vite désuète. L'appel à l'éthique médicale leur semble alors mieux adapté[1504].

[1501] Art. 26 de la loi du 6 août 2004 relative à la bioéthique.

[1502] A. Pizzorusso, « L'expérimentation législative en Italie », in *Evaluation législative et lois expérimentales*, *op. cit.*, p. 159.

[1503] http://www.assemblee-nationale.fr/projets/pl3166.asp.

[1504] C. Mamontoff, « Réflexions sur l'expérimentation du droit », *RDP*, 1998, p. 351.

782. Certes, les techniques d'évaluation et d'expérimentation fragilisent la règle de droit, néanmoins elles sont préférables à l'absence de toute réglementation juridique. Elles contiennent ce paradoxe de participer à la sécurité juridique car elles contribuent à assurer l'efficacité de la loi dans des domaines soumis à des évolutions constantes, et le risque d'insécurité juridique si les ajustements devenaient trop fréquents et si elles devenaient l'outil d'une instrumentalisation d'ordre scientifique et économique. La mission du droit consiste à trouver un équilibre entre l'inadaptation et le « suivisme ».

L'étude des différents modes d'évaluation permet de dévoiler les mécanismes d'élaboration des normes législatives, et les jeux d'influence qui s'y exercent en identifiant les acteurs et les objectifs de l'évaluation.

B/ Les méthodes d'évaluation

783. Les procédures d'évaluation sont diversifiées, elles varient en fonction du moment où elles sont mises en œuvre, en fonction des acteurs qui procèdent à l'évaluation et en fonction de l'objet de l'évaluation. Dans tous les cas, l'évaluation intègre une dimension sociologique dans le domaine juridique[1505] ; l'appréciation de l'application pratique de règles juridiques induit « de mettre le droit en perspective en appréhendant le social et le juridique dans un continuum »[1506].

784. L'évaluation a été présentée comme un mécanisme de rationalisation du droit. Elle semble aussi satisfaire l'idée de pluralisme et d'ouverture du droit, de par la diversité des intervenants dans le processus d'évaluation. Aux offices parlementaires d'évaluation et aux instances de conseils du gouvernement se joignent des acteurs de la régulation para-juridique susceptibles de cautionner des réformes politiques. En revanche, la contribution des citoyens reste modeste.

1- L'évaluation prospective

785. L'élaboration des normes juridiques, dans des domaines sensibles ou complexes, est précédée d'une phase de préparation de plus en plus longue afin d'envisager leur opportunité et leurs effets avant leur

---

[1505] A. Jeammaud et E. Serverin, « Evaluer le droit », *D.*, Chr., 1992, p. 263.
[1506] *Ibid.*, citation de J. Commaille.

mise en œuvre. La longueur de la phase d'évaluation apparaît même paradoxale par rapport au délai de validité dont les normes sont assorties.

L'évaluation est confiée majoritairement à des experts, donc peu tournée vers des méthodes plus démocratiques où les citoyens participent directement à l'évaluation.

a- L'évaluation prospective expertale

786. La préparation des lois dans le domaine des sciences de la vie a suscité une évaluation *a priori*. Elle participe d'une approche consensuelle de l'élaboration de la loi dans la mesure où les rapports sollicités par les pouvoirs publics proposent non seulement un état des lieux des questions soulevées mais aussi les solutions à ces problèmes de sorte qu'une partie de la discussion aura été épuisée dans la phase pré-parlementaire.

L'approche prospective se comprend en raison non seulement de la complexité et de la technicité des questions posées mais en raison aussi des incertitudes et des débats suscités par l'évolution scientifique. L'ampleur des enjeux à la fois politiques, sociaux, juridiques, économiques, explique la pertinence d'une évaluation préalable de l'encadrement juridique susceptible d'être appliqué dans le champ biomédical.

787. Dans cette optique, le mandat de la commission Warnock, la commission d'enquête britannique sur la fécondation et l'embryologie humaines, la chargeait d'examiner les progrès récents et potentiels dans le domaine de la médecine et de la science et d'évaluer les répercussions sociales, éthiques, et juridiques de ces progrès. A cet égard, le rapport rendu par la commission constitue une phase préparatoire à l'adoption de loi de 1990 relative à la fécondation et l'embryologie humaines.

788. Au titre de l'évaluation prospective, on décompte cinq rapports en France, rendus sur les questions bioéthiques à la demande soit du gouvernement, soit du Parlement, avant l'adoption des lois de bioéthique. Ainsi, le Premier Ministre a sollicité un rapport du Conseil d'Etat, chargé d'étudier la faisabilité d'une adaptation du droit, voire la création de normes juridiques inédites pour répondre sur le plan juridique aux problèmes nés des avancées biomédicales. Sa mission consistait à explorer le cadre législatif envisageable, à poser les problèmes, à préciser

les options et à envisager leurs implications[1507]. Quant à l'Office parlementaire d'évaluation des choix scientifiques et technologiques (OPECST), mission lui a été confiée d'étudier les problèmes posés par l'avant-projet de loi sur les sciences de la vie. Sa démarche a consisté à exposer les choix à opérer et les alternatives en fonction des possibilités scientifiques et techniques existantes ou prévisibles à court et moyen terme. L'Office a aussi pris en compte des perspectives à long terme et a évalué leurs conséquences sur les choix de société et les libertés individuelles[1508]. L'Assemblée Nationale a élaboré son propre rapport en 1992[1509], ce dernier se situe dans la continuité des études précédentes. Il fait référence aux rapports du Conseil d'Etat et de l'OPECST, mais ne mentionne pas les travaux du CCNE.

A la demande du Premier Ministre, Noëlle Lenoir, en qualité de maître des requêtes au Conseil d'Etat, a rendu un rapport conformément à la mission d'information qui lui était impartie. Ce rapport porte sur l'état de la question au plan international et dans les différents Etats, tout en prenant en compte les solutions en vigueur ou à envisager en France[1510]. Un autre rapport demandé à l'initiative du Premier ministre au député Jean-François Mattéi, l'a conduit à établir un inventaire et à faire la synthèse des questions soulevées par les projets de texte actuellement en discussion au Parlement concernant l'éthique biomédicale[1511].

789. L'ensemble de ces rapports relève d'une évaluation de type prospectif dans la mesure où ils ont contribué à apprécier l'opportunité d'une intervention législative en mesurant les effets prévisibles d'une réglementation.

Mais la capacité d'évaluer est limitée en raison même du champ d'application de l'évaluation. L'évolution scientifique étant par nature imprévisible, il s'avère difficile sinon impossible d'anticiper sur l'impact de changements eux-mêmes difficilement prévisibles. C'est le paradoxe

---

[1507] Conseil d'Etat, Section du rapport et des études, *Sciences de la vie : de l'éthique au droit,* Paris, La doc. fr., Notes et études documentaires, n°4855, 1988.

[1508] Office parlementaire d'évaluation des choix scientifiques et technologiques, F. Sérusclat, *Les sciences de la vie et les droits de l'homme. Bouleversement sans contrôle ou législation à la française ?,* Paris, Economica, 1992.

[1509] Rapport Bioulac, Assemblée nationale 1992, n°2565, http://assemblee-nationale.fr.

[1510] N. Lenoir, coll. de B. Sturlèse, *Aux frontières de la vie : une éthique biomédicale à la française,* Paris, La doc. fr., Rapport au Premier ministre, coll. Les rapports officiels, 1991.

[1511] J-F. Mattéi, *La vie en questions : pour une éthique biomédicale,* Paris, La doc. fr., Rapport au Premier ministre, coll. Les rapports officiels, 1994.

des domaines complexes et sensibles qui méritent une appréhension prospective de leurs répercussions, mais qui sont aussi les moins saisissables. Ceci explique la mise en cause du principe même de révision de la loi. Il est jugé, en effet, inopportun de programmer la révision de la loi en l'enfermant dans des délais, puisque le législateur a toujours la faculté de réviser une loi si les circonstances le nécessitent.

b- L'évaluation prospective « citoyenne »

790. Sur des questions éminemment controversées, la participation des citoyens au débat public prend de nouvelles formes que l'on peut qualifier de démocratie participative ou délibérative, susceptibles de temporiser l'intervention des experts. Le qualificatif citoyen rend compte de l'existence d'une évaluation qui sort du cénacle des experts et des spécialistes. Elle est menée par des profanes, des néophytes, des individus ordinaires dans la mesure où ils ne présentent aucune qualité, ni compétence, ni renommée particulière pour traiter de ces questions.

791. Ces procédures prennent la forme de « sondage délibératif », de « jurys de citoyens », de « conférence de consensus » ou de « conférence de citoyens ». Le système du *Deliberative Poll* « sondage délibératif »[1512], pratiqué aux Etats-Unis et en Grande-Bretagne, consiste à réunir un échantillon représentatif d'une centaine de citoyens durant plusieurs jours, qui sont chargés de délibérer à partir d'un rapport écrit préétabli par des experts. Ce rapport établit un constat sur une question controversée et expose les différentes alternatives envisageables. L'échantillon de citoyens doit ensuite tirer ses conclusions après délibération. Les conclusions seront immédiatement rendues publiques. Le système de « jurys de citoyens » fonctionne de manière comparable mais il s'agit d'une structure plus légère, d'un système de participation conçu au niveau local et qui se présente sur le modèle judiciaire. Le jury de citoyens tirés au sort entend différents points de vue selon une procédure contradictoire sur un problème complexe, puis il délibère et rend des conclusions au promoteur de l'opération.

792. Quant à la procédure appelée « conférence de citoyens » elle est la traduction française de la procédure des « conférences de consensus » dont l'origine date des années soixante-dix. Elle est née aux

---

[1512] R. A. Dahl, « De la démocratie délibérative. Comment réformer le système de santé », *Le Débat*, n°97, nov. - déc. 1997, p. 83.

Etats-Unis dans le milieu médical dans le but de rechercher un consensus dit technique portant sur la validité scientifique d'une technologie, son efficacité, son utilité clinique et un consensus dit d'interface portant sur l'acceptabilité humaine, légale, sociale, économique et éthique de la technologie[1513]. Le consensus issu de la conférence est le fruit d'un jugement collectif élaboré à partir de trois modèles : le modèle judiciaire, les témoins (experts et public) sont entendus par un jury impartial, le modèle du congrès scientifique : les experts exposent et discutent de leurs travaux et le modèle du forum public ou du débat démocratique : toute personne peut intervenir et exprimer son opinion. Les conférences de consensus établissent des relations triangulaires entre les experts, le jury et le public[1514].

793. Le Danemark s'est démarqué de l'objectif initial, en faisant du public et non plus des professionnels, le destinataire privilégié des recommandations. C'est pourquoi dans la composition du jury, les profanes sont majoritairement représentés. Instrument d'information du public, les conférences de consensus ont été organisées sur des sujets non strictement médicaux, comme sur la pollution de l'eau[1515].

794. L'organisation de la conférence de citoyens sur les organismes génétiquement modifiés[1516], les 20 et 21 juin 1998, en France, s'est inspirée du modèle danois. L'objectif de la conférence organisée par l'OPECST était de créer un espace de débat public et d'impulser le débat public. « Confrontés à une question scientifique ou technique controversée qui constitue ou qui risque de devenir un véritable enjeu politique ou social, les responsables politiques demandent à un groupe de quinze à dix huit citoyens, totalement profanes en la matière, de donner un avis après avoir toutefois reçu une information

---

[1513] A. Giraud et D. Jolly, « Origines et définition des conférences de consensus », in *Le consensus en médecine. Analyse et bilan des conférences de consensus dans le monde*, A. Giraud et D. Jolly (sd.), Paris, Doin Ed. AP-HP, 1991, p. 11.

[1514] I. Jacoby, « Les Etats-Unis d'Amérique », p. 23 ; D. Costain, « La Grande Bretagne », p. 43 ; in *Le consensus en médecine. Analyse et bilan des conférences de consensus dans le monde*, *op. cit*.

[1515] A. Giraud, « Deux autres expériences de consensus : le Canada et les pays scandinaves », in *Le consensus en médecine. Analyse et bilan des conférences de consensus dans le monde*, *op. cit.*, p. 49.

[1516] D. Boy, D. Donnet Kamel, P. Roqueplo, « Un exemple de démocratie participative, la « Conférence de citoyens » sur les organismes génétiquement modifiés », *RFSP,* vol. 50, n°4-5, 2000, p. 779.

complète sur le sujet et s'être confrontés aux experts et aux représentants des divers intérêts en la matière ».

La conférence de citoyens s'est déroulée en trois étapes sous la houlette d'un comité de pilotage, la première : la formation du panel de profane et la préparation des questions aux experts, la deuxième : la conférence tenue en public et l'échange avec les experts, la troisième : la délibération à huis-clos et la rédaction d'un avis immédiatement rendu public. La spécificité française réside dans la méthode de recrutement des profanes (une quinzaine), confiée à un institut de sondage devant respecter certains critères de diversification, alors que les méthodes danoises et britanniques sont basées sur l'auto-sélection[1517]. L'autre spécificité réside dans le choix de l'appellation « conférences de citoyens » au lieu de « conférence de consensus », en raison de la connotation négative du consensus en France, du risque de méprise sur le but de la conférence et du caractère politiquement symbolique du terme citoyen.

795. L'évolution des conférences de consensus va dans le sens d'une démocratisation du procédé[1518], dans la mesure où les conférences se sont ouvertes à des thèmes de plus en plus diversifiés, concernant des problèmes de société et à tous les citoyens. D'une méthode d'évaluation médicale[1519] sur une question controversée, la conférence de consensus ou de citoyens a dérivé vers une évaluation par des citoyens de l'acceptabilité sociale des risques liés à une innovation scientifique ou technologique sujette à controverse dans un contexte d'incertitude.

796. L'organisation de la conférence par l'Office parlementaire, et la tenue de la conférence dans les locaux de l'Assemblée Nationale témoignent des liens étroits entre cette conférence et le Parlement. Mais se pose la question de l'objectif de la conférence, vise t-il à contribuer au débat public ou à peser sur la décision politique. L'avis rendu par les citoyens a fait l'objet d'une prise en compte politique puisqu'il a été inséré dans le rapport sur les OGM remis au

---

1517 Annonce de l'organisation d'une conférence de consensus, recueil des candidatures volontaires, recrutement opéré à partir des lettres de motivation.

1518 C. Ambroselli, « Comité d'éthique et conférence de consensus : un défi politique », in *Le consensus en médecine. Analyse et bilan des conférences de consensus dans le monde*, *op. cit.*, p. 107.

1519 A. Durocher, P. Loirat, « La conférence de consensus », *L'évaluation médicale, du concept à la pratique,* Y. Matillon, P. Durieux (sd.), Paris, Flammarion, Médecine-sciences, 1994, p. 60.

Parlement par l'Office parlementaire. Par ce biais, il est susceptible de peser sur le processus décisionnel législatif.

797. Dans la même veine que la conférence sur les OGM, se sont tenus les Etats généraux de la santé, destinés à associer les citoyens au débat relatif à l'organisation du système de santé dans le but de promouvoir une démocratie sanitaire[1520]. Dans cette perspective, la loi du 4 mars 2002 a conféré des droits aux associations d'usagers du système de santé[1521], notamment celui d'exercer un droit d'initiative dans le débat public.

798. Le projet de loi modifié par le Sénat relatif à la révision des lois bioéthiques témoigne d'une préoccupation croissante à l'égard de la participation des citoyens aux débats portant sur les questions bioéthiques. Le Sénat a introduit un article 1er C, prévoyant dans un délai maximum de trois mois à compter de l'entrée en vigueur de la loi que le gouvernement transmette au Parlement un rapport présentant des mesures susceptibles d'être mises en œuvre pour informer et associer l'ensemble des personnes aux évolutions en matière de bioéthique. Par ailleurs, il a été évoqué en séances publiques, la création de "conférences citoyennes" ou de "cafés éthiques" pour informer la population sur les évolutions scientifiques et pour promouvoir le débat public. Mais, le rapport fait au nom de la commission des affaires sociales sur le projet de loi modifié par le Sénat a supprimé cet article 1er C estimant les mesures suffisantes en la matière, en raison de l'existence de rapports publics du CCNE, de l'Agence de la biomédecine, et de l'existence de conférences publiques organisées par le CCNE. La loi relative à la bioéthique a toutefois créé des espaces de réflexion éthique au niveau régional ou interrégional, destinés à participer à l'organisation de débats publics pour promouvoir l'information et la consultation des citoyens sur les questions bioéthiques[1522].

[1520] Sur cette question voir *Droits des malades. Vers une démocratie sanitaire ?*, M. Guillaume-Hofnung (sd.), La doc. fr., Problèmes politiques et sociaux, fév. 2003, n°885.

[1521] A. Laude, « Les droits collectifs des usagers du système de santé », *LPA*, n°122, 19 juin 2002, p. 24.

[1522] Art. L. 1412-6 CSP.

2- L'évaluation rétrospective

799. L'évaluation rétrospective connaît un succès croissant en France. Pour preuve, le champ de l'évaluation législative a été étendu spontanément à l'ensemble des lois relatives à la bioéthique. Témoignent aussi de ce succès, les nombreuses instances qui se sont investies dans cette mission.

a- Le champ d'application législatif de l'évaluation

800. La loi de 1994 contient un dispositif original dans la mesure où le législateur lui-même a inséré une clause d'évaluation. Il a prévu l'établissement d'un bilan d'application de la loi confié à l'Office parlementaire d'évaluation des choix scientifiques et technologiques, et un nouvel examen de la loi par le Parlement. La notion de réexamen laisse augurer la révision de la loi.

Alors que la loi a explicitement désigné l'Office parlementaire en tant qu'organisme législatif compétent pour évaluer la loi, force est de constater que les acteurs de la régulation para-juridique se sont saisis de l'opportunité de réexaminer la loi ou ont été saisis en ce sens afin de proposer, en fonction de leur propre évaluation, les modifications souhaitables. La pluralité des rapports qui en résulte, tend *a priori* à produire un système de normes concurrentes.

801. On constate que les premiers intervenants dans le processus d'évaluation - révision, ce sont les organismes professionnels : l'Académie de médecine et l'Ordre des médecins. Ils entendent ainsi participer à l'évolution de la loi, afin d'y intégrer les normes déontologiques. Dépourvue de toute habilitation, la profession a fondé son intervention, - au prix d'un détournement de cet article - , sur l'article 21 de la loi 94-654 du 29 juillet 1994 relative au don et à l'utilisation des éléments et produits du corps humain, à l'assistance médicale à la procréation et au diagnostic prénatal, lequel prévoit que : « La présente loi fera l'objet, après évaluation de son application par l'Office parlementaire d'évaluation des choix scientifiques et technologiques, d'un nouvel examen par le Parlement dans un délai maximum de cinq ans après son entrée en vigueur ». Certes la profession médicale se place dans le cadre du réexamen prévu de la loi, mais au regard de cet article, seules deux instances sont compétentes : l'Office parlementaire pour l'évaluation et le Parlement pour le réexamen de la loi. Les organisations professionnelles n'ont pas été habilitées par le législateur à procéder à

l'évaluation de la loi, dès lors pourquoi se réclamer de cet article sinon pour auto-légitimer leur intervention. Le rapport intitulé propositions pour la révision des lois du 29 juillet 1994 adopté par l'Académie de médecine le 23 juin 1998[1523], contient les mêmes dispositions que le rapport sur la révision des lois de bioéthique adopté par le Conseil national de l'ordre des médecins en session de juillet 1998 à quelques ajouts près. Elaboré par un groupe de travail conjoint, le rapport est destiné à être présenté à l'Office parlementaire d'évaluation des choix scientifiques et technologiques.

802. Au même moment, le CCNE a rendu un avis le 25 juin 1998 intitulé réexamen des lois de bioéthique, à la différence que le CCNE a été saisi en ce sens par le Secrétaire d'Etat à la Santé lui demandant de présenter des observations sur les parties du texte qui lui paraîtraient devoir être complétées ou révisées. Sachant que l'Office parlementaire chargé de l'évaluation est un organisme exclusivement parlementaire, totalement indépendant du gouvernement et des administrations, composé de députés et de sénateurs. La saisine du CCNE par le Secrétaire d'Etat peut signifier que le gouvernement entend aussi mettre sa pierre de touche dans l'édifice de la législation, par l'intermédiaire du CCNE, bien que celui-ci soit indépendant du gouvernement.

Cet avis, comme les propositions des instances professionnelles, invoque l'article 21 de la loi pour justifier l'intervention du comité, dans le processus de réexamen de la loi. En outre, le comité en profite pour signaler que « depuis sa création, il s'est vivement intéressé à la possible traduction législative de certains de ces avis ». Le réexamen des lois lui offre l'occasion d'adresser au Parlement tous les avis qui n'ont pas eu de suite. Il affirme ainsi avec insistance sa vocation pré-législative. On peut effectivement se demander si le fait de solliciter le CCNE dans le cadre de la révision législative ne tend pas à le faire passer du domaine de la régulation para-juridique au domaine juridique[1524], dans la mesure où il est officiellement intégré dans le processus décisionnel juridique.

803. La doctrine juridique est également intervenue dans ces débats. On peut en ce sens signaler la contribution du colloque national et pluridisciplinaire organisé par le Centre de recherche juridique de l'Ouest

---

[1523] « Proposition pour la révision des lois du 29 juillet 1994 », *Bulletin de l'Académie nationale de médecine*, t. 182, n°6, 1998, p. 1273.
[1524] *Cf. infra* n°925.

de l'Université de Rennes I, en automne 1998, sur le thème les lois « bioéthique » à l'épreuve des faits, réalités et perspectives[1525], ou sur un thème plus précis, le colloque consacré à la recherche sur l'embryon[1526].

804. A ces initiatives, succède celle de l'Office parlementaire, la seule autorité habilitée par l'article 21 à rendre un rapport sur l'application de la loi n°94-654 du 29 juillet 1994 relative au don et à l'utilisation des éléments et produits du corps humain, à l'assistance médicale à la procréation et au diagnostic prénatal[1527]. Sa démarche l'a conduit à apprécier les conditions et les obstacles à la mise en œuvre de la loi. Pour juger du caractère adéquat des règles, il les a confrontées à l'évolution des connaissances et des techniques. Par ailleurs, l'Office a envisagé l'évaluation de la loi en tenant compte du droit international et régional. Et il s'est inspiré de sources d'information diverses pour l'établissement du rapport, grâce à l'audition d'un grand nombre de personnalités parmi lesquelles les scientifiques sont bien représentés.

805. A la suite de ce travail d'évaluation, le Premier Ministre a saisi le Conseil d'Etat, le 22 avril 1999, en sa qualité de conseil du gouvernement. En vertu de l'article 21 prévoyant un nouvel examen dans un délai de cinq ans, il a donné mission au Conseil d'Etat de procéder à la synthèse des travaux réalisés en les soumettant à sa propre réflexion. En outre, il l'a chargé de lui remettre un rapport sur les évolutions souhaitables du droit en vigueur, que requiert le développement des recherches et des pratiques scientifiques et médicales, sachant que la révision ne saurait être circonscrite à la loi 94-654. Le Conseil d'Etat intervient ici au stade de la formulation d'un avant projet de loi.

La lettre de saisine du Premier Ministre ne manque pas de surprendre dans la mesure où il suggère au Conseil d'Etat d'adopter un fonctionnement analogue à celui des comités d'éthique. Cette requête est symbolique de la pénétration de la démarche éthique au sein des institutions juridiques, comme si la légitimité ne devait dériver que du respect de la pluridisciplinarité et du pluralisme. En effet, le Premier Ministre souhaite que la composition du groupe de travail comprenne

---

[1525] B. Feuillet-Le Mintier (sd.), *Les lois « bioéthique » à l'épreuve des faits, réalités et perspectives*, PUF, Droit et Justice, Paris, 1999.

[1526] La recherche sur l'embryon : qualifications et enjeux, *RGDM*, n°spécial, 2000.

[1527] Rapport de l'OPECST, A. Claeys, C. Huriet, *L'application de la loi n°94-654 du 29 juillet 1994 relative au don et à l'utilisation des éléments et produits du corps humain, à l'assistance médicale à la procréation et au diagnostic prénatal,* Paris, Assemblée nationale - Sénat, 1999.

« outre les représentants des départements ministériels concernés, des magistrats, des universitaires, notamment des philosophes et des scientifiques. Il conviendra également de recueillir l'opinion des représentants des grands courants de pensée ».

Alors que le gouvernement s'est entouré du conseil en amont du Conseil d'Etat pour la formulation de l'avant-projet, il va chercher en aval l'avis du CCNE[1528], et de la Commission nationale consultative des droits de l'homme[1529]. Ces deux instances ont été saisies par le Premier Ministre d'une demande d'avis portant sur l'avant-projet de révision des lois de bioéthique.

Ces multiples consultations, évaluations, et réexamens ont abouti au dépôt du projet de loi enregistré à la Présidence de l'Assemblée Nationale, le 20 juin 2001.

806. Par ailleurs, la révision des lois de 1994, a fourni l'occasion d'évaluer la loi du 20 décembre 1988. La commission des Affaires sociales du Sénat a conduit une mission d'évaluation relative au fonctionnement des CCPPRB afin de proposer des améliorations. Il s'agit d'un fait sans précédent, justifié par l'importance de ces comités. Ils constituent la pierre angulaire du dispositif mis en place par loi du 20 décembre 1988. Dix ans après la création des premiers comités, leur évaluation a paru nécessaire, sachant qu'une première appréciation avait été entreprise par le député Jean-François Mattéi, à l'invitation du Premier Ministre. Son rapport avait inspiré les modifications apportées à la loi de 1988 par la loi du 25 juillet 1994.

Le bilan est accablant, tant en ce qui concerne les difficultés liées au champ d'application de la loi que celles liées au fonctionnement des CCPPRB, fonctionnement par ailleurs difficilement évaluable, en raison du manque d'informations complètes et cohérentes sur l'activité des comités.

807. Les conclusions du rapport sur les CCPPRB mettent en évidence le rôle essentiel, que peut jouer l'évaluation dans le contrôle d'organismes publics qui forment le rouage du dispositif législatif. L'évaluation satisfait ainsi à l'obligation de transparence.

1528 CCNE, Avis sur l'avant projet de révision des lois de bioéthique, 18 janv. 2001, *cf. infra* n°925.

1529 Commission nationale consultative des droits de l'homme, Avis sur l'avant projet de loi tendant à une révision des lois relatives à l'éthique biomédicale, 25 janv. 2001, *DPBB*, p. 4597.

En revanche, l'évaluation des lois de 1994 est guidée par une ambition sensiblement différente. La multiplication des rapports, outre ceux prévus par le texte de loi, semble signaler la volonté des acteurs publics et privés de peser dans le processus de révision législative.

b- La fonction de l'évaluation : un procédé consensuel de révision législative

808. L'intérêt de ces évaluations apparaît plus de nature procédurale que substantielle. Elles parent, en effet, le processus d'élaboration du droit d'une volonté d'ouverture en faisant participer diverses instances à l'élaboration de la loi, ce qui permet en outre de procéder à cette élaboration de manière consensuelle. En sollicitant et en prenant en compte différents points de vue, la procédure suivie satisfait le respect du pluralisme. Or du point de vue substantiel, on peut s'interroger sur l'existence même du pluralisme car les propositions de révision quels qu'en soient les auteurs sont relativement concordantes.

809. Tous les rapports ont justifié le principe de révision périodique de la loi, et ont procédé à une évaluation débordant le cadre légalement fixé à l'évaluation, la loi n°94-654. Une position unanime s'est dégagée sur le principe de révision périodique de la loi. Les instances professionnelles : Académie de médecine, et Ordre des médecins ont justifié la révision de la loi par l'évolution rapide du progrès scientifique et elles ont pris la liberté d'étendre le champ de la révision à la loi adoptée le même jour.

Le CCNE a approuvé le principe de révision, et souligné son opportunité : « Le soubassement scientifique de cette loi par nature en constante évolution (...) il convient de se pencher sur les incidences éventuelles de ce mouvement sur l'état du droit ». Dans le cadre du réexamen de la loi n°94-654, le CCNE a procédé à une extension de sa compétence en s'autorisant à prendre position sur la loi n°94-653, et la loi n°88-1138 du 20 décembre 1988. Dans son deuxième avis rendu sur la révision de la loi, il a encore justifié le principe de révision périodique au regard de l'importance des modifications proposées.

L'OPECST a aussi avalisé le principe de réexamen, qualifié de précaution sage, vu l'ampleur des bouleversements scientifiques. Bien que l'intitulé du rapport soit limité à la loi 94-654 conformément à la rédaction de l'article 21, l'Office a jugé utile d'inclure dans son évaluation l'ensemble du dispositif de 1994 et la loi du 20 décembre

1988 relative à la protection des personnes qui se prêtent à des recherches biomédicales.

Enfin, le Premier Ministre a fondé la saisine du Conseil d'Etat sur le constat selon lequel l'évolution rapide du progrès appelle une révision du cadre défini.

810. Le consensus porte aussi sur le contenu de la loi. Dans le cadre du prélèvement d'organes, l'extension de la catégorie des donneurs vivants est suggérée à l'unanimité (le CCNE, la CNCDH, l'Office parlementaire, le Conseil d'Etat, et les instances professionnelles). L'application du principe de proportionnalité, c'est-à-dire le calcul risques - bénéfices à la transplantation d'organes, a été proposée par plusieurs instances (l'Office parlementaire, le Conseil d'Etat, et les instances professionnelles). La nécessité de préciser les finalités du prélèvement d'organes sur les personnes décédées, et de clarifier les conditions du consentement, a été largement soulignée (le CCNE, l'Office parlementaire, et les instances professionnelles).

Dans le cadre de l'assistance médicale à la procréation (AMP), la prise en compte de la stimulation ovarienne au titre de l'AMP et son encadrement sont préconisés par le CCNE, le Conseil d'Etat, la CNCDH et l'Office parlementaire. Le transfert *post-mortem* de l'embryon recueille un large accord, celui du CCNE, du Conseil d'Etat, des instances professionnelles, alors que l'Office parlementaire n'a pas pris position sur cette question, il a seulement présenté les termes du débat. De même au sujet de l'interdiction explicite du clonage reproductif, l'Office s'est contenté de faire état du débat alors que le Conseil d'Etat, la CNCDH et le CCNE se sont prononcés en faveur de l'interdiction formelle.

Même à l'égard de la question sans doute la plus délicate et la plus controversée, tous adhèrent à une position identique : l'acceptabilité de l'ouverture de la recherche sur l'embryon sous de strictes conditions (le CCNE, le Conseil d'Etat, les instances professionnelles, la CNCDH). Seul l'Office parlementaire présente le débat et les alternatives envisageables sans trancher la question.

811. Les divergences ou désaccords sont relativement peu nombreux. Par exemple, la demande d'extension des indications du diagnostic préimplantatoire n'a été sollicitée que par les instances professionnelles. Et un désaccord pèse sur l'obligation de motiver le refus d'autorisation de prélèvement émis par le comité d'experts. Et si

certains souhaitent ajouter au titre de la non discrimination, les caractéristiques génétiques, d'autres ne le jugent pas nécessaire.

812. Au final, le consensus obtenu sur la plupart des questions fondamentales conduit à s'interroger sur la pertinence même de l'idée de pluralisme. L'intervention d'acteurs extérieurs à l'enceinte parlementaire n'a pas produit la diversité des réponses que l'on pouvait escompter ni l'ouverture d'un débat public. Car l'accumulation de positions identiques a tendance à enterrer le débat plutôt qu'à le promouvoir. Il est possible d'interpréter ce consensus favorable à la poursuite des recherches scientifiques comme le résultat de l'influence et du poids direct ou indirect du milieu scientifique et médical dans les enceintes de l'éthique et du droit. Seul le rapport de l'Office parlementaire satisfait l'objectif d'un débat public en exposant les problématiques sans prétendre les résoudre.

813. En conclusion, l'expérimentation et l'évaluation servent avant tout, les intérêts politiques, en facilitant l'acceptation de la règle de droit. Elles présentent cependant l'avantage de mettre en évidence l'intervention tant en amont qu'en aval, d'acteurs extra-juridiques dans le processus décisionnel. Pour autant, cette intervention ne dépasse pas la sphère des experts, des professionnels ou des sages, les citoyens en sont pratiquement exclus. La richesse des procédures d'évaluation et d'expérimentation au regard d'une politique plus démocratique, c'est-à-dire plus ouverte aux citoyens, est relative.

814. D'autre part, l'expérimentation et l'évaluation mettent en lumière une nouvelle façon de concevoir le droit, à la fois évolutif et flexible. Le caractère évolutif du droit de la bioéthique se manifeste aussi au niveau supra-national, la Convention européenne sur la bioéthique prévoit à son article 32, « afin de tenir compte des évolutions scientifiques », son réexamen dans un délai de cinq ans. En outre, la technique de la convention - cadre permet de compléter la convention par voie de protocoles additionnels, donc son adaptation aux faits[1530]. La règle de droit se veut évolutive afin d'être apte à réglementer le progrès scientifique, mais l'évolution va de pair avec la flexibilité. Rappelons que la fonction du droit doit viser à encadrer non à enregistrer les avancées scientifiques. La vigilance doit être de mise à l'égard de la « force

---

[1530] M. Bélanger, « Le système d'Oviedo et l'établissement d'un nouvel ordre européen de la bioéthique », *JIB*, vol. 15, n°2-3, 2004, p. 85.

normative du factuel »[1531] car la dynamique de la science tend à produire des faits accomplis sur lesquels il semble impossible de revenir d'un point de vue normatif. Effectivement, à partir du moment où une technique préalablement réprouvée est rendue applicable, les interdictions cèdent. La condamnation du clonage s'est ainsi avérée révisable s'agissant du clonage thérapeutique. A cet égard, le traitement différencié du clonage reproductif et du clonage thérapeutique, dans la loi du 6 août 2004, manifeste la prise en compte anticipée d'éventuels changements d'appréciation sur le clonage thérapeutique. La distinction opérée entre les peines encourues[1532] et les incriminations, établit une hiérarchisation manifeste en ce qui concerne le caractère répréhensible de ces deux pratiques. D'ailleurs, une proposition de loi a été déposée le 25 mai 2005 visant à autoriser les recherches sur le clonage thérapeutique.

815. En sus des procédés d'évaluation et d'expérimentation qui visent en particulier à rationaliser l'élaboration de la loi, il convient de prendre en compte le rôle prédominant acquis par la jurisprudence dans l'élaboration des normes. Ceci témoigne d'une nouvelle approche de la normativité, casuistique et pragmatique.

§2 L'élaboration casuistique et pragmatique des normes

816. La procéduralisation du droit a pour conséquence une appréciation *in concreto* donc pragmatique et casuistique du droit. Ce type d'élaboration du droit se rapproche de la conception anglo-saxonne fondée sur le système de *common law*. Système dans lequel la jurisprudence est source de droit, la règle de droit étant située au niveau de l'espèce à l'occasion de laquelle elle est dégagée. Le droit se construit au cas par cas de manière empirique, par répétition et convergence. A cet égard, la contribution jurisprudentielle à la formation du droit de la bioéthique doit retenir l'attention dans les pays de *common law* ainsi que dans les pays de *civil law* où les tribunaux sont appelés à combler les lacunes juridiques. La France offre un bon exemple de la place et du

[1531] J. Habermas, *L'avenir de la nature humaine. Vers un eugénisme libéral ?* , Paris, Gallimard, Nrf Essais, 2002, p. 33.

[1532] Le clonage reproductif est puni de 30 ans de réclusion criminelle et 7 500 000 euros d'amendes, et le clonage thérapeutique de 7 ans d'emprisonnement et 100 000 euros d'amende.

poids acquis par la jurisprudence dans la construction juridique[1533]. Un certain décloisonnement semble s'opérer entre la culture juridique de *civil law* et de *common law*. Le mode d'appréhension du droit dans les pays de *civil law* évolue vers une approche concrète, où le fait tend à supplanter la règle abstraite dans la production du droit et où le juge dispose d'un pouvoir accru.

817. Dans les pays de *civil law* comme de *common law*, en l'absence de normes législatives, il revient aux tribunaux de résoudre les litiges résultant des sciences biomédicales et de leurs applications. En France, en vertu de l'article 4 du Code civil, les tribunaux ont obligation de juger même en l'absence de textes juridiques spécifiques, ils doivent trancher les litiges à peine de déni de justice. Et, dans la mesure où les juges sont souvent les premiers saisis de problèmes inédits, ils sont conduits à découvrir les règles de droit applicables.

La jurisprudence dite prétorienne illustre les cas dans lesquels le juge est autorisé à « statuer sur la base de son propre sentiment du droit sans avoir à s'appuyer sur des règles générales préétablies »[1534]. Elle évoque donc une conception de la jurisprudence, source de droit. Le pouvoir prétorien de la jurisprudence se dessine lorsqu'elle s'affirme *contra legem*, et lorsque *praeter legem* elle comble les lacunes du droit[1535].

A/ Le système de common law : un modèle de formation casuistique du droit

818. La casuistique est associée au droit anglo-saxon car elle place la règle de droit au niveau des cas concrets. En *common law*, la formulation de la règle de droit s'effectue de manière concrète à l'occasion de chaque décision judiciaire[1536]. Dès le XIIIème siècle, le

[1533] C. Byk, « La jurisprudence est-elle une source du droit des sciences de la vie ? », *GP*, 27-29 avril 2003, p. 5.
[1534] M. Virally, *La pensée juridique*, Paris, LGDJ - Panthéon-Assas, coll. Les introuvables, 1998, p. 169.
[1535] P. Malaurie, « La jurisprudence combattue par la loi », in *Mélanges offerts à René Savatier*, Paris, Dalloz, 1965, p. 603.
[1536] R. David, C. Jauffret-Spinosi, *Les grands systèmes de droit contemporain*, Dalloz, Précis, 10ème éd., 1992, n°317.

droit anglais se forme au cas par cas en procédant par répétition[1537]. En droit anglais, soit le juge dégage la règle de droit d'un précédent, soit il crée la règle, dont la portée est limitée aux faits de l'espèce.

819. Le juge anglais procède plus par un raisonnement inductif[1538], c'est-à-dire en partant des faits observés pour en induire des principes[1539], que par syllogisme, raisonnement de type déductif qui décrit traditionnellement la démarche des juges de *civil law*. Le syllogisme est construit à partir de l'énonciation de la règle de droit (la majeure), puis du cas d'espèce, la situation de fait (la mineure) pour en déduire la conclusion. Le syllogisme est décrit comme un mode concret d'élaboration par le juge d'une norme juridique individuelle, propre à régler un litige particulier, à partir d'une règle générale présupposée[1540]. Le syllogisme implique donc de passer de l'abstrait au concret, de la règle générale au cas d'espèce. Mais le syllogisme juridique ne peut se réduire à un raisonnement mécanique et automatique, il nécessite de la part du juge qu'il individualise la norme pour l'adapter au cas d'espèce[1541].

820. Dans le jugement de *common law*, le juge n'emprunte pas ce schéma logique et préétabli, il recherche à partir des faits, si le cas de l'espèce présente une analogie avec d'autres cas. Si des cas analogues existent, en vertu de la règle du précédent, il est tenu d'adopter la même règle que celle antérieurement dégagée, et à laquelle il va se référer. Toutefois, lorsqu'il appréhende un précédent, il lui confère une signification réactualisée. En effet, le sens du cas précédent n'est pas celui qu'il recouvrait à l'époque mais celui qu'il recouvre tel qu'interprété dans le contexte actuel où il est reçu.

Les juges sont liés par la *ratio decidendi* du précédent, c'est-à-dire le raisonnement de la décision (le support nécessaire de la décision),

---

[1537] H. Lévy-Ullmann, *Le système juridique de l'Angleterre*, Paris, Ed. Panthéon-Assas, 1999, p. 131.

[1538] A. De Vita, « La prise de décision par le juge. Aperçu comparatif », in *Juges et jugements : l'Europe plurielle. L'élaboration de la décision de justice en droit comparé*, Paris, Société de législation comparée, 1998, p. 63 ; C. Jauffret-Spinosi, « L'élaboration de la décision de justice. Présentation » in *Juges et jugements : l'Europe plurielle. L'élaboration de la décision de justice en droit comparé, ibid.*, p. 9.

[1539] J-L. Bergel, *Méthodologie juridique*, *op. cit.*, p. 140.

[1540] G. Canivet, « La méthode jurisprudentielle à l'épreuve du juste et de l'injuste », in *De l'injuste au juste*, M-A. Frison-Roche, et W. Baranès (sd.), Paris, Dalloz coll. Thèmes et commentaires, 1997, p. 101.

[1541] C-A. Morand, *Le droit néo-moderne des politiques publiques*, *op. cit.*, p. 31.

sachant que le juge ne précise pas, quelle est la *ratio decidendi*. Elle sera dégagée ultérieurement par un autre juge, ce dernier appréciera si l'arrêt est un précédent ou non applicable au litige dont il est saisi[1542]. Ce juge ne pourra déceler la *ratio decidendi* que par l'analyse des faits de l'espèce, du jugement lui-même, ou des *reasons* (raisons) exposées par le juge qui expliquent sa décision car il n'y a pas d'obligation de motiver la décision en droit anglais[1543].

821. La règle du précédent n'empêche pas le juge d'énoncer sa propre règle, elle l'oblige seulement à une cohérence, une harmonisation[1544]. Le précédent ne s'impose pas de manière péremptoire, car le juge dispose d'une liberté de choix du précédent grâce à la distinction du cas actuellement pendant des précédents. Chaque juge est libre d'adapter la règle de droit aux besoins du moment sous condition impérative qu'il n'adopte pas une formule qui n'aurait pas pu être adoptée dans un cas précédent sans en changer le résultat[1545].

Soit le juge redonne corps à des règles préexistantes, soit en l'absence de précédent, il crée le principe de droit permettant de résoudre le cas et qui servira pour d'autres cas analogues[1546]. Cette progression par étapes successives et le pouvoir créateur du juge peut être illustré en droit américain au travers du *right of privacy*[1547]. Ce droit a été dégagé par la Cour suprême des Etats-Unis, à l'occasion d'un recours contre une loi d'Etat, prohibant l'usage de moyens contraceptifs aux couples mariés dans la décision Griswold c. Connecticut en 1965. Le droit a ensuite été

1542 R. David, C. Jauffret-Spinosi, *Les grands systèmes de droit contemporain*, Dalloz, Précis, 10ème éd., 1992, n°336.

1543 C. Jauffret-Spinosi, « L'élaboration de la décision de justice. Présentation »in *Juges et jugements : l'Europe plurielle. L'élaboration de la décision de justice en droit comparé*, *op. cit.*, p. 9.

1544 Dans la mesure où la formule doit être capable de rendre compte des décisions précédentes soit en conciliant les précédents soit en les distinguant et en expliquant les différentes conclusions auxquelles sont parvenus ses prédécesseurs.

1545 J-A. Jolowick, « La jurisprudence en droit anglais : aperçu sur la règle du précédent », *APD*, t. 30, La jurisprudence, p. 105.

1546 A. De Vita, « La prise de décision par le juge. Aperçu comparatif », in *Juges et jugements : l'Europe plurielle. L'élaboration de la décision de justice en droit comparé, op. cit.*, p. 63.

1547 F. Rigaux, « L'élaboration d'un « right of privacy » par la jurisprudence américaine », *RIDC*, 1980, p. 701.

étendu à l'avortement dans la décision Roe c. Wade, puis au refus de soin par certaines Cours suprêmes d'Etat[1548].

Dans les pays de *common law*, les normes juridiques relatives à l'éthique médicale sont essentiellement produites par voie jurisprudentielle[1549], malgré un certain développement des législations étatiques. L'approche au coup par coup caractérise la construction du droit biomédical en Angleterre, dont une grande partie est gouvernée par des précédents plutôt que par des lois même si le nombre de lois relatives à des questions médicales spécifiques a significativement augmenté[1550].

B/ Le rapprochement de la fonction de juger entre pays de common law et de civil law

822. Dans les pays de *civil law*, traditionnellement deux positions s'opposent à l'égard du pouvoir normatif du juge[1551]. D'une part, celle qui conçoit le juge comme un simple exécutant : « toute décision juridictionnelle est un syllogisme (...) le juge ne fait pas acte de volonté : il constate le droit et en tire la conséquence logique »[1552]. D'autre part, celle qui reconnaît un pouvoir normatif au juge en cas de lacunes[1553]. Le juge assure le complément du droit[1554], non seulement en l'absence de règles législatives, mais aussi en présence de règles de droit lorsque le juge les interprète. Pour Kelsen, les décisions juridictionnelles sont une continuation du processus de création du droit. Il reconnaît une fonction créatrice à l'interprétation : « Les décisions juridictionnelles

---

[1548] Par la Cour suprême du New Jersey dans la décision Quinlan en 1976 et par la Cour suprême du Massachussets dans la décision Saikewicz en 1977, publiées in *Droit constitutionnel et bioéthique. L'expérience américaine*, C. Baron, Paris - Aix-en-Provence, Economica - PUAM, coll. Droit public positif, 1997.

[1549] C. H. Baron, « Normativité et biomédecine aux Etats-Unis », in *Normativité et biomédecine*, Economica, coll. Etudes jurdiques, 2003.

[1550] Elliston, « Great Britain position », in *Bioéthique : de l'éthique au droit du droit à l'éthique*, Institut suisse de droit comparé, Zürich, 1997, p. 61 ; Human Tissue Act 1961, Abortion Act 1967, Human Fertilisation and Embryology Act 1990.

[1551] G. Timsit, *Les figures du jugement*, Paris, PUF, Les voies du droit, 1993, p. 19 et sv.

[1552] Citation de Duguit par G. Timsit, *ibid.*, p. 22.

[1553] P. Roubier, *Théorie générale du droit. Histoire des doctrines juridiques et philosophiques des valeurs sociales*, Recueil Sirey, 2ème éd., 1951, p. 7.

[1554] G. Cornu, *Droit civil, Introduction, les personnes, les biens*, t. 1, Paris, Montchrestien, Domat Droit privé, 9ème éd., 1999, n°176 et sv.

n'ont pas un caractère simplement déclaratif »[1555]. « Il n'est pas vrai que le tribunal ait seulement à trouver et à énoncer un droit déjà préalablement créé d'une façon absolument complète et définitive, un droit dont la création serait absolument terminée. ». Le juge participe ainsi à la création de la règle juridique.

823. Si vide juridique il y a, il s'agit d'un vide législatif[1556]. Le vide juridique offre un prétexte pour justifier l'élaboration d'un nouveau droit. Pour certains les nouvelles techniques de procréation assistée, de greffes, se déploient à la faveur « d'un vide juridique, d'un non droit »[1557]. Mais ce constat est fondé uniquement sur les lacunes législatives, car le juge est tenu de statuer. « C'est dire par là qu'il n'est pas de vide juridique pour le juge, et que c'est à la jurisprudence, en dégageant de nos traditions juridiques des principes généraux, qu'il incombe de régler les litiges auxquels la loi écrite n'apporte pas de solution prédéterminée et de forger progressivement le droit »[1558], comme elle l'a fait dans le cas de la maternité de substitution et de l'expérimentation sur une personne morte.

1- La décision de justice supplée à l'absence de réglementation juridique

824. La jurisprudence a créé et imposé des devoirs aux médecins pour pallier le vide juridique et l'imprécision des principes hippocratiques requérant le caractère utile, bienfaisant et juste de l'acte médical. La jurisprudence a ainsi balisé la pratique expérimentale pour pallier l'insuffisance des règles et garantir les droits des sujets de recherche.

825. En 1859, un jugement a condamné un interne sur la base de l'article 311 du Code pénal, pour avoir inoculé le virus de la syphilis à un enfant de dix ans, dans le but d'étudier le processus de contagion de la

---

[1555] H. Kelsen, *Théorie pure du droit*, Paris, LGDJ, coll. La pensée juridique, 1999, p. 238.

[1556] J-R. Binet, *Droit et progrès scientifique*, *op. cit.*, en particulier La peur du vide p. 223 et sv.

[1557] P. Amselek, « A propos de la théorie kelsénienne de l'absence de lacunes dans le droit » *APD*, t. 33, p. 289.

[1558] R. Denoix de Saint Marc, « Contributions récentes de la jurisprudence du Conseil d'Etat au statut juridique de la personne humaine », in *Mélanges offerts à Pierre Drai, Le juge entre deux millénaires*, Paris, Dalloz, 2000, p. 546.

maladie[1559]. L'acte est jugé par la Cour comme constituant un délit de blessures volontaires, alors même que l'interne n'a pas agi avec l'intention de nuire, mais « qu'il suffit qu'il ait agi en connaissance de cause et avec l'intention de satisfaire, au risque de nuire, soit l'intérêt de sa renommée, soit même une passion purement scientifique et désintéressée ». De sorte que l'expérimentation n'est légitime que si elle est entreprise dans l'intérêt du patient : « toutes les fois que, dans l'application d'une méthode thérapeutique nouvelle, le médecin aura eu essentiellement pour but la guérison du malade (...) il ne relèvera que de sa conscience ». L'argumentation ainsi développée est conforme aux principes hippocratiques prescrivant le caractère utile et bienfaisant de l'acte médical. En outre, le tribunal considère les faits d'autant plus accablants, « qu'ils se sont accomplis sur un enfant incapable de tout consentement ».

826. Par ailleurs, un jugement en date de 1906 a reconnu la responsabilité d'un opérateur radiographe, en application des articles 1382 et 1383 du Code civil, pour avoir mené des expériences de radiographie sur un patient[1560]. L'opération n'était pas nécessaire. Et, le patient n'avait été informé ni des risques d'une telle opération ni consenti à sa réalisation.

Ces deux exemples démontrent que la jurisprudence imposait comme conditions de l'expérimentation, le recueil préalable du consentement, l'information du patient, et la poursuite d'un but thérapeutique.

827. L'exigence du consentement a reçu une consécration juridique avant d'être appréhendé comme un principe éthique jouissant d'une reconnaissance autonome. C'est au lendemain de la deuxième guerre mondiale que le recueil du consentement est érigé au premier rang des principes éthiques applicables à l'expérimentation, dans le Code de Nuremberg. Alors que la jurisprudence subordonnait depuis longtemps la conduite d'une expérimentation à l'obtention du consentement du sujet de recherche, l'avènement du principe dérive de son inscription dans le Code de Nuremberg, de sorte que l'autorité du principe émane en fait de normes éthiques. En ce sens, le Code a éclipsé les solutions jurisprudentielles antérieures imposant le recueil du consentement. Pour certains, en effet, l'existence du principe remonte à la deuxième guerre

[1559] TC Lyon, 15 déc. 1859, *D.* 1859.3, p. 87.
[1560] CA Aix, 22 oct. 1906, *D.* 1907.2, p. 41.

mondiale : « le principe du consentement pour le traitement médical et la recherche est entré dans la littérature après la Seconde guerre mondiale et avec l'adoption du Code de Nuremberg »[1561]. Le cas du consentement est certainement le plus topique de la tendance à reconnaître à une norme une certaine autorité, tirée de la portée symbolique de l'instrument qui l'énonce, et qui occulte finalement sa valeur juridique initiale.

828. Avec le développement de plus en plus rapide du progrès scientifique et technique, la jurisprudence a été amenée à traiter de litiges inédits comme l'insémination *post-mortem* ou les demandes de modification d'état civil des transsexuels[1562].

Face à l'arbitraire médical, le juge contribue à assigner des limites à la pratique médicale. A cet égard, les conclusions du commissaire du gouvernement sur l'affaire Milhaud[1563], expliquent quel est le rôle du juge en tant que protecteur de l'intégrité de la personne. L'immixtion du juge dans le domaine de la déontologie est justifiée par le fait que « nous croyons très fermement en tout cas qu'il n'appartient pas au praticien tout seul de trancher ce débat. (...) La médecine ne contient pas en elle-même la réponse à cette question qui intéresse la société tout entière ». Le médecin ne relève pas de sa seule conscience. C'est au juge qu'il revient de déterminer ce qui est humainement acceptable, c'est-à-dire de concilier la recherche scientifique et le respect des personnes.

829. Quand le juge est confronté dans le cadre de la relation médecin - patient à une situation non régie par la déontologie ni par la loi, il est conduit à dégager lui-même les principes applicables au cas d'espèce. Dans l'affaire Milhaud, le Conseil d'Etat a affirmé l'existence de « principes déontologiques fondamentaux relatifs au respect de la personne humaine » pour fonder et confirmer la sanction disciplinaire infligée à un médecin ayant pratiqué une expérimentation sur un patient en état de mort cérébrale. Le juge comble les lacunes juridiques en déterminant les principes applicables au cas d'espèce. Pour ce faire, le Conseil d'Etat devait au préalable apprécier l'état du sujet ayant fait l'objet de l'expérimentation, c'est-à-dire l'état de mort cérébrale[1564].

[1561] Rapport de M. Plattner, Ass. Parl. Cons. Europe Doc. 7622, cité in « La Convention dite « bioéthique » du Conseil de l'Europe et le droit français de l'assentiment à l'acte médical », G. Mémeteau, *op. cit.*, p. 78.

[1562] M. Boubay-Pagès, « La jurisprudence », in *De la bioéthique au bio-droit*, C. Neirinck (sd.), *op. cit.*, p. 103.

[1563] CE, Milhaud, 2 juil. 1993, rec. p. 194, Cl. Kessler.

[1564] *Cf. infra* n°958.

Ensuite, comme l'expérimentation sur une personne morte ne faisait l'objet d'aucune disposition en droit positif, le Conseil d'Etat a eu recours à ces principes fondamentaux qui « ne cessent pas de s'appliquer avec la mort » du patient pour interdire une telle expérimentation.

Ces principes ont reçu une application en matière de prélèvement d'organes à but thérapeutique opéré sur le cadavre d'un majeur[1565]. Sur le fondement des principes déontologiques relatifs au respect de la personne humaine qui s'imposent au médecin dans ses rapports avec son patient et ne cessent pas de s'appliquer avec la mort de celui-ci, le tribunal administratif d'Amiens a dégagé l'obligation d'information complète des parents sur les prélèvements *post-mortem*, jugés en l'espèce licites[1566].

La loi n°94-630 du 25 juillet 1994 a pris acte de la jurisprudence Milhaud en interdisant d'effectuer une recherche biomédicale sur une personne en état de mort cérébrale, sans son consentement exprimé de son vivant ou par le témoignage de sa famille.

830. La démarche des juges de *civil law* n'est pas si éloignée de celle des juges de *common law* puisqu'ils disposent d'un pouvoir de création de la règle de droit à l'occasion de cas d'espèce. C'est pourquoi certains parlent de hiérarchies inversées[1567], le juge bien qu'organe inférieur, détient le pouvoir de déterminer la portée de la loi. Et le rapprochement des deux systèmes est conforté par l'adoption de jugements circonstanciels dans les pays de *civil law*.

2- Des jugements circonstanciels

831. Dès 1930, en Allemagne, lors du procès de Lübeck qui a joué le rôle de révélateur des dangers de la médecine scientifique[1568], le tribunal a déclaré que « les conditions d'une négligence coupable sont de nature extrêmement personnelle. Il ne suffit pas d'établir une faute, pour que quelqu'un soit responsable et coupable d'un point de vue juridique. Il faut toujours vérifier s'il existe un manquement éthique. Une négligence

---

[1565] TA Amiens, 4 déc. 2000, *AJDA*, 2001, p. 790, Cl. Mesmin.

[1566] P. Egéa, « Prélèvement post mortem, consentement présumé et obligation d'information », note sous TA Amiens, 14 déc. 2000, *D.*, J., 2001, p. 3310.

[1567] M. Delmas-Marty, *Pour un droit commun*, *op. cit.*, p. 107.

[1568] Le jugement mettait en cause le statut de la vaccination. Le procès était intenté suite à la vaccination généralisée par le BCG ayant entraîné la mort de 77 enfants. La problématique reposait sur la légitimité de l'introduction de la vaccination à grande échelle ce qui supposait d'apprécier si elle constituait un traitement médical habituel ou un traitement nouveau ou une expérimentation humaine.

éthique est ainsi la base de la culpabilité, et pour l'évaluation du manquement éthique les capacités et pouvoirs de l'individu sont jugés déterminants »[1569]. C'est pourquoi, l'évaluation de la négligence coupable doit tenir compte des capacités et pouvoirs de l'individu en question.

Une telle interprétation de l'éthique en fait une affaire de jugement personnel, non susceptible de faire l'objet de normes, fixant un comportement référent. Le tribunal estime qu'un comportement éthique nécessite une appréciation *in concreto* car il est tributaire d'une situation spécifique et pratique.

832. La tendance actuelle avalise cette conception, selon laquelle le jugement procède plus des faits et des circonstances de l'espèce, que d'une norme générale préétablie. Le rôle du juge s'en trouve accru. Non seulement, il doit rechercher à partir des faits la règle applicable, mais il doit aussi rechercher un équilibre entre différents intérêts en conflit. Or contrairement à la culture anglo-américaine fondée sur le conflit d'intérêts, la culture française a cru pendant longtemps pouvoir s'appuyer sur la loi pour résoudre de telles difficultés[1570]. Par exemple, le Professeur Rigaux relève que le concept anglo-saxon de vie privée : « ne saurait donner lieu à une appréciation de type syllogistique permettant à un juge d'identifier par une opération purement logique la situation appréhendée par ce concept. La méthode de pondération des intérêts est la seule appropriée mais comme ce terme l'indique loin de se prononcer sur l'étendue d'un droit subjectif, le juge pèse les intérêts respectifs des parties en présence à la lumière de l'intérêt général »[1571].

833. Face à des choix particulièrement chargés de valeurs, faisant l'objet de prises de position opposées, l'approche pragmatique au cas par cas tend à devenir le mécanisme généralisé de protection des droits fondamentaux, en tant qu'il laisse une marge de manœuvre à l'égard de la solution à adopter. Ainsi à l'occasion du recours exercé contre la Directive européenne relative à la brevetabilité, l'Avocat général a promu ce type d'approche : « une appréciation au cas par cas

---

1569 Cité par C. Bonah, « Le procès de Lübeck et les Richtlinien de 1931 », in *Les procès médicaux : lieux de références, révélateurs et régulateurs d'éthique comme d'éthos,* Rapport MIRE, juin 2000, p. 92.

1570 P. Pedrot, « Aux deux seuils de la vie », *Justices*, Hors-série, *op. cit.*, p. 69.

1571 F. Rigaux, *La protection de la vie privée et des autres biens,* Bruxelles, Bruylant, coll. Bibliothèque de la Faculté de droit de l'Université catholique de Louvain, 1990, p. 770.

des demandes de brevet au regard du consensus moral constitue la meilleure garantie que le droit à la dignité sera respecté et tel est le cadre établi par la directive »[1572].

834. En France, la jurisprudence récente relative au Témoins de Jéhovah signale certainement une évolution de l'approche jurisprudentielle des problèmes d'éthique médicale, abordés au cas par cas de manière pragmatique.

835. Dans deux jugements[1573], où des médecins face à une situation d'urgence n'avaient pas respecté le refus de transfusion des patients Témoins de Jéhovah pour leur sauver la vie, la Cour administrative d'appel de Paris a confronté le devoir de respecter la volonté du patient et le devoir du médecin de protéger la santé et la vie du patient. La Cour a fait prévaloir de manière générale et sans exception le devoir du médecin de protéger la vie sur la liberté de choix du patient. C'est donc un argument éthique[1574], qui justifie une limitation aux principes juridiques d'inviolabilité et d'intégrité du corps humain, consacrés depuis 1994 dans les articles 16-1 et 16-3 du Code civil.

La Cour administrative d'appel a posé une limite au respect de la volonté du patient, la protection de la vie, en opérant ainsi une hiérarchie entre ces deux exigences susceptibles de s'opposer. La cour a statué ainsi : « l'obligation faite au médecin de toujours respecter la volonté du malade en l'état de l'exprimer (...) trouve sa limite dans l'obligation qu'a également le médecin, conformément à la finalité même de son activité, de protéger la santé, c'est-à-dire en dernier ressort, la vie elle-même de l'individu ; que par suite ne saurait être qualifié de fautif le comportement de médecins qui, dans une situation d'urgence, lorsque le pronostic vital est en jeu et en l'absence d'alternative thérapeutique, pratiquent les actes indispensables à la survie du patient et proportionnés à son état, fût-ce en pleine connaissance de la volonté préalablement exprimée par celui-ci de les refuser pour quelque motif que ce soit ».

836. Le Conseil d'Etat a cassé l'arrêt pour erreur de droit en estimant que la Cour administrative d'appel « a entendu faire prévaloir de

[1572] CJCE, 9 oct. 2001, C-377/98, Cl. consultées en ligne, http://www.curia.eu.int/jurisp.
[1573] CAA Paris, arrêts du 9 juin 1998, Cl. M. Heers, *RFDA*, 1998, p. 1231 ; arrêts commentés par G. Mémeteau, « Refus de soins et traitement imposé par le médecin : la conciliation de valeurs opposées », *LPA*, n°81, avril 1999, p. 10 ; note J.M. Auby, *RDP*, 1999, p. 235.
[1574] G. Mémeteau, « Refus de soins et traitement imposé par le médecin : la conciliation de valeurs opposées », *op. cit.*

façon générale l'obligation pour le médecin de sauver la vie sur celle de respecter la volonté du malade »[1575]. Ce qui est symbolique, c'est que le Conseil d'Etat a opté pour la pondération des intérêts dans chaque cas d'espèce, donc pour une solution pragmatique, au lieu d'avaliser la solution dogmatique retenue par la Cour administrative d'appel, laquelle s'est opposée à la conciliation des obligations contradictoires en affirmant la primauté du devoir de sauver la vie[1576]. Au contraire, le Conseil d'Etat sanctionne cette idée de supériorité de principe. Partant de l'impossibilité d'établir une règle générale, le juge doit procéder au cas par cas[1577]. Selon le Président de la section du contentieux, « il ne peut y avoir de hiérarchie prédéterminée, et intangible, entre l'obligation de soigner et celle de respecter la volonté du patient. Le médecin est dans une situation à chaque fois particulière, insolite. Le problème se pose dans un contexte humain. Ce n'est qu'au cas par cas que l'on peut faire prévaloir un principe sur l'autre »[1578].

Si certains jugent qu'il s'agit d'une prise de position sage et « d'une leçon d'humilité devant la complexité de l'imbrication du droit et des droits »[1579]. La décision a pour effet de laisser la décision d'administrer ou non les soins, au médecin. En dernier ressort, c'est le médecin ou l'équipe médicale qui sera conduit à trancher le conflit de valeurs que le Conseil d'Etat s'est refusé à trancher dans un sens prédéterminé. Le médecin appréciera au cas par cas si la conciliation des exigences opposées s'avère envisageable. Le médecin apparaît ainsi garant du respect d'un équilibre entre la volonté du patient et le devoir de sauver la vie, sachant que son choix et son comportement s'exerceront sous le contrôle *a posteriori* du juge.

837. Cet arrêt confirme la tendance dégagée précédemment, à savoir la préférence pour la procédure de conciliation plutôt que pour la prévalence d'un principe. Le droit s'élabore par la pondération des intérêts. Car la référence qui permettra au juge d'apprécier si le médecin a eu un comportement fautif ou non, c'est la proportionnalité du comportement[1580].

[1575] CE, 26 oct. 2001, Mme X, Cl. D. Chauvaux, *RFDA*, 2002, p. 146.
[1576] M. Deguergue, note sous CE, 26 oct. 2001, *AJDA*, 2002, p. 259.
[1577] J. Moreau, note sous CE, 26 oct. 2001, *JCP*, 2002-II, 10025.
[1578] *Le Monde*, 28-29 oct. 2001, p. 10.
[1579] M. Deguergue, note sous CE, 26 oct. 2001, *op. cit.*
[1580] *Ibid.*

Si l'on admet, qu'en l'espèce, le Conseil d'Etat a délibérément refusé de trancher le conflit de valeurs pour renvoyer le législateur à ses responsabilités, cet arrêt illustre la problématique liée à l'étendue des pouvoirs du juge. La question de savoir si un patient peut exiger qu'on le laisse mourir, est une question politique, qu'il revient au législateur de trancher[1581].

838. Le législateur est intervenu en adoptant la loi du 4 mars 2002 relative aux droits des malades et à la qualité du système de santé[1582] qui consacre le respect dû par le médecin à la volonté du malade après l'avoir informé des conséquences de ses choix. Et, en cas de refus présentant un risque pour la vie du patient, la loi oblige le médecin à tout mettre en œuvre pour convaincre le patient d'accepter les soins indispensables[1583], mais la loi ne prévoit pas la possibilité de passer outre le refus de soin. Dans le silence de la loi, soit on considère qu'elle entend faire prévaloir le respect de la volonté du patient[1584], ce qui s'oppose à la jurisprudence du Conseil d'Etat du 26 octobre 2001. Soit on considère que la loi n'a pas déterminé la volonté qui doit prévaloir, et renvoie au cas par cas, à la solution dégagée par le juge[1585]. L'intervention législative n'a donc pas clarifié le règlement de la question qui en dernier ressort relève du juge en tant qu'interprète de la loi. Dans le cadre du référé-liberté, le juge administratif a reconnu à la faculté d'accepter ou de refuser tout acte médical, le caractère de liberté fondamentale[1586]. Le juge a maintenu la jurisprudence antérieure à la loi. Il continue à pondérer le respect de l'autonomie du patient et l'obligation de sauver la vie du patient[1587].

Les dispositions de la loi du 4 mars 2002 ont été complétées par la loi n°2005-370 du 22 avril 2005 relative aux droits des malades et à la fin de vie. Face à un refus de soin, le médecin peut désormais faire appel à un autre membre du corps médical. Et le malade doit réitérer sa

---

1581 D. de Béchillon, note sous CE, 26 oct. 2001, *RFDA*, 2002, p. 157.

1582 *JO*, 5 mars 2002, p. 4118.

1583 Art. L. 1111-4 CSP.

1584 B. Mathieu, « Les droits des personnes malades », *LPA*, n°122, juin 2002, p. 10.

1585 M. Deguergue, « Droits des malades et qualité du système de santé », *AJDA*, 2002, p. 508.

1586 CE, ordonnance du 16 août 2002, TA Lyon, ordonnance du 9 août 2002, TA Lille ordonnance du 23 août 2002, *GP*, 15-17 sept. 2002, p. 8, note F-J. Pansier.

1587 B. Mathieu, « De la diffficulté de choisir entre la liberté et la vie. Réflexions sur la jurisprudence administrative relative à la transfusion des témoins de Jéhovah » *RGDM*, n°9, 2003, p. 97.

décision dans un délai raisonnable, ce qui exclut l'application de ces dispositions dans l'hypothèse de l'urgence.

839. Que le juge découvre la règle de droit applicable, qu'il donne un sens à une règle indéfinie ou qu'il pondère des intérêts, on peut conclure que « le juge cesse de correspondre à l'image classique d'un simple organe préposé à l'exécution d'une volonté générale préétablie »[1588].

Le juge apparaît comme l'acteur essentiel de l'échange entre la norme éthique et juridique. Le juge assume un rôle central dans cette alliance du droit et des valeurs, la légitimité de la solution jurisprudentielle dépend de son fondement axiologique, qui servira à persuader l'auditoire de la légitimité de la norme[1589].

840. L'élaboration et la détermination de la norme tendent à se réaliser lors de son application, notamment à l'occasion de contentieux. Dès lors la règle est construite à partir des circonstances de l'espèce, des faits, ce qui diffère du modèle traditionnel de la production du droit par en haut, par l'énoncé de règles générales et abstraites. Le processus judiciaire offre l'avantage d'aboutir à des solutions adaptées au contexte de chaque espèce. En outre, ce processus jouit d'une légitimité procédurale chère à Habermas, car il met en évidence, et oppose de manière transparente les différents points de vue de manière à les trancher[1590]. En raison de la place grandissante de la fonction juridictionnelle dans la résolution des conflits et des problèmes de société, certains annoncent la naissance d'une « démocratie contentieuse »[1591].

[1588] J. Van Compernolle, « Vers une nouvelle définition de la fonction de juger : du syllogisme à la pondération des intérêts », in *Hommage à F. Rigaux,* Bruxelles, Bruylant, 1993, p. 506.

[1589] A. Rouyère, « Le juge et les interactions normatives », in *Jeux de normes dans la recherche biomédicale*, J-P. Duprat (sd.), Paris, Pub. de la Sorbonne, coll. Droit économique, 2002, p. 141.

[1590] C. Byk, « La jurisprudence… », *op. cit.*

[1591] G. Canivet, « Le juge entre progrès scientifique et mondialisation », *RTDC*, 2005, p. 41.

SOUS-SECTION 2 : La substitution de règles procédurales à des règles substantielles

841. La procéduralisation du droit se traduit par d'autres mécanismes que l'évaluation et l'expérimentation. La démarche procédurale s'affirme aussi au travers de la tendance du droit à poser des règles d'organisation plutôt que des règles de contenu. Au lieu de proclamer des principes intangibles et des interdictions, le droit cherche à poser des limites dont il ne prescrit que les conditions de procédure, de détermination sans prendre de décision au fond. L'appréciation est laissée dès lors à d'autres instances et se fait au cas par cas. Les principes formulés sont tellement vagues qu'ils ne règlent pas par avance les comportements, ce qui conduit à un passage de l'état de droit à l'état de fait[1592].

842. La règle est déterminée de façon médiate. Ceci résulte de plusieurs facteurs dont l'un réside dans l'imprécision qui entoure la formulation des règles : le recours aux notions - cadres, aux standards, a pour effet de renvoyer la détermination de la règle lors de son application. On constate un renoncement du législateur à édicter des normes générales prédéterminées pour laisser place à un système flexible capable de faire face à l'imprévisible[1593].

§1 L'essor des règles procédurales

843. La teneur des normes en bioéthique s'oriente plus vers des règles procédurales que substantielles. Les règles procédurales accompagnent les règles substantielles dont elles assurent l'effectivité. La garantie des droits fondamentaux nécessite des règles procédurales. Mais les règles procédurales tendent à supplanter les règles substantielles. Ce phénomène est sans doute lié à la prise en compte du pluralisme des valeurs par le système juridique. Les règles procédurales dans la mesure où elles n'imposent pas le respect de valeurs prédéterminées, sont censées être plus aptes à recueillir l'adhésion de tous les destinataires de la norme. C'est pourquoi, le système juridique cherche plutôt à mettre en

---

1592 C-A. Morand, *Le droit néo-moderne des politiques publiques*, *op. cit.*, p. 120.

1593 I. Vacarie (sd.), A-S. Ginon et P. Lokiec, *Recherche biomédicale et procéduralisation du droit*, IRERP, Université Paris X, juil. 2000.

place des mécanismes qui permettent de pondérer les intérêts au cas par cas.

A/ L'objectif ambivalent des garanties procédurales

844. L'institution par le droit de règles procédurales participe à la protection des droits fondamentaux de la personne, car la proclamation d'un droit est en elle-même insuffisante si elle ne s'accompagne pas d'un dispositif susceptible d'en assurer l'effectivité. Ainsi le respect de l'intégrité de la personne appelle comme corollaire des modalités d'information et de consentement du patient. Mais l'objectif des garanties procédurales est susceptible d'être inversé ; au lieu de concourir au respect d'un droit, dans un nombre d'hypothèses croissant, elles servent de justificatif à l'atteinte à un droit. Le recours à des garanties procédurales est de plus en plus fréquent pour autoriser une dérogation à un principe substantiel.

845. Le succès des règles procédurales s'explique aussi par leur neutralité. Au lieu de trancher en faveur d'un système de valeurs, le législateur préfère instituer des procédures de gestion des conflits en déléguant à d'autres instances la prise de décision. Mais en tant que simple norme d'organisation, la loi est dévalorisée[1594]. La loi privée de sa symbolique transcendance, n'a plus pour fonction d'exprimer un choix de valeurs, prétendant exprimer des vérités universelles, elle sert désormais une fonction instrumentale[1595].

Les garanties procédurales concourent de prime abord à la protection des droits fondamentaux, mais cette fonction protectrice est exploitée à des fins inverses, c'est-à-dire pour déroger aux droits fondamentaux.

1- Les garanties procédurales au service de la protection des droits fondamentaux

846. L'effectivité de la protection de la personne humaine dans le domaine biomédical, qu'il s'agisse du respect de la dignité, de l'inviolabilité de la personne, du respect de la vie privée… nécessite la mise en œuvre de garanties procédurales : garanties relatives aux modes

[1594] A. Viandier, « La crise de la technique législative », *Droits*, Crises dans le droit, vol. 4, 1986, p. 75.
[1595] C-A. Morand, *Le droit néo-moderne des politiques publiques*, *op. cit.*, p. 95 et sv.

d'information des personnes et aux modes de recueil de leur consentement. Les garanties portent aussi sur les conditions de transparence, d'encadrement, de contrôle et de surveillance des activités médicales. Dans cette optique procédurale s'inscrit la politique de veille sanitaire[1596], la loi relative aux droits des malades et à la qualité du système de santé[1597], et la nouvelle loi relative à la bioéthique. Ces lois visent à mettre en place et à renforcer les procédures par des contraintes structurelles de manière à optimiser les droits des personnes.

847. La loi n°88-1138 du 20 décembre 1988 relative à la protection des personnes se prêtant à des recherches biomédicales, modifiée par la loi n°2004-806 du 9 août 2004, démontre la tendance à la procéduralisation du droit, dans la mesure où la loi fixe un certain nombre de contraintes à respecter, mais ne détermine pas par avance les recherches licites ou illicites[1598]. Par exemple, dans le cadre de cette loi, la procédure de recueil du consentement est particulièrement formalisée car la loi fixe les conditions d'information du sujet de recherche. La procédure d'information doit révéler l'objectif de la recherche, la méthodologie, la durée, les bénéfices attendus, les contraintes, les risques prévisibles, les éventuelles alternatives médicales, les modalités de prise en charge médicale prévues en fin de recherche et l'avis du comité de protection des personnes[1599]. L'obligation d'information existe tout au long de la recherche[1600]. Non seulement l'expression du consentement est ainsi procéduralisé, mais il l'est aussi par l'examen du protocole de recherche par le comité de protection des personnes chargé de contrôler les modalités de recueil du consentement[1601].

Les contraintes imposées concernent l'exigence de prérequis scientifique, le respect du principe de proportionnalité, l'objectif d'étendre la connaissance scientifique de l'être humain, le respect du principe de minimisation de la douleur, des désagréments, et de la peur et le respect de la primauté de la personne par rapport aux seuls intérêts de

---

[1596] Loi n°98-535 du 1er juil. 1998 relative au renforcement de la veille sanitaire et au contrôle de la sécurité sanitaire des produits destinés à l'homme, *JO*, 2 juil. 1998.

[1597] Loi n°2002-303 du 4 mars 2002 relative aux droits des malades et à la qualité du système de santé, *JO*, 5 mars 2002, p. 4118.

[1598] I. Vacarie (sd.), A-S. Ginon et P. Lokiec, *Recherche biomédicale et procéduralisation du droit, op. cit.*

[1599] Loi n°2004-806 relative à la politique de santé publique, 9 août 2004, *JO*, 11 août 2004, p. 14277.

[1600] Art. L. 1122-1 CSP.

[1601] Art. L. 1123-7 CSP.

la science et de la société[1602]. Mais le législateur ne détermine pas *a priori* ces règles, au contraire, il dévolue ce pouvoir à des instances de terrain, en l'espèce les comités de protection des personnes. Ce sont eux qui se prononcent sur la protection des personnes, les éléments d'information et de recueil du consentement et sur la pertinence de la recherche[1603].

De la sorte, l'action législative ne laisse pas un vide juridique ni n'exprime une détermination *a priori* du contenu du droit, elle indique seulement comment doit être prise la décision déléguée à d'autres instances en fixant les principes à prendre en considération, ainsi que le mode de composition et de fonctionnement des comités. Le droit intervient en posant des conditions générales de validité mais qui ne prennent sens qu'au stade de leur mise en œuvre[1604].

De même, la réforme relative à la recherche sur l'embryon s'oriente dans cette voie[1605].

2- Les garanties procédurales, facteur d'affaiblissement de la protection des droits fondamentaux

848. Au regard de la loi relative à l'expérimentation et des lois bioéthiques, l'atteinte à l'intégrité corporelle peut être justifiée non seulement par l'intérêt de l'individu lui-même mais aussi par l'intérêt d'un tiers (don et greffe d'organes) ou de la société (recherche scientifique). Les lois véhiculent dès lors une vision utilitariste du corps humain[1606] : où le corps peut être considéré comme objet au service de la société. La loi du 20 décembre 1988 relative à l'expérimentation instrumentalise le corps dans un but d'intérêt général quand elle fixe pour objectif à la recherche d'améliorer la condition humaine[1607]. Une telle argumentation fonde aussi la recherche sur l'embryon, justifiée au nom de la solidarité[1608].

1602 Art. L. 1121-2 CSP.

1603 Art. L. 1123-7 CSP

1604 *Cf. infra* n°865 et sv.

1605 *Cf. infra* n°869.

1606 C. Neirinck, « Commentaires des projets de lois relatifs à l'éthique biomédicale », *LPA*, n°75, juin 1992, p. 4.

1607 B. Edelman, « Le droit, les « vraies » sciences et les « fausses » sciences », *APD*, t. 36, Droit et science, 1991, p. 55.

1608 Projet de loi relatif à la bioéthique, exposé des motifs, http://assemblee-nationale.fr.

849. Dans ces lois, sous couvert de garanties procédurales, il s'agit souvent d'autoriser des dérogations à un droit fondamental. La proclamation de principe est suivie de restrictions au principe, lesquelles sont légitimées parce que conditionnées par des règles procédurales.

Il est ainsi porté atteinte au principe substantiel de respect de l'intégrité de la personne humaine, dans le cadre de la stérilisation des incapables majeurs. L'atteinte à leur intégrité corporelle est légitimée dans la loi[1609], par les garanties procédurales qui entourent cette pratique. En quelque sorte leur droit substantiel est contrebalancé, ou écarté par des procédures. La stérilisation des personnes incapables est ainsi soumise à une décision du juge des tutelles, elle requiert l'avis d'un comité d'experts, ainsi que le respect d'une procédure de consultation de la personne concernée et de son représentant. De même, le prélèvement d'organes sur une personne vivante est strictement encadré par le respect de plusieurs procédures[1610] : l'information du donneur par un comité d'experts, l'expression du consentement devant le président du tribunal de grande instance, ou le magistrat désigné par lui, ou le procureur de la République, et l'information préalable de l'Agence de la biomédecine. Une exigence supplémentaire s'impose si le donneur n'est pas le père ou la mère du receveur, l'autorisation de procéder au prélèvement doit être délivrée par un comité d'experts.

La levée de l'interdiction de la recherche sur l'embryon procède du raisonnement selon lequel l'autorisation est acceptable dans la mesure où elle est strictement limitée car encadrée par des règles procédurales. La procéduralisation telle qu'aménagée par la loi se manifeste par les conditions qui sont posées à l'ouverture de la recherche sur l'embryon. Les conditions requises sont les suivantes : permettre des progrès thérapeutiques majeurs en l'absence de méthode alternative d'efficacité comparable en l'état des connaissances scientifiques, l'abandon du projet parental à l'égard de l'embryon conçu *in vitro*, le consentement écrit des deux membres du couple après délai de réflexion, l'autorisation du protocole par l'Agence de la biomédecine. Le législateur se borne à fixer des conditions générales de validité de la recherche et subordonne l'autorisation à trois autres exigences : la pertinence scientifique de la recherche, la prise en compte des principes éthiques, et son intérêt pour la santé publique, dont l'appréciation relève de l'Agence de la biomédecine.

[1609] Loi n°2001-588, Loi relative à l'interruption volontaire de grossesse et à la contraception, 4 juil. 2001, *JO*, 7 juil. 2001.
[1610] Art. L. 1231-1 CSP.

La dépénalisation partielle de l'euthanasie en Belgique a été avalisée par le Conseil d'Etat car elle est entourée de conditions de procédure. La loi impose plusieurs entretiens du médecin avec le patient, la consultation d'un autre médecin indépendant, l'entretien du médecin avec l'équipe soignante et avec les proches. En outre, la loi met en œuvre un contrôle automatique *a posteriori*[1611].

Les garanties procédurales peuvent servir à déroger aux droits fondamentaux, et de manière plus insidieuse que les autres types de dérogation[1612], car sous couvert d'apporter des garanties de manière à encadrer et à limiter certaines pratiques, elles permettent avant tout de procéder à la légalisation de pratiques jusqu'alors interdites au nom de certains principes fondamentaux.

850. Ces exemples sont représentatifs d'une évolution du droit, selon laquelle il s'agit moins d'interdire certaines conduites au nom des droits fondamentaux qu'à les autoriser sous surveillance. Dès lors, les exceptions aux droits fondamentaux se multiplient, à partir du moment où elles sont encadrées par des garanties procédurales. Ceci témoigne d'un désinvestissement du législateur dans le domaine des valeurs.

Ce désengagement est par ailleurs conforté par le fait qu'il ne prend pas partie dans les conflits de valeurs. En instituant des mécanismes de pondération des intérêts, il évite de faire prévaloir *a priori* et de manière inconditionnelle une valeur sur une autre.

B/ La gestion des antagonismes par la pondération des intérêts

851. Le domaine de la bioéthique est marqué par la pluralité d'intérêts concurrents, scientifiques, éthiques, économiques. Dans ce contexte, le système de la pondération des intérêts offre une méthode malléable de résolutions des conflits. Il évite de choisir entre des valeurs qui seraient exclusives, et il permet de « respecter » toutes les valeurs en cherchant à les concilier.

852. C'est pourquoi le principe de proportionnalité et le principe de précaution s'épanouissent en droit biomédical. Ces deux

[1611] CE, section de lég., ass. gén., 2 juil. 2001, Avis sur les propositions relatives à l'euthanasie, *RTDH*, n°49, 2002, p. 259.
[1612] *Cf. supra* n°698 et sv.

principes permettent de pondérer les intérêts en présence sans faire prévaloir de manière absolue un intérêt sur l'autre.

1- Le principe de proportionnalité : balance des avantages et des inconvénients

853. La proportionnalité est une notion ancienne, transversale et dynamique. Principe mathématique, elle est aussi appréhendée comme principe philosophique pour exprimer les notions de raisonnable, d'équilibre, de rationnel ; elle est aussi particulièrement employée dans le domaine économique[1613].

854. Par ailleurs, la proportionnalité gouverne la prise de décision médicale, elle est mise en œuvre dans l'application du bilan risques - bénéfices pratiqué dans le cadre de l'expérimentation sur l'homme[1614]. Pour certains la technique du bilan fonde la base éthique de l'expérimentation[1615], alors que pour d'autres, elle n'est qu'un leurre. Ils jugent son application impossible car l'évaluation des bénéfices ne peut se faire rationnellement qu'*a posteriori,* et dans l'hypothèse de l'expérimentation sans bénéfice individuel, le bilan est nécessairement faussé[1616]. Certes, le bilan n'offre pas une garantie absolue contre la survenance d'un risque, mais il présente l'avantage de garantir une prévention des risques et un contrôle *a priori*, réalisé au cas par cas[1617]. La balance risques - bénéfices tend à se substituer à la distinction entre recherche avec ou sans bénéfice individuel direct. Cette distinction a disparu de la Déclaration d'Helsinki révisée en 2000 et de la Directive européenne relative aux essais cliniques du 4 avril 2001. La loi du 9 août 2004 relative à la politique de santé publique a abandonné la distinction entre recherche avec bénéfice individuel direct et recherche sans bénéfice individuel direct pour préférer l'évaluation du rapport bénéfices - risques[1618].

[1613] X. Philippe, *Le contrôle de proportionnalité dans les jurisprudences constitutionnelle et administrative françaises,* Paris - Aix-en-Provence, Economica - PUAM, coll. Science et Droit Administratif, 1990, en particulier : le concept de proportionnalité dans les sciences sociales, p. 19.

[1614] Art. L. 1121-2 CSP.

[1615] J. Borricand, « Commentaire de la loi n°88-1138 du 20 décembre 1988 », *D.*, Chr., 1989, p. 167.

[1616] B. Edelman, « Le droit, les « vraies » sciences et les « fausses » sciences », *op. cit.*

[1617] C. Labrusse-Riou, « Aux frontières du contrat : l'expérimentation biomédicale sur des sujets humains », in *Les transformations de la régulation juridique*, *op. cit.*

[1618] Art. L. 1121-5 à L. 1121-8 CSP.

Outre son application dans le domaine de l'expérimentation, le principe de proportionnalité est désormais appliqué en matière de don et utilisation des éléments et produits du corps humain. La loi a introduit le principe de proportionnalité en posant le principe de l'appréciation du rapport entre le risque et le bénéfice escompté dans le cadre de l'utilisation d'un produit d'origine humaine[1619].

855. Au-delà de sa mise en œuvre circonstanciée, la proportionnalité semble caractériser le fonctionnement même de la prise de décision en bioéthique. Elle apparaît comme le mécanisme privilégié de résolution des conflits et comme facteur de légitimation du caractère approprié d'une décision en bioéthique. D'une part, le principe de proportionnalité présente l'avantage d'être général et indéterminé, il constitue seulement un mécanisme. Il ne prend corps que dans un contexte concret. Son appréciation nécessite un examen au cas par cas. D'autre part, le principe de proportionnalité satisfait l'esprit de consensus, de conciliation ou encore de compromis qui guide le travail des comités mais aussi celui du législateur.

La proportionnalité est explicitement mise en œuvre dans le cadre de la démarche législative. L'exposé des motifs concernant le projet de loi relatif à la bioéthique fait état du souci de trouver « un point d'équilibre entre la protection des droits fondamentaux de la personne et la non - entrave aux progrès de la recherche ».

856. Enfin, la proportionnalité gagne la fonction de juger où au syllogisme, le juge préfère la pondération des intérêts[1620]. Le juge recourt à la balance des intérêts en cas de conflit entre des libertés antagonistes et lorsque certains concepts ne se prêtent pas à une appréhension syllogistique.

En droit positif français, le juge constitutionnel, bien qu'il recoure à la logique du principe de proportionnalité, n'a pas formellement consacré un tel principe alors qu'en Allemagne, le principe de proportionnalité constitue un principe général du droit administratif et s'est vu reconnaître valeur constitutionnelle sur le fondement de la Loi fondamentale, soit sur le fondement des divers droits fondamentaux de l'article 19 al. 2, soit plus traditionnellement sur le fondement du principe

---

1619 Art. L. 1211-6 CSP.

1620 J. Van Compernolle, « Vers une nouvelle définition de la fonction de juger : du syllogisme à la pondération des intérêts », in *Hommage à François Rigaux*, Bruxelles, Bruylant, 1993, p. 495.

de l'Etat de droit[1621]. Toutefois, le Conseil constitutionnel tend à ériger le principe de proportionnalité en exigence constitutionnelle autonome lorsqu'il vérifie l'adéquation des moyens ou les modalités, fixés dans la loi, par rapport aux objectifs du législateur[1622].

857. Si le principe de proportionnalité innerve la prise de décision en bioéthique qu'il s'agisse de normes juridiques ou para-juridiques, c'est peut être qu'il présente l'avantage de paraître comme une méthode objective, mécanique, de gestion des conflits d'intérêts car la proportionnalité renvoie à l'idée d'un calcul mathématique. D'autre part, il répond au mode de raisonnement prospectif en veillant à l'adéquation entre le but visé et les conséquences qu'entraînent les moyens utilisés.

858. Parmi les différents instruments du contrôle de proportionnalité[1623], c'est la technique du bilan entre les avantages et les inconvénients d'une décision qui doit retenir l'attention dans le processus décisionnel en bioéthique. Le contrôle du bilan consiste à confronter les avantages et les inconvénients d'une décision ce qui nécessite de comparer le rapport entre la situation de fait et le contenu de la décision[1624]. Les conséquences ne doivent pas être disproportionnées par rapport à la décision. L'intérêt du bilan consiste à prendre en compte non seulement la décision mais aussi le résultat de la décision. Le constat de l'absence de disproportion s'effectue par une appréciation *in concreto* de la situation de fait. Cette appréciation dépend des éléments de comparaison retenus au titre des avantages et des inconvénients ce qui confère cette souplesse à la technique du bilan dont le seuil de disproportion n'est jamais prédéterminé. Le « bilan est un standard »[1625], une notion à contenu souple, à seuil variable.

1621 S. Calmes, *Du principe de protection de la confiance légitime en droits allemand, communautaire et français*, Paris, Dalloz, coll. Nouvelle bibliothèque de thèses, 2001, n°115.
1622 B. Mathieu, M. Verpeaux, *Contentieux constitutionnel des droits fondamentaux*, *op. cit.*, p. 487.
1623 Le contrôle de l'exactitude matérielle des faits, le contrôle de l'erreur manifeste d'appréciation, le contrôle du bilan entre les avantages et les inconvénients d'une décision, le contrôle de la nécessité de l'acte, le contrôle de la qualification juridique des faits.
1624 S. Rials, *Le juge administratif français et la technique du standard,* Paris, LGDJ, Bibliothèque de droit public, 1980, p. 179.
1625 *Ibid.*, p. 183.

859. La technique du standard est définie par Stéphane Rials comme « technique de formulation de la règle qui a pour effet une certaine indétermination *a priori* de celle-ci. (...) Le standard vise à permettre la mesure de comportements et de situations en termes de normalité, dans la double acception de ce terme »[1626]. Elle est étroitement liée à la proportionnalité en tant que recherche d'un comportement moyen. Le standard fait appel aux notions de mesure et d'équilibre qui sont liées à l'idée de proportionnalité. En tant qu'instrument de mesure, le standard permet de distinguer le normal de l'anormal, qui dépend de la disproportion ou non entre le seuil requis et le seuil rencontré en l'espèce.

L'avantage commun à la technique du standard et de la proportionnalité, c'est leur souplesse. La proportionnalité permet en outre de réguler des tendances opposées par le biais de la conciliation. La conciliation est opérée à partir d'une appréciation *in concreto* qui varie au gré des espèces[1627]. Or cette relativité si caractéristique de la démarche éthique peut affecter la démarche juridique puisqu'elle engendre l'incertitude juridique, « le caractère souple et malléable du contrôle de proportionnalité rejette toute idée de détermination *a priori* des rapports juridiques »[1628], ce qui rend l'application des règles, aléatoire. Ce type de contrôle favorise l'adaptation de la règle à chaque situation, il favorise les décisions d'espèce dans lesquelles prédominent les considérations propres à l'affaire sur l'automatisme des règles juridiques. Le concept de proportionnalité se caractérise par son imprévisibilité puisque « l'application du principe de proportionnalité n'offre pas de solutions toutes prêtes » et par son indétermination au niveau des éléments de comparaison qui seront pris en compte[1629]. L'autre danger de la proportionnalité consiste à laisser un pouvoir discrétionnaire dans l'appréciation du seuil de proportion et dans le caractère subjectif du contrôle. L'utilisation d'un standard passe par un mécanisme de renvoi du système juridique à un autre système normatif, le fait considéré est appréhendé en fonction de normes extérieures au droit[1630]. C'est le cas par exemple du standard de l'obligation de moyens du médecin, du

---

[1626] *Ibid.*, p. 252.
[1627] *Ibid.*, p. 422.
[1628] *Ibid.*, p. 447.
[1629] N. Boucquey, « Le signal de la proportionnalité dans la réglementation environnementale : l'exemple de l'Allemagne », *RIEJ,* 1998.40, p. 153.
[1630] J-C. Honlet, « Adaptation et résistance de catégories substantielles de droit privé aux sciences de la vie », in *Le droit saisi par la biologie*, C. Labrusse-Riou (sd.), *op. cit.*, p. 233.

standard de la maladie d'une particulière gravité dans le cadre du diagnostic prénatal, du standard de la nécessité thérapeutique, ou du standard du progrès thérapeutique majeur.

Le calcul de proportionnalité induit par le standard est une méthode privilégiée en bioéthique, son succès est particulièrement patent au travers de l'essor du principe de précaution.

2- Une application de la proportionnalité : le principe de précaution

860. La mise en œuvre du principe de précaution en biomédecine représente la quintessence du nouveau mode d'élaboration du droit dans la mesure où il s'agit d'un principe procédural de résolution des conflits, fondé sur une logique de proportionnalité. Dans son rapport de 1998, le Conseil d'Etat reconnaît que le principe de précaution « incite à un meilleur examen de la proportionnalité entre la mesure prise et l'objectif poursuivi ».

Le principe de précaution a vocation à contrebalancer l'incertitude scientifique par des garanties procédurales plus que substantielles[1631]. Ces garanties procédurales résident dans le calcul de proportionnalité, dans l'obligation d'évaluation et d'information des décideurs mais aussi des destinataires de la décision, dans l'évaluation des risques en aval et en amont de la prise de décision[1632]. En effet, la précaution induit un suivi, une activité de veille dont la traçabilité d'un produit fournit un exemple[1633].

Le principe de précaution engendre des procédures plus transparentes d'évaluation, d'information, de participation, et il offre de la souplesse grâce à son caractère révisable, adaptable. L'approche de précaution se caractérise aussi par un certain pragmatisme, puisqu'au cas par cas il faut peser l'acceptabilité du risque[1634].

861. L'historique du principe est celui à la fois de sa conceptualisation et de sa juridicisation. La mise en œuvre de l'esprit du principe a précédé sa qualification, la démarche de précaution a guidé le

---

[1631] P. Kourilski et G. Viney, *Le principe de précaution*, Rapport au Premier ministre, Paris, Ed. Odile Jacob - La doc. fr., 2000, p. 27.

[1632] M. Deguergue, « La responsabilité administrative et le principe de précaution », in *Revue juridique de l'environnement*, n°spécial, Le principe de précaution, 2000, p. 105.

[1633] C. Noiville, « Principe de précaution et gestion des risques en droit de l'environnement et en droit de la santé », *LPA*, n°239, nov. 2000.

[1634] *Ibid.*

milieu scientifique (Conférence d'Asilomar) ou le milieu juridique (dans le cadre de la réglementation du secteur pharmaceutique ou nucléaire) avant la consécration explicite du principe. Une fois conceptualisé, il a successivement pénétré le droit international[1635], le droit communautaire[1636], avant son introduction formelle en droit français. Elle date de la loi Barnier du 2 février 1995 relative au renforcement de la protection de l'environnement[1637].

La reconnaissance du principe s'inscrit dans un contexte d'appréhension de la science par le droit et surtout des incertitudes nées des avancées scientifiques : « le recours au principe de précaution présuppose que les effets potentiellement dangereux d'un phénomène, d'un produit ou d'un procédé ont été identifiés et que l'évaluation scientifique ne permet pas de déterminer le risque avec suffisamment de certitude »[1638]. Le principe de précaution est ainsi destiné à remplir un rôle préventif[1639] ; le souci d'éviter la survenance d'un dommage potentiel devient prépondérant sur celui de le réparer[1640].

862. Le principe de précaution s'analyse comme une règle procédurale destinée à gérer les antagonismes entre la protection de l'environnement ou de la santé et la poursuite ou l'application du progrès scientifique ou économique. Du point de vue substantiel, le principe de précaution est neutre, par lui-même, il ne véhicule aucun choix *a priori*

1635 Droit international de l'environnement : le principe est issu de la Déclaration de la deuxième conférence internationale sur la mer du Nord de 1987. Il a été réaffirmé dans une nouvelle Déclaration issue de la troisième conférence internationale sur la protection de la mer du Nord 1990, dans la Déclaration de Rio de 1992 issue de la conférence des Nations Unies sur l'environnement et le développement, dans le préambule de la Convention sur la diversité biologique (1992), et à l'article 3 de la Convention sur les changements climatiques (1992).

1636 Art 130R du Traité de Maastricht devenu art. 174 Traité d'Amsterdam consacré à l'environnement « la politique de la Communauté… est fondée sur les principes de précaution et d'action préventive… ». Communication de la Commission des Communautés européennes sur le recours au principe de précaution, Bruxelles, 2.2.2000 ; P. Icard, « L'articulation de l'ordre juridique communautaire et des ordres juridiques nationaux dans l'application du droit communautaire », in *Revue juridique de l'environnement,* n°spécial, *op. cit.*, p. 29.

1637 Loi n°95-101 du 2 fév. 1995, *JO*, 3 fév. 1995, p. 1840.

1638 Communication de la Commission, *op. cit.*

1639 B. Mathieu, « L'avenir du principe de précaution », *JCP*, AR, 2001, p. 2025.

1640 M. Boutonnet et A. Guégan, « Historique du principe de précaution », p. 272, annexe1, in *Le principe de précaution*, *op. cit.*, p. 253.

de valeurs[1641]. Il renvoie à la mise en œuvre du principe de proportionnalité fondé sur l'appréciation des risques encourus et des bénéfices attendus. Le caractère proportionné exige l'adaptation des mesures au niveau de protection requis, et un examen des avantages et des charges potentielles[1642]. C'est à l'occasion de la balance des risques et des avantages que s'opère les choix de valeurs ce qui implique une appréciation *in concreto* et au cas par cas.

863. Le principe de précaution est souvent formulé en tant que simple objectif programmatique un peu flou qui indique une direction plus qu'il ne fixe une règle[1643]. Cette forme relativement indéterminée du principe qui s'apparente à un standard engendre des doutes quant à sa valeur normative. La question est de savoir si le principe dispose d'une valeur normative autonome, indépendamment du support d'un texte. En tant que tel il pourrait être appréhendé comme objectif à valeur constitutionnelle dans la mesure où il participe à la protection de la santé et de la sécurité des personnes, ce statut correspondrait au caractère relatif du principe[1644].

Mais à l'occasion de l'examen de la loi relative à l'interruption volontaire de grossesse, le Conseil constitutionnel a répondu que « le principe de précaution ne constitue pas un objectif de valeur constitutionnelle »[1645]. Le refus d'ériger le principe de précaution en instrument du contrôle de constitutionnalité peut s'expliquer par l'imprécision du contenu du principe, source d'insécurité.

Cependant certains traits du principe de précaution correspondent aux caractéristiques des objectifs de valeur constitutionnelle, par nature, particulièrement souples et imprécis. Les objectifs de valeur constitutionnelle indiquent seulement un but atteindre, de même le principe de précaution a vocation à indiquer une orientation. Les objectifs sont des normes de conciliation permettant de fixer des limites aux droits fondamentaux, le but étant de parvenir au meilleur compromis possible

---

[1641] B. Mathieu, « Le principe de précaution. Propos introductifs », in *Revue juridique de l'environnement*, n°spécial, *op. cit.*

[1642] Communication de la commission : il ne s'agit pas d'une simple analyse de rentabilité économique, elle inclut des considérations d'ordre non économique : la priorité de la santé par rapport aux considérations économiques.

[1643] G. Martin, « Précaution et évolution du droit », *D*, Chr., 1995, p. 299.

[1644] L. Baghestani-Perrey, « La valeur juridique du principe de précaution », in *Revue juridique de l'environnement*, n°spécial, *op. cit.*, p. 19.

[1645] DC 2001-446 DC, 19 juin 2001, Loi relative à l'interruption volontaire de grossesse et à la contraception, *JO*, 7 juil. 2001, *op. cit.*

entre l'affirmation absolue d'une liberté et la défense d'intérêts collectifs incarnés par ces objectifs. « Les objectifs expriment des nécessités de l'ordre social, répondant à des aspirations essentielles de la société. Les objectifs de valeur constitutionnelle se ramènent donc à un procédé juridique posant en termes d'exigence de rang constitutionnel une éthique sociale limitative des libertés individuelles sous le contrôle directif du Conseil constitutionnel »[1646]. A cet égard, le principe de précaution vise à garantir les intérêts collectifs de la société, en constituant un rempart contre l'exercice de libertés qui ferait fi des exigences de santé publique.

Avant la constitutionnalisation du principe, la doctrine était partagée sur la portée juridique du principe. Certains voyaient dans la précaution un simple principe politique[1647], pour d'autres, il offrait un standard de jugement[1648]. D'autres encore ne doutaient pas de sa juridicité puisqu'il était contenu dans une loi mais s'interrogaient sur l'opposabilité, l'invocabilité du principe en raison de son contenu normatif flou[1649]. Mais l'absence de définition précise du principe, tant décriée, c'est à la fois ce qui le caractérise, et ce qui fonde sa richesse : la souplesse, l'adaptabilité[1650]. Enfin, pour certains la valeur normative autonome du principe de précaution dérivait non pas des textes qui l'énoncent mais de la jurisprudence[1651]. En effet, le Conseil d'Etat dans sa jurisprudence, a visé explicitement le principe de précaution énoncé à l'article 200-1 du Code rural, à diverses reprises[1652]. Et d'autres arrêts en matière de santé, ont appliqué le principe sans s'y référer formellement,

---

1646 B. Faure, « Les objectifs de valeur constitutionnelle : une nouvelle catégorie juridique », *RFDC*, 1995, p. 47.

1647 Marceau Long, Préface de l'ouvrage *Le principe de précaution dans la conduite des affaires humaines*, O. Godard (sd.), Paris, Ed. de la Maison des sciences de l'homme, 1997, p. 21 ; Cl. J-H. Stahl, CE, 25 sept. 1998, rec. p. 342.

1648 P. Lascoumes, « La précaution, un nouveau standard de jugement », *Esprit*, nov. 1997, p. 129, « La précaution constitue ce que les juristes appellent un standard de jugement dont le sens est à construire casuistiquement, enjeu par enjeu, contrairement aux normes classiques dont le contenu est plus précisément borné a priori, pour répondre à des problèmes spécifiques de prise en compte de risques aux effets reportés ou continus ».

1649 A. Rouyère, « L'exigence de précaution saisie par le juge. Réflexions inspirées par quelques arrêts récents du Conseil d'Etat », *RFDA*, 2000, p. 266.

1650 N. de Sadeleer, « Les avatars du principe de précaution en droit public, effet de mode ou révolution silencieuse ? », *RFDA*, 2001, p. 547.

1651 J-M. Favret, « Le principe de précaution ou la prise en compte par le droit de l'incertitude scientifique et du risque virtuel », *D.*, Chr., 2001, p. 3462.

1652 CE, 25 sept. 1998, *JCP*, 1998-II, 10216, note J. de Malafosse ; CE, 28 juil. 1999, req. 184268 ; CE, 5 juil. 1999, req. 194834.

sans se fonder sur un texte spécifique, en invoquant « des mesures de précaution qui s'imposent en matière de santé publique »[1653]. L'application directe du principe par le juge pour apprécier la validité des décisions administratives, permettait de conclure que la jurisprudence le reconnaissait en tant que règle de droit[1654]. Son statut juridique demeurait néanmoins incertain[1655], jusqu'à l'adoption de la Charte de l'environnement. Désormais, la constitutionnalisation du principe est opérée dans la loi constitutionnelle relative à la Charte de l'environnement. L'article 5 définit ainsi le principe de précaution : « Lorsque la réalisation d'un dommage, bien qu'incertaine en l'état des connaissances scientifiques, pourrait affecter de manière grave et irréversible l'environnement, les autorités publiques veillent, par application du principe de précaution et dans leurs domaines d'attributions, à la mise en œuvre de procédures d'évaluation des risques et à l'adoption de mesures provisoires et proportionnées afin de parer à la réalisation du dommage »[1656]. Au regard de cette définition, le principe apparaît comme un principe d'action, il ne s'inscrit pas seulement dans une logique d'abstention. En outre, il constitue un principe à effet direct puisque les rédacteurs de la Charte ne renvoient pas au législateur le soin de préciser sa portée[1657]. Il est d'applicabilité directe car la loi ne vient pas préciser les conditions de sa mise en œuvre[1658]. Mais il ne vise que les autorités publiques[1659]. En l'état actuel, son champ d'application est circonscrit à l'environnement, néanmoins se pose d'ores et déjà la question de son éventuelle extension au domaine biomédical. Sachant

[1653] CE, 24 fév. 1999, Pro-Nat, req.192465 ; CE, 30 juin 1999, Germain ; CE, 17 déc. 1999, req. 202871 ; CE, 29 déc. 1999, req. 296945 ; CE, 28 fév. 2000, req. n°203010, 203061, 203062, 203188, 203248, 203310.

[1654] G. Viney, « Le point de vue d'un juriste », *LPA*, dossier : Le principe de précaution, n°239, nov. 2000.

[1655] N. de Sadeleer, « Les avatars du principe de précaution en droit public, effet de mode ou révolution silencieuse ? », *op. cit.*

[1656] Loi constitutionnelle 2005-205 du 1er mars 2005 relative à la Charte de l'environnement, *JO*, 2 mars 2005, p. 3697.

[1657] L. Baghestani-Perrey, « La constitutionnalisation du principe de précaution dans le Charte de l'environnement ou la consécration d'un principe à effet direct », *LPA*, n°152, juil. 2004, p. 4 ; B. Mathieu, « La portée de la Charte pour le juge constitutionnel », *AJDA*, 2005, p. 1173 ; N. Chahid-Nouraï, « La portée de la Charte pour le juge ordinaire », *AJDA*, 2005, p. 1178.

[1658] D. Chagnollaud, « Le principe de précaution est-il soluble dans la loi ? A propos de l'article 5 de la charte de l'environnement », *D.*, Chr., 2004, p. 1103.

[1659] R. Romi, « La charte de l'environnement, avatar constitutionnel ? », *RDP*, 2004, p. 1494.

que le Conseil constitutionnel a refusé en 2001 de reconnaître une valeur constitutionnelle au principe, il sera peut-être réticent à étendre son champ d'application. Mais il sera peut être tenté d'harmoniser sa position avec celle du juge communautaire, qui à l'occasion de la consécration formelle du principe de précaution en tant que principe général du droit communautaire a étendu le champ d'application du principe : « bien qu'il soit uniquement mentionné dans le traité en relation avec la politique de l'environnement, le principe de précaution a un champ d'application plus vaste. Il a vocation à s'appliquer en vue d'assurer un niveau de protection élevé de la santé, de la sécurité des consommateurs et de l'environnement dans l'ensemble des domaines d'action de la communauté (...) Le principe de précaution peut être considéré comme un principe autonome découlant des dispositions susmentionnées du traité » [1660]. La rédaction du texte de la Charte laisse au Conseil constitutionnel la faculté d'en tirer la reconnaissance d'un principe général applicable à d'autres domaines, notamment à la santé puisque l'article 1 lie la protection de l'environnement et la santé[1661]. La constitutionnalisation du principe pourrait par ailleurs faire évoluer la jurisprudence des juridictions ordinaires en considérant que son application n'est pas limitée aux seules polices régies par le code de l'environnement[1662].

864. Que ce soit à l'initiative du législateur, ou des juges, l'accent mis sur la procédure au travers des garanties procédurales, du mécanisme de proportionnalité et du principe de précaution, entraîne une deuxième évolution notable dans la formation du droit. Car, tous ces outils convergent vers une approche du droit, centrée sur le cas d'espèce.

Cette évolution normative donne lieu à une construction au cas par cas du droit, tel qu'il s'opère dans le monde anglo-saxon et à une approche pragmatique en vertu de laquelle la norme est déterminée à partir des circonstances propres à chaque espèce.

[1660] TPICE, 26 nov. 2002, Artegodan.

[1661] B. Mathieu, « La portée de la Charte pour le juge constitutionnel », *AJDA*, 2005, p. 1174.

[1662] Y. Jegouzo, « De certaines obligations environnementales : prévention, précaution et responsabilité », *AJDA*, 2005, p. 1167.

§2 Le caractère médiat des règles procédurales

865. *A priori* casuistique et législation apparaissent antinomiques puisque la loi détermine des règles générales et impersonnelles. Cependant le législateur encourage l'approche casuistique du droit dans les pays de *civil law* soit directement lorsqu'il renvoie ou délègue à des instances intermédiaires le soin d'apprécier l'application de la règle en fonction des cas d'espèce, soit indirectement, lorsqu'il emploie des notions cadres ou des notions floues, dont la signification sera nécessairement déterminée lors de leur application.

A/ Renvoi explicite à des appréciations d'espèce

866. La procéduralisation va de pair avec la multiplication des instances intermédiaires, auxquelles le législateur reconnaît un pouvoir d'appréciation sinon de décision, nécessitant un examen au cas par cas.

867. Dans le cadre de l'expérimentation, la loi exige le contrôle au cas par cas de chaque protocole de recherche, confié aux comités de protection des personnes[1663]. La loi ne prédétermine pas les expériences licites, l'appréciation de l'autorisation d'expérimenter est déterminée en fonction de chaque cas d'espèce ce qui induit une approche pragmatique et casuistique de la formation de la règle applicable.

868. La stérilisation de personnes incapables est aussi soumise à un examen particulier au cas par cas confié à un comité d'experts[1664]. Le prélèvement d'organes ou de moelle osseuse sur une personne mineure vivante, au bénéfice de son frère ou de sa sœur, est autorisé par un comité d'experts[1665], de même que les prélèvement d'organes sur une personne vivante lorsqu'il s'agit du conjoint, des frères ou sœurs, fils ou filles, grands-parents, oncles ou tantes, cousins germains, cousines germaines ou toute personne apportant la preuve d'une vie commune d'au moins deux ans avec le receveur[1666]. La mise en œuvre de l'assistance médicale à la procréation est subordonnée à des entretiens

---

[1663] Art. L. 1121-4 CSP ; Art. L. 1123-7 CSP.

[1664] Art. L. 2123-2 CSP.

[1665] Art. L. 1241-3 CSP.

[1666] Art. L. 1231-1 al 3 CSP.

particuliers entre les demandeurs et l'équipe médicale pluridisciplinaire du centre de procréation[1667].

869. Depuis la loi du 6 août 2004, l'autorisation de la recherche sur l'embryon nécessite un examen au cas par cas et l'autorisation est soumise à l'appréciation d'une instance spécialement créée à cet effet : l'Agence de la biomédecine chargée notamment d'examiner les protocoles de recherche[1668]. Cette agence remplace la Commission nationale de médecine et de biologie de la reproduction et du diagnostic prénatal instituée par la loi de 1994. Parmi ses compétences, l'Agence de la biomédecine est chargée d'autoriser les protocoles d'études et de recherche sur l'embryon *in vitro* et les cellules embryonnaires. La création de cette agence et la détermination de ses compétences, sont révélatrices d'une volonté du gouvernement et du législateur, de transférer à un organe doté d'une certaine indépendance, un pouvoir de décision. C'est ainsi une nouvelle illustration de cette évolution qui tend à substituer à la légitimité politique celle des experts. En effet, le pouvoir d'autorisation des protocoles de recherche sur l'embryon reste en dernier ressort de la compétence de l'Agence de la biomédecine. Une recherche sur l'embryon ne peut être entreprise que si son protocole a fait l'objet d'une autorisation par l'Agence de la biomédecine. En cas de refus d'un protocole de recherche par l'agence, les ministres chargés de la santé et de la recherche peuvent, demander à celle-ci, dans l'intérêt de la santé publique ou de la recherche scientifique, de procéder dans un délai de trente jours à un nouvel examen du dossier. Les ministres ne peuvent donc pas autoriser eux-mêmes la recherche. En revanche, ils peuvent lorsque la décision autorise un protocole, interdire ou suspendre la réalisation de ce protocole lorsque sa pertinence scientifique n'est pas établie ou lorsque le respect des principes éthiques n'est pas assuré. Cette substitution de l'agence au gouvernement se retrouve également dans une matière aussi sensible que celle du diagnostique préimplantatoire.

L'institution d'une telle Agence démontre l'inspiration du modèle anglo-saxon en France dans la mesure où l'Agence est établie sur le modèle de la *Human Fertilisation Embryology Authority* (HFEA), même si la loi française a dévolu à l'Agence de la biomédecine, les missions de l'Etablissement français des greffes. On se rapproche des dispositions de la loi anglaise de 1990 qui délègue de larges pouvoirs à cette autorité administrative et qui met en œuvre une façon de procéder au cas par cas

[1667] Art. L. 2141-10 CSP.
[1668] Art. L. 1418-1 CSP.

typique de la législation anglaise mais qui tranche avec les principes généraux du droit français[1669]. L'approche européenne promeut aussi le modèle anglais, le Groupe européen d'éthique des sciences a pris la HFEA pour exemple, en tant qu'instance de contrôle de la recherche sur les cellules souches embryonnaires[1670]. Elle permet selon lui de garantir des autorisations très sélectives des recherches et leur examen au cas par cas.

870. L'ensemble de ces exemples prouve que le législateur privilégie l'examen du cas d'espèce face à un certain nombre de questions éthiques et juridiques faisant l'objet de conflits d'intérêts. Les interdictions sont en recul mais un contrôle subsiste, puisque les actes sont soumis à autorisation. Comme le relève Dominique Memmi, il s'agit moins de punir que de surveiller, ce qu'elle analyse comme un nouveau mode de contrôle social ou la nouvelle administration étatique des corps[1671]. Le contrôle qui pèse sur les pratiques corporelles relevant de la sphère privée ou publique s'exerce moins directement par des dispositions politiques ou juridiques, qui semblent en retrait, que par une surveillance exercée par des instances intermédiaires.

871. On note la tendance du système juridique à développer des organismes indépendants du pouvoir politique mais dotés de compétences décisionnelles et susceptibles de se substituer à l'exécutif et au Parlement qui leur transfèrent un tel pouvoir de décision[1672].

B/ Renvoi implicite à des appréciations d'espèce

872. L'emploi de notions générales, floues, de standards par le législateur et le manque de clarté de certains textes, ont pour conséquence un transfert de compétence du législateur au juge. Le juge donne à la norme son contenu, il en détermine le sens et les contours, qu'il modèle au gré des espèces et en fonction des circonstances.

[1669] R. Sefton-Green, « La procréation médicalement assistée entre droit national et droit communautaire », *RGDM*, n°spécial, La recherche sur l'embryon : qualifications et enjeux, *op. cit.*, p. 101.

[1670] Avis n°15, 14 nov. 2000, Les aspects éthiques de la recherche sur les cellules souches humaines et leur utilisation.

[1671] D. Memmi, « Vers une confession laïque ? La nouvelle administration étatique des corps », *RFSP*, vol. 50, n°1, 2000, p. 3.

[1672] B. Mathieu, « Remarques à propos du projet de loi relatif à la bioéthique à la veille de son examen en deuxième lecture par l'assemblée nationale ». *op. cit.*, p. 5.

L'imprécision de la norme présente une possibilité d'adaptation et d'évolution. Le juge dispose d'une marge de manœuvre pour s'adapter aux faits et à l'évolution des valeurs[1673]. Ainsi le juge participe à la dynamique du droit, le juge détient un « pouvoir de rajeunissement » de la loi en l'adaptant aux exigences du temps présent[1674]. Le juge est confronté à deux objectifs à concilier : assimiler le progrès scientifique tout en protégeant les valeurs fondatrices de la société[1675]. Délibérément, le législateur peut donc opter pour une formulation générale afin de préserver une faculté d'évolution à la règle, en évitant une obsolescence trop rapide de la norme. En recourant à des notions à contenu variable, le législateur réserve au juge le soin de les préciser dans chaque cas d'espèce. Le pouvoir du juge en tant qu'interprète se trouve accru[1676], il a le pouvoir de rechercher les critères de la norme, à laquelle il confère un contenu *a posteriori*. C'est une technique qui rappelle celle du standard, déjà évoquée[1677].

873. Mais le risque des notions indéterminées est d'en laisser l'appréciation à des acteurs non juridiques : l'appréciation du standard des fins scientifiques risque en dernier ressort de revenir aux hommes de science qui jugeront de la scientificité des fins poursuivies, de même que la notion de traitement sera laissée à l'appréciation du corps médical[1678].

874. L'indétermination des normes engendre aussi l'imprévisibilité de leur application. La clarté des termes juridiques est une condition de la sécurité du droit[1679], sans quoi la règle de droit est incertaine de même que la résolution du litige, tributaire de l'appréciation subjective des juges. En outre, l'imprécision de la règle risque de rompre l'égalité des citoyens devant la loi. C'est pourquoi l'importance que

---

1673 F. Zénati, « L'évolution des sources du droit dans les pays de droit civil », *D.*, Chr., 2002, p. 15.

1674 J-L. Bergel, « « La loi du juge » dialogue ou duel », in *Etudes offertes à Pierre Kayser*, t. 1, PUAM, 1979, p. 21.

1675 G. Canivet, « Le juge enre progrès scientifique et mondialisation », *RTDC*, 2005, p. 34.

1676 D. Pinard, « Le droit et le fait dans l'application des standards », *RRJ*, 1988-4, p. 1069.

1677 *Cf. supra* n°859.

1678 N-J. Mazen, « Standards, notions floues et forces sociales dans le droit médical contemporain », *RRJ*, 1988-4, p. 1158.

1679 F. Luchaire, « La sécurité juridique en droit constitutionnel français », *Les Cahiers du Conseil constitutionnel*, Dossier consacré au principe de sécurité juridique, n°11, 2001, p. 67.

représente la clarté et l'intelligibilité de la loi au regard de la garantie des droits a été reconnue par le Conseil constitutionnel, affirmant dans la Décision relative à la loi de modernisation sociale du 12 janvier 2002 que la clarté et l'intelligibilité de la loi relèvent d'une exigence constitutionnelle. Le principe constitutionnel de clarté de la loi est fondé sur l'article 34 de la Constitution et l'objectif de valeur constitutionnelle d'intelligibilité et d'accessibilité de la loi sur les articles 4, 5, 6 et 16 de la Déclaration des droits de l'homme et du citoyen de 1789[1680]. A l'objectif d'intelligibilité de la loi est associé l'accessibilité du droit, impliquant que le droit soit compréhensible[1681]. Le législateur doit adopter des dispositions suffisamment précises et des formules non équivoques. La clarté et l'intelligibilité concourent ainsi à garantir aux justiciables une interprétation correcte de la loi. Par ailleurs, depuis la décision 2004-500 DC[1682], le Conseil constitutionnel veille à la normativité de la loi, en affirmant que « la loi a pour vocation d'énoncer des règles et doit par suite être revêtue d'une portée normative ».

Or dans le domaine biomédical, le langage juridique est pénétré par des termes scientifiques : maladie génétique, recherche, étude génétique, et par des expressions telles que « à des fins médicales et scientifiques »[1683] et par des termes du langage commun ou à connotation éthique : primauté de la personne, corps humain, espèce humaine, descendance... Or ces termes empruntés au langage courant sont dépourvus de signification juridique. L'altération du langage juridique réside dans l'intervention en amont d'acteurs non juridiques et de

[1680] Décision 2001-455 DC du 12 janvier 2002 relative à la loi de modernisation sociale, « considérant qu'il appartient au législateur d'exercer pleinement la compétence que lui confie l'article 34 de la Constitution ; qu'il doit , dans l'exercice de cette compétence, respecter les principes et règles de valeur constitutionnelle et de veiller à ce que le respect en soit assuré par les autorités administratives et juridictionnelles chargées d'appliquer la loi ; qu'à cet égard, le principe de clarté de la loi, qui découle de l'article 34 de la Constitution, et l'objectif de valeur constitutionnelle d'intelligibilité de la loi et d'accessibilité de la loi, qui découle des articles 4, 5, 6 et 16 de la Déclaration des Droits de l'homme et du citoyen de 1789, lui imposent, afin de prémunir les sujets de droit contre une interprétation contraire à la Constitution ou contre le risque d'arbitraire, d'adopter des dispositions suffisamment précises et des formules non équivoques... ».

[1681] B. Mathieu, « La loi de modernisation sociale à l'épreuve du contrôle de constitutionnalité (à propos de la Décision 2001-455 DC du 12 janvier 2002) », *Droit ouvrier*, fév. 2002, p. 44.

[1682] DC 2004-500 DC du 29 juil. 2004, loi organique relative à l'autonomie financière des collectivités locales, note J-E. Schoettl, *LPA*, n°162, août 2004, p. 12.

[1683] B. Feuillet-Le Mintier, « La bioéthique et l'altération du langage juridique (à travers les lois dites de « bioéthique » du 29 juillet 1994) », *JIB*, vol. 11, n°3-4-5, 2000, p. 97.

l'interdisciplinarité[1684]. A cet égard, un effort de définition des termes s'impose dans le texte de loi en matière biomédicale pour se conformer au principe de clarté de la loi qui découle de l'article 34 de la Constitution[1685], et en vertu duquel les dispositions doivent être suffisamment claires et précises sans quoi le législateur risque d'être sanctionné pour incompétence négative.

875. L'avantage de recourir aux notions floues est fondé sur leur souplesse, qualité particulièrement recherchée dans le domaine biomédical, mais dont l'ambiguïté ne permet pas d'identifier clairement les choix opérés par le législateur. L'interprétation va en souffrir, et le juge sera peut être tenté de s'en remettre aux appréciations extra-juridiques lors de l'application des normes.

876. Que conclure de la procéduralisation du droit, sinon qu'elle témoigne d'un droit en quête d'une nouvelle légitimité. Elle a transformé le mode d'élaboration du droit. L'influence du système normatif éthique et du modèle juridique anglo-saxon, a modifié la formation du droit dans les pays de *civil law*, tant en ce qui concerne sa formation jurisprudentielle que sa formation législative. Le primat de la procédure constaté tant au niveau de l'élaboration du droit qu'au niveau du contenu du droit sert un objectif de légitimation de la norme juridique. En effet, le trait commun à ces différentes facettes de la procédure consiste à assurer la flexibilité du système juridique, liée à l'idée du Doyen Carbonnier selon lequel « le droit est trop humain pour prétendre à l'absolu de la ligne droite »[1686]. La flexibilité est mise en œuvre au travers des procédures d'évaluation, d'expérimentation, elle est aussi assurée par le recours à la technique du standard ou aux notions - cadres de même que par l'application du principe de proportionnalité ou encore par l'appréciation *in concreto* de la règle juridique.

877. La flexibilité confère une légitimité au droit dans la mesure où l'impératif d'adaptation du droit conditionne le bon fonctionnement du système juridique[1687]. Le droit est nécessairement

---

[1684] C. Byk, « La bioéthique : langage médiateur ou langage médiatique ? », *JIB*, vol. 11, n°3-4-5, 2000, p. 17.

[1685] DC 98-401 DC, 10 juin 1998, rec. p. 258, note L. FAVOREU, *RFDC*, 1998, p. 640 ; note J. E. SCHOETTL, *AJDA*, 1998, p. 495 ; DC 2001-455 DC, 19 juin 2001 ; note J-E. SCHOETTL, *LPA*, n°129, 2001, p. 10.

[1686] J. Carbonnier, *Flexible droit. Pour une sociologie du droit sans rigueur*, Paris, LGDJ, 10ème éd., 2001, p. 8.

[1687] F. Pollaud-Dulian, « A propos de la sécurité juridique », *RTDC*, 2001, p. 487.

variable, il a un devoir d'adaptation[1688]. Ce bon fonctionnement dépend de l'équilibre établi entre les deux impératifs de sécurité juridique et de flexibilité. Au même titre que la sécurité, la mutabilité est une exigence consubstantielle au droit[1689]. En outre, l'adaptation ne contrevient pas nécessairement à la sécurité juridique, c'est le cas des procédures d'évaluation et d'expérimentation dans la mesure où elles rendent prévisible l'évolution du droit. Il faut se garder de confondre la stabilité du droit avec l'immobilisme du législateur[1690].

878. La deuxième conséquence caractéristique de la procéduralisation, résulte de la quête d'une légitimité du droit qui reposerait non seulement sur sa flexibilité mais aussi sur sa neutralité. Cet état de fait se constate dans le système de garantie des droits qui repose sur des garanties procédurales plutôt que substantielles. Il se constate aussi au niveau du système de renvoi mis en œuvre qui conduit à déterminer la règle lors de son application. Ce refus d'instaurer une hiérarchie ou un système de valeurs *a priori*, et le choix opéré en faveur d'une conciliation des valeurs au cas par cas, traduisent le refus politique d'opérer un jugement de valeur. Par conséquent, le désinvestissement du politique conduit d'autres acteurs à intervenir, qui trouvent ainsi leur pouvoir de décision accru. C'est le cas du juge et des instances intermédiaires qui bénéficient dès lors d'une large marge d'appréciation. Ce pouvoir d'appréciation est mis en exergue notamment par l'application du principe de proportionnalité. Toutefois, récemment le législateur a été implicitement sommé par le juge constitutionnel[1691], comme par le juge administratif[1692], et le juge civil[1693], de faire face à ses responsabilités.

879. Le phénomène de procéduralisation dans son ensemble offre la possibilité à de nouveaux acteurs d'intervenir dans le champ juridique. La procédure d'élaboration des normes témoigne de l'ouverture du système juridique à d'autres acteurs que les autorités traditionnelles. Et le développement d'un droit procédural conduit à

[1688] J. Dabin, *Théorie générale du droit*, Paris, Dalloz, 1969, n°271 et sv.

[1689] B. Mathieu, « Réflexions en guise de conclusion sur le principe de sécurité juridique », in *Les Cahiers du Conseil constitutionnel*, n°11, 2001, p. 106.

[1690] J. Dabin, *op. cit.*, n°271 et sv.

[1691] Décision 2001-455 DC du 12 janvier 2002 relative à la loi de modernisation sociale, *op. cit.*

[1692] Jurisprudence relative aux Témoins de Jéhova, *cf. supra* n°834 et sv.

[1693] Jurisprudence relative au statut pénal de l'embryon, *cf. infra* n°948 et sv.

déplacer le pouvoir de décision. Puisque les règles procédurales n'ont qu'un caractère médiat, elles renvoient la détermination de la norme à l'occasion de son application. Le déplacement du pouvoir de décision ressort par ailleurs d'un autre phénomène axé sur la perméabilité et l'interaction des normes.

SECTION 2 : L'INTER-NORMATIVITÉ COMME INSTRUMENT DE PRODUCTION DES NORMES

880. Les relations entre éthique, déontologie et droit s'entrecroisent, un jeu d'influence mutuelle s'exerce entre eux. Les instances éthiques appréhendent le droit et le droit intègre dans l'ordre juridique des normes éthiques et déontologiques. Une typologie des rapports établis entre le droit étatique et la régulation privée fait état schématiquement de trois modèles[1694] : - un modèle exclusivement étatique, où la compétence normative des acteurs privés dérive d'une habilitation, de sorte que les pouvoirs publics disposent du monopole de la juridicité et contrôlent la production normative ; - un modèle réflexif ou encore procédural, où les pouvoirs publics se bornent à déterminer le cadre général, à fixer des objectifs, en laissant aux acteurs privés, aux sous-systèmes le soin de définir *a posteriori* les normes substantielles - enfin, un modèle du droit sans l'Etat, où il existe une régulation privée telle que la *lex mercatoria.*

881. Les développements précédents semblent démontrer que dans le champ biomédical, c'est le modèle réflexif ou procédural qui prédomine, mais ce dernier ne rend pas compte de la manière dont chaque système peut tirer parti de l'autre, à tel point que la frontière entre les sources formelles et matérielles du droit s'estompent. La conception des sources formelles vise les formes sous lesquelles naissent les règles de droit. Elle exclut donc de son champ les normes dont la juridicité est médiate. Les sources formelles résultent soit d'une reconnaissance légale ou réglementaire, soit d'une consécration jurisprudentielle, soit de la formation d'un usage ou d'une coutume. En revanche, la conception matérielle reconnaît parmi les sources, la régulation dite para-juridique, dans cette perspective une autonomie normative est reconnue aux acteurs

---

[1694] M. van de Kerchove, F. Ost, « De la pyramide au réseau… », *op. cit.*

privés, même non habilités[1695]. Mais l'enchevêtrement des systèmes normatifs conduit à s'interroger sur la pertinence de cette dichotomie au sein des sources du droit.

Les rapports noués entre l'éthique et le droit sont réciproques. L'éthique appréhende le droit et le droit appréhende l'éthique, à la différence que la règle de droit dispose d'un pouvoir à l'égard de la norme non-juridique dont celle-ci n'a pas l'équivalent. En effet, la règle de droit peut s'approprier n'importe quelle autre règle sociale alors que l'inverse n'est pas vrai[1696].

§1 L'appréhension du droit par l'auteur de la norme éthique

882. L'intérêt porté par les comités au droit peut se manifester par la volonté qu'ils ont d'assurer la réception des normes éthiques dans le champ juridique, à cet égard ils s'octroient une vocation pré-législative. Le travail du comité national d'éthique français fournit un exemple remarquable de cette volonté de faire de l'éthique, une source de droit. L'intérêt du comité à l'égard du droit se traduit par les conseils qu'il prodigue explicitement au législateur à la fois sur l'opportunité et sur le contenu de la législation.

883. Cette approche qui consiste à placer l'éthique au fondement du droit, n'exclut pas que le comité se livre à une approche inverse, en vertu de laquelle le droit lui sert parfois de fondement à sa prise de position éthique. Dans cette perspective, le droit cautionne l'éthique. Il est topique que le comité place son analyse éthique dans le cadre juridique existant. La réflexion éthique est connectée au droit en vigueur, tout au moins à l'interprétation que fait le comité du droit en vigueur.

884. L'appréhension du droit par l'éthique se présente sous deux facettes, l'une où l'éthique entend fonder le droit, l'autre où le droit fonde l'éthique. Cette double utilisation du droit, démontre qu'éthique et droit sont deux ordres normatifs susceptibles de se conforter mutuellement.

1695 *Ibid.*

1696 J. Carbonnier, *Essais sur les lois*, *op. cit.*, p. 256.

A/ L'éthique au fondement du droit, la volonté d'influer sur la formation du droit

885. Les comités sont des instances consultatives, dont la mission ne s'inscrit pas formellement dans un processus décisionnel. Cependant, de leur propre initiative, les comités tentent de prendre indirectement part à l'élaboration du droit en formulant des incitations à l'adresse des pouvoirs publics.

886. Ils se prononcent sur la nécessité ou non pour le législateur d'intervenir dans tel domaine, et ils s'immiscent encore plus dans le domaine juridique quand ils indiquent le contenu qu'il faudrait donner aux modifications à apporter au droit en vigueur.

887. Leur mandat porte sur la réflexion éthique, cependant il déborde inévitablement dans le champ juridique. Comme le droit, dans un souci d'efficience, l'éthique doit tenir compte de l'environnement dans lequel elle évolue tant scientifique, que social, que juridique. En soi, la prise en compte du droit ne pose pas de problème de légitimité. C'est lorsque les comités cherchent à peser sur la formation et sur le contenu du droit que le problème se pose en termes de légitimité.

1- Appréciation de l'opportunité d'une législation

888. Dans certains avis, les comités nationaux et internationaux sollicitent l'intervention du législateur alors que dans d'autres ils préconisent le *statu quo* c'est-à-dire l'abstention du législateur. Ils prétendent initier la formation du droit, ou au contraire, ils considèrent les normes suffisantes et prescrivent l'inaction. Dans les deux cas, ils portent un jugement sur l'opportunité de la norme juridique.

a- Le comité en quête d'une traduction législative des normes éthiques

889. Dès le premier avis[1697], le CCNE est sorti de sa compétence, en s'adressant au législateur. Il a émis le souhait d'être associé directement à l'élaboration de la norme juridique. Dans le rapport

---

[1697] Avis sur les prélèvements de tissus d'embryons et de fœtus humains morts, à des fins thérapeutiques, diagnostiques et scientifiques, 22/05/1984.

préparatoire de l'avis, dans une partie intitulée, opportunité d'une législation, il préconise que la commission constituée pour l'étude du projet de loi coordonne ses travaux avec ceux du comité. Il souhaite que les directives émises par lui soient reprises par les textes législatifs et réglementaires. Dès lors, la question s'est posée de savoir si les avis étaient destinés à être des avant-projets de lois ou des alibis à des réformes législatives[1698].

Dans son quatrième avis sur les registres médicaux pour des études épidémiologiques et de prévention[1699], le comité presse le législateur à agir en soulignant que des dispositions législatives doivent intervenir pour la constitution de ces registres.

Dans l'avis relatif aux recherches et à l'utilisation des embryons humains *in vitro* à des fins médicales et scientifiques[1700], le comité précise que les recommandations sont adressées à l'intention des pouvoirs publics. Le comité dénonce le vide législatif concernant le don d'embryon, et souhaite que « des règles juridiques soient élaborées avant que ce don d'embryons à d'autres couples puisse être envisagé ». L'intervention législative relève, selon lui, de l'urgence en raison du risque de constitution d'un « marché noir » d'embryons. Il revient aux pouvoirs publics de prévoir des sanctions en cas de transgression des règles éthiques et scientifiques. En tirant cette conclusion, le comité reconnaît les limites de la norme éthique, à savoir l'absence de sanction.

Dans un avis postérieur[1701], il interpelle le législateur afin qu'il détermine les conditions de prolongation de la durée de conservation des embryons et de leur destruction. Il réitère la nécessité d'encadrer le don d'embryons, lequel doit faire l'objet de règles très rigoureuses.

Il critique l'absence de législation relative à la réglementation de la procréation médicalement assistée[1702], notamment l'absence de distinction entre l'utilisation de gamètes intra ou extra-conjugaux. Or le

---

[1698] G. Mémeteau, « Le premier avis du Comité consultatif national d'éthique (prélèvements sur embryons et fœtus) », *JCP*, 1985-I, 3191.

[1699] Avis n°4 sur les registres médicaux pour études épidémiologiques et de prévention, 06/05/1985.

[1700] Avis n°8 relatif aux recherches et utilisation des embryons humains in vitro à des fins médicales et scientifiques, 15/12/1986.

[1701] Etat des études conduites par le comité concernant les dons de gamètes et d'embryons, 15/12/1989.

[1702] Avis n°20 sur l'organisation actuelle du don de gamètes et ses conséquences, 18/07/1990.

« résultat recherché ne peut être atteint que par l'intervention indispensable et urgente de dispositions législatives ».

Il sollicite l'intervention d'une disposition législative pour encadrer les réductions embryonnaires que le comité soumet à deux conditions : l'acceptation ou le refus par écrit et la déclaration obligatoire[1703].

Il pointe la responsabilité des pouvoirs publics et souligne la nécessité de prendre en charge le problème des biobanques et de mettre en ordre leur régime juridique en les dotant d'un statut. « Il faut que la loi intervienne »[1704].

890. A l'étranger, les comités nationaux proposent aussi des interventions législatives. Pour exemple, le comité belge a jugé le droit belge lacunaire en matière d'expérimentation sur l'homme[1705]. Il propose de donner une base légale aux comités d'éthique et d'adopter une loi-cadre pour fixer les règles juridiques concernant le fonctionnement des comités d'éthique, les droits et les devoirs de toutes les personnes concernées, ainsi que leur responsabilité.

Les avis du Groupe européen d'éthique (GEE) apprécient aussi l'opportunité d'une réglementation juridique. Le GEE a ainsi dénoncé les lacunes de la réglementation communautaire concernant les banques de tissus humains[1706] de même que l'absence de législation européenne spécifique en matière de protection des données personnelles de santé[1707]. A cette fin, il a proposé l'élaboration d'une directive sur la protection des données de santé. Dans un domaine différent, il a estimé que devrait être élaborée une directive sur la protection des enfants et des adolescents dans le sport[1708].

891. Les exemples d'incitation sont multiples ce qui démontre la volonté des comités de pénétrer la sphère juridique. Pour autant la pression qu'ils peuvent exercer ne préjuge pas du sort qui sera réservé à leurs propositions puisqu'en dernier lieu, les autorités juridiques restent maîtres d'initier l'élaboration des normes. Les comités sont susceptibles

---

1703 Avis n°24 sur les réductions embryonnaires et fœtales, 24/06/1991.
1704 Avis 77 relatif aux biobanques, 20/03/2003.
1705 Avis 13 relatif aux expérimentations sur l'homme, 9/07/2001.
1706 Avis 11 relatif aux aspects éthiques des banques de tissus humains, 21/07/1998.
1707 Avis 13 relatif aux aspects éthiques de l'utilisation des données personnelles, 30/07/1999.
1708 Avis 14 sur les problèmes éthiques poser par la lutte contre la diffusion de l'infection par le virus de l'immuno-déficience humaine, 16/12/1988.

de jouer un rôle utile en éveillant les consciences. Mais lorsqu'ils appellent de leurs vœux l'intervention de la loi, ils occultent par ailleurs le débat susceptible de porter sur la légitimité de légiférer en la matière. Le recours à la loi ne va pas toujours de soi. Alors que la doctrine s'interrogeait sur l'opportunité de légiférer dans le domaine biomédical avant les lois de 1994[1709], le comité français optait pour le recours à la loi comme une évidence.

Si les comités entendent guider de manière impérative l'innovation législative, ils préconisent aussi parfois l'abstention en jugeant inutile l'adoption de règles nouvelles.

b- Le comité satisfait du vide législatif

892. Dans certaines hypothèses, le comité français prône une non intervention du législateur.

Ainsi dans le domaine de la lutte contre le VIH et du dépistage[1710], le comité estime sur le plan juridique, que la lutte face à une épidémie grave telle que le SIDA, étant donné son risque de diffusion et l'absence de thérapeutique, peut justifier des contraintes exceptionnelles, notamment des limitations aux libertés individuelles et collectives. Le comité juge en revanche inutile l'intervention du législateur pour responsabiliser le patient informé de sa séropositivité, qui doit assumer des responsabilités pour éviter la transmission de la maladie.

Il considère qu'il n'y a pas lieu non plus, de rendre le dépistage obligatoire, en l'inscrivant dans les examens prénataux exigés par décret[1711].

Dans son avis sur la proposition de résolution sur l'assistance aux mourants, le comité se prononce contre la légalisation de l'euthanasie même pour des actes exceptionnels. Une légalisation partielle pourrait ouvrir la voie à des interprétations abusives et incontrôlables. « Le comité désapprouve qu'un texte législatif ou réglementaire légitime l'acte de donner la mort à un malade ».

[1709] M. Flis-Teves, D. Mehl, E. Pisier, « Contre l'acharnement législatif », *Pouvoirs*, 1991, n°56, p. 121; J. Rubellin-Devichi, « Congélation d'embryons, fécondation in vitro, mères de substitution. Point de vue d'un juriste », in *Génétique, procréation et droit*, p. 307 ; J-F. Abeille, « Bioéthique. Faut-il légiférer ? », *RRJ*, 1994-1, p. 17.

[1710] Avis 14 sur les problèmes éthiques poser par la lutte contre la diffusion de l'infection par le virus de l'immuno-déficience humaine, 16/12/1988.

[1711] Avis 31 sur le dépistage de l'infection par le virus du SIDA, 28/03/1992.

893. Non seulement le comité s'adresse au législateur en le conseillant sur l'opportunité d'une intervention éventuelle, mais il empiète aussi et même davantage dans le domaine législatif lorsqu'il souhaite voir modifier le droit existant et qu'il détermine le contenu de la modification du droit.

2- Propositions de modification du droit en vigueur

894. Les comités débordent souvent du cadre de l'analyse éthique en formulant des propositions à caractère juridique tendant à modifier le droit en vigueur. Si certains se bornent à exposer les différentes options juridiques envisageables, d'autres, tels que le CCNE, s'engagent à proposer le changement juridique qu'ils jugent souhaitable.

a- La formulation de plusieurs options

895. Il est rare que le CCNE ne prenne pas position sur une question. Un seul avis propose différentes alternatives sans pencher en faveur de l'une d'entre elles. C'est à l'occasion de son rapport sur la stérilisation envisagée comme mode de contraception définitive[1712] que le comité à exposer trois options : - soit circonscrire la pratique de la stérilisation à la nécessité thérapeutique, - soit admettre des stérilisations contraceptives fondées sur des justifications médico-légales, - soit reconnaître le droit à toute personne de recourir à une stérilisation contraceptive. Le comité s'est déclaré incompétent pour se prononcer en faveur de l'une ou l'autre position : « une réponse aux problèmes soulevés par les saisines ne peut être apportée le cas échéant, que par le législateur et après débat ». « La société doit débattre de la pratique qu'elle est prête à accepter comme légitime, tout en sachant qu'aucune solution juridique ne pourra offrir de garanties absolues contre le risque de stérilisations hâtives ou abusives ».

Dans une démocratie, ce choix relève du débat de société, qui le cas échéant ne peut être tranché que par le législateur. Le législateur s'est exécuté. La loi relative à l'interruption volontaire de grossesse et à la contraception a rendu licite la stérilisation à visée contraceptive, mais le débat sur cette question n'a pas eu lieu. Le rôle du CCNE, en tant que promoteur du débat public a finalement échoué.

[1712] Rapport sur la stérilisation envisagée comme mode de contraception définitive, 03/04/1996.

A l'occasion de la discussion de la loi, le débat s'est focalisé sur le passage de 10 à 12 semaines du délai légal de l'IVG, au détriment de la question de la stérilisation. Cette dernière a été occultée, alors qu'elle paraissait aux yeux du comité d'éthique, trop délicate pour qu'il se prononce lui-même. En outre, l'admission de la stérilisation contraceptive opère un changement culturel de la conception de la contraception en France. La Cour de cassation s'était d'ailleurs prononcée dans le sens de l'illicéité de la stérilisation contraceptive[1713].

b- Le choix de propositions *contra legem*

896. A l'occasion de son deuxième avis[1714], le CCNE a entendu influencer le contenu substantiel de la législation en recommandant au législateur de s'inspirer des principes énoncés dans l'avis. Cette incitation à l'égard du législateur est d'autant plus surprenante qu'il s'agit d'un avis *contra legem*, car il postule des essais sur volontaires sains, pratiques contraires au droit en vigueur.

De même, le comité a plaidé pour une solution contraire au droit, plus précisément contraire à la jurisprudence en se prononçant en faveur du transfert d'embryons *post mortem*[1715]. En effet, le Tribunal de grande instance de Toulouse[1716] et celui de Rennes[1717], avaient rejeté les demandes de restitution *post mortem* des embryons. Et ce refus de transfert avait été confirmé par la Cour de cassation[1718], sur le fondement de l'accès à l'assistance médicale à la procréation qui doit selon elle être limité aux « familles constituées ». Néanmoins, l'idée d'accepter le transfert *post mortem* avait déjà été défendue par un comité de réflexion bioéthique de Rennes qui avait contrevenu à un jugement en faisant droit à une demande de transfert *post mortem*[1719].

Le CCNE a assorti sa proposition de légalisation du transfert *post mortem* d'une proposition d'évolution du droit de la filiation, notamment de l'article 315 du Code civil qui fixe le délai de présomption de paternité à trois cents jours après la disparition du mari. Le comité a

---

1713 Cass. Crim, 1er juillet 1937, *S.*1938.1.193.
1714 Avis sur les essais de nouveaux traitements chez l'homme, 09/10/1984.
1715 Avis 40 sur le transfert d'embryons après décès du conjoint, 17/12/1993.
1716 TGI Toulouse, 11 mai 1993 ; CA Toulouse, 18 avril 1994, *JCP*, 1995-II, 22472, note C. Neirinck.
1717 TGI Rennes, 30 juin 1993, *JCP*, 1994-II, 22250, note C. Neirinck.
1718 Cass., civ. 1ère, 9 janv. 1996, *JCP*, 1996-II, 22666.
1719 *Cf.* note C. Neirinck, sous TGI Rennes, *op. cit.*

réitéré ces propositions dans le cadre de la révision de la loi bioéthique, que le législateur n'a pas suivies.

Dans le domaine des toxicomanies[1720], le comité a suggéré une adaptation de la loi à la situation actuelle compte tenu des données neuro-pharmacologiques éclairant d'une manière nouvelle les législations réglementant les drogues licites et illicites, et les écarts entre les pratiques et loi du 31 décembre 1970. Le comité a rappelé son incompétence pour proposer des solutions juridico-politiques à ces problèmes dans la mesure où il s'agit d'une compétence impartie aux pouvoirs publics et au législateur. Il n'en suggère pas moins une solution en recherchant une possible troisième voie. A ce titre, il envisage une modification du cadre législatif y compris pénal qui ne pourra se faire que progressivement, il propose une dépénalisation de la consommation : « le tort fait à soi-même appelle une réponse médicale plutôt que pénale », il propose une gradation des peines selon la gravité de l'abus et du tort causé.

Dans l'avis sur la constitution de collections de tissus et organes embryonnaires humaines[1721], le CCNE fait référence à la loi de 1994 et anticipe sur la révision de la loi en suggérant de modifier l'article qui interdit toute recherche sur l'embryon. Cet article rend impossible l'établissement de lignées de cellules ES obtenues par fécondation *in vitro* et cultivé *ex vivo* alors qu'elles présentent des perspectives thérapeutiques.

La position du CCNE à l'égard de l'euthanasie est d'autant plus intéressante qu'il propose une solution *contra legem* alors qu'il s'était lui-même opposé à l'évolution de l'interdiction de cette pratique[1722], juridiquement qualifiée d'homicide volontaire, d'assassinat ou de non-assistance à personne en danger. Au regard du droit positif, le CCNE présente deux options possibles - soit le maintien de l'interdiction donc de la législation actuelle en laissant aux juridictions la voie d'un possible assouplissement - soit la reconnaissance d'un droit à qui en fait la demande de mourir dans la dignité ce qui implique une dépénalisation de l'assistance à mourir.

Entre ces deux positions inconciliables, le CCNE opte pour une troisième voie l'engagement solidaire et l'exception d'euthanasie. « Face

---

[1720] Rapport du CCNE sur les toxicomanies, 23/11/1994.

[1721] Avis 53 sur la constitution de collections de tissus et organes embryonnaires humains et leur utilisation à des fins thérapeutiques ou scientifiques, 11/03/1997.

[1722] G. Mémeteau, « La mort aux trousses. Le rapport n°63 du Comité consultatif national d'éthique pour les sciences de la vie et de la santé, du 27 janvier 2000, sur la fin de vie, l'arrêt de vie et l'euthanasie », *RRJ*, 2000-3, p. 913.

à certaines détresses, lorsque tout espoir thérapeutique est vain et que la souffrance se révèle insupportable, on peut se trouver conduit à prendre en considération le fait que l'être humain surpasse la règle et que la simple sollicitude se révèle parfois comme le dernier moyen de faire face à l'inéluctable. Cette position peut alors être qualifiée d'engagement solidaire ». Sur le plan du droit, le CCNE ne propose pas une dépénalisation, ni une modification du Code pénal, mais il prévoit une exception d'euthanasie qui pourrait être prévue par la loi. L'auteur de l'acte pourrait l'invoquer devant les juridictions ce qui nécessiterait un examen particulier des circonstances exceptionnelles et des conditions de réalisation de l'acte. L'instruction serait confiée à une commission interdisciplinaire chargée d'apprécier non la culpabilité, mais les mobiles de l'acte.

897. D'autres comités que le comité national français s'immiscent dans le processus de décision juridique en proposant de nouvelles normes juridiques. Dans un avis consacré aux cellules souches, le *Nuffield Council on Bioethics* suggère de modifier la loi de 1990 afin de permettre le développement de la recherche à partir des cellules ES.

898. L'examen des avis du CCNE témoigne de sa volonté de peser sur la formation du droit. De ce fait, la compétence et l'influence du comité dépassent le cadre de la réflexion éthique, au mépris de l'habilitation accordée par la loi relative au don et à l'utilisation des éléments et produits du corps humain, et que lui accorde désormais la loi du 6 août 2004 relative à la bioéthique. L'absence de sanction en cas de non-respect des normes éthiques, explique la pression du comité en faveur de leur transcription juridique. Pour assurer une effectivité à ses avis, il cherche la voie de la contrainte. L'invocation pressante adressée par le comité aux autorités juridiques évoque une sorte d'acharnement législatif du comité.

A l'inverse, le comité se sert aussi du droit pour justifier et cadrer ses prises de position éthique. En effet, pour intensifier la prise en compte de ses avis par les instances juridiques et justifier sa légitimité à participer à l'élaboration de la règle de droit, le comité a intérêt à s'appuyer sur les normes juridiques.

B/ Le droit au fondement de l'éthique, la prise en compte du cadre juridique dans l'analyse éthique

899. Il peut sembler étonnant de voir instituer le droit au service de l'éthique mais leur complémentarité est utile à la norme éthique pour la raison précédemment évoquée, à savoir son manque d'autorité. A cet égard, l'intérêt porté au droit se manifeste par la prise en compte dans les avis éthiques du cadre juridique. La réflexion éthique est mise en perspective et appréciée au regard du droit en vigueur. Ceci conduit les comités à apprécier le champ d'application de la loi. Il s'opère ainsi un trait d'union entre l'éthique et le droit. Les comités mènent de manière concomitante une réflexion éthique et juridique ce qui crée un amalgame entre les enjeux éthiques et juridiques, à leur profit. En effet, le soutien du droit, peut renforcer le poids de l'avis éthique. Mais, la justification juridique de positions éthiques risque par la même de dénaturer des solutions ou des concepts juridiques. La manière dont les comités recourent au droit et l'interprétation à laquelle ils se livrent, laissent apparaître qu'ils sont susceptibles de modeler ou travestir des dispositions juridiques au profit de leur propre conception du droit. Ils instrumentalisent le droit à la fois pour asseoir leur position dans l'ordre juridique et pour imposer leur propre vision du droit.

1- L'appréciation du champ d'application de la loi

900. L'intérêt des institutions éthiques à l'égard du droit se manifeste simplement par le fait que la réflexion éthique se situe dans le cadre juridique existant. A cette occasion, elles peuvent être conduites à en préciser le champ d'application. Par ailleurs, la réflexion éthique tient compte, dans un souci d'effectivité, des références juridiques, comme des données scientifiques, sociales et économiques.

a- La référence au cadre législatif existant

901. Le comité veille à la compatibilité de certaines pratiques avec la loi. Il se place alors dans le cadre du droit existant. Ainsi sur l'utilisation de la mifépristone[1723], le comité précise qu'elle doit respecter les dispositions de la loi de 1975 relative à l'interruption volontaire de grossesse dès lors son usage ne doit être autorisé que dans le cadre des lois en vigueur. Dans l'avis relatif aux réductions embryonnaires et

---

[1723] Avis sur l'utilisation de la mifépristone (RU486), 16/12/1987.

fœtales[1724], le comité est conduit à s'interroger sur la question de savoir si les dispositions de loi relative à l'IVG sont applicables à cette pratique. Le CCNE a formulé l'avis suivant, proposant que « la réduction embryonnaire ne devrait pas trouver sa justification hors du cadre de détresse ou de nécessité thérapeutique énoncés par la loi ».

902. Pour apprécier les conditions de l'expérimentation sur des sujets en état de mort cérébrale[1725], le comité exclut l'application du consentement présumé régi par la loi de 1976 dans la mesure où la loi ne s'applique qu'au prélèvement d'organes et ne couvre donc pas le champ de l'expérimentation.

903. Chargé de rendre un avis concernant la recherche sur les cellules souches, le comité national allemand s'est référé au droit existant. Il signale que le droit en vigueur relatif à la protection des embryons, interdit en Allemagne, la production de cellules souches embryonnaires. En revanche, le comité relève une lacune dans la législation concernant leur importation et leur utilisation qui ne sont pas réglementées. Par ailleurs, le comité a exposé dans l'avis, le cadre de référence normatif destiné à aborder cette question, le comité a énoncé au titre des références normatives les « principes constitutionnels élémentaires comme la dignité humaine et la protection de la vie, mais également la liberté de la science ».

b- La détermination du champ d'application de la loi

904. Nombre d'avis portent sur la question du champ d'application de la loi n°88-1138 du 20 décembre 1988 relative à la protection des personnes se prêtant à des recherches biomédicales. Le CCNE appelle à une précision de la loi pour savoir si le prélèvement et la transmission de cellules humaines à une banque d'ADN relèvent de la loi de 1988[1726]. Il en est de même s'agissant de la question de savoir si les recherches comportementales doivent être soumises à la loi[1727]. Enfin le comité sollicite que soit clarifiée la distinction entre recherche avec

---

1724 Avis relatif aux réductions embryonnaires et fœtales, 24/ 06/1991.
1725 Avis sur l'expérimentation médicale et scientifique sur des sujets en état de mort cérébrale, 16/12/1987.
1726 Avis sur l'application des tests génétiques aux études individuelles, études familiales et études de population (problèmes des « banques de l'ADN », des « banques » de cellules et de l'informatisation des données), 24/06/1991.
1727 Avis sur l'éthique de la recherche dans les sciences du comportement humain, 14/10/1993.

bénéfice direct pour la santé et recherche sans finalité directe pour la santé[1728]. S'agissant de l'implant cochléaire chez l'enfant sourd pré-lingual[1729], le comité juge que cette question n'entre pas dans le champ de compétence des CCPPRB, et n'a donc pas à être soumise à l'avis des CCPPRB. En revanche, pour pratiquer une assistance médicale à la procréation avec les spermatozoïdes d'un homme séropositif[1730], le comité estime que la loi de 1988 s'applique, l'avis d'un CCPPRB est donc requis.

Sur la question de la xénotransplantation[1731], le comité a apprécié les dispositions de la loi du 1er juillet 1998 relative au renforcement de la veille sanitaire et du contrôle de la sécurité sanitaire des produits destinés à l'homme. Il a estimé que si elles prévoient l'utilisation à des fins thérapeutiques d'organes, de tissus ou de cellules d'origine animale, elles n'impliquent pas pour autant une autorisation de la pratique des xénogreffes. Il analyse les règles de bonnes pratiques qui fixent l'utilisation, la sélection, la production et l'élevage des animaux comme une situation d'anticipation scientifique de la loi. Mais cette situation n'emporte pas la possibilité juridique de telles pratiques. Elles ne sauraient dès lors entrer dans le cadre de la loi de 1988 relative à l'expérimentation.

905. La référence au cadre législatif est un premier signe d'encadrement de l'éthique par le droit, dans lequel l'éthique dispose d'une marge d'appréciation puisqu'elle se permet de déterminer le champ d'application de la loi. Les comités associent systématiquement à l'examen d'une question éthique, le traitement juridique qui en est fait de sorte qu'ils diffusent l'idée d'une symbiose du droit et de l'éthique. L'approche éthique paraît indissociable de l'approche juridique. C'est sous le signe de la complémentarité que les comités d'éthique placent manifestement les rapports entre les deux ordres normatifs.

2- La justification juridique de positions éthiques

906. Certains avis éthiques prétendent s'aligner sur une solution juridique antérieurement dégagée, afin de bénéficier de l'aura du

---

[1728] Consentement éclairé et information des personnes qui se prêtent à des actes de soins ou de recherche, 12/06/1998.

[1729] Avis sur l'implant cochléaire chez l'enfant sourd pré-lingual, 01/12/1994.

[1730] Problèmes éthiques posés par le désir d'enfant chez les couples où l'homme est séropositif et la femme est séronégative, 10/02/1998.

[1731] Ethique et xénotransplantation, 11/06/1999.

droit. Une telle intégration du droit signifie qu'il a été avalisé par l'éthique, ce qui pourra en retour renforcer sa légitimité. Mais, la marge d'appréciation avec laquelle les comités interprètent certaines dispositions juridiques conduit à se demander à quel point ils ne modèlent pas le droit au profit de leurs propres dispositions normatives.

a- Le droit, caution de l'éthique

907. Dès les premiers avis, le comité s'est livré à une interprétation du droit en vigueur, cette analyse étant vouée à justifier et à étayer la prise de position éthique du comité. Le comité a jugé que le recours aux mères porteuses est en l'état du droit illicite puisque cette pratique équivaut à la cession d'un enfant[1732]. Il s'agit d'un contrat nul par son objet, d'une fraude à la loi relative à l'adoption et d'un abandon d'enfant constitutif d'un délit, « telle est la loi, il ne faut pas la changer ». Le comité propose de continuer à appliquer la législation actuelle donc de ne pas prendre les textes nécessaires pour rendre licite une manière de répondre à l'infécondité.

Le comité se sert d'arguments juridiques pour justifier l'interdiction de la pratique des mères porteuses. Il donne à la fois l'impression que la règle de l'interdiction est déjà établie et qu'elle revêt un caractère obligatoire alors que la loi ne l'interdit pas formellement. Un tel contrat n'est pas *a priori* interdit mais il peut faire l'objet d'une annulation ce qui suppose qu'une des parties engage une procédure et qu'un jugement soit rendu[1733]. La règle juridique applicable porte sur la licéité de l'objet du contrat, condition de sa validité.

908. Dans son avis sur le dépistage des toxicomanies dans l'entreprise[1734], après une étude scientifique et juridique de la question posée, le comité s'est fondé sur les règles déontologiques de la médecine du travail, les principes posés par la jurisprudence de la Cour de cassation et le respect de la liberté individuelle, pour exclure la possibilité de demander à un candidat à l'embauche et à un salarié en activité, des renseignements ou de lui imposer des examens ou tests autres que ceux qui présentent un lien direct et nécessaire avec l'emploi auquel il postule ou qu'il occupe. Il est donc juridiquement et éthiquement interdit de

---

1732 Avis sur les problèmes éthiques nés des techniques de reproduction artificielle, 23/10/1984.

1733 D. Thouvenin, « De l'éthique biomédicale aux lois « bioéthiques » », *op. cit.*

1734 Avis 15 sur le dépistage des toxicomanies dans l'entreprise, 16/10/1989.

procéder à des examens systématiques lors de toute embauche ou de tout examen périodique.

Pour subordonner la réalisation des tests génétiques à l'exécution d'une décision de justice, le comité invoque des raisons juridiques[1735] : l'incidence de l'identification de l'ADN sur le droit civil et familial, l'indisponibilité de l'identité civile et de la filiation, le risque pour le secret de la vie privée, le principe de non-discrimination, la liberté du travail, les dangers pour les libertés publiques.

Dans un autre avis[1736], le comité apprécie le développement des tests génétiques et les réflexions éthiques qui s'y attachent au regard du cadre législatif adopté en 1994. Il souligne les dangers de l'utilisation de ces informations à des fins de sélection ou de discrimination, ce qui conduirait à « franchir une étape d'une extrême gravité vers la mise en cause des principe d'égalité en droits et en dignité, et de solidarité entre tous les êtres humains sur lesquels repose notre société ». Le CCNE insiste sur la nécessité de respecter ces principes fondamentaux, quelle que soit la finalité de l'utilisation des tests génétiques. « Il y va des droits de l'homme ».

909. En vertu de ces avis, les prises de position éthique sont déterminées au regard des dispositions juridiques. La légitimité de l'éthique dérive alors du respect du droit d'où l'idée que l'éthique n'est pas autonome, elle s'inscrit dans une relation de dépendance avec la norme juridique. Alors que l'éthique semble se soumettre aux dispositions juridiques, c'est plutôt une relation d'ascendance de l'éthique sur le droit qui s'exerce.

b- La manipulation de concepts juridiques

910. Les comités manient des concepts juridiques dont ils sont susceptibles d'altérer le sens. C'est le cas notamment en ce qui concerne le statut du corps humain et son caractère hors commerce[1737]. L'usage du concept de brevetabilité fournit un autre exemple de l'altération du sens juridique des termes au contact de l'éthique.

[1735] Avis 17 relatif à la diffusion des techniques d'identification par analyse de l'ADN (techniques des empreintes génétiques), 15/12/1989.
[1736] Avis 46 sur génétique et médecine : de la prédiction à la prévention, 30/10/1995.
[1737] *Cf. supra* n°562

911. Le comité a appliqué le principe de non-commercialisation au génome humain[1738] pour affirmer que les séquences d'ADN ne sont pas brevetables en vertu du principe de non-commercialisation du corps humain. Ceci n'exclut toutefois pas la protection par brevet des produits ou procédés issus des bases de données, « s'ils sont le résultat d'une réelle inventivité et d'application convenablement décrite et dont le caractère original a été prouvé »[1739]. Le comité retient comme conditions de brevetabilité : l'inventivité, l'originalité et l'application convenablement décrite de l'invention. Or ces conditions de brevetabilité ne sont pas celles prescrites par le droit.

La définition juridique de la brevetabilité fait l'objet d'une interprétation par le comité d'éthique[1740], car l'originalité ne constitue pas une condition de brevetabilité. Pour être brevetable juridiquement, l'invention doit remplir trois conditions : permettre une application industrielle, faire preuve de nouveauté et d'une activité inventive. En outre, l'avis repose sur une mauvaise conception de la distinction entre la découverte et l'invention, selon le CCNE « nouveauté, inventivité et application concrète représentent les critères de distinction entre la découverte et l'invention » alors que « l'activité inventive, la nouveauté et l'application industrielle représentent les critères de brevetabilité ». Enfin, l'avis du comité se méprend sur le droit positif, en affirmant que les séquences d'ADN ne peuvent faire l'objet que de découverte et non d'invention[1741].

L'attrait économique du brevet explique ce que le Professeur Galloux appelle l'impérialisme du brevet, « en ce qu'il tend à se subordonner des domaines d'application que l'on imaginait hors de sa sphère traditionnelle de compétence ou que l'on avait même exclus de celle-ci »[1742], tel était le cas du vivant végétal et du vivant humain.

912. Désormais, les substances d'origine humaine sont brevetables tant aux USA qu'en Europe, les brevets sont délivrés à des bactéries, virus, cellules, protéines, hormones de croissance. C'est sans nul doute l'appropriation des gênes qui soulève le plus de débats car elle représente l'appropriation de la vie humaine. Certains ont comparé la

---

1738 Avis 27 sur la non-commercialisation du génome humain, 02/12/1991.
1739 *Ibid.*
1740 J-C. Galloux, « Ethique et brevet ou le syndrome bioéthique », *D*, Chr., 1993, p. 83.
1741 *Ibid.*
1742 J-C. Galloux, « L'impérialisme du brevet », in *Nouvelles technologies et propriété*, *op. cit.*, p. 112.

brevetabilité des gènes humains « à une forme moderne d'esclavage »[1743]. L'Office européen des brevets a précisé que l'ADN n'est pas la vie, mais une « substance chimique portant une information génétique »[1744]. Le gène n'est qu'un support d'information[1745], cette vision mécaniciste des phénomènes vitaux conduit à dissocier les matériaux de vie et la vie, dès lors ces matériaux sont appréhendés comme une chose brevetable. La découverte des mécanismes vitaux transforme la conception de la vie. Auparavant la vie était conçue comme un phénomène naturel, à ce titre elle n'était pas brevetable, or la distinction traditionnelle entre naturel - artificiel n'est plus pertinente puisque l'on peut créer artificiellement du vivant, et breveter des choses naturelles : les micro-organismes isolés.

913. L'avis rendu sur l'avant-projet de loi portant transposition de la Directive relative à la protection juridique des inventions biotechnologiques[1746] comporte aussi des inexactitudes et des approximations juridiques[1747]. Le comité interprète la portée de l'article 611-17 du code de la propriété intellectuelle, modifié en 1994, lors de l'adoption des lois bioéthiques comme ayant entendu « exclure expressément de la brevetabilité tout ce qui touche au corps humain » ; alors que ce sont seulement le corps, ses éléments, et ses produits « en tant que tels » qui sont exclus de la brevetabilité. En présentant la prise de brevet comme un obstacle à la recherche scientifique et à l'accès aux ressources génétiques, le comité néglige de prendre en compte la disposition du code de la propriété intellectuelle qui retranche du monopole du brevet « les actes accomplis à titre expérimental qui porte sur l'objet de l'invention ». Par ailleurs, opposer le principe de partage des connaissances génétiques à la brevetabilité maintient la confusion entre découverte et invention. Le brevet ne peut avoir pour objet de simples connaissances. Le droit des brevets ne porte pas sur la réalité brevetée, il n'y a donc pas de contradiction entre le principe de non patrimonialité du corps humain et le droit des brevets.

[1743] A. Gallochat, « La brevetabilité du vivant : de la bactérie au génome humain », in *Mélanges offerts à J-J. Burst,* Paris, Litec, 1997, p. 198.
[1744] *Ibid.*, p. 198.
[1745] Intervention de Mr Pompidou à la table ronde : les problèmes liés à la brevetabilité, in *Les inventions biotechnologiques. Protection et exploitation*, Paris, Librairies techniques, 1999, p. 57.
[1746] Avis 64 sur l'avant-projet de loi portant transposition de la directive 98/44/CE relative à la protection juridique des inventions biotechnologiques, 06/08/2000.
[1747] J-C. Galloux, note sous l'avis n°64 du CCNE, *D.,* som. com., 2001, p. 1354.

914. Les multiples utilisations du droit dans les avis éthiques, qu'il s'agisse d'incitation à l'adresse du législateur ou d'invocation de règles juridiques à l'appui d'une prise de position éthique, démontrent que l'éthique et le droit s'étayent l'un l'autre. Pour les comités, la référence aux règles juridiques est susceptible de renforcer le poids de leurs avis, et d'assurer l'effectivité des principes éthiques. Quant au droit, il trouve dans les avis une source d'inspiration déterminante. Avant d'examiner plus particulièrement l'attitude des autorités juridiques à l'égard de l'éthique, il convient de souligner les rapports qu'entretiennent les comités d'éthique avec le droit. La référence systématique aux normes juridiques, les demandes de transcription juridique des normes éthiques, la répétition et la convergence de leurs propositions, font des comités, surtout du CCNE, un groupe de pression qui agirait davantage comme un lobby à l'égard du pouvoir politique que comme une instance de régulation para-juridique. De fait, la prétention du CCNE vise à dépasser le cadre de la régulation para-juridique pour pénétrer celui de la réglementation juridique. Il est possible de l'envisager comme un groupe de pression dans la mesure où il entend peser sur les autorités officielles pour leur arracher des décisions conformes à ses prises de position, à la différence qu'un groupe de pression défend des intérêts particuliers alors que l'éthique se veut d'intérêt public. L'immixtion des groupes de pression en tant que promoteurs d'intérêts particuliers, est perçue négativement, comme une altération du droit par des forces extérieures sans qualité, ni responsabilité politiques. Mais dans la démocratie américaine, le phénomène est salué, dans la mesure où il assure une représentation, la plus complète possible, d'intérêts particuliers[1748]. A cet égard, le *lobbying* correspond à la conception d'une démocratie pluraliste. Il permet aux différents intérêts en présence d'exposer et défendre ouvertement leurs points de vue, en même temps qu'il fournit des informations au législateur. Au regard du procédé d'élaboration et de révision des lois de 1994, ce phénomène semble avoir acquis un certain écho en France dans la mesure où différents acteurs tant publics que privés ont pris part au processus.

915. Toutefois, tant que les normes éthiques ne sont pas réceptionnées dans l'ordre juridique, elles relèvent du domaine para-juridique. C'est pourquoi il convient d'examiner la réaction du pouvoir

---

[1748] L. Cohen-Tanugi, *Le droit sans l'Etat. Sur la démocratie en France et en Amérique*, Paris, PUF, coll. Recherches politiques, 1985, p. 144 et sv.

juridique à l'égard de l'éthique pour confirmer ou non le passage de l'éthique au droit.

§2 L'appréhension de l'éthique par l'auteur de la norme juridique

916. La réception des normes éthiques et déontologiques en droit témoigne de l'influence effective de ce type de régulation sur l'ordre juridique.

L'intégration s'opère selon différentes méthodes, qui mettent à jour le phénomène de dépendance du droit mais à des degrés variables. En effet, la subordination du droit à l'égard d'autres systèmes normatifs est plus ou moins latente.

917. Néanmoins, une tendance se dégage, selon laquelle les autorités juridiques et politiques font de plus en plus appel ouvertement à des autorités éthiques pour contribuer à la formation du droit. L'essor de la consultation qui entoure l'élaboration de la norme législative et jurisprudentielle, prouve l'ouverture du système juridique, et la volonté d'afficher dans la transparence, l'association des acteurs de la régulation para-juridique à la formation du droit. Le droit n'est plus conçu comme un système clos se suffisant à lui-même[1749]. Mais, à partir du moment où les autorités juridiques elles-mêmes sollicitent sur une question juridique l'intervention des comités d'éthique, elles leur attribuent une fonction de préparation de la norme. Elles les habilitent à intervenir dans le processus de décision juridique.

Inévitablement, la question de l'autonomie du système juridique se pose. Certes, l'autonomie du droit demeure partielle, mais son degré d'autonomie varie[1750]. Il dépend de la pénétration directe et automatique des normes hétéronomes ; plus le droit garde la maîtrise de l'intégration de ces normes, plus il préserve son autonomie.

[1749] J. Carbonnier, *Essais sur les lois*, *op. cit.*, p. 240 et sv.

[1750] C-A. Morand, *Le droit néo-moderne des politiques publiques*, *op. cit.*, p. 46 et sv.

A/ La consultation éthique, pré-requis à la formulation de la règle juridique

918. La consultation éthique peut être comparée à l'exigence d'un pré-requis, qui conditionne la légitimité de la règle de droit, en s'autorisant un parallèle avec la méthode expérimentale, où l'expérimentation sur l'être humain doit nécessairement être précédée d'un pré-requis sur l'animal.

919. L'essor de la consultation laisse à penser qu'elle devient une phase préparatoire indispensable à la formation du droit. Mais, si la consultation offre un moyen d'associer des acteurs extra-juridiques à l'élaboration du droit, elle engendre une confusion sur les auteurs de la règle. Lorsque les comités sont directement sollicités sur une question de droit, la question se pose de savoir si leurs avis constituent une source formelle, et plus seulement matérielle du droit. Le risque de démission du droit en découle si l'auteur de la norme juridique se contente d'entériner automatiquement les propositions qui lui sont faites.

1- La consultation par les autorités politiques

920. La saisine des instances éthiques par des autorités gouvernementales ou parlementaires peut s'effectuer en amont du processus d'élaboration de la norme juridique, auquel cas elles sont explicitement insérées dans le processus décisionnel juridique à l'initiative des autorités politiques. L'avis des comités est sollicité sur des avant-projets d'instruments juridiques, dès lors cette saisine officielle les fait directement participer à la préparation de la norme juridique. Les instances éthiques sont aussi appelées à contribuer à la formation du droit lorsqu'elles sont saisies *a posteriori* pour rendre un avis sur des actes juridiques.

a- L'association des comités au processus décisionnel au stade de la préparation des normes juridiques

921. Le CCNE de sa propre initiative peut sortir de sa compétence strictement entendue pour empiéter sur le domaine juridique mais une nouvelle tendance semble amorcée, la consultation du comité sur saisine soit d'origine gouvernementale soit parlementaire. Dans ce

cas, les autorités sollicitent expressément l'avis du comité sur un acte juridique en cours d'élaboration. Le comité est directement associé au processus d'élaboration de la norme juridique ce qui atteste sa vocation pré-législative, consacrée par le gouvernement et le Parlement.

Le CCNE a été saisi pour donner son avis sur différents projets de loi. Par conséquent il a été habilité à porter un regard critique et à proposer des modifications à ces projets. Et en marge de tout projet de loi, il a été saisi afin de déterminer un dispositif normatif en matière de clonage.

922. D'autres comités nationaux affirment explicitement leur rôle pré-législatif[1751], c'est le cas par exemple du comité danois. Le mandat du comité précise d'ailleurs qu'il doit examiner les questions soulevées par le progrès scientifique et médical sous un angle éthique et juridique. De même, le comité allemand précise dans son premier avis relatif à la recherche sur les cellules souches que l'on attend de lui « qu'il émette des avis guidant l'action politique et législative ». A cet égard, il précise que son avis porte sur ce qui est éthiquement et politiquement acceptable.

α- La préparation des normes juridiques confiée au comité français

• Saisine gouvernementale

923. La première saisine du CCNE sur un texte juridique en gestation est relativement récente par rapport à la date de création du comité puisqu'elle date de 1996. Saisi d'un projet de loi dont l'objectif était d'améliorer la prévention des infractions sexuelles commises contre des mineurs, le CCNE en a approuvé le principe mais a aussi émis des critiques et proposé des modifications au projet de loi[1752].

[1751] Consultation reply to the Commission of the European Communities from the Council of Ethics in Denmark, 15/11/2001.

[1752] Avis 51, Recommandations sur un projet de loi « renforçant la prévention et la répression des atteintes sexuelles contre les mineurs », 20/12/1996. Le comité constate l'ambiguïté de la peine de suivi médico-social à la fois peine et traitement, et il relève le problème du caractère temporaire de la peine car l'obligation de soins cesse avec l'expiration de l'exécution de la peine, alors que la durée des soins est par nature indéterminée. La durée des soins ne devrait pas être conditionnée a priori par la durée de la peine afin d'en permettre la poursuite. Toutefois le comité se déclare incompétent pour fixer les moyens de procédure répondant à une telle nécessité. Sur la levée du secret professionnel en cas de non exécution du traitement ou pour signaler les dangers de son comportement pour l'ordre public ou la sécurité des personnes, le comité la

924. Saisi de l'avant-projet de loi de transposition en droit français de la directive relative à la protection juridique des inventions biotechnologiques, le CCNE a été conduit à apprécier ici non seulement l'acte en gestation, le droit français mais aussi la directive, dont les effets juridiques courent puisqu'elle est entrée en vigueur le jour de sa publication au Journal officiel des Communautés Européennes, soit le 30 juillet 1998 comme le stipule l'article 17 de la Directive. L'absence de transposition dans le délai fixé au 30 juillet 2000, a valu à la France une condamnation en manquement[1753].

La saisine par le Secrétaire d'Etat à l'Industrie portait sur la question des limites du champ de la brevetabilité telles qu'elles sont posées par les articles 5 et 6 de la Directive. Le CCNE a confronté l'état du droit français en vigueur, soit l'article 611-17 du Code de la propriété intellectuelle[1754], aux modifications envisagées par le projet de loi[1755].

Le CCNE va faire porter son analyse sur la définition de la brevetabilité en vertu de laquelle le droit des brevets distingue la découverte non brevetable de l'invention brevetable. Or constate le CCNE « en génétique en l'état actuel des connaissances il est difficile de distinguer la découverte de l'invention » surtout en ce qui concerne l'isolement d'un gène.

---

souhaite plus limitée. En raison de l'incertitude sur les effets du traitement, le comité estime souhaitable qu'un article du texte prévoit une évaluation du système dans son ensemble dans les 2 ans.

[1753] CJCE, 1er juil. 2004, Com. c. France, C-448/03

[1754] « Le corps humain, ses éléments et ses produits ainsi que la connaissance de la structure totale ou partielle d'un gène humain ne peuvent en tant que tels faire l'objet d'un brevet »

[1755] Art. 611-10-1 : « Le corps humain, aux différents stades de sa constitution et de son développement, ainsi que la simple découverte d'un de ses éléments, y compris la séquence ou le séquence partielle d'un gène, ne peuvent constituer des inventions brevetables ».

« Un élément isolé du corps humain ou autrement produit par un procédé technique, y compris la séquence ou la séquence partielle d'un gène, peut constituer une invention brevetable même si la structure de cet élément est identique à celle d'un élément naturel. ».

Art. 611-15 : « Lorsque l'invention porte sur une séquence ou séquence partielle d'un gène, l'application industrielle doit être concrètement exposée dans la demande de brevet notamment en précisant quelle fonction assure la séquence ». Art. 611-17 : « Sont exclus de la brevetabilité les inventions dont la publication, la mise en œuvre ou l'exploitation commerciale serait contraire à l'ordre public. ».

Le CCNE ne relève aucun intérêt à modifier la loi nationale pour la rendre conforme à la Directive[1756] dont il juge la rédaction ambiguë. Selon l'analyse du CCNE, le texte est laxiste sur l'exigence de la réalité de l'application industrielle. « En conclusion, le CCNE considère qu'apporter à la loi française, les modifications fondées sur la directive serait une initiative qui apparaîtrait en ce moment comme ambiguë et ne clarifierait pas la position des chercheurs ».

Il préconise de faire prévaloir le droit interne sur le droit communautaire, contrairement à l'obligation juridique qui pèse sur l'Etat de transposer la directive en droit interne. En outre, il ignore l'obligation qui pèse sur le juge national de faire prévaloir la directive sur la loi nationale contraire. Il défend la position selon laquelle la connaissance de la séquence d'un gène ne peut en aucun cas être assimilée à un produit inventé, et n'est donc pas brevetable.

Plutôt que de modifier le droit français, il suggère de revenir sur la directive. Demander une nouvelle discussion des termes de la directive, conduit à négliger que son processus d'élaboration a été particulièrement long sachant qu'il a duré dix ans pour parvenir à un accord sur le texte[1757]. L'analyse juridique du CCNE a été critiquée[1758], pour ses inexactitudes, contradictions, lacunes, et approximations juridiques[1759], mais aussi pour sa remise en cause du droit communautaire. D'autant que l'interprétation du CCNE, portée sur le droit communautaire et la législation nationale est critiquable, dans la mesure où il n'y a pas nécessairement incompatibilité entre l'un et l'autre[1760]. Car l'interdiction de breveter les éléments du corps humain en tant que tels, énoncée par l'ancien article L. 611-17 du Code de la propriété intellectuelle, peut signifier l'exclusion de la brevetabilité des éléments en leur état naturel[1761].

[1756] « La modification de la loi nationale pour la rendre conforme à la directive ne serait d'aucun appui pour ceux qui voudraient maîtriser ces dérives ».

[1757] J-C. Galloux, « L'article 17 de la loi bioéthique relatif à la question de la brevetabilité du corps humain n'est pas contraire à la Constitution », *JCP*, 2004-II, 10167.

[1758] *Cf. supra* n°911.

[1759] J-C. Galloux, avis du CCNE du 8 juin 2000, *D*, som. com., 2001, p. 1354.

[1760] B. Mathieu, « La directive européenne relative à la brevetabilité des inventions biotechnologiques, le droit français et les normes internationales », *D*., Chr., 2001, p. 13.

[1761] *A contrario*, cette interprétation de la loi française autorise la brevetabilité des éléments du corps humain à partir du moment où ils sont isolés ou reproduits par un procédé technique ce qui rejoindrait la position de la directive.

Plus récemment, le ministre de la Santé a questionné le comité sur l'opportunité d'inscrire dans la loi une exception à la règle du secret professionnel[1762].

925. Le CCNE s'est prononcé *a posteriori* sur la loi de 1994, lorsqu'il a été saisi du réexamen des lois de bioéthique par le Secrétaire d'Etat à la Santé[1763]. Ce dernier lui a demandé de présenter ses observations sur les parties du texte qui lui paraîtraient devoir être complétées ou révisées. Le CCNE s'est conduit en censeur du législateur, en relevant des lacunes dans la législation, en dénonçant des contradictions dans le texte de loi, notamment sur la manière de traiter le consentement de la personne décédée. Il a dénoncé le manque de clarté de certaines dispositions, notamment celles relatives à l'examen des caractères génétiques d'une personne à des fins médicales, scientifiques et judiciaires. Le CCNE a fait état des difficultés d'interprétation du texte de loi, renforcées par l'absence de décret d'application.

Non seulement, le comité critique les dispositions législatives mais il s'ingère aussi dans le processus, en proposant de compléter certaines dispositions législatives. Il suggère de rendre explicite l'interdiction du clonage reproductif. Il propose d'introduire certaines dispositions, comme celle concernant le don du corps à la science ou encore celle autorisant le transfert d'embryons après la mort du conjoint.

Après avoir été saisi de l'évaluation de la loi de 1994, le comité a été saisi par le Premier Ministre de l'examen de l'avant-projet de révision des lois de bioéthique[1764]. Dans son avis adopté le 18 janvier 2001, le CCNE se déclare satisfait de la conformité de l'avant-projet avec son avis de 1998. Par ailleurs, il se propose de contribuer à la qualité de la loi car il estime que « la rédaction de l'avant-projet appelle des éclaircissements destinés à éviter des erreurs d'interprétation (...) le comité insiste pour que soient clarifiées les options retenues par la future loi » dont il approuve l'essentiel des orientations. Il aborde aussi des questions ne relevant pas de sa compétence mais méritant des modifications de manière à « contribuer modestement à l'amélioration du projet ».

Il critique le retard pris dans la révision et dans les délais de publication des décrets d'application, sources de blocage. En effet, le respect des échéances conditionne selon lui l'efficacité du dispositif de

---

[1762] Avis 76 à propos de l'obligation d'information génétique familiale, 24/04/2003.
[1763] Réexamen des lois de bioéthique, 25/06/1998.
[1764] Avis 67 sur l'avant-projet de révision des lois de bioéthique, 18/01/2001.

révision indispensable dans un domaine aussi évolutif. Sur tous ces points, qualité, contenu, efficacité de la loi, le comité porte un jugement.

• Saisine parlementaire

926. Le comité a été saisi une seule fois par des autorités parlementaires en 2000. Cette saisine témoigne de la reconnaissance tardive du comité par le Parlement. Mais cette saisine s'avère plus emblématique que les saisines gouvernementales, dans la mesure où le Parlement habilite lui-même le comité à intervenir dans le processus d'élaboration de la loi. Les rapports entre le CCNE et le Parlement étaient surtout placés sous le signe de la concurrence ou de l'ignorance plutôt que sous le signe de la collaboration. Fait sans précédent, les Présidents de l'Assemblée Nationale et du Sénat ont saisi le comité du projet de loi relatif à l'allongement du délai légal de l'interruption volontaire de grossesse[1765]. « Cette saisine n'implique pas une réflexion d'ensemble sur les principes admis par la loi de 1975 ». Le comité a du justifier sa compétence. Il a reconnu que cette question ressortait de sa compétence car l'allongement du délai de l'IVG pose la question de dérives eugéniques eu égard aux progrès des connaissances et des techniques comme l'imagerie médicale. A cet égard, le comité a estimé que le risque d'une dérive eugénique ne paraissait pas fondé.

927. Le comité national belge saisi par les Présidents des Chambres d'une demande d'avis sur la question de l'opportunité d'un traitement légal de l'euthanasie a décliné sa compétence. Le comité a exposé quatre propositions[1766], mais a jugé ne pas pouvoir ni devoir trancher un tel débat.

928. Le constat selon lequel la contribution du Parlement dans le vote de la loi décline au profit d'apports extérieurs, n'est pas nouveau. Mais bien qu'extérieure, la préparation de la loi était auparavant l'œuvre de juristes alors qu'elle tend à être l'œuvre d'hommes, dont la technique

---

[1765] Avis 66 Réponse du CCNE aux saisines du Président du Sénat et du Président de l'Assemblée nationale sur l'allongement du délai d'IVG, 23/11/2000.

[1766] Avis 1 concernant l'opportunité d'un règlement légal de l'euthanasie, 12/05/97- la dépénalisation de l'euthanasie – la régulation procédurale a posteriori en colloque singulier – la régulation procédurale a priori après consultation collégiale – le maintien de l'interdit légal.

s'assujettit celle du droit[1767]. Il faut compter parmi les modes contemporains de formation du droit positif, l'intervention d'autorités a-juridiques. Mais il faut veiller en contrepartie de cette intervention à ce que le Parlement ne devienne pas une chambre d'enregistrement accueillant les propositions de ceux qui seraient les plus susceptibles de se faire entendre en vertu, et sous une autre forme, de la loi du plus fort.

β- Aperçu sur la préparation des normes juridiques confiée aux comités en droit comparé

929. Est emblématique du rôle juridique dévolu aux comités, la saisine ministérielle du comité national belge concernant le projet de Convention bioéthique du Conseil de l'Europe et l'incidence de la signature de ce texte pour la législation belge[1768]. Le comité s'est vu expressément confier une mission d'analyse juridique. Le comité a procédé à une analyse article par article de la Convention. Certains membres ont refusé de se prononcer sur cette demande d'avis car selon eux, apprécier l'opportunité pour la Belgique de signer la Convention, relève d'une question juridico-politique qui sort de la compétence du Comité. D'autres membres ont plaidé pour l'intégration de certains éléments seulement de la Convention dans la législation, d'autres pour l'intégration de la Convention dans sa totalité. Le comité a par ailleurs été saisi par le Président du Sénat de deux propositions de loi et appelé à rendre un avis à la lumière de ces propositions de loi[1769]. La consultation du comité a été sollicitée en application d'une disposition législative contenue dans la loi de programme du 24 décembre 2002. Le comité devait rendre un avis concernant la fixation des règles d'exécution de la loi, car la loi stipulait que « le Roi détermine, après avis du Comité consultatif de bioéthique, les règles relatives à la composition et au fonctionnement des comités d'éthique en vue de la mise en œuvre des essais cliniques, ainsi que les critères pour leur agrément »[1770].

[1767] R. Savatier, « Observations sur les modes contemporains de formation du droit positif », in *Mélanges en l'honneur de Jean Dabin*, Paris-Bruxelles, Sirey-Bruylant, t. 1, 1963, p. 293.

[1768] Avis 2 concernant la Convention du Conseil de l'Europe sur les Droits de l'homme et la biomédecine, 27/07/97.

[1769] Avis 8 relatif à la recherche sur l'embryon humain in vitro, 16/09/2002 ; avis 24 relatif aux cellules souches humaines et au clonage thérapeutique, 13/10/2003.

[1770] Avis 23 relatif aux comités d'éthique en exécution de l'article 6bis&2 de la loi sur les médicaments, 08/09/2003.

930. Outre les deux avis rendus sur la directive relative à la protection juridique des inventions biotechnologiques, le GEE s'est prononcé sur d'autres actes juridiques. Saisi d'une demande d'avis concernant la proposition de décision relative au cinquième programme cadre de recherche, il a proposé la prise en compte de la dimension éthique dans le programme. Il a été appelé à apprécier une proposition de Règlement du Conseil et du Parlement sur les nouveaux aliments[1771], Règlement qui a été adopté le 27 janvier 1997[1772]. Enfin, il a rendu un rapport sur la Charte des droits fondamentaux liés à l'innovation technologique, demandé par le Président Prodi le 3 février 2000. Dans ce rapport, le GEE se prononce en faveur d'une Charte juridiquement contraignante, « le moment est venu d'imposer juridiquement les droits fondamentaux qui sous-tendent l'identité européenne ».

931. L'insertion des comités dans le processus de préparation des normes juridiques est donc avérée. Si formellement le politique décide, matériellement la proposition des comités d'éthique est déterminante. La science de la législation souligne l'importance dans le processus normatif d'identifier les intérêts en cause car l'adoption de la norme légale implique des choix[1773]. L'arbitrage entre des intérêts opposés exige d'abord de mettre en évidence ces intérêts. A cet égard, les comités peuvent apporter une aide à la décision. Mais, si au lieu d'exposer les intérêts antagonistes, ils se livrent eux-mêmes à la pesée des intérêts, ils empiètent sur le domaine juridique. Le choix entre les intérêts opposés implique nécessairement un jugement de valeur dont il revient au politique de juger.

b- L'intervention *a posteriori* du comité dans le processus décisionnel, en tant qu'instance d'appel éthique d'une décision de justice

932. Le rôle confié au CCNE, visant à évaluer *a posteriori* l'arrêt Perruche rendu par l'assemblée plénière de la Cour de cassation en date du 17 novembre 2000, constitue un fait sans précédent et mérite à ce titre un traitement spécifique. Le comité s'est livré à une analyse d'une décision de justice particulière, et a concentré sa réflexion sur

---

[1771] Avis 5 sur les aspects éthiques de l'étiquetage des aliments dérivés de la biotechnologie moderne.

[1772] in *DPBB*, p. 4299.

[1773] J-F. Perrin, « Possibilités et limites d'une science de la législation », in *La science de la législation*, Travaux du centre de philosophie du droit, Paris, PUF, 1988, p. 21.

l'opportunité d'une telle décision. En outre, la réaction éthique et juridique suscitée par cet arrêt offre un exemple de la complexité des rapports liant le juge au comité d'éthique et au législateur.

α- L'appréciation d'une décision juridictionnelle confiée au comité d'éthique

933. Saisi par le ministre de l'Emploi et de la Solidarité, en raison du débat suscité par l'arrêt du 17 novembre 2000, le CCNE a rendu un avis intitulé handicaps congénitaux et préjudice[1774]. Le tollé soulevé par l'arrêt, que ce soit dans le domaine juridique[1775], politique[1776], médical[1777], et des associations ou familles de personnes handicapées[1778], explique la saisine du CCNE. A cet égard, l'arrêt a révélé un problème de société. D'ailleurs, le comité ne s'y est pas trompé puisqu'il a abordé la question dans la perspective sociale de la situation des handicapés tout en portant un jugement sur l'arrêt de la Cour de cassation. Par cet arrêt, la Cour de cassation a indemnisé un enfant né handicapé à la suite d'une rubéole contractée par sa mère au début de la grossesse, et non diagnostiquée par les médecins. Le défaut d'information a empêché la mère d'exercer sa liberté de choix de recourir à l'IVG. Dans la mesure où le handicap est congénital et incurable,

---

[1774] Avis 68, Handicaps congénitaux et préjudice, 29/05/2001.

[1775] C. Labrusse-Riou et B. Mathieu, « La vie humaine comme préjudice », *Le Monde*, 24 nov. 2000, p. 20 ; J-Y. Nau, « L'arrêt perruche a suscité une controverse juridique et philosophique sur « le préjudice de vie » », *Le Monde*, 8-9 juil. 2001, p. 9.

[1776] La première tentative d'opposition parlementaire à l'arrêt Perruche, s'est manifestée lors de la lecture du projet de loi relatif à l'IVG et à la contraception. Le 22 mai 2001 une proposition de résolution a été déposée à l'Assemblée nationale, visant à créer une commission d'enquête sur la situation des personnes handicapées en France. Enfin une proposition de loi a été déposée par J-F. Mattéi, J-L. Debré et P. Douste-Blazy relative à la solidarité nationale et à l'indemnisation des handicaps congénitaux le 3 décembre 2001. L'exposé des motifs en invoquant, l'hostilité de la majorité de la doctrine et l'avis contraire du CCNE à l'encontre de l'arrêt, énonce que le législateur doit réformer cette jurisprudence car « la jurisprudence Perruche présente deux anomalies de droit : en reconnaissant un lien entre la faute et le handicap, et en réparant un préjudice qui n'est pas indemnisable. » « Comme le CCNE dans son avis du 29 mai nous appelons à une mise en œuvre du devoir de solidarité de la société ». Enfin, le gouvernement a mis sa pierre de touche en déposant un amendement gouvernemental.

[1777] P. Benkimoun, « Le malaise croissant des spécialistes de l'échographie fœtale », *Le Monde,* 8-9 juil. 2001, p. 9 ; C. Charbonneau, « Etats généraux des échographes et loi « anti-Perruche » », *LPA*, 7 janv. 2002, n°5, p. 4.

[1778] *Le Monde*, 2 déc. 2000, Cent familles dénoncent l'arrêt Perruche et poursuivent l'Etat.

admettre la réparation et l'indemnisation de l'enfant du fait de son handicap, conduit à reconnaître implicitement le préjudice d'être né car le seul moyen d'éviter la survenance du handicap consistait à pratiquer l'avortement.

934. A l'égard de cet arrêt, le CCNE s'est comporté en juge des juges. En quelque sorte, saisi en appel de cette décision juridictionnelle, le CCNE a dénoncé l'amalgame opéré entre le principe de solidarité, c'est-à-dire l'aide à apporter aux personnes handicapées qui incombe à la collectivité, et l'analyse juridique d'éventuelles actions en responsabilité. Il a condamné ainsi la position de la Cour de cassation sur la base de la même argumentation que l'Avocat général près la Cour de cassation[1779]. En effet, ce dernier a insisté dans ses conclusions sur la nécessité de distinguer ce qui relève de la solidarité nationale et de la responsabilité civile : car « allouer aux parents les ressources d'une solidarité nationale plus généreuse ne relève pas de la compétence du juge ».

Suivant toujours les conclusions de l'Avocat général Sainte-Rose, le CCNE a dénié l'existence d'un lien de causalité entre la faute professionnelle et le handicap. En outre, le CCNE s'est opposé à reconnaître le droit à réparation de l'enfant dans la mesure où cela équivaut à reconnaître un droit à ne pas naître handicapé. Sur ce point, il rejoint encore la position de l'avocat général qui dénonçait les conséquences d'une telle réparation, car elle induit la reconnaissance implicite d'un droit à ne pas naître anormal, qui risque de conduire au développement d'un eugénisme.

Finalement, pour le CCNE « la reconnaissance d'un droit de l'enfant à ne pas naître dans certaines conditions apparaîtrait hautement discutable sur le plan du droit, inutile pour assurer l'avenir matériel des personnes souffrant de handicaps congénitaux et redoutable sur le plan éthique », d'autant qu'il ferait peser une pression normative d'essence eugénique.

935. Le CCNE s'est comporté à l'égard de cet arrêt comme une autorité de doctrine puisqu'il s'est livré à une analyse et à une critique juridique de l'arrêt, à la différence qu'il a été saisi à cette fin par une autorité gouvernementale. Contrairement à la Cour de cassation, le comité a conclu à l'absence de lien de causalité et au caractère non

---

[1779] J. Sainte-Rose, « La réparation du préjudice de l'enfant empêché de ne pas naître handicapé. Conclusions orales prises dans l'affaire P… », *D.*, 2001, p. 316.

indemnisable du préjudice de vie. Mais l'ensemble de la doctrine n'est pas unanime au sujet d'une telle analyse de l'arrêt[1780].

936. Face aux vives réactions suscitées par l'arrêt, la Cour de cassation a justifié et donc maintenu sa position dans son rapport annuel[1781]. Elle a fondé sa solution sur la volonté d'assurer le respect effectif, et pas seulement théorique de la personne, en reconnaissant l'enfant handicapé en tant que sujet de droit autonome ayant capacité à bénéficier d'une indemnisation lui permettant, « de vivre dans des conditions conformes à la dignité humaine malgré ce handicap ». Elle précise qu'elle n'a pas opté pour le versement d'un capital moins protecteur de l'intérêt de l'enfant en raison des aléas auxquels peut être sujet le versement du capital. Et, si l'on appréhende l'arrêt Perruche dans une perspective de droit comparé, l'arrêt n'apparaît « ni novateur, ni dangereux comme ces critiques pourraient vous le faire croire »[1782] si l'on considère que les juges ont entendu réparer les conséquences économiques résultant des graves altérations corporelles et non la vie elle-même. En effet, en *common law*, les *special damages* sont alloués pour satisfaire aux soins nécessités par l'état de l'enfant handicapé[1783].

β- L'articulation complexe des normes

937. La question de l'indemnisation de la personne née handicapée offre un exemple du type de complexité qui résulte de l'enchevêtrement des normes en biomédecine dans la mesure où cette question a suscité l'articulation de règles jurisprudentielles, éthiques et législatives. Sur cette question, on dispose d'une part d'une jurisprudence divergente entre la Haute juridiction de l'ordre judiciaire et la Haute

---

[1780] M. Gobert, « La Cour de cassation méritait-elle le pilori ? », *LPA*, 8 déc. 2000, p. 7 ; G. Viney, « Brèves remarques à propos d'un arrêt qui affecte l'image de la justice dans l'opinion, Cass. ass. plén., 17 nov. 2000 », *JCP*, 2001-I, 286 ; P-Y. Gautier, « Les distances du juge à propos d'un débat éthique sur la responsabilité civile », *JCP*, 2001-I, 287 ; note P. Jourdain, *D.*, 2001, p. 336 ; C. Apostolidis, « Lire l'arrêt de la Cour de cassation du 17 novembre 2000 (Affaire Nicolas perruche) », *RRJ*, 2001-4, p. 2047.

[1781] Cour de cassation, *Rapport 2000*, La protection de la personne, Paris, La doc. fr., 2001, p. 389.

[1782] B. Markesinis, « Réflexions d'un comparatiste anglais sur et à partir de l'arrêt Perruche », *RTDC*, 2001, p. 86.

[1783] G. Demme, R. Lorentz, « Responsabilité civile et naissance d'un enfant. Aperçu comparatif », *RIDC*, 2005, p. 132.

juridiction de l'ordre administratif[1784]. D'autre part, la réaction engendrée par la décision de la Cour de cassation ajoute à la complexité, car, se sont prononcés successivement sur cette question, le CCNE puis le législateur.

938. La conséquence d'une telle imbrication génère une confusion des rôles. Ainsi, le CCNE est perçu comme une méta-Cour de cassation[1785], bien qu'il soit dépourvu de compétence juridictionnelle. Pourtant, certains se sont étonnés de voir la Cour confirmer sa jurisprudence malgré l'avis contraire du CCNE[1786]. Et en ce qui concerne l'office du juge, certains considèrent dans l'affaire Perruche que placé face à un problème de société, le juge s'est comporté en législateur[1787]. Or il ne relève pas de l'office du juge de définir la politique sociale de la nation à l'égard des personnes handicapées[1788].

939. Cette question présente un attrait particulier en ce qui concerne les rapports entre le juge et le législateur. La réaction parlementaire à l'égard de l'arrêt Perruche a été virulente, il était question « d'enterrer » la jurisprudence Perruche et le texte proposé pour renverser la jurisprudence a été présenté comme le texte « anti-Perruche »[1789].

Au cours de la discussion de la proposition de loi « anti-Perruche » relative à la solidarité nationale et à l'indemnisation des handicaps congénitaux, il ressort des débats l'idée d'une obligation de légiférer afin de briser la jurisprudence. Le législateur manifeste la volonté de recouvrer sa compétence usurpée par le juge. A cet effet, les propos émanant des parlementaires sont éclairants : « nous devons légiférer », « il est sain que la représentation nationale débatte à nouveau de ce sujet, même s'il est peu courant que le Parlement soit appelé à

[1784] CE, 14 fév. 1997, Rec. p. 44, Cl. V. Pecresse, *RFDA*, 1997, p. 374 ; S. Carpi, « Regards sur la causalité (à propos de l'arrêt Quarez du Conseil d'Etat et de l'arrêt Perruche de la Cour de cassation) », *LPA*, n°114, juin 2001, p. 12.

[1785] O. Cayla et Y. Thomas, *Du droit de ne pas naître. A propos de l'affaire Perruche*, *op. cit.*, p. 10.

[1786] *Cf.* discussion de la proposition de loi relative à la solidarité nationale et à l'indemnisation des handicapés congénitaux , Assemblée nationale, séance du 13 décembre 2001, http://www.assemblee-nationale.fr/cra/2001-2002/2001121309.asp.

[1787] G. Bolard et S. Guinchard, « Office du juge. Le juge dans la cité », *JCP,* 2002-I, 137.

[1788] *Cf.* discussion de la proposition de loi relative à la solidarité nationale et à l'indemnisation des handicapés congénitaux, *op. cit.*

[1789] A. Sériaux, « Jurisprudence Perruche : une proposition de loi ambiguë », *D.,* 2002, p. 579.

donner des leçons à la plus haute juridiction de l'ordre judiciaire », « il ne saurait être question de laisser la Cour de cassation « faire la loi » c'est-à-dire se substituer au législateur, dans un domaine aussi sensible, qui interroge le devenir de l'humanité donc le politique »[1790].

940. Le texte final intitulé solidarité envers les personnes handicapées, a été intégré dans la loi du 4 mars 2002 relative aux droits des malades. La loi consacre à son article 1 que :

« I- Nul ne peut se prévaloir d'un préjudice du seul fait de sa naissance.

La personne née avec un handicap dû à une faute médicale peut obtenir la réparation de son préjudice lorsque l'acte fautif a provoqué directement le handicap ou l'a aggravé, ou n'a pas permis de prendre les mesures susceptibles de l'atténuer.

Lorsque la responsabilité d'un professionnel ou d'un établissement de santé est engagée vis à vis des parents d'un enfant né avec un handicap non décelé pendant la grossesse à la suite d'une faute caractérisée, les parents peuvent demander une indemnité au titre de leur seul préjudice. Ce préjudice ne saurait inclure les charges particulières découlant, tout au long de la vie de l'enfant, de ce handicap. La compensation de ce dernier relève de la solidarité nationale. Les dispositions du présent I sont applicables aux instances en cours, à l'exception de celles où il a été irrévocablement statué sur le principe de l'indemnisation.

II- Toute personne handicapée a droit, quelle que soit la cause de sa déficience, à la solidarité de l'ensemble de la collectivité nationale. III… ».

Or l'efficacité et la clarté de ces dispositions adoptées pour contrer la jurisprudence Perruche sont mises en doute[1791]. L'action en responsabilité contractuelle est conditionnée par l'existence d'une faute caractérisée. Toutefois, en l'absence de définition fournie par le législateur de la notion de faute caractérisée, c'est au juge qu'il reviendra d'en apprécier les contours. Par conséquent, le législateur s'en remet *in fine* à l'appréciation casuistique du juge[1792]. Ce dernier a d'ailleurs été

[1790] *Cf.* discussion de la proposition de loi relative à la solidarité nationale et à l'indemnisation des handicapés congénitaux, Assemblée nationale, séance du 13 décembre 2001.

[1791] C. Charbonneau, « Commentaire de la loi du 4 mars 2002 relative aux droits des malades », *LPA*, n°52, mars 2002, p. 5.

[1792] *Cf.* Cl. D. Chauvaux sur CE, 19 fév. 2003, M et Mme Maurice, *RFDA*, 2003, p. 424.

saisi de l'inconventionnalité de la loi[1793], le Conseil d'Etat a été saisi pour avis de cette question ; à cette occasion, il a jugé la loi compatible avec le droit international alors que la rétroactivité du dispositif anti-Perruche était discutable[1794].

941. La réaction législative suscitée par l'arrêt Perruche rappelle que le pouvoir d'interprétation du juge reste sous le contrôle du législateur à qui il est loisible de désavouer une jurisprudence. La hiérarchisation des rapports entre le pouvoir législatif et le pouvoir judiciaire est historiquement ancrée. « Un des traits les plus durables du droit français depuis la révolution est la subordination rigoureuse du pouvoir judiciaire au pouvoir législatif » [1795]. Le primat de la loi sur la jurisprudence tient à la volonté de garantir la sécurité des citoyens face à l'arbitraire judiciaire. Cette conception hiérarchique des rapports est liée à la doctrine de la séparation des pouvoirs qui accorde au pouvoir législatif l'élaboration des règles de droit, et au pouvoir judiciaire l'application des règles de droit. Le Parlement remplit la mission politique de faire des lois, et le juge la mission juridictionnelle d'à appliquer la loi. En vertu du principe de séparation des pouvoirs, le juge n'a ni compétence ni rôle politiques. La conception légaliste du droit en France confère une prééminence à la loi écrite dans la hiérarchie des sources du droit, alors que le débat est inépuisé sur la question de savoir si la jurisprudence constitue même une source du droit[1796]. En droit français, la jurisprudence ne compte pas parmi les sources formelles du droit. Le juge français est lié par la loi, il doit appliquer le droit, non le créer[1797]. Cette conception est contestée par la théorie réaliste de l'interprétation qui considère que « le véritable législateur n'est pas l'auteur du texte, c'est l'interprète »[1798]. C'est le juge en tant qu'interprète qui donne sa signification au texte.

942. En pratique, le juge dispose d'un pouvoir prétorien, de ce fait il participe à l'élaboration du droit. La jurisprudence peut se révéler à

[1793] M-E. Boursier, « La revanche de la jurisprudence Perruche ou l'inconventionnalité de la loi Anti-Perruche ? », *LPA*, n°108, 30 mai 2002, p. 4.
[1794] CE, ass., avis du 6 déc. 2002, M et Mme Draon, note J. Petit, *RFDA*, 2003, p. 339.
[1795] P. Raynaud, « La loi et la jurisprudence, des Lumières à la Révolution française », *APD*, t. 30, La jurisprudence, p. 61.
[1796] P. Esmein, « La jurisprudence et la loi », *RTDC*, 1952, p. 17.
[1797] G. Cornu, *Droit civil. Introduction. Les personnes*, *op. cit.*, n°440.
[1798] M. Troper, *Pour une théorie juridique de l'Etat*, Paris, PUF, Léviathan, 1994, p. 334.

la fois le complément et le rival de la loi[1799], sachant que « l'opposition du législateur et de la jurisprudence constitue un phénomène inévitable de formation du droit »[1800]. Une loi est ainsi susceptible de combattre une jurisprudence ; pour identifier un tel combat, il faut une réaction législative rapide et qu'elle opère un renversement immédiat de la règle jurisprudentielle. En l'espèce, le législateur a réagi avec promptitude et loi précise qu'elle s'applique aux instances en cours.

Cette disposition dote la loi d'un effet rétroactif, que certains jugent aussi imprévisible que le serait un revirement de jurisprudence. L'application immédiate de la loi aux instances en cours constitue une exception au principe de non-rétroactivité des lois, principe consacré à l'article 2 du Code civil « la loi ne dispose que pour l'avenir ; elle n'a point d'effet rétroactif ». Cette exception est admise sous réserve de la protection des situations acquises, la portée rétroactive d'une loi est limitée par le respect des décisions de justice passées en force de chose jugée[1801]. A cet égard, la loi relative aux droits des malades précise qu'elle ne remet pas en cause les cas où il a été irrévocablement statué sur le principe de l'indemnisation. Toutefois, les dispositions relatives à l'application de la loi dans le temps, ont en l'espèce manqué de clarté, puisque le Conseil d'Etat a été saisi pour avis de cette question. Le Conseil d'Etat s'est prononcé en faveur de l'entrée en vigueur immédiate de la loi et a admis l'effet rétroactif des nouvelles règles de responsabilité applicables aux instances en cours[1802].

Ce mode d'intervention du législateur, qui vient corriger la jurisprudence est une caractéristique de *common law*, système dans lequel le droit est essentiellement jurisprudentiel, et l'intervention législative limitée. En *common law*, le Parlement intervient pour pallier l'inconvénient lié à l'obligation de se conformer strictement à des précédents ; il peut ainsi modifier une règle jurisprudentielle qui conduirait à une solution inique[1803].

943. Dans les hypothèses où les comités sont saisis par des autorités politiques pour se prononcer sur des actes juridiques en cours

---

1799 P. Malaurie, « La jurisprudence combattue par la loi », in *Mélanges offerts à René Savatier*, Paris, Dalloz, 1965, p. 603.

1800 *Ibid.*

1801 DC 86-223 DC du 29 déc. 1986, rec. p. 184, note L. Favoreu, *RDP*, 1989, p. 399.

1802 CE, ass., avis du 6 déc. 2002, M et Mme Draon, *RFDA*, 2003, note J. Petit « Sur l'entrée en vigueur immédiate de la loi », p. 339.

1803 C. Perelman, « Ontologie juridique et sources du droit », *APD*, t. 27, Sources du droit, 1982, p. 23.

d'élaboration ou après leur adoption, ils sont officiellement investis d'une compétence pour se prononcer en droit. Ils se voient déléguer une compétence normative dans le domaine juridique et non plus para-juridique. Par le truchement de ces saisines, les comités se joignent aux sources du droit. Or avaliser cette fonction pose un sérieux problème au regard du mode de formation du droit, car l'élaboration de la loi sort des enceintes parlementaires. Ce phénomène n'est pas propre à la biomédecine, la doctrine met en évidence la multiplication « des entrepreneurs législatifs »[1804], ce qui jette la suspicion sur l'auteur réel de la norme. La norme juridique au lieu de défendre l'intérêt général dégagé par la volonté générale, risque de s'orienter vers la défense d'intérêts particuliers.

2- La consultation par le juge

944. Le succès de la méthode consultative ne se perçoit pas seulement auprès des autorités politiques mais aussi auprès des tribunaux. Ces derniers recourent à de nouvelles formes de consultation, familières dans les pays de *common law* mais non prévues par le Nouveau Code de Procédure Civile en France. Toutefois, le recours à ces procédés reste modeste.

Grâce à la consultation, il semble que le juge cherche plus à légitimer sa prise de décision qu'à recueillir des informations susceptibles d'aider à la prise de décision. Le recours aux procédures consultatives correspond en fait à l'accroissement des pouvoirs du juge, qui ne s'avère pas toujours prêt à les assumer.

a- La technique de l'*amicus curiae*

945. L'expression *amicus curiae*, est employée en droit anglais pour désigner la qualité de consultant extraordinaire et d'informateur bénévole. La juridiction saisie invite une personnalité à venir à l'audience afin de fournir, en présence de tous les intéressés, son opinion susceptible de porter sur des questions de droit ou de fait, qui ne lie pas le juge[1805].

L'usage de l'*amicus curiae,* dont le fondement est jurisprudentiel, est récent en droit français, puisqu'il a été utilisé pour la première fois et l'unique fois par la Cour de cassation à l'occasion de l'arrêt rendu sur la

---

[1804] D. Rousseau, « De la démocratie continue », in *La démocratie continue*, D. Rousseau (sd.), Paris, LGDJ, coll. La pensée juridique moderne, 1995, p. 5.
[1805] G. Cornu, *Vocabulaire juridique*, *op. cit.*

maternité de substitution[1806]. Le fait que le Président du CCNE ait été entendu auprès de la Cour de cassation, est d'autant plus symbolique. Cette technique est pratiquée de longue date dans les pays de *common law* où l'*amicus* est consulté le plus souvent en qualité de représentant soit de l'administration, d'associations et de groupes de pression[1807]. Elle a aussi été adoptée par la Cour européenne des droits de l'homme qui entend à ce titre des ONG. La technique a eu un retentissement important au niveau international lors du litige opposant les laboratoires pharmaceutiques au gouvernement Sud africain au sujet de la fabrication de médicaments contre le SIDA. L'intervention d'une association reconnue de lutte contre le SIDA a permis le retrait des plaintes des laboratoires et l'instauration d'un compromis[1808].

946. En France, le statut juridique de l'*amicus curiae* a été défini de manière négative par la jurisprudence, il « n'est ni un témoin, ni un expert, n'est pas soumis aux règles du nouveau code de procédure civile ». En outre la jurisprudence précise que la « cour dans sa recherche d'éléments d'information et de conviction, est libre d'organiser cette recherche suivant la démarche qu'elle souhaite et suivant des modalités qui n'ont pas à lui être dictées »[1809], sous réserve que l'audition respecte le principe du contradictoire et les droits de la défense. L'*amicus* est invité pour fournir toutes les observations ou informations propres à éclairer les juges dans leur recherche d'une solution au litige[1810]. L'ami de la Cour est une personne choisie, pour sa compétence technique et sa notoriété, à qui est impartie une mission d'information, le juge n'étant pas lié par l'opinion émise. L'*amicus* est invité à éclairer le juge soit sur une question de droit, soit sur une question de fait complexe. Etant donné la complexité croissante du droit et l'interaction des questions juridiques, scientifiques, et éthiques, elle semble vouée à se développer.

L'accueil par la doctrine de ce nouveau procédé est partagé entre ceux qui le conçoivent comme un progrès dans l'oralité des débats et le

---

[1806] Cass. ass. plén., 31 mai 1991, *JCP*, 1991-II, 21752, communication J. Bernard, Cl. H. Dontenwille, note F. Terré ; *D.*, 1991, p. 417, rapp. Y. Chartier, note D. Thouvenin.
[1807] D. Mazeaud, « L'expertise de droit à travers l'amicus curiae », in *L'expertise*, M-A. Frison-Roche et D. Mazeaud (sd.), Paris, Dalloz, coll. Thèmes et commentaires, 1995, p. 109.
[1808] Y. Laurin, « La consultation par la Cour de cassation de « personnes qualifiées » et la notion d'amicus curiae », *JCP*, AR, 2001, p. 1709.
[1809] CA Paris, 21 juin et 6 juil. 1988, *Gaz. Pal.* 1988, 2, p. 699 ; *D.*, 1989, p. 341, note Y. Laurin.
[1810] *Ibid.*

caractère contradictoire[1811], et ceux qui y voient une échappatoire pour le juge susceptible d'y trouver un moyen de se dessaisir de questions brûlantes[1812], tout en lui permettant d'asseoir la crédibilité et la légitimité de sa décision. Le Premier Président Drai de la Cour de cassation, lors de la rentrée solennelle de la Cour en 1989, s'est prononcé en faveur de cette procédure « pour enrichir les débats qui se déroulent devant elle, les faire porter au niveau qui doit être le leur, en raison de leur technicité ou de leur spécificité, la Cour de cassation se doit de les ouvrir aux apports de l'extérieur dès lors que les compétences sollicitées sont incontestables et de haute valeur morale et humaine »[1813]. En s'ouvrant aux *amici curiae*, la Cour fait preuve de réalisme car elle prend en compte les intérêts en présence, à condition d'assurer la diversité des points de vue en consultant plusieurs amis de la Cour[1814]. L'abus redouté du recours au procédé, n'a pas eu lieu, il a été utilisé trois fois par des Cours d'appel[1815] et une fois par la Cour de cassation.

947. Le recours à l'*amicus curiae* par la Cour de cassation, à savoir l'audition du professeur Jean Bernard, président du CCNE a soulevé un problème de légitimité. Une première question s'est posée, était-il invité en qualité d'autorité éminente du monde médical ou en qualité de président du CCNE. La pratique de la maternité de substitution ne présentant pas de complexité technique, la légitimité de son intervention reposait davantage sur sa qualité de président du CCNE. Comme il l'a remarqué au début de son intervention « au delà de ma modeste personne, c'est tout le comité consultatif national d'éthique qui est honoré »[1816], sachant que le comité s'était déjà prononcé sur la question en 1984 dans un avis où il condamnait le recours à cette pratique. Le Professeur Jean Bernard a précisé à l'audience qu'il ne placerait pas son intervention sur le terrain du droit, et qu'il informerait seulement sur la biologie, la médecine et la bioéthique, alors que le comité avait adopté une position juridique dans son avis.

[1811] Y. Laurin, « L'amicus curiae », *JCP*, 1992-I, 3603.
[1812] R. Perrot, « Procédure de l'instance », *RTDC*, 1989, p. 138.
[1813] Cité par D. Mazeaud, *op. cit.*, p. 112.
[1814] R. Encinas de Munagorri, « L'ouverture de la Cour de cassation aux amici curiae », *RTDC*, 2005, p. 88.
[1815] CA Paris, 21 juin et 6 juil. 1988, op. cit. ; CA Paris, 16 oct. 1992, *D.*, 1993, p. 172, consultation du Professeur Montagnier pour apprécier le lien de causalité entre une transfusion sanguine pratiquée en 1971 et la contamination par le virus du SIDA.
[1816] Communication du Professeur Jean Bernard, Président du CCNE, *JCP*, 1991-II, 21752.

L'emploi de l'*amicus curiae*, à cette occasion, peut être jugé superfétatoire car il n'a éclairé le juge ni sur une question de fait ni sur une question de droit. D'une part, la Cour de cassation n'avait pas à apprécier les faits, sa compétence étant circonscrite à l'interprétation de la règle de droit[1817]. D'autre part, sur le plan juridique, la question ne nécessitait pas d'informations, ni d'éclaircissements particuliers. D'aucuns jugent par ailleurs l'idée de consultation en droit difficilement concevable devant la Cour de cassation, sauf démission de sa part, car elle est chargée de dire le droit[1818].

La maternité de substitution ne présentait aucune complexité médicale ou juridique, la première chambre civile ayant déjà condamné cette pratique[1819]. Et sur le plan éthique, l'avis du comité était connu. Dès lors, le recours à l'*amicus curiae* apparaît seulement comme une procédure susceptible d'offrir une caution éthique et scientifique au jugement[1820], « une caution de poids »[1821], caution d'autant plus recherchée que les juges devaient se prononcer dans le silence de la loi, sur une question très médiatisée et faisant l'objet de différentes opinions. Le procédé de l'*amicus curiae* véhiculait une double signification : la prise de conscience d'un problème de société, et l'ouverture de la Cour sur le monde[1822].

En l'espèce, la procédure a servi un objectif qui ne visait pas tant à optimiser l'information de la Cour qu'à légitimer son jugement.

b- Une procédure de consultation atypique

948. De manière inédite, le conseiller rapporteur Pierre Sargos[1823], et l'Avocat général près la Cour de cassation Jerry Sainte-Rose[1824], en accord avec Maître de la Varde, avocat de la demanderesse

---

[1817] M. Gobert, « Réflexions sur les sources du droit et les « principes » d'indisponibilité du corps humain et de l'état des personnes », *RTDC*, 1991, p. 489 ; F. Terré, *op. cit.*

[1818] F. Terré, *op. cit.*

[1819] Cass., 1ère ch. civ., 13 déc. 1989, Bull. civ. I, n°387, p. 260 ; *JCP*, 1990-II, 21526, note A. Sériaux ; *D.*, 1990, rapp. J. Massip, p. 273.

[1820] D. Mazeaud, *op. cit.*

[1821] M. Gobert, « Réflexions sur les sources du droit et les « principes » d'indisponibilité du corps humain et de l'état des personnes », *op. cit.*

[1822] J. Michaud, « Justice et grands débats de société », in *Mélanges offerts à Pierre Drai, Le juge entre deux millénaires*, Paris, Dalloz, 2000, p. 633.

[1823] Cass. ass. plén., 29 juin 2001, Rapport de Pierre Sargos, *JCP*, 2001-II, 10569.

[1824] Cass. ass. plén., 29 juin 2001, Cl. de J. Sainte-Rose, *JCP*, 2001-II, 10569.

au pourvoi, ont procédé à une consultation sans précédent, au stade de l'instruction du pourvoi[1825].

Le litige portait sur la question de savoir si l'enfant à naître peut être victime d'un homicide involontaire ce qui renvoie à la problématique de la définition de la personne humaine, qui se trouve au confluent de paramètres juridiques, éthiques, philosophiques, sociologiques et médicaux. Pour faire face à cette question d'ordre substantiel, résolue ni par le législateur ni par le juge constitutionnel, et en raison de l'indétermination du droit pénal en la matière, une procédure atypique a été mise en œuvre en l'espèce, destinée à légitimer la compétence du juge à trancher cette question controversée.

Le recours à une procédure consultative apparaît lors de questions particulièrement controversées, ainsi l'*amicus curiae* qui s'apparente à la procédure inaugurée en l'espèce, était destiné à légitimer la solution adoptée par la Cour de cassation dans l'affaire relative à la maternité de substitution. En l'espèce, la procédure mise en œuvre remplit aussi une fonction de légitimation face à une question très disputée.

La consultation de personnes qualifiées rappelle la procédure de l'*amicus curiae*[1826] mais elle en diffère dans la mesure où la consultation de l'*amicus curiae* se déroule lors de l'audience. Ici, la consultation poursuit le même objectif d'information mais au stade de l'instruction du pourvoi.

949. Interrogée sur la notion de viabilité, l'Académie de médecine a rendu un rapport dans lequel elle détermine à quel moment le stade fœtal succède au stade embryonnaire, et dans lequel elle répond à la question de savoir s'il existe une définition généralement admise du fœtus viable, et en ce cas à partir de quel moment le fœtus peut être considéré comme viable. Enfin elle examine si la notion de viabilité est susceptible d'évoluer en fonction des progrès et des techniques médicales. En revanche, le Comité consultatif national d'éthique questionné sur certains aspects du pourvoi par Maître de la Varde, ne s'est pas prononcé. Le président du CCNE a fait connaître son intérêt pour le débat mais a précisé qu'il « n'appartient pas au comité de se substituer à quelque juridiction que ce soit ni même d'interférer dans un

[1825] Cette procédure a été utilisée à nouveau lors de quatre pourvois ayant donné lieu aux arrêts de la chambre mixte du 23 nov. 2004 concernant la qualification des contrats dits de placement ou d'épargne-assurance, Ch. Mixte, 23 nov. 2004, *D.*, IR, 2004, p. 3191, note R. Encinas de Munagorri, *RTDC*, 2005, p. 88.

[1826] Y. Laurin, « L'amicus curiae », *JCP*, 1992-I, 3603.

débat judiciaire, directement ou indirectement »[1827]. Parmi les personnalités qualifiées saisies d'une demande d'avis, Mme Mireille Delmas-Marty, Mme Danielle Mayer se sont prononcées contre l'incrimination d'homicide involontaire à la vie humaine en formation. Mr. Jean Michaud et le Doyen Carbonnier ont donné une réponse plus elliptique. Mr. Michaud a relevé que « les textes ne font pas nécessairement obstacle à une avancée jurisprudentielle qui révèlerait en la circonstance la possibilité de démarches parallèles de l'éthique et du droit »[1828]. Pour le Doyen Carbonnier, « la solution peut être et doit être trouvée dans la loi pénale elle même, l'article 221-6 et sa rubrique, avec une clef, la notion de vie ». La légitimité même de la procédure consultative n'a pas été contestée, mais le choix des personnes consultées a été critiqué[1829].

950. Le recours à ce type de consultation révèle le problème de la compétence du juge dans l'Etat de droit. Revient-il légitimement à la fonction du juge de trancher des questions aussi graves que de déterminer le point départ où la vie devient juridiquement protégeable[1830], alors que le législateur et le Conseil constitutionnel se sont gardés de définir un statut de l'enfant à naître. Toutefois, le Conseil constitutionnel a considéré que la vie est protégée dès son commencement ce qui aurait pu être pris en compte dans la solution retenue. Par ailleurs, le litige est apparu dans un contexte où le législateur débattait d'une nouvelle libéralisation de l'interruption volontaire de grossesse, ce qui a donné un enjeu politique à la question[1831].

Le refus du juge de s'ériger en quasi-législateur explique la solution au fond. En recourant au principe de l'interprétation stricte de la loi pénale et en invoquant pour le régime juridique de l'enfant à naître des textes particuliers sur l'embryon ou le fœtus, non seulement la Cour évite de trancher le débat relatif au statut de l'enfant à naître, mais aussi,

---

[1827] Rapport de Pierre Sargos, *JCP*, 2001-II, 10569.
[1828] *Ibid.*, p. 1443
[1829] Note M-L. Rassat, *JCP*, 2001-II, 10569, « Consultation de 4 représentants de la doctrine choisis parmi ceux qui n'avaient pas écrit sur le sujet ce qui est une méthode curieuse (qui ne saurait remettre en cause naturellement l'autorité personnelle et scientifique éminente des personnes concernées) ».
[1830] Rapport de Pierre Sargos, *op. cit.*
[1831] Note Y. Mayaud sous Cass ass. plén. 29 juin 2001, *D.*, 2001, p. 2917. L'auteur relève le lien qui a été établi à tort entre le fait de sanctionner les atteintes à la vie du fœtus et revenir sur les acquis de la législation relative à l'IVG.

sans doute, invite t-elle le législateur à faire face à ses responsabilités[1832]. Il appartient certes au législateur de répondre à cette question notamment d'ordre politique. Toutefois, en l'espèce, sans se substituer au législateur, le juge aurait pu protéger l'enfant à naître au titre d'autrui sans s'engager explicitement sur une qualification juridique de l'embryon[1833] en le faisant bénéficier de la protection constitutionnelle qui lui est reconnue au titre de la dignité de la personne humaine[1834]. Pour contrecarrer cette jurisprudence, l'amendement Garraud adopté par l'Assemblée Nationale, le 27 novembre 2003, dans le cadre du projet de loi portant adaptation de la justice aux évolutions de la criminalité, prévoyait de créer un délit non intentionnel consistant pour une personne d'avoir interrompu par « maladresse, imprudence, inattention négligence ou manquement à une obligation de sécurité ou de prudence prévue par la loi ou le règlement » la grossesse d'une femme. Or, l'adoption de cet amendement a soulevé de telles polémiques que le Sénat l'a supprimé le 23 janvier 2004.

951. La démarche consultative, qu'il s'agisse de *l'amicus curiae* ou de la procédure mise en œuvre en l'espèce, traduit dans les deux cas, le malaise du juge à trancher certaines questions d'ordre substantiel. Force est de constater que dans ces deux hypothèses, l'initiative procédurale apparaît face à des questions éthiques épineuses, au confluent d'enjeux juridiques, scientifiques, et sociaux.

952. Par l'intermédiaire de la procédure consultative, le droit est susceptible d'appréhender la normativité éthique, sachant que la consultation n'induit pas nécessairement la réception des normes éthiques en droit. Les autorités consultantes conservent leur liberté d'appréciation puisqu'elles sollicitent des avis consultatifs non des avis conformes, même si, de fait leur marge de manœuvre peut s'avérer plus théorique que réelle. En même temps, la consultation a pour effet d'intégrer officiellement les comités d'éthique dans l'élaboration du droit. Ils entrent par la volonté et la reconnaissance des autorités politiques dans l'univers de la décision juridique.

[1832] D. Vigneau, « Selon la Cour de cassation, l'homicide d'un enfant à naître, même viable, n'en est pas un ! », *Droit de la famille*, oct. 2001, p. 4 ; J. Pradel, « La seconde mort de l'enfant conçu (à propos de l'arrêt d'Assemblée plénière du 29 juin 2001) », *D.*, 2001, p. 2907.

[1833] S. Monnier, « Le principe d'interprétation stricte de la loi pénale, prétexte à un refus de mettre en œuvre l'exigence constitutionnelle de protection de l'embryon humain », *GP*, 28-30 juillet 2002, n°209, p. 9.

[1834] *Ibid.*

La technique de la consultation présente l'avantage de la transparence, elle rend possible d'évaluer l'influence de l'éthique sur le droit.

B/ La réception des normes éthiques et déontologiques dans l'ordre juridique

953. La procédure de consultation témoigne d'un intérêt croissant et semble t-il incontournable, de l'ordre juridique à l'égard des normes éthiques, mais elle ne rend pas compte de leur pénétration dans l'ordre juridique. C'est pourquoi, il convient d'apprécier les modalités de réception des normes éthiques et déontologiques dans l'ordre juridique.

954. La reconnaissance par l'ordre juridique des normes émanant d'autres systèmes normatifs s'opère de manière plus ou moins transparente dans la mesure où l'incidence des systèmes parallèles est reconnue soit de manière directe soit de manière indirecte par l'ordre étatique. Si l'influence des normes éthiques reste majoritairement latente, la réception des normes déontologiques s'affirme plus ouvertement. Il y a une différence de traitement entre ces deux types de norme. La différence d'intégration s'explique sans doute par le fait que l'une des autorités, l'Ordre des médecins a reçu sa compétence normative d'une habilitation étatique, alors que ce n'est pas le cas du CCNE. Si le droit fait appel ouvertement aux comités dans le cadre de la consultation, il hésite à intégrer l'éthique dans le juridique. La réception se devine, elle s'opère par la médiation, elle apparaît en tant que source d'inspiration.

1- L'intégration des normes éthiques

955. La réception des normes éthiques transparaît de l'étude des décisions jurisprudentielles et des discours tenus par les autorités politiques. Par le truchement d'informations indirectes, on perçoit en filigrane la prise en compte de la norme éthique. Plus rarement, il arrive de trouver une référence et une intégration explicites de la norme éthique dans l'ordre juridique.

a- L'intégration diffuse des normes éthiques

956. Matériellement, la norme éthique pénètre la sphère juridique en tant qu'elle inspire la décision du juge ou des autorités politiques.

α- Une source d'inspiration du juge

957. Les avis des comités d'éthique sont susceptibles de constituer une source d'inspiration pour le juge. Leur influence indirecte sur les décisions jurisprudentielles se dessine au travers des conclusions des avocats généraux, des commissaires du gouvernement ou des rapports des conseillers à la Cour, lesquels se réfèrent aux avis des comités. Les juridictions administratives et judiciaires de même que les juridictions européennes sont ainsi susceptibles d'intégrer des normes éthiques.

958. Lorsque le Conseil d'Etat a été saisi d'un contentieux portant sur la licéité de l'objet d'une association relative à la maternité de substitution[1835], le commissaire du gouvernement a relevé parmi les éléments susceptibles de guider son jugement, l'avis rendu par le CCNE sur la question, à défaut de jurisprudence de l'autorité judiciaire sur la licéité d'une telle activité[1836].

Un autre avis du CCNE a retenu l'attention du Conseil d'Etat. Le Commissaire du gouvernement Kessler, sur l'arrêt Milhaud, s'est référé au comité américain de Harvard[1837], qui a déterminé les critères de la mort cérébrale, et à l'avis du CCNE du 7 novembre 1988 qui a déclaré « la mort cérébrale est la mort de l'individu »[1838], pour trancher la délicate question de savoir si un sujet en état de mort cérébrale est vivant ou mort.

959. En droit civil, l'attention portée par le juge aux avis du comité est identique. L'appréciation de l'état d'un patient s'est trouvée, comme pour l'affaire Milhaud, au centre d'une décision de la Cour de cassation[1839], à l'occasion d'un litige portant sur la réparation du préjudice personnel d'une victime d'un accident de la circulation. La victime se trouvait en état végétatif chronique, la question portait sur l'indemnisation de cette catégorie de victime. La Cour d'appel avait exclu toute réparation du préjudice personnel au motif que la preuve n'en était pas certaine. A cette occasion, le conseiller à la Cour de cassation,

[1835] CE, 22 janv. 1988, rec., p. 37, note L. Dubouis, *RDSS*, 1988, p. 317.

[1836] R. Denoix de Saint Marc, « Contributions récentes de la jurisprudence du Conseil d'Etat au statut juridique de la personne humaine » in *Mélanges offerts à Pierre Drai, Le juge entre deux millénaires*, Paris, Dalloz, 2000, p. 537.

[1837] *Cf. supra* n°210 et sv.

[1838] CE, Milhaud, 2 juil. 1993, rec. p. 194, Cl. Kessler.

[1839] Cass., civ. 2ème, 22 fév. 1995, *D.*, som., 1995, p. 233, obs. D. Mazeaud.

Jean Michaud, a rappelé la position du CCNE sur les malades en état végétatif chronique « qui ont d'autant plus droit au respect dû à la personne humaine qu'ils se trouvent en état de grande fragilité ». La Cour a pour sa part déclaré que « l'état végétatif d'une personne humaine n'excluant aucun chef d'indemnisation, son préjudice doit être réparé dans tous ses éléments ». Comme l'avait formulé le CCNE[1840], les malades en état végétatif sont des êtres humains, la Cour a donc affirmé leur qualité de personne humaine. Le Conseil d'Etat a confirmé cette solution, « la circonstance qu'un patient se trouve placé dans un état végétatif chronique ne conduit, par elle-même, à exclure aucun chef d'indemnisation ni ne fait obstacle à ce que le préjudice subi par la victime soit réparé en tous ses éléments »[1841]. En raison de la dimension éthique de l'aternative offerte au juge concernant l'étendue du préjudice, le commissaire du gouvernement s'est aussi référé à l'avis du CCNE, « il nous paraît sage de s'inspirer de la position formulée par le comité consultatif national d'éthique le 24 février 1986… »[1842].

960. La prise en compte des avis éthiques se manifeste aussi en droit communautaire, les avis du GEE peuvent servir d'appui à l'argumentation des Avocats généraux près la Cour de justice des Communautés européennes. Lors de l'examen du pourvoi formé contre la Directive relative aux biotechnologies, l'Avocat général a démontré dans ses conclusions que la directive présentait les garanties nécessaires à la protection des droits fondamentaux. Pour fonder la légitimité des dispositions de la Directive en la matière, il a invoqué le fait que la Directive « reflète également les conclusions du groupe européen pour l'éthique et la biotechnologie ». L'avis du GEE a offert à l'Avocat général un argument en faveur de la compatibilité de la Directive avec le respect des droits fondamentaux[1843].

961. Par le truchement des conclusions présentées lors des jugements, les avis des comités peuvent trouver un écho dans la jurisprudence.

[1840] CCNE Avis 7 sur les expérimentations sur des malades en état végétatif chronique.
[1841] CE, 24 nov. 2004, Cl. T. Olson, *AJDA*, 2005, p. 336.
[1842] *Ibid.*, p. 338.
[1843] CJCE, 9 oct. 2001, *op. cit.*, Cl. sur le site htt://curia.eu.int/jurisp.

β- Une source d'inspiration des autorités politiques

962. La référence aux positions éthiques du CCNE irrigue les discours politiques. Dans une communication consacrée à l'éthique biomédicale, trois ministres ont affirmé que « faisant siennes les prescriptions du CCNE, le gouvernement propose... »[1844]. Dans le Courrier de la Chancellerie, le CCNE est présenté comme « source du droit français »[1845]. Symboliquement, le fait d'être cité en tant que référence par des personnes autorisées, contribue à consacrer le comité dans sa fonction d'auteur du droit[1846].

963. Le législateur s'est inspiré des avis du CCNE lors de la préparation des lois du 29 juillet 1994. S'agissant du rapport élaboré par le Conseil d'Etat en 1988, en préparation des lois de bioéthique, Guy Braibant remarque « ce qui est exemplaire dans ce processus, c'est l'interaction permanente entre le Conseil d'Etat et le Comité national d'éthique »[1847]. D'ailleurs, toutes les personnes qui appartenaient simultanément aux deux instances ont été nommées dans le groupe de travail chargé de préparer le rapport. Lors des travaux préparatoires des lois de 1994, Jacques Toubon a rappelé que « Le comité a donné des recommandations dont, chacun le sait nous nous sommes très largement inspirés »[1848]. Yvette Roudy, député, présidente de la commission spéciale sur la bioéthique, a affirmé « nous nous sommes appuyés dans notre réflexion sur les travaux du comité consultatif national d'éthique »[1849]. Le Comité consultatif national d'éthique est l'instance la plus citée dans les débats parlementaires relatifs à l'adoption des lois de 1994[1850].

964. Par ailleurs, les avis du CCNE ont inspiré la révision des lois bioéthiques. Le rapport d'évaluation élaboré par l'OPECST, est le fruit d'une diversité de sources. Il a été inspiré par des sources

---

1844 M. Bachir-Benlahsen, « Lois de sages et sagesse des légistes. L'énonciation du droit en matière de bioéthique (1983-1992) et d'immigration (1987-1993), in *Le droit administratif en mutation*, CURAPP, PUF, 1993, p. 247.

1845 *Ibid.*

1846 *Ibid.*

1847 G. Braibant, « L'éthique et le droit », in *Travaux du Comité consultatif national d'éthique*, D. Sicard (sd.), *op. cit.*, p. 962.

1848 *JO*, 25 nov. 1992, p. 6010.

1849 CCNE, *Rapport 1992-1993*, Paris, La doc. fr., p. 255.

1850 D. Memmi, in *Travaux du Comité consultatif national d'éthique, op. cit.*, p. 974 et sv.

d'informations provenant de chercheurs, de praticiens, d'usagers, du Conseil d'Etat, du CCNE, de l'Académie de médecine, du Conseil national de l'Ordre des médecins, de la Commission nationale de médecine et de biologie de la reproduction et du diagnostic prénatal, du Groupe européen d'éthique des sciences et des nouvelles technologies. Lorsque le Premier ministre a saisi le Conseil d'Etat du réexamen de la loi, il l'a enjoint à prendre en considération les normes para-juridiques en visant explicitement : les avis et recommandations du CCNE, de la Commission nationale consultative des droits de l'homme, de l'Académie de médecine et de l'Ordre des médecins. Le Conseil d'Etat a rendu son rapport en novembre 1999 dans lequel il fait référence aux travaux de l'Office parlementaire, aux avis des institutions compétentes en éthique ou en médecine, et dans lequel il manifeste un souci de cohérence avec la Convention d'Oviedo.

Pour n'être pas immédiatement visible, la pénétration des normes éthiques n'en est pas moins efficace.

b- L'intégration explicite des normes éthiques

965. La réception de l'éthique s'opère dans la majorité des cas de manière diffuse, la référence directe à la norme éthique demeure particulièrement rare.

α- La référence expresse à un avis d'un comité d'éthique dans un jugement

966. Pour la première fois en 1998, dans l'énoncé d'un jugement, la Cour de cassation a fait référence explicitement à l'avis d'un « comité d'éthique » [1851], l'opinion dudit comité ayant concouru à la résiliation d'un contrat. Il s'agissait d'un contrat de recherche passé par le Conseil d'administration du groupement d'études des maladies du sein avec des radiologues afin de mener une action de dépistage du cancer du sein. Le comité d'éthique était chargé de rendre un avis consultatif sur saisine d'un comité de lecture. Le comité n'était pas compétent pour décider lui-même la résiliation du contrat mais il était compétent pour proposer l'exclusion d'un médecin de l'opération de dépistage en vertu de la convention. En l'espèce, le comité d'éthique saisi par le comité de lecture avait constaté un nombre d'examens douteux et anormalement élevé de la part d'un médecin, rendant le dépistage inopérant. C'est

[1851] Cass., civ. 1ère, 13 mai 1998, *JCP*, 1999-II, 10058, note G. Mémeteau.

pourquoi il en a proposé l'exclusion. La Cour de cassation a relevé que « sur le fondement des constatations du « comité d'éthique » ... », la Cour d'appel a légalement justifié sa décision.

Cette référence à l'avis du comité témoigne pour la première fois de l'incidence d'un avis sur la jurisprudence, il démontre que les avis peuvent offrir au juge des éléments d'appréciation utiles[1852].

967. Le Conseil d'Etat a été conduit à se prononcer sur la portée d'un avis du Comité national d'éthique, invoqué dans le cadre d'une demande d'abrogation. Selon les requérants, le règlement litigieux était devenu illégal en raison d'un changement des circonstances de fait, avéré par l'avis du Comité. Le Conseil d'Etat n'a pas suivi l'argumentation des requérants, il a jugé que « s'il appartient au gouvernement de prendre en compte ces nouvelles données et cet avis pour rechercher un meilleur équilibre entre d'une part les risques sanitaires et, d'autre part, les avantages qui peuvent être retirés par les patients des techniques de procréation médicalement assistée, les données scientifiques ou les prises de position du comité consultatif national d'éthique ne constituent pas à elles seules des circonstances de fait nouvelles faisant apparaître entre risques et avantages une disproportion telle que la réglementation critiquée serait devenue illégale »[1853]. En l'espèce, compte tenu des données scientifiques et de l'avis du comité, le juge a estimé que ces éléments n'étaient pas suffisants pour caractériser un changement de circonstances de fait.

968. Une jurisprudence récente a précisé la portée d'un avis émis par une instance consultative, dans un domaine étranger à la bioéthique, mais cependant susceptible de nous intéresser dans la mesure où le Conseil d'Etat a reconnu la possibilité d'engager la responsabilité de l'Etat du fait d'une recommandation émise par une instance consultative : la Commission de la sécurité des consommateurs[1854]. Sur le terrain de la légalité, on connaît l'absence d'effet juridique des avis, non susceptibles de faire l'objet d'un recours pour excès de pouvoir. Sur le terrain de la responsabilité, cette jurisprudence apporte un élément nouveau puisqu'elle confère une portée à l'avis en le considérant comme le fait générateur du préjudice. Dans ses conclusions, le commissaire du gouvernement, précise que si un avis ne produit par lui-même aucun effet

[1852] *Ibid.*
[1853] CE, M. Randon, Mme Guy, 13 nov. 2002, req. n°237110.
[1854] CE, 31 mars 2003, *AJDA*, 2003, Chr. F. Donnat, D. Casas, p. 935.

juridique, et à ce titre ne peut faire l'objet d'un recours pour excès de pouvoir ; il peut cependant avoir des effets concrets. Par exemple si la publicité d'un avis entraine la perte du chiffre d'affaires pour le fabricant d'un produit, « rien ne fait obstacle à ce que la victime de ce préjudice en demande réparation en établisant que l'avis a été rendu dans des conditions fautives »[1855]. Le Conseil d'Etat a suivi les conclusions. Par conséquent, il a examiné la régularité de la procédure ; une illégalité de procédure ou de compétence aurait été fautive et aurait engagé la responsabilité de l'Etat. Le Conseil d'Etat a aussi examiné le fond de l'avis pour apprécier la faute éventuelle, appréciation par ailleurs fondée sur l'état des connaissances scientifiques de l'époque.

969. Pour écarter l'enfant à naître du champ d'application de l'article 2 de la Convention protégeant le droit à la vie de toute personne, la CEDH s'est fondée notamment sur l'absence de consensus au plan européen sur la nature et le statut de l'embryon. Pour constater l'absence de consensus, la Cour a relevé la conclusion du groupe de travail sur la protection de l'embryon et du fœtus humain du Comité directeur pour la bioéthique et un avis du groupe européen d'éthique des sciences et des nouvelles technologies.

β- La novation directe de la règle éthique en règle juridique par un acte juridique

970. Les exemples précédents démontrent que les normes éthiques peuvent influencer la détermination de la norme juridique. En revanche, il est plus rare de trouver des exemples concernant la reprise telle quelle d'une norme éthique dans l'ordre juridique, qui procèdent à une transformation du statut de la norme qui passe de l'éthique au droit. Ainsi, certaines normes éthiques ont acquis force juridique par le truchement de textes de droit positif. La réception de la Déclaration d'Helsinki a été assurée par le biais de la directive européenne du 20 mai 1975 relative à l'harmonisation des législations des Etats membres concernant les procédures de mise sur le marché des médicaments qui recommandait dans la partie intitulée bonnes pratiques cliniques que les essais cliniques soient conduits conformément aux principes éthiques prévus par la version en vigueur de la déclaration d'Helsinki. La loi espagnole du 20 décembre 1990 sur les médicaments prescrit de se

[1855] Cl. D. Chauvaux sur CE, 31 mars 2003, *RFDA*, 2003, p. 1189.

conformer aux principes contenus dans la Déclaration d'Helsinki et les déclarations ultérieures[1856].

971. L'invocation de normes éthiques, hors du processus de consultation, par les autorités politiques et juridiques se banalise. Elle ne concerne pas seulement les avis du CCNE, mais aussi les avis des instances professionnelles, ou les avis du comité d'éthique européen. Cette prise en compte même indirecte, participe finalement à la reconnaissance de ces instances comme sources légitimes de droit.

Les comités participent indirectement mais sûrement à l'élaboration de la norme juridique d'autant que grâce à la convergence et à l'accumulation de leurs avis, ils font mûrir la réflexion et attirent l'attention sur les questions dont ils débattent. Seules deux instances ont été directement intégrées et associées au processus décisionnel juridique : le CIB et le CDBI. Mais, les autres comités s'immiscent aussi dans la prise de décision juridique.

2- La « relevance » des normes déontologiques

972. La notion de « relevance » juridique est définie par Santi Romano de la manière suivante : « il faut que l'existence, le contenu, ou l'efficacité d'un ordre soit conforme aux conditions mises par un autre ordre : cet ordre ne vaut pour cet autre ordre juridique qu'à un titre défini par ce dernier »[1857]. A cet égard, la déontologie médicale dans la mesure où elle est reconnue par l'ordre juridique étatique soit par voie législative, réglementaire ou jurisprudentielle est juridiquement relevante.

a- La voie législative et réglementaire

973. Les règles de l'ordre juridique étatique reconnaissent la validité des règles déontologiques. Ainsi, la loi fait référence et impose le respect des règles de déontologie médicale. L'article L. 1112-1 du Code de la santé publique vise explicitement les règles de déontologie : « Dans le respect des règles déontologiques qui leur sont applicables, les praticiens des établissements assurent l'information des personnes soignées ». Le respect des règles de déontologie médicale est prescrit à

[1856] J. Sanchez-Caro, « Le droit à l'information dans les relations médicales : aspects de droit civil », in *Responsabilité pénale et responsabilité civile des professionnels*, Strasbourg, Ed. du Conseil de l'Europe, 1995, p. 150.

[1857] S. Romano, *L'ordre juridique*, Paris, Dalloz, 1975, p. 106.

l'article L. 2122-2 du CSP : « A la demande du père putatif, le médecin peut rendre compte à celui-ci de l'état de santé de la future mère, dans le respect des règles de déontologie médicale ».

Bien qu'aucune disposition de la législation hospitalière ne subordonne l'exercice de l'activité médicale dans le milieu hospitalier au Code de déontologie, cette soumission résulte du fait que le médecin hospitalier doit être inscrit au tableau de l'Ordre[1858]. Toutefois, certaines dispositions législatives renvoient plus particulièrement au respect des règles déontologiques à l'hôpital. Le directeur d'hôpital « exerce son autorité sur l'ensemble du personnel dans le respect des règles déontologiques ou professionnelles qui s'imposent aux profession de santé, des responsabilités qui sont les leurs dans l'administration des soins et de l'indépendance professionnelle du praticien dans l'exercice de son art ». Les règles de déontologie s'imposent aussi dans le cadre de l'exercice privé de la médecine dans la mesure où cinq dispositions précisent que le contrat de travail entre le médecin et son employeur est conclu « dans les conditions prévues par le Code de déontologie médicale », et « dans le respect » de ces conditions[1859].

974. En ce qui concerne la question relative à la valeur juridique du Code de déontologie, il faut relever que l'édiction du Code est régi par l'ordre juridique étatique. L'Etat intervient *a priori* et *a posteriori* au niveau de l'élaboration du Code. En vertu d'une habilitation législative expresse, l'Etat confie à l'Ordre la mission de préparer le Code[1860], et l'Etat organise son adoption sous forme de Décret en Conseil d'Etat. Ce mode d'édiction consacre la valeur juridique du Code[1861], qui est désormais intégré dans la partie réglementaire du Code de la santé publique.

[1858] J-M. Duval, « Faute personnelle, faute disciplinaire et faute pénale, en matière d'activité hospitalière », *RDP*, 2001, p. 1843.

[1859] J. Moret Bailly, *Les déontologies*, *op. cit.*, p. 385.

[1860] Art. L. 4127-1 CSP : « Un code de déontologie, propre à chacune des professions de médecin, chirurgien dentiste et sage-femme préparé par le conseil national de l'ordre intéressé, est édicté sous la forme d'un décret en Conseil d'Etat ».

[1861] Art. L. 4121-2 CSP : « l'Ordre ... veille au maintien des principes de moralité, de probité et de dévouement indispensables à l'exercice de la médecine et à l'observation par tous leurs membres, des devoirs professionnels ainsi que des règles édictées par le code de déontologie prévu à l'article L. 4127-1 ».

b- La reconnaissance par voie jurisprudentielle

975. Les tribunaux ont érigé en principes juridiques des principes préalablement prescrits par la déontologie, de ce fait ils ont assuré le respect et la pérennité des principes hippocratiques.

La jurisprudence a assuré le respect de certains principes prescrits par la déontologie médicale mais non imposés par la loi. Ainsi, avant la rédaction de l'article 378 du code pénal en 1810, la loi ne prescrivait pas l'obligation du secret médical, seules les Facultés de médecine en rappelaient l'obligation dans leurs statuts. Il ressort d'un arrêt du Parlement de Paris datant de 1600 et d'une sentence du bailliage criminel d'Evreux de 1747, confirmé par le Parlement de Rouen que la jurisprudence exigeait le respect du secret médical[1862]. L'arrêt de 1747 a condamné un chirurgien pour avoir divulgué la maladie d'un patient dans une requête d'honoraires, signifiée par huissier.

α- La reconnaissance de la déontologie comme source autonome de droit par la juridiction civile

976. Traditionnellement, la Cour de cassation refusait de reconnaître les règles de déontologie comme une source autonome de droit[1863], position réaffirmée en 1991 : « ces règles, dont l'objet est de fixer les devoirs des membres de la profession, ne sont assorties que de sanctions disciplinaires et n'entraînent pas à elles seules la nullité des contrats conclus en infraction à leurs dispositions. »[1864].

977. La Cour a opéré un revirement en 1997, à l'égard de la déontologie de la profession des experts-comptables, revirement de la Cour de cassation jugeant que le non-respect d'une règle de déontologie suffit à elle seule à constituer une faute civile et un acte de concurrence déloyale[1865]. La déontologie sert donc à caractériser une faute civile.

978. Pour la profession médicale, la jurisprudence a aussi évolué, la cour a jugé que « la méconnaissance des dispositions du Code

---

1862 A. Trébuchet, *Jurisprudence de la médecine, de la chirurgie et de la pharmacie en France*, ed. J. B. Baillière, 1834, p. 274.

1863 Cass. civ., 18 avril 1961, Bull. civ. I, 210, p. 165, *JCP*, 1961-II, 12184, obs. J. Savatier.

1864 Cass. civ., 5 nov. 1991, *JCP*, 1992-II, 255, obs. Viandier.

1865 Cass. com., 29 avril 1997, *D.*, J., 1997, p. 459.

de déontologie médicale peut être invoquée par une partie à l'appui d'une action en dommages et intérêts dirigée contre un médecin. Il n'appartient qu'aux tribunaux de l'ordre judiciaire de se prononcer sur une telle action, à laquelle l'exercice d'une action disciplinaire ne peut faire obstacle »[1866]. La cour d'appel avait elle-même stipulé que « le code de déontologie médicale constitue un règlement régulièrement publié, étant à ce titre impératif et constituant une règle de droit ». En l'espèce, le juge judiciaire s'est reconnu compétent pour apprécier la méconnaissance d'une disposition du code de déontologie médicale : l'article 72 issu du décret du 28 juin 1979 qui interdit au médecin de consulter ailleurs que dans son propre cabinet. La cour a ainsi directement pris en compte les dispositions déontologiques pour apprécier la responsabilité des médecins.

Dans une autre espèce, la cour a jugé que le non-respect par le médecin de l'obligation posée à l'art 18 du Code de déontologie médicale issu du décret du 28 juin 1979 est constitutif d'une faute. La Cour a sanctionné le médecin pour avoir manqué à son obligation de ne pas faire courir de risque injustifié au patient et de refuser d'accéder à ses demandes qui l'exposaient sans justification thérapeutique à un danger[1867].

Et concernant les relations contractuelles entre une clinique et un médecin, la juridiction civile a condamné une clinique qui pour motif économique imposait un quota d'utilisation du matériel sous peine de sanction financière. La cour a sanctionné cette obligation car elle équivaut à une obligation de rendement contraire à l'éthique et à la déontologie médicale[1868].

Le mouvement engagé par la jurisprudence en faveur de l'application des dispositions du Code de déontologie en tant que source autonome de droit, est confirmé par trois arrêts pris au cours de l'année 2000[1869] qui font application du Code pour apprécier des actions en responsabilité.

[1866] Cass. civ. 1ère, 18 mars 1997, Bull. civ. I, n°99; *JCP,* 1997.II, 22829, rapp. Sargos.
[1867] Cass. civ. 1ère, 27 mai 1998, Bull. I, n°187.
[1868] CA Versailles, 12ème ch., 12 fév. 1998, *D.*, IR, 1998, p. 95.
[1869] Cass., civ. 1ère, 23 mai 2000 (Bull. n°159), Cass, civ. 1ère, 20 juin 2000 (Bull. n°192), Cass, civ. 1ère, 19 déc. 2000 (Bull. n°331).

β- La reconnaissance de la valeur de PGD à des principes déontologiques

979. Certains principes énoncés à l'article L. 162-2[1870] du Code de la sécurité sociale qualifiés de « principes déontologiques fondamentaux » sont venus enrichir la catégorie des principes généraux du droit (PGD). Alors que leur inscription dans un texte de loi laissait supposer leur valeur législative, ils ont été consacrés en tant que principes généraux du droit par le juge.

980. Le Conseil d'Etat a consacré le principe du libre choix du médecin et la liberté de prescription comme principes généraux du droit[1871]. Leur assigner un tel rang plutôt que leur reconnaître valeur législative semble avoir été guidé par une question d'opportunité[1872]. Néanmoins, la fondamentalité des principes justifie aussi une telle consécration. En ce qui concerne, la question de l'éventuelle valeur constitutionnelle de ces deux principes, elle reste en suspens, puisque le Conseil Constitutionnel ne s'est pas prononcé[1873].

981. Enfin, le Tribunal des conflits a reconnu comme principe général du droit, l'indépendance professionnelle du médecin dans l'exercice de son art[1874].

[1870] « Le respect de la liberté d'exercice et de l'indépendance professionnelle et morale des médecins est assuré conformément aux principes déontologiques fondamentaux que sont le libre choix du médecin par le malade, la liberté de prescription du médecin, le secret professionnel, le paiement direct des honoraires par le malade, la liberté d'installation du médecin, … ».

[1871] CE, 18 fev. 1998, Section locale du Pacifique sud de l'ordre des médecins, M. Joyau, « Libertés médicales, principes généraux du droit et Nouvelle-Calédonie », *RFDA*, 1999, p. 47.

[1872] M. Joyau, « Libertés médicales, principes généraux du droit et Nouvelle-Calédonie », *ibid.* Le respect de ces dispositions législatives ne pouvait être imposé en Nouvelle-Calédonie en raison de la loi ayant confié au territoire de la Nouvelle Calédonie la compétence d'édicter la réglementation en matière de santé et d'hygiène publiques et des professions libérales.

[1873] DC n°77-92 DC du 18 janv. 1978, rec. p. 21 ; note Favoreu, *RDP*, 1978, p. 834 ; DC n°89-269 DC du 22 janv. 1990 ; note Favoreu, *RFDC,* 1990, p. 330 ; note Genevois, *RFDA*, 1990, p. 406.

[1874] TC, 14 fév. 2000, note J. Hardy, *JCP*, 2001-II, 10584.

Le rattachement de tels principes à la catégorie des PGD confirme la tendance du juge à accueillir au sein des PGD des principes plus spécialisés destinés à des applications sectorielles[1875].

982. Le libre choix du médecin, la liberté de prescription et l'indépendance professionnelle, sont expressément rattachés à la catégorie des PGD. En revanche, l'appartenance de certains principes qualifiés par le juge de principes déontologiques fondamentaux à la catégorie des PGD est plus incertaine.

La première fois que le Conseil d'Etat s'est référé à des « principes fondamentaux de la déontologie médicale »[1876], ces principes reposaient alors sur une source textuelle précise puisqu'ils renvoyaient aux articles 7, 9 et 19 du Code de déontologie médicale de 1979. La démarche du Conseil d'Etat a consisté à qualifier de fondamentaux des principes déjà déterminés. Alors que dans la deuxième affaire, il a dégagé lui-même la règle selon laquelle « les principes déontologiques fondamentaux relatifs au respect de la personne humaine, qui s'imposent au médecin dans ses rapports avec son patient »[1877]. Il a procédé à la découverte de cette règle indépendamment du Code de déontologie.

Malgré le silence des arrêts quant à la valeur juridique des principes déontologiques fondamentaux énoncés par le juge, la doctrine tend à assimiler la reconnaissance de ces principes à des PGD[1878]. Néanmoins, certains ne leur accordent pas en l'état, la valeur de PGD, mais admettent qu'ils peuvent évoluer vers des PGD. Toujours est-il que l'accueil par le juge des principes déontologiques fondamentaux répond aux mêmes objectifs que le recueil de PGD. En effet, comme les PGD, la découverte des principes déontologiques fondamentaux s'impose au juge en tant que manifestation de « l'expression d'exigences supérieures qui engagent toute une conception de l'homme et de ses rapports avec la société ». Ils ont vocation à refléter « l'état de la société » auquel le juge est si attaché lorsqu'il énonce un PGD[1879]. Pour certains, les principes

---

[1875] F. Moderne, « La légitimité des principes généraux et théorie du droit », *RFDA*, 1999, p. 722.
[1876] CE, 4 oct. 1991, Milhaud, *AJDA*, 1992, p. 233, obs. J-P. Théron.
[1877] CE, 2 juil. 1993, Milhaud, rec. p. 194, Cl. D. Kessler.
[1878] R. Chapus, *Droit administratif général*, t. 1, Paris, Montchrestien, Domat, Droit public, 15ème éd., 2001, n°129.
[1879] C. Maugüe et L. Touvet, Chr. de jurisp. adm., *AJDA*, 1993, p. 530.

déontologiques fondamentaux constituent même une catégorie particulière de PGD : les « principes généraux d'une profession »[1880].

C/ La délégation d'une compétence normative d'une autorité juridique à une autorité éthique

983. Au niveau supra-national, un type de rapport inédit s'est noué entre les autorités juridiques et éthiques. De manière atypique, deux comités se sont vus confier la préparation d'un instrument juridique.

Cette habilitation instaure un rapport entre éthique et droit sans commune mesure avec les liens précédemment étudiés car l'habilitation a pour effet de placer immédiatement les comités dans l'ordre juridique avec la compétence de se prononcer sur ce qui est juridiquement et éthiquement envisageable.

1- La préparation d'« instruments internationaux » confiée au CIB

984. La préparation de la Déclaration sur le génome humain adopté par l'UNESCO mérite une attention particulière car pour la première fois au niveau international, l'élaboration d'un instrument a été confiée à un comité d'éthique international : le CIB[1881]. L'UNESCO a dévolu un rôle normatif à vocation juridique à une instance éthique, alors qu'en principe officiellement, les comités ne disposent que d'un rôle consultatif et hors de la sphère juridique. La différence majeure que présente le CIB par rapport aux autres comités d'éthique nationaux tient à ce que le CIB participe directement à l'élaboration de la règle internationale. Le CIB a lui-même choisi la forme de l'instrument juridique à adopter. Son choix s'est porté sur la forme déclarative plutôt que conventionnelle.

C'est lors de la session de 1995 que s'est affirmé le rôle normatif du comité.

985. La vocation juridique du CIB est apparue tôt, dans la mesure où il a constitué en son sein une commission juridique

---

[1880] G. Lebreton, « Le droit, la médecine et la mort (à propos de l'arrêt du Conseil d'Etat du 2 juillet 1993) », *D.*, Chr., 1994, p. 352.

[1881] N. Lenoir, B. Mathieu, *Les normes internationales de la bioéthique*, *op. cit.* ; J. Dhommeaux (sd.), *Le comité international de bioéthique de l'UNESCO et le comité directeur pour la bioéthique du Conseil de l'Europe : instances productrices d'éthique ?*, CRJO, Université Rennes I-CNRS, Rennes, Oct.1998, p. 25.

comprenant exclusivement des juristes, chargée de l'élaboration d'un instrument international. Lors de sa première réunion en avril 1994, cette commission s'est penchée sur les différentes possibilités concernant la rédaction d'un instrument international. L'idée s'est développée que la bioéthique ne peut être traitée sans perspective juridique. Le choix de la forme déclarative s'est imposé conformément au droit commun de l'UNESCO. Les juristes ont joué un rôle prédominant dans la préparation de l'instrument. Ceci témoigne d'une démarche originale dans le mode d'élaboration de la norme bioéthique au niveau international, où éthique et droit sont intrinsèquement mêlés.

986. Le rôle du CIB a été étendu à l'élaboration d'un instrument international sur la collecte et le stockage des informations génétiques et à l'élaboration d'un instrument international universel sur la bioéthique. Il a préparé la Déclaration internationale sur les données génétiques humaines adoptée à l'unanimité et par acclamation par la Conférence générale de l'UNESCO le 16 octobre 2003. Le CIB travaille désormais à l'élaboration d'un instrument universel sur la bioéthique[1882]. A cet égard, le comité s'est prononcé en faveur d'un instrument de type déclaratif permettant d'atteindre plus rapidement un plus large consensus des Etats.

La fonction de préparation, déléguée au CIB, appelle une comparaison avec le comité directeur pour la bioéthique qui a été chargé de préparer la Convention européenne de bioéthique, bien que le CDBI ne puisse être qualifié de comité d'éthique *stricto sensu*[1883].

2- La préparation du projet de Convention européenne sur la bioéthique confiée au CDBI

987. Le CDBI a reçu pour mandat, la mission d'« étudier l'ensemble des problèmes que les progrès des sciences biomédicales posent dans le domaine du droit, de l'éthique et des droits de l'homme (…) - mener des travaux en vue de déterminer, si possible, une politique commune et d'élaborer, si nécessaire, des instruments juridiques appropriés (…) ». La création du CDBI est directement liée au choix d'adopter une norme contraignante. D'un comité ad hoc pour la génétique, il est devenu un comité ad hoc pour la bioéthique. Alors que

[1882] Projet de déclaration universelle sur la bioéthique et les Droits de l'homme, 24 juin 2005.

[1883] *Cf. supra* n°355.

son travail portait sur l'élaboration de projets de recommandations, il a été chargé d'identifier les questions à traiter en priorité dans une future convention de bioéthique. Finalement, ce rôle d'élaboration normative lui a valu d'être institué en tant que comité directeur avec la charge d'élaborer une convention cadre et des protocoles à cette convention[1884].

Le CAHBI et l'Assemblée parlementaire avaient opté pour l'adoption d'une convention. Transformé en 1992, en comité directeur, il s'est vu confier la tâche d'élaborer une convention sur la bioéthique. Désormais, il joue un rôle dans la préparation des protocoles additionnels à la Convention. A cette fin, il a créé plusieurs groupes de travail, l'un chargé du protocole sur la transplantation d'organes, l'autre sur la recherche médicale, l'autre sur la protection de l'embryon humain et du fœtus.

988. En sus de cette mission de préparation, les deux comités sont chargés du suivi des actes. Le CIB doit contribuer à la diffusion des principes énoncés dans la déclaration et proposer des recommandations quant au suivi de la Déclaration (art. 24 de la Déclaration universelle sur le génome humain, mission confirmée dans les statuts du CIB adoptés le 7 mai 1998). Il est aussi chargé d'identifier les pratiques qui pourraient être contraires à la dignité humaine. Quant au CDBI, la Convention européenne lui confie son ré-examen dans les cinq ans, ainsi que l'examen des propositions d'amendements et de protocoles à la Convention.

989. Parmi les comités d'éthique, le CIB et le CDBI occupent une place spécifique, en raison de leur habilitation à produire la norme et à veiller à la mise en œuvre de la norme. Ils interviennent officiellement au stade de la préparation et de l'application de la norme juridique.

Néanmoins, les autres comités ne sont pas dépourvus d'influence dans le domaine juridique, puisque les normes éthiques accèdent à une reconnaissance juridique par le biais de la consultation et de leur réception plus ou moins explicite dans le champ juridique.

[1884] R. Charignon, I. Sera, *Le comité international de l'UNESCO et le comité directeur pour la bioéthique du Conseil de l'Europe : instances productrices d'éthique ?*, J. Dhommeaux (sd.), Rennes, CRJO, oct. 1998, p. 16.

CONCLUSION DU CHAPITRE :

990. L'obsession d'efficacité et d'adaptabilité conduit à évaluer et à réviser le droit au regard d'exigences hétéronomes : sociologiques, scientifiques, économiques. Le bouleversement du système juridique n'est pas entraîné par la simple prise en compte de ces intérêts mais par leur emprise sur le droit. Les rapports de force ont évolué.

Pour satisfaire cette logique d'adaptabilité soumise aux impératifs économiques et scientifiques, le droit se tourne vers l'adoption de règles procédurales qui présentent l'avantage de renvoyer à des appréciations pragmatiques réalisées au cas par cas. Ce système évite que la règle ne soit dépassée puisqu'elle se contente de fixer une procédure et il évite d'adopter une position qui serait ressentie comme dogmatique. A l'heure du pluralisme, le droit se défend de tout parti pris idéologique et se désinvestit du champ des valeurs. Mais en renonçant à effectuer ce choix de valeurs, les choix reviennent à d'autres. La pondération des intérêts est déléguée implicitement ou explicitement à des autorités qui n'ont pas de légitimité démocratique directe : qu'il s'agisse du juge, des comités d'éthique ou des instances telles que l'autorité de régulation anglaise chargée de l'embryologie humaine.

991. Le déclin du Parlement dans l'élaboration de la règle juridique se trouve accentué par le processus d'internormativité en vertu duquel les autorités a-juridiques prennent place dans le processus décisionnel juridique. Tant qu'il s'agit de l'appréhension du droit par l'auteur de la norme éthique même s'il travestit des notions juridiques et qu'il cherche à s'affirmer au regard du droit, les avis émis restent dans le champ de la régulation para-juridique. En revanche, quand il s'agit de la prise en compte de l'éthique par l'auteur de la norme juridique par le biais de la consultation, ou plus ou moins directement par la réception des normes éthiques, ces dernières passent du domaine para-juridique au domaine juridique.

992. Ces transformations qui affectent les modes d'élaboration du droit sont censées lui fournir une nouvelle légitimité. La production du droit par la participation, la consultation, la négociation des milieux intéressés, donne lieu à un phénomène de co-normativité qui correspond à un Etat moins autoritaire, plus incitatif et persuasif. Mais en renonçant

à poser des interdits et à affirmer un système de valeurs efficace, le droit manque à sa mission. Le maintien d'interdits fondamentaux s'impose pour préserver l'identité de l'Homme et s'opposer à sa désacralisation ; la dimension symbolique du droit permet de ne pas réduire l'être humain à sa vérité biologique. Il est d'autant plus frappant de constater ce désinvestissement à l'égard des valeurs dans le champ bioéthique que la bioéthique est fondée sur des valeurs, et que dans ce domaine, il est pressant d'instituer des limites.

CONCLUSION DE LA DEUXIEME PARTIE

993. Les normes en bioéthique sont gouvernées *a priori* par deux logiques contradictoires : la logique substantielle et la logique procédurale.

994. D'un côté, la légitimité des normes dérive de leur substance, c'est-à-dire des valeurs qu'elles consacrent. A cet égard, le point d'ancrage de la bioéthique se situe incontestablement dans le monde des valeurs et le respect de ces valeurs s'impose par l'intermédiaire des droits fondamentaux. Etant donné les enjeux liés à la bioéthique, la référence aux valeurs apparaît particulièrement nécessaire pour sauvegarder les catégories anthropologiques fondamentales et déterminer ce qui spécifie l'humain. On attend du droit qu'il fixe de limites d'autant que d'autres pouvoirs sont susceptibles de se substituer au droit pour déterminer le champ du permis et de l'interdit en fonction de leurs propres références. Si de nombreux signes témoignent du succès et du poids important des droits fondamentaux qui tendent à devenir hégémonique, le risque de déplacement du système de références hors du droit n'est cependant pas écarté. D'une part, les droits fondamentaux subissent la concurrence d'autres intérêts, d'autre part, les droits fondamentaux sont en proie à une souplesse qui risque de les relativiser au point de les vider de toute portée.

995. D'un autre coté, le système normatif a adopté une approche procédurale. Il s'est ouvert à de nouveaux modes d'élaboration des normes qui mettent l'accent sur la délibération, le consensus, la casuistique, la participation d'autorités non juridiques. Le phénomène de procéduralisation a envahi non seulement l'élaboration des normes mais aussi la teneur des normes. Le droit préfère poser des règles procédurales plutôt que des règles substantielles ; au lieu de proposer directement des normes de conduite sociale, il pose des règles de procédure qui se contentent d'orienter, ou d'organiser les conduites à adopter. Par ailleurs, l'évolution du système normatif se traduit par le phénomène d'internormativité qui sert d'instrument de production des normes.

996. La logique substantielle et la logique procédurale sont par nature complètement différentes. L'une implique une conception

axiologique du droit, l'autre, étrangère aux valeurs, ignore cette conception. Une telle différence induit des conflits. Alors que la procédure aurait pu servir à garantir l'efficacité des règles substantielles, l'inverse s'est produit. La perspective procédurale a permis au droit de se défausser des choix de valeurs et même de méconnaitre des valeurs reconnues par le système juridique. La primauté de la procédure s'affirme au détriment de la substance.

L'autonomie, la prééminence et la consistance du droit sont menacées par l'effet conjugué de la logique substantielle et procédurale, de l'influence de l'éthique, de l'évolution scientifique et de la pression économique.

CONCLUSION

997. La singularité du système normatif en bioéthique, est à l'origine, liée à l'emprise de la régulation para-juridique. La vivacité de ce phénomène ne s'est pas étiolée, néanmoins, la singularité du système réside désormais moins dans la régulation para-juridique elle-même que dans les rapports qu'entretiennent le système para-juridique et le système juridique dans ce domaine. L'articulation des deux systèmes a donné naissance à un ensemble complexe doté d'une logique propre. La convergence des systèmes a eu pour effet d'engendrer un ensemble normatif doté de caractéristiques communes tant sur le plan substantiel que procédural.

998. La bioéthique n'a cessé de susciter des décloisonnements, entre les disciplines et les courants de pensée d'abord, puis entre la régulation para-juridique et le droit ensuite.

L'émergence des comités d'éthique se situe dans la perspective d'une mise en cause du monopole médical. La composition pluridisciplinaire des comités doit être comprise comme une condamnation implicite de l'autorégulation et de l'auto-contrôle professionnels. Un des enseignements les plus marquants apporté par les comités, réside dans le fait que le traitement des questions bioéthiques ne peut plus constituer un domaine réservé. La communauté scientifique a pris acte de cette évolution, semble t-il irréversible. Vingt-cinq ans après la Conférence d'Asilomar, en l'an 2000, s'est tenue la deuxième conférence avec les mêmes acteurs, dans le même lieu, afin de fêter l'anniversaire de la première conférence et tirer les leçons du passé. A cette occasion, les scientifiques ont conclu à l'impossibilité de procéder comme en 1975 à l'égard de questions telles que les OGM, ou le clonage. Ils ont convenu qu'il est devenu impossible que les scientifiques se saisissent eux-mêmes et débattent entre eux de ces questions pour deux raisons : l'interpénétration des mondes scientifiques et industriels, d'une part, et le poids croissant de l'opinion publique, d'autre part[1886].

[1886] C. Debru, « L'histoire des sciences. De la biologie à l'éthique », in D. Sicard (sd.), *Travaux du Comité consultatif national d'éthique. 20ème anniversaire*, Paris, PUF, Quadrige, 2003, p. 967.

Les comités d'éthique ont apporté une autre contribution essentielle, cette fois, dans le champ de la normativité. En adoptant un mode d'élaboration des normes délibératif et consensuel, en conférant à ces normes un caractère souple et provisoire, les comités ont produit un système normatif d'un nouveau type qui entend se détacher de la morale et qui propose une alternative à la fois au modèle juridique et au modèle déontologique.

999. L'approche pluridisciplinaire et pluraliste promue par les comités d'éthique, a favorisé l'échange et le dialogue, ce qui a sans doute facilité le rapprochement des systèmes para-juridique et juridique, en opérant un décloisonnement entre l'éthique et le droit. L'aspect éthique et juridique des questions fait désormais l'objet d'un examen concomitant. L'attention réciproque que se sont portés les systèmes para-juridique et juridique a entraîné un phénomène de convergence à l'origine d'un système normatif fondé sur une logique substantielle et procédurale. Malgré la différence de nature entre ce qui est substantiel, c'est-à-dire fondé sur des valeurs et ce qui est procédural, donc dépourvue de toute référence aux valeurs, ces deux approches produisent des effets, de fait, similaires sur le système normatif. Elles en favorisent la souplesse, la flexibilité, l'imprécision, la pesée des intérêts au cas par cas et le rôle prédominant du juge.

1000. Dans le cadre de la logique substantielle, le traitement des questions bioéthiques s'opère au regard des valeurs. Le développement de cette logique explique l'hégémonie des droits fondamentaux, renforcée par une dynamique internationale et une approche comparative qui tend à leur assurer une assise plus large et un poids plus important. Sachant que les droits fondamentaux se situent entre le monde des valeurs et celui du droit, ils offrent un terrain privilégié d'échange entre l'éthique et droit. La juridicisation de principes éthiques a ainsi permis de consacrer de nouveaux droits fondamentaux. Mais, malgré le développement exponentiel des droits fondamentaux, on s'achemine paradoxalement vers une personnification d'êtres vivants non humains ou d'entités abstraites plutôt que vers une protection renforcée de l'être humain. Protection d'autant plus difficile à maintenir que les droits fondamentaux sortent affaiblis de leur confrontation avec d'autres intérêts et de leurs contradictions internes. Ce constat conduit à douter de la capacité des droits fondamentaux à régir le droit de la bioéthique et à garantir seuls le respect des valeurs.

1001. Le système des droits fondamentaux aurait pu être conforté par des garanties procédurales. Or la logique procédurale telle qu'elle se manifeste, tend plutôt à se substituer aux droits fondamentaux, elle sert même à se défausser des choix à effectuer en termes de valeurs quand elle ne sert pas à justifier le non-respect de ces valeurs. L'adoption de règles procédurales est intentionnellement privilégiée de manière à éviter de trancher les conflits *a priori* et éviter d'imposer une conduite prédéterminée. Néanmoins face aux défis de la bioéthique, si la procédure est utile pour agir avec prudence et prendre le temps de la réflexion, elle ne doit pas servir à éluder les choix. Il appartient au droit de trancher entre des valeurs concurrentes sans quoi il renoncerait à sa principale fonction. Fort de sa parole instituante, le droit remplit une fonction de nomination, de classement, et de hiérarchisation ; c'est ce qui lui confère son rôle essentiel et symbolique. Il lui revient de dire qui a quoi, qui fait quoi et qui est qui[1887]. Et pour remplir cette fonction, le droit ne doit pas abdiquer son autonomie. Il risque d'être dénaturé s'il devient le simple récepteur de normes ou de faits définis en dehors de son champ.

1002. Sur le plan substantiel, le droit intègre des valeurs alors que sur le plan procédural, il s'extrait des référents axiologiques. Ces tendances contradictoires fragilisent le système juridique dont la légitimité et l'autorité ne sortent pas renforcées.

Le droit n'a pas gagné le surcroît de légitimité qu'il entendait tirer de l'approche procédurale et substantielle. La question du rôle et de la place du droit dans la régulation sociale se pose toujours en termes de légitimité comme en témoigne le débat concernant l'euthanasie.

1003. La question de l'euthanasie est symptomatique d'un ensemble de points relevés au cours de cette étude. Elle pointe les difficultés récurrentes dans le champ bioéthique. Elle conforte certains traits de la bioéthique et reflète les tendances concernant l'évolution du système normatif, qui ont été particulièrement mis en évidence par l'affaire Humbert, placée sous les feux de l'actualité le 26 septembre 2003[1888]. La mère d'un enfant tétraplégique, muet et presque aveugle à la suite d'un accident de voiture, a aidé son fils qui demandait le droit de mourir, à mettre fin à ses jours en lui injectant une dose de

[1887] F. Ost, « Jupiter, Hercule, Hermès : trois modèles du juge », in *La force du droit*, P. Bouretz (sd.), Paris, Esprit, série philosophie, 1991, p. 271.
[1888] *Le Monde*, 26 sept. 2003, *Libération*, 26 sept. 2003.

barbiturique[1889]. En ce qui concerne l'émergence du débat public, on ne peut que constater l'importance du rôle joué par les médias, dont le rôle s'avère essentiel depuis la naissance de la bioéthique. Vincent Humbert et sa mère ont orchestré et recherché l'effet médiatique dans le but de faire naître le débat public et parvenir à un droit à "l'euthanasie réglementée et transparente"[1890]. Avant la réalisation de son acte, la mère avait annoncé dans une émission sur une chaîne de télévision son intention d'aider son fils à mourir. Par ailleurs, l'acte a été réalisé à la veille de la sortie du livre rédigé par Vincent Humbert *Je vous demande le droit de mourir*. L'affaire était devenue publique depuis la lettre, qu'il avait adressée au Président de la République en novembre 2002, et dans la quelle il réclamait le droit de mourir. Dans ce contexte très médiatisé, le problème de l'euthanasie revêt un fort caractère émotionnel et compassionnel. Le débat suscite par ailleurs des prises de position très conflictuelles entre les partisans "d'un droit de mourir dans la dignité" et ceux qui s'opposent à la reconnaissance d'un tel droit. La diversité des personnes appelées à donner leur avis, ou qui ont réagi spontanément, témoigne de la diversité des intérêts et des implications liés à l'euthanasie. Les médecins se sont prononcés sur le sujet, en particulier l'équipe médicale qui a décidé l'arrêt de la réanimation, a fait savoir que la décision a été prise collectivement et en toute indépendance[1891]. Le Président du conseil national de l'Ordre des médecins a jugé « l'attitude de l'équipe médicale tout à fait déontologique »[1892]. Le curé de la paroisse a affirmé pour sa part que « Vincent nous a quitté comme il le souhaitait ce n'est pas à nous de juger »[1893]. Et, les autorités politiques ont aussitôt réagi. Par ailleurs, les médias ont rappelé l'avis du CCNE sur la question, qui avait proposé une exception d'euthanasie mais qui n'avait pas pour autant suscité en son temps un tel débat public. La mission qui lui est impartie d'éveiller l'attention du public semble particulièrement difficile à remplir, faute d'être nimbée dans un climat sensationnel et émotionnel.

1889 S. Blanchard, P. Smolar, « La mère de Vincent a tenté de mettre fin aux jours de son fils », *Le Monde,* 26 sept. 2003, p. 10.

1890 *Ibid.*

1891 S. Blanchard, « Après la mort de Vincent Humbert, M. Raffarin se déclare défavorable à une loi sur l'euthanasie », *Le Monde*, 28-29 sept. 2003, p. 8.

1892 M. Ducloux, Président du Conseil national de l'ordre des médecins, propos publié in *Libération*, jeudi 2 oct. 2003, p. 4.

1893 Hommage à Vincent Humbert, *Le Monde*, 3 oct. 2003, p. 13.

1004. L'euthanasie relance la question récurrente en bioéthique : le droit doit-il intervenir ? si oui comment. La question de savoir s'il fallait légiférer, a été immédiatement posée. A l'annonce d'une loi sur la question, certains crient déjà au biopouvoir, l'euthanasie relèverait d'une affaire privée qu'il n'appartient pas de faire rentrer dans la sphère publique. Des alternatives à la voie législative sont proposées, il y a ceux qui réclament un guide de bonnes pratiques pour les équipes de réanimation afin d'aller au plus près des situations concrètes, et ceux qui s'interrogent sur l'opportunité d'une charte au lieu d'une loi[1894]. Les premières réactions politiques laissaient penser qu'elles penchaient en faveur d'une approche casuistique du problème. Le Premier Ministre Jean-Pierre Raffarin avait *a priori* exclu de légiférer « on ne peut pas légiférer pour des situations si spécifiques. La vie n'appartient pas aux politiques ». Dominique Perben a demandé « de faire preuve de la plus grande humanité dans l'application de la loi compte tenu de la souffrance de la mère de ce jeune homme »[1895] portant ainsi l'attention sur le cas d'espèce. Le Parlement a pris le contre-pied de ces déclarations en se saisissant de la question, il a créé une mission d'information parlementaire « mission sur l'accompagnement de fin de la vie » dont la prudence de l'appellation souligne à quel point l'euthanasie revêt un caractère conflictuel et relève encore du non-dit. Pour autant, nul n'ignore que la pratique existe.

1005. Le débat sur la question a été reporté au Conseil de l'Europe, les parlementaires ont retiré la question de l'ordre du jour car trop délicate et controversée[1896]. Le projet de résolution adopté en commission proposait une dépénalisation partielle[1897]. La question n'a par ailleurs été tranchée ni par la Convention européenne de bioéthique ni par la Charte européenne des droits fondamentaux. Il faudra sans doute attendre une phase de maturation et l'émergence d'une position consensuelle pour que la question soit traitée au plan juridique.

La question de l'euthanasie montre la manière dont un débat impulsé par un avis du CCNE en l'an 2000, a resurgi dans l'opinion publique à l'occasion d'une affaire médiatisée, qui a relancé le débat

---

[1894] J-Y. Nau, « Euthanasie : une charte ou une loi », *Le Monde*, 5-6 oct. 2003, p. 14.

[1895] *Libération*, 27-28 sept. 2003, p. 16. La mère avait annoncé sur TF1 dimanche soir qu'elle l'aiderait à mourir.

[1896] *Ibid.*

[1897] T. Ferenczi, « Le Conseil de l'Europe hésite à se prononcer sur l'euthanasie », *Le Monde*, 1er oct. 2002, p. 7.

politique, partagé entre une intervention législative et une régulation par l'adoption d'une charte. A cet égard, cet exemple illustre le fait, que le droit et la régulation para-juridique ne sont pas équivalents. En effet, s'il s'agit de déterminer les frontières entre le refus de l'acharnement thérapeutique et l'interdiction de donner la mort, la régulation para-juridique est susceptible de déterminer ces conditions. En revanche, s'il s'agit d'instituer une dérogation à l'interdiction de donner la mort, seule la loi, sous réserve de respecter les droits fondamentaux conventionnels et constitutionnels peut instaurer une telle dérogation. Dans cette perspective, on peut s'interroger sur le fait de savoir si le droit ne viendra pas seulement sanctionner une pratique existante acclimatée et préparée par une régulation de type éthique. L'exposé des motifs de la loi relative aux droits des malades et à la fin de la vie éclaire l'objectif finalement poursuivi par le législateur « estimant que la dépénalisation de l'euthanasie remettrait en cause le principe de l'interdit de tuer (...) la mission s'est attachée pour l'essentiel à codifier des bonnes pratiques »[1898]. A cet égard, la loi cherche à établir un compromis. Elle ne consacre pas un droit à l'euthanasie active mais légalise la possibilité de laisser mourir les malades en fin de vie par abstention de soins[1899] en leur reconnaissant la faculté de décider de limiter ou d'arrêter le traitement.

[1898] Proposition de loi relative aux droits des malades et à la fin de vie, Assemblée nationale, 26 oct. 2004, n°1882.

[1899] Loi n°2005-370 du 22 avril 2005 relative aux droits des malades et à la fin de la vie, *JO*, 23 avril 2005, p. 7089, D. Bailleul, « Le droit de mourir au nom de la dignité humaine. A propos de la loi relative aux droits des malades et à la fin de la vie », *JCP*, 2005-I, 142.

BIBLIOGRAPHIE

OUVRAGES

AESCHLIMANN J-C. (es.), *Ethique et responsabilité. P. Ricoeur*, Neuchâtel, Ed. La Baconnière, coll. Langages, 1994.

ALMERAS J-P., PEQUIGNOT H., *La déontologie médicale,* Paris, Litec, 1996.

AMBROSELLI C., *L'éthique médicale,* Paris, PUF, coll. QSJ, n° 2422, 2ème éd., 1994.

AMBROSELLI C., *Le comité d'éthique,* Paris, PUF, coll. QSJ, n°2544, 1990.

APEL K-O., *Discussion et responsabilité,* Paris, Ed. du Cerf, coll. Passages, 1996.

APEL K-O., *Ethique de la discussion,* Paris, Ed. du Cerf, coll. Humanités, 1994.

APPLETON P., BOUDIN P., *Droit médical*, Paris, Librairie du monde médical, 2ème éd., 1939.

ARISTOTE, *Rhétorique*, Paris, Les belles lettres, 1967.

AUBRY et RAU, *Droit civil français*, t. 9, Paris, Librairies techniques, 1953.

AYACHE L., *Hippocrate,* Paris, PUF, coll. QSJ, n°2660, 1992.

BACHELARD-JOBARD C., *L'eugénisme, la science et le droit*, Paris, PUF, coll. Partage du savoir, 2001.

BACHIR M., *Sagesse et politique. L'impact des comités de sages sur les modes d'action et de légitimation politiques,* Thèse de Doctorat de Science politique, soutenue le 26 janv. 1994, Université d'Amiens, dactylographiée.

BARON C. H., *Droit constitutionnel et bioéthique. L'expérience américaine,* Paris - Aix-en-Provence, Economica - PUAM, coll. Droit public positif, 1997.

BAYLE F., *Croix gammée contre caducée. Les expériences humaines en Allemagne pendant la deuxième guerre mondiale,* Neustadt (Palatinat), Commission scientifique française des crimes de guerre, 1950.

BECHILLON de D., *Qu'est-ce qu'une règle de droit ?* , Paris, O. Jacob, 1997.

BEIGBEDER Y., *Le rôle international des organisations non gouvernementales,* Bruxelles - Paris, Bruylant - LGDJ, coll. Axes, 1992.
BEIGBEDER Y., *L'OMS,* Paris, PUF, 1997.
BENASSAYAG M., COMTE-SPONVILLE A., FARHI D., HURIET C., KHAYAT D., SPIRE A., TERNON Y., *De Nuremberg à la loi Huriet. Essais thérapeutiques et recherches médicales,* Paris, Ellipses, coll. Vous avez dit santé ? , 2001.
BERGEL J-L. (sd.), *Droit et déontologies professionnelles,* Aix-en-Provence, Librairie de l'Université, coll. Ethique et déontologie, 1997.
BERGEL J-L., *Méthodologie juridique*, Paris, PUF, Thémis, Droit privé, 2001.
BERGERES M-C., *Contentieux communautaire,* Paris, PUF, coll. Droit fondamental, 1998.
BERNARD C., *Introduction à l'étude de la médecine expérimentale,* Paris, Flammarion, 1ère éd. 1865, 1984.
BERNARD J., *De la biologie à l'éthique. Nouveaux pouvoirs de la science, nouveaux devoirs de l'homme,* Paris, Buchet-Chastel, coll. Pluriel, 1990.
BERNARD M., QUENTIN J., *L'avant-garde des consommateurs,* Paris, Les Editions ouvrières, 1975.
BERTRAND C., *L'agrément en droit public*, Presses universitaires de la Faculté de droit Université d'Auvergne, LGDJ, 1999.
BETTATI M., DUPUY P-M. (sd), *Les ONG et le droit international,* Paris, Economica, coll. Droit international, 1986.
BINET J-R., *Droit et progrès scientifique, science du droit, valeurs et biomédecine*, Paris, PUF, coll. Partage du savoir, 2002.
BOURGEAULT G., *L'éthique et le droit face aux nouvelles technologies bio-médicales,* Bruxelles, De Boeck Université, coll. Sciences-éthiques-sociétés, 1990.
BROWN WEISS E., *Justice pour les générations futures*, Paris, Ed. Sang de la terre, 1993.
BURBAN J-L., *Le Conseil de l'Europe,* Paris, PUF, QSJ, 2ème éd., 1993.
BYK C., MEMETEAU G., *Le droit des comités d'éthique,* Paris-Lyon, Ed. ESKA-A. Lacassagne, 1996.
CADIET L., LABRUSSE-RIOU C., de LAMBERTERIE I., *Santé, marché, droits de l'homme*, Paris, Dalloz, Thèmes et commentaires, 1996.
CALMES S., *Du principe de protection de la confiance légitime en droits allemand, communautaire et français,* Paris, Dalloz, coll. Nouvelle bibliothèque de thèses, 2001.

CAMBOT P., *La protection constitutionnelle de la liberté individuelle en France et en Espagne*, Paris, Economica, coll. Droit public positif, 1998.
CANTO-SPERBER M., *L'inquiétude morale et la vie humaine,* Paris, PUF, 2001.
CANTO-SPERBER M. (sd.), *Dictionnaire d'éthique et de philosophie morale*, Paris, PUF, 1996.
CARBONNIER J., *Essais sur les lois,* Paris, Répertoire du notariat Defrénois, 2ème éd., 1995.
CARBONNIER J., *Sociologie juridique,* Paris, PUF, Quadrige, 1994.
CARBONNIER J., *Flexible droit. Pour une sociologie du droit sans rigueur*, Paris, LGDJ, 10ème éd., 2001.
CARBONNIER J., *Droit civil, Les personnes*, t. 1, Paris, PUF, Thémis Droit privé, 21ème éd., 2000.
CAYLA O., THOMAS Y., *Du droit de ne pas naître, à propos de l'affaire Perruche*, Paris, Gallimard, coll. Le débat, 2002.
CHAMORAND E., *Le système de santé américain. Poids du passé et perspectives,* Paris, La doc. fr., coll. Notes et études documentaires, n°5030, vol. 5, 1996.
CANGUILHEM G., *Etudes d'histoire et de philosophie des sciences,* Paris, Librairie philosophique J. Vrin, coll. Problèmes et controverses, 1968.
CHANGEUX J-P. (sd.), *Une même éthique pour tous ?* , Paris, Ed. Odile Jacob, 1997.
CHANGEUX J-P. (sd.), *Les fondements naturels de l'éthique,* Paris, Ed. Odile Jacob, 1993.
CHAPUS R., *Droit administratif général*, t. 1, Paris, Montchrestien, Domat Droit public, 15ème éd., 2001.
CHEVALLIER J., *L'Etat de droit*, Paris, Montchrestien, Clefs, 1999.
CHEVALLIER J., *L'Etat post-moderne*, Paris, LGDJ, Droit et société, série politique, 2003.
CIBRIE P., *L'Ordre des médecins*, Paris, Laboratoires Midy, 1935.
CLAM J., MARTIN G. (sd.), *Les transformations de la régulation juridique,* Paris, LGDJ, coll. Droit et société, 1998.
COHEN-TANUGI L., *La métamorphose de la démocratie,* Paris, Ed. Odile Jacob, 1989.
COHEN-TANUGI L., *Le droit sans l'Etat, sur la démocratie en France et en Amérique*, Paris, PUF, Recherches politiques, 1985.
COLLIARD C-A., TIMSIT G. (sd.), *Les autorités administratives indépendantes*, Paris, PUF, coll. Les voies du droit, 1988.

COMBACAU J., SUR S., *Droit international public,* Paris, Montchrestien, coll. Domat Droit public, 4ème éd., 1999.
COMMAILLE J., *L'esprit sociologique des lois,* Paris, PUF, coll. Droit-éthique-société, 1994.
CORNU G., *Vocabulaire juridique*, Paris, PUF, 2000.
CORNU G., *Droit civil, Introduction, les personnes, les biens*, t. 1, Paris, Montchrestien, Domat Droit privé, 9ème éd., 1999.
COTTEREAU A., LADRIERE P. (sd.), *Pouvoir et légitimité. Figures de l'espace public*, Paris, EHESS, coll. Raisons pratiques, 1992.
DABIN J., *Théorie générale du droit*, Paris, Dalloz, coll. Philosophie du droit, 3ème éd., 1969.
DAVID R., JAUFFRET-SPINOSI C., *Les grands systèmes de droit contemporain*, Dalloz, Précis, 10ème éd., 1992.
DEBRAY-RITZEN P., *Claude Bernard ou un nouvel état de l'humaine raison,* Paris, Albin Michel, 1992.
DELFOSSE M-L., *L'expérimentation médicale sur l'être humain. Construire les normes, construire l'éthique,* Bruxelles, Ed. De Boeck Université, coll. Sciences-éthiques-sociétés, 1993.
DELFOSSE M-L. (sd.), *Les comités de la recherche biomédicale. Exigences éthiques et réalités institutionnelles,* Belgique, Namur, Presses universitaires de Namur, coll. Travaux de la Faculté de droit de Namur, 1997.
DELMAS-MARTY M., *Pour un droit commun,* Paris, Ed. du Seuil, coll. La librairie du XXe siècle, 1994.
DELMAS-MARTY M., *Trois défis pour un droit mondial*, Paris, Ed. du Seuil, Essais, 1998.
DEVANT P., PLASSERAUD R., GUTMAN R. , JACQUELIN H., LEMOINE M., *Brevets d'invention,* Paris, Dalloz, coll. Manuel Dalloz de droit usuel, 4ème éd., 1971.
DIJON X., *Droit naturel*, t. 1, Les questions du droit, Paris, PUF, coll. Thémis Droit privé, 1998.
DOMENACH J-M., *Approches de la modernité,* Paris, Ecole Polytechnique, Ellipses, 1986.
DOUCET H., *Au pays de la bioéthique. L'éthique biomédicale aux Etats-Unis,* Genève, Ed. Labor et Fides, coll. Le champ de l'éthique, 1996.
DRAGO G., *Contentieux constitutionnel français*, Paris, coll. Thémis, 1ère éd., 1998.
DRUET P-P., KEMP P., THILL G., *Technologies et sociétés,* Paris, Galilée, coll. R. C., 1980.

DUBOUIS L. (sd.), *Déontologie et santé,* Paris, Dalloz, coll. Droit sanitaire et social, série Professions, 1997.
DUGUIT L., *Traité de droit constitutionnel*, t. 1, 3ème éd., Paris, Ed. de Boccard, 1927.
DUPRAT J-P. (sd.), *Jeux de normes dans la recherche biomédicale*, Paris, Publications de la Sorbonne, coll. Droit économique, 2002.
DUPUY P-M., *Droit international public,* Paris, Dalloz, coll. Précis, 4ème éd., 1998.
DURAND G., *Introduction générale à la bioéthique. Histoire, concepts et outils,* Paris, Ed. du Cerf, 1999.
DURAND G., *La bioéthique. Nature, principes, enjeux,* Paris, Ed. du Cerf, coll. BREF, 1989.
DURAND DE BOUSINGEN D., ROGERS A., *Une bioéthique pour l'Europe,* Strasbourg, Ed. Conseil de l'Europe, 1995.
DURR H-P, *De la science à l'éthique*, Paris, Albin Michel, coll. Sciences d'aujourd'hui, 1994.
EDELMAN B. et HERMITTE M-A. (sd.), *L'homme, la nature et le droit,* Paris, Ed. Christian Bourgeois, 1988.
EDELMAN B., *La personne en danger*, Paris, PUF, coll. Doctrine juridique, 1999.
ELLUL J., *Le système technicien,* Paris, Calmann-Lévy, coll. Liberté de l'esprit, 1977.
ENGELHARDT H. T., *The foundations of bioethics,* Oxford-New-York, Oxford University Press, 1986.
ETCHEGOYEN A., *La valse des éthiques,* Paris, Ed. François Bourin, 1991.
FAGOT-LARGEAULT A., *L'homme bio-éthique. Pour une déontologie de la recherche sur le vivant,* Paris, Ed. Maloine, coll. Recherches interdisciplinaires, 1985.
FAGOT-LARGEAULT A., *Les causes de la mort. Histoire naturelle et facteurs de risque,* Paris, Ed. Librairie philosophique J. Vrin, coll. Science-histoire-philosophie, 1989.
FAVOREU L., GAIA P., GHEVONTIAN R., MESTRE J-L., PFERSMANN O., ROUX A., SCOFFONI G., *Droit constitutionnel*, Paris, Dalloz, Précis, Droit public, 5ème éd., 2002.
FAVOREU L., GAIA P., GHEVONTIAN R., MESTRE J-L., PFERSMANN O., ROUX A., SCOFFONI G., *Droit des libertés fondamentales*, Paris, Dalloz, coll. Précis, Droit public Science politique, 2ème éd., 2002.

FELDSTEIN P. J., *Analyse économique de la santé, Health care economics,* Paris, Ed. Seillans, coll. Politiques et Technologies, 1992.
FELTZ B., *La science et le vivant, Introduction à la philosophie des sciences de la vie,* Bruxelles, Ed. De Boeck Université, coll. Sciences-éthiques-sociétés, 2003.
FERROUL Y., DRIZENKO A., BOURY D., *Médecin et Médecine, Manuel d'introduction à l'étude de l'histoire de la médecine,* Paris, Honoré Champion, coll. Essais sur le Moyen-Age, 1997.
FEUILLET-LE MINTIER B. (sd.), *Les lois « bioéthique» à l'épreuve des faits, Réalités et perspectives*, Paris, PUF, coll. Droit et justice, 1999.
FEUILLET-LE MINTIER B. (sd.), *Normativité et biomédecine*, Paris, Economica, coll. Etudes juridiques, 2003.
FLOUR J., AUBERT J-L., *Les obligations, L'acte juridique,* Paris, Armand Colin, coll. U, série Droit privé, 11ème éd., 2004.
FRAYSSE O. (sd), *La crise du système de santé aux Etas-Unis,* Paris, La doc. fr., coll. Problèmes politiques et sociaux, n°744, 1995.
FREUND J., *Politique et impolitique,* Paris, Sirey, coll. Philosophie politique, 1987.
GAUDIN H. (sd), *Droit constitutionnel, droit communautaire, vers un respect réciproque mutuel ?*, Paris - Aix-en-Provence, Economica - PUAM, coll. Droit public positif, 2001.
GENEVOIS B., *La jurisprudence du Conseil constitutionnel, principes directeurs*, Paris, STH, 1988.
GHESTIN J., GOUBEAUX G., FABRE-MAGNAN M., *Traité de droit civil. Introduction générale*, Paris, LGDJ, 4ème éd., 1994.
GIRAUD A., JOLLY D. (sd.), *Le consensus en médecine. Analyse et bilan des conférences de consensus dans le monde,* Paris, Doin, coll. Les dossiers de l'AP-HP, 1991.
GODARD O. (sd.), *Le principe de précaution dans la conduite des affaires humaines*, Paris, MSH - INRA, 1997.
GOUNOT E., *Le principe de l'autonomie de la volonté en droit privé. Contribution à l'étude critique de l'individualisme juridique,* Paris, Ed. Arthur Rousseau, 1912.
GOUREVITCH D. (es.), *Hippocrate. De l'art médical,* Paris, Librairie Générale Française, coll. Bibliothèque classique, 1994.
GOYARD-FABRE S., *Qu'est-ce que la démocratie ? La généalogie philosophique d'une grande aventure humaine*, Paris, Armand Colin, coll. U, Philosophie, 1998.
GOYARD-FABRE S., *Les fondements de l'ordre juridique,* Paris, PUF, coll. L'interrogation philosophique, 1992.

GREWE C., RUIZ FABRI H., *Droits constitutionnels européens*, Paris, PUF, coll. Droit fondamental, Droit politique et théorique, 1995.
GROS F., JACOB F., ROYER P., *Sciences de la vie et société,* Rapport présenté à Mr le Président de la République, Paris, La doc. fr., Points, coll. Actuels, 1979.
GROS F. (sd.), *Les sciences du vivant. Ethique et société*, Paris, Odile Jacob, 2001.
GROUPE DE FONCTIONNAIRES, *Manuel du Conseil de l'Europe. Structure, fonctionnement, réalisations,* Ouvrage rédigé par un groupe de fonctionnaires du Secrétariat, Paris, A. Pedone, 1970.
GUILLAUME-HOFFNUNG M. (sd.), *Droits des malades. Vers une démocratie sanitaire ?* , Paris, La doc. fr., Problèmes politiques et sociaux, n°885, fév. 2003.
HABERMAS J., *La technique et la science comme « idéologie »,* Paris, Denoël, 1984.
HABERMAS J., *Raison et légitimité, Problèmes de légitimation dans le capitalisme avancé,* Paris, Payot, 1978.
HABERMAS J., *De l'éthique de la discussion,* Paris, Ed. du Cerf, coll. Passages, 1992.
HABERMAS J., *L'espace public,* Paris, Payot, coll. Critique de la politique, 1993.
HABERMAS J., *Droit et démocratie. Entre faits et normes,* Paris, Gallimard, coll. Nrf Essais, 1997.
HABERMAS J., *L'intégration républicaine. Essais de théorie politique,* Paris, Fayard, 1998.
HABERMAS J., *L'avenir de la nature humaine. Vers un eugénisme libéral ?,* Paris, Gallimard, Nrf Essais, 2002.
HENNETTE-VAUCHEZ S., *Disposez de soi ? Une analyse du discours sur les droits de la personne sur son corps*, Paris, L'Harmattan, coll. Logiques juridiques, 2004.
HERZOG J-B., *Nuremberg un échec fructueux?,* Paris, LGDJ, coll. Bibliothèque de sciences criminelles, 1975.
HOERNI B., *Ethique et déontologie médicale,* Paris, Masson, coll. Abrégés, 2ème éd., 2000.
HORKEIMER M., *Eclipse de la raison,* Paris, Payot, coll. Critique de la politique, 1974.
HOTTOIS G. (ed.), *Aux fondements d'une éthique contemporaine, H. Jonas et H. T. Engelhardt,* Paris, Librairie philosophique J. Vrin, coll. Problèmes et controverses, 1993.

HOTTOIS G., *Le paradigme bioéthique, une éthique pour la technoscience,* Bruxelles, De Boeck Université, coll. Sciences-éthiques-sociétés, 1990.
HOTTOIS G., *Essais de philosophie bioéthique et biopolitique,* Paris, Librairie philosophique J. Vrin, coll. Pour demain, 1999.
HOTTOIS G., PARIZEAU M-H., *Les mots de la bioéthique. Un vocabulaire encyclopédique,* Bruxelles, De Boeck, 1993.
HUBER G., BYK C. (sd.), *La bioéthique au pluriel. L'homme et le risque biomédical,* Montrouge, John Libbey Eurotext, coll. Ethique et sciences, 1996.
JANICAUD D. (textes présentés et recueillis par), *Les pouvoirs de la science, un siècle de prise de conscience*, Paris, Librairie philosophique J. Vrin, coll. Problèmes et controverses, 1987.
JOLOWICZ J. A. (sd.), *Droit anglais,* Paris, Dalloz, coll. Précis, 2ème éd., 1992.
JONAS H., *Le principe responsabilité. Une éthique pour la civilisation technologique,* Paris, Ed. du Cerf, 1990.
JOUANNA J., *Hippocrate,* Paris, Fayard, 1992.
JUHEL-RENOY, *Vie professionnelle et devoirs du médecin*, Paris, Octave Doin, 1892.
KANT E., *Fondements de la métaphysique des mœurs*, Paris, Delagrave, 1952.
KELSEN H., *La démocratie. Sa nature - sa valeur,* Paris, Economica, coll. Classiques, Série Politique et constitutionnelle, 1988.
KELSEN H., *Théorie générale des normes,* Paris, PUF, coll. Léviathan, 1996.
KELSEN H., *Théorie pure du droit,* Paris, LGDJ, coll. La pensée juridique, 1999.
KOURILSKI P., *Les artisans de l'hérédité,* Paris, Odile Jacob, 1987.
KOURILSKI P., VINEY G., *Le principe de précaution*, Rapport au Premier ministre, Paris, Odile Jacob, La doc. fr., 2000.
LABRUSSE-RIOU C. (sd.), *Le droit saisi par la biologie, des juristes au laboratoire*, Paris, LGDJ, Bibliothèque de droit privé, 1996.
LAJEUNESSE Y., SOSOE L. K., *Bioéthique et culture démocratique*, Montréal - Paris, Ed. L'Harmattan, 1996.
LALANDE A., *Vocabulaire technique et critique de la philosophie,* Paris, PUF, 18ème éd., 1996.
LAZARD J., *Sociologie de la communication de masse,* Paris, Armand Colin, coll. U, série Sociologie, 1991.

LE BRIS S., *Les instances nationales d'éthique,* Strasbourg, Ed. Conseil de l'Europe, 1993.
LECLERCQ C., *Le principe de la majorité*, Paris, Librairie Armand Colin, coll. U, Série Droit public interne, 1971.
LEGENDRE P., *Sur la question dogmatique en Occident, Aspects théoriques,* Paris, Fayard, 1999.
LENOBLE J., *Droit et communication. La transformation du droit contemporain,* Paris, Ed. du Cerf, coll. Humanités, 1994.
LENOIR N., MATHIEU B., *Les normes internationales de la bioéthique,* Paris, PUF, coll. QSJ, 1998.
LENOIR N., MATHIEU B. et MAUS D. (sd.), *Constitution et éthique biomédicale*, Paris, La doc. fr., 1998.
LEVY-ULLMANN H., *Le système juridique de l'Angleterre,* Paris, Ed. Panthéon-Assas, coll. Les introuvables, 1999.
LIPOVETSKY G., *Le crépuscule du devoir*, Paris, Gallimard, Nrf essais, 1992.
LIVET P., *L'autorisation administrative préalable et les libertés publiques,* Paris, LGDJ, coll. Bibliothèque de droit public, 1974.
LOCHAK D., *Les droits de l'homme,* Paris, La découverte, coll. Repères, 2002.
LOQUIN E., *L'amiable composition en droit comparé et international. Contribution à l'étude du non - droit dans l'arbitrage commercial,* Paris, LGDJ, coll. Travaux du centre de recherches sur le droit des marchés, 1980.
LUHMANN N., *La légitimation par la procédure,* Paris, Ed. du Cerf, 2001.
MATHIEU B., *Génome humain et droits fondamentaux,* Paris - Aix-en-Provence, Economica - PUAM, coll. Droit public positif, 2000.
MATHIEU B., *La loi*, Paris, Dalloz, coll. Connaissance du droit, 1996.
MATHIEU B., VERPEAUX M., *Contentieux constitutionnel des droits fondamentaux,* Paris, LGDJ, Manuel, 2002.
MARGUENAUD J-P., *La Cour européenne des droits de l'homme,* Paris, Dalloz, coll. Connaissance du droit, 1997.
MARTIN E., *Précis de déontologie et de médecine professionnelle,* Paris, Masson et Cie, 2ème éd., 1923.
MAUS D. (sd.), *La Constitution face à l'Europe,* Paris, La doc. fr., coll. Droit et démocratie, 2000.
MAYOR F., FORTI A., *Science et pouvoir*, Paris, Ed. UNESCO - Maisonneuve§Larose, coll. Défis, 1996.

MEMETEAU G., *Le droit médical*, Paris, Litec, coll. Jurisprudence française, 1985.
MEMMI D., *Les gardiens du corps. 10 ans de magistère bioéthique,* Paris, EHESS, 1996.
MENDRAS H. (sd.), *La sagesse et le désordre. France 1980,* Paris, Gallimard, coll. Bibliothèque des sciences humaines, 1980.
MERLE M., *Les acteurs dans les relations internationales,* Paris, Economica, coll. Politique comparée, 1986.
MEYROWITZ H., *La répression par les tribunaux allemands des crimes contre l'humanité et de l'appartenance à une organisation criminelle en application de la Loi n°10 du Conseil de Contrôle Allié,* Paris, LGDJ, coll. Bibliothèque de droit international, 1960.
MIAILLE M. (sd.), *La régulation entre droit et politique,* Paris, L'Harmattan, 1995.
MILLON-DELSOL C., *Le principe de subsidiarité,* Paris, PUF, coll. QSJ, 1993.
MISRAHI R., *La signification de l'éthique. Pour l'application de l'éthique aux problèmes de la vie et de la santé,* Le Plessis-Robinson, Ed. Synthélabo, coll. Les empêcheurs de penser en rond, 1995.
MOINE I., *Les choses hors commerce. Une approche de la personne humaine juridique*, Paris, LGDJ, Bibliothèque de droit privé, 1997.
MORAND C-A. (sd.), *Evaluation législative et lois expérimentales,* Aix-en-Provence, PUAM, 1993.
MORAND C-A., *Le droit néo-moderne des politiques publiques*, Paris, LGDJ, Droit et société, 1999.
MOREAU P-Y., *La notion de délibération en droit constitutionnel français*, Thèse pour le Doctorat en Droit public, soutenue le 18 déc. 1999, Limoges, dactylographiée.
MORET-BAILLY J., *Les déontologies*, Aix-en-Provence, PUAM, 2001.
MOTULSKY H., *Principes d'une réalisation méthodique du droit privé (la théorie des éléments générateurs des droits subjectifs),* Paris, Recueil Sirey, 1948.
MOUFFE C., *Le politique et ses enjeux. Pour une démocratie plurielle,* Paris, La découverte, coll. Recherches, 1994.
MOUGEOT M., *Systèmes de santé et concurrence*, Paris, Economica, 1994.
MOULIN M. (sd.), *Contrôler la science ? La question des comités d'éthique,* Bruxelles, De Boeck Université, coll. Sciences-éthiques-sociétés, 1990.

MULLER-HILL B., *Science nazie, science de mort. L'extermination des juifs, des tziganes et des malades mentaux de 1933 à 1945,* Ed. Odile Jacob, Paris, 1989.
MUMFORD L., *Le mythe de la machine,* Paris, Fayard, coll. Le phénomène scientifique, 1974.
NEIRINCK C. (sd.), *De la bio-éthique au bio-droit,* Paris, LGDJ, coll. Droit et société, 1994.
NICOLEAU P., *Dicojuris, lexique de droit privé,* Paris, Ed. Ellipses, 1996.
NICOLLE C., *L'expérimentation en médecine,* Paris, Librairie Félix Alcan, 1934.
OLFF-NATHAN J. (sd.), *La science sous le Troisième Reich, Victime ou alliée du nazisme ?* , Paris, Ed. du Seuil, 1993.
OST F., VAN de KERCHOVE M., *Le système juridique entre ordre et désordre*, Paris, PUF, coll. Les voies du droit, 1988.
PARIZEAU M-H. (sd.), *Les fondements de la bioéthique,* Bruxelles, De Boeck université, coll. Sciences-éthiques-sociétés, 1992.
PERELMAN C., *Ethique et droit,* Bruxelles, Ed. de l'Université de Bruxelles, 1990.
PHILIPPE X., *Le contrôle de proportionnalité dans les jurisprudences constitutionnelle et administrative françaises,* Paris - Aix-en-Provence, Economica - PUAM, coll. Science et Droit Administratifs, 1990.
PIC de la MIRANDOLE J., *Discours sur la dignité de l'homme*, Paris, Garin, 1942.
PORTELLA E. (sd.), *Entre savoirs. L'interdisciplinarité en acte : enjeux, obstacles, perspectives,* Toulouse, Ed. Erès, 1992.
PROELLOCHS P., SCHULTHESS D., *Y a t-il des limites éthiques à la recherche scientifique ?* , Genève, Ed. Médecine et Hygiène, coll. Cahiers médico-sociaux, 2000.
QUERE F., *L'éthique et la vie,* Paris, Ed. Odile Jacob, 1991.
QUOC DINH N., DAILLIER P., PELLET A., *Droit international public,* Paris, LGDJ, 6ème éd., 1999.
RAWLS J., *Justice et démocratie,* Paris, Seuil, coll. La couleur des idées, 1993.
RESWEBER J-P., *La méthode interdisciplinaire,* Paris, PUF, coll. Croisées, 1981.
REVET T. (sd.), *L'inflation des avis en droit,* Paris, Economica, coll. Etudes juridiques, 1998.
RIALS S., *Le juge administratif français et la technique du standard,* Paris, LGDJ, Bibliothèque de droit public, 1980.

RICOEUR P., *Soi-même comme un autre,* Paris, Seuil, coll. L'ordre philosophique, 1990.
RIGAUX F., *La protection de la vie privée et des autres biens,* Bruxelles, Bruylant, coll. Bibliothèque de la Faculté de droit de l'Université catholique de Louvain, 1990.
RIPERT G., *Les forces créatrices du droit*, Paris, LGDJ, 2ème éd., 1955.
RIVERO J., *Les libertés publiques*, t. 1, Paris, PUF, Thémis Droit public, 7ème éd., 1995.
ROELANTS du VIVIER A., *L'AMM,* Mémoire dactylographié, DEA Droit de la santé, Bordeaux I, 1981.
ROMANO S., *L'ordre juridique*, Paris, Dalloz, 1975.
ROOSE de F., VAN PARIJS P., *La pensée écologiste,* Bruxelles, De Boeck Université, coll. Sciences- éthiques-sociétés, 1991.
ROSANVALLON P., *Le peuple introuvable. Histoire de la représentation démocratique en France,* Paris, Gallimard, coll. Bibliothèque des histoires, 1998.
ROUSSEAU D. (sd.), *La démocratie continue,* Paris, LGDJ - Bruylant, coll. La pensée juridique moderne, 1995.
ROUSSEAU D., *Droit du contentieux constitutionnel,* Paris, Montchrestien, coll. Domat Droit public, 5ème éd., 1999.
ROUSSEAU J-J., *Œuvres complètes,* t. III, Paris, Gallimard, 1964.
ROY D. J., WILLIAM J. R., DICKENS B. M., BAUDOIN J-L., *La bioéthique, ses fondements et ses controverses,* Canada, Ed. du renouveau pédagogique, 1995.
RUSS J., *La marche des idées contemporaines. Un panorama de la modernité,* Paris, A. Colin, 1994.
SAINT-JAMES V., *La conciliation des droits de l'homme et des libertés en droit public français,* Paris, PUF, coll. Publications de la Faculté de droit de l'Université de Limoges, 1995.
SALOMON J J., *Science et Politique*, Paris, Economica, 1989.
SAUVAT C., *Le comité consultatif national d'éthique,* Aix-en-Provence, PUAM, 1999.
SAVATIER R., AUBY J-M., SAVATIER J., PEQUIGNOT H., *Traité de droit médical,* Paris, Librairies techniques, 1956.
SCHAEGIS C., *Progrès scientifique et responsabilité administrative*, Paris, Ed. CNRS, coll. CNRS Droit, 1998.
SERIAUX A., *Le droit, une introduction,* Paris, Ellipses, 1997.
SERIAUX A. (sd.), *Le droit, la médecine et l'être humain : propos hétérodoxes sur quelques enjeux vitaux du XXI ème siècle,* Aix-en-Provence, PUAM, 1996.

SEVE L., *Pour une critique de la raison bioéthique*, Paris, Ed. Odile Jacob, 1994.
SEVE L., *Recherche biomédicale et respect de la personne humaine*, Paris, La doc. fr., 1988.
SEVERINO C., *La doctrine du droit vivant,* Paris - Aix-en-Provence, Economica - PUAM, coll. Droit public positif, 2003.
SICARD D. (sd.), *Travaux du Comité consultatif national d'éthique, 20ème anniversaire,* Paris, PUF, Quadrige, 2003.
SINTOMER Y., *La démocratie impossible ? Politique et modernité chez Weber et Habermas,* Paris, La Découverte, coll. Armillaire, 1999.
SLAMA A.G., *La régression démocratique,* Paris, Fayard, 1995.
SUDRE F., *Droit international et européen des droits de l'homme*, PUF, coll. Droit fondamental, Droit international, 5ème éd., 2001.
SUR S., *Relations internationales,* Paris, Montchrestien, coll. Domat Politique, 1995.
SUR S., *La coutume internationale,* extrait du Juris-Classeur Droit international, Paris, Litec, 1990, fasc. 13.
TAGUIEFF P-A., *L'effacement de l'avenir,* Paris, Galilée, 2000.
TERRE F., *Introduction générale au droit,* Paris, Dalloz, Précis, 5ème éd., 2000.
THOMAS J-P., *Misère de la bioéthique. Pour une morale contre les apprentis sorciers*, Paris, Ed. Albin Michel, 1990.
THUILLIER P., *La grande implosion. Rapport sur l'effondrement de l'Occident 1999-2002,* Paris, Fayard, 1995.
TIMSIT G., *Archipel de la norme,* Paris, PUF, Les voies du droit, 1997.
TIMSIT G., *Les figures du jugement*, Paris, PUF, Les voies du droit, 1993.
TOURAINE A., *Critique de la modernité,* Paris, Fayard, 1992.
TOURAINE A., *Université et société aux Etats-Unis,* Paris, Ed. du Seuil, coll. Sociologie, 1972.
TREBUCHET A., *Jurisprudence de la médecine, de la chirurgie et de la pharmacie en France*, Ed. J. B. Baillière, 1834.
TROPER M., *Pour une théorie juridique de l'Etat*, Paris, PUF, Léviathan, 1994.
VEDEL G., DELVOLVE P., *Droit administratif,* t. 2, Paris, PUF, Thémis, 12ème éd., 1992.
VILLIERS M. de (sd.), *Droit public général*, Paris, Ed. du Juris-Classeur, 2ème éd., 2003.
VIRALLY M., *La pensée juridique*, Paris, LGDJ - Panthéon-Assas, coll. Les introuvables, 1998.

WEBER M., *Le savant et le politique,* Paris, Librairie Plon, 1959.
WEBER Y., *L'administration consultative,* Paris, LGDJ, coll. Bibliothèque de droit public, 1968.
WIEVIORKA M., *L'Etat, le patronat et les consommateurs. Etude du mouvement des consommateurs,* Paris, PUF, coll. Politiques, 1977.
XYNOPOULOS G., *Le contrôle de proportionnalité dans le contentieux de la constitutionnalité et de la légalité en France, Allemagne et Angleterre,* Paris, LGDJ, Bibliothèque de droit public, 1995.
ZAGREBELSKY G., *Le droit en douceur,* Paris - Aix-en-Provence, Economica - PUAM, coll. Droit public positif, 2000.
ZOLLER E., *Grands arrêts de la Cour suprême des Etats-Unis,* Paris, PUF, coll. Droit fondamental, série Droit politique et théorique, 2000.

ARTICLES et CHRONIQUES

ABEILLE J-F., « Bioéthique. Faut-il légiférer ? », *RRJ*, 1994-1, p. 17.
ALBERT A., « Vers une interdiction mondiale du clonage des êtres humains ? », in *Le clonage*, A. McLaren (sd.), Strasbourg, Ed. Conseil de l'Europe, 2002, p. 175.
ALTAVILLA A., « L'Europe face à la recherche sur les cellules souches : enjeux éthiques et juridiques », *RGDM*, n°14, 2004, p. 159.
AMBROSELLI C., « Comité d'éthique : histoire d'un défi », *Autrement,* Le défi bioéthique. La médecine entre l'espoir et la crainte, Série mutations, n°120, 1991, p. 96.
AMSELEK P., « Norme et loi », *APD,* t. 25, La Loi, 1980, p. 89.
- « L'évolution générale de la technique juridique dans les sociétés occidentales », *RDP,* 1982-1, p. 273.
- « A propos de la théorie kelsénienne de l'absence de lacunes dans le droit » *APD,* t. 33, 1988, p. 283.
- « Le rôle de la volonté dans l'édiction des normes juridiques selon Hans Kelsen », *RRJ*, 1999-1, p. 37.
ANCEL M., « Rapprochement, unification ou harmonisation des droits ? », in *Mélanges dédiés à Gabriel Marty,* Toulouse, Université des Sciences sociales, 1978, p. 1.
ANRYS H., « L'éthique médicale et les droits de l'homme », in *La santé face aux droits de l'homme, à l'éthique et aux morales,* Réseau européen de coopération scientifique Médecine et Droits de l'homme (es.), Strasbourg, Ed. Conseil de l'Europe, 1996, p. 55.

ARNOLD P., SPRUMONT D., « The « Nuremberg Code » : rules of public international law », in *Ethics codes in medicine,* England, Ed. Ashgate, p. 84.
ARNOUX I., « La fonction éthique dans les comités d'éthique hospitaliers : la situation française », *RGDM,* n°5, 2001, p. 9.
ARORA A., FOSFURI A., GAMBARDELLA A., « Les marchés de technologies dans l'économie du savoir », *RISS,* n°171, mars 2002, p. 129.
ATIAS C., « Rapport entre éthique et droit », in *Bioéthique : de l'éthique au droit, du droit à l'éthique,* Zürich, Institut suisse de droit comparé, 1997, p. 217.
ATLAN H., « Comités d'éthique et démocratie », *Raison présente,* n°105, 1993, p. 149.
AUBY J-B., « Prescription juridique et production juridique », in *Normes juridiques et régulation sociale,* F. CHAZEL et J. COMMAILLE (sd.), Paris, LGDJ, coll. Droit et société, 1991, p. 159.
- « La bataille de San Romano. Réflexions sur les évolutions récentes du droit administratif », *AJDA*, 2001, p. 912.
AUBY J-M., « Le régime juridique des avis dans la procédure administrative », *AJDA,* 1956, p. 53.
- « La loi du 20 déc. 1988 relative à la protection des personnes qui se prêtent à des recherches biomédicales », *JCP*, 1989-I, 3384.
- « L'autorité judiciaire gardienne du corps humain ? », in *Mélanges en hommage à Roland Drago*, *L'unité du droit*, Paris, Economica, 1996, p. 353.
AUMONIER N., avec la coll. d'A. FAGOT-LARGEAULT, « L'éthique consensuelle au CCNE » », *Communio,* n°XVIII, 5, p. 72.
AUTIN J-L., « Du juge administratif aux autorités administratives indépendantes : un autre mode de régulation », *RDP,* 1988-2, p. 1213.
AYNES L., GAUTIER P-Y., TERRE F., « Antithèse de « l'entité » (A propos d'une opinion sur la doctrine », *D.,* Chr., 1997, p. 229.
AZOULAI M., JOUANNET P., « Entretien avec J-P. Chevènement », *Autrement,* Ethique corps et âme, n°93, 1987, p. 72.
BACHIR M., « Le comité consultatif national d'éthique dans l'espace public », *Quaderni,* n°29, 1996, p. 91.
- « Lois de sages et sagesse des légistes. L'énonciation du droit en matière de bioéthique (1983-1992) et d'immigration (1987-1993) », in *Le droit administratif en mutation,* CURAPP, PUF, 1993, p. 231.
BAECHLER J., « Essais de définition », *Pouvoirs,* Le consensus, n°5, 1978, p. 21.

BAGHESTANI-PERREY L., « Le principe de précaution : nouveau principe fondamental régissant les rapports entre le droit et la science », *D.*, Chr., 1999, p. 457.
- « La valeur juridique du principe de précaution », in *Revue juridique de l'environnement,* n°spécial, Le principe de précaution, 2000, p. 19.
BARBIER M., « Esquisse d'une théorie de la laïcité », *Le Débat,* n°77, nov. - déc. 1993, p. 73.
BARRAL E., « Problématiques économiques et juridiques des médicaments de biotechnologie », in *Santé et systémique,* vol. 5, n°1 - 2, 2001, p. 43.
BARREAU H., « La loi morale fondement du droit », *Ethique,* n°22, 1996-4, p. 11.
BAUDOIN J-L., « Quelques réflexions sur la reconnaissance du droit à la santé dans les systèmes internationaux et régionaux des droits de la personne », *JIB*, vol. 9, n°3, 1998, p. 69.
BECHILLON de D., « La valeur anthropologique du Droit. Eléments pour reprendre un problème à l'envers », *RTDC,* 1995, p. 835.
- « Porter atteinte aux catégories anthropologiques fondamentales ? », *RTDC*, 2002, p. 47.
BEDJAOUI M., « Le droit à la santé, espoirs, réalités, illusions », *JIB*, vol. 9, n°3, 1998, p. 33
BEECHER H. K., « Ethics and clinical research », *NEJM,* n°24, 1966, p. 1354.
BEER de P., « Médecins et patients américains dénoncent la « médecine de marché » », *Le Monde,* 26 nov. 1999.
BEIGNER B., « Hiérarchie des normes et hiérarchie des valeurs. Les principes généraux du droit et la procédure civile », in *Etudes offertes à P. Catala*, Paris, Litec, 2001, p. 153.
BELANGER M., « Origine et histoire du concept de santé en tant que droit de la personne », *JIB,* vol. 9, n°3, 1998, p. 57.
- « Le système d'Oviedo et l'établissement d'un nouvel ordre européen de la bioéthique », *JIB*, vol. 15, n°2-3, 2004, p. 85.
BENKIMOUN P., « Le malaise croissant des spécialistes de l'échographie fœtale », *Le Monde,* 8-9 juil. 2001, p. 9.
BERGE J-S., « Le droit communautaire dévoyé. Le cas Blood », *JCP*, 2000-I, 206.
- « Droit communautaire, biomédecine et biotechnologies : entre concordance et antinomie », *RTDEur,* 2002-4, p. 627.
BERGEL J-L., « « La loi du juge » dialogue ou duel », in *Etudes offertes à Pierre Kayser*, t. 1, PUAM, 1979, p. 21.

BERGKAMP L., « The rise of research ethics committees in western europe: some concomitant problems », *Bioethics,* vol. 3, n°2, 1989, p. 122.
BERTEN A., « Légalité et légitimité. A propos de J. Habermas », *RIEJ,* 1980-4, p. 1.
BETTATI M., « Réflexions sur la portée du code international de conduite pour le transfert de technologie : éloge de l'ambiguité », in *Etudes offertes à C-A. Colliard, Droit et libertés à la fin du XXème siècle. Influence des données économiques et technologiques*, Paris, A. Pedone, 1984, p. 83.
BIOY X., « Le libre développement de la personnalité en droit constitutionnel, essai de comparaison (Allemagne, Espagne, France, Italie, Suisse) », *RIDC*, 2003-1, p. 123.
BLAKE D. C., « Clinical ethics committees - pros and cons », *Journal of medical ethics,* vol. 23, n°4, 1997, p. 203.
BLONDIAUX L., SINTOMER Y., « L'impératif délibératif », *Politix*, vol. 15, n°57, 2002, p. 17.
BOLARD G., GUINCHARD S., « Office du juge. Le juge dans la cité », *JCP,* 2002-I, 137.
BORRICAND J., « Commentaire de la loi n°88-1138 du 20 décembre 1988 », *D.*, Chr., 1989, p. 167.
BOUCQUEY N., « Le signal de la proportionnalité dans la réglementation environnementale : l'exemple de l'Allemagne », *RIEJ,* 1998.40, p. 153.
BOURSIER M-E., « La revanche de la jurisprudence Perruche ou l'inconventionnalité de la loi Anti-Perruche ? », *LPA,* n°108, mai 2002, p. 4.
BOY D., DONNET D., KAMEL ROQUEPLO P. « Un exemple de démocratie participative, la « Conférence de citoyens » sur les organismes génétiquement modifiés », *RFSP,* vol. 50, n°4-5, 2000, p. 779.
BOY L., « Réflexions sur « le droit de la régulation » », *D.*, Chr, 2001, p. 3031.
- « La valeur juridique de la normalisation », in *Les transformations de la régulation juridique*, J. Clam, G. Martin (sd.), Paris, LGDJ, Droit et société, 1998, p. 183.
BRAIBANT G., « Comités d'éthique et démocratie », *Raison présente,* n°105, 1993, p. 161.

BREILLAT D., « Les droits de l'homme déclarés solennellement », *Ecrits en l'honneur du professeur Jean Savatier*, Paris, PUF, 1992, p. 111.
BRISSON J-F., « Les nouvelles clefs constitutionnelles de répartition matérielle des compétences entre l'Etat et les collectivités locales », *AJDA*, 2003, p. 529.
BYK C., « La déclaration universelle sur le génome humain et les droits de l'homme », *JDI*, 1998-3, p. 675.
- « La bioéthique : langage médiateur ou langage médiatique ? », *JIB,* vol. 11, n°3-4-5, 2000, p. 17.
- « Les sciences de la vie en droit international : de la préhistoire du droit à l'établissement d'une coutume en droit de la santé ? », *GP*, 18-19 oct. 2000, rec. sept.-oct. 2000, p. 1761.
- « La Convention européenne sur la biomédecine et les droits de l'homme et l'ordre juridique international », *JDI*, 2001, p. 47.
- « La place du droit à la santé au regard du droit constitutionnel », *GP,* 25-27 nov. 2001, p. 3.
- « Le monde du droit face aux sciences de la vie. Société du risque, droit et démocratie, *JCP*, 2002-I, 164.
- « La jurisprudence est-elle une source du droit des sciences de la vie ? », *GP*, 27-29 avril 2003, p. 5.
- « Progrès scientifique et droits de l'homme : la rupture ? », *RTDH*, Progrès scientifiques ou techniques et droits de l'homme, n°spécial, 2003-54, p. 363.
- « La Déclaration d'Helsinki révisée : un nouveau contexte, de nouveaux défis pour la recherche biomédicale », *JIB*, vol. 15, n°1, 2004, p. 17.
CALLEWAERT J., « La Convention européenne des droits de l'homme entre effectivité et prévisibilité », *Mélanges en hommage à Pierre Lambert, Les droits de l'homme au seuil du troisième millénaire*, Bruxelles, Bruylant, 2000, p. 93.
CALLU M-F., « Autour de la mort : variations sur « Madame se meurt, Madame est morte », *RTDC,* 1999, p. 313.
CAMPBELL A. V., « Committees and commissions in the United Kingdom », *The journal of medicine and philosophy,* vol. 14, 1989, p. 385.
CANIVET G., « La convergence des systèmes juridiques du point de vue du droit privé français », *RIDC*, 2003-1, p. 7.
- « La méthode jurisprudentielle à l'épreuve du juste et de l'injuste », in *De l'injuste au juste*, M-A. Frison-Roche, W. Baranès (sd.), Paris, Dalloz, coll. Thèmes et commentaires, 1997, p. 101.

- « Le juge entre progrès scientifique et mondialisation », *RTDC*, 2005, p. 33.
CAPRON A. M., « An egg takes flight : the once and future life of the National Bioethics Advisory Commission », *Kennedy Institute of Ethics Journal,* vol. 7, n°1, 1997, p. 63.
CARBONNIER J., « L'hypothèse du non-droit », in *APD*, Le dépassement du droit, t. 8, 1963, p. 55.
CARPI S., « Regards sur la causalité (à propos de l'arrêt Quarez du Conseil d'Etat et de l'arrêt Perruche de la Cour de cassation) », *LPA*, n°114, juin 2001, p. 12.
CASSAN H., « Le consensus dans la pratique des Nations Unies », *AFDI,* vol. XX, 1974, p. 456.
CASSIER M., « Bien privé, bien collectif, et bien public à l'âge de la génomique », *RISS,* n°171, mars 2002, p. 95.
CASTANEDA J., « Valeur juridique des résolutions des Nations-Unies », *RCADI,* 1970-I, p. 205.
CASTEL R., « Savoirs d'expertise et production de normes », in *Normes juridiques et régulation sociale,* F. Chazel et J. Commaille (sd.), Paris, LGDJ, coll. Droit et société, 1991, p. 177.
CAUCHY M., DIONISI-PEYRUSSE A., « Le droit au secret médical et son application en matière d'assurances », *D.*, Chr., 2005, p. 1313.
CAWS P., « Committees and consensus : how many heads are better than one ? », *The Journal of Medicine and Philosophy,* vol. 16, 1991, p. 375.
CAYLA O., « Le coup d'Etat de droit ? », *Le Débat*, n°100, mai-août 1998, p. 108.
CHAHID-NOURAI N., « La portée de la Charte pour le juge ordinaire », *AJDA*, 2005, p. 1175.
CHALTIEL F., « Droit constitutionnel et droit communautaire », *RTDEur.*, 1999, p. 389.
CHAMPEIL-DESPLATS V., « La notion de droit « fondamental » et le droit constitutionnel français », *D.*, Chr., 1995, p. 323.
CHARBONNEAU C., « Etats généraux des échographes et loi « anti-Perruche », *LPA*, n°5, janv. 2002, p. 4.
CHARPENTIER J., « L'humanité : un patrimoine mais pas de personnalité juridique », in *Etudes en hommage à Alexandre Kiss, Les hommes et l'environnement. Quels droits pour le XXIème siècle ?,* Paris, Ed. Frison-Roche, 1998, p. 17.
CHEMTOB-CONCE M-C., « Accès aux médicaments essentiels des pays en développement et respect du droit des brevets : un changement de position en faveur du droit à la santé », *GP*, 22-23 déc. 2004, p. 2.

CHEVALLIER J., « L'ordre juridique », in *Le droit en procès,* CURAPP-PUF, 1983, p. 7.
- « Réflexions sur l'institution des autorités administratives indépendantes », *JCP,* 1986-I, 3254.
- « De quelques usages du concept de régulation », in *La régulation entre droit et politique,* M. Miaille (sd.), Paris, L'Harmattan, 1995, p. 71.
- « Vers un droit postmoderne ? Les transformations de la régulation juridique », *RDP*, 1998, p. 559.
- « Vers un droit postmoderne ? », Introduction générale, in *Les transformations de la régulation juridique,* J. Clam et G. Martin (sd.), Paris, LGDJ, coll. Droit et société, 1998, p. 21.
COHEN D., « Le droit à… », in *Mélanges en hommage à François Terré, L'avenir du droit*, Paris, Dalloz, 1999, p. 393.
COHEN-JONATHAN G., « Progrès scientifique et technique et droits de l'homme », in *Etudes offertes à C-A. Colliard,* Paris, Ed. A. Pedone, 1984, p. 123.
COHEN-TANUGI L., « Une doctrine pour la régulation », *Le Débat,* n°52, nov. - déc. 1988, p. 56.
COMITE d'EXPERTS, *Le contrôle de l'expérimentation sur l'homme,* Travaux du comité d'experts réuni à l'Institut Supérieur International de Sciences Criminelles, Syracuse, Mai 1979 et 1980, *RIDP*, vol. 51, n°3-4, 1980, p. 273.
CORNU G., « L'embryon humain », in *L'art du droit en quête de sagesse*, Paris, PUF, 1998, p. 5.
COURTEIX S., « La méthode du consensus dans l'élaboration du droit de l'espace », in *Mélanges offerts à C. Chaumont,* Paris, Ed. A. Pedone, 1984, p. 223.
CRAWLEY F.P., « Ethical review committees : local, institutional and international experiences », *JIB,* vol. 10, n°5, 1999, p. 25.
CROSTHWAITE J., « Moral expertise : a problem in the professional ethics of professional ethicists », *Bioethics,* vol. 9, n°5, 1995, p. 361.
DAHL R.A., « De la démocratie délibérative. Comment réformer le système de santé ? », *Le Débat,* n°97, nov. - déc. 1997, p. 83.
DALCQ-DEPOORTER J., « L'utilité des comités d'éthique », *RTDH*, Progrès scientifiques ou techniques et droits de l'homme, n°54, 2003, p. 449.
DAVID R., « Arbitrage du XIXe et arbitrage du XXe siècle », in *Mélanges offerts à R. Savatier,* Paris, Dalloz, 1965, p. 219.
DECAUX E., « La forme et la force obligatoire des codes de bonne conduite », *AFDI,* 1983, p. 81.

DECOOPMAN N., « Droit et déontologie. Contribution à l'étude des modes de régulation », in *Les usages sociaux du droit,* CURAPP, 1989, p. 87.
DEGUERGUE M., « Droits des malades et qualité du système de santé », *AJDA,* 2002, p. 508.
- « La responsabilité administrative et le principe de précaution », in *Revue juridique de l'environnement,* n°spécial, Le principe de précaution, 2000, p. 105.
DELANNOI G., « La prudence dans l'histoire de la pensée », in *Mots. Les langages du politique,* n°44, sept. 1995, p. 101.
DELFOSSE M-L., « L'institutionnalisation des comités d'éthique à propos de l'arrêté royal du 12 août 1994 », *La revue politique,* n°2, 1995, p. 7.
DELMAS-MARTY M., « La mondialisation du droit : chances et risques », *D.*, Chr., 1999, p. 43.
DELMAS-MARTY M., ISORCHE M-L., « Marge nationale d'appréciation et internationalisation du droit », *RIDC*, 2000-4, p. 753.
DEMME G., LORENTZ R., « Responsabilité civile et naissance d'un enfant. Aperçu comparatif », *RIDC*, 2005, p. 132.
DEMOGUE R., « La notion de sujet de droit », *RTDC*, 1909, p. 611.
DENOIX de SAINT MARC R., « Contributions récentes de la jurisprudence du Conseil d'Etat au statut juridique de la personne humaine », in *Mélanges offerts à Pierre Drai, Le juge entre deux millénaires,* Paris, Dalloz, 2000, p. 537.
DE VITA A. « La prise de décision par le juge. Aperçu comparatif », in *Juges et jugements : l'Europe plurielle. L'élaboration de la décision de justice en droit comparé,* Paris, Société de législation comparée, 1998, p. 63.
DIDIER S., « Les avis juridiques du comité consultatif national d'éthique sont-ils utiles ? », *JIB*, vol. 10, n°5, 1999, p. 35.
DOUGLAS W.O., « In defense of dissent », in *The Supreme Court : views from inside,* A. F. Westin (sd.), USA, Connecticut, Greenwood Press, 1983, p. 51.
DRAGO R., « Le droit de l'expérimentation », in *Mélanges en hommage à François Terré, L'avenir du droit*, Paris, Dalloz, 1999, p. 229.
DREYER E., « Les mutations du concept juridique de dignité », *RRJ*, 2005-1, p. 19.
DUBOS O., « Droit communautaire et bioéthique : études des internormativités à travers les avis du groupe européen d'éthique », in

Duprat J-P. (sd.), *Jeux de normes dans la recherche biomédicale*, Paris, Publications de la Sorbonne, Droit économique, 2002, p. 167.
DUBOUIS L., « De la licéité en droit français des essais thérapeutiques sur l'homme, à but non curatif », in *Etudes offertes à C-A. Colliard,* Paris, Ed. A. Pedone, 1984, p. 461.
- « La protection des personnes qui se prêtent à des recherches biomédicales », *RDSS*, 1989, p. 160.
DUMONT H., DROOGHENBROECK van S., « La contribution de la Charte à la constitutionnalisation du droit de l'Union européenne », in *Hommage à Silvio Marcus Helmons, La Charte des droits fondamentaux de l'Union européenne. Son apport à la protection des droits de l'homme en Europe*, J-Y. Carlier et O. de Schutter (sd.), Bruxelles, Bruylant, 2002, p. 61.
DUPRAT J-P., « Le Parlement évaluateur », *RIDC,* 1998-2, p. 551.
- « Interactions normatives et recherches biomédicales », *RGDM*, n°3, 2000, p. 21.
- « Les aspects de droit public de la loi bioéthique », *AJDA*, 2004, p. 2328.
- « Le biodroit, un phénomène global sans principe unificateur ? », *JIB*, vol. 15, n°2-3, 2004, p. 37.
DUPUY P-M., « Humanité, communauté et efficacité du droit », in *Mélanges René-Jean Dupuy, Humanité et droit international*, Paris, Pedone, 1991, p. 133.
DUPUY R-J., « La notion de patrimoine commun de l'humanité appliquée aux fonds marins », in *Etudes offertes à C-A. Colliard,* Paris, Ed. A. Pedone, 1984, p. 197.
DUPUY R-J., « Droit déclaratoire et droit programmatoire : de la coutume sauvage à la *soft law* », in *L'élaboration du droit international public,* Paris, A. Pedone, 1975, p. 132.
DUVAL J-M., « Faute personnelle, faute disciplinaire et faute pénale, en matière d'activité hospitalière », *RDP*, 2001, p. 1843.
DUVILLIER T., « Crise de société et complexification sociétale, crise du droit et régulation juridique », *RIEJ,* 2000.45, p. 27.
EDELMAN B., « L'homme aux cellules d'or », *D.,* Chr., 1989, p. 225.
- « Génétique et liberté », *Droits*, n°13, 1991, p. 31.
- « Le droit, les « vraies » sciences et les « fausses » sciences », *APD,* t. 36, Droit et science, 1991, p. 55.
- « Le Conseil constitutionnel et l'embryon », *D.*, Chr., 1995, p. 205.

- « La dignité de la personne humaine, un concept nouveau », in *La dignité de la personne humaine,* M-L. Pavia et T. Revet (sd.), Paris, Economica, coll. Etudes juridiques, 1999, p. 25.
EGEA P., « La « condition foetale » entre « procréation et embryologie » Du titre VI de la loi n°2004-800 du 6 août 2004 », *RDSS*, 2005, p. 232.
ELLISTON, « Great Britain position », in *Bioéthique : de l'éthique au droit du droit à l'éthique*, Zürich, Institut suisse de droit comparé, 1997, p. 61.
ENCINAS de MUNAGORRI R., « La communauté scientifique est-elle un ordre juridique ? », *RTDC*, 1998, p. 247.
- « L'ouverture de la Cour de cassation aux amici curiae », *RTDC*, 2005, p. 88.
ENGELHARDT von D., « Scientific progress in socio-cultural context : natural science, medicine and myth after Nuremberg », in *Ethics codes in medicine,* England, Ed. Ashgate, 1998, p. 109.
ESMEIN P., « La jurisprudence et la loi », *RTDC*, 1952, p. 17.
EWALD F., « Génétique et assurance », *Revue générale du droit des assurances,* 1999-3, p. 539.
EXLER A., « Du veilleur de nuit au gardien de zoo, métamorphoses de la démocratie libérale », *Le Débat,* n°97, nov. - déc. 1997, p. 70.
FAGOT-LARGEAULT A., « Réflexions sur la notion de qualité de la vie », *APD,* t. 36, Droit et Science, 1991, p. 135.
- « Normativité biologique et normativité sociale » in *Les fondements naturels de l'éthique*, J-P. Changeux (sd.), Paris, Odile Jacob, 1993, p. 191.
FARJAT G., « Entre les personnes et les choses, les centres d'intérêts. Prolégomènes pour une recherche », *RTDC*, 2002, p. 221.
FATIN-ROUGE M., « France, Constitution et secret de la vie privée », Table ronde, *AIJC*, XVI, 2000, p. 259.
FAURE B., « Les objectifs de valeur constitutionnelle : une nouvelle catégorie juridique », *RFDC,* 1995, p. 47.
FAUVARQUE-COSSON B., « Droit comparé et droit privé : la confrontation de deux logiques à travers l'exemple des droits fondamentaux », *RIDC*, 2000-4, p. 797.
FAVOREU L., Intervention, « Interprétation de la Constitution par le juge constitutionnel », *AIJC,* 2001, p. 371.
FAVRE J., TARDIVEL B., « Recherches sur la catégorie jurisprudentielle de « libertés et droits fondamentaux de valeur constitutionnelle » », *RDP,* 2000, p. 1411.

FAVRE P. « Essais de définition », in *Pouvoirs,* Le consensus, n°5, 1978, p. 29.
FAVRET J-M., « Le principe de précaution ou la prise en compte par le droit de l'incertitude scientifique et du risque virtuel », *D.*, Chr., 2001, p. 3462.
FERENCZI T., « Le Conseil de l'Europe hésite à se prononcer sur l'euthanasie », *Le Monde*, 1er oct. 2002, p. 7.
FERRY J-M., « Un concept communicationnel de pouvoir et de souveraineté », in *Les paradigmes de la démocratie,* J. Bidet (sd.), Paris, PUF, coll. Actuel Marx Confrontation, 1994, p. 31.
FERRY L., « Tradition ou argumentation ? », *Pouvoirs,* n°56, 1991, p. 5.
FEUILLET-LE MINTIER B., « Le devenir des comités régionaux d'éthique », *JIB,* vol. 10, n°5, 1999, p. 53.
- « La bioéthique et l'altération du langage juridique (à travers les lois dites de « bioéthique » du 29 juillet 1994) », *JIB,* vol. 11, n°3-4-5, 2000, p. 97.
FLAUSS-DIEM J., « Insémination post mortem, droit anglais, et droit communautaire », in *Liber Amicorum Marie-Thérèse Meulders-Klein, Droit comparé des personnes et de la famille*, Bruxelles, Bruylant, 1998, p. 217.
FLEETWOOD J. E., ARNOLD R. M., BARON R. J. , « Giving answers or raising questions ? : the problematic role of institutional ethics committees », *Journal of medical ethics,* vol. 15, n°3, 1989, p. 137.
FLIS-TEVES M., MEHL D., PISIER E., « Contre l'acharnement législatif », *Pouvoirs,* n°56, 1991, p. 121.
FOLDSCHEID D., « Quelques grains de sel philosophiques », in *Les lois bioéthique à l'épreuve des faits*, B. Feuillet-Le Mintier (sd.), Paris, PUF, Droit et justice, 1999, p. 273.
FORGES de J-M., « L'irréductible déontologie », Rapport de synthèse in *Déontologie et santé,* L. Dubouis (sd.), Paris, Dalloz, coll. Droit sanitaire et social, série Professions, 1997, p. 97.
FOSSIER T., HARICHAUX M., « La tutelle à la personne des incapables majeurs : l'exemple du consentement à l'acte médical », *RDSS*, 1991, p. 1.
FOYER J., « Le droit civil dominé », in *Etudes offertes à P. Catala*, Paris, Litec, 2001, p. 13.
FRAISSEIX P., « De l'Etat-nation à l'Etat « groupusculaire » : chronique d'un dépérissement engagé », *D.,* Chr., 2000, p. 61.

- « La protection de la dignité de la personne et de l'espèce humaines dans le domaine de la biomédecine : l'exemple de la Convention d'Oviedo », *RIDC,* 2000-2, p. 371.
- « Les droits fondamentaux, prolongement ou dénaturation des droits de l'Homme ? », *RDP*, 2001, p. 531.
FRESCO N., « La modétique », *Autrement,* Ethique corps et âme, n°93, 1987, p. 168.
- « Protestations, acclimatation », in *Le clonage humain*, Atlan H., Delmas-Marty M., Pol-Droit R., Fresco N., Paris, Seuil, 1999, p. 173.
FUNCK-BRENTANO J-L., « La Bioéthique, science de la morale médicale », *Le Débat*, n°25, mai 1983, p. 59.
GALLOCHAT A., « La brevetabilité du vivant : de la bactérie au génome humain », in *Mélanges offerts à J-J. Burst, Propriétés intellectuelles – An 2000,* Paris, Litec, 1997, p. 181
GALLOUX J-C., « De la nature juridique du matériel génétique ou la réification du corps humain et du vivant », *RRJ,* 1989-3, p. 521.
- « L'impérialisme du brevet », in *Nouvelles technologies et propriété,* Paris, Litec, 1991, p. 111.
- « Le comité consultatif national d'éthique pour les sciences de la vie et de la santé est-il une autorité de doctrine ? », in *La doctrine juridique,* CURAPP, 1993, p. 240.
- « Ethique et brevet ou le syndrome bioéthique », *D.*, Chr., 1993, p. 83.
- « La personne physique entre réalité biologique et métaréalité », in *L'identité politique*, CURAPP, 1994, p. 169.
- « Les enjeux d'une déclaration universelle sur la protection du génome humain », *D.,* Chr., 1996, p. 141.
- « Le droit des brevets en fin de XXème siècle : éclatement ou recomposition ? », in *Mélanges offerts à J-J. Burst, Propriétés intellectuelles – An 2000,* Paris, Litec, 1997, p. 207.
- « Les dispositions de la loi du 6 août 2004 relatives aux inventions biotechnologiques », *RDSS*, 2005, p. 206.
GASSIN R., « Système et droit », *RRJ*, 1981-3, p. 353.
GAUDEMET Y., « Les CCPPRB. Le bilan juridique », *JCP,* 1993-I, 3653.
GAUTIER P-Y., « Les distances du juge à propos d'un débat éthique sur la responsabilité civile », *JCP,* 2001-I, 287.
GAVARINI L., « Le nouveau jeu de lois », in *Autrement,* Le défi bioéthique, Série mutations, n°120, 1991, p. 148.

GAZIER F., « Etudes sur les établissements publics. Réflexions sur les catégories et les spécificités des établissements publics nationaux », *EDCE*, n°36, 1984-1985, p. 52.
GAZIER F., CANNAC Y., « Les autorités administratives indépendantes », in *EDCE,* n°35, 1983-1984, p. 13.
GILLON R., « Clinical ethics committees - pros and cons », *Journal of medical ethics,* vol. 23, n°4, 1997, p. 203.
GIMENO V., « Les apports de la décision IVG au traitement jurisprudentiel du principe de sauvegarde de la dignité de la personne humaine », *RDP*, 2001, p. 1483.
GOBERT M., « Réflexions sur les sources du droit et les « principes » d'indisponibilité du corps humain et de l'état des personnes (à propos de la maternité de substitution) », *RTDC*, 1991, p. 489.
GOYARD-FABRE S., « De l'idée de norme à la science des normes : Kant et Kelsen », in *Théorie du droit et science,* P. Amselek (sd.), Paris, PUF, Léviathan, 1994, p. 211.
GRACIA D., « The intellectual basis of bioethics in southern european countries », *Bioethics,* vol. 7, n°2-3, 1993, p. 97.
GRAF H-P., COLE D., « Ethics-committees authorization in Germany », *Journal of Medical Ethics,* vol. 21, n°4, 1995, p. 229.
GROTE R., « Aspects juridiques de la bioéthique dans la législation allemande », *RIDC,* 1999-1, p. 85.
GRZEGORCZYK C., « Le sujet de droit : trois hypostases », *APD*, Le sujet de droit, t. 34, 1989, p. 9.
GUILLOD D., « Les comités nationaux d'éthique », in *Bioéthique : de l'éthique au droit, du droit à l'éthique,* Zürich, Institut suisse de droit comparé, 1997, p. 257.
GUTMANN D., « Les droits de l'homme sont-ils l'avenir du droit ? », in *Mélanges en hommage à François Terré, L'avenir du droit*, Paris, Dalloz, 1999, p. 329.
GUTTAL G. H., « Sources of international law : contemporary trends », in *Essays in memory of Judge Nagendra Singh, International law in transition,* Dordrecht, Ed. Nijhoff, 1992, p. 183.
HABERMAS J., « Sur le droit et la démocratie. Note pour un débat », *Le Débat,* n°97, nov. - déc. 1997, p. 42.
- « La souveraineté populaire comme procédure. Un concept normatif d'espace public », *Lignes,* n°7, sept. 1989, p. 29.
HARPES J-P., « Bioéthique, éthique et morale », *JIB,* vol. 11, n°3-4-5, 2000, p. 37.

HAUSER J., « Réflexions sur la protection de la personne de l'incapable », in *Mélanges offerts à Pierre Raynaud,* Paris, Dalloz, 1985, p. 227.
HAYEM H., « L'étude du droit comparé », *RTDC,* 1909, p. 327.
HEMPTINNE J. de, « La négociation : outil d'aide à la prise de décision et de règlement des conflits environnementaux », *RIEJ,* 1994-32, p. 129.
HENN W., « Au seuil d'un néo-eugénisme économique ? », in *Bioéthique, les enjeux du progrès scientifique - France, Allemagne -,* F. Furkel, F. Jacquot et H. Jung (sd.), Bruxelles, Bruylant, 2000, p. 41.
HENNETTE-VAUCHEZ S., « La loi n°2004-800 du 6 août 2004 : vers la fin de l' « exception bioéthique » ? », *RDSS*, 2005, p. 185.
HERMITTE M-A., « Le projet génome humain : liberté de la recherche et démarche démocratique », *RIDE,* 1993-1, p. 29.
- « Science, technologie et religions », *APD*, t. 36, Droit et science, 1991, p. 109.
- « Le corps hors du commerce, hors du marché », *APD*, t. 33, 1988, p. 323.
HUNYADI M., « La souveraineté de la procédure. A propos de la pensée politique de Jürgen Habermas », *Lignes,* n°7, sept. 1989, p. 11.
HUSSON L., « Les activités professionnelles et le droit », *APD,* t. 2, 1953-1954, p. 1.
ICARD P., « L'articulation de l'ordre juridique communautaire et des ordres juridiques nationaux dans l'application du droit communautaire », in *Revue juridique de l'environnement,* n°spécial, 2000, p. 29.
IDA R., « Formation des normes internationales dans un monde en mutation, critique de la notion de *soft law* », in *Mélanges offerts à M. Virally, Le droit international au service de la paix, de la justice et du développement,* Paris, Pedone, 1991, p. 333.
ISAMBERT F. A., « Aux sources de la bioéthique », *Le Débat,* n°25, mai 1983, p. 83.
- « L'expérimentation sur l'homme comme pratique et comme représentation », in *Actes de la recherche en sciences sociales,* n° 68, Epidémies, malades, médecins, 1987, p. 15.
JAUFFRET-SPINOSI C., « L'élaboration de la décision de justice. Présentation » in *Juges et jugements : l'Europe plurielle. L'élaboration de la décision de justice en droit comparé,* Paris, Société de législation comparée, 1998, p. 9.
JEAMMAUD A., « La règle de droit comme modèle », *D.*, Chr., 1990, p. 199.

- « Introduction à la sémantique de la régulation juridique », in *Les transformations de la régulation juridique,* J. Clam et G. Martin (sd.), Paris, LGDJ, coll. Droit et Société, 1998, p. 47.
JEAMMAUD A., SERVERIN E., « Evaluer le droit », *D.*, Chr., 1992, p. 263.
JEGOUZO Y., « De certaines obligations environnementales : prévention, précaution et responsabilité », *AJDA*, 2005, p. 1164.
JESTAZ P., « Les frontières du droit et de la morale », *RRJ*, 1983-2, p. 334.
JESTAZ P., JAMIN C., « L'entité doctrinale française », *D.*, Chr., 1997, p. 167.
JOLOWICK J-A., « La jurisprudence en droit anglais : aperçu sur la règle du précédent », *APD*, t. 30, La jurisprudence, 1985, p. 105.
JOBART J-C., « Essai de définition du concept de régulation : de l'histoire des sciences aux usages du droit », *RRJ*, 2004-1, p. 33.
JONAS H., « La technique moderne comme sujet de réflexion éthique », in *La responsabilité - questions philosophiques,* NEUBERG M. (sd.), Paris, PUF, coll. Philosophie morale, 1997, p. 231.
JONSEN A. R. , « The birth of bioethics », *Hastings Center Report,* vol. 23, n°6, 1993, p. 1.
JORION B., « La dignité de la personne humaine ou la difficile insertion d'une règle morale dans le droit positif », *RDP,* 1999-1, p. 197.
JOUANJAN O., « La théorie allemande des droits fondamentaux », *AJDA*, n°spécial, Les droits fondamentaux, une nouvelle catégorie juridique ? , 1998, p. 6.
JUNG H., « L'expérimentation sur les êtres humains. Réflexions d'un juriste allemand », *Revue de science criminelle et de droit pénal comparé,* 1991, p. 33.
JUNG-GUN-KIM, « La validité des résolutions de l'Assemblée générale des Nations-Unies », *RGDI,* 1971-1, p. 92.
KANOVITCH B., « Les expérimentations médicales dans les camps nazis », in *Revue d'histoire de la Shoah,* n°160, mai - août 1997, p. 88.
- « De la mesure et de l'utilitarisme », in *Cancer, SIDA. La qualité de vie,* C. Jasmin, Jay A. Levy, G. Bez (sd.), Le Plessis-Robinson, Ed. Synthélabo, coll. Les empêcheurs de penser en rond, 1996, p. 181.
KAYSER P., « Essai de contribution au droit naturel à l'approche du troisième millénaire », *RRJ,* 1998-2, p. 387.
KISS A. C., « La notion de patrimoine commun de l'humanité », *RCADI,* t. 175, 1982, p. 99.

KJELLSTRAND C. M., « Giving life - Giving death. Ethical problems of high technology medicine », *Acta Medica Scandinavica,* Stockholm, sup. n°725, 1988, p. 1.
LABEE X., « Esquisse d'une définition civiliste de l'espèce humaine », *D.*, Chr., 1999, p. 437.
LABRUSSE-RIOU C., « Biologie, éthique et droit », *RRJ*, 1985-2, p. 425.
- « L'enjeu des qualifications : la survie juridique de la personne », *Droits,* 13, 1991, p. 19.
- « La maîtrise du vivant : matière à procès », in *Pouvoirs,* Bioéthique, n°56, 1991, p. 87.
- « Aux frontières du contrat : l'expérimentation biomédicale sur des sujets humains », in *Les transformations de la régulation juridique*, CLAM J., MARTIN G. (sd.), Paris, LGDJ, coll. Droit et société, 1998, p. 335.
- « Projet parental, projet biomédical : la reconstitution des « droits de puissance » ? », *RGDM*, n°spécial, La recherche sur l'embryon : qualifications et enjeux, 2000, p. 117.
- « L'embryon humain : qualifications juridiques et politique législative », *RGDM,* La recherche sur l'embryon : qualifications et enjeux, n°spécial, 2000, p. 161.
- « Difficultés, contradictions et apories du droit de la bioéthique », in *Etudes offertes à Pierre Catala. Le droit privé français à la fin du XXème siècle,* Paris, Litec, 2001, p. 275.
LABRUSSE-RIOU C., MATHIEU B., « La vie humaine comme préjudice », *Le Monde*, 24 nov. 2000, p. 20.
LACHARRIERE G. de, « Consensus et Nations-Unies », *AFDI,* vol. XIV, 1968, p. 9.
- « Essais de définition », in *Pouvoirs,* Le consensus, n°5, 1978, p. 34.
LACHARRIERE R. de, « L'ordre des médecins et l'ordre des architectes », *Droit Social,* 1941, p. 21.
LACHAUD Y., « Le droit au refus de soins après la loi du 4 mars 2002 : premières décisions de la juridiction administrative », *GP,* 15-17 déc. 2002, p. 19.
LAMBERT-FAIVRE Y., « La responsabilité médicale : la loi du 30 décembre modifiant la loi du 4 mars 2002 », *D.,* Chr., 2003, p. 361.
LANGANEY A., « Comités d'éthique et démocratie », *Raison présente,* n°105, 1993, p. 169.

LANGLOIS A. et ATLAN G., « Enquête nationale menée au sein de la Conférence nationale des CCPPRB sur le fonctionnement des CCPPRB (1991-1997) », *JIB,* vol. 10, n°5, 1999, p. 85.
LANGLOIS A., « Histoire et fondements des comités de protection des personnes », in *Comité de protection des personnes (CCPPRB) : 7 ans de réflexion,* D. Dreyfuss, F. Lemaire, H-D. Outin, S. Rameix, Paris, Flammarion, Journées d'Ethique Médicale Maurice Rapin, 1998, p. 1.
LAURIN Y., « La consultation par la Cour de cassation de « personnes qualifiées » et la notion d'amicus curiae », *JCP*, 2001, Aperçu rapide, p. 1709.
- « L'amicus curiae », *JCP*, 1992-I, 3603.
LE BLANC G., « L'invention de la normalité », *Esprit*, mai 2002, p. 145.
LE BOT O., « Charte de l'Union européenne et Convention de sauvegarde des droits de l'homme : la coexistence de deux catalogues de droits fondamentaux », *RTDH*, n°55, 2003, p. 781.
LE GAL C., « La contestation de la directive relative à la protection des inventions biotechnologiques. La fin des espérances françaises ? », *JCP*, 2005-I, 120.
- « Droit à la santé et droits de propriété intellectuelle : l'accès aux médicaments dans les pays en développement », *RDSS*, 2005, p. 456.
LEBRETON G., « Le droit, la médecine et la mort (à propos de l'arrêt du Conseil d'Etat du 2 juillet 1993, Milhaud) », *D.*, Chr., 1994, p. 352.
LEMOULAND J-J., « Le tourisme procréatif », *LPA*, n°62, mars 2001, p. 24.
LENAERTS K., « Le droit comparé dans le travail du juge communautaire », *RTDEur*, 2001, p. 490.
LENOIR N., « Le statut juridique du corps humain pour répondre à l'angoisse contemporaine », in *Mélanges en l'honneur de Guy Braibant, L'Etat de droit*, Paris, Dalloz, 1996, p. 413.
- « Eléments de réflexion sur le droit comparé : les juges constitutionnels et la bioéthique, entre audace et prudence », in *Mélanges Jacques Robert*, Paris, Montchrestien, 1998, p. 365.
- « Bioéthique, Constitutions et droits de l'homme », *Diogène*, n°172, oct. - déc. 1995, p. 13.
LEPICARD E., « Procès de médecins et codification éthique. Une lecture comparée des *richtlinien* de 1931 et du Code de Nuremberg de 1947 », *JIB,* vol. 12, n°2, 2001, p. 41.
LEVEN K-H., « The invention of Hippocrates : oath, letters and hippocratic corpus », in *Ethics codes in medicine. Foundations and*

achievements of codification since 1947, Angleterre, Ed. Ashgate, 1998, p. 3.
LIGNEAU P., « Le procédé de la déclaration préalable », *RDP,* 1974, p. 679.
LINOTTE D., SIMONIN G., « L'Autorité des marchés financiers, prototype de la réforme de l'Etat ? », *AJDA*, 2004, p. 145.
LOSCHAK D., « Droit, normalité et normalisation », in *Le droit en procès,* CURAPP, 1983, p. 51.
LUCHAIRE F., « La sécurité juridique en droit constitutionnel français », *CCC,* Dossier consacré au principe de sécurité juridique, n°11, 2001, p. 67.
LUNA F., « What should be publish ? The case of unethical research », *JIB,* vol. 10, n°1-2, p. 119.
MALAURIE P., « La jurisprudence combattue par la loi », in *Mélanges offerts à René Savatier*, Paris, Dalloz, 1965, p. 603.
- « Notre droit est-il inspiré ? », *Répertoire du notariat Defrénois*, n°10, 2002, p. 637.
- « La Convention européenne des droits de l'homme et le droit civil français », *JCP*, 2002-I, 143.
MALJEAN-DUBOIS S., « Bioéthique et droit international », *AFDI,* 2000, p. 82.
MAMONTOFF C., « Réflexions sur l'expérimentation du droit », *RDP,* 1998, p. 351.
MANIN B., « Volonté générale ou délibération ? Esquisse d'une théorie de la délibération politique », *Le Débat,* n°33, janv. 1985, p. 72.
MARCUS-HELMONS S., « La quatrième génération des droits de l'homme », in *Mélanges en hommage à Pierre Lambert, Les droits de l'homme au seuil du troisième millénaire*, Bruxelles, Bruylant, 2000, p. 549.
- « Quelques aspects éthiques relatifs à la protection juridique des inventions biotechnologiques », *RTDH*, n°spécial. n°54, 2003, p. 537.
MARKESINIS B., « Réflexions d'un comparatiste anglais sur et à partir de l'arrêt Perruche », *RTDC*, 2001, p. 77.
MARTENS P., « Encore la dignité humaine : réflexions d'un juge sur la promotion par les juges d'une norme suspecte », in *Mélanges en hommage à Pierre Lambert*, *Les droits de l'homme au seuil du troisième millénaire*, Bruxelles, Bruylant, 2000, p. 561.
MARTIN G., « Tests génétiques et assurances », *RIDE,* 1993-1, p. 53.
- « Précaution et évolution du droit », *D.,* Chr., 1995, p. 299.

MASSIN B., « De l'eugénisme à « l'opération euthanasie » 1890 - 1945 », *La Recherche,* dossier : Le nazisme et la science, n°227, déc. 1990, p. 1562.

MASTOR W., « Essai sur la motivation des décisions de justice. Pour une lecture simplifiée des décisions des Cours constitutionnelles », *AIJC,* vol. XV, 1999, p. 35.

MATHIEU B., « Pour une reconnaissance de « principes matriciels » en matière de protection constitutionnelle des droits de l'homme » *D.*, Chr., 1995, p. 212.

- « La vie en droit constitutionnel comparé, éléments de réflexion sur un droit incertain », *RIDC*, 1998-4, p. 1031.

- « La nécessité de la norme juridique en matière bioéthique » in *Les lois bioéthique à l'épreuve des faits, réalités et perspectives*, B. Feuillet-Le-Mintier (sd.), PUF, Droit et Justice, 1999, p. 21.

- « Force et faiblesse des droits fondamentaux comme instruments du droit de la bioéthique : le principe de dignité et les interventions sur le génome humain », *RDP,* 1999, p. 93.

- « La recherche sur l'embryon au regard des droits fondamentaux constitutionnels », *D.*, Chr., 1999, p. 451.

- « La protection du droit à la santé par le juge constitutionnel. A propos et à partir de la décision de la Cour constitutionnelle italienne du 20 mai 1998 », *CCC,* n°6, 1999, p. 59.

- « Les comités d'éthique hospitaliers. Etude sur un objet juridiquement non identifié », *RDSS,* 2000, p. 73.

- « Les droits fondamentaux : les contraintes (?) du droit international et du droit constitutionnel », *RGDM,* n°spécial, 2000, p. 215.

- « Réflexions en guise de conclusion sur le principe de sécurité juridique », *CCC,* n°11, 2001, p. 106.

- « La directive européenne relative à la brevetabilité des inventions biotechnologiques, le droit français et les normes internationales », *D.*, Chr., 2001, p. 13.

- « Une jurisprudence selon Ponce Pilate (constitutionnalité de la loi sur l'interruption volontaire de grossesse et la contraception) », *D.*, Chr., 2001, p. 2533.

- « L'avenir du principe de précaution », AR, *JCP*, 2001, p. 2025.

- « Les droits des personnes malades », *LPA*, n°122, juin 2002, p. 10.

- « La loi de modernisation sociale à l'épreuve du contrôle de constitutionnalité (à propos de la Décision 2001-455 DC du 12 janvier 2002) », *Droit ouvrier,* fév. 2002, p. 44.

- « Normes et bioéthique », communication au Colloque éthique et hôpital, Bicentenaire des Hospices civils de Lyon, 13 mars 2002, non publiée.
- « Des dangers et du bon usage des tests génétiques prédictifs », *LPA*, n°71, avril 2003, p. 3.
- « Le projet de loi bioéthique à la veille de son examen en deuxième lecture par l'Assemblée nationale », *LPA*, n°108, mai 2003, p. 4.
- « De la difficulté de choisir entre la liberté et la vie. Réflexions sur la jurisprudence administrative relative à la transfusion des témoins de Jéhovah », *RGDM*, n°9, 2003, p. 97.
- « Pour une reconnaissance de « l'autorité de la chose interprétée » par le Conseil constitutionnel. A propos de la question des quotas par sexe dans les jurys de concours de la fonction publique », *D.*, 2003, p. 1507.
- « De la difficulté d'appréhender l'emploi des embryons humains en termes de droits fondamentaux », *RTDH*, n°spécial, n°54, 2003, p. 387.
- « Observations sur la portée normative de la Charte de l'environnement », *CCC*, n°15, 2003, p. 145.
- « La portée de la Charte pour le juge constitutionnel », *AJDA*, 2005, p. 1170.

MATHIEU B., VERPEAUX M., « Saisine sur saisine ne vaut » ou les insuffisances du contrôle de constitutionnalité à la française, CC 4 juil. 2001 », *D.*, J., 2001, p. 3374.

MAURER B., « Notes sur le respect de la dignité humaine... ou petite fugue inachevée autour d'un thème central », in *Le droit, la médecine et l'être humain*, A. Sériaux (sd.), Aix-en-Provence, PUAM, 1996, p. 185.

MAYOR F., « Science et pouvoir aujourd'hui et demain », in *Science et pouvoir*, F. Mayor, A. Forti, Paris, Ed. UNESCO-Maisonneuve§Larose, 1996, p. 141.

MAZEAUD D., « L'expertise de droit à travers l'amicus curiae », in *L'expertise,* M-A. Frison-Roche et D. Mazeaud (sd.), Paris, Dalloz, coll. Thèmes et commentaires, 1995, p. 109.

MAZEN N-J., « Standards, notions floues et forces sociales dans le droit médical contemporain », *RRJ,* 1988-4, p. 1158.

MELLERAY F., « Une nouvelle crise de la notion d'établissement public. La reconnaissance d'autres personnes publiques spécialisées », *AJDA*, 2003, p. 716.

MEMETEAU G., « Le premier avis du Comité consultatif national d'éthique (prélèvements sur embryons et fœtus) », *JCP,* 1985-I, 3191.
- « La place des normes éthiques en droit médical », *RRJ*, 1988-2, p. 396.

- « Recherches irrévérencieuses sur l'autorité juridique des avis des comités d'éthique ou l'Iroquois sur le sentier des comités d'éthique », *RRJ,* 1989-1, p. 59.
- « De quelques droits sur l'homme : commentaire de la loi du 20 décembre 1988 relative à la protection des personnes qui se prêtent à des recherches biomédicales », *D.*, Chr., 1990, p. 165.
- « Les règles éthiques : qui les dit ? Pourquoi et comment ? Nouvelle recherche sur les comités d'éthique et leur action normative en droit français », *RIDC*, vol. 14, 1992, p. 333.
- « La Convention dite « bioéthique » du Conseil de l'Europe et le droit français de l'assentiment à l'acte médical », *JIB,* vol. 9, n°3, 1998, p. 77.
- « La mort aux trousses. Le rapport n°63 du Comité consultatif national d'éthique pour les sciences de la vie et de la santé, du 27 janvier 2000, sur la fin de vie, l'arrêt de vie et l'euthanasie », *RRJ,* 2000-3, p. 913.
MEMMI D., « Savants et maîtres à penser. La fabrication d'une morale de la procréation artificielle », *ARSS,* Droit et expertise, n°76-77, 1989, p. 82.
- « Vers une confession laïque ? La nouvelle administration étatique des corps », *RFSP,* vol. 50, n°1, fév. 2000, p. 3.
MERLE M., « Un imbroglio juridique : le « statut » des OING, entre le droit international et les droits nationaux », in *Etudes A. Plantey,* Paris, Ed. A. Pedone, 1995, p. 341.
- « De la négociation », in *Pouvoirs,* La négociation, n°15, 1980, p. 5.
MEULDERS-KLEIN M. T., « Biomédecine, famille et droits de l'homme : une même éthique pour tous ? », *RTDH*, n°43, 2000, p. 429.
MICHAUD J., « Situation juridique du comité national d'éthique », in *Rapport de la Cour de cassation 1988,* Paris, La doc. fr., 1989, p. 37.
- « Justice et grands débats de société » in *Mélanges offerts à Pierre Drai, Le juge entre deux millénaires,* Paris, Dalloz, 2000, p. 633.
MICHEL V., « La Charte des droits fondamentaux de l'Union : entre mythe ancien et conte moderne », *LPA*, juin 2003, p. 8.
MODERNE F., « La légitimité des principes généraux et théorie du droit », *RFDA*, 1999, p. 722.
MOLINARI P. A., « La prestation des soins de santé et le respect des droits fondamentaux : esquisse d'une problématique », *Etudes offertes à Jean-Marie Auby,* Paris, Dalloz, 1992, p. 771.
MONNIER J., « Observations sur quelques tendances récentes en matière de formation de la volonté sur le plan multilatéral », *Annuaire Suisse de droit international,* vol. XXXI, 1975, p. 31

MONNIER S., « La reconnaissance constitutionnelle du droit au consentement en matière biomédicale », *RIDC*, 2001-2, p. 383.
- « Des comités consultatifs de protection des personnes aux comités de protection des personnes : l'émergence d'une nouvelle catégorie de personnes publiques spécialisées ? », *RDP*, à par.
MORAND C-A., « Les exigences de la méthode législative et du droit constitutionnel portant sur la formation de la législation », *Droit et société*, n°10, 1988, p. 391.
MORET-BAILLY J., « Règles déontologiques et fautes civiles », *D.*, Chr., 2002, p. 2820.
MORENO J.D., « Ethics by committee : the moral authority of consensus », *The journal of medicine and philosophy,* vol. 13, 1988, p. 411.
MORTON F.L., « La rédaction des opinions de la Cour Suprême », *Pouvoirs,* La Cour Suprême des Etats-Unis, n°59, 1991, p. 45.
MOSCOVICI S., DOISE W., « Du consensus dans les sociétés modernes », *Le genre humain. Le consensus, nouvel opium ?,* n°22, 1990, p. 15.
MOUFFE C., « Ethique de la décision ou éthique de la discussion ? », in *La modernité en questions*, F. Gaillard, J. Poulain et R. Schusterman (sd.), Paris, Cerf, coll. Passages, 1998, p. 325.
MOUTOUH H., « La dignité de l'homme en droit », *RDP,* 1999, p. 159.
NACHI M., « La vertu du compromis : dimensions éthique et pragmatique de l'accord », *RIEJ,* 2001-46, p. 81.
NEIRINCK C., « Commentaire des projets de lois relatifs à l'éthique biomédicale », *LPA*, n°75, juin 1992, p. 4.
- « L'embryon humain ou la question en apparence sans réponse de la bioéthique », *LPA*, n°29, mars 1998, p. 4.
- « La dignité humaine ou le mauvais usage juridique d'une notion philosophique », in *Mélanges C. Bolze, Ethique, droit et dignité de la personne,* Paris, Economica, 1999, p. 39.
- « L'embryon humain : une catégorie juridique à dimension variable ? », *D.,* Chr., 2003, p. 841.
NOIVILLE C., « Principe de précaution et gestion des risques en droit de l'environnement et en droit de la santé », *LPA,* n°239, nov. 2000.
ONORIO d' J-B., « La subsidiarité, analyse d'un concept », in *La subsidiarité de la théorie à la pratique,* J-B. d'Onorio (sd.), Paris, Ed. Téqui, 1995, p. 11.

OPPETIT B., « Les tendances régressives dans l'évolution du droit contemporain », in *Mélanges Dominique Holleaux,* Paris, Litec, 1990, p. 317.
- « Ethique et vie des affaires », in *Mélanges offerts à A. Colomer,* Paris, Litec, 1993, p. 319.
OSMAN F., « Avis, directives, codes de bonne conduite, recommandations, déontologie, éthique, etc... : réflexion sur la dégradation des sources privées du droit », *RTDC,* 1995, p. 509.
OST F., « Jupiter, Hercule, Hermès : trois modèles du juge », in *La force du droit*, P. Bouretz (sd.), Paris, Esprit, série Philosophie, 1991, p. 241.
OST F., VAN de KERCHOVE M., « De la pyramide au réseau ? Vers un nouveau mode de production du droit ? », *RIEJ,* n°44, 2000, p. 1.
PANSIER F-J, CHARBONNEAU C., « Commentaire de la loi du 4 mars 2002 relative aux droits des malades », *LPA*, n°52, mars 2002, p. 5.
PARIZEAU M-H., « Bioéthique : questions de méthode », *JIB,* vol. 11, n°3-4-5, 2000, p. 69.
PARKER K. A., « The bioethics committee : a consensus - recommendation model », in *Pragmatic bioethics,* Glenn Mac Gee (ed.), USA, Tennessee, Vanderbilt University Press, 1999, p. 60.
PAVIA M-L., « Eléments de réflexions sur la notion de droit fondamental », *LPA*, n°54, 6 mai 1994.
- « La découverte de la dignité de la personne humaine », in *La dignité de la personne humaine*, M-L. Pavia et T. Revet (sd.), Paris, Economica, coll. Etudes juridiques, 1999, p. 3.
PECH T., « La dignité humaine. Du droit à l'éthique de la relation », *Justices*, Dossier : Le corps humain saisi par la justice, Hors-série, mai 2001, p. 90.
PEDROT P., « Aux deux seuils de la vie », *Justices*, Dossier : Le corps humain saisi par la justice, Hors-série, mai 2001, p. 69.
PELLET A., « Le « bon droit » et l'ivraie - Plaidoyer pour l'ivraie (remarques sur quelques problèmes de méthode en droit international du développement) », in *Mélanges offerts à C. Chaumont,* Paris, Ed. A. Pedone, 1984, p. 465.
PELLETIER B., « Canada, Constitution et secret de la vie privée », Table ronde, *AIJC*, XVI, 2000, p. 163.
PERELMAN C., « Ontologie juridique et sources du droit », *APD*, t. 27, Sources du droit, 1982, p. 23.
PERRIN J-F., « Possibilités et limites d'une science de la législation », in *La science de la législation,* Travaux du centre de philosophie du droit, Paris, PUF, 1988, p. 21.

PERROT R., « Procédure de l'instance », *RTDC,* 1989, p. 138.
PETTIT P., « Instituting a research ethic : chilling and cautionary tales », *Bioethics*, vol. 6, n°2, 1992, p. 89.
PFERSMANN O., « Pour une typologie modale de classes de validité normative », in *Cahiers de philosophie politique et juridique, La querelle des normes,* n°27, 1995, p. 69.
- « Le droit comparé comme interprétation et comme théorie du droit », *RIDC*, 2001-2, p. 275.
PICARD E., « L'émergence des droits fondamentaux en France », *AJDA*, n°spécial, Les droits fondamentaux, une nouvelle catégorie juridique ? , 1998, p. 6.
- « L'état du droit comparé en France en 1999 », *RIDC*, 1999-4, p. 885.
PIERSON M., BRUNSWIC H., « Ethique, morale et déontologie », in *Principes d'éthique médicale,* H. Brunswic et M. Pierson (sd.), Paris, Ed. Vuibert, 1999, p. 13.
PINARD D., « Le droit et le fait dans l'application des standards », *RRJ,* 1988-4, p. 1069.
PISIER E., « Vous avez dit indépendantes ? Réflexions sur les AAI », *Pouvoirs,* n°46, 1988, p. 71.
- « La prudence et les sages », in *Une prudence moderne ?,* P. Raynaud et S. Rials (sd.), Paris, PUF, coll. Politique d'aujourd'hui, 1992, p. 125.
POLLAUD-DULIAN F., « A propos de la sécurité juridique », *RTDC*, 2001, p. 487.
PONTHOREAU M-C., « Le droit comparé en question(s) entre pragmatisme et outil épistémologique », *RIDC*, 2005, p. 9.
PONTIER J-M., « La loi organique relative à l'expérimentation par les collectivités locales », *AJDA*, 2003, p. 1715.
POST S. G., « The echo of Nuremberg : Nazi data and ethics », *Journal of medical ethics,* 1991, p. 42.
POULAIN J., « Rencontre avec Habermas », *Le Monde*, 10 janvier 1997.
PUCHEU R., « A la recherche du « consensus » », in *Pouvoirs,* Le consensus, n°5, 1978, p. 16.
PUIG P., « Hiérarchie des normes : du système au principe », *RTDC*, 2001, p. 749.
QUERE F., « Frères humains », in, *Autrement,* Le Défi bioéthique, Série mutations, n°120, 1991, p. 178.
RAYNAUD P., « La loi et la jurisprudence, des Lumières à la révolution française », *APD*, t. 30, La jurisprudence, p. 61.
RAWLS J., « L'idée d'un consensus par recoupement », *Revue de métaphysique et de morale,* n°1, 1988, p. 3.

REMICHE B., DESTERBECQ H., « Les brevets pharmaceutiques dans les accords du GATT : l'enjeu ? », *RIDE,* 1996-1, p. 7.
RESTIER-MELLERAY C., « Experts et expertise scientifique », *RFSP,* 1990, p. 546.
RIGAUD J., « Réflexions sur la notion de consensus », *Pouvoirs,* Le consensus, n°5, 1978, p. 7.
RIGAUX F., « L'élaboration d'un « right of privacy » par la jurisprudence américaine », *RIDC,* 1980, p. 701.
RIVERO J., « La protection des droits de l'homme dans les rapports entre personnes privées », in *Amicorum Discipulorumque Liber René Cassin*, T.III, La protection des droits de l'homme dans les rapports entre personnes privées, Paris, A. pedone, 1971, p. 311.
ROBERT J., ROUSSEAU D., « Neuf années au Conseil Constitutionnel. Débat entre J. Robert et D. Rousseau », *RDP,* 1998, p. 1748.
ROMAN D., « Le respect de la volonté du malade : une obligation limitée ? », *RDSS*, 2005, p. 423.
ROSENAU H. et MAGNIN C., « Les conditions légales préalables requises pour les essais cliniques d'après la Déclaration d'Helsinki révisée et la Convention européenne sur les droits de l'homme et la biomédecine », *JIB*, vol. 15, n°1, 2004, p. 43.
ROSENFELD M., « L'aide au suicide en droit constitutionnel américain », in *Rapport public 1998*, EDCE, Réflexions sur le droit de la santé, Paris, La doc. fr., 1999, p. 379.
ROUBIER P., « Délimitation et intérêts pratiques de la catégorie des droits subjectifs », *APD*, 1964, p. 83.
ROUSSEAU D., « La notion de patrimoine constitutionnel européen », in *Mélanges Philippe Ardant, Droit et politique à la croisée des cultures*, Paris, LGDJ, 1999, p. 27.
ROUSSEL C., « L'incidence du non-respect des normes techniques dans les marchés publics », *AJDA*, 2003, p. 1696.
ROUSSEL F., « L'eugénisme : analyse terminée, analyse interminable », *Esprit*, La nature humaine au risque de la science, n°222, juin 1996, p. 26.
ROUX J-M., « Un sujet toujours en quête de son personnage : l'embryon humain », in *Le droit de la biologie humaine - Vieux débats nouveaux enjeux*, A Sériaux (sd.), Paris, Ellipses, 2000, p. 5.
ROUYERE A., « L'exigence de précaution saisie par le juge. Réflexions inspirées par quelques arrêts récents du Conseil d'Etat », *RFDA,* 2000, p. 266.

- « Le juge et les interactions normatives », in *Jeux de normes dans la recherche biomédicale*, J-P. Duprat (sd.), Paris, Pub. de la Sorbonne, coll. Droit économique, 2002, p. 141.
SABOURIN P., « Les autorités administratives indépendantes. Une catégorie nouvelle », *AJDA,* 1983, p. 275.
SADELEER de N., « Les avatars du principe de précaution en droit public, effet de mode ou révolution silencieuse ? », *RFDA*, 2001, p. 547.
SAINT-ARNAUD J., « L'approche bioéthique par principes : fondements et critiques », *JIB,* vol. 11, n°3-4-5, 2000, p. 60.
SAINT-JAMES V., « Le droit à la santé dans la jurisprudence du Conseil constitutionnel », *RDP*, 1997, p. 457.
- « Réflexions sur la dignité de l'être humain en tant que concept du droit français », *D.,* Chr., 1997, p. 61.
SALEILLES R., « Rapport sur l'utilité, le but et le programme du Congrès », in *Congrès de Paris*, Paris, LGDJ, 1905, vol. I, p. 9 ; « Conception et objet de la science du droit comparé », p. 167.
- « Ecole historique et droit naturel », *RTDC*, 1902, p. 80.
SALOMON J-J., « Le nouveau décor des politiques de la science », *RISS*, n°168, juin 2001, p. 355.
SANCHEZ-CARO J., « Le droit à l'information dans les relations médicales : aspects de droit civil », in *Responsabilité pénale et responsabilité civile des professionnels,* Strasbourg, Ed. du Conseil de l'Europe, 1995, p. 150.
SASS H-M., « Blue-ribbon commissions and political ethics in the Federal Republic of Germany », *The journal of medicine and philosophy*, vol. 14, 1989, p. 465.
SAVATIER R., « Impérialisme médical sur le terrain du droit. Le « permis d'opérer » et les pratiques américaines », *D.*, Chr., 1952, p. 157.
- « L'origine et le développement du droit des professions libérales », *APD,* t. 2, 1953-1954, p. 45.
- « Observations sur les modes contemporains de formation du droit positif », in *Mélanges en l'honneur de Jean Dabin*, Paris - Bruxelles, Sirey - Bruylant, t. 1, 1963, p. 293.
SCHLAUDRAFF U., « Ethics committees in Germany », *Bulletin of Medical Ethics,* août 1992, p. 40.
SCHNAPPER D., « Défense et illustration des « sages » », *Pouvoirs,* n°52, 1990, p. 101.
SCHUTTER de O., « L'aide au suicide devant la Cour européenne des droits de l'homme (A propos de l'arrêt Pretty c. le Royaume-Uni du 29 avril 2002) », *RTDH*, n°53, 2003, p. 71.

SCOFFONI G., « Etats-Unis, Constitution et secret de la vie privée », Table ronde, *AIJC*, XVI, 2000, p. 247.
SEFTON-GREEN R., « La procréation médicalement assistée entre droit national et droit communautaire », *RGDM,* n°spécial, La recherche sur l'embryon : qualifications et enjeux, 2000, p. 101.
SÉRIAUX A., « Jurisprudence Perruche : une proposition de loi ambiguë », *D.,* 2002, p. 579.
SEUVIC J-F., « Paradoxes sur la situation pénale de l'humain avant la naissance et après la mort », in *Bioéthique, les enjeux du progrès scientifique - France, Allemagne -* , F. Furkel, F. Jacquot et H. Jung (sd.), Bruxelles, Bruylant, 2000, p. 163.
SEVE B., « Hans Jonas et l'éthique de la responsabilité », *Esprit,* n°165, oct. 1990, p. 73.
SFEZ L., « Science et pouvoir : la question des experts », in *Système et paradoxe. Hommage à Y. Barel,* Paris, Seuil, 1993, p. 169.
SHAPIRO D., « Nuffield Council on Bioethics », *Politics and the Life Sciences,* vol. 14, 1995, p. 263.
SOLYOM L., « Sur la coopération des Cours constitutionnelles », *AIJC,* XII, 1996, p. 31.
SPATZ J., « Im wilden westen », *Gen-Ethischer Informationdienst,* vol. 11, n°108-109, 1995, p. 20.
SUDRE F., « La Communauté européenne et les droits fondamentaux après le Traité d'Amsterdam : vers un nouveau système européen de protection des droits de l'homme ?», *JCP,* 1998-I, 100.
SUPIOT A., Entretien avec A. Supiot, *Esprit*, fév. 2001, La fonction anthropologique du droit, p. 151.
SUR S., « Quelques observations sur les normes juridiques internationales », *RGDI,* 1985-2, p. 901.
TAGUIEFF P-A., « L'exil et le dialogue : l'étoile de la rationalité juridique », *Lignes,* n°7, 1989, p. 125.
- « L'espace de la bioéthique. Esquisse d'une problématisation », *Mots. Les langages du politique,* n°44, sept. 1995, p. 7.
TEBOUL G., « Un instrument international prohibant le clonage humain reproductif ? », *JIB*, vol. 15, n°1, 2004, p. 85.
TERNON Y., « Le procès des médecins. Actualisation », *Revue d'histoire de la Shoah,* n°160, mai - août 1997, p. 10.
TERRE F., « La « crise de la loi » », *APD*, La loi, t. 25, 1980, p. 17.
- « Génétique et sujet de droit », *APD,* Le sujet de droit, t. 34, 1989, p. 159.

- « L'humanité, un patrimoine sans personne », in *Mélanges Pierre Ardant*, Paris, LGDJ, 1999, p. 339.
TESTART J., « Il ne faut pas confondre progrès scientifique et progrès humain », in *Mots. Les langages du politique,* n°44, sept. 1995, p. 145.
THIBIERGE C., « Le droit souple. Réflexion sur les textures du droit », *RTDC*, 2003, p. 599.
THOMAS R., « Bioéthique et démocratie », *JIB,* vol. 5, n°1, 1994, p. 11.
THOMAS Y., « Le sujet de droit, la personne et la nature », *Le Débat*, n°100, mai - août 1998, p. 85.
THOUVENIN D., « Ethique et droit en matière biomédicale », *D.,* Chr., 1985, p. 21.
- « Les comités d'éthique dans le cadre du droit français », in *Bioéthique et Droits de l'homme,* Berlin, Annales Universitatis Saraviensis, 1993, p. 101.
- « La place des CCPPRB dans la « comitologie » administrative », *JIB,* vol. 5, Hors série, 1994, p. 13.
- « De l'éhique biomédicale aux lois « bioéthiques » », *RTDC,* 1994, p. 717.
- « L'obtention des organes : le don comme finalité et le prélèvement comme modalité », in *Les lois bioéthique à l'épreuve des faits*, B. Feuillet-Le Mintier, Paris, PUF, coll. Droit et justice, 1999, p. 77.
- « La construction juridique d'une atteinte légitime au corps humain », *Justices*, Hors-série, Dossier : Le corps humain saisi par la justice, mai 2001, p. 113.
- « La loi relative à la bioéthique ou comment accroître l'accès aux éléments biologiques d'origine humaine. I Légitimité des activités médicales bioéthiques », *D.*, Chr., 2005, p. 120.
- « La loi relative à la bioéthique ou comment accroître l'accès aux éléments biologiques d'origine humaine. II Nécessité de la volonté », *D.*, Chr., 2005, p. 172.
THUILLIER P., « Les expérimentations nazies sur l'hypothermie », *La Recherche,* Dossier : Le nazisme et la science, n°227, déc. 1990, p. 1568.
TOMASEVSKI K., « La réforme de la place des droits de l'homme à l'Organisation mondiale de la santé », in *La réforme des institutions internationales de protection des droits de l'homme,* Bruxelles, Ed. Bruylant, 1993, p. 195.
TONG R., « The epistemology and ethics of consensus : uses and misuses of 'ethical' expertise », *The Journal of Medicine and Philosophy,* vol. 16, 1991, p. 409.

TROIANIELLO A., « Les droits fondamentaux, fossoyeurs du constitutionnalisme ? », *Le Débat*, fév. - mars 2003, p. 58.
TROPER M., « Système juridique et Etat », *APD,* Le système juridique, t. 31, 1986, p. 29.
- Table ronde : Faut-il réformer le Conseil constitutionnel ?, in *Le Conseil Constitutionnel a 40 ans,* Paris, LGDJ, 1999, p. 177.
TULKENS F., « Le droit à la vie et le champ des obligations des Etats dans la jurisprudence récente de la Cour européenne des droits de l'homme », in *Mélanges en hommage au Doyen G. Cohen-Jonathan, Libertés, Justice, Tolérance*, vol. II, Bruxelles, Bruylant, 2004, p. 1613.
TUSSEAU G., « Jeremy Bentham et les droits de l'homme : un réexamen », *RTDH*, n°50, 2002, p. 407.
VALADIER P., « La morale sort de l'ombre », *Archives de philosophie,* t. 64, cah. 1, 2001, p. 5.
VALTICOS N., « Diversité des effets des deux guerres mondiales sur la protection des droits de l'homme », in *La Déclaration Universelle des droits de l'homme 1948-1998,* Paris, La doc. fr., 1999, p. 73.
VAN COMPERNOLLE J., « Vers une nouvelle définition de la fonction de juger : du syllogisme à la pondération des intérêts », in *Hommage à François Rigaux, Nouveaux itinéraires en droit,* Bruxelles, Bruylant, 1993, p. 495.
VEDEL G., Entretien avec Georges Vedel, « Neuf ans au Conseil constitutionnel », *Le Débat,* n°55, mai - août 1989, p. 48.
- « Souveraineté et supraconstitutionnalité », in *Pouvoirs,* La souveraineté, n°67, 1993, p. 79.
VEL de G., « Le rôle du Conseil de l'Europe en matière de bioéthique », *RTDH*, n° spécial, n°54, 2003, p. 347.
VERSPIEREN P., « Nature du débat éthique », *Le supplément. Revue d'éthique et de théologie morale*, n°185, 1993, p. 27.
VIANDIER A., « La crise de la technique législative », *Droits*, Crises dans le droit, vol. 4, 1986, p. 75.
VINEY G., « Le point de vue d'un juriste », *LPA*, Dossier : Le principe de précaution, n°239, 30 nov. 2000.
VIRALLY M., « La valeur juridique des recommandations des organisations internationales », *AFDI,* 1956, p. 66.
- « Le phénomène juridique », *RDP*, 1966-1, p. 5.
- « A propos de la « lex ferenda » », in *Mélanges offerts à Paul Reuter, Le droit international : unité et diversité*, Paris, A. Pedone, 1981, p. 519.
VIVANT M., « Sciences et praxis juridique », *D.*, Chr., 1993, p. 109.

WACHTER de M.A.M., « The disturbed equilibrium between science, myths and medicine : towards a new rationalism ? », in *Ethics codes in medicine,* England, Ed. Ashgate, 1998, p. 97.
- « Bioéthique et pluridisciplinarité : discours parallèles ou vrai dialogue ? », *JIB,* vol. 11, n°3-4-5, 2000, p. 219.
WALINE M., « Empirisme et conceptualisme dans la méthode juridique : faut-il tuer les catégories juridiques ? », *Mélanges en l'honneur de Jean Dabin, Théorie générale du droit,* t. 1, Paris - Bruxelles, Sirey - Bruylant, 1963, p. 359.
WATHELET M., « La Charte des droits fondamentaux : un bon pas dans une course qui reste longue », *Cahiers de droit européen,* n°5-6, 2000, p. 585.
WEBER W., « Germany creates another bioethics advisory group », *Lancet,* vol. 357, 12 mai 2001, p. 1512.
WEIL P., « Vers une normativité relative en droit international ? », *RGDIP,* 1982-I, p. 6.
WEINSTOCK D., « Démocratie et délibération », *Archives de philosophie,* t. 63, cah. 3, juil. - sept. 2000, p. 405.
ZÉNATI F., « L'évolution des sources du droit dans les pays de droit civil », *D.*, Chr., 2002, p. 15.
ZIMMERLI W. Ch., « La responsabilité évolue t-elle avec le progrès technique ? », in *La responsabilité - questions philosophiques,* NEUBERG M. (sd.), Paris, PUF, coll. Philosophie morale, 1997, p. 241.
ZOLLER E., « Présentation de la Cour Suprême des Etats-Unis », *Les Cahiers du Conseil constitutionnel*, n°5, 1998, p. 34.
- « La pratique de l'opinion dissidente aux Etats-Unis », in *Mélanges en l'honneur de Pierre Avril,* Paris, Montchrestien, 2001, p. 609.
- « Qu'est-ce que faire du droit constitutionnel comparé ? », *Droits*. Repenser le droit constitutionnel, vol. 32, 2000, p. 121.

NOTES, OBSERVATIONS et CONCLUSIONS

- Décisions des juridictions administratives

CE, 8 déc. 1948, Demoiselle Pasteau, rec. p. 464, note WALINE, *RDP,* 1949, p. 75.
CE, 22 janv. 1988, Association les Cigognes, rec. p. 37, note L. DUBOUIS, *RDSS*, 1988, p. 317.
CE, avis n°346.893 du 27 nov. 1989, note J. RIVERO, *RFDA,* 1990, p. 1 ; note J-P. COSTA, *AJDA,* 1990, p. 39.

CE, 24 sept. 1990, Boisdet, rec. p. 250, Cl. Mme LAROQUE, *LPA*, n°123, oct. 1990, p. 15 ; note L. DUBOUIS, *RFDA*, 1991, p. 172.
CE, 4 oct. 1991, Milhaud, *AJDA,* 1992, p. 233, obs. J-P. THERON.
CE ass., 28 fév. 1992, SA Rothmans International France et SA Philip Morris France, rec. p. 80, Cl. Mme LAROQUE, *AJDA,* 1992, p. 210.
CE, 2 nov. 1992, Kherouaa et autres, Cl. D. KESSLER, *RFDA,* 1993, p. 112 ; note P. SABOURIN, *RDP,* 1993, p. 220; note G. KOUBI, *D.,* J., 1993, p. 108.
CE, 2 juil. 1993, Milhaud, rec. p. 194, Cl. D. KESSLER., *AJDA*, 1993, Chr. C. MAUGUE et L. TOUVET, p. 530.
CE, 14 fév. 1997, CHR de Nice c. Epoux Quarez, rec. p. 44, Cl. V. PECRESSE, *RFDA*, 1997, p. 374 ; note J-B. AUBY, J. WALINE, *RDP*, 1997, p. 139.
CE ass., 6 juin 1997, Aquarone, rec. p. 206, Cl G. BACHELIER, *AJDA,* 1997, p. 570, *RFDA*, 1997, Chr. D. CHAUVAUX et T X. GIRARDOT, p. 1068.
CE, 18 fév. 1998, Section locale du Pacifique sud de l'ordre des médecins, note M. JOYAU, « Libertés médicales, principes généraux du droit et Nouvelle-Calédonie », *RFDA,* 1999, p. 47.
CE, 25 sept. 1998, Association Greenpeace France, *JCP*, 1998-II, 10216, note J. de MALAFOSSE
CE, ass. 30 oct. 1998, Sarran et Levacher et autres, rec. p. 369, Cl. Ch. MAUGUE, *RFDA*, 1998, p. 1081 ; *GAJA*, 13ème éd., n°113.
CE, 28 juillet 2000, Paulin, note G. TIXIER, *RFDA,* 2000, p. 1170.
CE, 26 oct. 2001, Mme X, Cl. D. CHAUVAUX, *RFDA,* 2002, p. 146 ; note M. DEGUERGUE, *AJDA*, 2002, p. 259 ; note J. MOREAU, *JCP,* 2002-II, 10025 ; note D. de BECHILLON, *RFDA*, 2002, p. 157.
CE, 3 déc. 2001, Syndicat national de l'industrie pharmaceutique et autres, note CASSIA, *DA*, mars 2002, p. 28.
CE, ord. de référé, 16 août 2002, *GP*, 15-17 sept. 2002, p. 8, note F-J. PANSIER.
CE, ord. de référé, 13 nov. 2002, Association Alliance pour les droits de la vie, Cl. D. CHAUVAUX, *AJDA*, 2002, p. 1506 ; note H. MOUTOUH, *D*., J., 2003, p. 89.
CE, ass., avis du 6 déc. 2002, M et Mme Draon, *RFDA*, 2003, p. 200, note J. PETIT « Sur l'entrée en vigueur immédiate de la loi », *RFDA*, 2003, p. 339.
CE, 19 fév. 2003, M et Mme Maurice, *RFDA*, 2003, p. 349, Cl. D. CHAUVAUX.

CE, 31 mars 2003, Ministre de l'économie, des finances et de l'industrie c. SA laboratoires pharmaceutiques Bergaderm, *AJDA*, mai 2003, Chr. F. DONNAT, D. CASAS, p. 935 ; Cl. D. CHAUVAUX, *RFDA*, 2003, p. 1185
CE, 24 nov. 2004, Cl. T. OLSON, *AJDA*, 2005, p. 336.
CAA Paris, 9 juin 1998, Mme Donyoh et Mme Senanayake, Cl. M. HEERS, *RFDA,* 1998, p. 1231 ; note G. MEMETEAU, « Refus de soins et traitement imposé par le médecin : la conciliation de valeurs opposées », *LPA,* n°81, avril 1999, p. 10 ; note J.M. AUBY, *RDP,* 1999, p. 235.
TA Lyon, ord. du 9 août 2002, *GP*, 15-17 sept. 2002, p. 8, note F-J. PANSIER.
TA Lille ord. du 23 août 2002, *GP*, 15-17 sept. 2002, p. 8, note F-J. PANSIER.
TA Amiens, 4 déc. 2000, Mr et Mme Tesnière c/ Centre hospitalier régional d'Amiens, Cl. O. MESMIN, *AJDA*, 2001, p. 790; note P. EGEA, « Prélèvement post mortem, consentement présumé et obligation d'information », *D.*, J., 2001, p. 3310.
TA Paris, 21 janv. 2003, Association Alliance pour les droits de la vie, Cl. A. GUEDJ, *RFDA*, 2003, p. 763 ; note S. HENNETTE-VAUCHEZ, *AJDA*, 2003, p. 1563 ; note B. PAUVERT, *LPA*, oct. 2003, n°196, p. 7 ; note X. LABBEE, *D.*, J., 2004, p. 1051.
TA Amiens, 9 mars 2004, M et Mme T. c. CHU d'Amiens, Cl. B. BOUTOU, *RFDA*, 2004, p. 786 ; note S. HENNETTE-VAUCHEZ, *AJDA*, 2004, p. 1546.

-Décisions des juridictions judiciaires

Cass. civ., 18 avr. 1961, Bull. civ. I, 210, p. 165, *JCP*, 1961-II, 12184, obs. J. SAVATIER.
Cass., 24 mai 1975, Société des Cafés Jacques Vabre, *D.*, 1975, p. 497; Cl. TOUFFAIT ; note J. BOULOUIS, *AJDA*, 1975, p. 567.
Cass., 1ère ch. civ., 13 déc. 1989, Association Alma Mater c. Procureur général près CA Aix-en-Provence, Bull. civ. I n°387, p. 260 ; *JCP*, 1990-II, 21526, note A. SERIAUX, ; *D.* 1990, rapp. J. MASSIP, p. 273.
Cass. ass. plén., 31 mai 1991, *JCP*, 1991-II, 21752, communication J. BERNARD, Cl. H. DONTENWILLE, note F. TERRE ; *D.*, 1991, p. 417, rapp. Y. CHARTIER, note D. THOUVENIN.
Cass. civ., 5 nov. 1991, *JCP*, 1992-II, 255, obs. VIANDIER.

Cass. 2ème civ., 22 fév. 1995, Melle X…c/ Sté transport agglomération Elbeuvienne, *D.*, J., 1996, p. 69, note Y. CHARTIER.
Cass. 1ère civ., 11 juin 1996, SA Polyclinique les Cèdres c/ Epoux Belair, *D.*, 1997, somm., p. 324, obs. PENNEAU.
Cass. 1ère civ., 18 mars 1997, Audat et a. c/ Fortat et a., JCP, 1997-II, 22829, Rapport P. SARGOS.
Cass. com., 29 avril 1997, Sté Sofinarex c/ SA Cabinet Fortin, *D.*, J., 1997, p. 459, note Y. SERRA.
Cass. 1ère civ, 13 mai 1998, G. c/Assoc. Gpt d'études des maladies du sein, *JCP*, 1999-II, 10 058, note G. MEMETEAU.
Cass. ass. pl., 2 juin 2000, Melle Fraisse, note PRETOT, *RDP*, 2000, p. 1037 ; note B. MATHIEU et M. VERPEAUX, *D.*, 2000, p. 865.
Cass. ass. plén. 17 nov. 2000 ; *D.*, 2001, note P. JOURDAIN, p. 336 ; C. APOSTOLIDIS, « Lire l'arrêt de la Cour de cassation du 17 novembre 2000 (Affaire Nicolas perruche) », *RRJ,* 2001-4, p. 2047; G. VINEY, « Brèves remarques à propos d'un arrêt qui affecte l'image de la justice dans l'opinion, Cass. ass. plén., 17 nov. 2000 », *JCP*, 2001- I, 286.
Cass. ass. plén., 29 juin 2001, Cl. J. SAINTE–ROSE, *JCP*, 2001-II, 10569 ; rapp. P. SARGOS, *JCP*, 2001-II, 10569 ; note Y. MAYAUD*, D.*, 2001, p. 2917 ; note M-L. RASSAT, *JCP*, 2001-II, 10569 ; note S. MONNIER, *GP,* juil. 2002, n°209-211, p. 12 ; VIGNEAU D., « Selon la Cour de cassation, l'homicide d'un enfant à naître, même viable, n'en est pas un ! », *Droit de la famille*, oct. 2001, p. 4 ; J. PRADEL, « La seconde mort de l'enfant conçu (à propos de l'arrêt d'Assemblée plénière du 29 juin 2001) », *D.*, 2001, p. 2907.
Cass., avis, 22 nov. 2002, note D. DENDONCKER, « Application dans le temps de la loi sur la réparation des accidents médicaux », *D.,* 2003, p. 1196.
CA Douai, 2 juin 1987, *JCP,* 1989-II, 21250, note X. LABBEE.
CA Paris, 21 juin et 6 juil. 1988, *GP,* 1988, 2, p. 699 ; *D.*, 1989, p. 341, note Y. LAURIN.
CA Toulouse, 18 avril 1994, *JCP,* 1995-II, 22472, note C. NEIRINCK.
CA Lyon, 13 mars 1997, *D*, 1997, p. 557, note E. SERVERIN, *JCP*, 1997-II, 22955, note G. FAURE ; P. MURAT, « Réflexions sur la distinction être humain : personne juridique (à propos d'un arrêt de la Cour d'appel de Lyon du 13 mars 1997) », *Droit de la famille*, sept. 1997, p. 4.
CA Reims, 3 fév. 2000, *JCP*, 2000-II, 10406, note G. FAURE ; *D.,* 2000, p. 873, note J-Y. CHEVALLIER.
CA rennes, 4 juil. 2002, *D.*, J., 2002, p. 2902, note F. GRANET.

TGI Rennes, 1ère ch. civ., 30 juin 1993, Mme O...c/ Centre d'Etudes et de Conservation des Œufs et du Sperme humains de l'Ouest, *JCP*, 1994-II, 22250, note C. NEIRINCK.

- Décision du Tribunal des conflits

TC, 14 fév. 2000, Ratinet, *JCP*, 2001-II, 10584, note J. HARDY.

- Décisions du Conseil constitutionnel

DC 74-54 DC, 15 janv. 1975, note L. FAVOREU, L. PHILIP, *RDP*, 1975, p. 185, note L. HAMON, *D.*, J., 1975, p. 529 ; note C. FRANCK, *RGDIP,* 1975, p. 49.
DC 77-92 DC, 18 janv. 1978, rec. p. 21, note L. FAVOREU, *RDP,* 1978, p. 834.
DC 86-223 DC, 29 déc. 1986, rec. p. 184 ; note L. FAVOREU, *RDP*, 1989, p. 399.
DC 89-269 DC, 22 janv. 1990 ; note L. FAVOREU, *RFDC,* 1990, p. 330; note B. GENEVOIS, *RFDA,* 1990, p. 406.
DC 93-322 DC, 28 juillet 1993, comm. X. PHILIPPE, *RFDC,* 1993, p. 83.
DC 93-329 DC du 13 janv. 1994, rec. p. 9, note J-P. COSTA, *AJDA,* 1994, p. 132 ; note B. GENEVOIS, *RFDA,* 1994, p. 209.
DC 94-343-344 DC, 27 juil. 1994, L. FAVOREU, L. PHILIP, *GDCC*, n°47 ; note J-P. DUPRAT, *LPA*, 1994, n°149, p. 34 ; note B. EDELMAN, *D.*, Chr., 1995, p. 205 ; note L. FAVOREU, *RFDC*, 1994, p. 799 ; note B. MATHIEU, *RFDA*, 1994, p. 1019.
DC 98-401 DC, 10 juin 1998, rec. p. 258, note L. FAVOREU, *RFDC*, 1998, p. 640 ; note J. E. SCHOETTL, *AJDA*, 1998, p. 495.
DC 2001-455 DC, 19 juin 2001 ; note J-E. SCHOETTL, *LPA*, 2001, n°129, p. 10.
DC 2001-446 DC, 27 juin 2001, note G. NICOLAS, *RFDC*, n°47, 2001, p. 619 ; note J-E. SCHOETTL, *LPA*, 2001, n°136, p. 25 ; note B. MATHIEU et M. VERPEAUX, *D.*, J., 2001, p. 3374 ; note C. FRANCK, *JCP*, 2001-II, 10635 ; V. GIMENO, « Les apports de la décision IVG au traitement jurisprudentiel du principe de sauvegarde de la dignité de la personne humaine (décision du Conseil constitutionnel du 27 juin 2001), *RDP*, 2001, p. 1483.
DC 2004-496 DC, 10 juin 2004, note D. CHAMUSSY, *AJDA*, 2004, p. 1939 ; note M. GAUTIER et F. MELLERAY, *AJDA*, 2004, p. 1538.

DC 2004-498 DC, 29 juil. 2004, note J-E. SCHOETTL, *LPA*, 2004, n°164, p. 3 ; note J-C. GALLOUX, *JCP*, 2004-II, 10167.
DC 2004-505 DC, 19 nov. 2004, note C. MAUGUE, *RFDA*, 2005, p. 30 ; B. GENEVOIS, *RFDA*, 2005, p. 239.

- Décisions de la CEDH

CEDH, Rees, 17 oct. 1986, A. 106, Chr. P. ROLLAND, *JDI*, 1987, p. 796.
CEDH, Herczegfalvy c. l'Autriche, 24 sept. 1992 ; note J. CALLEWAERT, *RTDH*, n°15, 1993, p. 431.
CEDH, Z c. Finlande, 25 fev. 1997, rec. p. 2758 ; Chr. F. SUDRE, *JCP*, 1998-I, 107 ; obs. J-F. FLAUSS, *AJDA,* 1998, p. 42.
CEDH, X, Yet Z c. Royaume-Uni, 22 avril 1997, Chr. F. SUDRE, *JCP*, 1998-I, 107 ; note S. GRATALOUP, *D*., J., 1997, p. 584 ; note F. RIGAUX, *RTDH,* n°22, 1998, p. 117.
CEDH, Chapman c. Royaume-Uni, 18 janv. 2001, *GACEDH*, n°39, Chr. H. LABAYLE, F. SUDRE, *RFDA*, 2002, p. 1103.
CEDH, Pretty c. Royaume-Uni, 29 avril 2002, note O. DE SCHUTTER, *RTDH*, n°53, 2003, p. 71 ; note B. LE BAUT-FERRASESE, *AJDA*, 2003, p. 1385.
CEDH, 11 juil. 2002, Goodwin c. Royaume-Uni, *GACEDH,* n°38.
CEDH, 14 nov. 2002, Mouisel c. France, Chr. F. SUDRE, *JCP*, 2003-I, 109, note H. MOUTOUH, *D.,* J., 2003, p. 303.
CEDH, Odièvre c. France, 13 fév. 2003, Chr. F. BELLIVIER, *RTDC*, 2002, p. 368 ; note A. GOUTTENOIRE-CORNUT et F SUDRE, *JCP*, 2003-II, 10049 ; Chr. J-P. MARGUENAUD, J. RAYNARD, *RTDC*, 2003, p. 375.
CEDH, Vo c. France, 8 juil. 2004, note J. PRADEL, *D*., J., 2004, p. 2456 ; note M. LEVINET, *JCP*, 2004-II, 10158 ; E. SERVERIN, « Réparer ou punir », *D*., Chr., 2004, p. 2801.
CEDH, 17 fév. 2005, KA et AD c. Belgique, note J-P. MARGUENAUD, *RTDC*, 2005, p. 341.

- Décisions de la CJCE

CJCE, 4 oct. 1991, C-159/90, rec., I, p. 4685, *RTDEur*., 1992, p. 167, note H. GAUDEMET-TALLON.
CJCE, 5 oct. 1994, C-404/92, note O. DE SCHUTTER, *RTDH,* n°21, 1995, p. 97.

CJCE, 9 oct. 2001, C-377/98, Chr. F. SUDRE (sd), *RTDH*, 2002, p. 642.

RAPPORTS

- Rapports au Premier Ministre

LENOIR N., coll. de STURLESE B., *Aux frontières de la vie : une éthique biomédicale à la française,* Paris, La doc. fr., Rapport au Premier ministre, coll. Les rapports officiels, 1991.
MATTEI J-F., *La vie en questions : pour une éthique biomédicale,* Paris, La doc. fr., Rapport au Premier ministre, coll. Les rapports officiels, 1994.

- Rapports des commissions éthiques à l'étranger

Grande-Bretagne : Rapport de la commission d'enquête présidée par Dame M. Warnock, *Fécondation et embryologies humaines*, Paris, La doc. fr., 1985.
Allemagne : Rapport du Groupe de travail constitué en commun par le ministère fédéral de la recherche et de la technologie et le ministère fédéral de la justice, *Fécondation in vitro, analyse du génome et thérapie génique,* Paris, La doc. fr., 1987.

- Rapports du Conseil d'Etat

CE, Section du rapport et des études, *Sciences de la vie : de l'éthique au droit,* Paris, La doc. fr., Notes et études documentaires, n°4855, 1988.
CE, Section du rapport et des études, *Les lois de bioéthique : cinq ans après*, Paris, La doc. fr., 1999.

- Rapports parlementaires

HURIET C., *Rapport d'information au nom de la commission des affaires sociales sur le fonctionnement des comités consultatifs de protection des personnes dans la recherche biomédicale,* n°267, 6 avril 2001, site http://www.senat.fr/rap/r00-267/r00-267.html.
CLAEYS A., HURIET C., *L'application de la loi n°94-654 du 29 juillet 1994 relative au don et à l'utilisation des éléments et produits du corps humain, à l'assistance médicale à la procréation et au diagnostic prénatal*, Rapport de l'OPECST, Paris, Assemblée nationale-Sénat, 1999.

SERUSCLAT F., *Les sciences de la vie et les droits de l'homme. Bouleversement sans contrôle ou législation à la française ?* , Rapport de l'OPECST, Economica, Paris, 1992.
Les documents de travail du sénat, *Les instances nationales de bioéthique,* série législation comparée, avril 2001, site Internet : http://www.senat.fr/lc/lc89/lc89.html.
P-L. FAGNIEZ, *Rapport fait au nom de la commission des affaires culturelles, familiales et sociales sur le projet de loi modifié par le Sénat, relatif à la bioéthique*, n°761, 9 avril 2003, http://www.assemblee-nationale.fr/12/rapports/r0761.asp.

- Rapports universitaires

BONAH C., LEPICARD E., *Les procès médicaux : lieux de références, révélateurs et régulateurs d'éthique comme d'éthos. Etude historique comparée de deux grands procès médicaux en France et en Allemagne 1929-1999*, rapport MIRE (ref. 2/98), juin 2000.
DHOMMEAUX J. (sd), *Le comité international de bioéthique de l'UNESCO et le comité directeur pour la bioéthique du Conseil de l'Europe : instances productrices d'éthique ?* , Rennes, CRJO, oct. 1998.
FEUILLET-LE-MINTIER B., *Les comités régionaux d'éthique en France : réalités et perspectives,* CRJO, Université Rennes 1 - CNRS, oct. 1998.
MINO J-C., WEILL C., *Les comités hospitaliers d'éthique clinique sont-ils les lieux de production de nouvelles normes de pratique ? Etude sur le champ institutionnel hospitalier de l'éthique clinique en Amérique du Nord et en France,* Rapport MIRE, 1999.
VACARIE I. (sd), *Recherche biomédicale et procéduralisation du droit*, IRERP, Université Paris X, juillet 2000.

SITES INTERNET

http://www.assemblee-nationale.fr : site de l'Assemblée nationale
http://www.bioethics.gov/nbac : site du comité fédéral américain
http://www.coe.int : site du Conseil de l'Europe
http://www.comite-ethique.fr : site du comité national français
http://www.conseil-etat.fr : site du Conseil d'Etat
http://www.courdecassation.fr : site de la Cour de cassation
http://www.curia.eu.int : site de la CJCE
http://ethiskraad.dk : site du comité national danois
http://www.ethikrat.org : site du comité national allemand

http://europa.eu.int/comm/european_group_ethics/gee_fr.htm : site du GEE
http://www.health.fgov.be/bioeth : site du comité national belge
http://www.hudoc.echr.coe.int : site de la CEDH
http://www.nuffieldbioethics.org : site du comité national anglais
http://www.senat.fr : site du Sénat
http://www.unesco.org/ibc : site du CIB
http://www.venice.coe.int : site de la Commission de Venise
http://www.wma.net : site de l'Association médicale mondiale

LISTE DES AVIS DU CCNE

N°001, Avis sur les prélèvements de tissus d'embryons et de foetus humains morts, à des fins thérapeutiques, diagnostiques et scientifiques, 22/05/1984.
N°002, Avis sur les essais de nouveaux traitements chez l'homme. Avis sur les essais de nouveaux traitements chez l'homme, 09/10/1984.
N°003, Avis sur les problèmes éthiques nés des techniques de reproduction artificielle, 23/10/1984.
N°004, Avis sur les registres médicaux pour études épidémiologiques et de prévention, 06/05/1985.
N°005, Avis sur les problèmes posés par le diagnostic prénatal et périnatal, 13/05/1985.
N°006, Avis concernant les problèmes éthiques posés par l'appréciation des risques du SIDA par la recherche d'anticorps spécifiques chez les donneurs de sang, 13/05/1985.
N°007, Avis sur les expérimentations sur des malades en état végétatif chronique, 24/02/1986.
N°008, Avis relatif aux recherches et utilisation des embryons humains in vitro à des fins médicales et scientifiques, 15/12/1986.
N°009, Avis sur les problèmes posés par le développement des méthodes d'utilisation de cellules humaines et de leurs dérivés, 23/02/1987.
N°010, Avis sur l'utilisation de la mifépristone (RU486), 16/12/1987.
N°011, Avis sur une demande concernant une étude réalisée sur des sujets volontaires sains au cours d'une expérience de simulation des modifications cardio-vasculaires et des tissus de soutien observées chez l'homme en apesanteur, 06/12/1987.
N°012, Avis sur l'expérimentation médicale et scientifique sur des sujets en état de mort cérébrale, 07/11/1988.
N°013, Recommandations sur les Comités d'éthique locaux, 07/11/1988.
N°014, Avis sur les problèmes éthiques posés par la lutte contre la diffusion de l'infection par le virus de l'immuno-déficience humaine (VIH), 16/12/1988.

N°015, Avis sur le dépistage des toxicomanies dans l'entreprise, 16/10/1989.
N°016, Avis sur les greffes de cellules nerveuses dans le traitement de la maladie de Parkinson, 16/10/1989.
N°017, Avis relatif à la diffusion des techniques d'identification par analyse de l'ADN (techniques des empreintes génétiques), 15/12/1989.
N°018, Etat des études conduites par le Comité concernant les dons de gamètes et d'embryons, 15/12/1989.
N°019, Avis sur les recherches sur l'embryon soumises à moratoire depuis 1986 et qui visent à permettre la réalisation d'un diagnostic génétique avant transplantation, 18/07/1990.
N°020, Avis sur l'organisation actuelle du don de gamètes et ses conséquences, 18/07/1990.
N°021, Avis sur la non-commercialisation du corps humain, 13/12/1990.
N°022, Avis sur la thérapie génique, 13/12/1990.
N°023, Avis concernant des greffes intracérébrales de tissus mésencéphaliques d'embryons humains chez cinq malades parkinsoniens dans un but d'expérimentation thérapeutique, 13/12/1990.
N°024, Avis sur les réductions embryonnaires et fœtales, 24/06/1991.
N°025, Avis sur l'application des tests génétiques aux études individuelles, études familiales et études de population. (Problèmes des "banques de l'ADN", des "banques" de cellules et de l'informatisation des données), 24/06/1991.
N°026, Avis concernant la proposition de résolution sur l'assistance aux mourants, adoptée le 25 avril 1991 au Parlement européen par la Commission de l'environnement, de la santé publique et de la protection des consommateurs, 24/06/1991.
N°027, Avis sur la non-commercialisation du génome humain. Rapport. Réflexions générales sur les problèmes éthiques posés par les recherches sur le génome humain, 02/12/1991.
N°028, Avis sur la transfusion sanguine au regard de la non-commercialisation du corps humain, 02/12/1991.
N°029, Avis relatif aux Comités d'éthique, 27/01/1992.
N°030, Questions éthiques posées par l'obligation de tests génétiques pour les concurrentes des jeux d'Albertville, 27/01/1992.
N°031, Avis sur le dépistage de l'infection par le virus du SIDA, 28/03/1992.
N°032, Avis sur l'opportunité et le type d'essai à mettre en oeuvre pour préciser les indications du centoxin, 10/07/1992.

N°033, Avis sur le recensement des glaucomateux en France et la localisation chromosomique du (ou des) gène (s) responsable(s), 19/01/1993.
N°034, Avis sur l'utilisation de placebo dans les essais thérapeutiques d'antidépresseurs, 09/02/1993.
N°035, Compensation de déficits hormonaux chez les sportifs de haut niveau, 18/05/1993.
N°036, Avis sur l'application des procédés de thérapie génique somatique, 22/06/1993.
N°037, Avis sur le dépistage du risque de la trisomie 21 foetale à l'aide de tests sanguins chez les femmes enceintes, 22/06/1993.
N°038, Avis sur l'éthique de la recherche dans les sciences du comportement humain, 14/10/1993.
N°039, Avis sur la prescription de substances antiandrogéniques à des détenus condamnés pour des infractions à caractère sexuel, 07/12/1993.
N°040, Avis sur le transfert d'embryons après décès du conjoint (ou du concubin), 17/12/1993.
N°041, La coopération dans le domaine de la recherche biomédicale entre équipes françaises et équipes de pays en voie de développement économique, 17/12/1993.
N°042, Avis sur l'évolution des pratiques d'assistance médicale à la procréation, 30/03/1994.
N°043, Rapports du Comité consultatif national d'éthique pour les sciences de la vie et de la santé sur les toxicomanies, 23/11/1994.
N°044, Avis sur l'implant cochléaire chez l'enfant sourd pré-lingual, 01/12/1994.
N°045, Avis sur les questions éthiques posées par la transmission de l'information scientifique relative à la recherche biologique et médicale, 31/05/1995.
N°046, Avis et recommandations sur "Génétique et Médecine : de la prédiction à la prévention", 30/10/1995.
N°047, Avis sur la prise en charge des personnes autistes en France, 10/01/1996.
N°048, Recommandation sur la mise à disposition d'un traitement antiviral dans le SIDA, 07/03/1996.
N°049, Avis sur la contraception chez les personnes handicapées mentales, 03/04/1996.
N°050, Rapport sur la stérilisation envisagée comme mode de contraception définitive, 03/04/1996.

N°051, Recommandations sur un projet de loi "renforçant la prévention et la répression des atteintes sexuelles contre les mineurs", 20/12/1996.
N°052, Avis sur la constitution de collections de tissus et organes embryonnaires humaines et leur utilisation à des fins scientifiques, 11/03/1997.
N°053, Avis sur la constitution de collections de cellules embryonnaires humaines et leur utilisation à des fins thérapeutiques ou scientifiques, 11/03/1997.
N°054, Réponse au Président de la République au sujet du clonage reproductif, 22/04/1997.
N°055, Avis sur l'information à donner aux patients à propos de la possibilité de transmission de l'agent de la maladie de Creutzfeldt-Jakob par des composants du sang, 01/10/1997.
N°056, Problèmes éthiques posés par le désir d'enfant chez des couples où l'homme est séropositif et la femme est séronégative, 10/02/1998.
N°057, Progrès technique, santé et modèle de société : la dimension éthique des choix collectifs, 20/03/1998.
N°058, Consentement éclairé et information des personnes qui se prêtent à des actes de soin ou de recherche, 12/06/1998.
N°059, Rapport sur le vieillissement, 25/05/1998.
N°060, Réexamen des lois de bioéthique, 25/06/1998.
N°061, Ethique et xénotransplantation, 11/06/1999.
N°062, Médicalisation de la sexualité : le cas du Viagra. Réponse au Secrétaire d'Etat à la Santé, 18/11/1999.
N°063, Fin de vie, arrêt de vie, euthanasie, 27/01/2000.
N°064, Avis sur l'avant-projet de loi portant transposition, dans le code de la propriété intellectuelle de la directive 98/44/CE du Parlement européen et du Conseil, en date du 6 juillet 1998, 08/06/2000.
N°065, Réflexions éthiques autour de la réanimation néonatale, 14/09/2000.
N°066, Réponse du CCNE aux saisines du Président du Sénat et du Président de l'Assemblée nationale sur l'allongement du délai d'IVG, 23/11/2000.
N°067, Avis sur l'avant-projet de révision des lois de bioéthique, 18/01/2001.
N°068, Handicaps congénitaux et préjudice, 29/05/2001.
N°069, L'assistance médicale à la procréation chez les couples présentant un risque de transmission virale - réflexions sur les responsabilités - , 08/11/2001.
N°070, Consentements en faveur d'un tiers, 13/12/2001.

N°071, Avis sur la neurochirurgie fonctionnelle d'affections psychiatriques sévères, 25/04/2002.
N°072, Réflexions sur l'extension du diagnostic pré-implantatoire, 07/04/2002.
N°073, Les essais de phase 1 en cancérologie, 26/09/2002
N°074, Les banques de sang de cordon ombilical en vue d'une utilisation autologue ou en recherche, 12/12/2002.
N°075, Questions éthiques soulevées par le développement de l'ICSI, 12/12/2002.
N°076, A propos de l'obligation d'information génétique familiale en cas de nécessité médicale, 24/04/2003.
N°077, Problèmes éthiques posés par les collections de matériel biologique et les données d'information associées : " biobanques ", " biothèques ", 20/03/2003.
N°078, Inégalités d'accès aux soins et dans la participation à la recherche à l'échelle mondiale - problèmes éthiques, 18/09/2003.
N°079, Transposition en droit français de la directive européenne relative aux essais cliniques de médicaments : un nouveau cadre éthique pour la recherche sur l'homme, 18/09/2003.
N°080, Orientation de travailleurs vers un poste comportant un risque. Rôle du médecin du travail et réflexions sur l'ambiguïté du concept d'aptitude, 04/12/2003.
N°081, Performance et santé, 17/11/2003.
N°082, L'allotransplantation de tissu composite (ATC) au niveau de la face (Greffe totale ou partiale d'un visage), 06/02/2004.
N°083, Le dépistage prénatal généralisé de la mucoviscidose, 25/03/2004.
N°084, Avis sur la formation à l'éthique médicale, 29/04/2004.
N°085, L'information à propos du risque de transmission sanguine de la maladie de Creutzfeldt-Jakob, 04/11/2004.

INDEX

TABLE DES MATIÈRES

ADMINISTRATION, GOUVERNANCE ET DÉCISION PUBLIQUE
Sous la direction de Ali SEDJARI
L'administration n'en finit pas de soulever des questions et de susciter des interrogations à propos du rôle qu'elle est appelée à jouer dans le contexte des mutations actuelles et dans la gestion de la complexité des temps modernes. La gouvernance administrative ne peut s'associer au changement qu'en intervenant elle-même dans l'action créatrice du nouveau. La "bonne gouvernance administrative" serait alors l'art de mieux décider. Il y a donc un lien étroit entre la gouvernance administrative et la décision publique, objet de ce livre.
(39 €, 496 p) *ISBN 2-7475-6389-8*

LA BUREAUCRATIE LIBÉRALE
Nouvelle gestion publique et régulation organisationnelle
GIAUQUE David. Préface de Yves EMERY
Les réformes administratives au sein des pays de l'OCDE sont menées à un rythme toujours plus important. Cet ouvrage propose une réflexion approfondie sur les conséquences des mutations administratives engagées, souvent inspirées des principes et outils de la nouvelle gestion publique, sur la régulation organisationnelle des administrations publiques. Basés sur des enquêtes qualitatives menées auprès de services administratifs canadiens et suisses, les constats réalisés permettent d'identifier l'apparition d'un nouveau type de régulation organisationnelle nommé "bureaucratie libérale".
(Coll. Conception et dynamique des organisations - Série : Publi-Thèses, 27 €, 324 p)
ISBN 2-7475-5535-6

LA CADUCITÉ DES ACTES JURIDIQUES EN DROIT PRIVÉ FRANÇAIS
PELLETIER Caroline. Préface de Philippe JESTAZ
Bien qu'elle ne soit pas une notion juridique nouvelle, la caducité demeure floue et incertaine. Une étude globale s'impose donc aujourd'hui en droit privé français. Cette étude permet de mettre en exergue la dualité fonctionnelle de la caducité, qui peut résulter soit de la disparition d'un élément essentiel à l'exécution de l'acte juridique, soit de l'inaction d'une personne intéressée à l'acte. Toutefois, la caducité ne saurait être considérée comme une notion plurielle, elle s'affirme comme un mécanisme unitaire d'extinction des actes juridiques qui mérite de trouver une place à part entière dans notre système juridique.
(Coll. Logiques Juridiques, 45 €, 582 p) *ISBN 2-7475-6896-2*

LES COLLECTIVITÉS TERRITORIALES FACE AUX RISQUES PHYSIQUES
Sous la direction de Arnaud de LAJARTRE et Vincent GABORIAU
Les risques physiques, c'est-à-dire ceux dont l'origine est matérielle, sont certainement ceux que les collectivités territoriales gèrent le plus souvent. Des risques majeurs classiques (naturels, technologiques, transports) aux risques de la vie quotidienne (infrastructures de plein air, de sports, de voirie, cantine, eau potable, déchets, etc.),

voici une réflexion sur la prévention du risque, la réaction face au risque et sa sanction.

(Coll. Logiques Juridiques, 22 €, 262 p) *ISBN 2-7475-6839-3*

LA CONCURRENCE DÉLOYALE

LECOURT Arnaud

Cet ouvrage examine ainsi tout l'encadrement juridique de la concurrence déloyale, intégrant à la fois la jurisprudence la plus récente, y compris celle des bases de données informatiques, les développements les plus actuels sur les nombreux points d'achoppements que recouvre la matière ainsi que des décisions issues de différents droits étrangers. Il est une aide précieuse pour tout avocat, magistrat, universitaire ou simple commerçant désireux de comprendre les arcanes de cette matière et de défendre ses droits.

(Coll. La Justice au quotidien, 11 €, 96 p) *ISBN 2-7475-6358-8*

LE CONSEIL CONSTITUTIONNEL EN QUESTIONS

Sous la direction de Dominique ROUSSEAU

Le conseil constitutionnel est l'organisme gardien des droits fondamentaux. Mais sa composition et son fonctionnement sont contestés. Comment expliquer que des juges non élus, désignés par des détenteurs du pouvoir politique, puissent s'opposer au pouvoir législatif incarnant la nation souveraine ? Le Conseil constitutionnel n'est en outre pas une troisième chambre; il ne doit donc jamais guider la main du législateur. Il est pourtant souvent critiqué pour la témérité, voire l'impérialisme de certaines de ses décisions.

(Coll. Inter-National, 16 €, 176 p) *ISBN 2-7475-6947-0*

CONTRIBUTION À LA RÉFLEXION SUR LES DROITS

MINOW Martha, COVER Robert M.

Il est constamment fait appel, dans le discours juridique et politique contemporains, à la notion de droits en France, aux Etats-Unis et en beaucoup d'autres lieux. Pourquoi ? Comment faire sens de ces usages ? Quel rôle exact cette notion joue-t-elle dans le fonctionnement réel du droit positif et comment aide-t-elle à l'analyser ? Martha Minow et Robert M. Cover, dans les deux textes traduits dans cet ouvrage, invitent à reprendre la réflexion sur ces sujets.

(Coll. Logiques Juridiques, 11 €, 104 p) *ISBN 2-7475-6970-5*

LES CONTRATS ET LE SYSTÈME ÉDUCATIF

FIALAIRE Jacques. Préface de André LEGRAND

De nos jours, l'institution scolaire s'est muée en un "système éducatif". Cette multiplication des acteurs des politiques éducatives s'est accompagnée d'une large diffusion du procédé contractuel (contrats d'association dans le secteur privé, ou plus éphémère, les contrats emplois-jeunes). Cette étude envisage donc le droit positif applicable à ces contrats. Elle les met en perspective avec les objectifs des politiques éducatives qu'ils traduisent. Cet ouvrage constitue un apport général à la théorie générale des contrats.

(Coll. Logiques Juridiques, 26.50 €, 310 p) *ISBN 2-7475-5916-5*

673517 - Septembre 2016
Achevé d'imprimer par

1livre.com
du rêve à la réalité !

www.ingramcontent.com/pod-product-compliance
Lightning Source LLC
LaVergne TN
LVHW011219061026
849535LV00001BA/98
* 9 7 8 2 2 9 6 0 0 0 5 5 1 *